全面系统 内容实用
一部精析法律常识的百科全书

不可不知的1000个
法律常识

王宁◎主编

中国华侨出版社

图书在版编目（CIP）数据

不可不知的1000个法律常识/王宁主编.—北京：中国华侨出版社，2015.11（2021.8重印）
ISBN 978-7-5113-5784-7

Ⅰ.①不… Ⅱ.①王… Ⅲ.①法律—基本知识—中国 Ⅳ.①D920.5

中国版本图书馆CIP数据核字（2015）第279705号

不可不知的 1000 个法律常识

主　　编：	王　宁
责任编辑：	高文喆
封面设计：	中英智业
文字编辑：	靳　言
美术编辑：	宇　枫
经　　销：	新华书店
开　　本：	720毫米×1040毫米　1/16　印张：26　字数：386千字
印　　刷：	唐山楠萍印务有限公司
版　　次：	2016年2月第1版　2021年8月第4次印刷
书　　号：	ISBN 978-7-5113-5784-7
定　　价：	59.00元

中国华侨出版社　北京市朝阳区西坝河东里77号楼底商5号　邮编：100028
发行部：（010）88866779　　　传　真：（010）88877396

如发现印装质量问题，影响阅读，请与印刷厂联系调换。

前 言
PREFACE

　　法律常识是一些老百姓必知的，跟日常生活、工作和权益密切相关的法律知识，是我们应该且必须具备的基本常识。了解一些基本的法律常识，也就是我们通常所说的"懂法"，我们才能明确哪些行为是合法的、哪些是违法的、哪些权利是受保护的、哪些责任是必须承担的，从而规范行为，明白生活，理智处世，合法维权。

　　在法治时代，法律常识是大众生活的"日常必需品"，因为法律已经渗透到了我们日常生活中的各个角落。衣食住行、理财消费、生老病死、教育就业、借贷租赁、写作发明、邻里关系，无不处在法律的规范之下；男女老少、官商工农、开车族、蜗居族，每个人的言语、行为都受到法律的约束和保护。懂法，便眼明心亮，能洞察社会上的大事小情，懂得规避风险，在涉及各类纠纷时依法维护切身利益，在社会中生活得游刃有余。如今，"有理走遍天下"的说法已经行不通了，只有懂法才能走遍天下。当你帮他人照看的物品丢失，你需要赔偿时；当你好心把钱借给邻居，几年后却被邻居告知这钱不用再还时，你是否大吃一惊？是否感到有理无处诉？然而这就是法律，如果你不掌握人生必备的法律常识，你终将为自己的无知埋单。

　　不懂法律常识，会在工作、生活中埋下很多隐患，甚至发生非常严重的后果。官员不懂法，则玩忽职守，贪污受贿；老板不懂法，则经营风险陡增，企业前途断送；企业员工不懂法，则自身权益得不到保障；青少年不懂法，则容易莽撞行事，酿成悲剧……不懂法就如同盲人骑瞎马、夜半临深渊，小则丧失钱物，大则危及生命安全；不懂法也可能会让我们掉入他人设置的陷阱，超越行为的边界，受到法律制裁。我们常说"不知者不为过"，但情容法不容，一旦触及法律，这句话并不是很好的挡箭牌，不能成为免责的依据和理由，因为法院是"以事实为依据，以法律为准绳"的。

　　总之，懂法，才能增强法律意识，才能守法用法、以法护身；不懂法，则法律意识淡薄，容易以身触法，害己害人。一段普法三字经说得好："不懂法，害处大；如盲人，骑瞎马；学法规，长知识；心明亮，走天下。"对于处在现代社会的每一个人而言，不但应学习法律常识，还应像18世纪意大利著名的法理学家切萨雷·贝卡利亚所说的那样，让法律的力量跟随着我们，就像影子跟随着身体一样，时刻约束并指导我们的行为，让法律为我们的生活保驾护航。

为了帮助读者轻松掌握日常必知必备的法律常识，《不可不知的1000个法律常识》汇总了与我们的生活息息相关的千余个法律常识，通过典型案例、法律解析以及法条链接等板块，对我们在婚姻家庭、遗产继承、合同纠纷、物业纠纷、房屋买卖租赁、交通事故、医疗事故、工伤赔偿、刑事犯罪等方面经常遇到的法律问题进行解答，使我们快速、便捷地找到法律上的解决办法，成功运用法律这一武器维护我们的合法权益，是个人、企业经营、家庭必备的法律工具书。

目 录 CONTENTS

宪法篇
——保障公民权利与义务的无敌法王

平等权 …………………………… 2
用身高限制应聘者是否侵犯公民平等权… 2
"男性优先"是否合法……………… 2

人权与人身自由权 ……………… 3
什么是人格尊严…………………… 3
"三无人员"就可以被随意关押殴打吗 3
村委会有权限制村民的人身自由吗…… 4

公民住宅权 ……………………… 4
为追查丢失物品,就能随便搜查公民的住宅吗 …………………………… 4
非法侵入他人家中需承担责任吗……… 4

选举权和被选举权 ……………… 5
具备怎样的条件才有选举权和被选举权 …………………………… 5
精神病人也具有选举权和被选举权吗… 5
单位可以不发给职工选民证吗………… 5
对选民资格有异议怎么办…………… 6

言论、出版、集会、结社、游行、示威的自由 ……………………… 6
言论自由权是无限制的吗…………… 6
公民可以自发举行游行吗…………… 7

宗教信仰自由 …………………… 8
拜佛求神属于宗教信仰吗…………… 8
能不能强迫他人信仰宗教…………… 8

通信自由权 ……………………… 9
为了解思想动向,老师能拆看学生的私人信件吗 …………………………… 9
私藏女友信件,是否侵犯了女友的通信自由权 …………………………… 9

受教育的权利与义务 …………… 10
接受义务教育仅仅是公民的权利吗…… 10
女大学生在校怀孕,学校能将其开除 … 10

妇女权益保护 …………………… 11
丈夫虐待妻子,妻子应该怎么办……… 11
劳动合同中能否包含"禁止生育"条款 …………………………… 11
丈夫不同意妻子人工流产怎么办…… 11

未成年人权益保护 ……………… 12
学生上课不认真,老师能体罚吗…… 12
未成年学生旷课、逃学,学校应怎么处理 …………………………… 12
未成年人的发明创造可以申请专利吗 12
未成年人可以自己更改姓名吗……… 13
未成年人能否进入娱乐场所………… 13
未成年人有不良行为,监护人该怎么办 13

公民的基本义务 ………………… 14
政府处罚不愿服兵役者是否合法…… 14
计划生育只是女人的事吗…………… 14
公民为什么要向国家纳税…………… 14

民法通则篇
——民事权益民事活动

公民民事权利能力与民事行为能力 ········· 16
"住所"和"居所"是一回事吗 ········ 16
对婴儿出生日期有异议,以什么为准 ··· 16
5岁的孩子具有民事权利吗 ········ 17
7岁的孩子有权接受奖金吗 ········ 17
16周岁少年的交易行为有效吗 ········ 17
父亲必须偿还儿子欠下的债务吗 ········ 18
未满18周岁的少年打伤人,自己要承担责任吗 ········ 18

监护 ········· 19
单亲父母无力抚养孩子,能将孩子送人吗 ········ 19
亲生父亲能被剥夺监护权吗 ········ 19
离婚后,父母该如何行使对孩子的监护权 ········ 20
父母可以任意支配孩子的存款吗 ········ 20
学生在校期间发生意外,学校需要负责吗 ········ 20
未成年人致人损伤的,由谁承担责任 ··· 21
父母在世,可以由别人成为未成年人的监护人吗 ········ 21
受委托照管未成年人,需要承担未成年人致人损害的赔偿责任吗 ········ 22
父母可以随意处分未成年子女的财产吗 ··· 22
父母可以用子女的财产来赔偿子女造成的损失吗 ········ 23

宣告失踪和宣告死亡 ········· 23
什么情况下可以宣告公民失踪 ········ 23
丈夫失踪,妻子应为丈夫清还债务吗 ··· 23
代管人可以自行处理失踪人的财产吗 ··· 24

当事人并未死亡,他在被宣布死亡期间的民事行为有效吗 ········ 24
当事人被宣告死亡后"复活",婚姻关系可恢复吗 ········ 25
当事人被宣告死亡后"复活",能否要回已被转移的财产 ········ 25
被宣告死亡人"复活",能否要回被恶意侵占的财产 ········ 26

合伙与法人 ········· 26
法人和法人代表应该如何理解 ········ 26
夫妻合伙承包经营的,妻子应该承担亡夫的债务吗 ········ 26
顾客在合伙经营的饭店就餐中毒,应向谁索赔 ········ 27
退伙后还要承担合伙的债务吗 ········ 27
企业被兼并,所欠债务由谁承担 ········ 27
公司职员造成的损失,应该由谁承担 ··· 27

民事法律行为和代理 ········· 28
什么条件下约定无效 ········ 28
不小心买了假文物,能否要求将钱退回 ··· 28
私下订立的虚假协议有效吗 ········ 29
丢弃之物被别人捡到,能否将其要回 ··· 29
离婚手续可否让别人代办 ········ 29
被代理人死亡,代理人的民事法律行为是否还有效 ········ 29
离职员工以原单位名义与他人签订的合同,有效吗 ········ 30
紧急情况下代理权发生转移,因此造成的损失应由谁承担 ········ 30
代理人与第三人串通,给被代理人造成损失怎么办 ········ 31

财产所有权与财产权 31
捡钱不还又弄丢，失主能否向拾得者
　索赔 31
拾得者趁机要挟，非法侵占怎么办 31
走失的宠物被别人购买，失主可以索
　还吗 32
损坏集体财产的怎么办 32
赌博输的钱，想要回，能告他人侵犯自己
　财产权吗 32
购买赃物能取得所有权吗 33
挖出的财物，所有权归谁 33
两人共同出资购房，共有权怎么区分 33
夫妻共同拥有的房屋，一方能否擅自
　买卖 33
先借后卖，电视机不幸遭雷击，谁来
　负责 34
儿子将父亲赶出家门，侵占其住房，应负
　什么责任 34
有借无还，折价赔偿 34

债权 35
不是你的就别拿，拿了要返还 35
将捡到的钱捐给慈善机构，要承担责
　任吗 35
什么是无因管理 35
助人为乐却伤了自己，能否找受益人
　索赔 36
借款人不履行归还义务，债权人将其
　拘禁 36
债权人可以要求债务人之一承担所有的债
　务吗 36
将钱错还给别人，能否要回 37
债务在身，不能随便赠送 37
好心垫付医疗费，能否索回 38
债务人失踪了怎么办 38
因银行失误而多给顾客钱，需要返
　还吗 38

人身权 39
日记被他人公开，应该怎么办 39
第三者也有隐私权吗 39
遭到前男友恶意诽谤，应该怎么办 39
死人还有名誉权吗 40
保安就可以随便翻查别人的包吗 40
再婚后，抚养孩子的一方有权给孩子改
　姓吗 41
别人冒用了你的姓名，应该怎么办 41
店名是否也受法律的保护 41
以公司的名义借款，需承担法律责任吗 42
公民本人同意，就可以无偿使用他的肖
　像吗 42
半张脸就没有肖像权了吗 42
公益团体也有肖像权吗 43

民事责任 43
路人被受惊的小狗咬伤，应找谁负责 43
高空坠物砸坏轿车，车主该怎么办 43
路人被街道旁的广告牌砸伤，该怎么办 44
小孩在单位被爆竹炸伤，谁来赔偿 44
无意中伤害别人，需要承担责任吗 45
承运人无过错，需要承担责任吗 45
警察执行公务致无辜者受伤，需要赔
　偿吗 45
好心办坏事，也要承担责任吗 45
在家喝啤酒时被啤酒瓶炸伤，怎么办 46
别人家牛吃自家庄稼，就可以将牛打
　死吗 47
商贩为避免罚款而给他人造成损失，谁承
　担责任 47
猫狗打架撞伤老人，谁应承担法律责任 47
不小心掉进深沟，就该自认倒霉吗 48
患精神病的成年人，无故打伤旁人，谁承
　担责任 48
双方均存在过错，一方受伤谁来赔偿 48
受害人延误治疗造成额外损失，谁承担
　责任 49

侵害人成年但没有赔偿能力，受害人怎么办……49
8岁孩子受别人教唆、引诱惹祸，谁来承担责任……50
多人共同侵权，是谁有钱谁就该承担责任吗……50
小偷行窃时跌落水井而受伤，能否获得赔偿……50
见义勇为而自身受到伤害，应由谁来赔偿……50
劝架被打伤，应该找谁负责……51
容器遭雷击爆炸致人损失，是天灾吗……51
由于污染造成的损失能否得到赔偿……51
乘坐公交车时受伤，公交公司有责任吗……52
替人出谋划策，分文未收也要承担责任吗……52
被人群殴致伤却找不出具体的侵害人，怎么办……52
父母双亡的未成年人失手伤人，谁承担责任……53
雇员造成他人伤害的，雇主有责任吗……53
帮工过程中受伤，由谁负责……54
定做人的错误引起的人身伤害，承揽人要承担责任吗……54
反抗歹徒时，使歹徒受伤，需要承担责任吗……55
道路施工没有标志，行人受伤找谁负责……55
市民抓小偷，无心伤了旁人怎么办……55
人身权利受到侵害，只有受害人本人才可以请求赔偿吗……56
受害人所有的医疗费用侵害人都必须赔偿吗……56

诉讼时效……56
借条未写明还款日期，该怎么办……56
如何才能保住诉讼时效……57
因意外事故下落不明，诉讼时效从何时起算……57
下大雪耽误了诉讼时效怎么办……57
诉讼时效能否成为拖欠房租的理由……57
买到不合格产品，过了诉讼期还能追究责任吗……58
因身体受伤而要求赔偿的诉讼时效为多长……58

婚姻家庭篇
——为家撑起保护伞

结 婚……60
精神病患者可以结婚吗……60
服刑期间可以结婚吗……60
公公与儿媳可以结婚吗……60
堂兄妹之间可以结婚吗……61
事实婚姻受法律保护吗……61

婚姻的无效与可撤销……61
隐瞒自己性病情况结婚的婚姻关系有效吗……61
什么情形才可以申请宣告婚姻无效……62
婚姻被法院确认无效以后能否提起上诉……62
受男友威胁而结婚的婚姻可以撤销吗……62
冒充富商欺骗结婚的属于可撤销婚姻吗……63
父母可以代替子女申请撤销婚姻吗……63
可撤销婚姻的请求权有时间限制吗……63

夫妻间的权利义务……64
"包二奶"行为会受到法律制裁吗……64

男方包养情人，女方可以要求撤销婚
　　姻吗……………………………………64
"家庭暴力"构成犯罪吗……………64
丈夫要求妻子做全职太太，合理吗……65

离　婚……………………………………65

丈夫被判刑，妻子能否要求离婚……65
丈夫下落不明，妻子能离婚吗………66
妻子不愿生育，丈夫可以要求离婚吗…66
妻子出轨怀孕，丈夫提出离婚法院会受
　　理吗……………………………………66
父母可以代替子女申请离婚吗………67
必须要军人同意，军人的配偶才能要求离
　　婚吗……………………………………67
离婚协议可以请他人代办吗…………68
离婚时抚养子女的一方能否要求得到
　　补偿……………………………………68
离婚以后，还能要求赔偿吗…………68

夫妻间财产关系……………………69

夫妻可以约定婚前个人财产的归属吗…69
婚前父母为子女买的结婚用房属于夫妻共
　　有财产吗………………………………69
婚后以个人名义购买的房屋是个人财
　　产吗……………………………………69
住房公积金属于夫妻共有财产吗………69
夫妻一方得到的赔偿属于夫妻共有财
　　产吗……………………………………70
婚前个人财产会因婚姻关系而转化为夫妻
　　共有财产吗……………………………70
无效婚姻中的财产属于共有财产吗……70
结婚未登记，分手时能分到一半房产吗…71
男女未婚同居，分手后财产怎样处理…71
离婚时可以要求返还彩礼吗…………71
离婚时，在什么情况下可以要求损害
　　赔偿……………………………………72
全职太太离婚时可以要求经济补偿吗…72
协议离婚，还可以要求损害赔偿吗……72
请求再次分配夫妻共有财产有时效限

制吗……………………………………73
夫妻个人财产损坏，离婚时可要求以共同
　　财产抵偿吗……………………………73
离婚时一方隐匿了财产怎么办………73
离婚时一方转移共同财产怎么办………74
离婚时夫妻一方在公司的股份如何分割…74
个人独资企业的财产在离婚时如何处理…75
妻子对丈夫婚前的债务有偿还义务吗…75
丈夫生前所负债务，妻子必须还吗……75
"夫债妻还"有理吗……………………76
夫妻共同债务离婚后该如何偿还………76

父母与子女关系……………………77

离婚后养子女该归谁抚养……………77
妻子已绝育，离婚时对于孩子的抚养请求
　　能否得到照顾…………………………77
离婚后如何计算子女的抚育费………77
夫妻离婚后，一方能否不让另一方见
　　孩子……………………………………78
离婚后，可以要求变更孩子的抚养权吗…78
法院强制执行探视权指的是什么……79
夫妻离婚后，不抚养子女的一方就什么都
　　不管了吗………………………………79
非婚生子女有权要求亲生父母履行抚养义
　　务吗……………………………………79
大学生没有生活来源，能要求父母给付抚
　　育费吗…………………………………80
人工授精所生的孩子，离婚时父母都不要
　　怎么办…………………………………80
父母给付子女的抚养费一般有多少……80
祖父母对失去双亲的孙子女有抚养义
　　务吗……………………………………80
兄、姐对失去双亲的弟、妹有抚养义
　　务吗……………………………………81
子女有权利干涉父母再婚吗…………81
放弃继承权的子女可以不赡养父母吗…81
因物价上涨，子女可否要求增加抚
　　养费……………………………………81
已成年子女强行向父母索取财物是违法

的吗 …………………………………… 82

收养关系 …………………………… 82
过继等于收养吗 …………………… 82
孩子被人收养后，与亲生父母是什么
　关系 ………………………………… 82
抚养亲友子女的行为是收养行为吗 …… 82
自己有小孩，就不能再收养了吗 …… 82
可以收养已满14周岁的未成年人吗 …… 83
送养人隐瞒子女的病症，养父母能否要求
　解除收养关系 ……………………… 83
养父母可解除与养子女的收养关系吗 …… 83
养子女必须对生父母尽赡养义务吗 …… 83
送养人要求解除收养关系，需补偿抚育
　费吗 ………………………………… 84
妻子未经丈夫同意收养弃婴，丈夫有抚养
　义务吗 ……………………………… 84
继父与养母离婚后，对养子女有抚养义
　务吗 ………………………………… 84

遗产继承篇
——保障公民权利与义务的无敌法王

遗产 …………………………………… 86
五保户的遗产应归谁 ……………… 86
抚恤金属于遗产吗 ………………… 86
未指定受益人的保险金能作为被保险人的
　遗产吗 ……………………………… 86
遗产中包括"文物"，可以按照一般遗产
　认定吗 ……………………………… 87

继承权 ………………………………… 87
继子女有继承权吗 ………………… 87
过继子有继承权吗 ………………… 88
非婚生子女有继承权吗 …………… 88
曾经犯罪服刑的人能否继承遗产 …… 88
正在服刑的人有无继承权需区别对待 …… 89
弟弟有权继承哥哥承包的林地吗 …… 89
法定代理人可以处分未成年人的遗产继承
　权吗 ………………………………… 89
不履行赡养义务的子女还有继承权吗 …… 90
未出生的胎儿有继承权吗 ………… 90
代位继承人该怎么确定 …………… 90
继承权纠纷提起诉讼的期限是多长时间 …… 91
合法继承人能否继承股东资格 …… 91
被收养人有权继承生父母的遗产吗 …… 91

法定继承 ……………………………… 92
法定继承的顺序是什么 …………… 92
夫妻都死亡，留下的遗产该如何分割 …… 92
互有继承权的人同时死亡，继承如何
　确定 ………………………………… 93
遗留在银行的存款该怎么继承 …… 93
依靠被继承人扶养的孤儿可以要求分得适
　当遗产吗 …………………………… 94
继子女有权继承继父母和生父母双份遗
　产吗 ………………………………… 94
主动赡养孤寡老人者，可以继承老人遗
　产吗 ………………………………… 94
遗产继承适用同居关系需区别对待 …… 95
丧失继承权的，其子女能代位继承吗 …… 95

遗嘱继承 ……………………………… 96
因受胁迫所立的遗嘱有效吗 ……… 96
8岁小男孩设立的遗嘱有效吗 …… 96
以电子邮件形式所立的遗嘱有效吗 …… 96
遗嘱设立后，又对遗嘱财产进行处理，遗

嘱还有效吗……………………… 97
临终前立的口头遗嘱怎样才算有效…… 97
个人所立的遗嘱必须经过公证才有法律效
　力吗……………………………… 97
涉及死后个人财产处分内容的遗书是遗
　嘱吗……………………………… 98
有多份遗嘱的，应适用哪一份……… 98
遗嘱可以剥夺法定继承人的继承权吗… 98
遗嘱继承与法定继承哪个优先……… 99

遗　赠………………………………… 99
养子女有权接受生父母的遗赠吗…… 99

遗嘱与遗赠扶养协议哪个优先……… 99

遗产的处理…………………………… 100
婚前共同出资购买的房产应如何
　分割……………………………… 100
如何办理股票继承手续……………… 100
要继承遗产，债务必须一并"继承"
　吗………………………………… 100
公民可以将遗产指定归子女个人所
　有吗……………………………… 100

合同篇
——理智交易警惕陷阱

合同的订立与效力…………………… 102
合同签订需自愿，乘人之危不合法… 102
高价牟取不正当利益的买卖合同是无效
　的吗……………………………… 102
未成年人签订的合同是否有法律
　效力……………………………… 103
没有签订书面合同，但已履行完毕是否
　有效……………………………… 103
一方没有签字，但是已履行的合同有
　效吗……………………………… 104
公司不同意确定中标人，能拒绝签合
　同吗……………………………… 104
去电询问情况，对方直接寄来商品且不符
　合自己要求怎么办………………… 105
假意磋商，造成损失怎么办………… 105
口头形式的买卖合同有效吗………… 106

合同履行中的纠纷…………………… 107
合同对交易价格不明确，应当如何
　确定……………………………… 107

合同对交易时间不明确，应当如何
　确定……………………………… 108
对方提前履行合同，造成损失谁来
　担责……………………………… 108
照相馆"如有遗失只赔胶卷费"合法
　吗………………………………… 109
什么是代位权………………………… 109
欠债期间，可以赠予自己的财产给他
　人吗……………………………… 110
什么是先履行抗辩权………………… 111
合同先行履行不符合约定，后行履行该怎
　么办……………………………… 111
什么是不安抗辩权…………………… 111
企业濒临破产，要求中止履行合同是否
　合法……………………………… 112
招聘条件要以合同为准，不要盲目信
　广告……………………………… 113

合同的变更与转让…………………… 113
转让债权，可以不经债务人同意吗… 113

债务转让后，原债务人是否还要承担责任吗 ……………………………… 114
口头约定降低价格，事后没有履行怎么办 ………………………………… 114
让卖方把东西送给他人，还能再向卖方要求交付吗 ……………………… 115

合同的撤销、解除与终止……… 115
合同被撤销，造成的损失谁来赔偿… 115
违约方放弃定金，就可以解除合同吗… 116
双倍返还定金，还是承担一般的违约责任 …………………………………… 117
因他人欺诈而签订的合同可以撤销吗 ………………………………… 117
债务还没到期，能够主张抵消吗…… 118
合同没到期，商场有权解除合同吗… 118
后合同义务如何履行 ……………… 119

违约责任……………………… 119
因别人原因造成违约，就不承担违约责任吗 …………………………………… 119
合同约定向第三人履行义务，义务方应向谁承担违约责任 ……………… 120
承租人不交供暖费，供暖部门有权收取户主违约金吗 …………………… 121
收取定金后不履行合同，须双倍返还定金 ……………………………… 121
定金，违约金和赔偿金 ……………… 121
违约金与定金同时约定，适用哪一个 … 122
违约金数额大于实际损失，可以按违约金赔偿吗 ………………………… 123
出租车司机因"误时"造成乘客损失，如何赔偿 ……………………………… 123
由第三人造成的违约责任，需分别解决 ……………………………………… 124
违约赔偿中可以请求精神损害赔偿吗 … 124
订立合同时隐瞒事实给对方造成损失，要承担责任吗 …………………… 124
合同中的不可抗力因素……………… 125

因"非典"导致违约，可以免除责任吗 …………………………………… 125
不到约定的单位工作，就不能要回押金吗 …………………………………… 126
替别人运货导致东西损坏，需要赔偿吗 ……………………………………… 126

商品买卖……………………… 127
商品在送货途中损坏，购买人能否要求换货 ……………………………… 127
货物价格没有达成一致，买卖合同能否成立 ……………………………… 127
试用期过后，试用的产品一定要购买吗 …………………………………… 127
买到东西后发现不符合要求怎么办… 128
买卖合同中一定要交付物品，所有权才发生转移吗 ……………………… 128
没有按约定时间提货导致货物损毁，损失谁来承担 ……………………… 129
交付之后产下小羊，归谁所有……… 129
货物在承运中损毁，买方还是卖方负责 ……………………………………… 130
商品房已交付但没过户，发生火灾损失由谁来承担 ……………………… 130
货物在途中灭失，未作约定的，损失由买方承担吗 ……………………… 130
双方都存在违约情况怎么办………… 131
商场延时交付空调，按新价格还是原价格 …………………………………… 131
购买假化肥遭受损失，两倍赔偿…… 132
货物包装不合格导致途中损坏，责任由谁来承担 ………………………… 132
卖方交付的商品与样品不一致，构成违约吗 ……………………………… 133
样品需要封存，退货还款好商量…… 133

物品赠予……………………… 134
经过公证的赠予能撤销吗…………… 134
哪些情形下，可以撤销赠予………… 134

赠予物有瑕疵，致人损失谁来赔偿⋯ 134
赠予物致人伤害怎么办⋯⋯⋯⋯⋯ 135
赠予人自身经济状况恶化，可以不再赠
　　与吗⋯⋯⋯⋯⋯⋯⋯⋯⋯⋯⋯⋯ 135
赠予物在赠送前丢失怎么办⋯⋯⋯⋯ 135
附有义务的赠予中，不按约定履行义务，
　　可以不再赠予吗⋯⋯⋯⋯⋯⋯⋯ 136
受赠人致使赠予人死亡，赠予人的继承人
　　可以撤销赠予吗⋯⋯⋯⋯⋯⋯⋯ 136

借款贷款⋯⋯⋯⋯⋯⋯⋯⋯⋯⋯ 137

未按约定用途使用借款，借款可提前
　　收回⋯⋯⋯⋯⋯⋯⋯⋯⋯⋯⋯⋯ 137
借款合同没有约定还款时间怎么办⋯ 137
个体工商户贷款，要接受银行的审
　　查吗⋯⋯⋯⋯⋯⋯⋯⋯⋯⋯⋯⋯ 137
未按约定提取借款，也要付利息吗⋯ 138
赌博产生的借贷关系受法律保护吗⋯ 138
借款的利息可以预先从本金中扣除吗⋯ 138
"利滚利"受法律保护吗⋯⋯⋯⋯⋯ 138
用假名签的借条有效吗⋯⋯⋯⋯⋯⋯ 139
欠款不还又无借据，偷偷录音是否
　　合法⋯⋯⋯⋯⋯⋯⋯⋯⋯⋯⋯⋯ 139
借条被撕毁，其复印件能否作为证
　　据呢⋯⋯⋯⋯⋯⋯⋯⋯⋯⋯⋯⋯ 140
事先没有约定利息，事后可以要求支付利
　　息吗⋯⋯⋯⋯⋯⋯⋯⋯⋯⋯⋯⋯ 141
无息借款给好友，逾期不还要利息⋯ 141
个人之间借款，利息可以随便约定吗⋯ 141
借条没有注明年份怎么办⋯⋯⋯⋯⋯ 142
帮邻居写下假欠条，却被起诉借钱不还，
　　怎么办⋯⋯⋯⋯⋯⋯⋯⋯⋯⋯⋯ 143

融资租赁⋯⋯⋯⋯⋯⋯⋯⋯⋯⋯ 144

租赁物损毁，承租人能否解除租赁
　　合同⋯⋯⋯⋯⋯⋯⋯⋯⋯⋯⋯⋯ 144
承租人违反约定，出租人要求解除合同需
　　要赔偿吗⋯⋯⋯⋯⋯⋯⋯⋯⋯⋯ 144
出租房屋的维修费用应该由谁承担⋯ 145

维修过房屋的承租人，租金应视情况
　　而定⋯⋯⋯⋯⋯⋯⋯⋯⋯⋯⋯⋯ 145
可以签订租期为40年的租房合同吗⋯ 145
未签订租赁合同是否为不定期租赁⋯ 145
租期到时未签订新合同而继续居住，原租
　　赁合同还有效吗⋯⋯⋯⋯⋯⋯⋯ 146
租赁期满，租约不能"自动续约"⋯ 146
出租人未按约定交付租赁物，造成损失谁
　　来承担⋯⋯⋯⋯⋯⋯⋯⋯⋯⋯⋯ 147
承租人无权改变承租房屋的用途⋯⋯ 147
在出租房内从事非法活动，出租人可随时
　　解除合同⋯⋯⋯⋯⋯⋯⋯⋯⋯⋯ 148
不按约定使用租赁物，发生事故谁来承担
　　责任⋯⋯⋯⋯⋯⋯⋯⋯⋯⋯⋯⋯ 149
使用租赁物过程中致人损害，谁来承担
　　责任⋯⋯⋯⋯⋯⋯⋯⋯⋯⋯⋯⋯ 149
房东可以随时解除租赁合同吗⋯⋯⋯ 149
承租人享有优先购买权，也享有优先承租
　　权吗⋯⋯⋯⋯⋯⋯⋯⋯⋯⋯⋯⋯ 150
承租人是否应承担报亭的折旧费⋯⋯ 150
门窗老化导致损坏，承租人应否承担赔偿
　　责任⋯⋯⋯⋯⋯⋯⋯⋯⋯⋯⋯⋯ 150
转租他人违法经营，谁来赔偿出租人的
　　损失⋯⋯⋯⋯⋯⋯⋯⋯⋯⋯⋯⋯ 151
承租人不交付房租怎么办⋯⋯⋯⋯⋯ 151
租来的房屋不安全可以要求退房吗⋯ 151

交通运输⋯⋯⋯⋯⋯⋯⋯⋯⋯⋯ 152

擅自变更运输工具，乘客是否可以要求承
　　运人赔偿损失⋯⋯⋯⋯⋯⋯⋯⋯ 152
货运公司擅自改变路线，是否有权
　　索赔⋯⋯⋯⋯⋯⋯⋯⋯⋯⋯⋯⋯ 152
延迟运送货物，造成损失谁来担责⋯ 153
无正当理由，出租车司机可以拒载乘
　　客吗⋯⋯⋯⋯⋯⋯⋯⋯⋯⋯⋯⋯ 153
托运食物变质，铁路部门应该赔偿吗⋯ 153
运输途中行李丢失，承运方担责还是自负
　　责任⋯⋯⋯⋯⋯⋯⋯⋯⋯⋯⋯⋯ 154
托运货物受损应按什么标准进行赔偿⋯ 154

飞机晚点，乘客可以改乘或者退票吗 … 155
降低服务标准，乘客可以要求退票吗 … 155
坐公共汽车发生交通事故，责任在第三
　人，应向谁索赔 ………………… 156
免费搭车受伤，可否要求赔偿 ……… 156
运输过程中未对患病乘客及时救治，客运
　公司承担责任吗 ………………… 156

其他合同……………………… 157
网上购物协议的法律效力，与现实中的合
同相当 …………………………… 157
事先未通知就突然断电，电力公司是否承
　担赔偿责任 ……………………… 157
车辆被扣，停运费谁来承担 ………… 157
非电热公司原因导致暖气不够热，谁来
　担责 ……………………………… 158
银行卡信息被盗，银行是否承担
　责任 ……………………………… 158

物权篇
——私有财产不容侵犯

物权的设立与变更…………… 160
一物卖给两人，谁能取得所有权 …… 160
通过判决、拍卖取得的房屋，何时取得所
　有权 ……………………………… 160
抵押的房屋被损坏，所有权人和抵押权人
　都有权提出赔偿 ………………… 160
车辆买卖未过户发生交通事故，登记车主
　是否承担赔偿责任 ……………… 160
买来车辆未登记，不得对抗善意第
　三人 ……………………………… 161
什么是指示交付 …………………… 161

房屋权益……………………… 162
交付房产证能否作为房屋所有权转移的
　依据 ……………………………… 162
未办理产权过户，房款付清能取得房屋所
　有权吗 …………………………… 162
签订合同却未办理登记，房屋属于买
　方吗 ……………………………… 162
买房没有办理过户登记怎么办 ……… 163
一房两卖如何确定所有权，按照合同还是
　房产证 …………………………… 163

有协议能否不办理房屋过户登记 …… 163
预告登记为购房者带来了什么 ……… 164
经过登记预告的房屋，卖方还可以把它抵
　押吗 ……………………………… 164
房子被错误登记，登记机关应负赔偿责
　任吗 ……………………………… 164
房屋登记错误，申请异议登记来维权 … 165
房屋被错误登记，异议登记有效期是
　多久 ……………………………… 165
通过继承取得的房屋需要登记吗 …… 165
继承房屋时没有过户，转让给他人有
　效吗 ……………………………… 166
抵押的房子出卖给他人，是否有效 … 166
公证内容与事实不符能撤销吗 ……… 166
拥有一半产权的房屋可以过户给别
　人吗 ……………………………… 167
收受定金一方违约，由此产生的纠纷怎么
　解决 ……………………………… 167
拍卖行无法履行承诺移交房产，买方怎
　么办 ……………………………… 167
法院的生效判决，未经登记也能取得所
　有权 ……………………………… 168

土地使用证无法过户怎么办……………… 168
产权证与土地登记簿中的房屋面积不一
　致，以哪个为准………………………… 168

所有权…………………………… 169

不知是赃车而购买是否适用善意
　取得……………………………………… 169
产权证上登记谁的名字，谁就是业
　主吗……………………………………… 169
相机遗失未认领，被拍卖后又遭偷，再度
　认领归何人……………………………… 169
刊登悬赏广告，说到就应该做到………… 170
拾得人将捡得的遗失物损毁，需要承担责
　任吗……………………………………… 170
拾得遗失物拒不归还怎么办……………… 171
珍稀动物适用"先占先得"吗…………… 171
能要回被保管人卖掉的物品吗…………… 171
被征用的物品损毁的，如何赔偿………… 172
将欺骗得来的房产转让，有效吗………… 172

业主权益………………………… 173

与邻居共用的楼梯平台，可以私自圈
　占吗……………………………………… 173
业主有权将自家的露天阳台封闭吗……… 173
业主不同意业主大会的决议，可以不执
　行吗……………………………………… 173
小区内的绿地归谁所有…………………… 174
业主可以更换物业公司吗………………… 174
小区绿地改建停车场，由谁来决定……… 175
小区内的停车位归谁所有………………… 175
小区道路改建停车位，业主需交车位
　费吗……………………………………… 175
房子卖了，还有权继续使用原来的停车
　位吗……………………………………… 175
未租赁小区车位能否免费停车…………… 176
开发商有权将小区停车位卖掉吗………… 176
利用房顶经营商业广告，收益归住户还是
　物业公司………………………………… 177
小区道路改成停车场，收益应归谁……… 177

物业公司可以自行使用建筑的共有部
　分吗……………………………………… 177
物业有权禁止封闭阳台吗………………… 178
物业管理公司能否擅自停水、停电……… 178
自己未参加的业主大会的决议可以不接
　受吗……………………………………… 178
业主可以将自家房屋里的墙拆掉吗……… 179
自家住房变餐馆，需经相关业主同意…… 179
拆迁房被改作商用，遭遇违法拆迁怎
　么办……………………………………… 180
不满物业公司的服务，就可以拒绝支付物
　业费吗…………………………………… 180
噪声扰民，业主如何维权………………… 180

相 邻……………………………… 181

居民将住宅转为商业用途，邻居有权说
　"不"吗………………………………… 181
邻居私搭乱建，影响生活怎么办………… 181
筑坝拦水致别人遭受损失，怎么办……… 182
庄稼地能否通行…………………………… 182
进出无路，是否只能另辟蹊径…………… 182
为装修而搬运建材，邻居不让通行怎
　么办……………………………………… 183
建筑施工、铺设管线可以利用邻居的土
　地吗……………………………………… 183
在自家地上盖房，想盖多高就多高吗…… 183
自建楼房影响邻居采光、通风要赔偿…… 184
如何维护自己的采光权…………………… 184
房地产开发商可以收购"阳光"吗……… 184
楼上音乐打扰楼下住户…………………… 185
噪声危害如何索赔………………………… 185
小区内搬进面粉作坊，居民不堪忍受噪声
　怎么办…………………………………… 185
商铺油烟侵扰邻近居民怎么办…………… 186
空调热风吹入邻居家该怎么解决………… 186
遭遇光污染怎么办………………………… 186
楼上装修危及楼下住户房屋怎么办……… 187
挖地窖导致邻家房屋损坏要赔偿………… 187
能否要求邻居拆除铝扣板………………… 188

邻居墙壁倒塌损害自家物品，是否应
　　赔偿……………………………… 188
截留自来水纠纷怎么解决…………… 188
承包鱼塘的排水纠纷如何解决……… 189
对方排污未超标应不应赔偿………… 189
邻地施工损害相邻地基怎么办……… 189
邻居排水造成污染如何解决………… 190
相邻房屋滴水纠纷如何解决………… 190
在邻居家房屋下铺设管道的协议有
　　效吗……………………………… 190

共有 …………………………… 191

未经一方同意出让共有房屋给邻居，还能
　　追回吗…………………………… 191
未经其他共有人同意，可以擅自出售共有
　　的房屋吗………………………… 191
房屋共有人应怎样承担连带债务…… 192
共有住房能分割吗…………………… 192
母子俩共有的汽车撞伤他人，谁来支付医
　　疗费……………………………… 193
共有人之一致人伤亡，其他共有人要承担
　　连带责任吗……………………… 193
遗产分割后损坏，能要求与其他继承人分
　　担损失吗………………………… 193
共有人对共有财产有优先购买权吗… 194

土地承包经营权与征地补偿… 194

"一地两包"，到底应归谁…………… 194
未规定终期的合同什么时间可以终止… 194
户口迁入城镇后，承包的土地要被收
　　回吗……………………………… 195
没有土地承包经营权证书就没有承包经营
　　权吗……………………………… 195
土地承包经营权到期后怎么办……… 196
没有签订书面合同的土地承包合同有
　　效吗……………………………… 196
转包后引发纠纷怎么解决…………… 196
乡（镇）人民政府有权发包土地吗… 197
发包方可以提前收回土地吗………… 197

自愿退出承包经营的土地后，能否再
　　要回……………………………… 197
破坏基本农田应承担何种责任……… 198
土地承包经营权可以继承吗………… 198
放弃土地承包经营权后，还可以要求继续
　　承包吗…………………………… 199
放弃承包的，能否再耕种承包地…… 199
承包经营土地互换合同可以解除吗… 199
弃耕、撂荒土地，村委会能收回承包
　　地吗……………………………… 200
耕地重新划分以后，还能继续铺设管道取
　　水吗……………………………… 200
占用耕地连续两年未使用，其使用权是否
　　就要被政府收回………………… 200
挖沟安置取水装置需要另交费用吗… 201
"眺望权"应受法律保护吗…………… 201
外嫁女就不能分配征地补偿款吗…… 202
土地补偿费应该给村民还是村委会… 202
养子没改姓就无权分征地补偿款吗… 203
国家因建设征用农村集体所有土地应如何
　　补偿……………………………… 203
村民对安置方案不满怎么办………… 203
死亡人员可否获得征地款…………… 204

建设用地使用权……………… 204

村委会可以转让土地使用权给房地产公
　　司吗……………………………… 204
如何取得建设用地使用权…………… 205
建设用地如何转让…………………… 205
公司签土地出让协议在法律上有效吗… 205
治理水土流失的费用由谁承担……… 206

宅基地使用权………………… 206

宅基地包括住房的附属设施用地吗… 206
宅基地买卖合同和宅基地转让登记谁更
　　有效……………………………… 206
70年到期后我们的房子怎么办……… 207
转为城市户口后，还能继承宅基地的使用
　　权吗……………………………… 207

城镇居民可以购买农村宅基地吗…… 207
房屋和宅基地继承时该怎么分割…… 208
宅基地可以通过遗嘱进行分割吗…… 208
未经同意，村委会将宅基地批给他人怎么办…… 208
盖房时扩大宅基地面积，村委会有权强制拆除吗…… 209
宅基地使用权可以转让吗…… 209
宅基地使用权是否可以单独转让…… 209
宅基地使用权能否单独抵押…… 209
宅基地上的别墅是否可以抵押…… 210
宅基地上的房子倒塌，原来的宅基地使用权还存在吗…… 210
宅基地是否可以继承…… 211
怎样解决宅基地使用权纠纷…… 211
出卖宅基地上的房屋和附着物时，如何处理其宅基地使用权…… 212

抵押担保…… 212

为赌债所做的担保有效吗…… 212
当物的担保与人的担保同时存在时，谁先承担担保责任…… 212
行使抵押权有期限限制吗…… 212
担保物权人对债权可以优先受偿吗… 213
重复抵押如何行使抵押权…… 213
担保物损毁获得的保险金，担保权人可以优先受偿吗…… 214
债务未经担保人同意而转让，担保人还要负担保责任吗…… 214
未经抵押权人同意，抵押物可以转让吗…… 214
当抵押物变为赃物，债权人享有优先受偿权吗…… 215
抵押权人放弃债务人的抵押，担保人可以免除担保责任吗…… 215

房屋出租以后又抵押，抵押权人不能要求承租者搬迁…… 215
共同财产抵押，如何认定抵押有效… 215
"中间人"是保证人吗，应该承担担保责任吗…… 216

质押担保 216

什么是质权？质权自何时起设立…… 216
质物由出质人保管，质权能否得到保护…… 216
质权人私自使用质押物导致损坏怎么办…… 217
擅自转质导致质押物损毁如何处理… 217
质押存单与实际不符，银行是否应当承担责任…… 217
因没有及时行使质权受到损失，责任谁来承担…… 218
质押物有损毁风险的，质权人将其紧急处理合法吗…… 218
未尽保管义务，质权人将质物损毁怎么办…… 219
债务没有到期，可以约定直接以质押物抵债吗…… 219
质押的存折已到期，可以要求取款清偿未到期的债务吗…… 219
抵押权与质权哪一个优先…… 219

占 有 220

善意占有人需要支付物品的磨损费吗…… 220
恶意占有应承担什么责任…… 220
自家房屋被他人出租，租金应归谁… 221
出租房受损，租房人需要赔偿吗…… 221
错收礼品的人需要退货或者付款吗… 222
失主能否私下向小偷夺回被窃物品… 222

劳动保障篇
——维护你的职场权益

应聘中的权益 …………… 224
招工能以身高为由拒人于门外吗 … 224
用人单位在招聘时应当告知哪些
　内容 ………………………… 224
用人单位扣押职工的身份证合法吗 … 224
公司录用新员工时能否收取风险抵
　押金 ………………………… 225
职前培训是否应认为是劳动关系的
　建立 ………………………… 225

劳动合同的签订与效力 …… 225
企业招工不签合同怎么办 ……… 225
进入单位后，什么时候开始签劳动
　合同………………………… 225
利用假文凭骗取工作，劳动合同是否
　有效 ………………………… 226
什么样的劳动合同是无效的 …… 226
劳动合同中"发生伤亡事故概不负责"的
　条款有效吗 ………………… 226
集体合同只适用于在职员工吗 …… 227
劳动合同对劳动报酬和劳动条件约定不明
　怎么办 ……………………… 227
劳动合同无效，已付出劳动的劳动者还能
　拿到工钱吗 ………………… 227
什么情况下应签订无固定期限劳动
　合同 ………………………… 228
用人单位能任意与劳动者约定违约
　金吗 ………………………… 228
没签订劳动合同，如何证明存在劳动
　关系 ………………………… 229
所有的劳动者都要与用人单位签订"竞业
　限制"协议吗 ……………… 229
公司可对哪些人员约定竞业限制条款 … 229

劳动合同到期没续签该如何处理 … 230

劳动合同的履行 …………… 230
原合同中的约定对子公司有效吗 … 230
用人单位不交付劳动合同怎么办 … 230
应以什么形式变更劳动合同 …… 231
用人单位可以强行调换劳动者的工作岗
　位吗 ………………………… 231

劳动合同的解除与终止 …… 231
用人单位违法终止劳动合同怎么办 … 231
无固定期限的劳动合同可以提前解
　除吗 ………………………… 232
对于兼职者用人单位可以解除劳动合
　同吗 ………………………… 232
住院时合同到期，单位可否按期终止
　合同 ………………………… 232
企业重组能否与职工解除劳动合同 … 233
公司董事会决议裁员，就要被辞退吗 … 233
什么情况下劳动者可以解除合同 … 233
职工可以随时解除劳动合同吗 …… 233
解除合同，押金还能要回吗 …… 234
劳动者可以不事先通知用人单位，随时解
　除劳动合同吗 ……………… 234
员工单方解除合同需要赔偿吗 …… 234
解除合同后单位拒绝出具证明怎么办 … 235
开始享受养老保险，劳动合同就应终
　止吗 ………………………… 235
用人单位解除与被判刑劳动者的合同要支
　付违约金吗 ………………… 235
缓刑犯被解除劳动合同是否合理 … 236
企业可以辞退即将退休的老员工吗 … 236
从事接触职业病危害作业的，企业未对劳

动者做健康检查能否将他辞退…… 236
劳动者患精神病，公司可以辞退吗… 237
公司经营困难，可以大规模裁员吗… 237
学校是否可以单方解除合同 ……… 238

试用、见习 ……………… 238

试用期内劳动者有哪些权利 ……… 238
见习期与试用期有什么区别 ……… 238
试用期间能否随时辞职 …………… 239
试用期内离职是否应当赔偿公司培训费 …………………………… 239
试用期内发现劳动者不符合录用条件怎么办 ……………………… 239

薪酬待遇与休息休假 ……… 240

工作日怎么计算 …………………… 240
非全日制用工的薪酬是如何计算的 … 240
非全日制用工每天都要工作吗 …… 240
加班工资应按照什么标准计算 …… 241
未签劳动合同，双倍工资应从何时起算 ……………………………… 241
有医保住院后就不发工资吗 ……… 241
加班费能计入最低工资吗 ………… 242
工资可以用实物代替吗 …………… 242
什么情况下工资可以延迟支付 …… 242
单位是否应按提高的护士工资标准执行 ……………………………… 243
合同无效就可拒付工资吗 ………… 243
公司被取缔，应找谁讨要工资 …… 243
因出庭作证而耽误工作，公司可以扣发工资吗 ……………………… 243
企业停工期间职工们领不到工资吗 … 244
医疗待遇分正式工和试用期职工吗 … 244
具备什么条件才能领取失业保险金 … 244
不定时工能否索要加班费 ………… 245
申请劳动仲裁超过时效，工资能要回吗 ……………………………… 245
员工自愿加班，索要加班工资无依据 245
职工未休年假公司是否应当补偿…… 246
用人单位能否对职工进行罚款 …… 246
用人单位能否因劳动者拒绝加班而扣发工资 ……………………… 246
用人单位拖欠劳动者工资，劳动者可获赔偿吗 ……………………… 246
用人单位可以采用签订协议的方式延长工作时间吗 ………………… 247
用人单位让员工加班要支付加班费吗 ……………………………… 247
用人单位可以采取固定加班费吗 … 247
实行计时工资制，可以带薪休假吗… 247
缓刑执行期间工资待遇怎么计算 … 248
服务期内是否应该享受工资调整的待遇 ……………………………… 248
解除劳动合同，能拿回被克扣的工资吗 ……………………………… 248
符合哪些条件可以得到供养亲属抚恤金 ……………………………… 248
国庆节加班，能列为补休范围吗 … 249
什么情况下会停止享受抚恤金待遇… 249
病假工资能低于最低工资标准吗 … 249
病假工资如何发放 ………………… 250
残疾人的工资标准比一般人的要低吗 ……………………………… 250
最低工资里包括国家规定的福利待遇吗 ……………………………… 250
国家规定了发工资的具体日期吗 … 251
休婚假期间工资照发吗 …………… 251

女职工与未成年工保护……… 251

怀孕就要被炒鱿鱼吗 ……………… 251
怀孕时被解雇，仲裁请求为何被驳回 ………………………………… 252
我国法律对产假是怎么规定的 …… 252
产假期间的工资按照什么标准发放 … 252
女性职工流产的可以休假吗 ……… 253
女职工待产期间，用人单位可以将其辞退吗 ……………………… 253
女职工孕期劳动合同届满，单位可以终止

劳动合同吗 ………………… 253
怀孕女职工可以拒绝有毒有害的劳动作
　业吗 ……………………… 254
影视公司招录未成年人违法吗 …… 254
未成年工不能从事哪些劳动 ……… 254

违约金与经济补偿金 ………… 255
不能胜任工作被解聘，能要求补偿
　金吗 ……………………… 255
未签订劳动合同，辞职能否要求经济
　补偿 ……………………… 255
经济补偿金的工资基数包括哪些项目 … 256
经济补偿金等需要交纳个人所得税吗 … 256
公司搬迁，辞退员工是否该给予经济
　补偿 ……………………… 256
公司可以约定违约金数额吗 ……… 257
违反保密义务的赔偿标准是什么 … 257
试用期内被辞退有补偿金吗 ……… 257
员工迟到3次被解雇还能获得补偿吗 … 257
劳动者违反"竞业限制"约定要支付违约
　金吗 ……………………… 258
劳动者违约解除劳动合同，要承担违约责
　任吗 ……………………… 258

特殊用工形式 ……………… 258
劳务派遣公司的员工无工作期间就无报
　酬吗 ……………………… 258
公司是否应为派遣员工调整工资 … 259
被派遣的劳动者能要求单位发加班
　费吗 ……………………… 259
被派遣单位解除劳动合同有效吗 … 259
跨地区劳务派遣的工资按什么标准
　执行 ……………………… 260

其他劳动争议 ……………… 260
职工有权拒绝冒险作业吗 ………… 260
企业能对职工重复除名吗 ………… 260
劳动者该怎么维护合法权益 ……… 261
离职后，劳动者档案及私人物品被单位扣
　押怎么办 ………………… 261
用人单位不履行劳动仲裁裁决怎
　么办 ……………………… 261
被判缓刑还能领取养老金吗 ……… 262
用人单位有培训劳动者的义务吗 … 262

损害赔偿篇

——捍卫权益

交通事故损害赔偿 …………… 264
酒后驾车出事故，双方可以私了吗 … 264
违章停车遭遇酒后驾车，责任如何
　承担 ……………………… 264
酒后驾车撞上违章骑车人，机动车一方能
　免除责任吗 ……………… 264
自行车与机动车共同违章，事故责任谁来
　承担 ……………………… 265
司机因骑车人拒不避让强行超车，事故责
　任谁来担 ………………… 265
穿越无人看管的铁路道口被火车撞死，铁
　路部门应否承担责任 …… 265
出租车占用公交站点，引发交通事故责任
　谁担 ……………………… 266
超速车辆撞翻行人，雇员、雇主都要赔
　偿吗 ……………………… 266
刹车突然失灵引发事故，属于交通事
　故吗 ……………………… 266
小区内被车撞伤如何维权 ………… 267
什么是机动车无过错责任 ………… 267

超速行驶的机动车撞上横穿马路的行人，
　　机动车应承担责任吗 …………… 267
双方都存在过错导致交通事故，责任如何
　　划分 …………………………… 267
在高速公路正常行驶的机动车撞上行人可
　　以免责吗 ……………………… 268
驾驶人无证驾驶，将人摔伤谁负责 … 268
无证驾驶人正常行驶发生交通事故，是否
　　需要承担责任 ………………… 268
为躲避横穿马路的骑车人引发交通事故，
　　需要承担责任吗 ……………… 269
被撞不报案，未受伤者要赔偿吗 … 269
交警能否扣留事故车辆所载货物 … 269
交警将已扣留事故车辆放行合法吗 … 269
交通事故行人错，可以拿损害赔偿吗 … 269
什么情况下交通事故可以私了 …… 270
交通事故"私了"的，还能索取赔
　　偿吗 …………………………… 270
受害人遭遇肇事车辆逃逸怎么办 … 270
交通肇事逃逸，要承担更严重的后
　　果吗 …………………………… 270
交通事故认定书应在多长时间内
　　作出 …………………………… 271
故意借交通事故实施自杀，机动车一方要
　　承担责任吗 …………………… 271
10岁少年闯入高速公路，发生事故责任谁
　　承担 …………………………… 271
两机动车相撞伤及骑车人，责任如何
　　承担 …………………………… 272
违规停放的车被撞，谁应承担责任 … 272
路边晒粮食导致交通事故，谁来承担
　　责任 …………………………… 272
未办理过户手续发生事故，出卖方承担责
　　任吗 …………………………… 272
借用他人的车无证驾驶，发生事故责任如
　　何认定 ………………………… 273
交警指挥失误发生事故，应承担责
　　任吗 …………………………… 273
由于路面石块障碍导致事故，谁承担
　　责任 …………………………… 273
与电动自行车发生交通事故，责任如何
　　承担 …………………………… 273
达成赔偿协议后，责任人拒绝履行怎
　　么办 …………………………… 274
不履行调解协议，受害人能不能请求法院
　　强制执行 ……………………… 274
雇佣劳动关系，还是运输合同关系，赔偿
　　责任有差别吗 ………………… 274
因紧急避险造成损害应由谁承担
　　责任 …………………………… 274
异地被撞，按照哪个地区的赔偿金标准
　　索赔 …………………………… 275
交警队未及时出警，受害人可以请求国家
　　赔偿吗 ………………………… 275
受害人家属可以扣留肇事车辆吗 … 275
后续治疗费是否可以待实际发生后再
　　主张 …………………………… 275
是否可以要求赔偿整容费 ………… 276
该不该赔付死亡赔偿金 …………… 276
死亡赔偿金的年数该如何确立 …… 276
雇员承担了刑事责任，雇主还能行使追偿
　　权吗 …………………………… 276
债务人为逃避执行而转移财产怎
　　么办 …………………………… 276
事故车被扣最长时间是多久 ……… 277
违章车辆被拖走，要缴纳拖车费吗 … 277

医疗事故赔偿 ………………… 277

社区医院输血染肝炎该如何举证 … 277
对献血者超量采集血液造成损害，是否应
　　当赔偿 ………………………… 278
哪些情形不属于医疗事故 ………… 278
到无证的私人诊所就医出现意外，不属医
　　疗事故 ………………………… 278
医院把诊室外租，需要承担赔偿责
　　任吗 …………………………… 278
医生说漏病情将病人吓死，医院负责赔
　　偿吗 …………………………… 279

手术后遗症属于医疗事故吗 …………… 279
由于家属原因导致病人死亡，属于医疗事
　故吗 …………………………………… 279
对于危重病人，医院可以拒绝收治吗 … 279
医院不准转院延误治疗，导致患者伤害要
　赔偿吗 ………………………………… 280
手术中停电造成伤害，医院应当承担赔偿
　责任吗 ………………………………… 280
未经同意，医院可以在患者身上试用新
　药吗 …………………………………… 280
未经同意，医院可以擅自对患者实施手
　术吗 …………………………………… 280
医疗事故经多次鉴定的，应以哪一次
　为准 …………………………………… 281
申请医疗事故鉴定有时间限制吗 …… 281
对鉴定结论有异议可以起诉吗 ……… 281
实习生注射麻药出事故，谁来负责 … 281
健康人被当作病人治，医生要承担什么
　责任 …………………………………… 282
患者复印病历资料有哪些规定 ……… 282
医院伪造病历侵犯了患者的哪些
　权利 …………………………………… 282
医疗纠纷协议达成后还能反悔吗 …… 282
医院能拒绝进行尸检吗 ……………… 283
家属对死者尸体逾期不处理，医院可以私
　自处理吗 ……………………………… 283
未经死者家属同意，医院能否擅自解剖
　尸体 …………………………………… 283
手术后纱布被遗留在患者体内，医院要赔
　偿吗 …………………………………… 283
产前检查错误导致孕妇生下残疾儿，医院
　需赔偿吗 ……………………………… 284
到多家医院诊疗导致事故的，应如何主张
　赔偿 …………………………………… 284
由于医院过失导致第二次手术，患者可以
　要求赔偿吗 …………………………… 284
5岁女孩被误诊为性病，医院应负什么
　责任 …………………………………… 285
医疗事故中，应以医务人员还是医院为
　被告 …………………………………… 285
十几年之后发现肾被误摘，时效已过
　了吗 …………………………………… 285
专家未按时接诊，病人能要求医院赔
　偿吗 …………………………………… 285

工伤鉴定及赔偿 …………… 286

签了"免责合同"能免除工伤责任吗 … 286
承诺不要求赔偿还能享受工伤保险待
　遇吗 …………………………………… 286
没有劳动合同，就不能认定为工
　伤吗 …………………………………… 286
维护公共利益，见义勇为致伤属于工
　伤吗 …………………………………… 286
保险代理人在工作中受伤是否属于
　工伤 …………………………………… 287
职工探亲期间受伤，可以认定为工
　伤吗 …………………………………… 287
职工在上班途中骑摩托车不慎摔倒，能否
　认定为工伤 …………………………… 287
职工陪领导吃饭，事后死亡属于工
　伤吗 …………………………………… 287
职工工作期间干私活致伤，是否属于
　工伤 …………………………………… 288
职工被除名，旧伤复发可以向原单位索要
　医疗费吗 ……………………………… 288
职工工伤治疗期间，单位能扣发工
　资吗 …………………………………… 288
职工对伤残等级结论不服，能否提起行政
　诉讼 …………………………………… 288
在不是上下班必经路线上受伤，能被认定
　为工伤吗 ……………………………… 289
上班时间高血压发作受伤，能算工
　伤吗 …………………………………… 289
交通违章受到事故伤害算工伤吗 …… 289
加班途中受伤的，是否属于工伤 …… 289
自由职业者享受工伤保险待遇吗 …… 290
临时工是否享受工伤保险待遇 ……… 290
保姆享受工伤保险待遇吗 …………… 290

已经获得民事赔偿,是否还可以享受工伤
　　待遇 …………………………………… 290
伤残赔偿金额怎么计算 ……………… 291
因工伤死亡的职工,其家属可以得到哪些
　　赔偿 …………………………………… 291
负交通事故全责还能认定为工伤吗 … 291
工作失误导致受伤属于工伤吗 ……… 291
工作中受到的精神损害,能要求工伤赔
　　偿吗 …………………………………… 292
工伤治疗期间享受哪些待遇 ………… 292
工伤事故应到哪些医院进行治疗 …… 292
工伤保险费可以从员工的工资里
　　扣吗 …………………………………… 293
申报工伤必须在一定期限内进行吗 … 293
伤残鉴定后伤势恶化怎么办 ………… 293
单位没有为职工上工伤保险,发生工伤事
　　故怎么办 ……………………………… 293
门诊病历是否能作为认定工伤的
　　证据 …………………………………… 294
县劳动局有权作出工伤认定吗 ……… 294

人身损害赔偿 ………………… **294**

6岁男孩自己摔伤,责任由谁担 …… 294
六旬老汉劝架受损,误工费照赔吗 … 294
帮朋友送货导致受伤,谁来赔偿 …… 295
转移责任的责任状是否有法律效力 … 295
因顾客碰撞服务员烫伤人,餐馆无需负
　　责吗 …………………………………… 295
撞上宾馆的玻璃门受伤,赔门还是
　　赔人 …………………………………… 295
员工伤人,老板连带赔偿吗 ………… 296
帮忙的邻居摔成截瘫,赔偿责任如何
　　承担 …………………………………… 296

教师体罚学生致伤,学校应该赔
　　偿吗 …………………………………… 296
校园内发生车祸,能以交通事故处
　　理吗 …………………………………… 297
校外孩子在校内受伤,学校需要赔
　　偿吗 …………………………………… 297
学生在校伤人,学校和家长都要赔
　　偿吗 …………………………………… 297
儿童放学途中遭遇车祸,学校、家长应承
　　担责任吗 ……………………………… 297
军训时学生猝死,学校和教官责任如何
　　划分 …………………………………… 298
成年学生致人损害,父母应为其垫付赔偿
　　金吗 …………………………………… 298
事故导致胎死腹中,可否提出精神损害赔
　　偿的请求 ……………………………… 298
安全保障有漏洞,经营者应该负
　　责吗 …………………………………… 298
见义勇为者抓小偷时伤了旁人,要赔
　　偿吗 …………………………………… 299
天降横祸致伤,管理部门要赔偿吗 … 299
顽童惹狗伤人,狗主人担责任吗 …… 299
老虎发威伤人,管理员、家长谁该
　　担责 …………………………………… 299
旅客死因不明,铁路部门该担责吗 … 299

精神损害赔偿 ………………… **300**

公开病人隐疾,可以请求精神损害赔
　　偿吗 …………………………………… 300
公司的产品被人谣传致癌,可以要求精神
　　损害赔偿吗 …………………………… 300
精神损害赔偿的请求权可以转让给他
　　人吗 …………………………………… 300

刑事篇
——趋利避害远离雷区

犯罪与刑罚 302
造成恶劣影响但法无明文规定的不
　为罪 302
出卖亲生子女是否构成犯罪 302
强拘熟人索要财物，是否构成犯罪 302
与恋人相约自杀而后后悔，对方自杀身
　亡，算是故意杀人罪吗 302
贩卖假纪念币违法吗 303
由于"不小心"致人死亡是否构成
　犯罪 303
临时工玩忽职守会获罪吗 303
病理性醉酒病人发病期间杀人，构成犯
　罪吗 304
犯罪未遂，是否照样要追究其刑事
　责任 304
恋人一方因拒绝分手而自杀，另一方应负
　刑事责任吗 304
不满16周岁的人犯罪就可以不负刑事责
　任吗 304
未满18周岁的人致人死亡，可以判处死
　刑吗 305
不满16周岁者盗窃又抗拒抓捕并致人死
　亡，该如何定罪 305
不满16周岁绑架他人并致人重伤，该如
　何定罪 305
不能在我国流通、交换币种的假币，不计
　入犯罪数额 306
第二次被公安机关逮捕会从重处罚吗 306
犯罪后主动投案会减轻处罚吗 306
被迫自卫致人死亡要负刑事责任吗 306
犯罪分子对因其造成的损害负担民事赔
　偿吗 307
被判了管制的人，要进监狱服刑吗 307

判死刑缓期执行的，缓期结束后就执行死
　刑吗 307
什么情况下，在监狱服刑的犯罪分子可以
　假释 308
缓刑期间也有退休待遇吗 308
被假释的犯罪分子等于结束服刑了吗 308
在羁押期间怀孕的妇女可以判处死
　刑吗 308
犯罪后逃跑能够"一逃了之"吗 308
无限防卫是什么 309
紧急避险要负刑事责任吗 309
没造成损害，中止犯可免刑罚吗 309
职务上负有特殊义务的人能否紧急
　避险 310
抢劫时被熟人认出而放弃犯罪的，还要处
　罚吗 310
教唆未满18周岁的孩子去抢劫，是否构成
　犯罪 310
教授别人偷盗技巧的行为属于犯罪行
　为吗 311
饭店老板侵占遗忘物的行为违法吗 311
孩子与他人合伙诈称被"绑架"向父母骗
　钱，构成犯罪吗 311
用租来的车辆抵债的行为是否构成
　犯罪 312
给赃车"换装"，也有罪吗 312
私藏"假枪"也犯法吗 312
骗取离婚手续改嫁算重婚 312
婚内强行发生性行为，也构成强奸
　罪吗 313
财务人员私自侵占公司财务是否构成
　犯罪 313
挪用公款后主动还上，是否构成犯罪 313

危害国家、公共安全罪………… **314**

剥夺政治权利是什么意思 …………… 314
把山路上的断崖提示牌拿走导致车祸，构成犯罪吗 ………………………… 314
私藏枪支犯罪吗 ……………………… 314
买卖炸药犯罪吗 ……………………… 315
挪动电线杆造成大面积停电，要负刑事责任吗 ………………………………… 315
炸毁他人机器，构成爆炸罪吗 ……… 315
伪造身份证、毕业证等证件的行为将受到什么处罚 ……………………………… 315
盗用他人身份证复印件应当承担什么责任 ……………………………………… 316
国家机关工作人员上报伪造发票应当受到什么处罚 ……………………………… 316
购买假发票属于刑事犯罪吗 ………… 316
私自仿造国家机关的印章的行为要受到什么处罚 ……………………………… 316
制作警服、警用器械可以销售吗 …… 317
偷走街上的井盖致使行人掉进井里死伤的，构成什么罪 ……………………… 317
为防盗私设电网的行为触犯法律吗 … 317
在公众场合烧毁国旗的行为违法吗 … 317
为了从事医学研究而盗取尸体的行为构成犯罪吗 ……………………………… 318
不小心损毁了国家级保护文物，要受到刑事处罚吗 ……………………………… 318
将禁止出口的珍贵文物私自赠送给外国友人，构成犯罪吗 ……………………… 318
在名胜古迹上刻名字构成犯罪吗 …… 318

破坏市场经济秩序罪 ………… **319**

以假消息严重影响股市交易，是否违法 ……………………………………… 319
骗购经济适用房的行为是否构成犯罪 ……………………………………… 319
这种销售方法是非法传销吗 ………… 319

恶意透支信用卡是否构成诈骗罪 …… 319
以虚假合同骗取银行贷款应负什么责任 ……………………………………… 320
虚报遭窃的数额骗取保险金构成犯罪吗 ……………………………………… 320
强买强卖犯法吗 ……………………… 321
承诺未兑现是合同诈骗吗 …………… 321
暴力抗税的行为要承担刑事责任吗 … 322

侵犯公民人身权利、民主权利罪 …………………………… **322**

随便诬陷诽谤别人构成犯罪吗 ……… 322
公然进入他人住宅进行搜查是否构成犯罪 ……………………………………… 322
派出所工作人员帮朋友找东西进行搜查也违法吗 ……………………………… 322
殴打侮辱他人，寻衅滋事受惩罚 …… 323
囚禁他人索债构成犯罪吗 …………… 323
虐待家人，情节恶劣要被治罪 ……… 323
殴打并抢走学生100元是否构成犯罪 ……………………………………… 324
干涉前女友与别人结婚构成犯罪吗 … 324
与精神病人发生性关系，构成犯罪吗 ……………………………………… 324
在女朋友家安摄像头和窃听器，构成犯罪吗 ……………………………………… 325
丈夫"扣押"妻子，涉嫌犯罪吗 …… 325
打电话、发短信恐吓前女友的行为构成犯罪吗 ……………………………… 325
为了讨还债务而绑架、扣押债务人，构成犯罪吗 ……………………………… 325
把邻居的信件拿走并销毁的行为，要受到什么惩罚 ……………………………… 326
狱警殴打犯人要受到处罚吗 ………… 326
恶毒辱骂他人致使对方自杀，骂人者要承担什么责任 ……………………………… 326
自养的大型猛犬把别人咬成重伤，饲养人要负什么责任 ……………………………… 326

妨害社会管理秩序罪 ………… 327

戏称商场有炸弹，也会被判刑吗 … 327
在网上肆意传播病毒构成犯罪吗 … 327
奸淫幼女，会被从重判刑吗 …… 327
花钱"买媳妇"，会承担什么刑事
　　责任 ………………………… 328
武力抗拒警方解救被拐卖妇女儿童，要承
　　担什么刑事责任 …………… 328
与现役军人的配偶同居，是否属于犯罪
　　行为 ………………………… 328
犯罪嫌疑人袭警属妨碍公务罪还是故意伤
　　害罪 ………………………… 328
在乡间路上发生的事故，驾驶员要承担刑
　　事责任吗 …………………… 329
私自组织他人卖血的行为构成犯
　　罪吗 ………………………… 329
故意传播艾滋病要承担什么刑事
　　责任 ………………………… 329
取钱时打坏提款机要承担刑事责
　　任吗 ………………………… 329
随意砍伐树木的行为构成犯罪吗 … 330
猎杀国家珍稀动物要承担什么刑事
　　责任 ………………………… 330
骗取小孩的钱财构成什么罪 …… 330
通过互联网传播淫秽影片会获罪吗 … 330

明知是假币还持有构成犯罪吗 …… 331
在公共场合突然虚假示警造成伤亡事故
　　的，属于犯罪行为吗 ……… 331
佩带管制刀具吓唬别人，是否构成
　　犯罪 ………………………… 331
在法庭上互殴，要承担什么刑事责任 … 331
帮助犯人逃避司法追捕，要承担什么刑事
　　责任 ………………………… 332
聚众"打砸抢"，要受到什么刑事
　　处罚 ………………………… 332
冒充警察招摇撞骗，要受到什么刑事
　　处罚 ………………………… 332
允许朋友在自己家吸毒，也构成犯
　　罪吗 ………………………… 332
引诱教唆朋友吸毒的，要受到什么刑事
　　处罚 ………………………… 333
公民持有多少毒品就属违法了 …… 333
协助他人将犯罪所得转移，是否构成洗
　　钱罪 ………………………… 333
发生食物中毒事件，食品生产厂家要负刑
　　事责任吗 …………………… 333
拒不执行法院的判决，要承担什么刑事
　　责任 ………………………… 334
窝藏赃物要承担什么刑事责任 …… 334
将借给别人的财物偷偷拿回并接受赔偿，
　　构成什么罪 ………………… 334

日常消费篇
——衣食住行明白消费

服　装 ………………………… 336

服装非主要成分未标识，构成欺
　　诈吗 ………………………… 336
商家处理的商品售出后，能退货吗 … 336
特价商品有质量问题，能退还吗 … 336
促销价格反而高，能告商家欺诈吗 … 336

衣物质量有缺陷造成损害怎么办 … 337
销售假冒商品，附赠的物品在买卖关系解
　　除后是否应退还 …………… 337
洗衣店规定的"行规"合法吗 …… 338
租柜台者杳无踪迹，赔偿责任应由商场承
　　担吗 ………………………… 338

食品 ………………………… 338

购买过期食品，生病住院谁来赔偿 338
饭店收取服务费、纸筷费、开瓶费是否
　合理 …………………………………… 339
顾客餐厅就餐被烫伤，谁负责 …… 340
最低消费规定合法吗 ……………… 340
免费酒水造成的损害，该由谁来买单 … 340
顾客就餐时为第三人所伤，餐厅应否
　赔偿 …………………………………… 341
尚未入店用餐即摔伤，能否要求
　赔偿 …………………………………… 341
在餐厅丢失物品，能否要求经营者
　赔偿 …………………………………… 341
因商品存在瑕疵退货，能否要求商家支付
　交通费 ………………………………… 342
预订的酒席被取消，可以双倍索还定
　金吗 …………………………………… 342
产品致消费者受伤，可以要求赔
　偿吗 …………………………………… 342
酒店可以禁止顾客自带酒水吗 …… 342
打折商品出现质量问题就可以不予退
　货吗 …………………………………… 343
消费者维权可采取哪些途径 ……… 343

美容娱乐 ……………………… 343

不按照优惠券载明的内容履行，属于违约
　行为吗 ………………………………… 343
年卡"猝死"，该由谁承担责任 …… 343
化妆品套装促销，不适合自己怎么办 … 344
真品变"假货"，消费者需要举证吗 … 344
美容变毁容，人身损害、精神损害赔偿责
　任都要担 ……………………………… 344
免费服务泡了汤，商家应该赔偿吗 … 345
找不到打人者，出事场所要担责
　任吗 …………………………………… 345

旅行出游 ……………………… 345

因雨雪天气而缩短行程，旅行社是否应支

付违约金 …………………………… 345
旅行社是否承担违约责任 ………… 345
旅行社遗漏游览景点，赔偿如何
　计算 …………………………………… 346
游客中毒，旅店是否要承担责任 … 346
游客免费游园受伤，公园能免责吗 … 346
宾馆过了中午12点加收半天房租的惯例合
　法吗 …………………………………… 346
游客住宾馆被盗，可以向宾馆索赔吗 … 347

其他商品及服务 ……………… 347

消费者知假买假还能获得双倍赔偿吗 … 347
以产品开封为借口拒退商品，是否侵犯了
　消费者合法权益 ……………………… 347
婚礼录像丢失，顾客要求精神损害赔偿合
　理吗 …………………………………… 348
展销会上质次价低的商品，可以进行退
　换吗 …………………………………… 348
买到质量有瑕疵已作说明的产品，超市承
　担退货责任吗 ………………………… 348
"售出概不退换"，有质量问题商家能免
　责吗 …………………………………… 348
商品宣传效果与实际不符如何维权 … 349
自定"霸王条款"，商店应负责吗 … 349
价廉质不优，商家要负责吗 ……… 349
性能与说明书不符，认定欺诈要赔
　钱吗 …………………………………… 349
未用作商业用途，多余底片影楼可不
　给吗 …………………………………… 350
买农药弄坏花草，经销商是否要负责 … 350
赠品有质量问题可以索赔吗 ……… 350

产品"三包" …………………… 351

售出7日后，可不可以要求退货 …… 351
送货上门没检查，质量问题由谁
　负责 …………………………………… 351
保修期内退换手机还要交纳"换壳费"
　吗 ……………………………………… 351

消费纠纷的解决 ………… 351
消费者有权要求商家兑现"假一赔十"的
　　承诺吗 ………………………… 351
违约责任和侵权责任重合怎么办 … 352
超市免费存包,丢包要赔偿吗 …… 352
手机号码上包装,如何向商家索赔 … 352
奖品有瑕疵,顾客可拒领吗 ……… 352
消费者维权,可以就近选择法院吗 … 353
遭遇强制搜身,消费者有权拒绝吗 … 353
商场可以对消费者"搜身"吗 …… 353
"要发票就不打折"合法吗 ……… 354

知识产权篇

——保护我们的无形产权

商标 ………………………… 356
将他人的注册商标作域名是否构成
　　侵权 …………………………… 356
利用名牌提包做广告构成侵权吗 … 356
某厂为打开产品销路,使用未经注册的商
　　标标识合法吗 ………………… 356
两个企业同时申请一个商标怎么办 … 356

专利 ………………………… 357
委托别人研发产品,研发人是否享有专利
　　申请权 ………………………… 357
老师完成的发明,专利权归本人还是
　　学校 …………………………… 357
服装店明知该产品无专利许可仍然销售,
　　是否构成侵犯专利权 ………… 358

著作权 ……………………… 358
著作权不分老幼,一经征用就需
　　付费 …………………………… 358
著作权与肖像权发生冲突怎么办 … 358
过世作家的作品不涉及个人隐私,可以公
　　开发表吗 ……………………… 359
作品署名权,主要看作者身份吗 … 359
超过30天未回复,就可一稿多投吗 … 359
出版社是否应当向作家的后代支付
　　稿酬 …………………………… 360

为单位和领导撰写的文章是否属于职务
　　作品 …………………………… 360
因职务作品获得的奖励归谁 …… 360
著作权的保护期限有多长 ……… 360
什么情况下属于一稿多投 ……… 361
合同未约定报酬,出版者可以拒付稿
　　酬吗 …………………………… 361
出版社有权要求作者按照他们的意图修改
　　稿件吗 ………………………… 362
著作权被买断后作者还有署名权吗 … 362
继承人可以发表作者生前未发表的作品并
　　署名吗 ………………………… 362
受委托创作的作品,著作权归谁所有 … 363
美术作品,取得了所有权就可以任意处
　　置吗 …………………………… 363
双方在合同中约定侵权责任,出版者就一
　　定无责了吗 …………………… 364
赔偿侵权作品的数额应该按什么标准
　　确定 …………………………… 364
在作品中注明"因无法联系作者"等,就
　　可以使用他人作品吗 ………… 365
作品被他人抄袭,作者可以告出版
　　社吗 …………………………… 366
出版社重印图书必须经著作权人同
　　意吗 …………………………… 366

房产车产篇
——安居乐业

购房签约 ·················· **368**
开发商可以随意提高售房价格吗 ··· 368
买房子支付了首付及部分按揭还能退
　　掉吗 ······················ 368
售楼广告宣传不实，开发商承担违约责
　　任吗 ······················ 368
未写进合同的赠送内容有法律效
　　力吗 ······················ 369
购房后反悔了怎么办 ············ 369
购房违约金应该怎样计算 ········ 369
一房多卖怎么办 ················ 369
对于开发商隐瞒实情，能否要求其双倍
　　赔偿 ······················ 370
与开发商未达成购房协议，购房者能否要
　　求返还支付的定金 ·········· 370
双方未达成一致意见，认购房屋所交定金
　　能否退还 ·················· 371
开发商延期交房，可以要求退房吗 ··· 371
未交付使用的期房能否转让 ······ 371
房价下跌，是否可以退房 ········ 371
私下买卖的私有房屋受法律保护吗 ··· 372
"定金"与"订金"是一回事吗 ······ 372
房子的保修期如何计算 ·········· 372
商品房宣传广告的内容是要约还是要约
　　邀请 ······················ 373
该合同违约责任如何分担 ········ 373

交房收房 ·················· **373**
如何计算开发商延期交房的赔偿
　　责任 ······················ 373
未经消防验收是否可以交房 ······ 373
商品房交房条件是什么 ·········· 374

房间面积有误差，是否要补交房款 ··· 374
房屋质量不合格可以要求退还房
　　款吗 ······················ 374
新房出现质量问题应如何解决 ···· 374
开发商能够以下雨为借口，延迟交
　　房吗 ······················ 375
房屋假层能否按实际建筑面积计算 ··· 375
房屋配套的地下室，合同未约定的能以
　　实际面积计价 ·············· 375
二手房买卖过程中出现质量问题该
　　找谁 ······················ 375
经过质量检查的房子只能要求维修不能
　　退吗 ······················ 376
公摊面积被重复销售怎么办 ······ 376
办理过户手续后，原房主还能拆走原来的
　　空调吗 ···················· 376

房屋贷款与抵押 ············ **376**
贷款买房提前还贷，是守信还是违约 ··· 376
房屋买卖合同解除，按揭贷款怎么办 ··· 377
抵押贷款买房，产权证应押在银
　　行吗 ······················ 377
夫妻双方其中一方不同意能把房子抵押出
　　去吗 ······················ 377

房屋产权与登记 ············ **378**
已卖出的房子能再要回吗 ········ 378
已经登记的买卖合同是否可解除 ··· 378
开发商拖延，业主拿不到房产证该怎
　　么办 ······················ 378
买了夫妻共有的房子过不了户，房产中介
　　有责任吗 ·················· 378

物业纠纷 ……………… 379

物业管理公司可以随意提高物业管理
　费吗 …………………………… 379
家中被盗,物业公司是否要承担
　责任 …………………………… 379
物业管理费是从业主入住才开始
　交吗 …………………………… 379
业主向物业公司交纳停车费,轿车被盗物
　业公司应否赔偿 ………………… 379
物业服务合同未签订,业主可以拒交物业
　费吗 …………………………… 380
业主与前物业公司的约定对新物业公司还
　有效吗 ………………………… 380
因装修漏水导致电梯停运,应当由谁承担
　责任 …………………………… 380
物业公司有权对业主罚款吗 ……… 381
装修时业主对自己的住宅可以任意装
　修吗 …………………………… 381

房屋拆迁 ……………… 381

拆迁范围内的房屋能否出租 ……… 381
房屋在未过户的情况下,拆迁款应
　给谁 …………………………… 381
家庭内部如何分配房屋拆迁补偿 … 382
继母有权分割房屋补偿款吗 ……… 382
被拆迁人有权知道房屋拆迁评估报
　告吗 …………………………… 382
未经行政裁决,房子能否被强制
　拆迁 …………………………… 382
达不成拆迁补偿安置协议怎么办 … 383
房屋拆迁的法定程序是什么 ……… 383
被拆迁人能否选择产权置换 ……… 383
诉讼期间能否对被拆迁房屋进行强制
　拆迁 …………………………… 383
房屋拆迁时能否要求对房屋装修进行
　补偿 …………………………… 384
养父把房产过户给养子,养母是否有权争
　夺房产 ………………………… 384
被拆迁房屋的临街门面前的分摊面积是否
　应补偿 ………………………… 384
租房期间遇到拆迁能否撤销合同 … 384
拆迁造成承租人的损失谁来赔 …… 384

车的购买与维修 ……… 385

刚提的新车有损伤能否要求更换 … 385
修理机动车不当出了问题,可以要求无偿
　返修吗 ………………………… 385
没有按时换证,车管部门就可以进行注
　销吗 …………………………… 385
销售商违约,消费者能否要求双倍返还
　定金 …………………………… 386
买了未付清车款的车辆怎么办 …… 386

宪法篇

——保障公民权利与义务的无敌法王

平等权

★用身高限制应聘者是否侵犯公民平等权

【案例】

2001年12月23日,中国人民银行成都分行在某媒体上刊登招录公务员广告,其中规定招录对象条件之一为"男性身高168厘米,女性身高155厘米以上"。蒋韬恰巧因为身高不符合该招聘单位的要求而丧失报名资格,他认为这种规定侵犯了他所享有的依法担任国家机关公职的平等权和政治权利。蒋韬于是向成都市武侯区法院递交行政诉状,请求法院确认人行成都分行在招聘时限制身高的具体行政行为违法,责令其停止发布该违法启事,公开更正并取消报名资格中的身高歧视。本案被法院受理后,立即成为法律界、学界和新闻媒体关注和争论的话题,本案也被称为"中国宪法平等权第一案"。

【法律解析】

2002年5月21日,成都市武侯区人民法院对"蒋韬诉人行成都分行招录行员行政诉讼"一案作出一审判决,以"原告蒋韬对被告成都分行招录行员规定身高条件的行为提起的诉讼,不属于我国行政诉讼法规定的受案范围,不符合法定的起诉条件"为由,裁定驳回了原告蒋韬的诉讼请求。

案件虽已宣判,当事人也未上诉,但是学界及媒体关于平等权的争论与思考并未停止。许多学者认为此案中成都分行确实侵犯了原告的平等权,因为平等不仅仅是一项原则,也是一项权利。人民银行成都分行招录行员的广告确实以"男性身高168厘米,女性身高155厘米"为标准,而给予了身高在此之下的公民以差别对待,这种差别明显是构成了对这些公民的歧视,而成都分行的工作性质也没有对身高有特殊的要求,因此这种行为确实侵犯了蒋韬的平等权。

【法条链接】

《中华人民共和国宪法》(以下简称《宪法》)第三十三条 凡具有中华人民共和国国籍的人都是中华人民共和国公民。

中华人民共和国公民在法律面前一律平等。

★"男性优先"是否合法

【案例】

某公司招聘项目经理,经过严格的初试、笔试和面试,综合测试下来,林小姐得了第一,张先生第二,但是最终录取的却是张先生。林小姐找到公司负责人讨要说法,负责人则称此项目经理职位男性优先,林小姐不能接受此说法,认为该公司侵犯了其平等权。那么,该公司所称的"男性优先"是否合法?

【法律解析】

根据《宪法》第三十三条的规定,中华人民共和国公民在法律面前一律平等。该公司所称的"男性优先"是不合法的。项目经理并不属于对性别有特殊要求的"不适合妇女的工种",该公司以"男性优先"对公民以区别对待,明显是对女性的歧视,该公司的说法侵犯了林小姐的平等权。

【法条链接】

《宪法》第三十三条 凡具有中华人民共和国国籍的人都是中华人民共和国公民。

中华人民共和国公民在法律面前一律平等。

《中华人民共和国劳动法》（以下简称《劳动法》）第十三条 妇女享有与男子平等的就业权利。在录用职工时，除国家规定的不适合妇女的工种或者岗位外，不得以性别为由拒绝录用妇女或者提高对妇女的录用标准。

【法条链接】

《宪法》第三十八条 中华人民共和国公民的人格尊严不受侵犯。禁止用任何方法对公民进行侮辱、诽谤和诬告陷害。

《中华人民共和国民法通则》（以下简称《民法通则》）第一百零一条 公民、法人享有名誉权，公民的人格尊严受法律保护，禁止用侮辱、诽谤等方式损害公民、法人的名誉。

人权与人身自由权

★什么是人格尊严

【案例】

孙女士去一超市购物，当其离开该店时，店门口警报器一直在鸣响。于是，该店一女保安员上前阻拦孙女士，并将孙女士强行带入保安室，女保安用手提电子探测器对其全身进行检查，还要求孙女士脱去裤子接受检查。孙女士拒绝无效，在女保安及另一女文员在场的情况下，被迫脱裤接受检查，然而女保安并未在孙女士身上搜出任何物品。后来孙女士将女保安告上法庭，认为其侵犯了她的人格尊严。那么，什么是人格尊严呢？

【法律解析】

人格尊严是公民对自身和他人的人格价值的认识和尊重，它要求公民尊重他人的价值，同时也要求他人尊重自己的价值，从而使公民能够作为与他人平等的社会成员而与他人进行正常的交往。人格尊严是和个人的存在相伴随的，它是不可剥夺的，即便是因为违法犯罪而受到制裁的公民，其人格尊严同样应该受到尊重，而不能受到侮辱。

★"三无人员"就可以被随意关押殴打吗

【案例】

2003年3月17日晚，在广州打工的湖北籍青年孙志刚，外出时被天河区黄村派出所民警拦住检查身份证，因未带身份证、暂住证与工作证，被认定为"三无人员"，并带回派出所。孙志刚的同事闻讯后到派出所送去了孙志刚的身份证，但孙志刚仍然被作为"三无人员"送到收容遣送站。3月20日，孙志刚死亡，尸检报告证明孙志刚死前72小时内曾遭致命的毒打。这就是当年轰动全国的孙志刚案。

公民没有携带身份证及暂住证，就可以被关押甚至殴打吗？

【法律解析】

孙志刚因未携带身份证、暂住证，导致在收容所内遭到毒打而身亡，这是收容所人员滥用行政权力的结果，也是一种严重的犯罪行为。我国有关法律明确规定，保障公民的人身权不受侵犯。本案中，收容所的工作人员的行为，严重侵犯了我国《宪法》关于人身权的规定。2003年6月9日，法院对此案进行了一审判决，涉案的违法者也都受到了法律的制裁。

★村委会有权限制村民的人身自由吗

【案例】

村民吴某的摩托车被偷,他向村委会反映怀疑是同村柳某所为。村委会找到柳某问话。柳某坚决否认,村委会主任觉得其态度恶劣,于是便将柳某锁在村委会办公室内,并派人日夜看守,连续三昼夜对其讯问。村委会有权限制村民的人身自由吗?

【法律解析】

村委会无权限制村民的人身自由。人身自由是我国《宪法》确认的公民的基本权利,我国《宪法》明确规定公民的人身自由不受侵犯。任何公民,非经人民检察院批准或者决定或者人民法院决定,并由公安机关执行,不受逮捕。禁止非法拘禁和以其他方法非法剥夺或者限制公民的人身自由,禁止非法搜查公民的身体。本案中,村委会擅自拘禁柳某属于对公民人身自由权的侵犯,属于违法行为。

【法条链接】

《宪法》第三十三条第三款 国家尊重和保障人权。

第三十七条 中华人民共和国公民的人身自由不受侵犯。

任何公民,非经人民检察院批准或者决定或者人民法院决定,并由公安机关执行,不受逮捕。

禁止非法拘禁和以其他方法非法剥夺或者限制公民的人身自由,禁止非法搜查公民的身体。

公民住宅权

★为追查丢失物品,就能随便搜查公民的住宅吗

【案例】

某村村委会丢失了一台办公用计算机,为尽快查个水落石出,村党支部书记林某召开了党支部及村民委员会会议。在林某的建议下,会议决定,对全村进行普遍搜查。于是林某召集来村中10名年轻人,在他的带领下,挨家挨户地搜查了每个村民家庭。请问,村党支部书记林某带人搜查村民家的行为符合法律规定吗?

【法律解析】

林某的行为,触犯了《宪法》的有关规定,侵犯了公民的住宅权,应当承担相应的法律责任。我国《宪法》规定,公民的住宅不受侵犯。搜查是公安机关、人民检察院在办理刑事案件过程中采取的一种侦查措施,它必须按照法律规定的程序进行。林某虽身为村党支部书记,但他无权侵入公民的住宅并实施搜查行为。

【法条链接】

《宪法》第三十九条 中华人民共和国公民的住宅不受侵犯。禁止非法搜查或者非法侵入公民的住宅。

★非法侵入他人家中需承担责任吗

【案例】

小宫是一家私企职工,女友小兰与其分手之后,小宫一直对其纠缠不休。后来,小宫听说小兰有了新男友并与之同居,不禁又气又恨,为索"情债",小宫跑到小兰家,小兰开门后见是小宫,拒绝让他进入,小宫强行进入小兰屋内,小兰

一直要求其离开,小宫就是赖着不走。无奈之下,小兰只好拨打"110"求助。那么,小宫的行为合法吗?

【法律解析】

小宫的行为触犯了《宪法》第三十九条"公民的住宅不受侵犯"的规定,小兰拒绝小宫进入时,小宫强行进入,并且在小兰一直要求其离开的情况下,小宫依然不肯离开,侵犯了小兰的住宅权,小宫应承担相应的责任。

【法条链接】

《宪法》第三十九条 中华人民共和国公民的住宅不受侵犯。禁止非法搜查或者非法侵入公民的住宅。

选举权和被选举权

★具备怎样的条件才有选举权和被选举权

【案例】

村子里马上就要进行换届选举了,上初中的小强(14岁)曾经听老师说过公民具有选举权和被选举权。因此,小强非常想知道,自己也能参加选举吗?到底具备什么条件才有选举权和被选举权呢?

【法律解析】

我国法律规定,中华人民共和国年满十八周岁的公民,不分民族、种族、性别、职业、家庭出身、宗教信仰、教育程度、财产状况和居住期限,都有选举权和被选举权;但是依照法律被剥夺政治权利的人除外。因为小强只有14岁,不符合年龄规定,无法取得选举权和被选举权。

【法条链接】

《宪法》第三十四条 中华人民共和国年满十八周岁的公民,不分民族、种族、性别、职业、家庭出身、宗教信仰、教育程度、财产状况、居住期限,都有选举权和被选举权;但是依照法律被剥夺政治权利的人除外。

★精神病人也具有选举权和被选举权吗

【案例】

某村25岁村民小李平日行为疯癫,神智失常,经医院诊断为重症精神病患者。村里举行换届选举时,没有发给他选民证。其家人认为小李已经年满18周岁,应该具有选民资格。请问,精神病人也具有选举权和被选举权吗?

【法律解析】

并非所有的精神病患者都不具备选民资格,只有在病情严重到无法行使选举权的情况下才不具备。本案中,小李神智失常,被医院诊断为重症精神病患者,病情已经严重到无法行使选举权,因此不具备选举权和被选举权。

【法条链接】

《中华人民共和国选举法》(以下简称《选举法》)第二十六条第二款 精神病患者不能行使选举权利的,经选举委员会确认,不列入选民名单。

★单位可以不发给职工选民证吗

【案例】

某市A区人大换届选举时,B公司员工

孙某等20人在该公司被登记为合法选民,但该公司领导以他们是外来人口为由不发给他们选民证,也没有通知他们参加选举,从而导致他们没能参加投票。为此,孙某等20名员工认为公司领导侵犯了他们的选举权,于是向A区人民法院提起诉讼,要求该公司承担法律责任。请问,单位可以不发给职工选民证吗?

【法律解析】

不可以。本案中,B公司领导侵犯了孙某等人的选举权。我国《宪法》和《选举法》均规定,只要是年满十八周岁的中华人民共和国公民,不分民族、种族、性别、职业、家庭出身、宗教信仰、教育程度、财产状况、居住期限,都有选举权和被选举权。这充分体现了我国选举的普遍性和广泛性。而城市中的外来打工者,只要年龄超过18周岁且没有被依法剥夺政治权利,那么都拥有选举权和被选举权,不能以其没有公司所在地户口为由而剥夺其选举权利。在本案中,B公司领导不能以孙某等20人是外来人口为由而不发给其选民证。

【法条链接】

《宪法》第三十四条 中华人民共和国年满十八周岁的公民,不分民族、种族、性别、职业、家庭出身、宗教信仰、教育程度、财产状况、居住期限,都有选举权和被选举权;但是依照法律被剥夺政治权利的人除外。

★对选民资格有异议怎么办

【案例】

2008年,村民董某因犯罪被法院判处剥夺政治权利2年。2009年春,村委会换届选举,因为董某是村委会主任的亲戚,村里依然给董某发了选民证。这事后来被村民刘某知道,他认为董某不具备选民资格,可他不知道向谁反映。请问,对选民资格有异议该怎么办?

【法律解析】

选举委员会公布的选民名单把不应列入的公民列入,或者应当列入的公民没有列入,对公布的选民名单有不同意见的人,可以向选举委员会提出申诉,选举委员会对申诉意见,应在三日内作出处理决定。申诉人如果对选举委员会的处理决定不服,可以在选举日的五日以前向选区所在地基层人民法院起诉,人民法院受理选民资格案件后,必须在选举日前审结。

【法条链接】

《选举法》第二十八条 对于公布的选民名单有不同意见的,可以在选民名单公布之日起五日内向选举委员会提出申诉。选举委员会对申诉意见,应在三日内作出处理决定。申诉人如果对处理决定不服,可以在选举日的五日以前向人民法院起诉,人民法院应在选举日以前作出判决。人民法院的判决为最后决定。

言论、出版、集会、结社、游行、示威的自由

★言论自由权是无限制的吗

【案例】

一位名叫"草蜢"的网民在上海孔家花园饭店用餐后,在某网站发表了如下言论:"它号称'一座有故事的房子',见他个大头鬼,早给他弄得像乡镇企业家的

屋子了；它号称'一家有好菜的饭店'，这个死不要脸的！"孔家花园见到此言论后，认为此帖侵犯了其名誉权。由于很难得知发表此帖的网民到底为何人，该饭店只好将该网站告上法庭。请问，该网站的行为构成侵权吗？

【法律解析】

虽然我国《宪法》赋予了公民言论自由权，但同时也规定，公民在行使自由和权利的时候，不得损害国家的、社会的、集体的利益和其他公民的合法的自由和权利。

本案中，网民"草蜢"的点评内容已经超过了一般网友评论的范围，夹带具有侮辱性质的谩骂，构成对他人权利的侵犯，超出了法律许可的尺度。而案例中的网站作为一家为社会公众提供交流信息的媒介，对网民通过其网站发表的信息和评论有合理审核的义务。因此被告方的过错行为构成对原告名誉权的侵权。

【法条链接】

《宪法》第三十五条 中华人民共和国公民有言论、出版、集会、结社、游行、示威的自由。

第五十一条 中华人民共和国公民在行使自由和权利的时候，不得损害国家的、社会的、集体的利益和其他公民的合法的自由和权利。

★公民可以自发举行游行吗

【案例】

2005年4月，由于日本在一系列历史遗留问题上的错误态度和错误行为，引起了中国人民的强烈不满。在中国北京、上海等地，先后发生了部分群众和学生自发举行的反日游行示威活动。在活动中，少数社会闲杂人员以游行示威为借口，公然进行打砸公私财物、扰乱社会秩序等行为。请问公民可以自发举行游行示威活动吗？对活动中的打砸行为等要承担法律责任吗？

【法律解析】

我国公民需经过申请，获得主管部门许可后方可进行游行示威活动。我国《宪法》赋予了公民游行示威权。按照法律规定，公民要举行游行示威活动，须提前向公安机关提出申请，得到批准后方可按规定的时间及路线举行游行示威活动。未经公安机关批准，或者没有按照公安机关许可的目的、方式、标语、口号、起止时间、地点、路线等进行的，在进行中出现危害公共安全或者严重破坏社会秩序情况的，均属违法。游行示威要和平地进行，不得携带武器、管制刀具和爆炸物，不得使用暴力或者煽动使用暴力，不得违反相关法律的规定。如果在游行示威活动中出现了违反法律的行为，当事人要依法承担相应的责任。

【法条链接】

《宪法》第三十五条 中华人民共和国公民有言论、出版、集会、结社、游行、示威的自由。

第五十一条 中华人民共和国公民在行使自由和权利的时候，不得损害国家的、社会的、集体的利益和其他公民的合法的自由和权利。

《中华人民共和国集会游行示威法》（以下简称《集会游行示威法》）第七条 举行集会、游行、示威，必须依照本法规定向主管机关提出申请并获得许可。

下列活动不需申请：

（一）国家举行或者根据国家决定举行的庆祝、纪念等活动；

（二）国家机关、政党、社会团体、企业事业组织依照法律、组织章程举行的集会。

国家保护正常的宗教活动。任何人不得利用宗教进行破坏社会秩序、损害公民身体健康、妨碍国家教育制度的活动。

宗教团体和宗教事务不受外国势力的支配。

宗教信仰自由

★拜佛求神属于宗教信仰吗

【案例】

村民龚某身体一直不好，听朋友说某寺庙的菩萨很灵验，于是去该庙里拜佛求神，希望可以借助菩萨的保佑，恢复自己的健康。请问，他这是信仰宗教吗？

【法律解析】

不是，这是搞封建迷信的行为。我国保护正常的宗教活动，而且禁止任何人利用宗教进行破坏社会秩序、损害公民身体健康、妨碍国家教育制度的活动。现实生活中，我们应正确区分宗教信仰和封建迷信。宗教与封建迷信是有着明显区别的。宗教是一种特定形式的思想信仰，宗教还是一种一定形态的文化现象。而封建迷信主要是指那些迷信职业者利用封建社会遗留下来的巫术，进行装神弄鬼、妖言惑众、骗钱害人的活动。

【法条链接】

《宪法》第三十六条　中华人民共和国公民有宗教信仰自由。

任何国家机关、社会团体和个人不得强制公民信仰宗教或者不信仰宗教，不得歧视信仰宗教的公民和不信仰宗教的公民。

★能不能强迫他人信仰宗教

【案例】

信仰佛教的青年胡某与信仰基督教的张某2006年相恋，2009年年底，二人决定到婚姻登记机关登记结婚。正当他们准备举行婚礼的时候，信仰基督教的张某和哥哥向胡某提出了一个要求，要求胡某也必须信仰基督教，否则他们就不结婚。胡某不答应，张某的哥哥于是纠集了家中亲友将胡某"好好教育"了一番，并声称如果胡某不信基督教就休想与自己的妹妹结婚。请问张某和她哥哥的做法对吗？

【法律解析】

张某和她哥哥的做法不对，已经触犯了法律。他们强迫胡某信仰宗教，违反了我国《宪法》关于公民有宗教信仰自由的规定。同时，依照《中华人民共和国婚姻法》（以下简称《婚姻法》）中规定的婚姻自由的原则，法律并不限制不同宗教信仰的男女之间结婚。但是，任何人都不能因双方结婚就强迫对方信仰某种宗教。在不同宗教信仰的当事人之间的婚姻中，双方应从有利于家庭和睦出发，互谅互让、求同存异，创造和谐的婚姻家庭关系。

【法条链接】

《宪法》第三十六条第一款　中华人民共和国公民有宗教信仰自由。

第二款 任何国家机关、社会团体和个人不得强制公民信仰宗教或者不信仰宗教,不得歧视信仰宗教的公民和不信仰宗教的公民。

通信自由权

★为了解思想动向,老师能拆看学生的私人信件吗

【案例】

某省级示范学校高三班主任程某因担心学生早恋会影响学习成绩,对学生的日常举动严加监视。她以了解学生的思想动向为由,经常私自拆看学生的信件,甚至还将学生的大多数信件扣留,不转交给学生本人。班主任程某的这种行为合法吗?

【法律解析】

程某的行为不合法,侵犯了《宪法》赋予公民的通信自由权。通信是人们日常生活中不可缺少的联系方法,通信自由是公民的一项基本的民主权利,因此我国《宪法》规定保护公民的通信自由和通信秘密。隐匿、毁弃、非法拆开他人信件都是对公民民主权利的侵犯,即使是老师,也无权对学生的信件私自拆看或者扣留。侵犯他人通信自由与通信秘密情节严重构成犯罪的,还要承担相应的刑事责任。

【法条链接】

《宪法》第四十条 中华人民共和国公民的通信自由和通信秘密受法律的保护。除因国家安全或者追查刑事犯罪的需要,由公安机关或者检察机关依照法律规定的程序对通信进行检查外,任何组织或者个人不得以任何理由侵犯公民的通信自由和通信秘密。

《中华人民共和国刑法》(以下简称《刑法》)第二百五十二条 隐匿、毁弃或者非法开拆他人信件,侵犯公民通信自由权利,情节严重的,处一年以下有期徒刑或者拘役。

★私藏女友信件,是否侵犯了女友的通信自由权

【案例】

小军一直很介意女友小婷和其前男友阿江保持联系,尽管阿江和他们并不在一个城市,只是节日时互致祝福卡,小军也很不高兴。一次,小婷在小军的书里发现了一封去年阿江给自己寄来的生日贺卡,于是质问小军为什么一直没有交给自己。小军称去年阿江寄贺卡给小婷,自己从物业处经过时看到就替小婷取了回来,但是小军认为小婷不应再和阿江保持联系,才会将信件扣押,这没有什么不对。小婷很是生气,觉得自己的通信自由权受到了侵犯。

【法律解析】

根据《宪法》第四十条的规定,公民的通信自由和通信秘密受法律的保护。而本案中,小军私藏小婷的信件,侵犯了小婷的通信自由权。

【法条链接】

《宪法》第四十条 中华人民共和国公民的通信自由和通信秘密受法律的保护。除因国家安全或者追查刑事犯罪的需要,由公安机关或者检察机关依照法律规定的程序对通

信进行检查外,任何组织或者个人不得以任何理由侵犯公民的通信自由和通信秘密。

受教育的权利与义务

★接受义务教育仅仅是公民的权利吗

【案例】

在社会上一些不良现象的影响下,有的家长形成了"读书无用论"的思想,他们认为孩子花钱读书,即使能考上中专、大学,也找不到工作,跳不出农门,孩子还不如不读书,趁早打工赚钱。还有学生家长认为,接受教育是孩子的权利,孩子可以放弃此项权利。请问,接受义务教育仅仅是公民的权利吗?

【法律解析】

接受义务教育不仅是公民的权利,也是公民必须履行的义务。义务教育是国家统一实施的所有适龄儿童、少年必须接受的教育,是国家必须予以保障的公益性事业。适龄儿童、少年的父母或者其他法定监护人应当依法保证其按时入学接受并完成义务教育。

【法条链接】

《宪法》第四十六条 中华人民共和国公民有受教育的权利和义务。

国家培养青年、少年、儿童在品德、智力、体质等方面全面发展。

《中华人民共和国义务教育法》(以下简称《义务教育法》)第二条第二款 义务教育是国家统一实施的所有适龄儿童、少年必须接受的教育,是国家必须予以保障的公益性事业。

第四条 凡具有中华人民共和国国籍的适龄儿童、少年,不分性别、民族、种族、家庭财产状况、宗教信仰等,依法享有平等接受义务教育的权利,并履行接受义务教育的义务。

★女大学生在校怀孕,学校能将其开除吗

【案例】

2005年5月,某高校大三女生吴某因与男友同居而怀孕。此事被学校知道后,校领导认为此事严重影响了学校声誉,于是责令吴某及其男友写出深刻检查,后又以吴某对错误认识不到位、严肃校纪为由对吴某作出勒令退学的处罚。请问,女大学生在校期间怀孕,学校有权将其开除吗?

【法律解析】

受教育权是《宪法》赋予公民的一项基本权利。法律没有规定在校期间怀孕就要被剥夺受教育权,因此,在本案中,学校可以对吴某及其男友进行惩戒,但无权以严肃校纪、校规为由,勒令她退学,否则就侵犯了公民的受教育权。

另外,自2005年9月1日起,我国《高等学校学生行为准则》和《普通高等学校学生管理规定》正式实施。根据这两个规范性文件,大学生在校期间不仅可以享有性权利,而且还可以结婚。因此,女大学生在校期间怀孕的,学校不能将其开除。

【法条链接】

《宪法》第四十六条第一款 中华人民共和国公民有受教育的权利和义务。

《普通高等学校学生管理规定》第五十二条 对有违法、违规、违纪行为的学生,学校应当给予批评教育或者纪律处分。

学校给予学生的纪律处分,应当与学生违法、违规、违纪行为的性质和过错的严重程度相适应。

妇女权益保护

★丈夫虐待妻子,妻子应该怎么办

【案例】

钢铁厂职工胡某与某中学老师李某是夫妻。胡某是个大男子主义思想严重的人,他一直用"三从四德"的一套来管束妻子,不但要求妻子工资、奖金全部交给他,而且每日还要为他做饭、炒菜、打理家务,稍不如意便恶语相向,李某稍有争辩,胡某就对其拳脚相加。妻子李某受不了丈夫胡某的虐待,她应该怎么办?

【法律解析】

丈夫胡某的行为已经违反了我国法律的相关规定,侵犯了李某在家庭中的平等权及人身权利。李某为了维护自身权益,可以向胡某所在单位和其他组织反映情况,要求对胡某进行批评教育。如果胡某虐待妻子手段和情节恶劣,李某还可以向人民法院提出刑事自诉,要求对胡某的行为进行制裁,也可以向法院提出离婚的诉讼请求,人民法院将根据有关的法律规定,作出切实保障妇女权益的判决和调解。

【法条链接】

《宪法》第四十八条第一款 中华人民共和国妇女在政治的、经济的、文化的、社会的和家庭的生活等各方面享有同男子平等的权利。

★劳动合同中能否包含"禁止生育"条款

【案例】

杨某在一家制药厂找到一份待遇不错的工作,在签订劳动合同时,杨某发现其中有一条规定是合同期内禁止妇女生育。杨某很是疑惑,但姐妹劝说她,你和你丈夫都还没买房呢,也没经济实力养孩子,这时候多赚点钱,以后再要孩子。杨某于是签订了合同。但一年后,杨某还是怀孕了。厂里通知她要么堕胎要么辞工。杨某不禁陷入了两难的境地,她既不想失去工作,更不想把孩子做掉。

【法律解析】

女职工行使其生育权,必然引起自身生理功能发生一系列变化,对所从事的工作带来一定影响,因此,一些用人单位在劳动合同中规定了诸如"禁止生育"等条款,这侵犯了妇女的生育权。我国《宪法》规定,婚姻、家庭、母亲和儿童受国家的保护。《中华人民共和国妇女权益保障法》(以下简称《妇女权益保障法》)规定妇女有按照国家规定生育子女的权利。本案中劳动合同中规定"禁止生育"条款是违法的无效条款。

★丈夫不同意妻子人工流产怎么办

【案例】

小丹在一家公司做职业模特,两年前结婚的时候,丈夫就提出要个孩子,但是小丹希望过几年再要，以免影响自己的职业发展。现在，小丹终于怀孕了，丈夫和婆婆都很高兴，但是小丹偷偷瞒着丈夫，和自己的母亲到医院做了流产，丈夫知道后，认为医院在没有征得自己同意的情况下，就为妻子做了流产手术，应承担赔偿责任。

【法律解析】

《妇女权益保障法》第五十一条规定，妇女有按照国家有关规定生育子女的权利，也有不生育的自由。这是我国法律上给予妇女的特殊保护，妇女自行终止妊娠的这项人身权利，有权独立行使，不需要经过丈夫同意。医院根据妻子的要求，为其实施引产手术，是履行正常的医疗职责，因此，医院的行为没有过错，医院不应承担任何赔偿责任。

未成年人权益保护

★学生上课不认真，老师能体罚吗

【案例】

上三年级的小军非常调皮，上数学课期间，他不认真听课，还经常主动找其他同学讲话。数学老师很头疼，批评了小军多次，但小军仍是如此。一怒之下，数学老师罚小军去操场外面站立。请问老师能体罚学生吗？

【法律解析】

学生上课不认真，老师可以批评，但不能体罚，对此，我国多部法律都作出了明确的规定。如《中华人民共和国未成年人保护法》（以下简称《未成年人保护法》）第五条、第六十三条规定，学校、幼儿园的教职员应当尊重未成年人的人格尊严，不得对未成年学生和儿童实施体罚、变相体罚或者其他侮辱人格尊严的行为。学校、幼儿园、托儿所的教职员对未成年学生和儿童实施体罚或者变相体罚，情节严重的，由其所在单位或者上级机关给予行政处分。老师体罚学生造成严重后果，构成犯罪的，追究其刑事责任。

★未成年学生旷课、逃学，学校应怎么处理

【案例】

五年级学生小海学习成绩较差，每次考试都不及格，他觉得自己在同学面前抬不起头，于是产生了厌学的心理。有一段时间，他经常逃学，独自一人去校园外面玩。后来小海逃学的事情被学校知道了，请问学校应该怎么处理？

【法律解析】

学校应该尽快和未成年学生小海的监护人及时取得联系。为了保护未成年人的利益，《中华人民共和国预防未成年人犯罪法》（以下简称《预防未成年人犯罪法》）第十六条规定，中小学生旷课的，学校应当及时与其父母或者其他监护人取得联系。未成年人擅自外出夜不归宿的，其父母或者其他监护人、其所在的寄宿制学校应当及时查找，或者向公安机关请求帮助。收留夜不归宿的未成年人的，应当征得其父母或者其他监护人的同意，或者在24小时内及时通知其父母或者其他监护人、所在学校或者及时向公安机关报告。

★未成年人的发明创造可以申请专利吗

【案例】

初中生小迪是个很爱动脑的孩子，他在课余时间动手制作了很多模型，他希望自己也能发明创造出一些对人类有用的东

西，可是他心里又有一个担忧，自己还未成年，假使真的有一项发明创造，能申请专利吗？

【法律解析】

申请专利和年龄的大小无关，未成年人的发明创造，一样可以申请专利。《未成年人保护法》第四十六条规定，国家依法保护未成年人的智力成果和荣誉权不受侵犯。未成年人的发明创造属于未成年人的智力成果，只要符合法律法规规定的申请专利的条件，就可以申请专利。

★未成年人可以自己更改姓名吗

【案例】

正在上初三的李小福今年15岁，很喜欢文学。随着阅读文学书籍的增多，他逐渐开始对李小福这个名字感到不满意，觉得很俗气，于是很想给自己取一个高雅的名字。可是由于他才15岁，还未成年，他感到有些担忧，他自己能更改姓名吗？

【法律解析】

公民享有姓名权，可以自己决定、使用和改变姓名。未成年人既可以随父姓，也可以随母姓。因此，未成年人可以自己决定更改姓名。但是，根据《中华人民共和国户口登记条例》（以下简称《户口登记条例》）第十八条第一款，更改姓名不可以随意进行，必须由未成年人本人或者其父母、收养人向户口登记机关申请变更登记。

★未成年人能否进入娱乐场所

【案例】

暑假期间，8岁的小明来到表姐家玩。一天，表姐的几个大学同学来邀请表姐去舞厅跳舞，小明听到后，也想跟着表姐一起去玩，可是表姐告诉他，未成年人是不可以进入娱乐场所的。请问小明能进入舞厅玩耍吗？

【法律解析】

不可以。禁止未成年人进入娱乐场所，是为了保护他们的身心健康。根据《未成年人保护法》的有关规定，营业性歌舞娱乐场所、互联网上网服务营业场所等不适宜未成年人活动的场所，不得允许未成年人进入，电子游戏场所只有在国家法定假日才向未成年人提供。否则，文化行政管理部门可以给予警告、停业整顿、没收违法所得或罚款的处罚；情节严重的，工商行政部门可以吊销其营业执照。

★未成年人有不良行为，监护人该怎么办

【案例】

初中生刘某近来经常与社会上一些不三不四的人混在一起。受那些人的影响，刘某学会了抽烟，说脏话，还动不动就打骂同学。后来刘某的行为被班主任和他的养父母发现，他们应该怎么办？

【法律解析】

未成年人的不良行为，是指轻微违法或违背社会公德的行为，如旷课、夜不归宿、打架斗殴、辱骂他人、参与赌博或者变相赌博等，《预防未成年人犯罪法》第二十二至二十四条规定，父母或者其他监护人对未成年人有直接教育责任，应当以健康的思想、品性和适当的方式教育未成年人，引导未成年人进行有益身心健康的活动，预防和制止未成年人的不良行为；学校发现未成年人有不良行为的，应当对其加强教育管理，而不可以不闻不问，任由其实施不良行为，更不可以歧视有不良行为的未成年人。

公民的基本义务

★政府处罚不愿服兵役者是否合法

【案例】

20岁的男子秦某是2008年冬季征兵的应征公民,入伍应征体检及政治审查都合格。但他听别人说当兵很苦,因此不愿服兵役,并于同年12月外出,从而逃避了兵役。为此,秦某所在县政府征兵办公室根据有关法规,对他作出"给予一次性罚款1500元""劳动部门两年内不予以开具招工证明,乡政府、村民委员会3年内不安排其进乡、村办企业工作"处罚。请问,县政府征兵办公室对秦某的处罚决定合法吗?

【法律解析】

县政府征兵办公室对秦某作出的处罚决定是符合法律规定的。服兵役是我国公民的宪法性义务,每个适龄青年都应依法服兵役,履行自己的神圣义务。秦某作为适龄青年,身体合格,政治审查也合格,但因为怕吃苦而逃避服兵役。这一行为是对《宪法》的破坏,必须受到严厉的惩处。

★计划生育只是女人的事吗

【案例】

男青年马某与女青年何某婚后连续生了两个女孩。因为马某是家中独生子,为了不断"香火",他便想让妻子再生一个男孩。当何某再次怀孕后,村妇女主任找到马某,要他协助动员妻子去做流产,马某却对妇女主任说:"计划生育是你们女人的事,你别找我们老爷们儿。"而在暗中却以暴力、胁迫等手段坚决阻止妻子做流产,以达到再次生育的目的。

【法律解析】

本案中,马某破坏计划生育的行为既违反了国家规定的义务,又侵犯了他的妻子何某的合法权益,是要受到法律追究的。

我国《宪法》规定,婚姻、家庭、母亲和儿童受国家的保护。夫妻双方都有实行计划生育的义务。《婚姻法》也规定,夫妻双方都有实行计划生育的义务。生儿育女、计划生育,不只是丈夫或妻子个人的事,而是夫妻共同的责任。所以说,本案中马某所谓的"计划生育是女人的事"是非常错误的,是违反《宪法》精神的。

★公民为什么要向国家纳税

【案例】

2006年,某著名歌星因涉嫌偷税漏税被公安机关正式逮捕。由于有一部分明星偷税漏税,北京一些重点城区地税局的所得税科都有一本明星纳税档案,以对演艺界的高收入人群进行重点监控,同时对公众普及纳税知识,举办有关纳税知识的讲座,在这些讲座上常能看到一些大腕儿明星认真听课的身影,普通公众及明星依法纳税的意识得到了提高。那么,公民为什么要向国家纳税呢?

【法律解析】

税收是国家为了实现其职能,依照《宪法》和法律规定,向企事业单位和公民个人无偿地取得财政收入的一种手段。我国《宪法》规定,公民有依法纳税的义务。《刑法》中也专门规定了涉税的犯罪,同时,国家还制定了一系列有关税收征收管理的法律,以保障税收征管的顺利进行。税收的本质是无偿性的、强制性的;其用途是"取之于民,用之于民"。偷逃税款的行为不但违反了《宪法》所规定的基本义务,而且其实质是侵吞公众财产,扰乱正常经济秩序,践踏公平竞争原则,因此要受到法律的严惩。

民法通则篇

——民事权益民事活动

公民民事权利能力与民事行为能力

★"住所"和"居所"是一回事吗

【案例】

楚某原户籍所在地是北京市,2005年楚某从北京市迁出,迁往上海市,在去户籍登记处的路上发生了车祸,后住院半年。出院后,楚某在上海市一朋友家休养一年,未办理任何登记手续。身体康复后他又前往深圳打工,并依法在深圳办理了暂住证,居住期限为六个月。现在楚某决定为自己购买一份保险,那么他的法定住所一栏应如何填写呢?

【法律解析】

楚某仍应依照自己在北京市的户籍所在地地址填写。我国法律规定公民的法定住所地以户籍所在地为准,经常居住地与住所不一致,应以经常居住地为准。所谓经常居住地,是指公民离开住所地最后连续居住一年以上的地方,住医院治病的除外。司法解释规定,公民由其户籍所在地迁出后至迁入另一地之前,无经常居住地的,仍以其原户籍所在地为住所。本案中因为楚某在上海期间没有办理任何登记手续,所以不能视为在上海的一年间为其经常居住地。综上所述,由于楚某从北京迁出后并没有经常居住地,所以其法定住所仍应以北京的户籍所在地地址为准。

【法条链接】

《民法通则》第十五条 公民以他的户籍所在地的居住地为住所,经常居住地与住所不一致的,经常居住地视为住所。

《最高人民法院关于贯彻执行〈中华人民共和国民法通则〉若干问题的意见》(以下简称《民法通则意见》)第九条 公民离开住所地最后连续居住一年以上的地方,为经常居住地。但住医院治疗的除外。

公民由其户籍所在地迁出后至迁入另一地之前,无经常居住地的,仍以其原户籍所在地为住所。

★对婴儿出生日期有异议,以什么为准

【案例】

眼看着毛毛的周岁生日就要到了,可妈妈却对毛毛的法定出生日期到底是哪一天犯了嘀咕。医院出具的出生证明上记载的是6月5日,在毛毛的户口本上登记的却是6月4日。那么,毛毛的法定出生日期到底应以哪个为准?

【法律解析】

毛毛的法定出生日期应以户口本上的登记日期为准。根据我国有关法律的规定,公民的民事权利能力自出生时开始。出生的时间以户籍证明为准;没有户籍证明的,以医院出具的出生证明为准,没有医院证明的,参照其他有关证明认定。由此可知,认定婴儿出生日期的标准首先为户籍证明。本案中,毛毛的户口本上的登记日期是6月4日,那么,就应认定这一天为法定出生日期。

【法条链接】

《民法通则意见》第一条 公民的民事权利能力自出生时开始。出生的时间以户籍为准;没有户籍证明的,

以医院出具的出生证明为准,没有医院证明的,参照其他有关证明认定。

★5岁的孩子具有民事权利吗

【案例】

小杰家境颇好,2009年6月10日是小杰5岁的生日,为了庆祝这一喜庆的日子,家里每个人都准备了丰厚的礼物。爸爸为小杰购买了人身意外保险,妈妈为小杰购买了一把小提琴,而爷爷用自己的养老金以小杰的名义购买了一套商品房作为生日礼物。请问,小杰能作为买卖合同的当事人购买商品房吗?

【法律解析】

小杰可以成为买卖合同的当事人。因为能否成为合同的当事人,涉及的是权利能力的法律范畴,而不是行为能力的法律关系。我国法律规定公民从出生到生命终止都具有民事权利能力,依法享有民事权利。因此5岁的小杰具有民事权利能力,也依法享有民事权利。法律还规定公民的民事权利一律平等。也就是说,公民的民事权利不因年龄大小而发生改变。在本案中,不管小杰是5岁还是50岁,或者是100岁,他都享有民事权利能力,可以依法行使自己的民事权利。

★7岁的孩子有权接受奖金吗

【案例】

方小姐饲养的一只牧羊犬近日走失,为了尽快找到爱犬,方小姐在电视和报纸上发表寻狗启事:本人丢失牧羊犬一只,有知其下落或者将其送回者将重赏人民币1000元。7岁的小明在放学回家的路上遇到此犬,并将其送还方小姐。方小姐见小明还是个孩子,便以小明无行为能力无权获得奖励为由拒绝支付奖金。那么,7岁的小明真的无权接受奖金吗?

【法律解析】

小明有权获得奖金。虽然我国法律规定了无行为能力人不能亲自实施法律行为,但同时法律也规定了无行为能力人、限制民事行为能力人接受奖励、赠予、报酬,他人不得以行为人无民事行为能力、限制民事行为能力为由,主张其行为无效。也就是说,本案中小明虽然不能亲自实施法律行为,但这并不能成为方小姐拒付奖金的理由,因为启事中所说的1000元符合法律条文中的报酬,因此据此可以认定小明有权利获得1000元的奖金。

【法条链接】

《民法通则意见》第六条 无民事行为能力人、限制民事行为能力人接受奖励、赠予、报酬,他人不得以行为人无民事行为能力、限制民事行为能力为由,主张以上行为无效。

★16周岁少年的交易行为有效吗

【案例】

赵某在过16周岁生日时收到了爷爷奶奶给的8000元红包,赵某很高兴,遂拿着钱自己去商场购买了一台心仪已久的价值8000元的笔记本计算机,后来被赵某父母发现,他们要求赵某将计算机退回,赵某不从。其父母于是拿着笔记本计算机返回商场,以赵某是未成年人为由要求退货。那么,赵某的行为到底是否有效呢?

【法律解析】

赵某买计算机的行为属于法律规定的"效力待定"行为。效力待定是指行为成立时,是有效还是无效尚不能确定,还待以后一定事实的发生来确定其效力的民事行为。具体到本案中，赵某购买计算机的行为是在其16周岁生日的当天，并没有满周岁，满周岁是指过了生日的第二天，可见，赵某并不能视为完全民事行为能力人。限制民事行为能力人订立的合同，经法定代理人追认后，该合同有效。也就是说，赵某买计算机的行为须经其父母追认后才能确定为有效。

【法条链接】

《民法通则》第十二条 十周岁以上的未成年人是限制民事行为能力人，可以进行与他的年龄、智力相适应的民事活动；其他民事活动由他的法定代理人代理，或者征得他的法定代理人的同意。

不满十周岁的未成年人是无民事行为能力人，由他的法定代理人代理民事活动。

《合同法》第四十七条 限制民事行为能力人订立的合同，经法定代理人追认后，该合同有效，但纯获利益的合同或者与其年龄、智力、精神健康状况相适应而订立的合同，不必经法定代理人追认。

相对人可以催告法定代理人在一个月内予以追认。法定代理人未作表示的，视为拒绝追认。合同被追认之前，善意相对人有撤销的权利。撤销应当以通知的方式作出。

★父亲必须偿还儿子欠下的债务吗

【案例】

李某与周某是好朋友。一日，李某逛街时看上一款手机，因身上没带钱，便从同行的周某处借了1500元，并写下借条。后来，李某因犯罪被判处有期徒刑6年。周某遂拿着李某写的借条向李某的父亲讨债。请问，李某父亲是否应替儿子偿还债务呢？

【法律解析】

李某父亲可以不替儿子还债。我国法律规定：18岁以上的公民是成年人，可以独立进行民事活动，是完全民事行为能力人。完全民事行为能力人可以以自己的行为依法确定、变更和废止民事法律关系，并承担其后果。本案中，李某是具有完全民事行为能力的人，并且其所借款项的用途与其父无关，那么，他与周某的借贷民事法律关系仅对李、周两人有约束力。也就是说，只有借债的人，才有还债的法定义务，与其他人无关，所以李某的父亲可以不替儿子偿还债务。

【法条链接】

《民法通则》第十一条第一款 十八周岁以上的公民是成年人，具有完全民事行为能力可以独立进行民事活动，是完全民事行为能力人。

第八十四条 债是按照合同的约定或者依照法律的规定，在当事人之间产生的特定的权利和义务关系。享有权利的人是债权人，负有义务的人是债务人。

债权人有权要求债务人按照合同的约定或者依照法律的规定履行义务。

★未满18周岁的少年打伤人，自己要承担责任吗

【案例】

17岁少年吴某自幼丧母，很早便辍学参加工作，现在他每月的收入不但基本上能养活自己，还能接济家里一点儿生活

费。一天，吴某与同事冯某发生口角，因冯某辱骂吴某是没娘的孩子没有教养，吴某气愤之下将冯某打成重伤。冯某为此花费医疗费用1万元。冯某出院后能否向吴某要求赔偿自己的医疗费用？

【法律解析】

冯某可以向吴某要求其赔偿自己的损失。《民法通则》规定完全民事行为能力人侵权应承担民事责任。完全民事行为能力人的构成要件之一是能以自己的劳动收入为主要生活来源。本案中吴某不但能以自己的劳动收入为主要生活来源，且能接济家里的生活费，应视为完全民事行为能力人。完全民事行为能力人给他人造成侵害的，应当承担民事责任。所以吴某给冯某造成的损失应由其自行承担责任。

监 护

★单亲父母无力抚养孩子，能将孩子送人吗

【案例】

小红的父亲因病早逝，母亲身体状况也很差，根本没有能力抚养小红。小红的母亲只好将其送给一家家境殷实且无子女的远房亲戚收养，很快到民政部门办了收养手续。小红的爷爷知道后非常生气，认为自家的孙女未经其允许就给了别人，于是向法院起诉小红的母亲，称自己也是小红的监护人，其母办的收养手续无效，请求依法取回自己对小红的监护权。那么，小红爷爷的请求会得到法院的支持吗？

【法律解析】

小红爷爷的请求无法得到法院的支持。根据我国有关法律规定，夫妻一方死亡后，另一方如果没有能力抚养子女将其送给他人收养，而收养方对子女的健康成长无不利的，并且又办了合法的收养手续，其收养关系就已成立。其他有监护资格的人不得以收养未经其同意主张收养关系无效。本案中，小红的父亲早逝，母亲又无能力抚养小红才将其送给他人收养，且收养的家庭没有对其健康成长不利，又办了合法的收养手续。因此，小红的母亲将小红送给他人收养的行为有效，小红的爷爷无权干涉。

★亲生父亲能被剥夺监护权吗

【案例】

魏某与甄某婚后一年生下一女小凤。一家三口过得非常幸福。可是好景不长，甄某在一次下班途中遭遇车祸身亡。魏某伤痛不已，很长一段时间无法正常生活，不得已将小凤送到岳母家。经过一年多的调整，魏某渐渐找到了生活的勇气，他决定给女儿小凤更多的爱，让她不致因失去母亲而缺少更多的爱。但当他去岳母家接小凤回家时，岳母却称自己也是小凤的监护人，也有能力抚养小凤，让魏某以后不要再管了。魏某岳母的做法合法吗？

【法律解析】

魏某岳母的行为侵犯了魏某的权利，需要承担相应的民事责任。我国法律规定未成年人的父母是未成年人的监护人。只有出现监护权被剥夺、移转或者消灭，监护权才终止。但剥夺监护权只能由人民法院依法律程序进行，监护权的移转也需要监护人将监护权交他人行使，监护权的消灭只有未成年子女成年或死亡才能立。本案中魏某是小凤的法定监护人，且充分履行了监护人的职责，不存在法律规定的任何除外情形，所以其岳母无权不让魏某抚

养自己的女儿。

【法条链接】

《民法通则》第十六条第一款 未成年人的父母是未成年人的监护人。

第十八条第二款 监护人依法履行监护的权利，受法律保护。

★离婚后，父母该如何行使对孩子的监护权

【案例】

女孩芳芳4岁时父母因生活琐事经常吵架，最终导致离婚。法院判定，芳芳跟母亲生活，父亲按时给芳芳生活费。但离婚后芳芳的母亲就搬离了原来的生活住处，也没有通知前夫。芳芳的父亲思女心切，几经打听终于找到了她们母女，但芳芳的母亲拒绝让前夫见女儿，还声称如果前夫再骚扰她们的话，她会报警。芳芳的爸爸很是苦恼，他能否见到自己心爱的女儿？

【法律解析】

芳芳的爸爸可以见到自己的女儿。我国法律规定，父母是未成年人的法定监护人，依法享有监护权。父母分居或离异，其监护人的资格不受影响。也就是说，与子女共同生活的一方无权取消对方对子女的监护权。除非一方对子女有犯罪行为、虐待行为或者对子女有明显不利的，可以由人民法院取消其监护权。本案中，芳芳的爸爸是芳芳的监护人之一，依法享有监护权，他没有虐待孩子或者明显对其不利的行为，所以芳芳的母亲无权拒绝前夫探视女儿。

★父母可以任意支配孩子的存款吗

【案例】

6岁的小青父母离异，她与母亲一起生活，父亲每月给小青800元生活费，并将一笔10万元的存款以小青的名义存入银行，以备女儿急需。小青母亲生活并不宽裕，因此不时地从小青的账户中取一些钱周济生活。请问，小青的母亲可以任意支配小青的存款吗？

【法律解析】

小青的母亲无权支配小青的存款。未成年人的父母是未成年人的监护人，监护人应当履行监护职责，保护被监护人的人身、财产及其他合法权益，除了被监护人的利益外，不得处理被监护人的财产。本案中，小青父亲的法定监护人身份不受婚姻关系的影响，对小青一样具有监护权。而小青的母亲擅自支取小青存款的行为，不仅侵害了小青的合法权益，也侵犯了前夫的监护权，所以她应该归还前夫为小青准备的存款。

★学生在校期间发生意外，学校需要负责吗

【案例】

9岁的小海是某小学三年级学生。一天下午，体育老师带领全班同学在操场上做游戏。游戏过程中，顽皮的小海不小心撞在一个玩具器材上，造成眉骨破裂，住院治疗花去医药费用2000元。小海的父母认为小海是在学校受的伤，理应由学校承担由此造成的损失，学校则以校方没有责任为由，拒绝承担责任。学校真的不需要负责吗？

【法律解析】

学校应该为此事负责。小海是未成年人，按法律规定属于无行为能力人，他的行为需要监护。我国法律也规定了监护人对未成年人的人身、财产和其他合法权益有监督和保护的义务。具体到本案中，小

海如果在家,其父母是他的法定监护人,而他在学校受到了伤害,此时学校就与小海的父母形成了代理监护关系,体育老师就是他的具体监护人。法律规定监护人不履行监护职责或侵害被监护人的合法权益的应当承担责任,给被监护人造成损失的,应当赔偿损失。所以学校应当承担责任,学校承担责任后,如果老师有过失,学校可以向老师追偿。

【法条链接】

《民法通则》第十八条第一款 监护人应当履行监护职责,保护被监护人的人身、财产及其他合法权益,除为被监护人的利益外,不得处理被监护人的财产。

《民法通则意见》第一百六十条 在幼儿园、学校生活、学习的无民事行为能力人或者在精神病院治疗的精神病人,受到伤害或者给他人造成损害,单位有过错的,可以责令这些单位适当给予赔偿。

★未成年人致人损伤的,由谁承担责任

【案例】

陈某11岁的儿子小军活泼好动,常常惹出一些麻烦。星期天下午,小军在小区内与小伙伴一起玩,不小心将伙伴小鹏推倒了,造成小鹏小腿擦伤,送到医院治疗。后来,小鹏的家长找到陈某,说要告小军。陈某觉得莫名其妙,小军才11岁,告他没有法律依据,小军无须承担责任。陈某的理由成立吗?

【法律解析】

陈某的理由不成立。依据法律规定,被监护人造成他人损害的,由监护人承担民事责任。本案中,小军将小鹏推倒导致其受伤的行为,造成了小鹏的人身伤害,侵害了小鹏的人身利益。根据"对于侵害公民身体造成伤害的,应当赔偿医疗费、因误工减少的收入、残废者生活补助费等费用;造成死亡的,并应当支付丧葬费、死者生前扶养的人必要的生活费等费用"这一法律规定,小军应对小鹏的身体伤害赔偿医疗费用。但因为小军属于限制行为能力人,无力承担民事责任,所以按照上述司法解释的规定,应由其父陈某承担民事责任。

★父母在世,可以由别人成为未成年人的监护人吗

【案例】

小华今年12岁,他的父母身体一向不好,父亲长期卧病在床;更加不幸的是,在去年的一次交通意外中,他的母亲左腿被轧,造成残疾,父母现在已经没有能力抚养小华。同村的耿某很同情小华一家,于是他向小华的母亲提出,让自己担任小华的监护人,抚养小华生活、读书。请问可以吗?

【法律解析】

耿某可以成为小华的监护人。《民法通则》第十六条第一、二款规定,父母是未成年人的监护人,包括亲生父母、有抚养关系的养父母、继父母。如果父母均在世或者有一方还在世,但是缺乏监护能力,如身体患有严重疾病,或经济困难,没有能力抚养子女等,可以由别人来担任未成年人的监护人。

【法条链接】

《民法通则》第十六条 未成年人的父母是未成年人的监护人。

未成年人的父母已经死亡或者没有监护能力的，由下列人员中有监护能力的人担任监护人：

（一）祖父母、外祖父母；

（二）兄、姐；

（三）关系密切的其他亲属、朋友愿意承担监护责任，经未成年人的父、母的所在单位或者未成年人住所地的居民委员会、村民委员会同意的。

对担任监护人有争议的，由未成年人的父、母的所在单位或者未成年人住所地的居民委员会、村民委员会在近亲属中指定。对指定不服提起诉讼的，由人民法院裁决。

没有第一款、第二款规定的监护人的，由未成年人的父、母的所在单位或者未成年人住所地的居民委员会、村民委员会或者民政部门担任监护人。

★受委托照管未成年人，需要承担未成年人致人损害的赔偿责任吗

【案例】

小明的爸爸妈妈因工作需要出国学习半年。在他们出国之前，爸爸妈妈将8岁的小明委托给亲戚孙某照管。在孙某照管期间，一次小明和小伙伴阿毛发生打斗，阿毛受伤。阿毛的父母后来找到孙某，要求其承担赔偿责任。孙某感到很无奈，理由是自己并不是小明的监护人，只是代为看管。请问这种情况，孙某需要承担赔偿责任吗？

【法律解析】

需要视具体情况而定。《民法通则意见》第二十二条规定，监护人可以将监护职责部分或者全部委托给他人。因被监护人的侵权行为需要承担民事责任的，应当由监护人承担，但另有约定的除外；被委托人确有过错的，负连带责任。本案中，小明的爸爸和孙某没有就其委托责任另行约定，可视为全部委托。所以，孙某就此事应承担赔偿责任。

【法条链接】

《民法通则意见》第二十二条 监护人可以将监护职责部分或者全部委托给他人。因被监护人的侵权行为需要承担民事责任的，应当由监护人承担，但另有约定的除外；被委托人确有过错的，负连带责任。

★父母可以随意处分未成年子女的财产吗

【案例】

过年时，亲戚们给12岁的小芳红包总计有1000多元，小芳的爸爸要求小芳将这些钱交给他保管。后来，小芳的爸爸在与朋友赌博时，输掉了其中1000元。小芳的爸爸做法对吗？父母可以随意处分未成年子女的财产吗？

【法律解析】

小芳的爸爸做法不对，父母不可以随意处分未成年子女的财产。《民法通则》第十八条第一款规定，未成年人的父母或者其他监护人可以保管并保护未成年人的财产，其使用或处分该财产必须对未成年人有利。因此父母不可以随意使用未成年人的财产，更不可以将未成年人的财产赠送他人、出售或者做其他对未成年人不利的处分。

★父母可以用子女的财产来赔偿子女造成的损失吗

【案例】

小坤今年10岁,在一次和同学小伟玩耍过程中,因争抢玩具而发生矛盾。小坤随手用手中玩具将小伟打伤,致使小伟头部被砸开一道2厘米长的伤口。小伟父母带小伟到医院治疗,一共花去医疗费800多元。小坤妈妈知道后,主动将亲戚朋友包给小坤的800多元压岁钱赔偿给小伟,并带上小坤一起到小伟家道歉。请问父母可以用子女的财产来赔偿由其造成的损失吗?

【法律解析】

可以。根据《民法通则》第一百三十三条第二款规定,未成年人损坏他人财产或者造成他人人身伤害,原则上应该由未成年人进行赔偿。如果未成年人有自己的财产,比如别人赠送的钱,那么父母就可以用未成年人的钱支付赔偿的费用;如果未成年人没有自己的财产,或者财产不够进行赔偿的,那么父母就应当用自己的钱来赔偿。如果是单位担任未成年人的监护人的,包括未成年人的父母所在单位,未成年人住所地的村民委员会或居委员会以及民政部门,即使未成年人闯祸给他人造成了损害,他人也不能要求这些单位进行赔偿,只能自己承担损失。

宣告失踪和宣告死亡

★什么情况下可以宣告公民失踪

【案例】

石某一直想做个体运输行业,他于2004年5月向别人筹借了3万元买了辆运输车。可石某不知何故于2004年10月离家出走,债主们知道后担心自己的钱无法要回,纷纷去石家讨债。石某的妻子王某为了还债打算变卖运输车,因此于2004年12月向法院申请宣告石某失踪。王某的请求法院应予以支持吗?

【法律解析】

王某的请求得不到法院的支持。我国法律规定公民下落不明满2年的,其利害关系人可以向人民法院申请宣告他为失踪人。由此可见,宣告失踪必须具备三条:(一)须下落不明满2年,下落不明的时间应从最后得不到公民的消息之日起算。(二)须经利害关系人申请。(三)须经人民法院宣告。本案中石某2004年10月离家出走,从2004年10月开始计算,至2006年10月其妻王某才可以向人民法院申请宣告其失踪。所以,王某于2004年12月向法院申请宣告李某失踪是得不到法院支持的。

★丈夫失踪,妻子应为丈夫清还债务吗

【案例】

何某是钟某的妻子,钟某于3年前失踪,何某在向人民法院申请宣告钟某失踪后,成为其财产的代管人。钟某失踪前欠下银行一笔债务,银行向何某催缴债务,遭到其拒绝。请问,何某有义务向银行偿还钟某的债务吗?

【法律解析】

银行可以向何某讨要欠款,何某有义务返还。我国法律规定,失踪人的财产代管人拒绝支付失踪人所欠的税款、债务和其他费用,债权人提起诉讼的,人民法院应将代管人列为被告。具体到本案中,何某依法成为钟某的财产代管人,也应依法承担与之相适应的权利和义务。所以她拒绝清偿钟某失踪前欠银行的债务的行为是

违法的，银行可以将何某作为被告，向法院提起诉讼，依法向其讨要欠款。

★代管人可以自行处理失踪人的财产吗

【案例】

李某早年丧妻，独自一人抚养年仅5岁的儿子。李某在一次进深山打猎后一去不归。两年后，李某的弟弟向法院申请宣告李某为失踪人，依法代管了李某的财产，李某7岁的儿子也由其抚养。后来，李某的弟弟由于无力负担李某儿子的生活、教育费用，便将李某的房子卖掉，用来维持李某儿子的生活、教育费用及一家人的生活开销。对此，李某的亲属意见很大，认为李某的弟弟侵犯了李某的财产权。那么，李某的弟弟能否变卖李某的房产以用于日常开销呢？

【法律解析】

李某的弟弟为李某儿子的生活和教育费用变卖其财产是合法的，但是不应将其作为一家人的生活开销。我国法律规定：失踪人所欠税款、债务和应付的其他费用，由代理人从失踪人财产中支付。其他费用是指赡养费、抚养费、抚育费和因代管财产所需的管理费等必要的费用。在本案中，李某的弟弟因无力负担李某儿子的生活、教育费用变卖其房产的行为是合法的，但将钱作为一家人的生活开销则不合法。

【法条链接】

《民法通则》第二十一条 失踪人的财产由他的配偶、父母、成年子女或者关系密切的其他亲属、朋友代管。代管有争议的，没有以上规定的人或者以上规定的人无能力代管的，由人民法院指定的人代管。

失踪人所欠税款、债务和应付的其他费用，由代管人从失踪人的财产中支付。

《民法通则意见》第三十一条 民法通则第二十一条第二款中的"其他费用"，包括赡养费、扶养费、抚育费和因代管财产所需的管理费等必要的费用。

★当事人并未死亡，他在被宣布死亡期间的民事行为有效吗

【案例】

小徐与网友结伴旅游，从此与家人失去联系，音信全无。5年后小徐的父亲向法院申请宣告其死亡，并依法继承了小徐名下的一处房产。其实小徐并未死亡，他与一女子小惠在偏远的山区结婚、生活。后来，小徐因病去世。去世前小徐立下遗嘱，将自己名下的一处房产留给妻子小惠。小惠后来找到小徐父亲讨要房产，遭到拒绝。那么，小徐在被宣布死亡期间立遗嘱的行为有效吗？

【法律解析】

小徐的遗嘱有效，小惠可要求得到房产。我国法律规定，被宣告死亡和自然死亡的时间不一致时，被宣告死亡所引起的法律后果仍然有效。但自然死亡前实施的民事法律行为与被宣告死亡引起的法律后果相抵触的，则以其实施的民事法律行为为准。本案中，虽然小徐被法律宣告死亡，但实际上他还活着。也就是说，当被宣告死亡与自然死亡相抵触时，以自然死亡为准。当遗嘱与宣告死亡所产生的法律效果相抵触时，以遗嘱为准。所以，小徐立遗嘱的行为是合法有效的民事法律行为，小惠可依此得到房产。

【法条链接】

《民法通则意见》第三十六条 被宣告死亡的人，判决宣告之日为其死亡的日期。判决书除发给申请人外，还应当在被宣告死亡的人住所地和人民法院所在地公告。

被宣告死亡和自然死亡的时间不一致的，被宣告死亡所引起的法律后果仍然有效，但自然死亡前实施的民事法律行为与被宣告死亡引起的法律后果相抵触的，则以其实施的民事法律行为为准。

★当事人被宣告死亡后"复活"，婚姻关系可恢复吗

【案例】

钱某于4年前突然失踪，其妻子韩某依法向人民法院申请宣告其死亡，后回娘家住，并一直未再嫁人。突然有一天，钱某回到家中，来到韩某娘家找到韩某，让她跟他回家。韩某拒绝，钱某认为韩某依然是自己的合法妻子，而韩某则认为钱某被宣告死亡后两人的夫妻关系就不存在了，不同意跟钱某回去。那么，钱某的要求合法吗？

【法律解析】

钱某的要求符合法律规定。我国法律规定，失踪人被宣告死亡后，其与配偶的婚姻关系自死亡宣告之日起消灭。法律同时又规定，在原配偶尚未再婚的情况下，被宣告人被撤销死亡宣告后，两者的婚姻关系自行恢复。因此，本案中，只要钱某向人民法院申请撤销死亡宣告，那么他与原配偶韩某的婚姻关系就自动恢复。所以，韩某不能简单地以钱某被宣告死亡，婚姻关系就自动消灭为由拒绝恢复与钱某的婚姻关系。如果钱某被宣告死亡后韩某改嫁再婚，后又离婚或者再婚后配偶又死亡的，则钱某与韩某的婚姻关系不能自行恢复。

★当事人被宣告死亡后"复活"，能否要回已被转移的财产

【案例】

鲁建业的父亲鲁解放外出务工失踪，被宣告死亡后，鲁建业依法继承了父亲的房产。后因急事，鲁建业不得已将房产卖给朋友唐某，并办理了过户手续。一年后，鲁建业的父亲又重新出现。当他得知自己的房产被儿子卖掉后很生气，要求唐某返还房产，唐某不同意，理由是自己花钱买的房子已经过户，是自己的合法所得。请问，鲁解放还能否要回房产？

【法律解析】

鲁解放无法要回房产。从法条"被撤销死亡宣告的人有权请求返还财产"这一规定来看，鲁解放应该可以要求返还房产。但法律另外规定，被撤销死亡宣告的人请求返还财产的，如果其原物已被第三人合法取得，第三人可不予返还。具体到本案中，鲁建业已经将房产卖给了唐某，并依法办理了过户手续，符合法律所规定的原物已被第三人合法取得这一要件。因此，唐某是房产的合法所有人。鲁解放无法要回房产。

【法条链接】

《民法通则》第二十五条 被撤销死亡宣告的人有权请求返还财产。依照继承法取得他的财产的公民或者组织，应当返还原物；原物不存在的，给予适当补偿。

《民法通则意见》第四十条 被

> 撤销死亡宣告的人请求返还财产，其原物已被第三人合法取得的，第三人可不予返还。但依继承法取得原物的公民或者组织，应当返还原物或者给予适当补偿。

★被宣告死亡人"复活"，能否要回被恶意侵占的财产

【案例】

富商朱某神秘失踪2年后，其儿子小朱依法向法院申请宣告朱某死亡。在公告期间，小朱无意中得知父亲还活着，但为了获得父亲公司的股权，他隐瞒了事实的真相，并迅速将朱某公司的股权低价转让给了万某。后朱某回到家中，得知这一情况后，要求小朱赔偿其股权损失。小朱是否应该向父亲朱某作出赔偿呢？

【法律解析】

小朱应当赔偿其父的股权损失。根据法律的相关规定：利害关系人隐瞒真实情况使他人被宣告死亡而取得其财产的，除应返还原物及孳息外，还应对造成的损失予以赔偿。具体到本案中，小朱隐瞒其父还活着的事实，恶意取得其财产，符合法条的构成要件。也就是说，小朱不但应该依法赔偿其父的股权，还应当赔偿其因股权上涨或其他情况所产生的利益。

合伙与法人

★法人和法人代表应该如何理解

【案例】

李某是某乡镇企业的法人代表，李某在以该企业法人的名义与朋友蒋某合作经营的过程中，由于自身原因给蒋某造成了经济上的损失，蒋某要求李某承担民事责任，李某却以自己不是法人为由拒绝。到底谁应为蒋某的损失承担责任呢？

【法律解析】

作为法人的李某所在企业应当承担责任。法人是具有民事权利能力和民事行为能力，依法独立享有民事权利和承担民事义务的组织，而法人代表则是依照法律或者法人组织章程规定，代表法人行使职权的负责人。由此可见，法人是一种组织，而法人代表则是代表这种组织行使职权的自然人。也就是说，有法人才会有法人代表，当然，没有法人代表的法人也是不存在的。按照我国《民法通则》的规定，企业法人应当对它的法定代表人的经营活动承担民事责任。所以，本案中，李某在经营中给蒋某造成的损失，应由该法人即该案例中的乡镇企业承担民事责任。

★夫妻合伙承包经营的，妻子应该承担亡夫的债务吗

【案例】

村民杨某承包了一个小型林场，其妻谢某也参与经营，经营所得收益除了用于家庭生活外，其余都存了起来。2008年，杨某因林场火灾意外身亡。杨某生前为经营林场曾向朋友刘某借款10万元。现在杨某已经死亡，刘某要求谢某偿还债务，但遭到谢某拒绝。请问，谢某是否应替夫还债呢？

【法律解析】

谢某应该偿还欠款。本案中，杨某与其妻谢某共同经营林场，收益用于家庭生活，其债务依法也应以家庭财产承担。我国法律规定，经家庭共有财产承担责任的，应保留家庭成员的生活必需品和必要

生产工具。所以，谢某应在保留家庭成员的生活必需品和必要的生产工具后，依法承担债务，偿还丈夫杨某的欠款。

★顾客在合伙经营的饭店就餐中毒，应向谁索赔

【案例】

孙某与朋友程某合伙开一家饭店，孙某提供店面，程某负责饭店一切事物，两人五五分成。没想到饭店开张不久，因卫生不达标，顾客吃饭时出现了中毒事件，遭到顾客索赔，孙某和程某相互推托。那么，顾客应该找谁索赔？

【法律解析】

顾客可向他们两人中的任意一人提起索赔，或者向他们两人共同索赔。此案例中，程某是饭店直接经营人，要为中毒事件承担责任。而孙某与程某之间的关系为合伙关系，虽然孙某只提供了铺面，并未参与经营，但按照约定参与了盈余分配，根据相关法规规定，合伙人对合伙债务承担连带责任。因此，孙某也应为此次中毒事件承担连带责任，顾客向他们共同或任一人索赔都可以。

★退伙后还要承担合伙的债务吗

【案例】

赵某、王某与邓某三人合资，办了一家汽车配件店。因经营管理不善，导致配件店严重亏损。后来，王某家有急事需用钱，遂向赵某、邓某提出退伙，赵某、邓某同意。三人经协商约定：王某放弃一切合伙权利，也不承担合伙债务。那么，王某是否可以由此免除对原合伙配件店的债务？

【法律解析】

王某仍应对原合伙配件店的债务承担连带责任。根据相关法律规定，合伙经营期间发生的亏损，合伙人退出合伙时未按约定分担或者未合理分担合伙债务的，退伙人对原合伙的债务，应当承担清偿责任。本案中，虽然赵某、邓某均同意王某不承担合伙期间的债务，但这明显属于未合理分担合伙债务，并不能因此免除王某对合伙期间的债务所应承担的责任。所以，王某仍应对原合伙企业的债务承担责任。

★企业被兼并，所欠债务由谁承担

【案例】

某快餐店欠范某一笔借款，后来该快餐店被某酒店兼并，成立了某餐饮有限公司。范某按期找到原快餐店负责人收账，负责人告诉范某，原快餐店的所有债权债务已由餐饮公司负责。范某于是找到该餐饮公司，要求其支付欠款，可该公司法人代表却说快餐店的债务并未交接。那么，范某到底应向谁要自己的钱？

【法律解析】

餐饮公司应该替快餐店偿还欠范某的借款。我国法律规定：当事人一方发生合并、分立时，由变更后的当事人承担或分别承担履行合同的义务和享有的权利。在范某与快餐店的借款合同有效的前提下，其债权也是合法的，是受法律保护的。快餐店被餐饮公司兼并，根据有关规定，快餐店的债权债务也应由餐饮公司承担。因为原企业的债权债务的移转，属于法定移转，无须征得相对人的同意。所以，餐饮公司称债务未交接是不符合事实的，也是没有法律根据的，范某可依法要求餐饮公司返还原快餐店所欠的借款。

★公司职员造成的损失，应该由谁承担

【案例】

吴某、胡某、刘某为某搬家公司职

员,受公司指派为王某搬家。在搬运过程中,吴某不小心将王某家收藏的古董花瓶打碎,刘某趁机偷走了王某的一件工艺品。王某发现后,找到其搬家公司要求赔偿。搬家公司应赔偿王某的损失吗?

【法律解析】

王某可以要求搬家公司赔偿其古董花瓶的损失。对于被刘某偷走的工艺品,王某只能要求刘某返还。根据法律规定,企业法人对它的法定代表人和其他工作人员的经营活动,承担民事责任。因此,吴某将王某的古董花瓶打碎,属于在经营活动范围内的行为,由此给王某造成的损失应由其法人搬家公司承担民事责任。对于被刘某偷走的工艺品,因为刘某的行为不属于法人的经营活动范畴,而是刘某的个人行为,所以搬家公司对此不承担责任。

【法条链接】

《民法通则》第四十三条 企业法人对它的法定代表人和其他工作人员的经营活动,承担民事责任。

民事法律行为和代理

★什么条件下约定无效

【案例】

70岁老人江某有两个儿子。兄弟两人曾私下作出约定:江某死后所留下的房产归哥哥所有,其他财产不论多少都归弟弟所有。请问,兄弟俩作的约定有效吗?其所附加的是条件还是期限?

【法律解析】

兄弟俩的约定无效,无论是条件还是期限。附条件的民事法律行为,是指在民事法律行为中规定一定条件,并且把该条件是否成就作为确定行为人的民事权利和民事义务生效或者失效的根据的民事法律行为。构成附条件的民事法律行为的要件之一应是合法的事实。附期限是指在民事法律行为中约定一定期限,并把该期限的到来作为行为人的民事权利和民事义务发生、变更、消灭的前提的民事法律行为。本案中,两兄弟约定"父母死后"属于确定会到来的事实,而两人约定的内容确定是处分他人的财产,属于违法行为,所以两人的约定不具有法律效力。

★不小心买了假文物,能否要求将钱退回

【案例】

2008年3月,何某妻子病重,急需用钱。于是他将其收藏的一幅名家山水画卖给孙某。后孙某请专家对画进行鉴定,鉴定结果为这幅山水画乃是仿制品。孙某于是找到何某,要求退回画款。何某不同意,称这幅画是自己祖上传下来的,很多同行也都认为它是真迹。双方争执不下。无奈,孙某只好请求人民法院判定买卖行为无效。请问,孙某这一请求合理吗?

【法律解析】

本案涉及的法律内容属重大误解。重大误解是行为人对自己所进行的民事活动的重要内容产生误解。因为只是认识上的错误而做出的民事行为,这种行为不存在严重违反法律和损害对方利益的主观故意。所以《民法通则》规定:行为人对行为内容有重大误解的,一方有权请求人民法院或者仲裁机关予以变更或者撤销,被撤销的民事行为从行为开始起无效。民事行为被确认无效或者被撤销后,当事人因该行为取得财产,应当返还给受损失的一方。所以,本案中何某与孙某的买卖行

为，其本身都不存在主观上的故意，只是认识上的错误而做出的民事行为，应当依照法律规定撤销买卖合同，何某应当返还孙某的买画款。

★私下订立的虚假协议有效吗

【案例】

叶某因出国学习，决定将自己的一处房产卖掉，后经人联系与彭某达成买房协议。两人经商议，以100万元的价格成交。同时，叶某为了少缴纳买卖房屋的相关契税，与彭某约定：在合同上注明房产价格为60万元，另外的40万元彭某以现金方式支付给叶某。请问，叶某与彭某的协议有效吗？

【法律解析】

叶某与彭某之间的协议无效。我国《民法通则》规定了民事行为无效的构成要件：恶意串通、损害国家、集体或者第三人利益以及以合法形式掩盖非法目的民事行为，统归于无效。本案中叶某与彭某的协议是当事人意思的真实表示，但是，其目的却是恶意串通，为了逃避国家税收。这一行为影响了国家的税收管理制度，损害了国家的利益，明显属于违法行为，所以其双方订立的协议无效。对此，《合同法》也有相应的规定。

★丢弃之物被别人捡到，能否将其要回

【案例】

小东的手表坏了，他认为没有修的价值，于是将其扔进了垃圾箱。后来被环卫工人张某将手表捡回。张某将手表送到维修处修理，修好后自己使用。小东知道后，向张某索要，声称自己当时不知表还能修好才将其扔掉，现在后悔了，张某不同意返还。小东能要回手表吗？

【法律解析】

小东不能要回手表。因为此案涉及的法律关系属于意思表示的范围。意思表示是行为人把进行某一民事法律行为的内心效果意思，以一定的方式表达于外部的行为。也就是说，小东将手表扔进垃圾箱，依据一般的社会观念可以推定其行为是表示他不要这块手表了，符合默示意思表示形式中的推定，所以小东自完成这一行为时，便丧失了对于该手表的所有权，不能再向拾到者张某索回。

★离婚手续可否让别人代办

【案例】

苏某与妻子黄某协议离婚。黄某认为离婚是很没有面子的事情，不愿意亲自办理离婚手续，便委托她的朋友到婚姻登记机关替她办理离婚手续。那么，黄某的朋友能否替她办理离婚手续呢？

【法律解析】

黄某的朋友不能代她办理离婚手续。因为依照法律规定或者按照双方当事人的约定，应当由本人实施的民事法律行为，不得代理。办理离婚登记手续是具有人身性质的，法律规定必须由本人亲自实施的民事法律行为，不能适用代理制度。因此，黄某的离婚登记手续必须由她自己去办理，不得由其他人代办。

★被代理人死亡，代理人的民事法律行为是否还有效

【案例】

孙某委托在国外的朋友吴某代买一种治疗腿痛的药，于是吴某从国外为孙某买了价值5000元的药品。回国后，吴某将药品送到孙某家中。但孙某的儿子告诉吴某说自己的父亲已于一个礼拜前去世，药是

用来给父亲治病的，现在父亲不在了，当然也就用不上药了，让吴某自行处理。吴某很生气，他认为自己事前并不知孙某去世，再说不管孙某是否去世，这药孙家都应该收下。那么，孙家是否应为吴某带回的药付钱呢？

【法律解析】

孙家应为吴某带回的药付钱。我国法律规定，代理人在代理权限内，以代理人的名义实施民事法律行为，其后果由被代理人承担。本案中，吴某购买药品是受孙某的委托才进行的，其行为属民事代理，由此行为所产生的后果应由被代理人的继承人承担。被代理人的遗产由其继承人或受遗赠人继承，那么作为被代理人的债务同样应由其继承人承担，这是符合《中华人民共和国继承法》（以下简称《继承法》）的相关规定的。因此，在本案中，孙某的儿子作为其法定继承人不但继承其遗产，还应当依法承担其债务。

★离职员工以原单位名义与他人签订的合同，有效吗

【案例】

侯某为某电器生产厂的业务员，负责与销售单位签订合同。后来，侯某离职，但仍持有电器厂的合同书。侯某利用电器厂的合同与另一销售单位签订了电器销售合同，对方预付了部分订金，但该销售单位并不知晓侯某已离职。此后，侯某与该销售单位失去联系，该销售单位遂找到电器生产厂家，要求其履行合同，电器厂家认为合同与己无关，予以拒绝。电器厂家应否履行合同？

【法律解析】

电器厂家应当履行合同。本案涉及的法律知识属表见代理的内容。表见代理是因本人与无权代理人的行为之间的关系，具有外表授权的特征，致使相对人有理由相信行为人有代理权而与其进行民事法律行为，使之发生与有权代理相同的法律效果。也就是说，本案中，虽然侯某已经没有了代理权，但他离职后仍持有电器厂家的合同书，这足以使销售单位相信其有代理权，而与他签订合同，在此情况下，侯某签订合同的行为效果应由电器厂家承受，电器厂家也应当履行合同。

★紧急情况下代理权发生转移，因此造成的损失应由谁承担

【案例】

胡某委托李某将一批食品送往A市，途中李某突感身体不适，便将物资交给熟人刘某，请其代为运送，然后去医院看病。在医院内，李某将具体情况打电话通知胡某。胡某不同意，并说刘某与自己有过矛盾，担心其趁机报复。此时刘某已开车上路，结果遭遇暴雨，使部分食品受潮变质。胡某得知这一情况后，要求李某承担损失。请问，胡某的请求能得到法院的支持吗？

【法律解析】

胡某的请求不能得到法院的支持，损失应由被代理人也就是胡某自己承担。根据我国法律，代理人在紧急情况下为了被代理人的利益转代理的，转代理成立。紧急情况是指由于急病、通信中断等特殊原因，委托代理人自己不能亲自办理代理事项，又不能及时与被代理人取得联系，如不紧急转他人代理，会给被代理人造成损失的情形。本案中，李某是因病住院，为了不给胡某的利益造成损失，才将食品转委托给刘某，所以其转代理关系是成立的，也不存在过失，所以损失不应由李某承担。

★代理人与第三人串通，给被代理人造成损失怎么办

【案例】

商人李某将要出国考察，周某听说后，委托李某将自己亲手做的工艺品拿到国外卖掉。在国外，李某将工艺品拿给自己的朋友看，朋友很喜欢，让李某以低价卖给自己，并许诺给李某好处费。李某答应，于是以非常低的价格将工艺品卖给朋友。回国后，李某骗周某说工艺品没人买，不得不便宜处理，周某当时信以为真。后来周某得知实情，那么，周某应该怎么办？

【法律解析】

周某可以向法院主张自己的权利。我国法律规定：代理人和第三人串通，损害被代理人的利益的，由代理人和第三人负连带责任。本案中，因为李某与朋友串通，以极低的价格进行交易，并从中谋利，严重损害了被代理人周某的利益，应依法承担连带责任。所以，周某可以向法院起诉，让李某和他的朋友赔偿自己的损失。

财产所有权与财产权

★捡钱不还又弄丢，失主能否向拾得者索赔

【案例】

中学生刘某（15岁）和高某（15岁）放学后回家，在某路的拐弯处，发现地上有一个黑色塑料袋，二人捡起发现里面是一沓百元钞票。二人躲至僻静处，仔细清点，一共有5000元。二人商量决定，先各拿500元零花，剩下的4000元藏起来，以后慢慢花。不料，两天后，二人去藏钱处取钱时，却发现钱不翼而飞。一个月后，失主卢某得知此事，于是找到刘某和高某的父母，追要丢失的5000元现金。协商无果，卢某只好诉至法院。法院经审理，判令刘某和高某的父母在判决生效后十日内赔偿卢某5000元。

【法律解析】

我国《民法通则》第七十九条第二款规定："拾得遗失物、漂流物或者失散的饲养动物，应当归还失主，因此而支出的费用由失主偿还。"如果刘某和高某捡到钱后，寻找失主或上交学校及有关部门，由此所支出的费用应当由失主卢某来承担，即使途中现金被盗或又丢失，二人也不负返还义务。但是本案中，二人并没有寻找失主，也没有上交学校或有关部门，而是打算将钱分掉，主观上有非法占有该款的恶意，客观上实施了私分以及隐藏行为，因此，对于后来钱又丢失，二人应全部赔付给失主。由于刘某和高某是限制民事行为能力的未成年人，所以由其监护人对此承担赔偿责任。

★拾得者趁机要挟，非法侵占怎么办

【案例】

胡某工作途中丢失一个重要的皮包，内有身份证和一堆文件外，还有1000美元和一个5万元人民币的存折。不久，孙某将包送上门来，开出条件要求支付500美元酬劳。胡某把价砍到200美元，孙某不乐意，威胁不给钱就不还包。这种情况下，胡某该怎么办？

【法律解析】

本案中，拾得人孙某索要的报酬明显超出合理必要的范围，并在商谈未果的情况下，拒绝返还拾得物，已经构成非法侵占。因此失主胡某完全可以通过法律手段

为自己讨回公道，并且可以拒绝向其支付任何费用。

【法条链接】

《民法通则》第七十九条第二款 拾得遗失物、漂流物或者失散的饲养动物，应当归还失主，因此而支出的费用由失主偿还。

《中华人民共和国物权法》（以下简称《物权法》）第一百零九条 拾得遗失物，应当返还权利人。拾得人应当及时通知权利人领取，或者送交公安等有关部门。

第一百一十二条 权利人领取遗失物时，应当向拾得人或者有关部门支付保管遗失物等支出的必要费用。

权利人悬赏寻找遗失物的，领取遗失物时应当按照承诺履行义务。

拾得人侵占遗失物的，无权请求保管遗失物等支出的费用，也无权请求权利人按照承诺履行义务。

★走失的宠物被别人购买，失主可以索还吗

【案例】

郭某的一只名贵宠物狗于几日前走失，后被钟某拾得。邻居赵某见到此狗非常喜爱，也没问钟某狗是哪儿来的，当即决定购买。一天赵某牵狗出门遛弯时被郭某认出，遂要求赵某还狗。赵某称此狗为自己花钱购买，不同意还给郭某。这种情况该如何处理？

【法律解析】

赵某应将狗还给郭某，至于她的损失，可以向钟某讨还。我国《物权法》规定，物品遗失，原所有权人有权讨回。如果该物被转让，则所有权人可以向无处分权人请求赔偿，也可以在规定的时间内向受让人请求返还原物。

★损坏集体财产的怎么办

【案例】

某村的两条道路的交叉口有一座小石桥，桥原宽为1.6米。由于原桥面宽度不足，经大家商议，决定将桥加宽至2.6米，以方便大家出入。但是路西居住的吴某认为不应将桥加宽，多次趁人不备时将桥毁坏。那么，村民有权要求吴某赔偿损失吗？

【法律解析】

根据《物权法》的规定，该石桥属于集体所有，集体所有的财产受法律保护，禁止任何单位和个人侵占、哄抢、私分、破坏。根据《民法通则》的规定，损坏国家的、集体的财产或者他人财产的，应当恢复原状或者折价赔偿。因此，村民可以要求吴某将桥恢复原状并赔偿损失。

★赌博输的钱，想要回，能告他人侵犯自己财产权吗

【案例】

小李与小刘是邻居，两人都喜欢玩牌，有时还会有钱财上的输赢。一天，两人又在一起玩，小李运气不好，输了500元。小李心中郁闷，便要求小刘返还其钱财，遭到小刘的拒绝。小李于是以小刘侵犯其财产权为名将其告到法院。请问，小刘的行为属于侵犯小李的财产权吗？

【法律解析】

小刘没有侵犯小李的财产权。财产所有权是指所有人依法对自己的财产享有占有、使用、收益和处分的权利。本案中，小李将财产作为赌资，其实质是违法行为，不受法律的保护，更谈不上财产权被侵犯。

★购买赃物能取得所有权吗

【案例】

在几年前的一次拍卖会上,何先生以不菲的价格购买了一幅名人字画,可是不久便证实这幅画竟是一件被盗卖的赃物。有关部门找到何先生,要求他物归原主。何先生想不通,自己花了那么多钱通过正规渠道获得的字画,怎么能就这样简简单单地退回去呢?

【法律解析】

何先生拍卖取得的字画由于是被盗赃物,根据有关规定,不能适用善意取得,因此何先生不能取得该字画的所有权,必须物归原主。何先生为此支付的价款,可以请求出卖人偿还。

★挖出的财物,所有权归谁

【案例】

农民宋某挖地基时挖出一个瓦罐,内有5000块银元及一张棉布,棉布上写:葛胜,1940年8月10日。葛胜是同村葛民的祖父。葛民后来了解此事,于是向宋某索回。宋某认为银元是从自家的地基中挖出,应该归己所有,而葛民则认为银元是自己祖父的,现在祖父不在,应该归自己所有,两人因此发生争执。那么,这些银元到底应归谁所有?

【法律解析】

银元应该归葛民所有。《民法通则》规定,所有人不明的埋藏物、隐藏物,归国家所有。而本案中的银元明确标有所有人的姓名、日期,因此该银元不应归国家所有。《民法通则意见》还规定:公民、法人对于挖掘、发现的埋藏物、隐藏物,如果能够证明属其所有,而且根据现行的法律、政策又可以归其所有的,应当予以保护。本案中银元为葛胜所埋,能够证明归其所有。而葛民是葛胜的孙子,依法享有继承权。

★两人共同出资购房,共有权怎么区分

【案例】

范某和朋友小周都是"北漂"一族,两人经协商决定共同出资买房。两人签订了相关合同,共同出资购买了一套两室一厅。但是当范某高兴地往新房搬东西时发现,小周的东西放满了客厅。范某认为自己与小周是平均出资,两人应平均分配屋内面积,但是小周认为自己没有独占客厅,客厅的其他空间大家还可以使用。小周的说法合理吗?

【法律解析】

小周的行为侵犯了范某的房屋共有权。《民法通则》第七十八条规定,财产可以由两个以上的公民、法人共有。按份共有人按照各自的份额,对共有财产分享权利,分担义务。本案中,范某与小周平均出资共同购房,两人对房屋按份共有。小周在客厅放满了自己的东西,使范某无法在客厅摆放其他东西,显然有故意占用客厅的意思,侵犯了范某的房屋共有权。

★夫妻共同拥有的房屋,一方能否擅自买卖

【案例】

赵某和杜某是夫妻,他们结婚后不久购买了一套房子。由于杜某长期在外地工作,夫妻感情没有以前那么亲密。赵某不想再同杜某生活下去,于是,赵某找到街道办事处出具了杜某的死亡证明,然后将房屋卖给了张某,并办理了房屋产权变更登记手续。张某入住大半年之后,杜某从外地工作回来,发现房屋已被卖掉,而

且找不到其妻赵某。于是，杜某向张某要房，张某不答应。请问，房屋的所有权属于谁？

【法律解析】

本案中，赵某与杜某是夫妻，该房屋属于二者共同共有，原则上赵某处分该房屋的行为应为无效。但是，由于杜某在外地工作，赵某又出具了杜某已死亡的证明，房屋的受让人张某无法知道赵某无权处分该房屋，因此，应当认定张某已经尽了合理的注意义务，主观上是善意的。根据《民法通则意见》的规定，赵某将房屋转让给张某的行为是有效的。同时，由于赵某和张某已经办理了房屋产权变更登记手续，房屋的所有权应当属于张某。

★先借后卖，电视机不幸遭雷击，谁来负责

【案例】

周某出于好心把自家的旧电视机借给经济窘迫的邻居余某使用，余某觉得电视质量还算不错，于是主动提出买下这台旧电视机。双方约定，月底的时候正式签订买卖合同。谁知第二天电视机被雷击中，造成严重毁损。余某于是通知周某解除合同，但周某认为，电视机一直由余某使用，损毁了应该由余某负责，双方为此争执不下。那么，余某需要为电视机损毁负责吗？

【法律解析】

余某不需要为电视机损毁负责。当事人采用合同书形式订立合同的，自双方当事人签字或者盖章时合同成立。也就是说，自余某与周某的合同依法成立有效的时候，该电视机才归余某所有。电视机损毁时仍归周某所有，应由周某承担电视机遭雷击的后果。

★儿子将父亲赶出家门，侵占其住房，应负什么责任

【案例】

62岁的老人魏某与儿子魏明一起住在单位分给自己的一套三居室里。魏明刚结婚，老人魏某很高兴，表示儿子、儿媳可以与自己同住。可儿媳并不愿意，魏明于是以房子要装修为由，让魏某去养老院住一阵，装修好后再接他回来。可此后魏某也不见儿子来接自己回家，只好自行回家，没想到儿子已将门锁换掉，魏明还明确告知魏某，让其以后在养老院生活。魏某非常伤心，自己有房子却被赶出家门。请问，魏明是否侵犯了魏某的权利呢？

【法律解析】

魏明侵犯了魏某的财产权。财产所有权是指所有人依法对自己的财产享有占有、使用、收益和处分的权利。作为房屋的产权人，魏某有权居住和使用自己的房屋，任何人不得侵犯其权利。但是，当魏某从养老院回家时，发现儿子将门锁换掉，直接让其以后在养老院生活，魏明的行为足以表现出占有魏某房屋的意思。根据"侵占国家的、集体的财产或者他人财产的，应当返还财产，不能返还财产的，应当折价赔偿"这一法律规定，魏某有权让儿子返还自己的房子。

★有借无还，折价赔偿

【案例】

小周喜欢集邮，朋友小李以观赏为由从小周处借得一册邮集，时价7000元。一月之后，邮市价格大幅上涨，该邮集时值15000元。小周向小李索还，小李称该邮集被盗，愿意赔偿小周7000元。小周坚信自己的邮集并没有丢失，而是小李欲将邮集据为己有。那么，此事应该如何解决？

【法律解析】

本案中小李见邮市上扬，心起歹意，想将邮集据为己有，主观上存在侵占小周邮集的恶意，小李应当返还原物；如果拒不返还原物，应折价赔偿。折价赔偿应以市价为标准，以当时的邮市价格计算。就本案而言，小李应归还邮集或折价赔偿15000元给小周。

债 权

★不是你的就别拿，拿了要返还

【案例】

2008年11月，某市邮政局把杨某丈夫从广州寄回的800元汇款单送到杨某家。由于汇款单上填写的"仟""佰"二字模糊不清，邮政员小朱就将8000元现金付给杨某。年底核账时，邮局发现有短款。核算查实以后邮局要求杨某退还。杨某承认多收钱是事实，但是以种种理由拒绝返还。协商无果，邮局把杨某告上法庭。法院审理后认为，杨某多收的7200元汇款系不当得利，依法应予退还，故判决原告获胜，判令杨某将多收的款返还原告，并承担该案的诉讼费用。

【法律解析】

《民法通则》第九十二条规定：没有合法根据，取得不当利益，造成他人损失的，应当将取得的不当利益返还受损失的人。一旦形成不当得利之债，那么受害人有请求返还不当得利的权利，受益人有返还不当得利的义务。因此，本案中，杨某应返还不当得利的7200元钱。

★将捡到的钱捐给慈善机构，要承担责任吗

【案例】

黄某在下班途中不慎将钱包丢失，被在他后面走的任某捡到。任某发现里面有人民币5000元，但他没有归还黄某，而以自己的名义将这5000元捐给了某慈善机构。黄某后来偶然得知此事，便找到任某，要求其返还这些钱。任某以钱已捐给慈善机构为由拒绝返还。请问，黄某是否可以要回这些钱呢？

【法律解析】

任某应当返还黄某丢失的钱。任某没有合法根据取得利益，造成了黄某受损失的事实属于不当得利。不当得利的返还因善意或者恶意而有所不同。本案中，在黄某身后的任某明知钱包是黄某所丢，却恶意侵占，属于恶意受益人。法律规定恶意受益人应当返还其初始所受的一切利益及本利益所生的利益，即使受领的利益不存在，也应如数返还。所以，任某应依法返还黄某的5000元，即使已将其捐给慈善机构，仍然负有返还的义务。

★什么是无因管理

【案例】

2009年4月的一天，农民谢某发现一头怀胎的母牛躺在自家田地里。他叫来同村人辨认，都说不是自家的。于是，谢某把牛拴在自家院内，继续打听牛主人。母牛分娩时，出现了难产，谢某于是请来兽医，经诊治后，母牛顺利生下一牛犊。半年以后，邻村村民老侯来到谢某家，说此牛是自己的，被他人偷盗而丢失，并出示了相关证明。谢某提出，自己在饲养过程中支出饲料费和医疗费共计300元，要求老侯给予补偿。老侯强调此牛是由于偷盗

而丢失，表示可以补偿150元的饲料费，但是150元的医疗费不能补偿，因为谢某用的饲料太过精细，如果在自己的家中，母牛就不会发生难产。

【法律解析】

本案涉及无因管理，无因管理是指没有法定的或约定的义务，为避免他人利益受损失而自愿管理他人事务或为他人提供一定服务的行为，其中，管理他人事务的一方为管理人，接受管理而受益的一方为本人或受益人。谢某捡到母牛喂养照顾的行为属无因管理，无因管理行为发生后，根据《民法通则》第九十三条的规定，管理人有权要求受益人偿付由此而支付的必要费用。管理人管理期间所获利益应交付给本人。同时，管理人有权要求本人给付管理人为管理事务所支出的必要费用以及利息。因此，本案中，老侯应支付谢某母牛的饲料费、医疗费300元。

★助人为乐却伤了自己，能否找受益人索赔

【案例】

大学生陆某在回家的路上，发现一位老人晕倒在路边，他二话没说，背起老人就往医院跑。到了医院门口，由于体力不支，在上台阶的时候摔倒了，造成膝盖骨破裂，而老人经医生诊断并无大碍。陆某在医院治疗半月有余，花去医疗费用数万元。作为一个没有经济来源的大学生，数万元的花费让其难以承受。请问，陆某是否可以要求老人承担自己的部分医疗费用呢？

【法律解析】

陆某可以要求老人承担自己部分医疗费用。我国法律规定，民事活动应当遵循自愿、公平、等价有偿、诚实信用原则。虽然陆某与老人并无法定或约定义务，但造成的损伤是因老人引起的。陆某完全是出于好意而自愿帮助老人才受伤的。根据相关法律规定，为维护国家、集体或者他人的合法权益而使自己受到人身损害，因没有侵权人、不能确定侵权人或者侵权人没有赔偿能力，赔偿权利人请求受益人在受益范围内予以适当补偿的，人民法院应当支持。也就是说，在本案中因没有第三人对陆某造成损害，所以应由受益人在受益范围内给予适当补偿。

★借款人不履行归还义务，债权人将其拘禁

【案例】

张某由于做生意资金短缺向高某借款1万元，约定当年元旦归还。到了年底，张某却推托说下年3月还款。第二年3月，高某向张某催款，张某推脱不还，后来，高某屡次催款，张某都以做生意赔了没有钱为由拒绝还款。高某气愤之极，遂将张某关在自己家里，要求张某的妻子必须把欠款还上。那么，高某的做法合法吗？

【法律解析】

债权人有权要求债务人按照合同的约定或者依照法律的规定履行义务。债权债务争议属于民事纠纷。债务人不履行归还欠款，债权人可以向法院起诉，但绝不可以将债务人拘禁。情节严重的，将构成非法拘禁罪，负刑事责任。

★债权人可以要求债务人之一承担所有的债务吗

【案例】

菲菲和男朋友合伙经营一家服装店。2008年6月，因为资金不够就借了别人2万元的高利贷，菲菲和男朋友都在欠条上签了名字。3个月后菲菲又借了1万元，因为菲菲的男朋友当时有事就让菲菲一个人去

借钱,写欠条时只签了菲菲一人的名字。2008年年底由于经营不善,菲菲的店关门了。现在菲菲和男朋友已分手,而且男友离开了这座城市。但是菲菲借的钱到期了,当初借钱给他们的人找不到菲菲的男友就要菲菲一个人还钱。那么,所有的债务都要菲菲一个人偿还吗?

【法律解析】

根据《最高人民法院关于人民法院审理借贷案件的若干意见》第六条的规定,民间借贷的利率最高不得超过银行同类贷款利率的四倍(包含利率本数),超出此限度的,超出部分的利息不予保护。如果菲菲所借款项的利息高于上述法律规定,对超出部分的利息可不予偿还。

另外,合伙经营期间,个人以合伙组织的名义借款,用于合伙经营的,由合伙人共同偿还;借款人不能证明借款用于合伙经营的,由借款人偿还。因此菲菲和男友之前借的2万元是共同债务;菲菲之后借的1万元,菲菲需提供证据证明借款用于合伙经营,如果菲菲不能证明则为个人债务;合伙经营期间产生的债务,合伙人对外承担连带赔偿责任,因此菲菲要承担全部债务的偿还义务,但是在菲菲清偿完合伙债务以后,可以向其合伙人即前男友追偿。

★将钱错还给别人,能否要回
【案例】

高某欲买一款手机,但身上没有带够现金,便从好朋友朱某处借了2000元。过了几个月,高某欲将欠款还清,但不记得自己是借朱某还是孙某的钱了,遂将钱给了孙某。孙某家刚好遇到一件麻烦事,急需用钱,误以为是好友高某给自己帮忙,非常感激。事过几日后,高某想起自己是向朱某借的钱,遂要求孙某返还2000元,孙某以钱是高某主动给自己的为由拒绝返还。高某能否要求孙某返还自己的钱呢?

【法律解析】

高某可以要求孙某返还钱款。高某是出于偿还债务的意思给予孙某2000元,孙某不能以为是高某对自己的赠予行为,其性质为非债清偿。孙某没有合法根据而获得2000元,并因此给高某造成了损失,其行为构成法律所规定的不当得利,所以,孙某应将2000元返还给高某。

★债务在身,不能随便赠送
【案例】

2001年9月16日,赵某在县工行借款10万元,约定利息以及还款期限,并由其单位为赵某提供担保。借款到期以后,赵某仅归还本金3万元以及利息,余款7万元以及利息没有归还。2003年9月15日,县工行从赵某单位的账户上直接扣划了赵某尚欠的贷款本金7万元以及利息18549.93元。后来赵某所在单位向赵某索款,赵某以经济困难为由没有偿还。2003年9月20日,赵某将其一栋100平方米的楼房无偿赠予女儿,并办理了公证书。一个月后,赵某所在单位作为原告向被告赵某主张债权,并要求法院撤销赵某的赠予合同。请问,赵某所在单位有权这样做吗?

【法律解析】

《合同法》第七十四条规定,债务人以明显不合理的低价转让财产,对债权人造成损害,并且受让人知道该情形的,债权人也可以请求人民法院撤销债务人的行为。本案中被告赵某尚欠贷款本金7万元以及利息,在其单位代为偿付之后,其以无款为由一直未履行还款义务。后赵某将其楼房无偿赠予女儿,办理了公证书,使得其财产所有权发生转移。赵某在明知自身负有到期债务未履行的情况下,通过无偿赠予减少自身财产,降低偿还能力,严重损害了债权人的债权,赵某单位可以请求人民法院撤销赵某的无偿赠予合同。

★好心垫付医疗费,能否索回

【案例】

周某与吴某是邻居,两家的关系也很好。一日,周某夫妇外出办事,将7岁的儿子独自留在家中。孩子在家待不住,便跑到院里与其他小朋友玩耍,不慎摔伤。天黑时,其他小朋友都已回家,独留周某的儿子在院里哭泣。此时,恰好吴某下班回家,于是他急忙将周某的儿子送去医院包扎伤口,花去医疗费用1000元。回家后,吴某要求周某夫妇支付其垫付的医疗费用。请问,替别人的孩子垫付的医疗费能向其父母索回吗?

【法律解析】

本案中,吴某因周某的儿子摔伤,无人管理,于是将其送往医院治疗。根据我国法律法规的规定,没有法定的或者约定的义务,为避免他人利益损失进行管理或者服务的,有权要求受益人偿付由此而支付的必要费用。因此,吴某为了避免周某儿子受到更大的伤害,将其送往医院并为其垫付的医疗费用,作为其受益人的父母周某夫妇应当给予偿付。

★债务人失踪了怎么办

【案例】

高某去外省出差,半年没有回家,其妻子两次赴高某出差的省份寻找未果。高某出差前曾向老张借款5000元,约定半年后归还,时间过去了两年多,仍不知高某下落。于是老张找到高某妻子,要求其为高某偿还这笔债务。但是高某的妻子认为高某下落不明,钱也不是自己借的,因此拒绝了老张的要求。那此时,老张该怎么办呢?

【法律解析】

根据《民法通则》规定,公民下落不明满2年的,利害关系人可以向人民法院申请宣告他为失踪人,失踪人的财产由他的配偶、父母、成年子女或者关系密切的其他亲属、朋友代管,失踪人所欠税款、债务和应付的其他费用,由代管人从失踪人的财产中支付。由此可见,宣告失踪后将产生两种后果:一是确定对失踪人财产的代管关系;二是解决对失踪人所欠债务的清偿问题。本案中,老张可以根据《民法通则》规定向当地人民法院提出申请,要求宣告高某失踪。人民法院宣告高某失踪之后,高某的财产将由其妻子代管,高某欠老张的5000元钱,可以用高某的妻子所代管的高某的个人财产偿还。

★因银行失误而多给顾客钱,需要返还吗

【案例】

段某去银行取钱,回来后发现银行工作人员不慎多给了5000元。段某很高兴,便将这5000元投入股市,获利800元。2个月后,银行工作人员找到段某要求其退回多给的5000元及炒股所得收益,段某不同意。段某应返还银行多给的钱吗?

【法律解析】

段某应当退回银行多给的钱及利息。没有合法根据,取得不当利益,造成他人损失的,应当将取得的不当利益返还受损失的人。返还的范围取决于受益人是善意还是恶意。善意的返还范围仅以现存利益为限,而恶意受益人不论所受利益是否存在,一概要将所受利益返还。本案中的段某显然属于恶意受益人,应当退还银行多

给的钱。另外，返还的不当利益，应当包括原物和原物所生的孳息。利用不当得利所取得的其他利益，扣除劳务管理费用后，应当予以收缴。段某不但应退还银行的本金，还应当包括它所产生的利息。段某利用银行多给的钱投资股市所得的收益，也应依法予以收缴。

人身权

★日记被他人公开，应该怎么办

【案例】

大学女生吴某暗恋班级男生徐某，吴某将自己暗恋徐某的事写到了日记里。一次，吴某的朋友孙某趁吴某不在的时候偷看了日记，得知了吴某暗恋徐某的事，并将此事添油加醋大肆在班级传播。此事的传播给吴某的学习带来了很大影响，使其精神几近崩溃。那么，吴某能否追究孙某的法律责任？

【法律解析】

吴某可以依法向人民法院提起诉讼，要求孙某承担相应的民事责任。我国法律法规明确规定，以书面、口头等形式宣扬他人的隐私，或者捏造事实公然丑化他人人格，以及用侮辱、诽谤等方式损害他人名誉，造成一定影响的，应当认定为侵害公民名誉权的行为。孙某在未经吴某许可的情况下，翻看其日记，并将其在班级宣扬，给吴某的学习生活带来了影响，使其精神几乎崩溃。吴某可依法向孙某提出精神损害赔偿。

★第三者也有隐私权吗

【案例】

周某为了支持丈夫的事业，在家做起了全职太太。一个偶然的机会，周某发现丈夫在外面有了另一个女人。周某不想与丈夫离婚，因此就想法逼这个女人离开自己的丈夫。周某通过跟踪丈夫知道了那个女人的住所。后来周某找私家侦探拍下了一些丈夫与那个女人在一起的照片，将其在网络上公开传播。那个女人得知后，将周某告上法院，称其侵犯了她的隐私权。周某需要为自己的行为负法律责任吗？

【法律解析】

周某应当为自己的不理智行为负法律责任。我国法律规定：公民的人格尊严受法律保护，任何以侮辱、诽谤等方式损害公民人格尊严的行为都要负法律责任。周某本来作为一个受害者是受法律保护的，但她采取的方式已经超出了法律允许的范围，已经构成了对他人隐私权的侵犯。隐私权是指自然人依法享有的个人生活秘密不受他人侵害的权利。因此，虽然那个女人是第三者，仍然享有民事权利，任何人不能随意侵害她的民事权利。周某不能以那个女人是第三者为由就随意侵犯她的隐私权。

★遭到前男友恶意诽谤，应该怎么办

【案例】

胡小姐经人介绍认识了风趣的钟某，两人互有好感，很快确立了恋爱关系。但自从确立了恋爱关系后，钟某的表现跟从前判若两人。他爱猜疑，禁止胡小姐再与其他的男性接触。胡小姐难以接受，决定与其分手。令她没想到的是，钟某对胡小姐产生了报复心理，对胡小姐的同事说胡小姐跟单位领导有不正当关系，自己不得不与她分手。钟某的做法给胡小姐的工作和生活造成了很大的影响，精神压力也很大。胡小姐应该怎么办？

【法律解析】

胡小姐可以以名誉权受损向人民法院主张自己的权利。我国法律规定，公民、法人享有名誉权，公民的人格尊严受法律保护，禁止用侮辱、诽谤等方式损害公民、法人的名誉。本案中，钟某在与胡小姐分手后，捏造她有生活作风问题的行为损害了胡小姐的名誉，影响了社会对胡小姐的评价，严重侵犯了其名誉权。法律规定，公民的姓名权、肖像权、名誉权、荣誉权受到侵害的，有权要求停止侵害，恢复名誉，消除影响，赔礼道歉，并可以要求赔偿损失。所以，胡小姐可以以钟某侵犯其名誉权向人民法院主张权利，并要求钟某赔偿损失。

★死人还有名誉权吗

【案例】

耿某的父亲曾是中共地下党员，参加过抗日战争和解放战争，多次荣立战功。解放后因伤病缠身，在"文革"期间去世。2002年，李某在某报发表文章，捏造事实称耿某的父亲在抗日战争时曾叛变投敌，在"文革"期间畏罪自杀。该文发表后，给耿某的家人生活带来了极大影响，耿某母亲因不堪承受如此打击导致精神错乱，使本来平静的家庭生活变得一塌糊涂。无奈，耿某找到李某理论，李某不予理会。那么，耿某应该怎么办呢？

【法律解析】

李某的行为侵害了耿某父亲的名誉权。耿某及其家人，作为其近亲属，可以向法院提起诉讼，要求李某承担相应的民事责任。根据我国有关法律，公民、法人享有名誉权，公民的人格尊严受法律保护，禁止用侮辱、诽谤等方式损害公民、法人的名誉。本案中的李某，故意捏造事实，给耿某及其家人生活上带来重大影响，其行为属于以诽谤方式损害耿某父亲的名誉，同时间接损害了耿某及其家人的名誉。虽然我国法律规定民事权利始于公民出生，终于死亡，但名誉作为社会对某一主体的评价，不会因主体死亡而消灭，其名誉依然受法律保护。所以李某侵犯耿某父亲名誉的行为，应依法承担相应的民事责任。

★保安就可以随便翻查别人的包吗

【案例】

女大学生小惠在某超市购物，交款时被超市保安怀疑偷了东西。在未经查实的情况下，保安一边高喊抓小偷，一边将小惠拦住，强行将其随身所背的背包当众翻查，后证实小惠未偷任何东西。保安的行为是合法的吗？

【法律解析】

保安的做法不合法，侵犯了小惠的人格尊严和名誉权。我国法律明确规定：公民、法人享有名誉权，公民的人格尊严受法律保护，禁止用侮辱、诽谤等方式损害公民、法人的名誉。人格权是指民事主体依法对其特定的人格利益享有的权利。名誉权是指民事主体对自己在社会生活中所获社会评价享有不可侵犯的权利。本案中保安在未经查实的情况下，就高喊抓小偷，认定小惠偷了东西，侵犯了小惠的人格尊严，在公众场合强行翻其背包更是侵犯了小惠的名誉权，小惠可以依法向人民法院提起诉讼。

【法条链接】

《民法通则》第一百零一条 公民、法人享有名誉权，公民的人格尊严受法律保护，禁止用侮辱、诽谤等方式损害公民、法人的名誉。

★再婚后，抚养孩子的一方有权给孩子改姓吗

【案例】

郭某与霍某婚后育有一女，后来，郭某与霍某因夫妻感情不和而离婚。法院判定幼小的女儿由妈妈郭某抚养。郭某后来认识纪某，并与纪某结婚。婚后，郭某将女儿的姓改为纪，霍某得知后向郭某提出抗议。郭某称女儿由其抚养照料，自己有权决定她的姓氏。那么，郭某的做法合法吗？

【法律解析】

郭某的做法不合法。我国法律规定，公民享有姓名权，有权决定、使用和依照规定改变自己的姓名，禁止他人干涉、盗用、假冒。因此，就姓名权人可以决定自己的姓名而言，自然人出生时无行为能力，由父母或监护人为其取名。未成年人姓父姓还是母姓，由其父母协商。

本案中，由于郭某的女儿是未成年人，不能决定自己的姓名。对于她应从谁姓，应由郭某与孩子生父霍某协商决定。因此，如果郭某想让女儿姓继父的姓，应与其法定监护人霍某协商决定。本案中郭某未经霍某的同意，就私自改变女儿的姓名显然侵犯了霍某的姓名权，应当承担相应的民事责任。

★别人冒用了你的姓名，应该怎么办

【案例】

徐某以优异的成绩考入县重点高中，无奈家中贫寒，无力支付其学费，只好辍学外出打工。几年后的一次偶然机会，他得知原来的同班同学杨某，利用其父与当时的校长的私人关系，冒用了徐某当时考高中的成绩进入重点高中读书，后考入大学。至今，杨某依然在用徐某的名字参与各种社会活动。请问，杨某要对徐某承担什么责任？

【法律解析】

杨某侵犯了徐某的姓名权，应当承担相应的民事责任。我国法律明确规定，公民享有姓名权，有权决定、使用和依照规定改变自己的姓名，禁止他人干涉、盗用、假冒。也就是说，任何人干涉、盗用、假冒公民姓名的行为，都构成对公民姓名权的侵害。杨某为达到上重点高中的目的，盗用了徐某的姓名，以徐某的姓名读高中、大学、参加社会活动的行为依法定性为盗用他人的姓名权，属于违法行为。另据《民法通则意见》规定，教唆、帮助他人实施侵权行为的人，为共同侵权人，应当承担连带民事责任。由此可见，杨某的父亲与当时的校长是共同的侵权人，承担连带民事责任。

★店名是否也受法律的保护

【案例】

下岗职工周某与朋友合伙开办了一家餐馆，取名"香漫天"，并在当地工商局办理了登记手续。餐馆生意非常兴隆，可没过几个月，孙某在周某的餐馆对面也开了一家"香漫天"，而且餐馆装修风格与周某的餐馆风格很相似。但孙某的餐馆卫生状况很不好，经常出现顾客食物中毒的情况，所以生意很不好。顾客搞不清两家店的关系，周某的生意也因此受到影响。请问，孙某盗用周某餐馆名称的行为合法吗？

【法律解析】

孙某的行为不合法。我国法律规定，法人、个体工商户、个人合伙享有名称权。企业法人、个体工商户、个人合伙有权使用、依法转让自己的名称。姓名是自

然人区别于他人的文字符号，名称是法人、个体工商户、个人合伙区别于其他个人和组织的文字符号。姓名可以相同，但名称在同一登记地区的同行业内不得相同。也就是说，周某的"香漫天"餐馆享有名称权，在其所登记地区的同行业内，他人不得再使用该名称。而孙某使用"香漫天"开办的餐馆显然侵犯了周某的名称权，应依法赔偿由此给周某造成的损失。

★以公司的名义借款，需承担法律责任吗

【案例】

高某是某汽车厂的销售总监。2008年7月，高某想自己开办一家汽车修理厂，因资金不够，向朋友胡某借款50万元。高某担心胡某不愿意借钱，谎称汽车厂急需资金周转，胡某要求高某提供担保。高某于是找到朋友刘某，称汽车厂急需资金周转请其为自己做担保。刘某表示同意。有了刘某担保，胡某同意借款给高某，两人签订了合同。在借款人一栏，高某填上了汽车厂的名称，未盖公章，签了自己的姓名。后来高某因经营不善，无法还款。胡某遂要求担保人刘某还款，遭到拒绝；又向汽车厂要求还款，同样遭拒。汽车厂称高某侵犯了自己的名称权，要起诉高某。请问，高某应该承担哪些法律责任？

【法律解析】

我国法律规定，法人、个体工商户、个人合伙享有名称权。本案中，高某未经汽车厂同意，以汽车厂的名义借款，其行为侵犯了汽车厂的名称权。高某谎称是汽车厂借款，骗取了刘某的担保，符合重大误解的要件。根据我国相关法律，因重大误解而订立的合同属于可撤销的合同。在本案中，刘某和汽车厂均没有过错，无须承担法律责任，不必为高某偿还债务。因此，本案的欠款应由高某自己偿还。

★公民本人同意，就可以无偿使用他的肖像吗

【案例】

花某是某艺术院校表演系学生，一日与朋友去影楼拍艺术照。由于花某身材、气质、形象俱佳，拍出来的照片效果非常好，于是影楼老板段某问花某可否将照片放大展示在影楼的橱窗内，花某随口答应，但未作进一步的协商。几个月后，花某经过影楼时发现自己的照片还被悬挂在橱窗内，于是找到段某，要其支付报酬。段某称花某已经同意，因此不需付费。段某可以无偿使用花某的照片吗？

【法律解析】

段某不能推定花某同意其使用照片是无偿使用。我国法律规定，公民享有肖像权，未经本人同意，不得以营利为目的使用公民的肖像。本案中花某依法享有使用自己照片的权利，同时也有权同意影楼使用其照片，但不能认为同意其使用就意味着无偿使用。根据民事活动应当遵循自愿、公平、等价有偿、诚实信用的原则，当影楼要使用花某的照片时，应当向其支付报酬，否则有失公平。

★半张脸就没有肖像权了吗

【案例】

金小姐与好友一起旅游，拍摄了大量的照片，回来后拿到照相馆冲洗。取照片时照相馆负责人说有一张只照了半张脸，底片已损坏。金小姐没在意，拿着剩下的照片回家了。后来，金小姐偶然从照相馆门口路过，发现自己的半张脸照片挂在照相馆的窗前，虽然只有半张脸，但明显能够看出是金小姐本人。金小姐认为照相馆侵犯了她的肖像权，于是向照相馆负责人

索赔，负责人说半张脸没有肖像权。请问，半张脸就没有肖像权了吗？

【法律解析】

照相馆负责人的说法是没有法律依据的。我国法律规定，公民享有肖像权，未经本人同意，不得以营利为目的使用公民的肖像。肖像是指自然人的外部形象通过一定的形式在客观上再现所形成的作品。因此，在本案中，虽然金小姐的照片只拍了半张脸，但反映了金小姐的面部特征，一般人都能认出照片中的人是谁，尽管是半张脸，仍然是其肖像的再现，因此具有肖像权。照相馆未经金小姐同意将其照片张贴，侵犯了金小姐的肖像权，应依法承担民事责任。

★公益团体也有肖像权吗

【案例】

小静是一名演员，为了提高自己的知名度，她将自己与某公益团体在一起合作的照片，作为她参与拍摄的某部电影的宣传广告搬上了荧幕。后来该公益团体发现，小静不光为那部影片使用了其照片，小静还在其他很多场合都利用了与公益团体合拍的照片，于是向法院提起诉讼，控告小静侵害了公益团体的肖像权。公益团体的诉求能得到法院的支持吗？

【法律解析】

公益团体的诉求不会得到法院的支持。肖像权是指自然人对自己肖像享有的再现、使用并排斥他人侵害的权利。只有自然人才享有基于肖像而产生的各项权利。所以，作为公益团体不具备肖像权的构成要件，也就无肖像权可谈，更谈不上非法侵犯其肖像权了。我国《民法通则》规定，法人享有名称权、名誉权及荣誉权，但对肖像权未作规定。因此，本案中公益团体的主张于法无据，不会得到法院的支持。

民事责任

★路人被受惊的小狗咬伤，应找谁负责

【案例】

2009年8月22日傍晚，刘女士带着自己饲养的小狗上街遛弯。行走到繁华闹市区后，小狗因闪烁的霓虹灯而受到惊吓。惊吓的小狗四处乱窜，将正和妈妈一起逛街的小明手部咬伤。小明妈妈赶紧带着小明去医院检查、打疫苗，花去了医药费1000余元。后来，小明妈妈找到刘女士要求其承担医疗费用，可是刘女士以小狗受到惊吓为由拒绝承担。请问刘女士的说法正确吗？

【法律解析】

刘女士的做法不正确，她应承担小明的医疗费用。我国法律规定了饲养的动物致人损害的侵权行为，应由饲养人或管理人承担赔偿责任。法律同样也规定了饲养人的免责事由：受害人自身的过错与第三人的过错导致损害发生的。本案中没有第三人或者是受害人的过错而引起损害的情形，因此小狗的主人刘女士应为此承担责任。

★高空坠物砸坏轿车，车主该怎么办

【案例】

宋某开车去银行办事，因银行的停车位已满，宋某便将车停在附近一处未加防护的工地内，然后离开。宋某办完事回来时却发现车的挡风玻璃被砸了一个大洞。原来是工地在吊运材料的过程中材料

脱落，将宋某的车砸坏。宋某要求工地负责人赔偿自己的损失，该负责人却认为宋某不该将车停在工地内，是宋某自己的过错造成了损失，与工地没有关系而拒绝赔偿。工地负责人的理由成立吗？

【法律解析】

工地负责人的理由不能成立。本案属于高度危险作业致害侵权，适用无过错责任原则。根据法律规定，只要实施了对周围环境有高度危险的作业行为，并造成了他人损害，就应该承担赔偿责任，而不论作业人的活动是否具有违法性，是否尽到了应有的注意义务。具体到本案中，虽然宋某不该将车停在工地内，但其行为并不是故意要使自己遭受损害，所以工地应承担赔偿责任。

★路人被街道旁的广告牌砸伤，该怎么办

【案例】

一天，小孙和朋友一起逛街，在行至某商场门前时，突然该商场悬挂在门前的广告牌跌落，将小孙砸成重伤。朋友立即将小孙送往医院，在医院治疗期间，一共花去医药费2万余元。据悉，该商场悬挂广告牌是为了宣传促销活动。小孙能找商场索取赔偿吗？

【法律解析】

小孙可以找商场索取民事赔偿。我国相关法律规定：建筑物或者其他设施以及建筑物上的搁置物坠落造成他人损害的，它的所有人或者管理人应当承担民事责任，但能够证明自己没有过错的除外。广告牌是建筑物上的悬挂物，因它致人损害的，只要受害人无过错，都应由广告牌的所有人或者管理人承担民事赔偿责任。本案例中行人小孙无任何过错，被广告牌砸伤，作为广告牌的所有人，商场没有尽到维护广告牌安全的义务，导致小孙受到伤害。所以，商场应当承担赔偿责任。

★小孩在单位被爆竹炸伤，谁来赔偿

【案例】

陈大姐在一家烟花爆竹厂上班，工作比较忙，经常加班。由于7岁的儿子巍巍周末无人看管，陈大姐就将其带到单位。一天，巍巍在厂房外面玩耍时，突然一挂小爆竹爆炸，将巍巍的手臂、腿部等多处炸伤，陈大姐要求单位承担儿子的赔偿责任。陈大姐的单位应当承担责任吗？

【法律解析】

陈大姐的单位应当承担赔偿责任。陈大姐单位的管理人，明知烟花爆竹为易燃易爆品，却未采取相应的安全措施，让小孩进入，以致发生伤害事故，具有不可推卸的责任，应承担相应的民事赔偿责任。根据我国民法的规定，7岁小孩属于无民事行为能力人，作为其法定监护人的家长，未尽到监护责任，也有过错，因此可以适当减轻单位的责任。

【法条链接】

《民法通则》第一百二十三条 从事高空、高压、易燃、易爆、剧毒、放射性、高速运输工具等对周围环境有高度危险的作业造成他人损害的，应当承担民事责任；如果能够证明损害是由受害人故意造成的，不承担民事责任。

第一百三十一条 受害人对于损害的发生也有过错的，可以减轻侵害人的民事责任。

★无意中伤害别人，需要承担责任吗

【案例】

李某和钟某是大学同学，两人的关系很好，都非常喜爱运动，特别是篮球。一天，两人约了班里的其他同学一起去操场打篮球。在比赛中，在争抢篮板球时李某无意中手肘击到钟某眉骨，造成钟某眉骨破裂，钟某到校医院治疗时花费了近500元。后来钟某找到李某，要求其支付自己医疗费，李某以自己并非故意为由，拒绝支付。请问，钟某应该怎么办呢？

【法律解析】

钟某可以向李某要求赔偿。本案中，虽然李某是在比赛时无意中伤到钟某，主观上并不存在故意，但是造成了伤害钟某的事实，李某的行为已构成了侵权。根据"公民、法人由于过错侵害国家的、集体的财产，侵害他人财产、人身的，应当承担民事责任"这一法律规定可知，虽然李某的行为只是过失，但侵犯了钟某的人身权，钟某有权向李某索赔。

★承运人无过错，需要承担责任吗

【案例】

农民工郑某搭乘列车从长沙去往广州。列车到达广州后，列车员发现车上留有郑某的身份证及其他生活用品，却不见其人。次日，该列车从广州返回长沙。途经一处隧道时，列车司机发现一具尸体，后检验部门认定：死者为郑某，死亡原因为从列车上坠落致大动脉破裂失血过多而死。请问，承运人是否应当对郑某的死承担赔偿责任？

【法律解析】

承运人应当承担赔偿责任。本案中，承运人不能证明导致郑某死亡的原因是郑某故意所为，因此，郑某不承担责任。虽然也不能证明郑某的死是由承运人直接导致，但郑某确实为该列车上的乘客，又有损害结果的发生。因此，承运人应当为郑某的死亡承担赔偿责任。

★警察执行公务致无辜者受伤，需要赔偿吗

【案例】

李奶奶在去菜市场买菜途中，遇到两名警察在追捕一名小偷。警察在追捕小偷过程中，不小心将李奶奶撞倒在地，导致李奶奶骨折。李奶奶为此花费医疗费用1000余元。后来李奶奶向将他撞倒的警察索要赔偿。那么，警察在执行公务时给李奶奶造成损害，应该赔偿吗？

【法律解析】

虽然是执行公务，但因此造成无辜者损伤仍需赔偿，警察所在的公安机关应该赔偿李奶奶医疗费。国家机关或者国家机关工作人员在执行职务中，侵犯公民、法人的合法权益造成损害的，应当承担民事责任。李奶奶因警察抓捕小偷，给自己造成了意外伤害，符合该法条的构成要件。我国相关法规还规定，国家机关工作人员在执行职务中，给公民、法人的合法权益造成损害的，国家机关应当承担民事责任。因此，李奶奶可以向执行公务警察所在公安机关索赔，而不是警察本人。

★好心办坏事，也要承担责任吗

【案例】

农民王某一日在麦场劳作，不料天空下起大雨。回家途中他发现麦场上有一麦堆无人看管，王某出于好心将麦堆盖起。第二天，王某因事忘记了将盖在麦堆上的塑料布掀开。几天后，王某才想起此事，

此时小麦已经发芽。原来这堆小麦是同村石某的,石某因急事去了外地几天,导致小麦无人看管。石某得知实情后,找到王某,要求王某赔偿其损失。那么,王某应该赔偿石某的损失吗?

【法律解析】

王某应当对石某的损失承担一定的赔偿责任。王某出于好心为石某照看小麦的行为在法律上属于无因管理行为。无因管理是未受他人之托,没有法律义务而帮他人管理他人的事务。这一行为值得肯定,但他后来忘记将塑料布掀开,导致小麦发芽,显然没有尽到管理人的妥善管理的义务,使石某遭受损失。根据法律的相关规定,王某应当对石某的损失承担一定的赔偿责任。

【法条链接】

《民法通则》第一百零六条第二款 公民、法人由于过错侵害国家的、集体的财产,侵害他人财产、人身的,应当承担民事责任。

★在家喝啤酒时被啤酒瓶炸伤,怎么办

【案例】

小李过生日在家宴请朋友吃饭,小李知道有个朋友能喝酒,于是特意购买了一箱某著名啤酒公司生产的啤酒。朋友在开啤酒时,啤酒瓶意外发生爆炸,爆炸的玻璃碎片溅入小李左眼,朋友紧急将小李送往医院治疗,一场生日的欢宴却以悲剧而告终。在医院治疗期间,小李一共花去医疗费10万余元。小李应该找谁赔偿医疗费?

【法律解析】

小李可以找啤酒生产或销售企业索取赔偿。我国法律规定,消费者因使用质量不合格的产品造成人身伤害或财产损失的,消费者可以向产品制造者要求赔偿。本案中,小李买了啤酒公司的产品,并造成了人身伤害的事实,作为消费者的小李可以向啤酒公司要求赔偿。法律同时规定了作为生产者无须承担赔偿责任的免责事由,即产品投入流通时,引起损害的缺陷尚不存在的。但本案中,啤酒公司无法证明造成小李伤害的啤酒瓶是由小李的原因引起的,所以不能成为其免责的事由。故此,啤酒公司应当赔偿小李的损失。

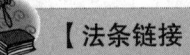

【法条链接】

《民法通则意见》第一百五十三条 消费者、用户因为使用质量不合格的产品造成本人或者第三人人身伤害、财产损失的,受害人可以向产品制造者或者销售者要求赔偿。因此提起的诉讼,由被告所在地或侵权行为地人民法院管辖。

运输者和仓储者对产品质量负有责任,制造者或者销售者请求赔偿损失的,可以另案处理,也可以将运输者和仓储者列为第三人,一并处理。

《中华人民共和国产品质量法》(以下简称《产品质量法》)第四十一条 因产品存在缺陷造成人身、缺陷产品以外的其他财产损害的,生产者应当承担赔偿责任。

生产者能够证明有下列情形之一的,不承担赔偿责任:

(一)未将产品投入流通的;

(二)产品投入流通时,引起损害的缺陷尚不存在的;

(三)将产品投入流通时的科学技术水平尚不能发现缺陷的存在的。

★别人家牛吃自家庄稼，就可以将牛打死吗

【案例】

史某与龙某为同一村村民，两家素有矛盾。一日，史某牵着自家的牛去龙某家的地里吃庄稼。龙某得知后，拿来铁棒将牛打死。史某要求龙某赔偿，龙某不同意，称史某的牛吃自家的庄稼，自己才将其打死，自己的行为属于正当防卫，无须承担责任。龙某的说法成立吗？

【法律解析】

龙某的说法不成立，其行为属于防卫过当，而不属于正当防卫。正当防卫是为了使国家、公共利益、本人或者他人的人身、财产和其他权利免受正在进行的不法侵害，而采取的制止不法侵害的防卫行为。防卫过当是指正当防卫明显超过必要限度，给不法侵害人造成重大损害的行为。法律规定正当防卫的构成要件之一必须是防卫不能超过必要的限度。本案中，龙某发现史某家的牛在吃自家庄稼，用铁棒将牛打死，超过法律规定的必要限度，龙某要阻止牛吃庄稼，只需将牛赶走即可。龙某应当为自己的行为给史某带来的损害承担民事责任。

★商贩为避免罚款而给他人造成损失，谁承担责任

【案例】

流动商贩孙某在街上摆摊，突然城管人员出现。为避免罚款，孙某慌忙向一条胡同里跑，不料将在树下乘凉的赵爷爷撞倒，造成其左小腿骨折。经住院医疗，赵爷爷花去治疗费用6000元。赵爷爷出院后找到孙某，让其赔偿自己的损失。孙某称自己是因紧急避险才给赵爷爷带来损害的，无须承担责任。请问，孙某的理由成立吗？

【法律解析】

孙某的理由不成立，他的行为不属于紧急避险。紧急避险是指为了使国家、公共利益、本人或者他人人身、财产和其他权利免受正在发生的危险不得已采取的紧急避险行为。紧急避险的构成要件之一须是合法权益遭受紧急危险。在本案中，孙某的合法权益并不具备"遭受紧急危险"这一法律构成要件，且其行为是为了避免罚款而造成赵爷爷的损害。因此，孙某必须承担赵爷爷的损失。

★猫狗打架撞伤老人，谁应承担法律责任

【案例】

董某与冯某是邻居。董某家养了一只猫，经常蹿到冯某家偷吃东西。一次，董某家的猫又窜到冯某家，冯某很生气，拿起木棍去打猫。猫受惊吓后逃窜，撞在后院的卫某家的狗身上。狗受惊乱跑，将散步回家的李大爷撞倒。李大爷髋骨受伤，花去医疗费用2000元。出院后李大爷找到卫某，让他赔偿医疗费，卫某认为是董某家的猫导致自家的狗受惊惹祸，责任应由董某承担，而董某则认为是冯某打猫才导致李大爷受伤，应由冯某承担责任。那么，李大爷的医疗费到底应由谁赔偿呢？

【法律解析】

董某与卫某应对李大爷的损害负连带赔偿责任。我国法律规定，不管动物饲养人或管理人有无过错，对动物致人损害均应承担民事责任，除非受害人有过错或损害是由第三人的过错所造成的。本案中，李大爷本身并不存在过错，而冯某为了保护自己的合法权益赶走猫的行为也没有过错。根据"二人以上共同侵权造成他人损害的，应当承担连带责任"这一法律规定

可以看出，对于李大爷的损害应由动物的饲养人也就是董某与卫某共同承担。

★不小心掉进深沟，就该自认倒霉吗

【案例】

张某在自家门前挖了一条坑道，用于接通家中的暖气管道，经有关部门准许，在坑道边上悬挂了红灯以示警示，同时铺设了可过行人的踏板。邻居吴某下夜班回家路过此地，因天色已晚，没有注意坑道边上的警示，掉入坑道，小腿骨折，住院花去医疗费用8000元。吴某出院后找到张某，要求赔偿其损失。张某认为自己没有过错，已设置了警示标志，拒绝赔偿。那么，吴某就该自认倒霉吗？

【法律解析】

吴某的损失应由双方分担。本案中，张某挖坑行为获得了有关部门许可，并采取了安全措施，主观上并不存在过错。吴某因天色已晚，未看清警示牌而掉入坑道，主观上也不存在过错。根据法律规定：当事人对造成损害都没有过错的，可以根据实际情况，由当事人分担民事责任。就本案而言，张某、吴某均无过错，但损害结果已经发生，所以，造成的损失应由双方分担责任。

【法条链接】

《民法通则》第一百二十五条 在公共场所、道旁或者通道上挖坑、修缮安装地下设施等，没有设置明显标志和采取安全措施造成他人损害的，施工人应当承担民事责任。

第一百三十二条 当事人对造成损害都没有过错的，可以根据实际情况，由当事人分担民事责任。

★患精神病的成年人，无故打伤旁人，谁承担责任

【案例】

吴某今年19岁，是一名精神病人，平时由其爸爸在家照看。这天吴某爸爸因外出劳动，留下吴某独自一人在家。没想到吴某突然精神病发作，将邻居家小孩小军打伤。小军父母得知后，找到吴某家中，要求吴某爸爸赔偿小军医疗费。吴某爸爸以吴某是精神病患者为由，拒绝赔付。请问，吴某爸爸应该支付小军费用吗？

【法律解析】

吴某爸爸应赔偿小军医疗费用。我国法律规定，患精神病的成年人，造成他人人身损害时，监护人明确的，由监护人承担民事责任；监护人不明确的，按照《民法通则》第一百三十三条规定，由顺序在前的有监护能力的人承担民事责任。过去没有精神病史的成年人，突发精神病造成他人人身损害的，如果其有财产的，应当由其本人承担民事赔偿责任；如果没有财产，可以根据民法通则规定，由受害人与突发精神病人的近亲属分担民事责任。本案中，吴某爸爸不能以吴某是精神病为由拒绝赔付小军的医疗费。

★双方均存在过错，一方受伤谁来赔偿

【案例】

任某的儿子因病住院，任某很是着急，便骑车飞奔向医院。当行至一十字路口时，由于车速过快来不及刹车，将闯红灯横穿马路的姜某撞倒。任某紧急将其送往医院救治，住院共花去姜某医疗费用2万元。出院后，姜某找到任某，让其赔偿自己的全部损失。任某拒绝，称姜某在事故中也有责任。那么，任某是否应该赔偿

姜某的损失呢?

【法律解析】

任某应当赔偿姜某的部分损失。在本案中,任某由于车速过快来不及刹车,将姜某撞伤,本身存在过错。由于本案中姜某的损害是由闯红灯导致,姜某本身也存在过错,根据法律规定,受害人对于损害的发生也有过错的,可以减轻侵害人的民事责任。所以,可以适当减轻任某的责任。

★受害人延误治疗造成额外损失,谁承担责任

【案例】

车某在回家的途中被车速过快的胡某剐伤,胡某马上将其送到医院检查。医院让车某留院观察,但车某因家中太忙,只让医院做了简单的包扎就回家了。没过几天,伤口感染,不停地流脓。车某赶紧又去医院治疗,因为感染比较厉害,车某住院半个月才彻底痊愈,为此花费了1万元。车某要胡某承担其医疗费用,被胡某拒绝。请问,此时胡某还应该承担车某的损失吗?

【法律解析】

胡某应赔偿车某的损失,但可以适当减轻民事责任。我国法律规定:公民、法人由于过错侵害国家、集体的财产,侵害他人财产、人身的,应当承担民事责任。胡某由于车速过快剐伤车某,其主观上存在过错,应当承担民事责任。但由于车某拒绝留院观察,只做简单处理就回家了,导致后来伤口感染,其主观上也存在过错。根据"受害人对于损害的发生也有过错的,可以减轻侵害人的民事责任"这一法律规定,胡某应赔偿车某的损失,但其民事责任可适当减轻。

【法条链接】

《民法通则》第一百三十一条 受害人对于损害的发生也有过错的,可以减轻侵害人的民事责任。

★侵害人成年但没有赔偿能力,受害人怎么办

【案例】

19岁的大学生小王在校期间整天玩游戏,其父母为此伤透了脑筋。一天,小王的妈妈来学校看小王时,小王正在网吧上网,妈妈教训了小王几句,没想到小王与妈妈对骂。同学蒋某看不下去,便说了小王几句。谁知小王听后很生气,随手拿起茶杯向蒋某身上砸了过去,造成蒋某头部受伤,为此蒋某花去医疗费5000多元。蒋某后来找到小王的父母,要求其赔偿自己的医疗费用,小王父母称儿子已长大成人,应由他自己承担责任,而小王身无分文,没钱赔偿。蒋某该怎么办呢?

【法律解析】

蒋某可以找小王父母索取赔偿。本案中,小王已年满18周岁,是具有完全民事行为能力的公民,他将蒋某打伤,应依法承担民事责任,并赔偿其损失。由于小王无经济赔偿能力,针对这种情况,我国相关司法解释作出规定:"行为人致人损害时年满十八周岁的,应当由本人承担民事责任;没有经济收入的,由抚养人垫付,垫付有困难的,也可以判决或者调解延期给付。"据此,本案中,应由小王的父母垫付蒋某的损失,如确有困难,可以延期给付。

★8岁孩子受别人教唆、引诱惹祸,谁来承担责任

【案例】

王某和李某是邻居,一天,李某抱着自己心爱的小狗来到王某家,称王某8岁的儿子小军扔石头打伤了他家的小狗,要求王某赔偿损失。王某询问儿子小军后得知,原来儿子是受下午来自家玩的邻居朱某(已成人)教唆。朱某对小军说:"你敢用石头砸那只小狗吗?敢的话我给你吃糖果。"小军跑过去就扔石子砸小狗,造成小狗身上多处受伤。王某认为,儿子是因为受到朱某的教唆、引诱才用石头砸的小狗,李某应找朱某赔偿。请问,王某的话对吗?

【法律解析】

王某说得对,李某应找朱某赔偿损失。此案中,8岁的小军属于无民事行为能力的人,朱某作为完全民事行为能力人,应当能够预见到可能导致的后果,却教唆小军打伤李某的小狗。根据"教唆、帮助无民事行为能力人实施侵权行为的人,为侵权人,应当承担民事责任"这一法律规定,朱某教唆小军打伤小狗,实施了侵权行为,是真正的侵权人,所以,李某的损失应当由朱某承担。

★多人共同侵权,是谁有钱谁就该承担责任吗

【案例】

钟某与孙某因工作上的事与同事查某发生争执,心生怨恨。一天晚上,钟某与孙某下班后向查某故意挑衅,后将其打伤。查某为此花去医疗费用6000元,后向钟某和孙某要求赔偿其全部损失。可是钟某家境贫寒,无力赔偿。那么,查某能否要求孙某支付其全部医疗费用?

【法律解析】

查某可以要求孙某支付其全部医疗费用。钟某与孙某的行为属于共同侵权,对所造成的损失应当承担连带责任。连带责任是指受害人有权选择全部或部分加害人请求其赔偿全部或部分损失;加害人中的任何一人或数人都有义务向受害人赔偿全部损失。本案中,钟某因没有赔偿能力,所以查某首先应该向其抚养人要求垫付,或者延期给付,如果还有困难,则可以向孙某请求赔偿其全部损失。

★小偷行窃时跌落水井而受伤,能否获得赔偿

【案例】

村民陈某在自家的后院里挖了一口水井,由于后院平时很少有人进去,所以胡某对水井未加任何防护措施。一天夜里,小偷张某试图从陈某家后院进入陈家行窃,不小心掉入水井,造成左手骨折。小偷张某能否以地面施工致人损害为由要陈某赔偿损失呢?

【法律解析】

不能。我国有关法律规定,地面施工侵权责任的构成要件之一是:须在公共场所、道旁或通道上施工。而在本案中,陈某挖的水井是在自家的后院中,属于私人场所,因此不符合地面施工致人损害的法律关系。张某跌落水井受伤,陈某无须承担责任。

★见义勇为而自身受到伤害,应由谁来赔偿

【案例】

男青年魏某夜晚在公园游玩时,遇见一歹徒持刀抢劫一中年妇女。魏某奋起与歹徒搏斗,搏斗中不幸被歹徒刺中腹部

几刀,歹徒乘机逃脱。魏某住院治疗两个月,医疗费用共10万元。歹徒始终无法抓获,魏某后来找到被救妇女,希望其能为自己支付部分医疗费用,遭到该中年妇女的拒绝。请问,魏某难道要独自为自己的见义勇为行为埋单吗?

【法律解析】

魏某可以要求获救妇女给予其补偿。我国法律规定,因防止、制止国家的、集体的财产或者他人的财产、人身遭受侵害而使自己受到损害的,由侵害人承担赔偿责任,受益人也可以给予适当的补偿。本案中,魏某是被歹徒刺伤的,本应由歹徒承担赔偿责任,但歹徒逃脱,没有抓获,因此魏某无法向其追究责任。获救妇女是魏某见义勇为行为的获益人,根据"受益人可以给予适当的补偿"原则,获救妇女理应给予魏某适当的经济补偿。

★劝架被打伤,应该找谁负责

【案例】

由于财产纠纷,村民孙某对李某大打出手,恰巧被与两人都熟识的吴某看见,于是吴某上前劝架。在劝架过程中,吴某的胳膊被孙某用铁棍砸伤,造成吴某左手臂骨折,吴某为此花去2000多元医疗费。后来吴某找到孙某,要求孙某赔偿其医疗费,被孙某拒绝。请问,孙某是否应该赔偿吴某医疗费用?

【法律解析】

孙某殴打李某,是对其人身权的侵害,吴某作为公民,制止其侵害行为是合法的。我国法律规定,因防止、制止国家的、集体的财产或者他人的财产、人身遭受侵害而使自己受到损害的,由侵害人承担赔偿责任,受益人也可以给予适当的赔偿。因此,吴某因制止孙某对李某的人身权的侵害,防止李某遭受更大的损害而被孙某打伤,所造成的损失,依法应当由孙某赔偿。

★容器遭雷击爆炸致人损失,是天灾吗

【案例】

某硫酸厂距离程某的鱼塘不足1公里。一天夜里,硫酸厂的一个容器罐遭到雷击发生爆炸。大量硫酸外溢,流进了程某的鱼塘,致使程某养殖的鱼全部死亡,给其造成重大损失。程某得知是硫酸厂的原因后,要求硫酸厂的负责人赔偿其经济损失。而硫酸厂则认为硫酸外溢是因为天灾,属于不可抗力,自己无须承担责任。硫酸厂的抗辩理由成立吗?

【法律解析】

硫酸厂的抗辩理由不成立。本案中,虽然容器是遭到雷击发生爆炸,但硫酸具有高度的危险性。适用高度危险作业致人损害民事责任的相关法条,只要实施了对周围环境有高度危险的作业行为,并造成了他人损害,就应该承担赔偿责任,而不论作业人的活动是否具有违法性,是否尽到了应有的注意义务。也就是说,硫酸厂作为高度危险作业,适用无过错责任原则。所以,硫酸厂不能简单地以容器爆炸属于不可抗力为理由而拒绝赔偿给程某造成的损失。

★由于污染造成的损失能否得到赔偿

【案例】

李某承包了30亩鱼塘,每年收益很不错。可是,2009年年初鱼塘附近建了一家造纸厂。由于造纸厂没有污水处理系统,产生的污水直接排放,后来流入了李某的鱼塘,使鱼塘的水受到严重污染,致使李

某放养的鱼大量死亡，给李某造成了巨大的经济损失。面对此情况，李某应该怎么办？

【法律解析】

李某可以向造纸厂索赔。《民法通则》规定，违反国家保护环境防止污染的规定，污染环境造成他人损害的，应当依法承担民事责任。如果因公民或法人过错造成污染环境，该公民或法人应当承担民事责任。造纸厂由于将产生的污水直接排放，使污水流入李某的鱼塘，造成了鱼大量死亡的事实，给李某造成了损害，应当依法承担民事责任，赔偿其损失。

【法条链接】

《民法通则》第一百二十四条 违反国家保护环境防止污染的规定，污染环境造成他人损害的，应当依法承担民事责任。

★乘坐公交车时受伤，公交公司有责任吗

【案例】

王大姐是一家纺织厂的女工，因纺织厂离家较远，为了上下班方便，王大姐办理了一张公交卡，每天乘坐公交车上下班。一天在乘坐公交车回家的途中，在一十字路口，公交车司机为了躲避从侧面驶来的大卡车，紧急刹车，致使王大姐头部受伤。后来王大姐要求公交公司赔偿自己医疗费，公交公司拒绝负责。请问，王大姐在乘坐公交车时受伤，公交公司有责任吗？

【法律解析】

公交公司为乘客提供的是有偿承运服务，负有保障乘客安全的义务，王大姐在乘车过程中，公交司机为了躲避大卡车而紧急刹车，致使王大姐头部受伤，系非因自身原因造成的，公交公司应承担赔偿责任。

★替人出谋划策，分文未收也要承担责任吗

【案例】

崔某家有一片果园，每到水果成熟时，崔某都很烦恼。原来经常有人在夜里潜入果园偷果子，崔某不得不去看守。当果园又一次被偷后，崔某非常生气，找到村民陈某商量对策。陈某也对行窃者非常讨厌，便告诉崔某说："在果园挖几个坑，埋上猎夹，这样就可以抓住窃贼了。"并将自家的猎夹提供给了崔某。崔某依计而行。几天后，村民马某经过崔家的果园时不慎落入坑中，被猎夹夹伤脚踝，花去医疗费用8000元。马某找到崔某要求赔偿，崔某认为猎夹是陈某的，应由陈某赔偿。那么，马某的损失应该由谁来赔偿呢？

【法律解析】

马某的损失应由崔某与陈某共同赔偿。崔某听从陈某的劝告，在果园内挖坑放置猎夹，应该能预见到可能会导致他人伤害，但依然实施并造成马某受伤，所以应当承担马某的损失。而陈某向崔某提供猎夹、出谋划策等行为，属于帮助、协助他人侵权的行为，在法律上被认定为帮助行为人。根据有关法规的规定，教唆、帮助他人实施侵权行为的人，为共同侵权人，应当承担连带民事责任。所以，马某的损失应该由崔某与陈某共同赔偿。

★被人群殴致伤却找不出具体的侵害人，怎么办

【案例】

胡某独自一人在酒吧喝酒，因小事惹

火了一群青年。他们二话不说，就集体对胡某拳打脚踢，造成胡某全身多处软组织受伤，后来警察及时赶到，将那伙青年带进了派出所，并将胡某送往了医院。在医院治疗期间共花费胡某1万元。胡某出院后找到那伙青年人，要求他们对自己的损害承担赔偿责任，但他们都不承认自己动手打人，而胡某又不清楚到底哪些人对自己实施了侵害行为。那么，胡某应该如何来维护自己的合法权益呢？

【法律解析】

那伙青年人应该集体承担胡某的损害赔偿。我国法律明确规定，公民享有生命健康权，任何人侵害了他人的财产、人身权利，都应当承担法律责任。在本案中，胡某受到了那伙青年人的集体非法侵害，应该由侵权人给予赔偿。胡某无须证明具体哪一人对自己实施了侵害行为，具体由谁对自己赔偿，由侵权人彼此证明，排除自己的责任，如果他们没有证据证明自己没有实施侵害行为，则认定为共同侵害，共同承担法律责任。

★父母双亡的未成年人失手伤人，谁承担责任

【案例】

小海的父母在一起交通意外中双双遇难，因小海姥爷家经济状况不错，14岁的小海便和姥爷一起生活。今年暑假，小海无意中将邻居李某家8岁的孩子打伤，李家为此花费医疗费3000元。因小海父母双亡，李家该找谁承担责任？

【法律解析】

李家可以要求小海的姥爷承担责任。我国法律规定了监护人不明时，确定监护人的两点限制：一是顺序在前者；二是具有监护能力。本案中，小海的父母死亡，

因此，作为其第一顺位的监护人是其祖父母与外祖父母，且小海的姥爷家庭状况不错，具有监护能力。所以，李家可以要求其姥爷承担赔偿责任。

【法条链接】

《民法通则意见》第一百五十九条 被监护人造成他人损害的，有明确的监护人时，由监护人承担民事责任；监护人不明确的，由顺序在前的有监护能力的人承担民事责任。

《民法通则》第十六条 未成年人的父母是未成年人的监护人。

未成年人的父母已经死亡或者没有监护能力的，由下列人员中有监护能力的人担任监护人：

（一）祖父母、外祖父母；

（二）兄、姐；

（三）关系密切的其他亲属、朋友愿意承担监护责任经未成年人的父、母的所在单位或者未成年人住所地的居民委员会、村民委员会同意的。

对担任监护人有争议的，由未成年人的父、母的所在单位或者未成年人住所地的居民委员会、村民委员会在近亲属中指定。对指定不服提起诉讼的，由人民法院裁决。

没有第一款、第二款规定的监护人的，由未成年人的父、母的所在单位或者未成年人住所地的居民委员会、村民委员会或者民政部门担任监护人。

★雇员造成他人伤害的，雇主有责任吗

【案例】

刘某是某副食品公司的老板，他雇用了司机徐某为其送货。一天，徐某开车

与刘某一起送货途中，由于雨天路滑，在经过十字路口时，将行人小柯撞翻在地。事故发生后，徐某与刘某紧急将小柯送往医院救治。但在缴纳医疗费时，刘某与徐某发生争执，刘某认为造成事故的是徐某，医疗费应由徐某自行支付；而徐某则认为，自己是在为刘某送货途中发生的车祸，应由刘某赔偿。那么，雇员造成他人伤害的，雇主有责任赔偿吗？

【法律解析】

刘某应对该起事故承担赔偿责任。我国有关法规规定，雇员在从事雇用活动中致人损害的，雇主应当承担赔偿责任；雇员因故意或者重大过失致人损害的，应当与雇主承担连带赔偿责任。雇主承担连带赔偿责任的，可以向雇员追偿。本案中，徐某行为不存在故意或者重大过失，发生意外是由于雨天路滑所致，因此给小柯的损害赔偿应由刘某支付。

★帮工过程中受伤，由谁负责

【案例】

小赵和小钱同村，两人一直关系较好。小赵得知小钱家正在修建新房后，主动来到小钱家帮工，小钱欣然接受。在小赵帮工过程中，从高空落下的一块砖头将小赵头部击成重伤，在医院治疗花了巨额医疗费。后来小赵找到小钱，希望小钱能支付其医疗费，小钱以小赵是自愿帮工而非自己所请为由拒绝，两人关系破裂，小赵告到法院。那么，法院将如何判决呢？

【法律解析】

小钱应当赔偿小赵的医疗费用。此案中，小赵出于好意主动帮工，而小钱欣然接受，未明确予以拒绝。根据我国有关法律规定，帮工人因帮工活动遭受人身损害，被帮工人应当承担赔偿责任。所以，小钱应当赔偿小赵的医疗费用。

【法条链接】

《人身损害赔偿解释》第十四条帮工人因帮工活动遭受人身损害的，被帮工人应当承担赔偿责任。被帮工人明确拒绝帮工的，不承担赔偿责任；但可以在受益范围内予以适当补偿。

帮工人因第三人侵权遭受人身损害的，由第三人承担赔偿责任。第三人不能确定或者没有赔偿能力的，可以由被帮工人予以适当补偿。

★定做人的错误引起的人身伤害，承揽人要承担责任吗

【案例】

某市A房地产公司要建一批楼房，与该市的B建筑工程公司签订了承包合同。合同规定：B建筑工程公司包工包料。施工过程中，因钢板供应不上，影响了楼房修建进度。A房地产公司因急于使用该楼房，于是要求B工程公司使用质量稍微差点儿的钢板代替。B工程公司负责人找到A房地产公司老总，专门说明了使用质量差的钢板会带来危险，该老总未予采纳，B工程公司只好使用质量差的钢板。在即将完工之际，楼房发生倒塌，将从此经过的行人熊某砸伤，熊某找到B工程公司要求索赔，B工程公司予以拒绝。请问，谁应对此事故负责呢？

【法律解析】

熊某的损失应由A房地产公司和B建筑工程公司共同承担。根据有关法规规定，承揽人在完成工作过程中对第三人造成损害或者造成自身损害的，定做人不承担赔偿责任。但定做人对定做、指示或者选任有过失的，应当承担相应的赔偿责任。在

本案中，A房地产公司在B建筑工程公司劝阻其作出的错误指示时，仍然坚持，本身存在过失。而B工程公司明知使用质量差的钢板有安全隐患，却在A房地产公司的要求下使用，以致楼房倒塌造成熊某受到伤害，其行为也存在过失。因此，熊某的损失依法应该由A房地产公司与B建筑工程公司共同承担。

★反抗歹徒时，使歹徒受伤，需要承担责任吗

【案例】

某日夜晚，女青年小李下夜班回家，刚走到小区门口时，突然遇到一名歹徒，该歹徒欲抢夺小李戴在脖子上的项链。小李于是与歹徒展开了激烈搏斗，在搏斗中，小李随手将装有手机等物的手提包砸向歹徒头部，致使该歹徒头部受伤。那么，小李需要承担责任吗？

【法律解析】

小李的行为属于正当防卫，不需要承担责任。正当防卫的强度可以适当地超过侵害行为的强度，但必须以制止侵害为限度；超过必要限度，造成不应有的损害的，行为人应当承担相应的民事责任。本案中的小李在遭遇危险境况下，采取正当防卫，致使歹徒头部受伤，符合上述法条所列情形，不需承担责任。

【法条链接】

《民法通则》第一百二十八条 因正当防卫造成损害的，不承担民事责任。正当防卫超过必要的限度，造成不应有的损害的，应当承担适当的民事责任。

★道路施工没有标志，行人受伤找谁负责

【案例】

某市主干道因安装地下通信电缆，施工人员在街道上挖了一条深沟。但施工人员一时大意，并没有在施工地段设置警示牌。中午时分，工人们离开施工路段休息，老李恰巧骑自行车路过。由于没有任何警示标志，导致毫无心理准备的老李连人带车一齐摔入沟内，造成左臂骨折。老李应找谁负责？

【法律解析】

老李可以找施工人员索取民事赔偿。根据我国有关法律，施工时没有标志或采取措施致人损害的，施工人承担责任。施工人是否设置了明显标志和采取了安全措施，应以事故发生时的状态为准。如果施工人在施工开始时设置了明显的标志和采取了安全措施，但这些标志和措施失灵或被别人破坏，造成损害的，施工人仍应承担民事责任；施工人承担民事责任后，有权向损坏标志和措施的第三人追偿。此案中，施工人员一时疏忽，没有设置警示牌，根据法律，应对由此造成的损害负责。

★市民抓小偷，无心伤了旁人怎么办

【案例】

孙某是某工厂的保安，某天夜晚在厂房巡逻时，他发现有个黑影闪动。于是前去检查，结果发现一小偷正在偷厂房贵重的设备。孙某大声喝止，小偷见状拔腿就跑，孙某急速跑上前捉拿小偷。在追至某路口时，孙某飞身将小偷扑倒在地，并将从路口经过的王某也撞倒在地，造成王某小腿骨折。那么，王某应找谁赔偿呢？

【法律解析】

王某应找小偷索取赔偿。孙某见义勇为抓小偷，目的是为了保护工厂的财产免受非法侵害，属于紧急避险。按照有关法律，因紧急避险造成损害的，由引起险情发生的人承担责任。因此，在本案中，应由引起事件的小偷承担王某的全部赔偿责任。

【法条链接】

《民法通则》第一百二十九条因紧急避险造成损害的，由引起险情发生的人承担民事责任。如果危险是由自然原因引起的，紧急避险人不承担民事责任或者承担适当的民事责任。因紧急避险采取措施不当或者超过必要的限度，造成不应有的损害的，紧急避险人应当承担适当的民事责任。

★人身权利受到侵害，只有受害人本人才可以请求赔偿吗

【案例】

李某是一名出租车司机，在一次交通事故中，与由石某驾驶的火车相撞，经过公安机关调查，交通事故的责任不在李某。在事故中，李某受到重伤，双腿被截肢，给以后的生活带来了极大的不便。李某因自己无法上法庭，于是想让自己的爸爸代替自己，向法庭请求石某给予其一定的赔偿。但他不清楚，法庭是否允许其这样做？

【法律解析】

允许，李某可以让其爸爸代替自己向石某提起赔偿请求。当人身权受到损害时，赔偿权利人并不仅仅限于受害人自己，还包括由受害人承担抚养义务的被抚养人以及死亡受害人的近亲属。

★受害人所有的医疗费用侵害人都必须赔偿吗

【案例】

在一次交通意外中，青年周某骑摩托车将同村徐某撞伤在地，周某立即将徐某送往医院治疗，并为其先期支付了部分医疗费，并答应徐某，自己将赔偿徐某一切住院治疗费用。后来，周某在徐某医疗费清单中，无意中发现了大量与损害无关的药品也名列其中。于是周某明确告知徐某，自己将不会支付这些费用，徐某与周某发生争执。请问，人身伤害中受害人的所有医疗费都必须赔付吗？

【法律解析】

不是。医疗费用数额一般应以所在地治疗医院的诊断证明和医药费、住院费的单据为凭，应经医务部门批准。而未获批准擅自另找医院治疗的费用，一般不予赔偿；擅自购买与损害无关的药品或者治疗其他疾病的，其费用则不予赔偿。

诉讼时效

★借条未写明还款日期，该怎么办

【案例】

盛某于2006年10月14日借给朋友林某现金5万元，并写下借条，但借条未写还款日期。2009年，盛某因家中有事急需用钱，遂找到林某，要求林某归还欠款，但林某不予理睬。盛某应如何收回自己的借款？

【法律解析】

盛某与林某既然在借款后写有借条，

说明二人之间的借贷合同已经成立。由于借条中没有明确还款的具体期限,根据《民法通则》的相关规定,盛某作为债务人,有权随时要求收回自己的全部借款,林某应及时履行自己的还款义务。本案中,盛某于2009年要林某还款未果,也就是说盛某的债权自此时开始遭受林某的不法侵害。所以,盛某只要于其后的两年内向人民法院主张自己的权利,人民法院都应予以支持。

★如何才能保住诉讼时效

【案例】

2008年6月12日,方某向李某借款人民币18万元,并写了借条但未写明还款期限。方某在2008年12月还了2万元,李某给他打了收条。但从此以后方某全家三口不知去向,至今快两年了,李某耗尽精力寻找债务人但一直没有找到。在借款之后半年还款2万元,时效应该怎样计算?李某如何才能保住诉讼时效?

【法律解析】

没有履行期限的债权请求权,从债权人主张权利时诉讼时效开始起算。但是债务人在借款之后半年还款2万元,是履行义务的表现。这一行为方式发生在诉讼时效进行当中,即产生诉讼时效中断的法律后果。因此本案的诉讼时效从2008年12月方某还款时重新计算,此时效期间为2年。为了保住诉讼时效,李某可以到方某的住所地人民法院起诉,公告送达,之后进行缺席判决,虽然找不到债务人无法执行,但是可以使诉讼时效中断。

★因意外事故下落不明,诉讼时效从何时起算

【案例】

2008年12月,高某在港口作业过程中,不小心被一阵大浪打下海,他没有穿救生衣而且当时风大浪大,至今下落不明。事后高某的家人要求船主赔偿,但对赔偿金额双方无法协商一致,现在已经快两年了。如果起诉,时效从什么时候计算?

【法律解析】

高某的家人应当在事故发生之日起满2年后向人民法院提出申请,请求法院宣告高某死亡。高某的家人要求船主赔偿的诉讼时效应从高某死亡结果发生日(即法院判决宣告其死亡之日)起计算1年的时效。在海上或者通海水域进行航运、作业,或者港口作业过程中发生的人身伤亡事故引起的损害赔偿纠纷案件,应当由海事法院管辖。

★下大雪耽误了诉讼时效怎么办

【案例】

2008年5月,杨某通过电视购物,汇款到上海某公司买了一部手机。可是货到之后,用了不到1个月就坏了。之后杨某多次打电话给该公司要求更换,但是对方总是拖延时间,快1年时间时,杨某决定到该公司所在地法院起诉。但是当时正赶上下大雪,铁路停运。大雪过后铁路恢复正常时,已经超过了法定的诉讼期限。这种情况杨某该怎么办?

【法律解析】

杨某作为本案的当事人,由于不可抗拒的自然灾害导致耽误了诉讼期间,可以申请期间顺延。对于当事人的申请,法院认为符合法定条件的,应当作出裁定批准顺延。

★诉讼时效能否成为拖欠房租的理由

【案例】

2007年4月25日起,万某将自己的一

套住房租给朋友柯某居住,租赁合同约定租金每3个月一付。从2007年8月起柯某一直拒付租金,万某碍于朋友的情面始终未予催缴。2009年10月万某告知柯某,如其再不交租金就将其诉至法院,柯某以诉讼时效已过为由,未予理睬。万某的诉讼时效是否真如柯某所说已过期了呢?

【法律解析】

柯某的理由不成立。虽然我国法律规定了延付或拒付租金的诉讼时效期间为一年,但在本案中柯某自2007年8月起一直未付租金,其不法行为处于持续状态,并且仍在继续。诉讼时效是指权利人在法定期间内不行使权利即丧失请求人民法院依法保护其民事权利的法律制度。也就是说,如果柯某在房屋租赁关系结束后两年内不交租金而万某也一直没有催要的话,可以适用诉讼时效制度。本案中,柯某的不法行为是持续的,所以诉讼时效并未过期。

★买到不合格产品,过了诉讼期还能追究责任吗

【案例】

美美于2006年12月在某商场购买了一条纯金项链,半年后经权威机构鉴定这条项链只是镀金的,美美打算向商场索赔,但由于工作繁忙,将此事忘记。2009年元月美美突然想起此事,立即找到商场索赔,商场以诉讼时效已过为由拒绝。请问,美美还能主张自己的权利吗?

【法律解析】

美美的主张由于诉讼时效已过而无法得到法院的支持。我国法律明确规定:出售质量不合格的商品未声明的,诉讼时效为一年。商场将镀金项链作为纯金项链出售,属于出售质量不合格商品而未声明的情况,适用一年诉讼时效。美美应在一年的有效期内向商场主张自己的权利,但由于她的疏忽致使自己的权利消失,不存在中止、中断和延长的情形,所以其权利不再受法律保护。

★因身体受伤而要求赔偿的诉讼时效为多长

【案例】

2007年6月15日,徐某在下班回家的路上被一块从天而降的砖头击中头部受伤,后被路人紧急送往医院救治。因为伤势比较严重,徐某住院半年,花了医疗费用10万余元。后经公安机关调查得知,砖头是22岁男青年小军与朋友打闹无意中扔下去的。徐某要求小军赔偿损失,但因为住院半年,无法主张权利。那么徐某出院后还能向小军依法主张自己的权利吗?

【法律解析】

徐某可以向法院主张自己的权利,他的权利依然有效。我国法律规定,向人民法院请示保护民事权利的诉讼期间为两年,法律另有规定的除外。身体受到伤害要求赔偿的诉讼时效期间为一年。从本案来看,徐某主张自己权利的期间应为2007年6月16日到2008年6月17日。在这一年之中的任何时候都可以主张自己的权利。因为住院花去了半年时间,所以徐某应当尽早行使权利,以免过期作废。

婚姻家庭篇

——为家撑起保护伞

结 婚

★精神病患者可以结婚吗

【案例】

小杨计划今年与女友小周登记结婚，但是女友患有间歇性精神病，小杨听朋友说患有精神病的人是不能结婚的。对此，小杨感到疑惑，他认为女友的病并不是经常发作，意识清醒的时候表示愿意和自己结婚，难道不可以吗？那么，他们能否结婚呢？

【法律解析】

可以结婚。间歇性精神病人如果在精神状态正常时，能够对婚姻作出基本正确的判断，能够基本预见结婚的行为后果，具有婚姻行为能力，应能够登记结婚，缔结的婚姻应属有效。

★服刑期间可以结婚吗

【案例】

吕某在一起打架斗殴事件中致使他人重伤，被法院认定犯有故意伤害罪，判决三年有期徒刑。吕某和女友的感情一直很深，加上吕某的母亲希望儿子能够尽早结婚，以完成自己的心愿。于是吕某和女友商量之后决定结婚，可是吕某正在服刑。请问，他们可以结婚吗？

【法律解析】

我国法律没有明确规定在服刑或者接受劳动教养的人能否结婚，但是根据《婚姻法》第八条的规定，要求结婚的男女双方必须亲自到婚姻登记机关进行结婚登记。符合本法规定的，予以登记，发给结婚证。这就规定了结婚这一重大的民事行为具有人身属性，不能由他人代理，正在服刑期间的人由于丧失了人身自由，无法亲自实施结婚这一法律行为，因此不能结婚。

缓刑、假释的人，在缓刑或者假释期间，他们的恋爱与结婚问题，只要合于婚姻法规定的条件，是可以允许的。根据有关规定，正在接受劳动教养的人可以结婚，但是必须持有劳动教养管理部门出具的结婚登记准假证明，才可申请结婚登记。

★公公与儿媳可以结婚吗

【案例】

小章与某女小杨结婚以后不久，小章就死于一场车祸，小章的母亲去世很早，小杨为了照顾公公，一直没有再嫁。随着感情与了解的日渐加深，公公与儿媳小杨决定结婚。那么，他们可以结婚吗？

【法律解析】

我国《婚姻法》没有对公公与儿媳是否可以结婚的问题作出明确规定，没有明确禁止这种关系的公民结婚的民事行为，但也没有明确地肯定。根据《最高人民法院中南分院函复同意〈关于公公与儿媳、继母与儿子等可否结婚问题的复函〉》的规定，他们可以结婚，但为了照顾群众影响，防止群众思想不通，而引发意外事件的发生，尽量不结婚；但如果双方态度坚决，也可斟酌具体情况适当采用其他方式（如迁居等）。

【法条链接】

《最高人民法院中南分院函复同意〈关于公公与儿媳、继母与儿子等可否结婚问题的复函〉》 关于没有婚姻关系存在的"公公与媳妇""继母与儿子""叔母与侄""子与父妾""女婿与岳母""养子与养母""养女与养父"等可否结婚，《婚姻法》对于这些人之间虽无禁止结婚的明文规定，为了照顾群众影响，以及防止群众思想不通，因而引起意外事件的发生，最好尽量说服他们不要结婚；但如果双方态度坚决，经说服无效时，为免发生意外，当地政府也可斟酌具体情况适当处理（如劝令他们迁居等）。

★堂兄妹之间可以结婚吗

【案例】

小周与堂妹从小青梅竹马，感情深厚，两人达到适婚年龄时决定建立婚姻关系，就到所属婚姻登记机关办理婚姻登记。婚姻登记机关的工作人员拒绝办理他们的婚姻登记。小周觉得自己和堂妹自愿结婚，怎么就不行呢？

【法律解析】

两人不能结婚，两人为堂兄妹关系，属于三代以内的旁系血亲。根据我国《婚姻法》第七条的规定，二人不能结婚。

【法条链接】

《婚姻法》第七条　有下列情形之一的，禁止结婚：

（一）直系血亲和三代以内的旁系血亲；

（二）患有医学上认为不应当结婚的疾病。

★事实婚姻受法律保护吗

【案例】

小马和小魏都达到了法定结婚年龄，他们按照当地习俗办了婚事，在家里请了宾朋好友和乡亲们吃席，举办了结婚仪式，但两人一直没有到所属婚姻登记机关进行登记。那么，他们的婚姻合法吗，受法律保护吗？

【法律解析】

依据《婚姻法》第八条的规定，小马和小魏虽然按习俗办了婚事，但没有办理结婚登记，法律对这种事实婚姻的保护是有限的。根据《婚姻法》第八条的规定，小马和小魏两人不符合结婚实质要件，如果在婚姻关系上发生问题，那么他们必须在补办结婚登记的前提下，婚姻才能得到法律保护，而且婚姻关系的效力可以追溯至双方均符合结婚的实质要件时起。如果双方不补办结婚登记，其关系为同居关系，为不合法婚姻。

【法条链接】

《婚姻法》第八条　要求结婚的男女双方必须亲自到婚姻登记机关进行结婚登记。符合本法规定的，予以登记，发给结婚证。取得结婚证，即确立夫妻关系。未办理结婚登记的，应当补办登记。

《最高人民法院关于适用〈中华人民共和国婚姻法〉若干问题的解释（一）》（以下简称《婚姻法解释（一）》）第四条　男女双方根据《婚姻法》第八条规定补办结婚登记的，婚姻关系的效力从双方均符合《婚姻法》所规定的结婚的实质要件时起算。

婚姻的无效与可撤销

★隐瞒自己性病情况结婚的婚姻关系有效吗

【案例】

赵先生在与于女士的交往过程中，向对方隐瞒了自己的性病情况。经过一段时间的了解，赵先生与于女士两人决定结婚。在婚姻登记机关办理婚姻登记的时候，赵先生刻意地回避了自己的健康问题，也没有做婚前检查，两人遂建立了婚姻关系。那么，这样的婚姻关系是有效的吗？

【法律解析】

赵先生与于女士两人的婚姻属于无效婚姻。根据《婚姻法》第十条的规定，婚前患有医学上认为不应当结婚的疾病，婚后尚未治愈的，婚姻无效。赵先生患有性病，这在医学上被认为是不应该结婚的传染性疾病，男女双方结婚前最好做婚前医学检查。

★什么情形才可以申请宣告婚姻无效

【案例】

刘某在2004年与丈夫领取了结婚证，现在想与丈夫离婚。刘某的户口簿和身份证上的出生日期是1984年，而她实际出生日期是1988年，也就是说，她结婚的时候还不到法定年龄。她现在想到法院申请宣告婚姻无效。那么，法院会支持刘某的申请吗？

【法律解析】

根据《婚姻法》第十条的规定，未到法定婚龄的，婚姻无效。但是，根据《婚姻法解释（一）》第八条的规定，刘某提出申请时已经达到了法定的结婚年龄，所以法院不会支持刘某提出的宣告婚姻无效的申请。刘某如果想与丈夫离婚，可以采取协商或者离婚诉讼途径解决。

★婚姻被法院确认无效以后能否提起上诉

【案例】

小翠20岁的时候与同村的小壮结婚，一年以后，小翠觉得两人不合适，于是向法院申请宣告婚姻无效，法院审理后判决小翠与小壮的婚姻无效。但是小壮不想跟小翠离婚，想要上诉。那么，婚姻被法院确认无效以后还能否提起上诉？

【法律解析】

根据《婚姻法解释（一）》第九条的规定，有关婚姻效力的判决一经作出，即发生法律效力。涉及财产分割和子女抚养的，可以调解或另行诉讼。但对于婚姻效力的判决，当事人不能提起上诉，因此小壮与小翠的婚姻被判无效后，小壮不能提起上诉。

【法条链接】

《婚姻法解释(一)》第九条 人民法院审理宣告婚姻无效案件，对婚姻效力的审理不适用调解，应当依法作出判决；有关婚姻效力的判决一经作出，即发生法律效力。

涉及财产分割和子女抚养的，可以调解。调解达成协议的，另行制作调解书。对财产分割和子女抚养问题的判决不服的，当事人可以上诉。

★受男友威胁而结婚的婚姻可以撤销吗

【案例】

赵某与女朋友吴某交往了4年，正当赵某以为两人即将结婚，并已经开始着手准备婚礼时，吴某告诉赵某，自己从来没有结婚的打算，并且以性格不和为由提出分手。赵某情急之下，威胁吴某与其结婚，声称如果吴某不答应，就杀她全家。吴某受迫之下，无奈与赵某结婚。婚后，吴某无法忍受赵某的折磨，半年以后请求法院撤销婚姻。法院会受理吗？

【法律解析】

法院会受理并会支持吴某的诉讼请求。根据《婚姻法》第十一条的规定，因胁迫结婚的，受胁迫的一方可以向婚姻登记机关或人民法院请求撤销该婚姻。受胁迫的一方撤销婚姻的请求，应当自结婚登记之日起一年内提出。本案中，吴某是因为受到赵某的胁迫才与之结婚的，符合《婚姻法》规定的可撤销婚姻的情形，法院会受理并支持吴某的请求，作出婚姻可撤销的判决，保护吴某的合法权益。

★冒充富商欺骗结婚的属于可撤销婚姻吗

【案例】

40岁的离异男子廖某自从结识从事模特表演职业的女子黎某以后，便冒充富商频频与其约会。廖某还四处向亲朋好友借钱，给黎某买了许多高级化妆品和衣服，带黎某出入各种高级消费和娱乐场所。半年以后，两人决定结婚。结婚以后，黎某才知上当，于是到法院申请撤销两人的婚姻。那么，廖某和黎某两人的婚姻属于可撤销婚姻吗？

【法律解析】

廖某和黎某两人的婚姻不属于可撤销婚姻。法院对采用欺骗手段与另一方结婚的，视不同情况给予不同认定：如果隐瞒了法律上禁止结婚或婚姻无效的情形，则依据《婚姻法》第十条的规定，判决婚姻无效；如果只是隐瞒了家庭经济条件等信息，那么以有效婚姻论处。

★父母可以代替子女申请撤销婚姻吗

【案例】

黄某容貌姣好，性情善良，村子里一个横行霸道的恶棍张某多次提出想要与黄某结婚，黄某每次都拒绝。张某于是威胁说如果黄某不同意结婚，就放火烧了黄某家，令黄某及其全家不得安宁。黄某无奈之下便与张某结婚，但是婚后张某时常打骂黄某，黄某为了家人的安全均隐忍不言。黄某的母亲见女儿生活如此痛苦艰难，便向法院申请撤销张某与黄某的婚姻。那么，黄某的母亲有权代替女儿申请撤销婚姻吗？

【法律解析】

黄某的母亲无权代替女儿申请撤销婚姻。根据《婚姻法解释（一）》第十条第二款规定，因受胁迫而请求撤销婚姻的，只能是受胁迫一方的婚姻关系当事人本人。也就是说，撤销婚姻的请求权只能是由受到胁迫一方的婚姻当事人行使，其他任何人，包括父母、兄弟、姐妹以及其他亲属都不能代为行使。

【法条链接】

《婚姻法解释（一）》第十条 《婚姻法》第十一条所称的"胁迫"，是指行为人以给另一方当事人或者其近亲属的生命、身体健康、名誉、财产等方面造成损害为要挟，迫使另一方当事人违背真实意愿结婚的情况。

因受胁迫而请求撤销婚姻的，只能是受胁迫一方的婚姻关系当事人本人。

★可撤销婚姻的请求权有时间限制吗

【案例】

高某（女）到外地打工，受到当地青年潘某的胁迫与之结婚，婚后潘某经常对高某凌辱打骂，并将其软禁。2年以后，高某千方百计出逃成功，想要到法院申请撤销两人的婚姻，又担心可撤销婚姻的请求权有时间限制，过了2年的时间，法院还会受理吗？

【法律解析】

本案中，高某在结婚后被剥夺了人身自由，不能及时向法院提出申请，因此，根据《婚姻法》第十一条的规定，高某在恢复人身自由后1年内向法院提出申请，法院会受理并支持高某的诉求。

夫妻间的权利义务

★"包二奶"行为会受到法律制裁吗

【案例】

一对夫妻结婚已经7年，婚姻关系一直很稳定。最近，妻子发现丈夫与一在校女大学生有不正常的男女关系，丈夫甚至将该女生包养起来。妻子对此非常生气，一怒之下报了警。丈夫包养情人的行为会受到法律的制裁吗？

【法律解析】

不会。"包二奶"是指有配偶的男性通过提供金钱等物质和利益，供养婚外异性并与之较为长期地保持两性关系的行为。"包二奶"不是一个法学概念，而是一个社会词语，因此对其认定是十分复杂的，法律上对此也没有明确的规定。比较相近的规定是禁止重婚，否则以重婚罪论处。但"包二奶"与重婚是不一样的，重婚的构成要件是两次确实的婚姻关系存在，"包二奶"并没有两次确实的婚期，显然，"包二奶"的认定要模糊得多。所以在现阶段，我们只能对"包二奶"的行为在道德上进行谴责，无法在法律上予以制裁。

★男方包养情人，女方可以要求撤销婚姻吗

【案例】

小李、小孙夫妻二人结婚以后，妻子小孙发现丈夫小李在外面包养情人，盛怒之下向所属法院提请撤销婚姻的诉求。请问，法院会支持小孙的诉求吗？

【法律解析】

不会。根据我国《婚姻法》的规定，通过法律途径解除婚姻有两种情形：一是离婚，一是撤销婚姻。离婚是合法婚姻关系的解除，而撤销婚姻则是对违法婚姻的否定。

在我国《婚姻法》中，规定了可撤销婚姻的情况只有一种，就是夫妻一方是在受到胁迫的情况下结婚的，在结婚后向法院提请撤销婚姻的诉求，法院会予以支持的。除此之外，都不属于可撤销婚姻的范畴。本案中，小李、小孙两人结婚时，不存在胁迫与被胁迫的情节，因此，法院不会支持小孙撤销婚姻的诉求。

★"家庭暴力"构成犯罪吗

【案例】

柯某与刘某自结婚以来，一直相敬如宾，夫妻关系十分和谐。结婚四年后，丈夫刘某认识了年轻漂亮的女孩吴某，开始与其保持不正当的男女关系。妻子柯某知道此事后，与丈夫刘某发生争吵，刘某恼羞成怒，将妻子柯某打成重伤。刘某的行为是违法的吗？

【法律解析】

刘某的行为违法。家庭暴力，是指发生在家庭成员之间的，以殴打、捆绑、禁闭、残害或者其他手段对家庭成员从身

体、精神、性等方面进行伤害和摧残的行为。家庭暴力直接作用于受害者身体，使受害者身体上或精神上感到痛苦，损害其身体健康和人格尊严。受中国传统思想文化的影响，很多人认为"家庭暴力"是家务事，别人无权干涉，这是人们思想中存在的误区。我国法律明确禁止"家庭暴力"，在本案中，丈夫将妻子打成重伤，已经构成了犯罪，将会受到法律的制裁。

为不合理，除非妻子自愿。我国《宪法》规定，劳动是每个中国公民的权利，任何人都不能干涉。夫妻之间是一种平等的关系，不是领导与被领导的关系，应该相互尊重彼此的意愿，丈夫对妻子是否参加工作，不能干涉。

【法条链接】

《宪法》第四十二条第一款　中华人民共和国公民有劳动的权利和义务。

第四十八条第一款　中华人民共和国妇女在政治的、经济的、文化的、社会的和家庭的生活等各方面享有同男子平等的权利。

《婚姻法》第十五条　夫妻双方都有参加生产、工作、学习和社会活动的自由，一方不得对他方加以限制或干涉。

【法条链接】

《婚姻法》第三条第二款　禁止重婚。禁止有配偶者与他人同居。禁止家庭暴力。禁止家庭成员间的虐待和遗弃。

《婚姻法解释（一）》第一条、《婚姻法》第三条、第三十二条、第四十三条、第四十五条、第四十六条所称的"家庭暴力"，是指行为人以殴打、捆绑、残害、强行限制人身自由或者其他手段，给其家庭成员的身体、精神等方面造成一定伤害后果的行为。持续性、经常性的家庭暴力，构成虐待。

离　婚

★丈夫被判刑，妻子能否要求离婚

【案例】

高某由于犯罪被判长期徒刑，妻子何某觉得丈夫品行不端，不想再和他一起生活下去，于是向法院提起离婚诉讼，但遭到了公公婆婆等人的极力反对。在丈夫被判刑的情况下，妻子何某能否要求离婚呢？

【法律解析】

我国《婚姻法》把"感情是否确已破裂"作为判决准予或不准予离婚的标准，规定了5种情形，调解无效的，应准予离婚。有关司法解释中规定，一方被依法判处长期徒刑，或其违法、犯罪行为严重伤害夫妻感情的，视为感情确已破裂情形。

★丈夫要求妻子做全职太太，合理吗

【案例】

霍某拥有一家实力雄厚的私营企业，在一次朋友聚会上，他认识了活泼开朗的女大学生宋某，两人一见钟情。宋某大学毕业后，两人结婚。婚后，霍某要求宋某不要出去工作，必须待在家里，做全职太太。而宋某则坚持出来工作，双方为此发生争执。霍某要求妻子做全职太太的行为合理吗？

【法律解析】

霍某要求妻子宋某做全职太太的行

本案中，高某被判刑导致夫妻感情确已破裂，妻子何某要求离婚，是符合法律规定的，因此，妻子何某可以要求离婚。

★丈夫下落不明，妻子能离婚吗

【案例】

李某的丈夫三年前南下打工，此后杳无音信，李某和家人多方查找都没有找到，警方协助寻找也始终没有结果。李某于是想要离婚另组家庭，可由于丈夫一直找不到，她不知该怎么离婚。丈夫下落不明，妻子能否离婚呢？

【法律解析】

夫妻一方如果离家杳无音信满两年，另一方想要离婚，可以按照宣告失踪程序宣告其失踪后，再向人民法院起诉离婚；如果对方杳无音信满四年，另一方想离婚，可以按照宣告死亡程序宣告死亡后，两人的婚姻关系自然消灭。本案中，李某的丈夫外出打工，三年时间里杳无音信，下落不明，李某可以依法宣告丈夫失踪，再向人民法院起诉离婚，人民法院应准予离婚。

【法条链接】

《民法通则》第二十条　公民下落不明满二年的，利害关系人可以向人民法院申请宣告他为失踪人。

战争期间下落不明的，下落不明的时间从战争结束之日起计算。

《婚姻法》第三十二条　男女一方要求离婚的，可由有关部门进行调解或直接向人民法院提出离婚诉讼。

……

一方被宣告失踪，另一方提出离婚诉讼的，应准予离婚。

★妻子不愿生育，丈夫可以要求离婚吗

【案例】

宋某的妻子章某是电影演员，结婚多年，妻子为保持自己身材，一直没要孩子，宋某多次和妻子沟通均无果。无奈之下，宋某以妻子不愿意生孩子侵犯了自己的生育权为由向法院请求离婚。请问，宋某的说法会得到法院的支持吗？

【法律解析】

感情是否确已破裂，是法院判决准予或不准予离婚的标准。宋某以妻子不愿生育为由向法院申请离婚，法院不会支持。假若双方多次沟通、协商达不成一致，以致严重影响夫妻感情的话，法院应准予离婚。

【法条链接】

《最高人民法院关于人民法院审理离婚案件如何认定夫妻感情确已破裂的若干具体意见》第十一条　一方被依法判处长期徒刑，或其违法、犯罪行为严重伤害夫妻感情的，视为感情确已破裂情形。

★妻子出轨怀孕，丈夫提出离婚法院会受理吗

【案例】

余某与杨某于2006年5月1日结婚，2007年10月妻子杨某怀孕，可当妻子杨某怀孕5个月的时候，丈夫余某得知妻子所怀胎儿是别人骨肉，杨某予以承认。余某愤怒异常，于是他向法院提起诉讼，请求判决离婚。此时正值妻子杨某怀孕，法院会受理丈夫余某的离婚请求吗？

【法律解析】

本案中，妻子杨某与他人发生性关系导致怀孕，这本身违背了夫妻间相互忠实的义务。根据《婚姻法》第三十四条的规定，余某起诉离婚的请求，属于"确有必要受理男方离婚请求"的范围，所以法院应当予以受理。

★父母可以代替子女申请离婚吗

【案例】

高某的丈夫吕某具有严重的暴力倾向，结婚后经常对高某拳打脚踢。高某怀孕后，吕某竟然一点也不顾惜，还是经常殴打高某，最终导致她流产。后来高某要求离婚，但吕某不同意。为避免遭受折磨，高某被姐姐接到澳大利亚静养。请问，此时高某的父母可以代替高某申请离婚吗？

【法律解析】

离婚诉讼的提起，必须是婚姻关系的一方当事人，其他任何第三人均不得以诉讼当事人的身份提出离婚诉讼。考虑到某些案件的特殊情况，法律允许有例外。比如，当事人正在患传染病，或正在国外不便亲自到庭，可以不出庭，但是当事人必须要有是否同意离婚的书面意见提交给人民法院。本案中，申请离婚确是高某的真实意思，高某必须向法院提交同意离婚的书面意见，这个真实意思不能由父母代替决定，不能由父母代替申请离婚。由于高某在国外不便到庭，可以由父母代她出庭。

【法条链接】

《婚姻法》第三十二条第一款 男女一方要求离婚的，可由有关部门进行调解或直接向人民法院提出离婚诉讼。

★必须要军人同意，军人的配偶才能要求离婚吗

【案例】

小郭的丈夫小陆在解放军某部工作，二人刚结婚时感情还可以，并且生有一儿子。后来，小陆认识了女青年小苏，二人来往频繁，多次发生不正当性关系。后来此事被小郭知晓，小陆向小郭表示，自己今后一定与小苏断绝来往，好好过日子。但是背着妻子，小陆仍然偷偷与小苏不断接触。小郭觉得挽回小陆无望，于是向法院提出离婚诉讼，但是小陆坚持不肯离婚。那么，必须要军人同意，军人的配偶才能要求离婚吗？小郭的离婚请求能否得到法院的支持呢？

【法律解析】

我国法律规定，现役军人的配偶要求离婚，须得军人同意，这是对军人的婚姻给予的特殊保护，对于稳定军心，巩固和提高部队战斗力，起到了重要作用。但是，在军人婚姻关系中，有时军人本身有过错，如类似本案的情况，如果再按这一规定执行，对于非军人一方就不公平了。所以《婚姻法》规定，军人一方有重大过错的除外，以此作为对军人婚姻特殊保护的例外规定。本案中，现役军人小陆与情人小苏多次发生不正当的性关系，应认定军人小陆有重大过错，所以法院应判决准予小郭与小陆的离婚请求。

【法条链接】

我国法律规定，现役军人的配偶要求离婚，须得军人同意，这是对军人的婚姻给予的特殊保护，对于稳定军心，巩固和提高部队战斗力，起到了重要作用。但是，在军人婚姻关系

中，有时军人本身有过错，如类似本案的情况，如果再按这一规定执行，对于非军人一方就不公平了。所以《婚姻法》规定，军人一方有重大过错的除外，以此作为对军人婚姻特殊保护的例外规定。本案中，现役军人小陆与情人小苏多次发生不正当的性关系，应认定军人小陆有重大过错，所以法院应判决准予小郭与小陆的离婚请求。

★离婚协议可以请他人代办吗
【案例】

蔡某与赵某婚姻关系破裂，两人经协商达成一致，决定签署离婚协议。签署离婚协议当天，妻子赵某到场后，发现丈夫的一个朋友在场，但丈夫没来。丈夫的朋友解释说，丈夫蔡某有事出差了，所以委托他前来代签离婚协议。这样做可以吗？

【法律解析】

找别人代签离婚协议是不行的。签署离婚协议的权利属于一种与身份相联系的严格的法律行为，有着明显的人身权利的特征。只有具有夫妻身份的完全的民事行为能力人才能办理离婚协议，绝对不能让别人代办。即使让别人代办，婚姻登记机关也会拒绝办理。

★离婚时抚养子女的一方能否要求得到补偿
【案例】

王某和妻子于1986年结婚，生育了一儿一女。后来因感情不和，王某外出打工，孩子由妻子一人抚养至今。由于家庭困难儿子辍学外出打工，女儿今年刚考入师范学院。面对严峻的家庭状况，2009年11月10日，妻子向法院起诉离婚并要求男方支付一笔补偿金。请问，离婚时抚养子女的一方有权要求补偿吗？

【法律解析】

离婚时，一方抚养子女的，另一方应负担必要的生活费和教育费的部分或全部，负担费用的多少和期限的长短，由双方协议；协议不成时，由人民法院判决。根据我国《婚姻法》的相关规定，一方因抚育子女、照料老人、协助另一方工作等付出较多义务的，离婚时有权向另一方请求补偿，另一方应当予以补偿。因此，离婚时抚养子女的一方可以要求得到补偿。

【法条链接】

《婚姻法》第四十条 夫妻书面约定婚姻关系存续期间所得的财产归各自所有，一方因抚育子女、照料老人、协助另一方工作等付出较多义务的，离婚时有权向另一方请求补偿，另一方应当予以补偿。

★离婚以后，还能要求赔偿吗
【案例】

冯女士和于先生协议离婚，并且到民政部门办理了离婚登记。就在冯女士和于先生离婚后不到3个月，冯女士得知有个女人刚刚跟于先生生下了一个孩子。离婚时冯女士就猜测丈夫在外面有情人，没有想到这真的是事实。一怒之下，她决定起诉前夫，要求赔偿。现在二人已经离婚，还能到法院起诉要求赔偿吗？

【法律解析】

冯女士可以到法院提起诉讼要求损害赔偿。当事人在婚姻登记机关办理离婚登记手续后，以《婚姻法》第四十六条规定为由向人民法院提出损害赔偿请求的，人民法院应当受理。但当事人在协议离婚时已经明确表示放弃该项请求，或者在办理离婚登记手续一年后提出的，不予支持。因为冯女士和于先生办理离婚登记手续不到一年，所以，冯女士依然可以到法院起诉要求赔偿。

夫妻间财产关系

★夫妻可以约定婚前个人财产的归属吗

【案例】

陆某与马某在结婚前，为了避免以后发生财产纠纷，两人商议决定在结婚前把财产的归属划分清楚，订立约定，以备不时之需。夫妻双方可以约定财产的归属吗？

【法律解析】

夫妻双方可以约定财产的归属。我国的现行法律中，凡涉及调整一般民事行为的条款，一般都贯彻了公民意思自治、契约订立自由的原则。在《婚姻法》中也是一样，男女双方可以在婚前就约定双方在婚后的财产分配。

★婚前父母为子女买的结婚用房属于夫妻共有财产吗

【案例】

陶某与谢某经过长时间的交往决定结婚，陶某的父母非常高兴，遂于二人登记结婚前出资购买了一栋别墅作为儿子结婚用房。后来二人因感情不和而协议离婚，谢某认为陶某的父母为他们购的别墅属于夫妻共同财产，离婚后应该作为共同财产进行分割。请问，该别墅属于夫妻共有财产吗？

【法律解析】

该别墅是否属于夫妻财产要视具体情况而定。本案中，陶某的父母为陶某结婚出资购买的别墅，依法应被认定为对陶某的个人赠予，属于陶某的个人财产。如果陶某的父母明确表示该别墅是对陶某和谢某的共同赠予，则应视为夫妻共有财产。

★婚后以个人名义购买的房屋是个人财产吗

【案例】

小柳和丈夫王军结婚后，王军以他个人名义购买了一套房屋，房产证上写的是他一个人的名字。小柳想知道，婚后丈夫以个人名义购买的房屋是夫妻共同财产还是丈夫的个人财产？

【法律解析】

这要视具体情况而定。我国《婚姻法》第十九条规定，夫妻可以约定婚姻关系存续期间所得的财产以及婚前财产归各自所有、共同所有或部分各自所有、部分共同所有。约定应当采用书面形式。没有约定或约定不明确的，适用本法第十七条、第十八条的规定。如果小柳夫妇没有对婚后夫妻共同财产的归属作书面约定，则该房屋属夫妻共同财产。

★住房公积金属于夫妻共有财产吗

【案例】

齐某系某国有大型钢铁公司职工，因夫妻感情破裂，齐某的妻子赵某向法院提请离婚，并要求将齐某的住房公积金列入夫妻共同财产，进行分割。齐某的住房公积金属于夫妻共有财产吗？

【法律解析】

齐某的住房公积金属于夫妻共有财

产。我国《婚姻法解释（二）》中明确规定了夫妻一方的住房公积金应属于夫妻共同财产，因此本案中赵某可以要求将齐某的住房公积金作为共同财产进行分割。

【法条链接】

《婚姻法》第十七条　夫妻在婚姻关系存续期间所得的下列财产，归夫妻共同所有：

（一）工资、奖金；

（二）生产、经营的收益；

（三）知识产权的收益；

（四）继承或赠予所得的财产，但本法第十八条第三项规定的除外；

（五）其他应当归共同所有的财产。

夫妻对共同所有的财产，有平等的处理权。

《婚姻法解释（二）》第十一条　婚姻关系存续期间，下列财产属于《婚姻法》第十七条规定的"其他应当归共同所有的财产"：

（一）一方以个人财产投资取得的收益；

（二）男女双方实际取得或者应当取得的住房补贴、住房公积金；

（三）男女双方实际取得或者应当取得的养老保险金、破产安置补偿费。

★夫妻一方得到的赔偿属于夫妻共有财产吗

【案例】

华某和钟某结婚10年了。一天傍晚，吃过晚饭后，丈夫华某在小区里遛弯儿时，忽然从位于路边的一幢楼的二楼阳台上掉下来一个花盆，正砸在华某的头上，致使华某头部轻微破裂，伴随轻微脑震荡。经协商，华某获得了医疗费等一系列赔偿款项。这笔款项属于夫妻共有财产吗？

【法律解析】

这笔款项不属于夫妻共有财产，而是属于华某的个人财产。对此情节的认定，我国《婚姻法》作了明确的规定，即一方因身体受到伤害而获得的医疗费、残疾人生活补助费用等，应属于夫妻一方的个人财产。

★婚前个人财产会因婚姻关系而转化为夫妻共有财产吗

【案例】

张某很喜欢收藏，后与刘某结识并闪电结婚。婚后，刘某发现了张某家中的古画，刘某想知道，要与张某的婚姻关系维持多久，才能取得古画的分配权。那么，张某的个人收藏品会因婚姻关系而转化为夫妻共有财产吗？

【法律解析】

张某收藏的古画属于张某的婚前个人财产，不会因婚姻关系或其维持时间的长短而转化为夫妻共有财产。我国法律明确规定，除非婚姻双方当事人在结婚时或者婚后订立约定，否则无论婚姻关系存在多久，婚前个人财产也不会转化为夫妻共有财产，这是我国《婚姻法》对婚前个人财产的保护。

★无效婚姻中的财产属于共有财产吗

【案例】

杨某采用威胁的手段迫使李某与其结婚。婚后，李某不堪忍受杨某的折磨，向法院申请宣告婚姻无效，并要求分割夫妻共有财产。这样的要求合理吗？

【法律解析】

这样的要求合理。我国法律规定，当事人的婚姻关系被宣告撤销或被宣告无效后，同居期间所得的财产，由当事人协议分割，协议不成；由法院依法作出判决。

【法条链接】

《婚姻法》第十二条　无效或被撤销的婚姻，自始无效。当事人不具有夫妻的权利和义务。同居期间所得的财产，由当事人协议处理；协议不成时，由人民法院根据照顾无过错方的原则判决。对重婚导致的婚姻无效的财产处理，不得侵害合法婚姻当事人的财产权益。当事人所生的子女，适用本法有关父母子女的规定。

《婚姻法解释（一）》第十五条　被宣告无效或被撤销的婚姻，当事人同居期间所得的财产，按共同共有处理。但有证据证明为当事人一方所有的除外。

★结婚未登记，分手时能否分到一半房产

【案例】

2007年元旦，阿琳和丈夫举行了结婚仪式，但没有去民政部门领取结婚证书。办理结婚仪式后，他们用两人的存款购买了一套房子，交款收据上写的是丈夫的名字。现在阿琳和丈夫因感情问题离婚，她可以分到一半的房产吗？

【法律解析】

因为他们没有办理结婚登记，不属于法定夫妻关系。如果阿琳想分到一半房产，需要与男方协商经其同意；如果男方不同意，阿琳可以向法院提起民事诉讼。但必须提供证据证明他们在同居期间购房的房产，阿琳也出了一半的房款。另外，如果所购房屋已经办理房产证书且房产证书上只写了男方一个人的名字，则阿琳不能分到该房产，只能要回出资的房款。

★男女未婚同居，分手后财产怎样处理

【案例】

徐某与李某同居多年，后来两人因性格不和而分手，在财产分割问题上起了争执。请问，未婚同居的男女，分手后财产该怎样处理？

【法律解析】

根据我国《婚姻法》司法解释的相关规定，男女未婚同居分手后产生财产分割问题，如果两人经过协商对财产的分割达成协议的，按照协议处理。如果产生了争议，可以向法院提起诉讼，请求法院作出判决。

【法条链接】

《婚姻法解释（二）》第一条第二款　当事人因同居期间财产分割或者子女抚养纠纷提起诉讼的，人民法院应当受理。

★离婚时可以要求返还彩礼吗

【案例】

周某与秦某结婚时，男方秦某的父母置备了一份彩礼送给周家。后二人因感情不和而离婚。在分割财产时，秦某要求周家返还结婚时自己父母送给周家的彩礼，周家人拒绝。请问，秦某的要求合理吗？

【法律解析】

判断秦某的要求是否合理要视情况而定。通常情况下，彩礼的性质可以认定为当事人一方的父母为了子女的结婚出资，按此理解，彩礼属于夫妻共同财产。但是，根据最高法院的相关解释，一方给付对方的彩礼，是以结婚为目的的，接受了彩礼，即是对婚姻的承诺，如果后来没有结婚，彩礼一般是要返还的。本案中，秦某父母给周家的彩礼，根据司法解释的阐述，应该是要返还的。

★离婚时，在什么情况下可以要求损害赔偿

【案例】

女子吴某所住的村子地处偏僻，人们受封建思想影响很深。后来，吴某与同村的罗某结婚，婚后1年，吴某生下一个女孩儿，丈夫罗某将女婴扔进了深山，孩子不久就死了。吴某得知此事后，痛不欲生，于是向法院提起离婚诉讼，并要求损害赔偿。吴某可以要求损害赔偿吗？

【法律解析】

吴某可以要求损害赔偿，我国《婚姻法》明确规定，一方有虐待、遗弃家庭成员行为的，另一方离婚时有权请求损害赔偿。本案中吴某刚出生的孩子被丈夫罗某扔进了深山，直接导致了孩子的死亡，他有遗弃家庭成员的恶劣行为，依照法律规定，应该作出赔偿。

【法条链接】

《婚姻法》第四十六条 有下列情形之一，导致离婚的，无过错方有权请求损害赔偿：

（一）重婚的；

（二）有配偶者与他人同居的；

（三）实施家庭暴力的；

（四）虐待、遗弃家庭成员的。

★全职太太离婚时可以要求经济补偿吗

【案例】

张某是一家电视台的记者，常年在外地工作。妻子胡某为了照顾孩子不得不辞去工作，赋闲在家。夫妻俩长期两地分居，感情出现裂痕，经过商议，两人决定离婚。由于胡某因照顾孩子，没有工作，没有经济来源，胡某遂要求张某给付经济补偿。胡某可以提出这样的要求吗？

【法律解析】

胡某可以要求给付经济补偿。根据我国《婚姻法》的相关规定，在婚姻存续期间，夫妻中为家庭多承担责任、多履行义务的一方，离婚时有权向另一方请求补偿，另一方应当予以补偿。本案中胡某因照顾孩子、打理家务等而失去工作，可以认定为付出了较多的义务，因此离婚时有权要求对方给予补偿。

★协议离婚，还可以要求损害赔偿吗

【案例】

冯某与袁某自结婚以来，婚姻生活一直不幸福。妻子冯某在得知丈夫袁某包养情人的事情后，决定离婚。不久，两人签署了离婚协议。协议生效后，冯某向法院提起诉讼，要求袁某给付损害赔偿。冯某可以提起这样的诉求吗？

【法律解析】

冯某可以向法院起诉，要求袁某给

付损害赔偿。尽管冯某与袁某协议离婚，但是，这并不能成为冯某维护自己合法权益的障碍。为了保护婚姻生活中的女性弱势群体，我国《婚姻法》特别作出了规定，即使采用协议离婚的方式结束婚姻关系的，无过错的一方仍然有权要求损害赔偿。

★请求再次分配夫妻共有财产有时效限制吗

【案例】

李某在与妻子叶某的婚姻存续期间，偶然得知在文艺界工作的妻子叶某每月会有一笔丰厚的奖金。但叶某不知道丈夫清楚此事，所以每月都会把钱藏匿起来。后来因感情破裂两人离婚，分割夫妻共同财产时，丈夫李某对妻子藏钱的事情隐忍不言。4年后，李某的姐姐得知此事，建议李某向法院提请再次分割财产的诉求。该权利有时效限制吗？

【法律解析】

请求再次分配夫妻共有财产是有时间限制的。尽管我国法律制定了相应条款，允许婚姻当事人的一方就另一方有隐藏、转移、变卖、毁损夫妻共同财产的情节，可以向法院提起诉讼，请求再次分配夫妻共有财产。但是，同时也规定了诉讼时效，即自发现之日起2年之内。本案中，李某自离婚之时就知道，至今已经4年了，已经超出诉讼时效。即使李某行使请求权，法院也不会予以保护了。

★夫妻个人财产损坏，离婚时可要求以共同财产抵偿吗

【案例】

鲁某与牛某因感情不和而协议离婚。妻子牛某在结婚前有一个梳妆台，结婚后一直使用，此时梳妆台因为老化，坏了。牛某要求用夫妻共有财产抵偿梳妆台的损失。这样的要求合理吗？

【法律解析】

这种要求是不合理的。即使牛某向法院提起诉讼，法院也不会支持。我国《婚姻法》的有关司法解释对此有明确的规定，婚前个人财产在婚后共同生活中自然毁损、消耗、灭失的，离婚时不得以夫妻共同财产抵偿。本案中，牛某的梳妆台是牛某的婚前个人财产，在婚姻存续期间自然消耗、灭失的，因此不能用夫妻共有财产抵偿。

【法条链接】

《最高人民法院关于人民法院审理离婚案件处理财产分割问题的若干具体意见》第十六条 婚前个人财产在婚后共同生活中自然毁损、消耗、灭失，离婚时一方要求以夫妻共同财产抵偿的，不予支持。

★离婚时一方隐匿了财产怎么办

【案例】

马某与何某离婚已经3年了。马某于不久前偶然得知前夫在与自己解决离婚纠纷时，将一部分属于夫妻共有的财产转移到前夫父母的名下。于是，马某决定向法院提起诉讼，要求再次分割这部分财产。法院会受理吗？

【法律解析】

法院会受理。我国《婚姻法》的立法精神在于体现平等自由、公平诚实，是调整婚姻关系的基本原则。这些基本原则在结婚的时候适用，在离婚的时候同样适用。何某将一部分夫妻共有财产转移到父母名下，致使在分割财产的时候，夫妻共有财产属于不完整的状态，侵害了马某的

合法权益，对马某来说是不公平的，对此法院会依法受理并支持马某的诉讼请求。

【法条链接】

《婚姻法》第四十七条 离婚时，一方隐藏、转移、变卖、毁损夫妻共同财产，或伪造债务企图侵占另一方财产的，分割夫妻共同财产时，对隐藏、转移、变卖、毁损夫妻共同财产或伪造债务的一方，可以少分或不分。离婚后，另一方发现有上述行为的，可以向人民法院提起诉讼，请求再次分割夫妻共同财产。

人民法院对前款规定的妨害民事诉讼的行为，依照民事诉讼法的规定予以制裁。

★离婚时一方转移共同财产怎么办

【案例】

许某在与丈夫胡某解决离婚纠纷时，发现丈夫将属于夫妻共有财产的一处房产变卖了，所得钱款转移到丈夫的情人名下。许某该怎么办呢？

【法律解析】

许某可以向法院请求财产保全。为了保护婚姻生活中弱势群体的利益，法律规定了一些在紧急情况下适用的保护条款。财产保全，是指人民法院在利害关系人起诉前或者当事人起诉后，为保障将来的生效判决能够得到执行或者避免财产遭受损失，对当事人的财产或者争议的标的物，采取限制当事人处分的强制措施。

本案中，胡某在分割财产之前，企图将属于夫妻共有财产的房产转移，该行为造成了夫妻共同财产的一部分灭失，对许某是不利的。对此，许某可以向法院申请财产保全。法院会依法采取强制措施，冻结待分配的财产，以保护许某的合法权益。

★离婚时夫妻一方在公司的股份如何分割

【案例】

马某与王某在婚姻存续期间，丈夫王某与朋友合作，投资创办了某有限责任公司，王某是该公司股东。后来，马某与王某离婚。请问，王某在公司的股份应该如何和马某进行财产分割呢？

【法律解析】

本案中，王某与马某解除婚姻关系后，经夫妻双方协商一致，王某可以将一部分出资额转让给马某，也可以以同等价格将出资额卖给公司的其他股东，再与马某进行财产分割。

【法条链接】

《婚姻法解释（二）》第十六条 人民法院审理离婚案件，涉及分割夫妻共同财产中以一方名义在有限责任公司的出资额，另一方不是该公司股东的，按以下情形分别处理：

（一）夫妻双方协商一致将出资额部分或者全部转让给该股东的配偶，过半数股东同意、其他股东明确表示放弃优先购买权的，该股东的配偶可以成为该公司股东；

（二）夫妻双方就出资额转让份额和转让价格等事项协商一致后，过半数股东不同意转让，但愿意以同等价格购买该出资额的，人民法院可以对转让出资所得财产进行分割。过半数股东不同意转让，也不愿意以同等价格购买该出资额的，视为其同意转让，该股东的配偶可以成为该公司股东。

★个人独资企业的财产在离婚时如何处理

【案例】

丈夫熊某在与妻子黄某的婚姻存续期间,以自己一方的名义投资设立了一家独资企业。离婚后,两人都不愿意经营这家企业。这种情况要怎样处理?

【法律解析】

本案中,熊某建立的是个人独资企业,该企业属于夫妻共同财产。熊某与妻子黄某解除婚姻关系后,该企业应该列为夫妻共同财产参与分配。如果双方都不愿意经营这家企业,该企业应该解散,所得利润参与分配。

【法条链接】

《婚姻法解释(二)》第十八条第三项 双方均不愿意经营该企业的,按照《中华人民共和国个人独资企业法》等有关规定办理。

《中华人民共和国个人独资企业法》(以下简称《个人独资企业法》)第二条 本法所称个人独资企业,是指依照本法在中国境内设立,由一个自然人投资,财产为投资人个人所有,投资人以其个人财产对企业债务承担无限责任的经营实体。

第二十六条 个人独资企业有下列情形之一时,应当解散:

(一)投资人决定解散;

(二)投资人死亡或者被宣告死亡,无继承人或者继承人决定放弃继承;

(三)被依法吊销营业执照;

(四)法律、行政法规规定的其他情形。

★妻子对丈夫婚前的债务有偿还义务吗

【案例】

李某在上大学期间,向亲友们借了很多钱。大学毕业以后,李某和沈某结婚。结婚后,亲友们纷纷要求沈某偿还李某的债务。沈某有义务替李某偿还债务吗?

【法律解析】

沈某不用替李某偿还债务。我国法律明确规定,如果婚前一方所负债务是用于婚后家庭共同生活的,则债权人向另一方主张权利时,另一方不能拒绝。但本案中,李某所负债务是用于自己完成大学学业,因此,沈某不必替李某偿还债务。

【法条链接】

《婚姻法解释(二)》第二十三条 债权人就一方婚前所负个人债务向债务人的配偶主张权利的,人民法院不予支持。但债权人能够证明所负债务用于婚后家庭共同生活的除外。

★丈夫生前所负债务,妻子必须还吗

【案例】

杜某与祝某结婚后,丈夫杜某为夫妻共同生活向外借款。结婚4年后,杜某因遭遇交通事故,重伤不治死亡。此时,债务还没有还清。妻子祝某需要继续偿还吗?

【法律解析】

妻子祝某需要继续偿还。我国法律明确规定,夫或妻一方死亡的,生存一方应当对婚姻关系存续期间的共同债务承担连带清偿责任。本案中杜某生前所欠之债是为共同生活而借,因此妻子祝某有继续偿还的义务。

【法条链接】

《婚姻法解释（二）》第二十四条 债权人就婚姻关系存续期间夫妻一方以个人名义所负债务主张权利的，应当按夫妻共同债务处理。但夫妻一方能够证明债权人与债务人明确约定为个人债务，或者能够证明属于《婚姻法》第十九条第三款规定情形的除外。

《婚姻法》第十九条第三款 夫妻对婚姻关系存续期间所得的财产约定归各自所有的，夫或妻一方对外所负的债务，第三人知道该约定的，以夫或妻一方所有的财产清偿。

★"夫债妻还"有理吗

【案例】

男子耿某在与妻子包某婚姻存续期间，多次向朋友汪某借钱，都没有偿还。汪某几次要求耿某还钱，耿某皆以没钱为由搪塞。汪某无奈之下，转而向耿某的妻子包某主张债权。那么，包某应替丈夫还钱吗？

【法律解析】

包某应替丈夫偿还。我国《婚姻法》有明确规定，夫妻一方在婚姻存续期间所负债务，按照夫妻共同债务处理。当然，法律中也规定了例外条款。例如，如果夫妻一方在借款时，明确地表示以个人名义借款，对债务独自偿还，并且债权人也同意的，另一方就不负有偿还的义务。或者夫妻两人在结婚前就约定好，在婚姻存续期间，个人的债务个人负，该约定大家都知道，那么，一方的债务，另一方就不用承担。

本案中，耿某与妻子包某不符合例外的两种情况，因此，按照法律规定，包某对丈夫的债务要承担偿还的责任。

【法条链接】

《婚姻法解释（二）》第二十四条 债权人就婚姻关系存续期间夫妻一方以个人名义所负债务主张权利的，应当按夫妻共同债务处理。但夫妻一方能够证明债权人与债务人明确约定为个人债务，或者能够证明属于《婚姻法》第十九条第三款规定情形的除外。

《婚姻法》第十九条第三款 夫妻对婚姻关系存续期间所得的财产约定归各自所有的，夫或妻一方对外所负的债务，第三人知道该约定的，以夫或妻一方所有的财产清偿。

★夫妻共同债务离婚后该如何偿还

【案例】

孔某和丈夫陈某结婚已5年，3年前夫妇俩因开饭店需要资金，陈某找朋友借了10万元。借条上夫妇俩都签了字，用孔某娘家父母的房子作了抵押担保，孔某父母也签字同意作抵押担保。现在借款没有还清，两人因为感情不和要求离婚。请问，这10万元应该由谁偿还？

【法律解析】

因为债务是他们夫妻关系存续期间所负的共同债务，所以离婚时他们俩需承担共同还款义务。如果孔某父母的房子在房屋管理部门作了抵押登记，则抵押合同生效。如果孔某、陈某都不还借款，债权人可以要求以折价、拍卖或变卖孔某父母房屋的价款优先受偿。

父母与子女关系

★离婚后养子女该归谁抚养

【案例】

白某和妻子房某在2004年收养了一个女儿,办理了收养手续。后来他们又生育了一个儿子。2008年,他们因感情破裂而离婚。现在白某不想同时抚养两个孩子,他只想抚养他的亲生儿子。请问,他能不能和养女解除收养关系?

【法律解析】

根据有关法规,收养应当向县级以上人民政府民政部门登记,收养关系自登记之日起成立。自收养关系成立之日起,养父母与养子女间的权利义务关系,适用法律关于父母子女关系的规定。本案中收养关系成立,白某与养女之间形成父女关系,在养女未成年以前,他不能只抚养亲生儿子而拒绝抚养养女,他和前妻房某都有共同抚养该养女的法定义务。如果有虐待、遗弃等侵害未成年养子女合法权益行为的,还要承担相应的法律责任。

★妻子已绝育,离婚时对于孩子的抚养请求能否得到照顾

【案例】

蔡某和唐某结婚后第一年生下一个儿子,妻子蔡某在生下孩子的第二年做了绝育手术。6年后,两人发生婚变,协议离婚。双方都希望争取到儿子的抚养权,于是,两人向法院提起诉讼,希望法院依法作出判决。蔡某已经不能再生育,法院会据此照顾女方吗?

【法律解析】

法院会照顾女方的。在本案中,蔡某在生下第一个孩子后,就做了绝育手术,以后都不会再生子女。在这种情况下,法院会基于法律的有关规定,酌情照顾。

★离婚后如何计算子女的抚育费

【案例】

孟某和姜某2001年结婚,2002年姜某生下一个女儿,为了照顾女儿,夫妻二人2003年在市区买下一套房子,后来因感情不和协议离婚。离婚时,孟某考虑到女儿年纪小,主动将女儿让给姜某抚养。协议中规定,房子归姜某,姜某给孟某5万元补偿,孟某每个月给女儿生活费500元。但是这5万元姜某一直都没有给孟某,孟某以此为由也没有给过女儿生活费。现在前妻姜某因孟某不支付女儿生活费而将其起诉至法院。请问,孩子的抚育费应如何计算?

【法律解析】

孟某不能以姜某未支付5万元补偿金为由而不履行他应尽的法定义务。根据我国有关法律规定,子女抚育费的数额,可根据子女的实际需要、父母双方的负担能力和当地的实际生活水平确定。有固定收入的,抚育费一般可按其月总收入的百分之二十至百分之三十的比例给付。负担两个以上子女抚育费的,比例可适当提高,但一般不得超过月总收入的百分之五十。无固定收入的,抚育费的数额可依据当年总收入或同行业平均收入,参照上述比例确定。有特殊情况的,可适当提高或降低上述比例。

【法条链接】

《最高人民法院关于人民法院审理离婚案件处理子女抚养问题的若干具体意见》第七条

子女抚育费的数额,可根据子女

的实际需要、父母双方的负担能力和当地的实际生活水平确定。

有固定收入的,抚育费一般可按其月总收入的百分之二十至三十的比例给付。负担两个以上子女抚育费的,比例可适当提高,但一般不得超过月总收入的百分之五十。

无固定收入的,抚育费的数额可依据当年总收入或同行业平均收入,参照上述比例确定。

有特殊情况的,可适当提高或降低上述比例。

【法条链接】

《婚姻法》第三十八条 离婚后,不直接抚养子女的父或母,有探望子女的权利,另一方有协助的义务。

行使探望权利的方式、时间由当事人协议;协议不成时,由人民法院判决。

父或母探望子女,不利于子女身心健康的,由人民法院依法中止探望的权利;中止的事由消失后,应当恢复探望的权利。

★夫妻离婚后,一方能否不让另一方见孩子

【案例】

柳某和前夫江某离婚后,改嫁魏某,年仅2岁的儿子由柳某抚养。与魏某结婚后,柳某为了儿子能与魏某建立父子感情,千方百计地阻挠前夫江某探望孩子。请问,柳某这样做合法吗?

【法律解析】

柳某这样做不合法,江某有权探望孩子。在我国法律的规定中,除了子女被其他人合法收养,否则,父母与子女的关系不会改变。本案中,虽然柳某与江某离婚了,但是,江某与孩子的父子关系不会随着婚姻关系的结束而结束。作为孩子的父亲,江某当然有权探望孩子,这是法律赋予江某的权利,任何人都不能剥夺这个权利。如果江某的探望给孩子带来不利的影响,柳某也必须向法院提出中止江某探望的申请,她不能私自阻挠江某与孩子见面。

★离婚后,可以要求变更孩子的抚养权吗

【案例】

钱某与安某离婚后,妻子安某取得了孩子的抚养权。离婚没多久,安某被检查出患有癌症,且已到晚期,生命岌岌可危。为了孩子,安某遂向法院申请变更孩子的抚养权,把孩子交与前夫钱某抚养。法院会支持这个请求吗?

【法律解析】

法院会支持安某的请求的。我国法律明确规定,与子女共同生活的一方因患严重疾病或因伤残无力继续抚养子女的,法院会依照诉求,予以变更孩子的抚养权。本案中安某的身体状况已经不能再继续抚养孩子,法院会依法支持其诉讼请求。

【法条链接】

《最高人民法院关于人民法院审理离婚案件处理子女抚养问题的若干具体意见》第十六条 一方要求变更子女抚养关系有下列情形之一的,应

予支持。

（1）与子女共同生活的一方因患严重疾病或因伤残无力继续抚养子女的；

（2）与子女共同生活的一方不尽抚养义务或有虐待子女行为，或其与子女共同生活对子女身心健康确有不利影响的；

（3）十周岁以上未成年子女，愿随另一方生活，该方又有抚养能力的；

（4）有其他正当理由需要变更的。

★法院强制执行探视权指的是什么

【案例】

孙某在与丈夫高某离婚后，取得了孩子的抚养权。由于在婚姻存续期间，孙某与丈夫的感情非常不好，因此十分憎恨丈夫。离婚后，孙某不想让孩子与生父高某有任何牵扯，但又担心，如果自己强行阻止高某行使探视的权利，会被法院强制执行，孩子会被强行带走。法院在强制执行时，是将孩子强行带走吗？

【法律解析】

本案中所谓的强制执行，并非把孩子强行带走。依照我国《婚姻法》及相关司法解释的规定，法院在强制执行的时候，不能对子女的人身、探望行为进行强制执行，而是对拒不履行协助另一方行使探望权的有关个人和单位采取拘留、罚款等强制措施。

★夫妻离婚后，不抚养子女的一方就什么都不管了吗

【案例】

赵某与冯某离婚后，妻子赵某取得了孩子的抚养权。冯某以已与赵某离婚为由，拒绝对孩子履行任何抚养义务。赵某遂向法院提起诉讼，要求冯某承担子女的抚养教育费用。法院会支持赵某的诉求吗？

【法律解析】

法院会支持赵某的诉求。父母与子女的关系，不会因为父母的离婚而消除，父母对子女的抚养义务，也不因父母离婚而消除。离婚后，不与子女共同生活的一方仍然负有对子女抚养的义务。本案中冯某与孩子是父子关系，冯某当然要履行抚养义务。

【法条链接】

《婚姻法》第三十六条 父母与子女间的关系，不因父母离婚而消除。离婚后，子女无论由父或母直接抚养，仍是父母双方的子女。

离婚后，父母对于子女仍有抚养和教育的权利和义务。

离婚后，哺乳期内的子女，以随哺乳的母亲抚养为原则。哺乳期后的子女，如双方因抚养问题发生争执不能达成协议时，由人民法院根据子女的权益和双方的具体情况判决。

第三十七条 离婚后，一方抚养的子女，另一方应负担必要的生活费和教育费的一部分或全部，负担费用的多少和期限的长短，由双方协议；协议不成时，由人民法院判决。

关于子女生活费和教育费的协议或判决，不妨碍子女在必要时向父母任何一方提出超过协议或判决原定数额的合理要求。

★非婚生子女有权要求亲生父母履行抚养义务吗

【案例】

董某在与妻子婚姻存续期间，与情人

发生不正当关系而生下一女。为了不破坏自己的家庭，董某不肯认领这个孩子，而让情人独自抚养，孩子的相应权利得不到实现。请问，非婚生子女有权要求亲生父母履行抚养义务吗？

【法律解析】

非婚生子女与婚生子女一样，同样有权要求自己的亲生父母履行抚养义务。在实际生活中，非婚生子女的地位是很尴尬的，通常得不到父母的承认，生活也没有保障。针对此问题，我国法律作出了非常明确的规定，非婚子女享有与婚生子女同等的权利，从立法上确实保护了非婚生子女的合法权益。

★大学生没有生活来源，能要求父母给付抚育费吗

【案例】

孙某（20岁）读大二的时候，父母因感情破裂协议离婚。协议商定让女儿跟随母亲生活，父亲每月给付抚育费，直到女儿完成大学学业。后来父亲以女儿已成年为由，拒绝给付抚育费。正在上大学的成年子女可以要求父母给付抚育费吗？

【法律解析】

上大学的成年子女可以要求父母给付抚育费。对于已满18周岁的成年人但仍然是在校的大学生，因其没有工作，没有经济来源，不能独立生活，其父母如有给付能力，仍须负担必要的抚育费。

★人工授精所生的孩子，离婚时父母都不要怎么办

【案例】

余某与李某自2002年结婚后，因男方原因，一直没有子女。后来通过人工授精手段，生下了一个女儿。2008年，因感情破裂，两人离婚。离婚后，两人均以女儿是通过医学手段而非自然生产为由，拒绝承认其为婚生子女，不履行抚养义务。通过人工授精所生的孩子，离婚时父母都不要该怎么办？

【法律解析】

本案中，余某与李某通过人工授精的方式生有一个女儿，这个女孩的地位等同于婚生子女的地位，一样享有被抚养的权利，其合法权益受法律保护。虽然两人离婚，但两人与孩子的关系不变，应履行抚养义务。

★父母给付子女的抚养费一般有多少

【案例】

高某在北京某高中读三年级，父母皆为国企职工。后来，高某的父母因感情不和协议离婚，高某跟随母亲居住。高某的父亲每月给付孩子抚育费400元，高某认为400元的数额不能维持一个月的基本生活，要求父亲提高抚育费的数额，高父不肯。高某随即向法院提起诉讼。经查高父的工资是每月4000元。法院会支持高某的诉求吗？

【法律解析】

法院会支持高某的诉求。按照我国相关法律的规定，有固定收入的，抚育费一般可按其月总收入的百分之二十至三十的比例给付。本案中高父给予高某的生活费显然低于这一比例，因此高某可以请求父亲按照月薪的百分之二十至三十的比例给付抚育费。

★祖父母对失去双亲的孙子女有抚养义务吗

【案例】

阿毛3岁了，其父母在一次外出时遭

遇车祸，双双亡故。阿毛的祖父母见此情况，将孩子接来抚养。请问，祖父母对失去双亲的孙子女有抚养义务吗？

【法律解析】

父母已经死亡或父母无力抚养子女时，祖父母和外祖父母如有负担能力，应履行抚养的义务。

【法条链接】

《婚姻法》第二十八条 有负担能力的祖父母、外祖父母，对于父母已经死亡或父母无力抚养的未成年的孙子女、外孙子女，有抚养的义务。有负担能力的孙子女、外孙子女，对于子女已经死亡或子女无力赡养的祖父母、外祖父母，有赡养的义务。

★兄、姐对失去双亲的弟、妹有抚养义务吗

【案例】

杜某一家兄妹三人，父母早亡，兄妹三人相依为命。年长的大姐很早就参加工作，赚钱养家糊口，不久，二哥也参加了工作，家中只有年幼的弟弟尚在念书。大姐与二哥商量，决定负担弟弟读书期间的学费及全部的生活费用。兄、姐对未成年的弟、妹有没有抚养义务？

【法律解析】

兄、姐对未成年的弟、妹有抚养义务。我国法律有明确规定，父母去世后，有负担能力的兄、姐对未成年的弟、妹要履行抚养义务。

★子女有权利干涉父母再婚吗

【案例】

20年前，万某妻子去世，万某独立将一双儿女抚养长大，现在儿女已经长大成人。2008年，万某结识寡居多年的杨某，两位老人决定走到一起。但双方子女，以顾及家族的颜面为由，阻止两位老人的婚事，并声称如老人再婚，他们就不承担对老人的赡养义务。请问，子女有权干涉父母的婚姻吗？

【法律解析】

子女不得干涉父母再婚以及婚后的生活。老年人再婚后，子女要继续履行对父母的赡养义务。本案中双方子女阻止两位老人的婚事是违法的。

★放弃继承权的子女可以不赡养父母吗

【案例】

沈某父母均已年迈，需要沈某兄弟的赡养。一天，沈某找到哥哥商量，自己能不能放弃继承权，同时也不赡养父母。请问，沈某可以这样做吗？

【法律解析】

不可以，沈某这样做是违法的。赡养父母是法定的义务，即使沈某宣布放弃继承权，他也不能因此就不履行赡养父母的义务。

★因物价上涨，子女可否要求增加抚养费

【案例】

小军是一名初三学生。2005年，父母经法院判决离婚，小军随母亲一起生活，父亲每月支付300元抚养费。2007年，母亲下岗，且物价上涨，小军和妈妈的生活陷入困境。请问，小军可以要求父亲增加抚养费吗？

【法律解析】

小军可以要求父亲增加抚养费。本案中，因小军母亲下岗，再加上物价上涨导致小军和妈妈生活困难，只要小军父亲有给付能力，就应当增加抚养费。

★已成年子女强行向父母索取财物是违法的吗

【案例】

30岁的段某一直赋闲在家。他时常与社会上的朋友吃喝玩乐，有时将狐朋狗友带到家中胡闹，甚至打骂父母，向年迈的父母强行要钱。段某的行为违法吗？

【法律解析】

段某的行为已经违反了《老年人权益保障法》的相关规定，要受到行政处罚。如果情节严重，可以追究段某的刑事责任。

收养关系

★过继等于收养吗

【案例】

郭某人到中年仍无妻无子，后来郭某堂弟将二儿子过继给了郭某，由郭某抚养。可是郭某心中一直存有疑虑，他很想弄明白，过继是不是就是收养呢？

【法律解析】

如果过继子女在过继以后与过继父母一起生活，亲友、群众等都公认确以养父母与养子女关系长期共同生活的，可以认为形成了事实收养关系，可以按照收养关系进行处理。反之，如果过继只是为了延续香火，或者是为了在过继父母去世以后以儿子的身份进行送葬，并没有与过继父母一起生活，也未尽赡养义务的，则不能认为是收养。

★孩子被人收养后，与亲生父母是什么关系

【案例】

小海是一个8岁的男孩，由于其父母都是精神病重症患者，因此被一好心人董某按照法律的规定收养。小海被董某依法收养后，与亲生父母还有权利义务关系吗？

【法律解析】

小海与亲生父母没有权利义务关系。我国法律明文规定，收养关系自成立之日起，养子女与生父母及其他近亲属间的权利义务关系，因收养关系的成立而消除。本案中小海被董某依法收养后，他与其亲生父母的权利义务关系就归于消除。

★抚养亲友子女的行为是收养行为吗

【案例】

夏某与陈某是多年的好友。陈某和妻子因飞机失事，双双亡故。夏某于是将陈某唯一的儿子接来与自己同住，代为照顾孩子的生活起居。夏某与陈某的儿子之间形成收养关系了吗？

【法律解析】

夏某与陈某的儿子之间没有形成收养关系。我国《收养法》明确规定，抚养亲戚朋友的孩子不属于收养行为，他们之间不适用收养关系。

★自己有小孩，就不能再收养了吗

【案例】

年过40岁的彭氏夫妇生活宽裕，心地善良。在一次旅游途中，他们在路边捡回一个弃婴，于是决定收养。当他们准备办

理有关手续时，有人告诉他们，有小孩的不能再收养。难道自己有小孩，就不能再收养了吗？

【法律解析】

一般来说，收养人应当无子女。但是，《收养法》特别规定，收养孤儿、残疾儿童或者社会福利机构抚养的查找不到生父母的弃婴和儿童，可以不受收养人无子女的限制。本案中，尽管彭氏夫妇已经有自己的孩子，由于他们收养的是弃婴，符合法定条件，因此可以收养。

★可以收养已满14周岁的未成年人吗

【案例】

孙某今年15岁，父母在一次车祸中双双去世，再无其他亲人。好心人黄女士见孙某非常可怜，要将其收养。但有人告诉黄女士，孙某已满14周岁，不符合收养的条件。请问，黄女士可以收养已满14周岁的孙某吗？

【法律解析】

收养已满14周岁的未成年人是有条件限制的。本案中，黄女士并非是孙某的亲属，不符合收养14周岁以上孩子的条件，因此黄女士不能收养已满14周岁的孙某。

★送养人隐瞒子女的病症，养父母能否要求解除收养关系

【案例】

杜某和妻子2002年结婚，婚后一直没有生育，2009年，邻村的赵氏夫妇以无力抚养为由将两岁的智障儿子送给杜某夫妇抚养。后来，杜某夫妇发现孩子有重度的智力障碍。于是他们找到赵氏夫妇，要求解除收养关系，被孩子的生父母拒绝。请问，生父母隐瞒子女病症的，养父母能否要求解除收养关系呢？

【法律解析】

本案中，赵氏夫妇在明知自己孩子病情的情况下却不予讲明，致使杜某夫妇做出了收养孩子的决定，系属欺诈行为。因此，杜某夫妇可以向法院提起诉讼，请求解除收养关系。

★养父母可解除与养子女的收养关系吗

【案例】

宋某已成年，因琐事和养父母产生矛盾。现养父母要和宋某解除收养关系，让宋某从家里搬出去。请问，养父母可以解除与养子女的收养关系吗？

【法律解析】

养父母可以解除与养子女的收养关系。当事人可以协议解除收养关系，到民政部门办理解除收养关系的登记。收养关系解除后，养子女与养父母及其他近亲属间的权利义务关系即行消除。

★养子女必须对生父母尽赡养义务吗

【案例】

芳芳自小被人收养，长大后，芳芳对养父母孝顺有加。芳芳的生父母刘氏夫妇见芳芳乖巧懂事，于是向芳芳提出希望她能够回到他们身边，被芳芳拒绝。刘氏夫妇于是四处宣扬，说芳芳不顾自己的亲生父母，不对他们尽赡养义务。请问，芳芳必须对她的生父母尽赡养义务吗？

【法律解析】

养子女与生父母之间的权利和义务，因收养关系的成立而消除。子女一旦被人收养后，生父母没有抚养子女的义务，

养子女也没有赡养生父母的义务。

本案中，自被收养之日起，芳芳和生父母刘氏夫妇在法律上的关系就已消除，因此芳芳对生父母已没有赡养义务。

★送养人要求解除收养关系，需补偿抚育费吗

【案例】

菲菲从3岁时开始被高某夫妇收养，但高某夫妇经常虐待菲菲。菲菲的生父母知道以后，决定和高某夫妇解除收养关系，带菲菲回家。高某夫妇要求菲菲的生父母补偿这些年的抚养费、教育费，否则就不让他们把菲菲带走。请问，菲菲的生父母需补偿高某夫妇的抚育费吗？

【法律解析】

本案中，因高某夫妇虐待菲菲的行为，损害了菲菲的身心健康。根据有关规定，菲菲的生父母有权利要求解除高某夫妇与菲菲之间的收养关系，且不需要支付任何补偿费用。

★妻子未经丈夫同意收养弃婴，丈夫有抚养义务吗

【案例】

许某于2002年与丈夫段某登记结婚，婚后一直没有生育。2007年3月，许某未经丈夫同意自行接收了一弃婴，段某始终不同意许某的做法。2009年5月，许某与段某离婚。离婚后，许某要求段某给付孩子的抚养费。段某认为小孩是在没有征得自己同意的情况下，许某擅自接收的，因此自己对小孩不应承担法律责任。段某的说法合理吗？

【法律解析】

段某的说法合理。有配偶者收养子女的，必须是夫妻共同收养。本案中，许某单方接收弃婴的行为，一直没有得到段某的认可。根据有关法规，夫或妻一方收养的子女，另一方始终不同意的，只承认与收养一方的收养关系有效。因此，在本案中，许某应该对单方接收弃婴的行为承担全部责任，段某可以不支付抚养费。

★继父与养母离婚后，对养子女有抚养义务吗

【案例】

小涵5岁那年，林某（女）将他收为养子，但未办理手续。2004年，林某携养子与周某再婚，作为继父的周某与小涵办理了收养手续，并且进行了公证。2008年10月，因感情破裂林某与周某离婚，小涵随养母林某一起生活。小涵想知道，周某对自己还有抚养义务吗？

【法律解析】

本案中，由于周某与林某再婚，从而与小涵形成了养父子关系，并且经过公证机关公证，双方间收养关系合法有效。因此，周某对小涵有抚养的义务。

遗产继承篇

——保障公民权利与义务的无敌法王

遗 产

★五保户的遗产应归谁

【案例】

汪某自从女儿出嫁后，孤苦伶仃，没人照顾。去年村委会将他评为五保户，享受五保待遇，但没有签订扶养协议。今年初汪某病故，留下一套房子和1万元存款，没有遗嘱。村委会认为遗产应归集体所有，汪某女儿回来后认为遗产应归她所有。那么，汪某的遗产应当归谁所有？

【法律解析】

根据相关法律规定，集体组织对五保户实行五保时，双方有扶养协议的，按协议处理；没有抚养协议，死者有遗嘱继承人或法定继承人要求继承的，按遗嘱继承或法定继承处理，但集体组织有权要求扣回五保费用。本案中，汪某跟村委会没有签订扶养协议，所以汪某的女儿是合法的继承人。但是村委会有权在汪某的遗产范围内要求扣回所支出的五保费用。

【法条链接】

《继承法》第五条 继承开始后，按照法定继承办理；有遗嘱的，按照遗嘱继承或者遗赠办理；有遗赠扶养协议的，按照协议办理。

★抚恤金属于遗产吗

【案例】

刘某在一次车祸中丧生，单位为此发了一笔抚恤金。请问，单位发的这笔抚恤金能否作为刘某遗产的一部分由继承人共同继承？

【法律解析】

不能。抚恤金是死者生前单位或有关民政部门发放给死者直系亲属或其供养亲属的费用，具有抚恤性质。根据《继承法》第三条的规定，抚恤金不包含在遗产范围内，不能作为遗产由继承人共同继承。

【法条链接】

《继承法》第三条 遗产是公民死亡时遗留的个人合法财产，包括：

（一）公民的合法收入；

（二）公民的房屋、储蓄和生活用品；

（三）公民的林木、牲畜和家禽；

（四）公民的文物、图书资料；

（五）法律允许公民所有的生产资料；

（六）公民的著作权、专利权中的财产权利；

（七）公民的其他合法财产。

★未指定受益人的保险金能作为被保险人的遗产吗

【案例】

司机小周生前在保险公司投保了人身意外伤害险。在一次交通事故中，小周因伤势过重而死亡，后来保险公司赔偿了巨额的保险金。请问，保险金可以作为遗产被继承吗？

【法律解析】

保险分为人身保险和财产保险，在是否将保险金作为遗产继承的问题上，要区别对待。财产保险可以作为遗产被继承，但人身险的认定比较复杂。人身险通常会涉及受益人的问题，如果人身险指定了受益人，则被保险人死亡后，保险金应支付给受益人；如果没有指定受益人，则保险金应作为遗产由继承人继承。本案中，小周生前投保的人身意外伤害险没有指定受益人，可以作为遗产。

【法条链接】

《中华人民共和国保险法》（以下简称《保险法》）第四十二条 被保险人死亡后，有下列情形之一的，保险金作为被保险人的遗产，由保险人依照《中华人民共和国继承法》的规定履行给付保险金的义务：

（一）没有指定受益人，或者受益人指定不明无法确定的；

（二）受益人先于被保险人死亡，没有其他受益人的；

（三）受益人依法丧失受益权或者放弃受益权，没有其他受益人的。

受益人与被保险人在同一事件中死亡，且不能确定死亡先后顺序的，推定受益人死亡在先。

★遗产中包括"文物"，可以按照一般遗产认定吗

【案例】

北京市高级人民法院受理了一个遗产纠纷案件。死者钟仁正，他的遗产中有国家重要的历史文物和资料，对国家有着重大意义。钟仁正的弟弟钟敬宽依法应该继承钟仁正的遗产，当然包括这些历史文物资料。这些国家重要的历史文物和资料可以按照一般遗产认定吗？

【法律解析】

按照《继承法》的相关规定，公民的合法财产在公民死后，可以成为公民的遗产。但是，对于遗产中涉及国家重要的历史文物和资料的，没有相关规定。根据相关司法解释，珍贵的文物应上缴国家，国家会给予公民一定的物质报酬和精神鼓励。如果公民不愿意捐献，那么，国家将采取收购的方式，将珍贵文物收归国有，所支付的价款，继承人可以继承。

【法条链接】

《最高人民法院关于对遗产中文物如何处理问题的批复》

北京市高级人民法院：

你院1981年8月31日（81）京高法字第96号《关于钟仁正遗产如何处理的请示》报告收悉，经研究：关于继承权问题，我们同意你院第二种意见，即按照现行有关政策法律规定，钟仁正五弟钟敬宽应有继承权。钟仁正遗产中的文物处理问题，应依靠当地党委和群众，动员钟敬宽将重要的历史文物和资料捐献给国家，国家给予钟敬宽一定的物质报酬和精神鼓励。如钟敬宽不愿捐献，可参照中共中央〔1971〕12号文件精神和1978年8月24日中共中央批转上海市委《关于落实党对民族资产阶级若干政策问题的请示报告》中的有关规定，判决由国家收购，价款列入遗产，由钟敬宽继承。

此复

继承权

★继子女有继承权吗

【案例】

刘某在与前夫离婚前，育有一个儿子，离婚后，由刘某抚养。后来，刘某与单身男子罗某相识并结婚。婚后，两人生有一

个女儿。罗某去世后，刘某与前夫的儿子享有对罗某遗产的继承权吗？

【法律解析】

此子享有继承权。我国《继承法》中明确规定，法定继承中，所指的子女，包括婚生子女、非婚生子女、养子女和有扶养关系的继子女。此子为罗某的继子，依法享有继承权。

【法条链接】

《继承法》第十条第三款 本法所说的子女，包括婚生子女、非婚生子女、养子女和有扶养关系的继子女。

★过继子有继承权吗

【案例】

管某中年丧妻，儿子倒插门到外地，很少回家看望管某。后来，管某堂弟把小儿子旺财过继给管某，过继后，旺财悉心照料管某的生活，和管某相处得很融洽。几年后，管某病逝，旺财准备继承其遗产，但管某的儿子认为自己才是唯一继承人，旺财只是过继，没有继承权。那么，过继子有没有继承权呢？

【法律解析】

本案中，旺财过继给管某以后，悉心照料管某的生活，尽到了扶养义务，可以认为旺财与管某之间形成了事实上的收养关系。根据有关规定，过继子女与过继父母形成扶养关系的，即为养子女，互有继承权。因此，旺财作为与管某有着抚养关系的过继子，享有继承其过继父亲管某遗产的权利。

【法条链接】

《最高人民法院关于贯彻执行民事政策法律若干问题的意见》第三十八条 "过继"子女与"过继"父母形成扶养关系的，即为养子女，互有继承权；如系封建性质的"过继""立嗣"，没有形成抚养关系的，不能享有继承权。

《继承法》第十条 婚生子女、非婚生子女、养子女和有抚养关系的继子女都是法定的第一顺序继承人。

★非婚生子女有继承权吗

【案例】

郭某在与丈夫韩某婚姻存续期间，长期与一男子保持不正当的男女关系，并生有一女。不久，郭某与该男子的关系结束，此女一直由郭某的母亲抚养，直至成年。郭某死后，已经成年的女孩要求参与继承。那么，郭某之女享有继承权吗？

【法律解析】

郭某之女享有继承权。我国《婚姻法》规定，非婚生子女与婚生子女享有同等的权利，包括继承权。《继承法》对此进行了进一步的明确规定，子女包括婚生子女与非婚生子女。本案中，尽管郭某之女是非婚生子女，但与婚生子女一样，享有同等的权利，任何人不得以任何理由加以干涉。

★曾经犯罪服刑的人能否继承遗产

【案例】

2006年，蔡某因为盗窃被法院判刑，后来刑满出狱。不久其父得了重病，于2006年年底去世。蔡某母亲早已去世。蔡某只有一个弟弟，在分配遗产时，其弟以蔡某犯罪为由，不让蔡某继承遗产。请问，蔡某弟弟的说法正确吗？曾经犯罪服刑的人能否继承遗产？

【法律解析】

蔡某弟弟的说法不正确，蔡某仍享有继承权。我国有关法律明确规定了丧失继承权的几种情况，根据法律规定，蔡某虽然曾经犯罪服刑，但没有犯丧失继承权的罪行，可以继承其父的遗产。

【法条链接】

《继承法》第七条 继承人有下列行为之一的，丧失继承权：

（一）故意杀害被继承人的；

（二）为争夺遗产而杀害其他继承人的；

（三）遗弃被继承人的，或者虐待被继承人情节严重的；

（四）伪造、篡改或者销毁遗嘱，情节严重的。

★ **正在服刑的人有无继承权需区别对待**

【案例】

王某去世时，其儿子正在监狱服刑，那么，王某的儿子享有继承权吗？

【法律解析】

对于此问题的认定，要分不同的情况区别对待。如果此子是因为《继承法》第七条中所列罪行入狱服刑的，依法丧失继承权。如果是因为触犯其他法律入狱的，则仍然享有继承权。

★ **弟弟有权继承哥哥承包的林地吗**

【案例】

孙大、孙二兄弟俩相依为命。在一次车祸中，哥哥孙大身亡。孙大生前承包了一块林地，种有多种树木。孙大去世后，生产队把他承包的林地收回，孙二不服。请问，孙二有权继承吗？

【法律解析】

孙二有权继承。因为孙大没有第一顺序继承人（配偶、子女、父母），孙二作为第二顺序继承人可以继承林木和承包收益。另外，根据有关法律规定，孙二也可以继续承包哥哥孙大的林地。

【法条链接】

《中华人民共和国农村土地承包法》（以下简称《农村土地承包法》）第三十一条 承包人应得的承包收益，依照继承法的规定继承。林地承包的承包人死亡，其继承人可以在承包期内继续承包。

《继承法》第四条 个人承包应得的个人收益，依照本法规定继承。个人承包，依照法律允许由继承人继续承包的，按照承包合同办理。

★ **法定代理人可以处分未成年人的遗产继承权吗**

【案例】

小石的父母在小石很小的时候就去世了，小石的叔叔成为小石的监护人。小石的祖父去世后，小石按法定顺序参与继承，由小石的叔叔代理继承权。请问，小石的叔叔可以代小石放弃继承权吗？

【法律解析】

我国法律明确规定，法定代理人代理被代理人行使继承权、受遗赠权，不得损害被代理人的利益。法定代理人一般不能代理被代理人放弃继承权、受遗赠权。明显损害被代理人利益的，应认定其代理行为无效。因此，本案中小石的叔叔不能代替小石放弃继承权。

【法条链接】

《最高人民法院关于贯彻执行〈中华人民共和国继承法〉若干问题的意见》（以下简称《继承法意见》）第八条 法定代理人代理被代理人行使继承权、受遗赠权，不得损害被代理人的利益。法定代理人一般不能代理被代理人放弃继承权、受遗赠权。明显损害被代理人利益的，应认定其代理行为无效。

★不履行赡养义务的子女还有继承权吗

【案例】

宋某在年轻的时候，积攒了一笔不小的财产，一直存在银行里，子女们都不知道。宋某起初与儿子共同生活，但儿子不孝顺，经常打骂宋某。宋某无奈，只得与女儿一家共同生活，自此宋某之子再没有履行过赡养的义务。老人去世后，这笔财产留给了女儿。儿子知道此事后，认为自己也有继承权。那么，宋某之子还有继承权吗？

【法律解析】

宋某之子不再享有继承权。我国《继承法》规定，虐待、不履行赡养义务的继承人丧失继承权。如果情节极为恶劣，还可以根据《刑法》的规定追究其刑事责任。本案中，宋某之子对宋某不履行赡养义务，不再享有继承权。

★未出生的胎儿有继承权吗

【案例】

陈某与魏某结婚后不久，丈夫魏某遭遇空难，不幸身亡。此时，妻子陈某已经怀有3个月的身孕。在继承遗产时，魏某还未出生的孩子有继承权吗？

【法律解析】

魏某还未出生的孩子有继承权。尽管我国《民法通则》规定，公民的民事权利能力始于出生，即孩子自出生时起，才是公民，才享有权利，履行义务。但是，为保护即将出生但还未出生的孩子的利益，《继承法》也作出了相应规定：遗产分割时，应保留胎儿的继承份额。因此，魏某未出生的孩子享有继承权。

【法条链接】

《继承法》第二十八条 遗产分割时，应当保留胎儿的继承份额。胎儿出生时是死体的，保留的份额按照法定继承办理。

★代位继承人该怎么确定

【案例】

杜某去年因车祸去世，其父亲因伤心欲绝，于今年离开人世。杜某父亲去世时留有一笔遗产，但生前没有立遗嘱。请问，杜某父亲的这笔遗产该由杜某的儿子还是杜某的妻子来代位继承？

【法律解析】

我国有关法律规定，被继承人的子女先于被继承人死亡的，由被继承人的子女的晚辈直系血亲代位继承。代位继承人一般只能继承他的父亲或者母亲有权继承的遗产份额。代位继承只适用于法定继承，只能由被继承人的子女的晚辈直系血亲来代位继承。所以，本案中，应当由杜某的儿子来代位继承其爷爷的遗产。

★继承权纠纷提起诉讼的期限是多长时间

【案例】

吴某常年在外地经商,很少回家。后来父亲去世,吴某的姐姐没有将父亲去世的消息告诉吴某,独占了父亲留下的财产。一年后,吴某回到家中,得知了父亲已经去世的消息,伤心欲绝。随后又得知了姐姐独占父亲遗产,遂向法院提起了诉讼。时隔一年之久,法院还会受理吗?

【法律解析】

法院会受理。继承权纠纷的诉讼时效为两年,自继承人知道或者应当知道其权利被侵犯之日起计算。吴某知道自己的合法权益受到侵害后,立即向法院提起诉讼,没有超过诉讼时效,因此法院会予以受理。

【法条链接】

《继承法》第八条 继承权纠纷提起诉讼的期限为二年,自继承人知道或者应当知道其权利被侵犯之日起计算。但是,自继承开始之日起超过二十年的,不得再提起诉讼。

★合法继承人能否继承股东资格

【案例】

林某是一家有限责任公司的股东,2007年年初,在一场交通事故中身亡。林某去世前与前妻已离婚,没有再婚,林某父母也早已去世,合法继承人只有他的一个女儿和一个儿子。但他没有立遗嘱。请问,林某的一儿一女能否继承他在公司的股东资格?

【法律解析】

林某的儿女能否继承其父亲在公司的股东资格,关键在于该公司在公司章程里有没有明确规定。如果公司章程明确规定自然人股东的合法继承人不可以继承股东资格,则林某的儿女不能继承其父亲的股东资格,只能继承其父亲在公司的股权。如果公司章程没有明确规定,则林某的儿女可以继承其父亲的股东资格,成为公司的股东,参与公司管理。

【法条链接】

《中华人民共和国公司法》(以下简称《公司法》)第七十六条 自然人股东死亡后,其合法继承人可以继承股东资格;但是,公司章程另有规定的除外。

★被收养人有权继承生父母的遗产吗

【案例】

小周从小就过继给小叔做养子,并且办理了收养手续。小周40岁时,唯一的同胞弟弟遭遇车祸不幸身亡,小周年迈的生父母于是想让小周与小叔解除收养关系,以便将来继承自己的遗产。小周感念养父母这么多年的养育之恩,实不忍抛弃他们,但是他又有疑问,如果不解除与养父母的收养关系,是不是就不能继承生父母的遗产呢?

【法律解析】

本案中,小周不想解除与养父母的收养关系,同时又想继承生父母的遗产,可以采取以下两个办法:一是在对养父母尽赡养义务的同时,对其生父母也给予必要的扶助,将来可以分得生父母的适当遗产,二是小周的生父母可以立遗嘱将财产赠予小周。

【法条链接】

《继承法》第十四条 对继承人以外的依靠被继承人扶养的缺乏劳动能力又没有生活来源的人，或者继承人以外的对被继承人扶养较多的人，可以分给他们适当的遗产。

第十六条 公民可以依照本法规定立遗嘱处分个人财产，并可以指定遗嘱执行人。

公民可以立遗嘱将个人财产指定由法定继承人的一人或者数人继承。

公民可以立遗嘱将个人财产赠给国家、集体或者法定继承人以外的人。

法定继承

★法定继承的顺序是什么

【案例】

某富商李某在一次意外事故中身亡，但他去世前没有立遗嘱，于是按照法定继承顺序继承遗产。那么，法定继承顺序是怎样的？

【法律解析】

法定继承顺序是按照家庭生活中，家庭成员之间的关系确定的，按照亲密至疏远的顺序排列。第一顺序继承人为配偶、子女、父母，第二顺序继承人为兄弟姐妹、祖父母、外祖父母。继承开始后，由第一顺序继承人继承，没有第一顺序继承人的，由第二顺序继承人继承。

【法条链接】

《继承法》第十条 遗产按照下列顺序继承：

第一顺序：配偶、子女、父母。

第二顺序：兄弟姐妹、祖父母、外祖父母。

继承开始后，由第一顺序继承人继承，第二顺序继承人不继承。没有第一顺序继承人继承的，由第二顺序继承人继承。

本法所说的子女，包括婚生子女、非婚生子女、养子女和有扶养关系的继子女。

本法所说的父母，包括生父母、养父母和有扶养关系的继父母。

本法所说的兄弟姐妹，包括同父母的兄弟姐妹、同父异母或者同母异父的兄弟姐妹、养兄弟姐妹、有扶养关系的继兄弟姐妹。

第十一条 被继承人的子女先于被继承人死亡的，由被继承人的子女的晚辈直系血亲代位继承。代位继承人一般只能继承他的父亲或者母亲有权继承的遗产份额。

第十二条 丧偶儿媳对公、婆，丧偶女婿对岳父、岳母，尽了主要赡养义务的，作为第一顺序继承人。

★夫妻都死亡，留下的遗产该如何分割

【案例】

钟某和贺某系夫妻关系，无子女。2008年10月夫妻二人外出旅游途中遭遇车祸，钟某当场死亡，贺某在送往医院途中身亡。钟某的父母都健在，贺某的父母已去世，但有一个弟弟。钟某和贺某都没有设立遗嘱。现在钟某的父母和贺某的弟弟就遗产继承发生纠纷。请问，钟某和贺某留下的遗产应该如何分割？

【法律解析】

因在交通事故中钟某先于贺某去世，所以应当先将他们共同所有的财产的一半分出为贺某所有，其余的一半按照法定继承由贺某和钟某的父母亲三人分得。贺某的遗产按照《继承法》第十条规定继承，第一顺序继承人为配偶、子女、父母。第二顺序继承人为兄弟姐妹、祖父母、外祖父母。继承开始后，由第一顺序继承人继承，第二顺序继承人不继承。没有第一顺序继承人继承的，由第二顺序继承人继承。

【法条链接】

《继承法》第二十六条 夫妻在婚姻关系存续期间所得的共同所有的财产，除有约定的以外，如果分割遗产，应当先将共同所有的财产的一半分出为配偶所有，其余的为被继承人的遗产。

遗产在家庭共有财产之中的，遗产分割时，应当先分出他人的财产。

★互有继承权的人同时死亡，继承顺序如何确定

【案例】

沈某夫妇利用假期，带8岁的儿子去外地旅游。在返程途中，因飞机失事，一家人不幸全部遇难。在这样的情况下，继承顺序该如何确定？

【法律解析】

《继承法》的司法解释明确规定，相互有继承关系的几个人在同一事件中死亡，如不能确定死亡先后时间的，推定没有继承人的人先死亡。死亡人各自都有继承人的，如几个死亡人辈分不同，推定长辈先死亡；几个死亡人辈分相同，推定同时死亡，彼此不发生继承，由他们各自的继承人分别继承。

本案中，沈某之子没有继承人，应推定其先死。而沈某夫妇是同辈，应推定二人同时死亡，他们之间不发生继承关系，而由他们各自的继承人分别继承。

★遗留在银行的存款该怎么继承

【案例】

边某几个月前因病突然去世，工资卡里钱尚未取出。边某十几年前就已离婚，他有一个刚满18周岁的儿子，一个90岁的老母亲和两个哥哥、一个弟弟、一个妹妹。请问，他的工资卡里的钱应由谁继承？

【法律解析】

有遗嘱的，按遗嘱继承；没有遗嘱，则由第一顺序继承人边某的儿子和他母亲继承其遗留的个人合法财产。法定继承人如果知道工资卡的密码，可以直接到银行支取。如果不知道密码，则需要履行一系列手续。各个银行的规定可能不太一致。一般来说，继承人需出具工资卡、身份证、户口簿、存款人死亡证明、继承权公证书等材料才可以取出存款。

【法条链接】

《继承法》第十条 遗产按照下列顺序继承：

第一顺序：配偶、子女、父母。

第二顺序：兄弟姐妹、祖父母、外祖父母。

继承开始后，由第一顺序继承人继承，第二顺序继承人不继承。没有第一顺序继承人继承的，由第二顺序继承人继承。

本法所说的子女，包括婚生子

女、非婚生子女、养子女和有扶养关系的继子女。

本法所说的父母，包括生父母、养父母和有扶养关系的继父母。

本法所说的兄弟姐妹，包括同父母的兄弟姐妹、同父异母或者同母异父的兄弟姐妹、养兄弟姐妹、有扶养关系的继兄弟姐妹。

★依靠被继承人扶养的孤儿可以要求分得适当遗产吗

【案例】

郝某生前资助了一名孤儿，该孤儿的日常生活费用及教育投资费用均由郝某承担。郝某去世后，这名儿童可以分到适当的遗产吗？

【法律解析】

这名儿童可以分到适当的遗产。我国《继承法》及相关司法解释规定，对继承人以外的依靠被继承人扶养的缺乏劳动能力又没有生活来源的人，或者继承人以外的对被继承人扶养较多的人，可以分配给他们适当的遗产。本案中，郝某所资助的儿童是孤儿，其情形符合《继承法》的上述规定，因此可以分到适当的遗产。

【法条链接】

《继承法》第十四条 对继承人以外的依靠被继承人扶养的缺乏劳动能力又没有生活来源的人，或者继承人以外的对被继承人扶养较多的人，可以分配给他们适当的遗产。

★继子女有权继承继父母和生父母双份遗产吗

【案例】

童某与周某离婚后，孩子跟随母亲周某生活。离婚后不久，周某再婚，再婚后没有子女。而童某一直独居。那么，孩子有权继承生父母以及继父的双份遗产吗？

【法律解析】

孩子可以继承生父母以及继父的双份财产。与收养关系不同，继子女与继父母的关系因亲生父母一方与继父母一方的合法婚姻关系而建立，但是与继父母的关系的建立不影响继子女与生父母的关系，也就是说，此时的继子女无论与生父母还是继父母，都有父母与子女的权利义务关系。

【法条链接】

《继承法意见》第二十一条 继子女继承了继父母遗产的，不影响其继承生父母的遗产。

继父母继承了继子女遗产的，不影响其继承生子女的遗产。

★主动赡养孤寡老人者，可以继承老人遗产吗

【案例】

钱某是一位年近80的老人，无儿无女，一直独居。富有同情心的邻居何某见老人独居，无人照顾，便主动照顾老人，直至老人去世。那么，老人的遗产，何某可以继承吗？

【法律解析】

何某可以继承老人的遗产。根据《继承法》相关规定，履行了赡养义务是享有继承权的实质要件。何某照顾了老人，根据相关

的司法解释，可以继承老人的遗产。

【法条链接】
《继承法》第十四条 对继承人以外的依靠被继承人扶养的缺乏劳动能力又没有生活来源的人，或者继承人以外的对被继承人扶养较多的人，可以分配给他们适当的遗产。

★遗产继承适用同居关系需区别对待

【案例】

许某与蔡某没有办理结婚登记而同居，在日常生活中，他们以夫妻名义从事各种活动，周围的邻居都以为两人是夫妻。许某在一次意外中丧生，蔡某可以继承许某的遗产吗？

【法律解析】

对此问题，要分不同的情况区别对待。如果两人的关系被认定为事实婚姻关系，则蔡某可以配偶的身份参与继承；如果被认定为非法同居关系，而又符合《继承法》第十四条规定的，可根据相互扶助的具体情况处理。如果是对继承人以外的依靠被继承人扶养的缺乏劳动能力又没有生活来源的人，或者继承人以外的对被继承人扶养较多的人，可以分给他们适当的遗产。

【法条链接】
《婚姻法解释（一）》第五条 未按婚姻法第八条规定办理结婚登记而以夫妻名义共同生活的男女，起诉到人民法院要求离婚的，应当区别对待：

（一）1994年2月1日民政部《婚姻登记管理条例》公布实施以前，男女双方已经符合结婚实质要件的，按事实婚姻处理；

（二）1994年2月1日民政部《婚姻登记管理条例》公布实施以后，男女双方符合结婚实质要件的，人民法院应当告知其在案件受理前补办结婚登记；未补办结婚登记的，按解除同居关系处理。

第六条 未按婚姻法第八条规定办理结婚登记而以夫妻名义共同生活的男女，一方死亡，另一方以配偶身份主张享有继承权的，按照本解释第五条的原则处理。

《继承法》第十四条 对继承人以外的依靠被继承人扶养的缺乏劳动能力又没有生活来源的人，或者继承人以外的对被继承人扶养较多的人，可以分给他们适当的遗产。

★丧失继承权的，其子女能代位继承吗

【案例】

路某经常虐待、打骂自己的父母，情节十分恶劣。在一次交通事故中，路某与妻子双双身亡，只留下一个儿子。如果路某的父母去世，路某的儿子可以代位继承吗？

【法律解析】

路某的儿子不能代位继承。路某生前有打骂、虐待父母的行为，且性质恶劣，应被认定为丧失继承权。父母丧失继承权的情况下，其子女不能代位继承，即路某的儿子不能代位继承遗产。

【法条链接】

《继承法意见》第二十八条 继承人丧失继承权的，其晚辈直系血亲不得代位继承。如该代位继承人缺乏劳动能力又没有生活来源，或对被继承人尽赡养义务较多的，可适当分给遗产。

遗嘱继承

★因受胁迫所立的遗嘱有效吗

【案例】

唐某有兄弟姐妹4个，父亲在世时表示，自己一旦辞世，财产由子女们平分，即每个子女都平均得到1/4的遗产。但是，唐某觊觎父亲的巨额家财已经很久了，一直希望独自继承。走火入魔的唐某逼迫父亲立下了所有遗产都由唐某继承的遗嘱，以便父亲死后，自己可以独自占有遗产。这份遗嘱有效吗？

【法律解析】

这份遗嘱是没有法律效力的。我国《继承法》对遗嘱无效的情形作了列举式的规定，其中包括受胁迫所立的遗嘱。本案中唐某的遗嘱是受其子胁迫而立，因此无效。

★8岁小男孩设立的遗嘱有效吗

【案例】

小腾是一个8岁的小男孩，父母在一次空难中去世，小腾于是成为万贯家财的唯一继承人。小腾年幼，小腾的舅舅成为小腾的监护人。小腾的舅舅教唆小腾立下遗嘱：小腾死后，财产全部由小腾的舅舅继承。这份遗嘱是有效的吗？

【法律解析】

这份遗嘱没有效力。我国法律明确规定，无行为能力人设立的遗嘱是没有法律效力的。小腾只是一个8岁的孩子，属于无行为能力人，设立的遗嘱是没有法律效力的。

★以电子邮件形式所立的遗嘱有效吗

【案例】

随着网络的不断普及，许多老人也学会用计算机发电子邮件，有的老人甚至将自己的遗嘱写在电子邮件中。那么，以电子邮件形式所立的遗嘱有效吗？

【法律解析】

无效。订立有效的遗嘱不仅要具备法定的实质要件，例如必须有遗嘱能力，遗嘱的内容必须合法，遗嘱必须是遗嘱人自由、真实意愿的表达等，遗嘱还必须符合法定形式要件。《继承法》规定了五种遗嘱形式：公证遗嘱、自书遗嘱、代书遗嘱、录音遗嘱和口头遗嘱。以电子邮件形式所立的遗嘱不符合法定形式，因此是无效的。

【法条链接】

《继承法》第十七条 公证遗嘱由遗嘱人经公证机关办理。

自书遗嘱由遗嘱人亲笔书写，签名，注明年、月、日。

代书遗嘱应当有两个以上见证人在场见证，由其中一人代书，注明年、月、日，并由代书人、其他见证人和遗嘱人签名。

以录音形式立的遗嘱，应当有两个以上见证人在场见证。

遗嘱人在危急情况下，可以立口

头遗嘱。口头遗嘱应当有两个以上见证人在场见证，危急情况解除后，遗嘱人能够用书面或者录音形式立遗嘱的，所立的口头遗嘱无效。

★遗嘱设立后，又对遗嘱财产进行处理，遗嘱还有效吗

【案例】

熊某去世前，设立了一份遗嘱，称其遗产中房屋由长子继承，50万元现金由其次子继承。遗嘱设立后不久，熊某又将遗嘱中的10万元现金拿出来，用于炒股票，全部被套。这种情况下，遗嘱应如何认定？

【法律解析】

按照《继承法意见》第三十九条的规定，如果遗嘱人生前的行为与遗嘱的意思表示相反，导致在继承开始前遗嘱中所涉及的财产所有权发生变动的，应当认定为遗嘱被撤销或部分被撤销。本案在继承开始前，熊某处分了遗嘱中所涉及的部分财产，应当视为遗嘱被部分撤销。

【法条链接】

《继承法意见》第二十九条 遗嘱人生前的行为与遗嘱的意思表示相反，而使遗嘱处分的财产在继承开始前灭失，部分灭失或所有权转移、部分转移的，遗嘱视为被撤销或部分被撤销。

★临终前立的口头遗嘱怎样才算有效

【案例】

某集团公司总裁包某遭遇车祸，到医院抢救时已经奄奄一息，临终前对身边的3个经理交代后事，让次子接替自己的位置，掌管公司。包某去世后，长子以父亲临终前的口头遗嘱无效为由，要求接管公司，于是发生纠纷。那么，临终前的口头遗嘱有没有法律效力？

【法律解析】

我国《继承法》规定，遗嘱人在危急情况下，在有两个以上见证人在场的情况下，可以立口头遗嘱。本案中包某在临终前的紧急时刻，在身边有两个以上见证人的情况下，设立了口头遗嘱，应该被认定为是有效的。

★个人所立的遗嘱必须经过公证才有法律效力吗

【案例】

经商多年的董某，有一笔巨款。因现在年事已高，所以他想立一份遗嘱，将存款分割，分别交给三个儿子。但他听别人说，个人所立的遗嘱一定要经过公证才有法律效力。请问，有这样的法律规定吗？

【法律解析】

没有这样的法律规定，遗嘱不是一定非要经过公证才有法律效力的。只要符合相关法规中对遗嘱的规定即可。根据《继承法》第十六条的规定，董某可以立遗嘱，将存款分给三个儿子。

【法条链接】

《继承法》第十六条 公民可以依照本法规定立遗嘱处分个人财产，并可以指定遗嘱执行人。

公民可以立遗嘱将个人财产指定由法定继承人的一人或者数人继承。

公民可以立遗嘱将个人财产赠给国家、集体或者法定继承人以外的人。

★涉及死后个人财产处分内容的遗书是遗嘱吗

【案例】

宋某自妻子去世后，伤心欲绝。无法经受思妻之苦的宋某，最终决定自我了断。在书写了一份遗书后，宋某跳河自尽了。宋某的弟弟在整理宋某的遗物时，发现了这份遗书，遗书中涉及了宋某死后财产如何处分的问题，并有宋某的亲笔签名及日期。这份遗书应该算作遗嘱吗？

【法律解析】

这份遗书可以视为遗嘱。我国最高人民法院对《继承法》的司法解释规定，公民在遗书中涉及死后财产处分的内容，确为死者真实的意思表示，如果有本人的签名和明确的时间，且无相反证据的情况下，可以认定为自书遗嘱。本案中，宋某所写遗书符合上述司法解释的规定，因此可以被视为有效的遗嘱。

★有多份遗嘱的，应适用哪一份

【案例】

李某退休后跟儿子一起生活。2002年2月，他自书遗嘱，决定在其去世后，全部存款和一套房屋由儿子继承。后来因儿媳妇不孝顺，李某搬到女儿家居住。2004年5月，李某又立了一份遗嘱，内容是全部存款归女儿，房屋由儿子继承，并作了公证。2006年12月，李某病重住进医院，女儿细心照顾，可是儿子很少去探望。在弥留之际，他当着三个医生的面立下口头遗嘱，将其全部存款和一套房屋都留给女儿继承。李某去世后，儿女在继承遗产时发生纠纷。那么，三份遗嘱中应适用哪一份？

【法律解析】

应适用第二份公证遗嘱。本案中，李某分别立有自书、公证、口头遗嘱。如果三份遗嘱都符合法律规定，则以公证遗嘱为准。因为，所有的遗嘱形式中公证遗嘱效力最高，在已有一份公证遗嘱的情况下，其他形式的遗嘱都不能推翻公证遗嘱，除非再立一份公证遗嘱才能推翻之前的公证遗嘱。李某立有一份公证遗嘱，最后的口头遗嘱不能变更之前的公证遗嘱，所以应适用公证遗嘱。

【法条链接】

《继承法》第二十条 遗嘱人可以撤销、变更自己所立的遗嘱。

立有数份遗嘱，内容相抵触的，以最后的遗嘱为准。

自书、代书、录音、口头遗嘱，不得撤销、变更公证遗嘱。

★遗嘱可以剥夺法定继承人的继承权吗

【案例】

李某一生艰苦奋斗，创办了一家全国知名的大型企业。李某立下遗嘱，自己死后，名下所有的资产全部捐献给希望小学。遗嘱中没有提到给其在美国工作的子女保留遗产的条款。那么，李某死后，其子女可以要求继承遗产吗？

【法律解析】

不能。《继承法》规定，继承开始后，如果有遗嘱，按照遗嘱规定的继承，即使遗嘱没有给法定继承人留下遗产，仍然是有效的遗嘱，即遗嘱可以排除法定继承人的继承权，但《继承法》同时规定，遗嘱应当对缺乏劳动能力又没有生活来源的继承人保留必要的遗产份额。本案中，李某的子女在美国工作，不属于没有劳动能力又无生活来源的人。因此，遗嘱有效，李某的子女不能要求继承遗产。

★遗嘱继承与法定继承哪个优先

【案例】

杜某去世前，设立了一份遗嘱。遗嘱中规定，将半数的遗产赠予长年照顾自己的某大学学生胡某。杜某去世后，在处理杜某遗产时发生了继承纠纷。杜某的子女不认同遗嘱中将遗产半数赠予胡某的条款，认为应该按照法定继承顺序继承。究竟遗嘱继承与法定继承哪个更为优先呢？

【法律解析】

按照我国《继承法》的相关规定，遗嘱继承与遗赠抚养协议优于法定继承。即继承开始后，有遗嘱的，先按照遗嘱继承；有遗赠扶养协议的，按照协议办理；都没有的，按照法定程序办理。本案中杜某立有将遗产的半数赠予胡某的遗嘱，所以应该按照遗嘱继承。

遗 赠

★养子女有权接受生父母的遗赠吗

【案例】

容某在3岁时与父母失散，父母遍寻不到孩子，后来去了英国。容某后来被赵氏夫妇收养。容某现已成年，被赵氏夫妇送到英国留学。在英国，一次偶然的机会，容某与生父母重逢。容某的生父母非常激动，立下遗嘱，死后，将所有的财产赠予容某。容某可以接受生父母的赠予吗？

【法律解析】

容某可以接受生父母的遗赠。我国法律规定，养子女与生父母之间的权利义务关系随着与养父母收养关系的成立而解除，养子女因此丧失法定继承人的资格。但《继承法》规定，公民可以立遗嘱将个人财产赠予继承人以外的人，因此，在本案中，容某虽与其生父母没有法律上的权利义务关系，但他可以接受生父母的赠予。

★遗嘱与遗赠扶养协议哪个优先

【案例】

姜某在离世前，立下遗嘱，全部的财产由儿子继承。同时，又与长年照顾自己的保姆签订了遗赠扶养协议，保姆履行协议规定的内容。继承开始后，发生了纠纷。这样的情况要如何处理？

【法律解析】

依据法律规定，被继承人生前与他人订有遗赠扶养协议，同时又立有遗嘱的，继承开始后，如果遗赠扶养协议与遗嘱没有抵触，遗产分别按协议和遗嘱处理；如果有抵触，按协议处理，与协议抵触的遗嘱全部或部分无效。因此本案的遗产分配应按遗赠扶养协议进行。

【法条链接】

《继承法》第五条 继承开始后，按照法定继承办理；有遗嘱的，按照遗嘱继承或者遗赠办理；有遗赠扶养协议的，按照协议办理。

《继承法意见》第五条 被继承人生前与他人订有遗赠扶养协议，同时又立有遗嘱的，继承开始后，如果遗赠扶养协议与遗嘱没有抵触，遗产分别按协议和遗嘱处理；如果有抵触，按协议处理，与协议抵触的遗嘱全部或部分无效。

遗产的处理

★婚前共同出资购买的房产应如何分割

【案例】

查某和董某在恋爱期间共同出资100万元购买了一套房屋，房产证上写的是两个人的名字。然而就在两人结婚前，董某不幸遭遇车祸去世。董某的父母均健在，董某是独子。董某的父母在料理完儿子的丧事后，要求对该套房屋进行房产分割。那么，这套房产应该如何分割？

【法律解析】

共同出资购买的房产属双方的共有财产，如果双方已经约定了房产份额并取得了房产证，则按照房产证上载明的比例确定各自的房产份额。如果双方没有对房产份额作出书面约定，则应按双方的出资额确定各自的房产份额。在出资比例无法证明的情况下，应推定为双方各占50%的房产份额。如果董某生前没有对该房屋立遗嘱、遗赠等进行处分，则按照法定继承，应由董某的父母作为第一顺序继承人继承董某所有的房产份额。

★如何办理股票继承手续

【案例】

2008年11月14日，张某在一起交通事故中遇难。由于他曾在一家证券营业部开户炒股，而且他所购买的股票已经升值。张某父母认为该股票属于儿子的遗产，他们享有继承权。但张某妻子认为股票是夫妻共同财产不能作为遗产进行分割。请问，股票可否作为遗产继承？如果可以，如何办理股票继承手续？

【法律解析】

根据有关法规，股票是可以作为遗产继承的。本案中，张某的家人在继承股票问题上发生了争执，不能申请办理股票继承公证，应当向人民法院起诉，由人民法院依法判决。证券公司凭人民法院生效的判决书、裁定书或调解书办理相应的转户手续。

★要继承遗产，债务必须一并"继承"吗

【案例】

杜某去世以后，在留下财产的同时，也留下了生前所负的债务。杜某的儿子如果继承了杜某遗产，对杜某的债务也要一并继承吗？

【法律解析】

是的，一旦杜某的儿子继承了遗产，对杜某的债务也要一并继承。我国《继承法》规定，继承人在继承遗产时，应当清偿被继承人依法应当缴纳的税款和债务，缴纳税款和清偿债务以他的遗产实际价值为限。超过遗产实际价值部分，继承人自愿偿还的不在此限。据此，本案中，杜某之子如要继承遗产，须负责偿还其父生前所欠债务。

★公民可以将遗产指定归子女个人所有吗

【案例】

李某与儿媳关系一直很紧张。近年来，李某身体越来越差。于是他立下遗嘱，将他所有的财产指定给李某儿子一人所有，不作为婚后夫妻共同所有的财产，并准备进行公证。请问，可以将遗产指定归子女个人所有吗？

【法律解析】

根据我国有关法律的规定，公民可以将遗产指定归子女个人所有，而不作为夫妻间的共有财产。

合同篇

——理智交易警惕陷阱

合同的订立与效力

★合同签订需自愿，乘人之危不合法

【案例】

2009年5月，养殖户高某从某县良种场以每头800元的价格购得8头奶牛。由于自家存放的草料不够，高某又与同村村民冯某达成购买饲料的口头协议。商定冯某以每公斤0.2元的价格卖给高某饲料草4000公斤，11月交货付款。还未到交货的时间，高某家自存的草料不慎起火烧尽，急需用草料的高某要求冯某提前交付草料。谁知，冯某称他现在要牛不要钱，购买4000公斤饲料草所需的800元钱要以两头良种奶牛来折抵。高某不同意，并以冯某敲诈他为由向法院起诉，要求冯某支付草料，冯某则以口头协议不算数而拒绝履行。

【法律解析】

根据《合同法》第四条规定，当事人依法享有自愿订立合同的权利，任何单位和个人不得非法干预。本案中，双方当事人达成了购买饲料草的合同。此后，高某由于自存的饲料草被烧掉，要求冯某提前履行，这对冯某并无不利之处；而且，按照诚实信用原则，冯某此时应该协助高某渡过难关。但是，冯某却在对方急需饲料草之际提出明显不公平、不合理的要求，强迫对方用两头牛换取自己的4000公斤饲料草。根据《民法通则意见》第七十条的规定，可以认为是乘人之危。

【法条链接】

《合同法》第五十四条 下列合同，当事人一方有权请求人民法院或者仲裁机构变更或者撤销：

（一）因重大误解订立的；

（二）在订立合同时显失公平的。

一方以欺诈、胁迫的手段或者乘人之危，使对方在违背真实意思的情况下订立的合同，受损害方有权请求人民法院或者仲裁机构变更或者撤销。当事人请求变更的，人民法院或者仲裁机构不得撤销。

《民法通则意见》第七十条 一方当事人乘对方处于危难之机，为牟取不正当利益，迫使对方作出不真实的意思表示，严重损害对方利益的，可以认定为乘人之危。

★高价牟取不正当利益的买卖合同是无效的吗

【案例】

A服装公司业务上需要购买某种特殊的布料，但是一直没有得到满意的回应。交货的日期一天天逼近，该公司十分着急，B公司得知以后，提出愿意以市场价的三倍出售同样的布料。A服装公司于是与B公司签订了合同，但是一年以后，A服装公司提出合同无效，要求B公司返还布料款。那么，该合同是否无效？

【法律解析】

B公司利用A服装公司急需布料之机，以市场价的三倍出售该布料，牟取不正当利益，使对方迫于无奈而订立了合同，这是乘人之危，该合同属于可撤销。但是根据《合同法》第五十五条的规定，具有撤销权的当事人自知道或者应当知道撤销事由之日起一年内没有行使撤销权，其撤销权消灭。因此，撤销权人行使撤销权必须符合规定的期限；超过该期限，撤销权消灭，合同即为有效。因此，本案中，A服装公司的撤销权已经消灭,无权要求返还钱款。

【法条链接】

《合同法》第五十五条 有下列情形之一的,撤销权消灭:

(一)具有撤销权的当事人自知道或者应当知道撤销事由之日起一年内没有行使撤销权;

(二)具有撤销权的当事人知道撤销事由后明确表示或者以自己的行为放弃撤销权。

★未成年人签订的合同是否有法律效力

【案例】

14周岁的于某,是某中学初中一年级的学生。一天路过一家网吧,于某见里边正在处理计算机,每台只卖1700元。于某想将计算机买下来。他算了算自己手头的压岁钱,共有1000元,便和网吧老板商量,先交1000元把计算机取走,其余700元老板和他一道回家去取,两人还签订了一份合同书。将计算机运回家后,网吧老板和于某的父母说明情况,要求于某的父母支付剩下的700元钱。于某的父母认为自己并不想买计算机,小孩子不懂事不能算数,要求网吧老板将计算机拉回,并返还已交的1000元。网吧老板认为,买计算机属于某自愿,且已经签了合同书,如果不买就属违约。这1000元属定金,买卖不成,定金就不能退。双方争执不下,于某的父母起诉到了法院。

【法律解析】

本案中,于某与网吧老板签订的合同属于效力待定合同。所谓效力待定合同,即合同某些方面不符合生效的要件,但并不属于无效合同或者可撤销合同,是通过当事人采取必要的补救办法,可以发生法律效力的合同。根据《合同法》第四十七条的规定,限制民事行为能力人订立的合同,经法定代理人追认后,该合同有效,也就是说,合同有效与否,取决于法定代理人是否追认。本案中,于某的法定代理人即他的父母对于其购买计算机一事持反对态度,即于某父母对这一效力待定的合同是拒绝追认的,那么于某与网吧老板所签订买卖计算机的合同为无效合同,网吧老板不能以定金形式扣押这1000元钱。

★没有签订书面合同,但已履行完毕是否有效

【案例】

2009年3月15日,某外贸公司为出口化工原料,到某化工厂采购化工原料400吨。外贸公司到化工厂看了样品、包装样品及产品说明书,双方口头商定:由化工厂于同年5月20日前将400吨化工原料托运到外贸公司仓库,产品质量达到国家标准,每吨价格为2000元,付款结算办法为先由化工厂发货,然后由化工厂凭本厂发货及铁路托运票证到外贸公司结算,发一批货,结一次款项。此次商谈的两天之后,外贸公司给化工厂打来电话称:"将原定的400吨改为600吨,质量、价格、到站地点与原商定一样,无变化。"

后来由于外贸公司未与外商正式签订合同,外商改变了从中国进口此货的计划。在此情况下,外贸公司既未令化工厂停止发货,也未从某仓库将货物取走或转为内销。11月,外贸公司发现此化工原料已经变质,于是找到化工厂要求其处理此货。此时,化工厂与该外贸公司已结算了全部货款。化工厂以合同已经履行完毕,该化工原料已超过保质期为由拒绝处理。双方协商不成,外贸公司以双方口头约定

不明确，产品质量有问题为由，将化工厂起诉至法院，要求退货给对方，并由对方承担一切损失。

【法律解析】

当事人订立合同，有书面形式、口头形式和其他形式，一般情况下，可由当事人自行决定。根据《合同法》第三十六条的规定，法律、行政法规规定或者当事人约定采用书面形式订立合同，当事人未采用书面形式但一方已经履行主要义务，对方接受的，该合同成立。根据本案合同履行的实际情况：化工厂托运以后，凭厂方发票和铁路托运单结算，交一批货结一笔款。外贸公司已经全部付清货款。所以，本案合同的履行实际上是即时清结的，可以不要求采用书面形式。而且合同主要义务已经履行完毕，因此，该口头合同有效成立。

【法条链接】

《合同法》第十条 当事人订立合同，有书面形式、口头形式和其他形式。

法律、行政法规规定采用书面形式的，应当采用书面形式。当事人约定采用书面形式的，应当采用书面形式。

第三十六条 法律、行政法规规定或者当事人约定采用书面形式订立合同，当事人未采用书面形式但一方已经履行主要义务，对方接受的，该合同成立。

★一方没有签字，但是已履行的合同有效吗

【案例】

王某与同乡的郭某签订了冬枣买卖协议，由郭某在一周内给王某发一车冬枣，货到付款。王某签字后合同快递给郭某，郭某因公司负责签字盖章的人员出差而未能及时签字盖章，但还是根据合同约定的时间向王某发货，王某在签收单上签字表示收到货物。后来，王某以郭某没有在合同上签字盖章为由，认为合同不生效，拒绝付给郭某货款。那么，这个合同生效吗？

【法律解析】

这个合同是具有法律效力的。根据我国《合同法》相关规定，双方采用书面形式订立合同，没有签字或者盖章的一方已经按照合同履行了主要义务的，该合同有效。现实中，确实存在一方当事人由于路途遥远或者如本案中负责签字盖章的人员不在等，合同又不得不马上履行；对方当事人则由于某些原因，以履行合同一方没有签字或盖章为由提出解约或不承认合同成立。在此情况下，法律本着公正与鼓励交易的原则，采取了保护已履行主要义务一方合法权益的做法，认定此种情形下合同有效。

★公司不同意确定中标人，能拒绝签合同吗

【案例】

2009年7月，甲公司为采购一批设备，委托一家招投标公司组成评标委员会进行招标活动。乙公司通过现场竞标后，经过评标委员会评议被确定为中标单位，并于次日由评标委员会出具了中标通知书。但是甲公司通过考察，不同意确定乙公司为中标人。那么，甲公司能拒绝与乙公司签订合同吗？

【法律解析】

招投标活动属于合同的缔约阶段，评标委员会出具的中标通知书违反了应由招

标人核发的规定。对中标人的确定，《中华人民共和国招标投标法》（以下简称《招标投标法》）规定了两种方式：一是招标人授权评标委员会直接确定中标人；二是招标人在评标委员会推荐的中标候选人中确定中标人。在本案中，甲公司没有在评标委员会推荐的中标候选人中确定中标人，也没有授权评标委员会直接确定中标人，表明评标委员会确定中标人并发出中标通知书超出了甲公司的授权，不能视为是甲公司核发了中标通知书。因此，甲公司可以拒绝与乙公司签订合同。

【法条链接】

《招标投标法》第四十条 评标委员会应当按照招标文件确定的评标标准和方法，对投标文件进行评审和比较；设有标底的，应当参考标底。评标委员会完成评标后，应当向招标人提出书面评标报告，并推荐合格的中标候选人。

招标人根据评标委员会提出的书面评标报告和推荐的中标候选人确定中标人。招标人也可以授权评标委员会直接确定中标人。

★去电询问情况，对方直接寄来商品且不符合自己要求怎么办

【案例】

甲向某网上玩具店打电话询问有没有一种叫"受气包"的毛绒玩具，该店工作人员遂向甲询问了其住址，但是甲说想要该店从网上传过来实物照片，自己看过后再打电话给店里决定买不买。但是几天之后，甲却直接收到了该玩具，甲看过玩具之后，认为该玩具不符合自己需要，拒绝接收，于是双方发生争议。这种情况下，甲有权拒收该玩具吗？

【法律解析】

根据《合同法》规定，合同的成立要经过要约与承诺。要约是指一方表示希望就某个交易与另一方订立合同，承诺是指对方收到要约后表示愿意订立合同，承诺到达要约方时，合同成立。在本案中，甲只是去电向玩具店询问有无该玩具，而且要求看过实物照片之后再决定买不买，并没有表示自己现在就要购买，不能视为要约，而应认定为邀请。因此，甲可以拒绝接收该玩具。

【法条链接】

《合同法》第十四条 要约是希望和他人订立合同的意思表示，该意思表示应当符合下列规定：

（一）内容具体确定；

（二）表明经受要约人承诺，要约人即受该意思表示约束。

第十五条 要约邀请是希望他人向自己发出要约的意思表示。寄送的价目表、拍卖公告、招标公告、招股说明书、商业广告等为要约邀请。

商业广告的内容符合要约规定的，视为要约。

第二十五条 承诺生效时合同成立。

第二十六条 承诺通知到达要约人时生效。承诺不需要通知的，根据交易习惯或者要约的要求作出承诺的行为时生效。

采用数据电文形式订立合同的，承诺到达的时间适用本法第十六条第二款的规定。

★假意磋商，造成损失怎么办

【案例】

范某素与杜某不和，当范某得知赵

某要转让自己的火锅店,价格非常优惠,而杜某也有意向购买时,范某便想从中作梗,使杜某不能以那么优惠的价格购买赵某的火锅店。范某虽然根本没有购买赵某火锅店的意图,但还是与赵某进行了谈判,并且所出的价格比杜某的出价高出了10%。当赵某与范某谈到实质性问题——即何时签订合同时,范某总是以自己还没准备齐全为由拖时间。面对高价诱惑,赵某没有把范某的拖延时间放在心上,确实有意将火锅店转卖与范某,并与范某进行了长时间的谈判,也坚决拒绝了杜某的意向。然而,当杜某高价购买了另一家火锅店后,范某立即找到赵某,表示自己因为资金周转的问题,暂时不想购买赵某的店了。而此时,赵某已经错过了最佳转让时机。由于赵某急需资金,因此,只能以非常低的价格将火锅店转让了。赵某认为在火锅店转让过程中所遭受的损失完全是由于范某的行为造成的,要求范某赔偿损失。范某不同意。赵某只得诉至法院。

【法律解析】

根据《合同法》第四十二条的规定,当事人在订立合同过程中如果有假借订立合同恶意进行磋商,给对方造成损失的,应当承担损害赔偿责任。所谓恶意磋商,即是指一方当事人在无意与对方达成协议的情况下,为了达到损害对方利益的目的,假借订立合同的名义,开始或继续进行谈判的情况。这种行为主要是由行为人的故意造成的,其目的在于为了损害对方利益,拖延时间,造成对方在市场竞争中的不利地位。本案中,范某在没有订立合同的意思的情况下,为了阻止杜某购买而假借订立合同的名义进行谈判,致使赵某遭受了不应有的损失,其行为符合构成缔约过失责任的条件,应当进行赔偿。

【法条链接】

《合同法》第四十二条 当事人在订立合同过程中有下列情形之一,给对方造成损失的,应当承担损害赔偿责任:

(一)假借订立合同,恶意进行磋商;

(二)故意隐瞒与订立合同有关的重要事实或者提供虚假情况;

(三)有其他违背诚实信用原则的行为。

★口头形式的买卖合同有效吗

【案例】

蓝某与其邻居郝大爷就购买郝大爷的旧拖拉机达成了口头买卖协议,双方约定以2000元的价格将拖拉机卖给蓝某,蓝某在交款以后三日内将拖拉机开回自家。蓝某交款以后去郝大爷家开拖拉机时,郝大爷以价格太低、双方没有签订合同为由,拒绝让蓝某把拖拉机开走。那么,蓝某与郝大爷之间的口头协议有效吗?

【法律解析】

本案中蓝某与郝大爷所订的口头买卖协议是有效的。根据我国《合同法》规定,当事人订立合同,有书面形式、口头形式和其他形式。法律、行政法规规定采取书面形式的,应当采用书面形式。根据本案的案情,不存在法律、行政法规规定采取书面形式的情形,应认定为合同生效,郝大爷应该把拖拉机交付给蓝某。

【法条链接】

《合同法》第十条 当事人订立合同,有书面形式、口头形式和其他形式。

法律、行政法规规定采用书面形式的，应当采用书面形式。当事人约定采用书面形式的，应当采用书面形式。

合同履行中的纠纷

★合同对交易价格不明确，应当如何确定

【案例】

2009年5月，内地某批发市场打算在8月从沿海某市购进一批海产品。当时，该地水产品批发价格为每公斤60元，而据批发市场了解，此时沿海某市水产品的批发价格为50元每公斤。于是海鲜批发市场便与沿海某市某水产品公司在本地签订了一份水产品买卖合同，合同约定水产品公司于8月向海鲜批发市场供应水产品20吨，采取买方自提的方式由批发市场到水产品公司提货，经验收合格后即时付款，合同约定水产品价格按照市价计算。由于某些原因，从2009年6月开始，市场上水产品价格开始整体下滑，内地水产品市场的水产品降为每公斤45元，而沿海某市水产品市场的价格则降为每公斤35元。8月，批发市场到水产品公司提货时表示，双方已在合同中约定了按市价购买水产品，现在水产品市场的价格出现了普遍下滑的趋势，因此希望按照两市的平均价格来计算这批水产品的交易价格。而水产品公司本想按照5月签订合同时本地水产品市场的价格来计算交易价格，现在价格下降自己经济效益也会减少，因此不同意批发市场的请求，坚持按照5月签订合同时本地的市场价格来确定本次交易价格。双方就价格问题争论不休，不能达成一致意见，诉至法院。

【法律解析】

本案双方当事人在合同中约定按照市价来计算这批水产品的价格，但对何地何时的市价并未做明确约定，这属于价格约定不明确的情形。根据《合同法》相关规定，当事人就质量、价款等内容约定不明确的，可以协议补充；不能达成补充协议的，按照合同有关条款或者交易习惯确定；仍不能确定的，如果有价款或者报酬不明确的情形，按照订立合同时履行地的市场价格履行。因此，本案中市价可按照订立合同时履行地的价格来履行，即5月的价格来计算。同时，合同约定由批发市场到水产品公司自行提货，可见合同履行地为沿海某市，因此应按5月沿海某市水产品价格来计算。

【法条链接】

《合同法》第六十一条 合同生效后，当事人就质量、价款或者报酬、履行地点等内容没有约定或者约定不明确的，可以协议补充；不能达成补充协议的，按照合同有关条款或者交易习惯确定。

第六十二条 当事人就有关合同内容约定不明确，依照本法第六十一条的规定仍不能确定的，适用下列规定：

……

（二）价款或者报酬不明确的，按照订立合同时履行地的市场价格履行；依法应当执行政府定价或者政府指导价的，按照规定履行。

★合同对交易时间不明确，应当如何确定

【案例】

2009年4月，某食品加工厂向某养殖场订购了20吨带鱼，约定一年内分四次交货，但对具体的交货时间没有作明确约定。合同签订不久，养殖场通知食品加工厂，欲于2009年8月之前将带鱼分四次全部交给食品加工厂。食品加工厂以带鱼加工是循序渐进的过程且没有足够的冷冻仓库为由拒绝在8月之前分四次收货，认为应该按照以往的交易习惯，每两个月收一次货。那么本案中，谁的主张能得到法律的支持？

【法律解析】

我国《合同法》规定，合同签订后，双方就质量、价款或者报酬、履行地点等内容没有约定或者约定不明的，可以补充协议；不能达成补充协议的，按照合同有关条款或者交易习惯确定。本案中双方对合同履行的具体时间没有约定，可以就此签订补充协议，按照双方以往共同遵循的交易习惯进行。如果达不成协议，根据第六十二条的规定，履行期限不明确的，债务人可以随时履行，债权人也可以随时要求履行，但应当给对方必要的准备时间。案例中，带鱼属于保质期短易腐烂的鲜活食物，食品加工厂表示自己没有那么大的冷冻仓库，如果短时间内大量购进只会造成损失，因此，本着合同履行的诚实信用原则，养殖场应该两个月交一次货，而不应随时交货。食品加工厂的主张能够得到支持。

【法条链接】

《合同法》第六十一条 合同生效后，当事人就质量、价款或者报酬、履行地点等内容没有约定或者约定不明确的，可以协议补充；不能达成补充协议的，按照合同有关条款或者交易习惯确定。

第六十二条 当事人就有关合同内容约定不明确，依照本法第六十一条的规定仍不能确定的，适用下列规定：

……

（四）履行期限不明确的，债务人可以随时履行，债权人也可以随时要求履行，但应当给对方必要的准备时间。

……

★对方提前履行合同，造成损失谁来担责

【案例】

某超市与某屠宰场签订了一份500公斤鲜肉的购销合同，双方约定于9月底交货。8月初，屠宰场通知超市将于8月10日将货送到，超市负责人表示超市现在没有足够的冷藏库，而且夏天还未完全过去，如果运来势必增加超市成本，因此不能接收货物。但是屠宰场仍然于8月10日将货送到。超市负责人带屠宰场的送货人员看了冷藏库，见确实没有地方可放，于是将货拉回。回去途中遇上大雨，部分鲜肉损毁。屠宰场要求超市对损毁的鲜肉进行赔偿，那么，屠宰场的赔偿请求能得到支持吗？

【法律解析】

根据《合同法》第七十一条规定，债权人可以拒绝债务人提前履行债务，但提前履行不损害债权人利益的除外。本案中，如果屠宰场提前履行合同，会造成超

市仓储紧张,增加超市的经营成本,可以认定为有损超市的利益,因此超市可以不接受屠宰场的履行。超市不接受履行,这些鲜肉的所有权就没有转移到超市方,因此,在此期间所造成的损毁,损失应当由屠宰场自负。

★照相馆"如有遗失只赔胶卷费"合法吗

【案例】

卢某将拍摄父母当年婚礼的一卷胶卷交给某照相馆冲印,预交了费用50元,照相馆开出一张印单交给卢某,印单上注有"如有意外损坏或者遗失,赔偿同类同号胶卷一卷或相当价值的现金"的字样。后来照相馆将该胶卷遗失。卢某要求赔偿精神损失,照相馆引用免责条款,只同意赔偿一个胶卷的钱。那么,照相馆"如有遗失只赔胶卷费"的规定合法吗?

【法律解析】

本案中,照相馆印单上"如有意外损坏或者遗失,赔偿同类同号胶卷一卷或相当价值的现金",属于格式合同中的限制责任条款,按照我国《合同法》第三十九条、第四十条、第五十二条的相关规定,它对消费者是没有法律约束力的,应当归于无效。同时根据《精神损害赔偿解释》中的相关规定,照相馆的行为属侵权行为,卢某有权要求精神损害赔偿。

【法条链接】

《合同法》第三十九条 采用格式条款订立合同的,提供格式条款的一方应当遵循公平原则确定当事人之间的权利和义务,并采取合理的方式提请对方注意免除或者限制其责任的条款,按照对方的要求,对该条款予以说明。

格式条款是当事人为了重复使用而预先拟定,并在订立合同时未与对方协商的条款。

第四十条 格式条款具有本法第五十二条和第五十三条规定情形的,或者提供格式条款一方免除其责任、加重对方责任、排除对方主要权利的,该条款无效。

第五十三条 合同中的下列免责条款无效:

(一)造成对方人身伤害的;

(二)因故意或者重大过失造成对方财产损失的。

《精神损害赔偿解释》第四条 具有人格象征意义的特定纪念物品,因侵权行为而永久性灭失或者毁损,物品所有人以侵权为由,向人民法院起诉请求赔偿精神损害的,人民法院应当依法予以受理。

★什么是代位权

【案例】

孔某为与他人合伙做生意,向高某借款3万元,并且写了欠条。孔某由于经营不善而导致亏损,无法偿还债务。高某得知孔某数年前曾经借给朋友吕某2万元,现在本息已经达3万余元,因此,希望孔某收回这笔欠款,但是孔某认为收回这3万余元也还不清债,因此暂不要吕某还钱。那么,高某可以直接向吕某索要孔某对他的欠款吗?

【法律解析】

此案例涉及合同法理论中的代位权问题。所谓代位权,是指因债务人不积极行使到期的债权,对债权人造成损害,债权人向人民法院请求以自己的名义代位行使债务人的债权的权利。通俗地讲，就是A欠了B钱，B欠C钱，如果都已到了清偿期，而B既不向A要钱又以没钱为由不还C钱的话，C有权直接以自己的名义要求A代B向自己还钱。因此，根据我国《合同法》关于代位权的规定，高某可以直接向吕某要求归还孔某对他的欠款。

【法条链接】

《合同法》第七十三条 因债务人怠于行使其到期债权，对债权人造成损害的，债权人可以向人民法院请求以自己的名义代位行使债务人的债权，但该债权专属于债务人自身的除外。

代位权的行使范围以债权人的债权为限。债权人行使代位权的必要费用，由债务人负担。

《最高人民法院关于适用〈中华人民共和国合同法〉若干问题的解释（一）》（以下简称《合同法解释（一）》）第十一条 债权人依照《合同法》第七十三条的规定提起代位权诉讼，应当符合下列条件：

（一）债权人对债务人的债权合法；

（二）债务人怠于行使其到期债权，对债权人造成损害；

（三）债务人的债权已到期；

（四）债务人的债权不是专属于债务人自身的债权。

第十二条 《合同法》第七十三条第一款规定的专属于债务人自身的债权，是指基于扶养关系、抚养关系、继承关系产生的给付请求权和劳动报酬、退休金、养老金、抚恤金、安置费、人寿保险、人身伤害赔偿请求权等权利。

★欠债期间，可以赠予自己的财产给他人吗

【案例】

洪某欠韦某50万元，约定于2009年11月10日之前偿还。2009年8月，洪某将自己的商品房赠送给自己的外甥殷某，并且签订了书面赠予合同，办理了过户手续。2009年11月，当韦某向洪某索要货款时，洪某以没钱为由不肯偿还。此时，韦某得知洪某将房屋赠予殷某之事，于是向法院起诉请求撤销洪某对殷某的赠予。韦某的请求能得到法院的支持吗？

【法律解析】

本案所涉及的是债权人的撤销权问题。所谓债权人的撤销权，是指债务人为逃避债务而放弃到期债权或者无偿转让财产，对债权人造成损害的，债权人可以请求人民法院撤销债务人的行为的权利。根据《合同法》第七十四条、第七十五条的规定，债务人因放弃到期债权，将财产赠予他人或者以不合理的低价转让财产，导致债务人不能向债权人清偿债务时，债权人都享有撤销权。本案中，可以认定为洪某将房产赠予殷某的行为是为了逃避到期债务的无效民事行为，依法应予撤销。

【法条链接】

《合同法》第七十四条 因债务人放弃其到期债权或者无偿转让财产，对债权人造成损害的，债权人可以请求人民法院撤销债务人的行为。债务人以明显不合理的低价转让财产，对债权人造成损害，并且受让人知道该情形的，债权人也可以请求人民法院撤销债务人的行为。

撤销权的行使范围以债权人的债

权为限。债权人行使撤销权的必要费用，由债务人负担。

第七十五条 撤销权自债权人知道或者应当知道撤销事由之日起一年内行使。自债务人的行为发生之日起五年内没有行使撤销权的，该撤销权消灭。

★什么是先履行抗辩权

【案例】

2008年4月，作者云某与某影视公司签订约稿协议，约定半年内按双方确定的要求写出家庭喜剧剧本一部，写完后影视公司即支付约定稿酬的40%，然后云某把全稿交付影视公司编审并安排拍摄事宜。2009年2月，云某通知影视公司已经完稿，要求支付40%的报酬以后将稿件交付影视公司；而影视公司却坚持要看到全稿才支付约定的报酬。这种情况应该如何处理？

【法律解析】

本案属于《合同法》中规定的"先履行抗辩权"的情形，影视公司应该先支付40%的稿酬，才可向云某索要全部剧本。先履行抗辩权是指在双方互负债务的合同中，应当先履行的一方当事人未履行或者不适当履行，到履行期限的对方当事人享有不履行、部分履行的权利。本案中按照合同约定，应该先由影视公司支付40%的稿酬，因此在支付40%的稿酬之前，云某有不履行合同的权利。

★合同先行履行不符合约定，后行履行该怎么办

【案例】

某贸易进出口公司与一家内地服装加工公司签订了一份合同。按合同规定，服装加工公司按时为贸易进出口公司提供的服装产品必须做工精良，质量较高。在一次双方履行合约过程中，贸易进出口公司发现服装加工公司提供的产品中有些做工粗糙的服装充斥其间，于是以不符合合同要求为由未接收并拒绝付款。服装加工公司不服，以该贸易进出口公司不履行合约为由将其诉至法院。

【法律解析】

本案中，作为先履行义务一方的服装加工公司，没有提供高质量的服装产品给贸易进出口公司。根据《合同法》第六十七条的规定，当事人互负债务，有先后履行顺序，先履行一方未履行的，后履行一方有权拒绝其履行要求。先履行一方履行债务不符合约定的，后履行一方有权拒绝其相应的履行要求。因此，作为先履行义务一方的服装加工公司，其履行义务不符合约定，这种情况下，贸易进出口公司的做法符合《合同法》规定，并未违约。

【法条链接】

《合同法》第六十七条 当事人互负债务，有先后履行顺序，先履行一方未履行的，后履行一方有权拒绝其履行要求。先履行一方履行债务不符合约定的，后履行一方有权拒绝其相应的履行要求。

★什么是不安抗辩权

【案例】

路某与邹某订立货物买卖合同，双方约定路某于2009年7月14日交货，邹某于收到货后1周向路某支付货款。2009年6月，路某发现邹某有转移大笔财产的行为，为防邹某收到货物无法按时向其付

款,路某决定暂不向邹某交货。7月14日后邹某见路某拒不交货,于是向法院提起诉讼,请求路某按时交货。法院会支持邹某的诉讼请求吗?

【法律解析】

本案属于《合同法》中规定的"不安抗辩权"的情形。不安抗辩权指双方合同成立后,应当先履行的当事人有证据证明对方不能履行合同义务,或者有不能履行合同义务的可能性时,在对方没有履行或提供担保前,有权中止履行合同义务。当事人行使不安抗辩权后,倘若对方当事人提供了担保或者先履行了合同,不安抗辩权消灭,当事人应当履行合同。应当先履行合同的当事人行使了不安抗辩权,对方当事人既未提供担保,也不能证明自己的履约能力,行使不安抗辩权的当事人有权解除合同。当事人行使不安抗辩权错误的,应当承担违约责任。因此,如果路某有确实的证据证明邹某有转移财产企图逃避债务的行为,可以不向邹某履行合同。

【法条链接】

《合同法》第六十八条 应当先履行债务的当事人,有确切证据证明对方有下列情形之一的,可以中止履行:

(一)经营状况严重恶化;

(二)转移财产、抽逃资金,以逃避债务;

(三)丧失商业信誉;

(四)有丧失或者可能丧失履行债务能力的其他情形。当事人没有确切证据中止履行的,应当承担违约责任。

第六十九条 当事人依照本法第六十八条的规定中止履行的,应当及

时通知对方。对方提供适当担保时,应当恢复履行。中止履行后,对方在合理期限内未恢复履行能力并且未提供适当担保的,中止履行的一方可以解除合同。

★企业濒临破产,要求中止履行合同是否合法

【案例】

A和B两家公司曾经签订了一笔电子产品购销合同。按合同规定,A公司应于2008年10月1日前向B公司分两批提供电子产品,费用在A公司提供第二批产品时B公司一并交付。2008年8月,A公司按合同约定提供一批产品给B公司,但在9月初,A公司从其他渠道得知,B公司因经营不善,现资不抵债,已经面临破产的境地。A公司派人查询后,证实了这一说法。在此情况之下,A公司致电B公司,表示因B公司经济状况不佳,A公司不能正常履行合同,通知B公司暂且不为其提供第二批货,待B公司经济条件好转后,再交货,如果坚持,B公司得提供担保。B公司坚持要求A公司依据合同办事,以合同中没有担保条约为由,要求A公司在10月1日前提供第二批产品。A公司不肯。B公司认为A公司拒不履行合同义务,因此向法院起诉,认为A公司应承担违约责任并应继续履行合同。

【法律解析】

此案例涉及合同法理论中不安抗辩权。案中,A公司与B公司签订了产品购销合同。该合同为双方有偿合同,合同的一方当事人A公司负有先履行合同的义务,但是A公司发现B公司经营不善,于是A公司提出要提供担保,否则停止供货,这是

符合《合同法》第六十八和第六十九条规定的,但是B公司拒绝提供担保,那么根据第六十八和第六十九条的规定,中止履行后,对方在合理期限内未恢复履行能力并且未提供适当担保的,中止履行的一方可以解除合同。因此,A公司的做法是合理的,也履行了相应的随附义务,因此,其有权利中止履行合同规定的义务,不构成违约。

【法条链接】

《合同法》第六十八条 应当先履行债务的当事人,有确切证据证明对方有下列情形之一的,可以中止履行:

(一)经营状况严重恶化;

(二)转移财产、抽逃资金,以逃避债务;

(三)丧失商业信誉;

(四)有丧失或者可能丧失履行债务能力的其他情形。当事人没有确切证据中止履行的,应当承担违约责任。

第六十九条 当事人依照本法第六十八条的规定中止履行的,应当及时通知对方。对方提供适当担保时,应当恢复履行。中止履行后,对方在合理期限内未恢复履行能力并且未提供适当担保的,中止履行的一方可以解除合同。

★招聘条件要以合同为准,不要盲目信广告

【案例】

小杨为某高校毕业研究生,面试一家企业时,该企业广告中写道"本单位录用的员工将送到国外培训半年至一年",小杨于是与该单位签订了劳动合同。小杨进入单位后,经常自觉加班,想通过积极的工作获得领导重视,得到出国的机会。但是都快三年了,出国培训的事情依然没有动静,也没有听说哪位同事出国培训。小杨于是找到单位负责人理论,认为单位应当履行在招聘广告中的承诺。但公司领导只是答应考虑,之后就再没有了下文。小杨觉得用人单位实在欺人太甚,明明写好的条件却没有兑现,侵犯了自己的合法利益,于是诉至当地法院。

【法律解析】

根据《合同法》第十三条的规定,当事人订立合同,采取要约、承诺方式。因此,要约与承诺是合同订立的必经程序,劳动合同也不例外。现实中,用人单位发布招聘广告,总是许以优厚的条件,许多求职者则盲目信从。相比要约具有法律约束力而言,这些广告只是要约邀请,针对的对象具有不确定性,并不具备法律约束力,发出人没有履行要约邀请内容的义务,因此,用人单位对于招聘广告中的内容并不承担必须履行的义务。因此,本案中,法院不会支持小杨的请求。

受聘的劳动者如果要使用人单位受招聘广告的约束,最好的办法,就是在与单位签订劳动合同时,要求将广告的内容写入合同条款中,变为合同的内容。这样用人单位就受到合同约束,如果单位不履行有关约定,受聘者可以要求单位实际履行。

合同的变更与转让

★转让债权,可以不经债务人同意吗

【案例】

刘某欠王某2万元钱,约定2009年9月

偿还。2009年4月，王某急需用钱，于是与唐某商议，以1.5万元的价格把自己对刘某的2万元债权转让给唐某，即唐某先支付给王某1.5万元，等到2009年9月由唐某向刘某行使2万元的债权。王某打电话将此事通知给了刘某。2009年9月唐某向刘某索要欠款时，刘某声称自己并不欠唐某钱，拒绝偿还。刘某的主张有道理吗？

【法律解析】

根据我国《合同法》第七十九条的规定，除法定情形外，债权人可以把合同的权利全部或者部分让与他人。转让债权，只需通知债务人即可生效，无须债务人同意。本案中王某将自己的2万元转让给刘某的行为，不属于法律禁止转让的情形，且及时通知了刘某，因此刘某应向唐某履行债务。

【法条链接】

《合同法》第七十九条 债权人可以将合同的权利全部或者部分转让给第三人，但有下列情形之一的除外：

（一）根据合同性质不得转让；

（二）按照当事人约定不得转让；

（三）依照法律规定不得转让。

第八十条第一款 债权人转让权利的，应当通知债务人。未经通知，该转让对债务人不发生效力。

★债务转让后，原债务人是否还要承担责任

【案例】

2009年8月，A公司销售给B公司一批商品，货款为50万元。B公司又把这批商品销售给C公司，货款为50万元。后来，A、B、C三公司达成书面协议，B公司欠A公司的货款由C公司偿还，C公司至今未将货款支付给A公司。那么，在C公司不支付货款的情况下，A公司有权向B公司要回这50万元的货款吗？

【法律解析】

根据《民法通则》第九十一条的规定，合同一方将合同的权利、义务全部或者部分转让给第三人的，应当取得合同另一方的同意，并不得牟利。根据《合同法》第八十二条和第八十四条的规定，债务人接到债权转让通知后，债务人对让与人的抗辩，可以向受让人主张。根据第八十四条的规定，债务人将合同的义务全部或者部分转移给第三人的，应当经债权人同意。本案中，因三家公司达成一致协议，B公司的债务转让给C公司，A公司表示同意，则该协议对三方具有约束力，C公司不履行合同义务，A公司只能要求C公司承担违约责任，而不能再向B公司要求。

【法条链接】

《民法通则》第九十一条 合同一方将合同的权利、义务全部或者部分转让给第三人的，应当取得合同另一方的同意，并不得牟利。

《合同法》第八十二条 债务人接到债权转让通知后，债务人对让与人的抗辩，可以向受让人主张。

第八十四条 债务人将合同的义务全部或者部分转移给第三人的，应当经债权人同意。

★口头约定降低价格，事后没有履行怎么办

【案例】

高某与吴某签订苹果买卖合同，价格为1.2元/公斤。合同签订以后，高某觉得

价格定高了，于是就向吴某提出把价格降低一些，但没有说具体降到多少钱一斤，吴某表示同意。履行合同时，高某要求按1元钱/公斤履行，而吴某不同意，还是要求按1.2元履行。这种情况下，苹果的价格应为多少钱每公斤？

【法律解析】

本案涉及合同变更的问题。合同变更是指合同成立后，当事人在原合同的基础上对合同的内容进行修改或补充。根据《合同法》第七十七条和第七十八条的规定，当事人协商一致，可以变更合同，如果当事人对合同变更的内容约定不明确的，应推定为合同内容没有变更。本案中双方没有约定苹果的价格具体降到多少钱一斤，所以应该视为没有变更，苹果的价格应该以原合同中的价格为准。

★让卖方把东西送给他人，还能再向卖方要求交付吗

【案例】

2009年3月，林某与单某签订合同，约定单某的笔记本计算机以5000元的价格卖给林某，3月15日前交货，林某当天就交了全款。3月8日，林某通知单某，他已决定把这台计算机送给自己的女友柳某，单某直接把计算机交给柳某即可。3月12日，林某与柳某发生矛盾而分手，林某决定不再把计算机送给柳某，柳某也同意不要计算机，但是林某没有通知单某。3月15日，单某把计算机交给柳某，柳某接受。那么此时，林某可以要求单某再向他交付计算机吗？

【法律解析】

3月8日，债权转让已经对单某发生效力。林某与柳某之间构成赠予关系，由单某直接将计算机交付给柳某。后来林某在3月12日撤销对柳某的赠予，根据《合同法》规定，赠予合同在财物转移之前可以撤销，林某对柳某的撤销赠予是有效的，这应当视为合同债权的又一次转让，由于林某没有把这一情况告知单某，因此这一撤销赠予是无效的，单某可以按照第一次转让的约定向柳某继续履行合同。由于林某与柳某的赠予合同已撤销，柳某接受计算机属于《民法通则》中的不当得利，应该把计算机返还给林某。

合同的撤销、解除与终止

★合同被撤销，造成的损失谁来赔偿

【案例】

小马与小姜是好朋友，小马见小姜没有正当职业，就口头答应赠送给小姜5万元钱帮小姜开一个包子铺。小姜听后，租了房子、买了器具，并请了师傅，办理了营业执照，只等着拿钱上货运营了。这时，小马却告诉小姜由于自己生意亏损，无法再把钱送给他了。小姜不同意，认为自己已经为此支出了近2万元，如果小马不把钱给他，他先前租房子、买设备、请师傅以及办营业执照的钱就白花了，但是小马仍然不肯把钱给小姜。那么，此时小马需要把5万元钱送给小姜吗？小姜为此的支出小马是否有赔偿义务？

【法律解析】

本案中小马与小姜之间虽然形成了有效的赠予合同，根据《合同法》的相关规定，赠予合同中，赠予人在财产转移前可以撤销赠予，小马享有撤销权，可以不必继续履行合同。但是，对于因此给小姜造成的损失，根据《合同法》规定，当事人

在订立合同的过程中如果有违背诚实信用的原则给对方造成损失的，应当承担损害赔偿责任，因此，小马必须对小姜因此造成的损失给予赔偿。

【法条链接】

《合同法》第四十二条 当事人在订立合同过程中有下列情形之一，给对方造成损失的，应当承担损害赔偿责任：

（一）假借订立合同，恶意进行磋商；

（二）故意隐瞒与订立合同有关的重要事实或者提供虚假情况；

（三）有其他违背诚实信用原则的行为。

第五十八条 合同无效或者被撤销后，因该合同取得的财产，应当予以返还；不能返还或者没有必要返还的，应当折价补偿。有过错的一方应当赔偿对方因此所受到的损失，双方都有过错的，应当各自承担相应的责任。

第一百八十六条第一款 赠予人在赠予财产的权利转移之前可以撤销赠予。

★违约方放弃定金，就可以解除合同吗

【案例】

2006年9月16日，A汽车制造厂与B进出口公司签订了一份购销合同，规定由A汽车制造厂供给B进出口公司某种品牌的汽车50辆，单价98000元，总计货款490万元。合同规定，B进出口公司须在同年11月底以前将货款汇入A汽车制造厂的账户，款到10日内由A汽车制造厂将货供完。倘若到期不履行合同，承担货款的5%的违约金。另外，从合同签署日起，B进出口公司须于5日内交付15万元定金。同年11月5日，A汽车制造厂向B进出口公司发去传真，要求B进出口公司付款。B进出口公司复电声称：因资金短缺，希望先发货，再付款，A汽车制造厂予以拒绝。在A汽车制造厂多次催促下，B进出口公司于同年11月25日复函正式表示，B进出口公司自愿放弃15万元定金，作为解除合同的代价。A汽车制造厂遂向法院提起诉讼，要求B进出口公司履行合同，支付违约金，并赔偿其一切损失。

【法律解析】

实践中，定金的最基本的形式包括解约定金和违约定金两类。解约定金，是指当事人为保留单方解除主合同的权利而交付的定金，一方在交付解约定金以后可以放弃定金而解除合同，这种定金的特点在于通过定金的放弃给予了当事人解除合同的权利和机会。违约定金，是指在接受定金以后，一方当事人不履行主合同，应当按照定金罚则予以制裁。违约定金设立的目的主要是为了防止一方违约，督促双方履行。此种定金在实践中运用得最为广泛。

从本案来看，当事人在合同中规定定金条款时，并没有规定B进出口公司支付定金以后，可以享有解除合同的权利，因此，合同规定的定金并非解约定金，而是违约定金。既然是违约定金，即使放弃定金，也不能解除合同，仍应继续履行合同义务。

在B进出口公司已经构成违约的情况下，B进出口公司作为交付定金一方，依据定金罚则自然丧失定金。此案中，当事人在合同中既设定了定金，又规定了货款的5%的违约金，对同一违约行为如果同时运用违约金处罚和定金处罚，对B进出口公司来说显得过于苛刻，且会使A汽车制

造厂获得不应该获得的收入。因此，运用定金罚则就不应该再运用违约金制裁。所以A汽车制造厂的其他请求，法院不会予以支持。

【法条链接】

最高人民法院《关于适用〈中华人民共和国担保法〉若干问题的解释》（以下简称《担保法解释》）第一百一十七条　定金交付后，交付定金的一方可以按照合同的约定以丧失定金为代价而解除主合同，收受定金的一方可以双倍返还定金为代价而解除主合同。对解除主合同后责任的处理，适用《中华人民共和国合同法》的规定。

《合同法》第一百一十五条　当事人可以依照《中华人民共和国担保法》（以下简称《担保法》）约定一方向对方给付定金作为债权的担保。债务人履行债务后，定金应当抵作价款或者收回。给付定金的一方不履行约定的债务的，无权要求返还定金；收受定金的一方不履行约定的债务的，应当双倍返还定金。

第一百一十六条　当事人既约定违约金，又约定定金的，一方违约时，对方可以选择适用违约金或者定金条款。

★双倍返还定金，还是承担一般的违约责任

【案例】

2007年5月，张某与某房地产公司签订了一份房屋预购合同，合同约定首付4万元，2个月内签订正式商品房买卖合同，交付其余房款，逾期则按总房款的5%承担违约责任。张某在签合同的当天按房地产公司的要求交付了4万元定金，房地产公司给他开具了4万元收据。合同签订一个多月后，张某发现没有合同约定编号的房屋，要求房地产公司双倍返还定金，可是房地产公司说编号是书写错误，而且合同没有约定定金，因此拒绝返还。请问：卖方是否应当双倍返还定金？

【法律解析】

本案中，张某交给房地产公司定金4万元，但房地产公司未按合同约定履行义务，即没有给张某约定编号的房屋，理应双倍返还定金，但由于张某与房地产公司所签订的合同中没有约定定金，只是口头约定，则不能按照定金的规定主张双倍返还，但张某可以要求房地产公司承担违约责任。

【法条链接】

《担保法》第九十条　定金应当以书面形式约定。当事人在定金合同中应当约定交付定金的期限。定金合同从实际交付定金之日起生效。

《合同法》第一百一十五条　当事人可以依照《中华人民共和国担保法》约定一方向对方给付定金作为债权的担保。债务人履行债务后，定金应当抵作价款或者收回。给付定金的一方不履行约定的债务的，无权要求返还定金；收受定金的一方不履行约定的债务的，应当双倍返还定金。

★因他人欺诈而签订的合同可以撤销吗

【案例】

村民姚某经人介绍，以5000元的价格向邻村的梁某买了一辆农用三轮车。梁某告诉姚某说这辆三轮车他只用了不到一年，零部件一个也没有换过，只是自己现

在急需用钱，只好低价出售。姚某将三轮车买回三个月后，发现发动机总是自动熄火，于是找朋友检查，结果发现三轮车的发动机更换过，是旧的。姚某觉得自己受了骗，花高价买了一辆旧车，那么姚某能将三轮车退还并要回钱款吗？

【法律解析】

本案中，梁某在订立合同时，向姚某隐瞒了三轮车更换过发动机的事实，令姚某以为自己买到了一辆几乎为全新的三轮车，并为此支付了较高的价款。梁某的行为应当认定为欺诈，其后果是导致了姚某违背自己的真实意思买了辆发动机有问题的旧车。因此，此合同属于可撤销合同，姚某拥有撤销权，可以找到梁某要求撤销合同并要回相关的款项。

【法条链接】

《合同法释义》第五十四条 下列合同，当事人一方有权请求人民法院或者仲裁机构变更或者撤销：

（一）因重大误解订立的；

（二）在订立合同时显失公平的。

一方以欺诈、胁迫的手段或者乘人之危，使对方在违背真实意思的情况下订立的合同，受损害方有权请求人民法院或者仲裁机构变更或者撤销。

当事人请求变更的，人民法院或者仲裁机构不得撤销。

第五十八条 合同无效或者被撤销后，因该合同取得的财产，应当予以返还；不能返还或者没有必要返还的，应当折价补偿。有过错的一方应当赔偿对方因此所受到的损失，双方都有过错的，应当各自承担相应的责任。

★债务还没到期，能够主张抵消吗

【案例】

朱某因做服装生意而向朋友任某借了1万元钱，约定3年以后连本带息一起归还。1年以后，任某提出自己也想做服装生意，以极低的价格、赊欠的方式多次向朱某购进服装一百多套进行销售，获利颇丰，共计欠朱某服装货款1万余元。此时朱某由于要扩大规模急需用钱，于是向任某提出要其先偿还这1万元的服装货款。任某提出以朱某欠他的1万元钱抵消，双方互不欠债。那么，朱某可以要求任某先还他的服装货款吗？

【法律解析】

根据《合同法》第九十九条的规定，当事人互负到期债务，该债务的标的物种类、品质相同的，任何一方可以将自己的债务与对方的债务抵消，但依照法律规定或者按照合同性质不得抵消的除外。实践中，抵消的生效条件有以下几种：必须是双方当事人互负债务、互享债权；必须是相同种类的债务；主动提出抵消的当事人债权已到期。本案中，双方当事人虽然互负同种类的债务，但是提出抵消的当事人任某的债务还没有到期，而他欠朱某的服装货款没有约定偿还的期限，朱某可以随时索要，因此任某提出抵消，朱某可以不同意，可以要求任某先还其服装货款。

★合同没到期，商场有权解除合同吗

【案例】

2008年8月，于某在一家新开的商场租了一个摊位经营服装，当时交了1万元的押金，合同期限为3年，要求每半年交一次租金。由于总体经营状况不好，商场一直没有向于某等收过租金。但是2009年

9月的时候,商场突然向于某等收起租金来,而且要求一次交清,不交就解除合同,1万元的押金也就不退了。那么,商场有权在合同没到期之前解除合同吗?于某还能要回押金吗?

【法律解析】

根据《合同法》第二百二十六条的规定,承租人应当按照约定的期限支付租金。对支付期限没有约定或者约定不明确,依照本法第六十一条的规定仍不能确定,租赁期间不满一年的,应当在租赁期间届满时支付;租赁期间一年以上的,应当在每届满一年时支付,剩余期间不满一年的,应当在租赁期间届满时支付。根据《合同法》第二百二十七条的规定,承租人无正当理由未支付或者迟延支付租金的,出租人可以要求承租人在合理期限内支付。承租人逾期不支付的,出租人可以解除合同。因此如果于某等逾期不支付的,出租人可以解除合同。押金具有担保义务人履行合同的作用,给付押金一方当事人如果不履行合同义务的,无权收回押金。本案中,于某应当按照约定每半年交一次租金,商场不能要求一次交齐,无权解除合同。

【法条链接】

《合同法》第二百二十六条 承租人应当按照约定的期限支付租金。对支付期限没有约定或者约定不明确,依照本法第六十一条的规定仍不能确定,租赁期间不满一年的,应当在租赁期间届满时支付;租赁期间一年以上的,应当在每届满一年时支付,剩余期间不满一年的,应当在租赁期间届满时支付。

第二百二十七条 承租人无正当理由未支付或者迟延支付租金的,出租人可以要求承租人在合理期限内支付。承租人逾期不支付的,出租人可以解除合同。

★后合同义务如何履行

【案例】

杨某家原有一家砖场,现在已倒闭,厂房设备和机械设备已处理完毕,租用的场地也已退还给出租方,但是场地上因取土做砖留下的一个水坑没有填平。出租方要求杨某将其填平,否则如果出现安全事故,杨某应负责任。

【法律解析】

虽然该租赁合同已经终止,但是杨某与出租方之间仍存在着协助对方处理合同终了的善后事务的义务,即后合同义务。根据《合同法》第九十二条的规定,合同的权利义务终止后,当事人应当遵循诚实信用原则,根据交易习惯履行通知、协助、保密等义务。后合同义务内容包括通知、协助、保密等义务,因此,杨某应通知出租方,协商如何处置该水坑,协助出租方处理合同终了的善后事务的义务。如果杨某违反了该合同义务,出现安全事故给出租方造成损害,杨某仍需要对出租方承担违约责任,受害人也可以要求杨某承担侵权责任。

违约责任

★因别人原因造成违约,就不承担违约责任吗

【案例】

A公司要运送一批货物给B公司,委

托C汽车运输公司运输。汽车运输公司安排本公司的司机牛某驾驶。运输过程中，由于牛某的过失发生交通事故，致使货物受损。B公司未能及时收到货物而发生损失。那么，B公司应该向A公司还是汽车运输公司或者牛某要求承担责任呢？

【法律解析】

根据《合同法》第一百二十一条的规定，当事人一方因第三人的原因造成违约的，应当向对方承担违约责任。当事人一方和第三人之间的纠纷，依照法律规定或者按照约定解决。

也就是说，依据合同相对性原则，合同关系只能发生在合同当事人之间，只有合同当事人才能享有某个合同所规定的权利，并承担合同所规定的义务，合同当事人以外的任何第三人不能主张合同上的权利，同时，合同的违约责任也只能在合同关系的当事人之间发生，合同关系以外的第三人，不负违约责任，合同当事人也不对其承担违约责任。本案中A公司和B公司之间存在合同关系，而B公司与C运输公司之间不存在合同关系，A公司是义务人，负有履行债务的义务。A公司在向B公司承担责任以后，可以依法向C运输公司请求追偿。

★合同约定向第三人履行义务，义务方应向谁承担违约责任

【案例】

小杜和小魏是好朋友，9月15日是小魏的26岁生日，但单位有急事要求小杜出差，于是小杜在某蛋糕店定制了一个生日蛋糕。蛋糕的花样品种、质量标准都提前定好，尤其是奶油，小魏对奶油的口味很挑剔。小杜特别提出要用指定的奶油，蛋糕店也一口答应。小魏生日那天，蛋糕按时送到，小杜也打来了祝贺电话，并问生日蛋糕是否可口。小魏很感动，表示蛋糕很漂亮，只是奶油口味自己不是很喜欢。小杜很疑惑，明明是按小魏的口味订的奶油，为什么好朋友不喜欢？一问才知道原来蛋糕店没用自己点的奶油。小魏和小杜都很气愤，不等小杜回来，小魏自己就去蛋糕店和老板理论，要求违约赔偿。但蛋糕店老板却说，蛋糕不是小魏定做的，小魏没权利主张违约。

【法律解析】

本案涉及第三人合同即涉他合同，涉他合同是指当事人约定向第三人履行债务或者由第三人向债权人履行债务的合同。本案属于前一种：当事人约定向第三人履行债务。此种涉他合同，合同虽然为第三人设立了利益，但是第三人与债务人之间并没有直接合同关系存在，既然第三人与债务人之间不存在合同关系，那么，当债务人未向第三人履行债务或履行债务不适当时，债务人也就不能向第三人承担违约责任，而只能向作为合同关系当事人的债权人承担违约责任。根据《合同法》第六十四条的规定，当事人约定由债务人向第三人履行债务，债务人未向第三人履行债务或者履行债务不符合约定，应当向债权人承担违约责任。本案中，合同双方是蛋糕店和小杜，小魏虽是这个合同关系的受益人，但其与蛋糕店之间并不存在合同关系，因此，由他主张让蛋糕店履行合同不适当。应该由合同的一方当事人即小杜主张权利，而不是小魏。

【法条链接】

《合同法》第六十四条 当事人约定由债务人向第三人履行债务的，债务人未向第三人履行债务或者履行债务不符合约定，应当向债权人承担违约责任。

★承租人不交供暖费，供暖部门有权收取户主违约金吗

【案例】

卢某有一间门面房，长期出租，每年与承租人签订协议，约定卢某收房租，其他费用例如水费、电费、供暖费、卫生费等均由承租人负担。前不久，供暖部门告知卢某要停止供暖，原因是承租人从2007年到2008年一直没有交取暖费，加上违约金一共1.42万元。于是卢某找到当年租房的人，让他们去交费，可他们不去。那么，卢某把欠费人的现住址以及电话等告知供暖部门，是否就履行完责任了？供暖部门是否应当向卢某收取违约金呢？

【法律解析】

卢某把欠费人的现住址、电话告知供暖部门并没有履行完责任。因为合同具有相对性，卢某与承租人所签订的承租合同只对双方当事人有约束力，而供暖合同是约束卢某与供暖部门的，法律规定供暖合同参照供电合同的规定。根据《合同法》第一百八十二条的规定，用电人应当按照国家有关规定和当事人的约定及时交付电费。用电人逾期不交付电费的，应当按照约定支付违约金。经催告用电人在合理期限内仍不交付电费和违约金的，供电人可以按照国家规定的程序中止供电。因此，承租人不交供暖费，供暖部门有权向卢某收取违约金。同时，由于供暖部门没有及时告知卢某欠费问题，因此也应该承担一部分责任。

【法条链接】

《合同法》第一百八十二条 用电人应当按照国家有关规定和当事人的约定及时交付电费。用电人逾期不交付电费的，应当按照约定支付违约金。经催告用电人在合理期限内仍不交付电费和违约金的，供电人可以按照国家规定的程序中止供电。

★收取定金后不履行合同，须双倍返还定金

【案例】

某文化公司与作家乔某签订约稿协议，约定乔某于2009年11月10日之前写完一部书稿并交付给该文化公司，文化公司支付了4000元的定金。乔某写完稿件以后，由于自己联系了一家出版社出版该书，不想再把书稿交给文化公司出版。那么，这种情况下，乔某只需要将定金如数退还给文化公司就可以吗？

【法律解析】

根据《合同法》第一百一十五条的规定，当事人可以依照《担保法》约定一方向对方给付定金作为债权的担保。债务人履行债务后，定金应当抵作价款或者收回。给付定金的一方不履行约定的债务的，无权要求返还定金；收受定金的一方不履行约定的债务的，应当双倍返还定金。本案中，乔某作为接受定金的一方，如果不履行合同不想把稿件交给文化公司出版，须双倍返还定金。

★定金，违约金和赔偿金

【案例】

2008年9月15日，A公司与B公司签订了海上货物运输合同。合同规定，B公司于同年10月4日至9日派轮船为A公司从大连运袋装核桃1万吨到厦门，运费为每吨人民币80元；A公司应付给B公司定金人民币16万元。合同未订违约金条款。签订合同当日，A公司即向B公司支付16万元。但是B公司未在合同约定的期间派船到装货港受载。10月9日，B公司向A公司提出解

除合同，A公司不同意解除合同，多次催B公司继续履行合同。但是B公司仍不派船运输。11月15日，A公司诉至法院称B公司单方解除合同系违约行为，应当依法承担违约责任，要求B公司双倍返还定金，还应支付违约金1万元和赔偿货物在港超期堆存费等65000元。

【法律解析】

根据《合同法》第一百一十五条的规定，当事人可以依照《担保法》约定，一方向对方给付定金作为债权的担保。债务人履行债务后，定金应当抵作价款或者收回。给付定金的一方不履行约定的债务的，无权要求返还定金；收受定金的一方不履行约定的债务的，应当双倍返还定金。根据《合同法》第一百一十六条的规定，当事人既约定违约金，又约定定金的，一方违约时，对方可以选择适用违约金或者定金条款。因此，定金与违约金不能并处。但适用定金罚则后，不能补偿非违约方损失的，可以由违约方赔偿这部分损失，即由违约方给付赔偿金，以补偿非违约方的实际损失。

本案中，A公司与B公司签订的书面海上货物运输合同中订有支付定金条款，而且已经实际支付。B公司单方解除合同，虽给A公司造成损失，但损失额明显小于B公司双倍返还定金的数额。因此，B公司只需要双倍返还定金而不用再向A公司支付违约金及赔偿金。

【法条链接】

《合同法》第一百一十五条 当事人可以依照《中华人民共和国担保法》约定一方向对方给付定金作为债权的担保。债务人履行债务后，定金应当抵作价款或者收回。给付定金的一方不履行约定的债务的，无权要求返还定金；收受定金的一方不履行约定的债务的，应当双倍返还定金。

第一百一十六条 当事人既约定违约金，又约定定金的，一方违约时，对方可以选择适用违约金或者定金条款。

★违约金与定金同时约定，适用哪一个

【案例】

林某与武某订立了一份服装购销合同，约定：林某向武某交付500套服装，货款为4.8万元，武某向林某支付定金8000元，如任何一方不履行合同应支付违约金1万元。林某因将服装卖与宫某而无法向武某交付服装。此时武某可以要求林某双倍返还定金并交付违约金吗？

【法律解析】

根据《合同法》第一百一十六条的规定，当事人既约定违约金，又约定定金的，一方违约时，对方可以选择适用违约金或者定金条款。也就是说，如果是违约方交付的是定金，非违约方可以选择不归还定金或者接受违约金，按原数归还定金；如果是非违约方交付的定金，则非违约方可以选择对方双倍归还定金或者对方按原数额返还定金，并支付违约金。本案中，作为非违约方的武某可以要求林某双倍返还定金，或者要求林某按原数额返还定金，并支付违约金1万元。

【法条链接】

《合同法》第一百一十六条 当事人既约定违约金，又约定定金的，一方违约时，对方可以选择适用违约金或者定金条款。

★违约金数额大于实际损失，可以按违约金赔偿吗

【案例】

罗某与黄某签订买卖合同，双方约定，任何一方违约都要向对方支付2万元的违约金。后来罗某违约，给黄某造成了实际经济损失1.8万元。罗某只答应赔偿黄某的实际损失，而黄某则坚持要求罗某按照双方约定的违约金数额进行赔偿。双方达不成一致意见，于是黄某起诉到了人民法院。

【法律解析】

根据《合同法》第一百一十四条的规定，违约金的支付数额是根据违约情况来确定的，如果当事人约定的违约金的数额低于违约造成的损失的，当事人可以请求人民法院或者仲裁机构予以适当增加，以使违约金与实际损失大体相当；而只有当违约金过分高于实际损失时，才可以由人民法院或者仲裁机构予以适当减少。本案中，违约金比实际损失多了2000元，称不上"过分高于实际损失"，因此应该按照违约金的数额进行赔偿。

【法条链接】

《合同法》第一百一十四条 当事人可以约定一方违约时应当根据违约情况向对方支付一定数额的违约金，也可以约定因违约产生的损失赔偿额的计算方法。约定的违约金低于造成的损失的，当事人可以请求人民法院或者仲裁机构予以增加；约定的违约金过分高于造成的损失的，当事人可以请求人民法院或者仲裁机构予以适当减少。

★出租车司机因"误时"造成乘客损失，如何赔偿

【案例】

方某是一家私营企业的老板，一天上午9：50的时候他从单位门口拦了一辆出租车，对司机说必须在10：30之前赶到某会馆签约，否则自己将损失30万元。司机表示没有问题，正常情况下25分钟就可以到该宾馆，可是由于司机绕路加油又遇到一段路程修路，到会馆时已是10：50，导致签约失败，造成利润损失30万元。方某于是起诉出租车公司，要求赔偿他30万元。那么，方某的请求会得到法院的支持吗？

【法律解析】

根据《合同法》第一百一十三条第一款的规定，当事人一方不履行合同义务或者履行合同义务不符合约定，给对方造成损失的，损失赔偿额应当相当于因违约所造成的损失，包括合同履行后可以获得的利益，但不得超过违反合同一方订立合同时预见到或者应当预见到的因违反合同可能造成的损失。本案中，出租车司机应该熟悉本市的路况并且对行车时间、行车路线等做充分的估计。但是由于其过错行为使方某没有赶上签约，造成了30万元的可得利益损失。由于出租车司机属出租车公司工作人员，因此其行为的责任应该由出租车公司承担。出租车公司在赔偿了方某以后，有权向该司机追偿。

【法条链接】

《合同法》第一百一十三条第一款 当事人一方不履行合同义务或者履行合同义务不符合约定，给对方造成损失的，损失赔偿额应当相当于因违约所造成的损失，包括合同履行后

可以获得的利益，但不得超过违反合同一方订立合同时预见到或者应当预见到的因违反合同可能造成的损失。

★由第三人造成的违约责任，需分别解决

【案例】

2009年8月，某中学向某商贸公司购买了200台教学计算机，并签订了合同。合同约定，每台计算机2500元，共计货款人民币50万元，由该商贸公司于同年10月底前将计算机送至该中学。该中学在合同签订以后向商贸公司预付货款20万元，其余货款在收到全部计算机后一个月内结清，如一方违约，应向对方交违约金5万元，并且赔偿相关损失。该商贸公司在送货途中运输车被个体运输户袁某的货车撞翻，致使20台计算机受损。经交管部门认定，此次事故的责任由袁某负全责。某商贸公司见责任不在自己，因此不肯承担某中学的损失。某中学对此则有异议，多次派人交涉，均无结果，于是告上法院。

【法律解析】

根据《合同法》第一百二十一条的规定，当事人一方因第三人的原因造成违约的，应当向对方承担违约责任。当事人一方和第三人之间的纠纷，依照法律规定或者按照约定解决。

本案中，某商贸公司未按合同规定数量供应计算机，属于合同违约，应当依合同向某中学承担违约责任。对于个体运输司机袁某对某商贸公司造成损害的侵权行为，某商贸公司应当依据事实和法律向人民法院另行起诉，向袁某要求其承担损害赔偿责任。合同违约和侵权行为，这是两种不同性质的法律关系，应当分别解决。

【法条链接】

《合同法》第一百二十一条 当事人一方因第三人的原因造成违约的，应当向对方承担违约责任。当事人一方和第三人之间的纠纷，依照法律规定或者按照约定解决。

★违约赔偿中可以请求精神损害赔偿吗

【案例】

宋某将祖母送给自己的一幅刺绣，拿到某小商品市场王某的店铺处要求裱框，并支付了相应的费用。结果王某疏忽大意，将宋某的刺绣遗失。宋某于是到人民法院对王某提起违约诉讼，同时请求精神损害赔偿。那么，宋某的精神损害赔偿请求会得到法院的支持吗？

【法律解析】

根据我国《合同法》第一百零七条的规定，当事人一方不履行合同义务或者履行合同义务不符合约定的，应当承担继续履行、采取补救措施或者赔偿损失等违约责任。其中赔偿损失包括实际损失与可得利益的损失，但不包括精神损害赔偿。因此，在宋某的违约诉讼中，他的精神损害赔偿请求不会得到法院的支持。如果宋某要求精神损害赔偿，可以向法院另行提起侵权的诉讼。

★订立合同时隐瞒事实给对方造成损失，要承担责任吗

【案例】

卢某欲购买钟某的一台笔记本计算机。双方经协商，卢某同意5天以后签订正式的买卖合同，并先交1000元给钟某。钟某为卢某出具的收条上写明：收到卢某

定金1000元。5天以后，卢某了解到钟某故意隐瞒了该笔记本曾被水浸泡并维修过的情况，于是拒绝与钟某签订合同。那么，卢某能否要求钟某承担违约责任？

【法律解析】

根据《合同法》第四十二条的规定，当事人在订立合同过程中有故意隐瞒与订立合同有关的重要事实或者提供虚假情况以及其他违背诚实信用原则的行为，给对方造成损失的，应当承担损害赔偿责任。本案中因钟某故意隐瞒该笔记本曾被水浸泡并维修过的情况，导致交易失败，所以卢某有权要求钟某返还1000元钱并赔偿其在买笔记本的过程中受到的损失。因为钟某与卢某的买卖合同未正式签订，所以卢某不能请求钟某承担违约责任。

【法条链接】

《合同法》第四十二条 当事人在订立合同过程中有下列情形之一，给对方造成损失的，应当承担损害赔偿责任：

（一）假借订立合同，恶意进行磋商；

（二）故意隐瞒与订立合同有关的重要事实或者提供虚假情况；

（三）有其他违背诚实信用原则的行为。

★合同中的不可抗力因素

【案例】

某水果批发市场与严某签订雪梨购销合同。合同约定：严某于2009年10月30日以前向该批发市场交付雪梨2万公斤，每公斤5元，货款共计10万元；货到后付款，无论谁违约，均承担50%的违约金。2009年10月20日晚，当地突遭一场罕见的冰雹袭击，致使严某果园内雪梨遭到破坏，无法向水果批发市场交货。10月30日，某水果批发市场要求严某承担违约责任。严某以雪梨遭冰雹袭击，并非故意不履行合同为由拒绝承担违约责任。双方为此发生争议，于是该水果批发市场起诉至法院，要求严某承担赔违约赔偿责任。

【法律解析】

此案涉及《合同法》理论中的不可抗力，所谓不可抗力，通常必须具备以下两个条件：它必须独立于人的行为之外，不以当事人的意志为转移，即属于客观事件；当事人依其现有的能力，不能对这种客观情况及其后果加以控制和克服。一般来讲，现实生活中严重的自然灾害，例如洪水、地震、冰雹等都属于不可抗力。根据我国《合同法》第一百一十七条的规定，因不可抗力不能履行合同的，根据不可抗力的影响，部分或者全部免除责任，但法律另有规定的除外。当事人迟延履行后发生不可抗力的，不能免除责任。本法所称不可抗力，是指不能预见、不能避免并不能克服的客观情况。本案中，雪梨遭到破坏无法履行合同约定，这是由于10月20日晚冰雹引起的，属于不可抗力因素，因此，严某不应承担违约责任。

★因"非典"导致违约，可以免除责任吗

【案例】

2003年年初，某文化传播公司邀请许多著名歌星，准备4月举办演唱会。某食品公司花费23万元买下演唱会的冠名权，并且支付了3万元定金。由于全国暴发"非典"疫情，该市市政府发文暂停公共场所大型活动，原定于4月29日的演唱会取消了。"非典"过后，食品公司状告文化传播公司违约，要求退两倍定金。那

么。文化传播公司可以免责吗？

【法律解析】

根据《合同法》第一百一十七条和第一百一十八条的规定，因不可抗力不能履行合同的，根据不可抗力的影响，部分或者全部免除责任。本案中，演出不能如约进行是因为该市市政府的行政措施所致，不是当事人在订立合同时能够预见、避免和克服的，因此文化传播公司可以免除违约责任，但是要退回已收取的定金。

★不到约定的单位工作，就不能要回押金吗

【案例】

邓某是北京某大学2008届毕业生，2008年5月，他经朋友引荐，与天津某广告公司老总商先生洽谈工作事宜，双方由此达成共识，并签订了工作协议，协议中约定邓某毕业后到广告公司工作，同时，邓某向广告公司交纳工作押金5000元，如果毕业以后不到广告公司工作，所交的押金予以没收。但是10天以后，北京某公司答应录取邓某，并叫他马上签订工作协议。经过一番思考后，邓某决定留在北京工作。毕业后，邓某没有到广告公司工作，按约定广告公司没有将邓某所交的工作押金退还。邓某告上法院，以广告公司利用毕业生急于找工作之机，在签订用工协议时强迫交纳押金，该行为属于胁迫行为，要求广告公司退还5000元的工作押金。广告公司认为，邓某违约在先，因此按事先约定，将所交的押金没收。

【法律解析】

根据《合同法》第四十四条第一款的规定，依法成立的合同，自成立时生效。用人单位与毕业生签订的用工协议依法成立，对双方当事人均具有约束力。用人单位依约向毕业生收取的押金，是对双方履行合同所约定的履行金，应当认定该约定有效。本案中，邓某作为一个具有完全民事行为能力的人，在签订协议的时候应该预见到交纳押金以后一旦违约将会出现的结果，其押金被广告公司没收，是由于邓某的违约行为导致，其要求广告公司退还押金没有依据。

★替别人运货导致东西损坏，需要赔偿吗

【案例】

一家货车公司派司机杨某去河北拉货，杨某的朋友孙某得知以后让他帮忙运回1吨苹果。双方言明这是朋友间的帮忙，没有报酬。杨某的车装上苹果以后，在行车的过程中由于车篷布不慎被钢筋刮破，中途又遭突降暴雨，杨某虽采取了一定的措施，但是由于雨太急太大，车上的苹果因严重受潮而腐烂。于是孙某要杨某赔偿其苹果的全部损失，那么，杨某需要赔偿吗？

【法律解析】

本案杨某与孙某形成委托代理关系，杨某因疏忽大意而给孙某造成了一定的损失，理应赔偿。但是根据我国《合同法》第五条的规定，当事人应当遵循公平原则确定各方的权利和义务。本案中，杨某是义务为朋友帮忙，这种行为是善意的、无偿的，而且在损害的过程中杨某也尽力采取了相应的补救措施，如果全部损失都要杨某一人承担的话，显然是不公平的，因此杨某应该赔偿孙某的损失，但是应该适当减轻杨某的赔偿责任。

商品买卖

★商品在送货途中损坏，购买人能否要求换货

【案例】

小郑在某商场购买了一台冰箱，当时开箱验完货确定一切正常以后，小郑付清款项。该商场有送货上门的售后服务，于是约定第二天由该商场把冰箱送到小郑家。谁知，第二天小郑收到冰箱，冰箱已摔坏。原来送货车在送货途中为避让一辆小车紧急刹车，导致货物碰撞损坏。小郑遂要求商场换货。但商场认为小郑在商场验完货，并付了款，双方的买卖合同已经成立。至于货物离开商场后的风险就应该由小郑自行承担，因此，商场拒绝换货。那么，小郑要求商场换货有没有法律依据？

【法律解析】

根据《合同法》第一百四十二条的规定，标的物毁损、灭失的风险，在标的物交付之前由出卖人承担，交付之后由买受人承担，但法律另有规定或者当事人另有约定的除外。由此可见，如果货物的交付地点是商场，小郑就不能要求换货；如果是家中，小郑就有权利要求商场换货。根据《合同法》第一百三十三条的规定，标的物的所有权自标的物交付时起转移，但法律另有规定或者当事人另有约定的除外。一般来说，消费者验货付款之后，即取得了商品的所有权，商品即算交付。但是，此案中商场有送货上门这一承诺，这是对商品交付地点的事先约定，即货物送到消费者家中才算交付，在送达消费者家中之前，商品的所有权仍然是属于商场的，那么冰箱途中受损的风险自然应由商场承担，因此，小郑有权要求商场换货。

★货物价格没有达成一致，买卖合同能否成立

【案例】

瓜农马某欲向某农产品公司出售一批西瓜。马某给该公司打电话说自己打算销售西瓜400公斤，每公斤的售价是0.5元。该公司的业务经理表示，公司认为马某的西瓜卖得太贵，公司只同意以每公斤0.4元的价格收购，双方事后没有达成一致意见。后来西瓜价格猛涨，该农产品公司给马某打电话称愿意以每公斤0.55元的价格收购，并且催马某发货，但是此时，马某的西瓜已经销售一空。该农产品公司于是起诉马某违约。

【法律解析】

根据《合同法》第十三条、第十四条的规定，当事人订立合同，采取要约、承诺方式，要约应当内容具体确定，并且表明经受要约人承诺，要约人即受该意思表示约束。案例中，马某向农产品公司发出要约，希望对方购买自己的西瓜。该农产品公司在作出承诺之后，对合同的价格进行了更改，属于实质性变更，即为新的要约，而马某对于这一新的要约没有作出承诺，根据《合同法》第二十一条和第三十条的规定，合同并没有成立，那么，马某当然有权利把西瓜转卖给别人，马某的行为并不构成违约。

★试用期过后，试用的产品一定要购买吗

【案例】

姚某从商场搬回一台彩电回家试用，双方约定试用期为1个月。1个月的试用期届满以后，姚某对该彩电未表示买与不买。后来，商场要求姚某按彩电的原价支付货款。那么，姚某是否应该按照商场的

要求购买此款彩电呢？

【法律解析】

根据《合同法》第一百七十一条的规定，试用买卖的买受人在试用期内可以购买标的物，也可以拒绝购买。试用期间届满，买受人对是否购买标的物未作表示的，视为购买。本案中，姚某在双方约定的1个月试用期届满以后，仍然未对是否购买该产品作出表示，因此，根据《合同法》规定，已经视为其购买了。所以，姚某应当按照商场的要求支付该款彩电的价款。

【法条链接】

《合同法》第一百七十一条 试用买卖的买受人在试用期内可以购买标的物，也可以拒绝购买。试用期间届满，买受人对是否购买标的物未作表示的，视为购买。

★买到东西后发现不符合要求怎么办

【案例】

村民陈某将一头已患病的奶牛卖给邻村村民蔡某，而蔡某对此毫不知情。不久，该奶牛死亡。蔡某于是找到陈某要求其赔偿自己的损失。那么，陈某应否承担责任？

【法律解析】

根据《合同法》第一百一十一条和第一百五十五条的规定，出卖人交付的标的物不符合质量要求的，买受人可以要求其承担违约责任。本案中，陈某将一头患病的奶牛卖给蔡某，并未告知实际情况，他的行为不但违反了诚实信用原则，也违反了标的物不符合质量要求的法律规定。所以，陈某应依法承担违约责任。

【法条链接】

《合同法》第一百一十一条 质量不符合约定的，应当按照当事人的约定承担违约责任。对违约责任没有约定或者约定不明确，依照本法第六十一条的规定仍不能确定的，受损害方根据标的的性质以及损失的大小，可以合理选择要求对方承担修理、更换、重作、退货、减少价款或者报酬等违约责任。

第一百五十五条 出卖人交付的标的物不符合质量要求的，买受人可以依照本法第一百一十一条的规定要求承担违约责任。

★买卖合同中一定要交付物品，所有权才发生转移吗

【案例】

赵某将自己的旧摩托车卖给李某，并签订了书面合同，但是未将摩托车交付给李某。后来，赵某又将摩托车卖给出价更高的刁某，并且很快将摩托车交付给了刁某。李某得知消息以后，要求赵某承担违约责任，而赵某却以摩托车未实际交付给李某为由，认为两人的买卖合同不成立。那么，赵某的理由成立吗？

【法律解析】

根据《合同法》第一百三十条的规定，买卖合同是出卖人转移标的物的所有权于买受人，买受人支付价款的合同。双方签订合同，所有权就发生了转移，不需要实际交付合同的标的物。本案中，赵某与李某已经签订了合同，即双方的协议成立。赵某将摩托车又以高价卖给刁某，其行为已经构成了违约，根据《合同法》第一百零七条的规定，当事人一方不履行合

同义务或者履行合同义务不符合约定的，应当承担继续履行、采取补救措施或者赔偿损失等违约责任。因此，赵某应依法承担违约责任。

【法条链接】

《合同法》第一百零七条 当事人一方不履行合同义务或者履行合同义务不符合约定的，应当承担继续履行、采取补救措施或者赔偿损失等违约责任。

第一百三十条 买卖合同是出卖人转移标的物的所有权于买受人，买受人支付价款的合同。

★没有按约定时间提货导致货物损毁，损失谁来承担

【案例】

郑某向程某购买了一批纸张，双方约定郑某于8月10日自行提货，但是，到了8月10日，郑某没有筹足货款，因此未能提货。当天夜里，突降暴雨，导致部分纸张受潮损坏。郑某要求程某承担损失。那么，程某应该承担损失吗？

【法律解析】

根据《合同法》第一百四十六条的规定，出卖人按照约定或者依照本法第一百四十一条第二款第二项的规定将标的物置于交付地点，买受人违反约定没有收取的，标的物毁损、灭失的风险自违反约定之日起由买受人承担。本案中，程某根据双方的约定履行了自己的职责，其本身不存在过错。而郑某因为未筹足货款而没有提货，违反了约定，导致部分货物受潮损坏，责任在郑某。所以，由此造成的损失理应由郑某自行承担。

【法条链接】

《合同法》第一百四十六条 出卖人按照约定或者依照本法第一百四十一条第二款第二项的规定将标的物置于交付地点，买受人违反约定没有收取的，标的物毁损、灭失的风险自违反约定之日起由买受人承担。

★交付之后产下小羊，归谁所有

【案例】

村民高某因家中急需用钱，将自己的两只羊卖给同村的齐某。其中一头母羊已经怀孕，但是高某未向齐某说明。合同签订以后，齐某立即将羊款付给高某，并将羊牵走。过了一段时间，母羊产下小羊，高某于是向齐某讨要。齐某认为羊已经卖给了自己，并且双方都签订了合同，现在是自己的羊产下小羊，与高某无关。那么，母羊产下的小羊到底应该归谁？

【法律解析】

根据《合同法》第一百三十三条和第一百六十三条的规定，标的物的所有权自标的物交付时起转移，但法律另有规定或者当事人另有约定的除外。本案中，当羊交付给齐某时，其所有权已经发生转移，齐某已经取得了羊的所有权，合同即履行完毕。至于母羊产下的小羊，当高某将羊交付给齐某时，未说明其中一头母羊已经怀孕，也未就母羊所产下的小羊作相关的约定。那么，根据《合同法》第一百六十三条的规定，标的物在交付之前产生的孳息，归出卖人所有，交付之后产生的孳息，归买受人所有。因此，母羊在交付给齐某以后生产的小羊，属于交付以后产生的孳息，理应归齐某所有。

★货物在承运中损毁，买方还是卖方负责

【案例】

吴某与全某签订了货物买卖合同。双方约定：由吴某代办货物托运。吴某遂与某运输公司签订货物运输合同，合同中载明全某为收货人。运输过程中，由于运输公司的驾驶员操作失误，发生重大交通事故，导致货物严重受损，无法向全某按时交货。全某找到吴某，吴某说不是自己的责任，应该去找运输公司；全某去找运输公司，运输公司的人说与全某没有合同关系，所以也不负责赔偿。那么，全某应找谁赔偿呢？

【法律解析】

根据《合同法》第八条的规定，依法成立的合同，对当事人具有法律约束力，而不能约束当事人以外的第三人。吴某与全某合同中约定由吴某代办托运，其权利主体只能是吴某，而吴某与运输公司签订的货物运输合同，是吴某与运输公司之间的合同关系，与全某无关。根据本法第一百四十二条的规定，标的物毁损、灭失的风险，在标的物交付之前由出卖人承担，交付之后由买受人承担。本案由卖方代办托运，可视为标的物尚未交付给买方，标的物毁损、灭失的风险应由卖方承担。综上所述，本案中由运输公司造成的货物损失，应当由吴某承担对全某的赔偿责任。在向全某做出赔偿之后，吴某再根据的运输合同，要求运输公司赔偿。

【法条链接】

《合同法》第八条 依法成立的合同，对当事人具有法律约束力。当事人应当按照约定履行自己的义务，不得擅自变更或者解除合同。

依法成立的合同，受法律保护。

第一百四十二条 标的物毁损、灭失的风险，在标的物交付之前由出卖人承担，交付之后由买受人承担，但法律另有规定或者当事人另有约定的除外。

★商品房已交付但没过户，发生火灾损失由谁来承担

【案例】

颜某与高某订立了商品房买卖合同，双方约定：高某先将房屋交付于颜某，但是在颜某付清全部价款之前，房屋的所有权仍然属于高某。在付清全部价款之前，房屋遭遇火灾。那么，由此造成的损失应该由谁来承担？

【法律解析】

根据《合同法》第一百四十二条的规定，标的物毁损、灭失的风险，在标的物交付之前由出卖人承担，交付之后由买受人承担，但法律另有规定或者当事人另有约定的除外。也就是说，在买卖合同中，标的物风险的承担只与标的物是否交付有关，而与所有权是否发生转移无关。本案中，虽然颜某没有付清全款，未获得房屋的所有权，但是高某已将房屋交付于颜某，依照合同法规定，颜某应当承担房屋遭遇火灾而造成的损失。

★货物在途中灭失，未作约定的，损失由买方承担吗

【案例】

安某与单某订立合同，购买属于单某所有的一批正在运输途中的水泥。合同订立后的第二天，正在途中的货物遭遇山体

滑坡而灭失。那么，对此造成的损失应当由谁承担？

【法律解析】

根据《合同法》第一百四十四条的规定，出卖人出卖交由承运人运输的在途标的物，除当事人另有约定的以外，毁损、灭失的风险自合同成立时起由买受人承担。本案中，安某与单某就运输途中的货物签订了买卖合同，在合同签订的第二天运输途中，该货物遭遇山体滑坡而灭失，而安某与单某在合同中又未有其他约定，因此，根据合同法相关规定，货物灭失的损失应该由买方即安某来承担。

【法条链接】

《合同法》第一百四十四条 出卖人出卖交由承运人运输的在途标的物，除当事人另有约定的以外，毁损、灭失的风险自合同成立时起由买受人承担。

★双方都存在违约情况怎么办

【案例】

A公司向B厂订购了一批800件的货物，双方签订了买卖合同。合同约定：所购货物每月交付一次，第一次交货数量为200件，后600件每个月按300件交付，货到无质量问题后付款。一个月以后，B厂将200件货物送达A公司，经A方检验无质量问题之后顺利付款；当B厂将第二批货物送到时，A经检验无质量问题，但是没有及时付款；后来当B厂将第三批货物送到A公司时，A公司经检验发现该批货物存在质量问题，于是拒绝付款，B厂家坚持要求A公司付第二批货物的货款。现在，双方都存在违约情况，A公司可以因B厂后来交付的产品质量不合格为由拒绝支付第二批货的货款吗？

【法律解析】

根据《合同法》第一百二十条的规定，当事人双方都违反合同的，应当各自承担相应的责任。本案中，当A公司收到B厂提供的第二批货物时，未履行货到付款的合同约定，违背了其应负的义务，已经构成违约，应当承担违约责任。而B厂交付的第三批货物存在质量问题，也未按照合同的约定履行自己的义务。因此，应当各自承担相应的责任。当A公司在第二批货物送达时未支付货款，B厂应当要求其支付货款，而A公司在收到B厂有质量问题的货物时，可以要求B厂赔偿由此给自己造成的损失。

★商场延时交付空调，按新价格还是原价格

【案例】

2009年6月15日，小文在一家商场看中一款标价3900元的全自动滚筒洗衣机。但是由于此款全自动滚筒洗衣机暂时缺货，双方约定一周以后由商场送货到家并安装。随后双方签订了买卖合同，合同约定：商场于2009年6月20日送货，小文先交部分定金，余款货到付清。6月20日商场致电小文，称全自动滚筒洗衣机有一点小问题，需要返厂，小文很不情愿地答应了。2009年6月26日，商场将全自动滚筒洗衣机送到小文家里，告知小文该款空调在4天之前涨价了，是按照政府指导涨价，不是乱涨价的，要求小文按照涨价以后的价款支付。那么，小文是否应该按照涨价以后的货款支付呢？

【法律解析】

根据《合同法》第六十三条的规定，执行政府定价或者政府指导价的，在合同

约定的交付期限内政府价格调整时，按照交付时的价格计价。逾期交付标的物的，遇价格上涨时，按照原价格执行；价格下降时，按照新价格执行。逾期提取标的物或者逾期付款的，遇价格上涨时，按照新价格执行；价格下降时，按照原价格执行。本案中，双方约定交货日期为2009年6月20日，但是商场却因全自动滚筒洗衣机有问题而迟至6月26日才交货，其行为已构成违约，因此，商场不能要求买方小文按照新价格支付货款。

★购买假化肥遭受损失，两倍赔偿

【案例】

胡某等五位农民从县化肥厂购买化肥各50公斤，他们把化肥撒到地里以后，发现庄稼叶子开始发黄，而且大量干枯，眼看收成无望，于是请来技术人员检测，发现该化肥是假的，含有大量的生石灰。那么，农民购买假的化肥，使农作物遭受损失，能否索赔？

【法律解析】

根据《合同法》第一百一十三条第二款和《中华人民共和国消费者权益保护法》（以下简称《消费者权益保护法》）第四十九条、第五十四条的规定，经营者提供商品或者服务有欺诈行为的，应当按照消费者的要求增加赔偿其受到的损失，增加赔偿的金额为消费者购买商品的价款或者接受服务的费用的一倍，农民购买、使用直接用于农业生产的生产资料，参照《消费者权益保护法》执行。本案中，胡某等五位农民购买的化肥由于掺杂了生石灰，受到了损失，在化肥中掺杂生石灰的行为属于销售伪劣产品的虚假行为，所以五位农民有权要求化肥厂赔偿所受损失两倍的赔偿。

【法条链接】

《合同法》第一百一十三条第二款 经营者对消费者提供商品或者服务有欺诈行为的，依照《中华人民共和国消费者权益保护法》的规定承担损害赔偿责任。

《消费者权益保护法》第四十九条 经营者提供商品或者服务有欺诈行为的，应当按照消费者的要求增加赔偿其受到的损失，增加赔偿的金额为消费者购买商品的价款或者接受服务的费用的一倍。

第五十四条 农民购买、使用直接用于农业生产的生产资料，参照本法执行。

★货物包装不合格导致途中损坏，责任由谁来承担

【案例】

玩具店老板老韩在一家玩具加工厂订购了一批橡皮玩具，并签订了买卖合同。合同约定：老韩到厂里自行取货，取货时交付一半货款，另一半在1个月内付清。合同签订以后，老韩在对货物进行验收时发现，其中一小部分货物的包装与常用的包装有异。老韩就此向该厂提出异议，该厂工人解释说包装用的塑料泡沫已经用完了，这一小部分的其他包装也一样，以前也出现过类似的情况，都没有问题发生。当老韩将货物拉回店里时发现，那些包装有异的橡皮玩具中有一半以上都出现了大面积的划痕和印记，无法出售。于是老韩向该厂提出换货，该厂以货已交付，损坏是在运输过程中造成的为由予以拒绝。那么，由于货物包装导致的损失应该由买方还是卖方来承担呢？

【法律解析】

根据《合同法》第一百五十六条的规定，出卖人应当按照约定的包装方式交付标的物。对包装方式没有约定或者约定不明确，依照本法第六十一条的规定仍不能确定的，应当按照通用的方式包装，没有通用方式的，应当采取足以保护标的物的包装方式。本案中既然双方未就包装方式进行约定，那么，加工厂就应当按照通用方式进行包装，对于橡皮玩具应当采取足以保护其不受损害的措施。尽管老韩对加工厂用异于常用包装的防护措施提出了异议，其工作人员依然自信如此包装不会使橡皮玩具损坏，其主观上明显存在过失，所以应该对玩具的损坏承担全部责任。

【法条链接】

《合同法》第一百五十六条 出卖人应当按照约定的包装方式交付标的物。对包装方式没有约定或者约定不明确，依照本法第六十一条的规定仍不能确定的，应当按照通用的方式包装，没有通用方式的，应当采取足以保护标的物的包装方式。

★卖方交付的商品与样品不一致，构成违约吗

【案例】

小白在某家具店看上了一款实木家具，但是由于该家具是店里的样品，小白便仔细询问店员，实际交付的家具在材质、大小、颜色、款式等方面是否与样品完全一致，得到了肯定的答复。双方随后就该款家具签订了买卖合同，合同约定：货款14000元，15天以后交货，小白支付2500元的定金，余款交货时付清。15天以后，家具店按期将家具送到，但是小白打开时却发现，该套家具的款式与家具店内的样品有很大的出入，于是拒绝支付余款。那么，小白是否可以拒交余款呢？

【法律解析】

根据《合同法》第一百六十八条的规定，凭样品买卖的当事人应当封存样品，并可以对样品质量予以说明。出卖人交付的标的物应当与样品及其说明的质量相同。案中，小白与家具店就家具的材质、颜色、款式等与样品作了合同约定，双方应履行合同义务。而家具店交付的家具颜色与样品有很大出入，不符合双方的合同约定，其行为已经构成了违约。根据《合同法》第一百零七条的规定，当事人一方不履行合同义务或者履行合同义务不符合约定的，应当承担继续履行、采取补救措施或者赔偿损失等违约责任。因此，小白可以拒收该套家具，并要求家具店按合同的约定履行。

【法条链接】

《合同法》第一百零七条 当事人一方不履行合同义务或者履行合同义务不符合约定的，应当承担继续履行、采取补救措施或者赔偿损失等违约责任。

第一百六十八条 凭样品买卖的当事人应当封存样品，并可以对样品质量予以说明。出卖人交付的标的物应当与样品及其说明的质量相同。

★样品需要封存，退货还款好商量

【案例】

某公司向牛某订购了一批货柜，签订了货柜买卖合同。但是合同中双方没有对货物的质量要求进行约定。合同签订以后，牛某为公司提供了货柜的样品，公司

看后表示满意，但是没有封存。后来牛某把货物交付给该公司，公司收货后却一直未给付货款。多次索要未果以后，牛某起诉至法院。庭审中，该公司称牛某所提供的货物有质量问题，不符合行业标准，因此拒付货款。请问该公司不支付货款的理由成立吗？

【法律解析】

根据《合同法》第一百六十八条的规定，凭样品买卖的当事人应当封存样品，并可以对样品质量予以说明。出卖人交付的标的物应当与样品及其说明的质量相同。本案中，某公司既没有封存牛某提供的货柜样品，也没有在法院指定的举证期限内证明牛某所供货物存在质量问题。因此，其不支付货款的理由不能成立。

【法条链接】

第一百六十八条 凭样品买卖的当事人应当封存样品，并可以对样品质量予以说明。出卖人交付的标的物应当与样品及其说明的质量相同。

物品赠予

★经过公证的赠予能撤销吗

【案例】

2006年老张为儿子小张买房交了25万元的首付款，房产证是小张的名字。2009年4月，小张将该房屋50%的产权赠予老张并进行了公证。后来小张想撤销赠予。那么，老张可以要求小张履行该赠予合同吗？

【法律解析】

根据《合同法》第一百八十六条的规定，经过公证的赠予合同，不适用撤销赠予的规定。本案中，房屋50%的产权赠予已经经过了公证，而且两人之间也没有发生撤销赠予的情形，因此，小张不能撤销该赠予，老张可以要求儿子继续履行该赠予合同。

★哪些情形下，可以撤销赠予

【案例】

范某家境贫寒，虽有一对祖传的玉镯，但一直舍不得变卖，加之身有残疾，因此一直未婚。四十多岁的时候，范某收养了一个小孩小威，希望小威能为他养老送终，并许诺将来小威结婚时将那对玉镯送给他。可小威长大后与范某的感情发生了变化，并在范某外出时将玉镯拿走。范某要其返还，并且明确告诉小威不愿意把玉镯给他了。小威以当初立有字据为证不予返还，那么，范某可以要回玉镯吗？

【法律解析】

根据《合同法》相关规定，除具有救灾、扶贫等社会公益、道德义务性质的赠予合同或者经过公证的赠予合同外，赠予人在赠予财产的权利转移之前可以撤销赠予，并规定了赠予行为可以撤销的三种情形。案例中，虽然范某与小威立有字据，其赠予合同合法有效，但是玉镯在赠送之前属于范某的私人财产，且其答应等小威结婚时才将玉镯送给他，但是小威违反合同约定，在结婚前私自将其拿走，其行为违反了合同约定。因此，范某可以在赠予期限到来之前撤销该赠予，要求小威返还玉镯。

★赠予物有瑕疵，致人损失谁来赔偿

【案例】

费某一家做生意赚了钱，全家决定搬到城里住。临走之前，费某把自己的拖拉机送给了邻居石某。石某第二天开着拖拉机准备耕地，没想到刹车失灵，在路上与一辆小货车相撞，石某为此赔偿对方车主2万余元。把拖拉机拉到修理厂检查时，修理人员告诉石某，这台拖拉机以前他们修过，当时缺刹车件，所以费某没有修好就开回家去了。由于费某没有说明拖拉机的严重缺陷，所以导致这一场车祸。石某遂要求费某赔偿损失，费某大怒，辩称赠予拖拉机已属好意，因拖拉机质量问题而导致车祸非己所愿，故不同意赔偿。请问费某应不应当对此承担责任？

【法律解析】

案例中，费某赠送有严重缺陷的拖拉机时，没有履行必要的告知义务，从而导致受赠人石某的损失，根据《合同法》第一百九十一条的规定，费某应当承担赔偿责任。

★赠予物致人伤害怎么办

【案例】

王女士在某商场相中一款电热水器，适逢商场搞活动，买电热水器赠送吹风机，王女士买了电热水器之后，又得到了一个吹风机。商场为其开具了购买电热水器的发票，并在发票背面注明赠送吹风机一个。回家以后，王女士使用吹风机吹头发的时候，由于吹风机漏电被击中右手，为此花费了近千元医疗费。事后，王女士发现该吹风机既没有生产厂家也没有任何使用说明和注意事项，是一个三无产品。于是，王女士找到商场，要求赔偿由于吹风机漏电给自己造成的损失。商场则称吹风机为赠送的产品，无须对其质量负责。那么，商场是否应该承担责任呢？

【法律解析】

根据《合同法》第一百九十一条的规定，附义务的赠予，赠予的财产有瑕疵的，赠予人在附义务的限度内承担与出卖人相同的责任。赠予人故意不告知瑕疵或者保证无瑕疵，造成受赠人损失的，应当承担损害赔偿责任。本案中，王女士买电热水器才可获赠吹风机，因此可知这是一个附义务赠予。商场赠予王女士的吹风机有质量瑕疵，而且又是三无产品，但是商场没有告知王女士，造成了王女士的损害，其主观上存在明显过错。因此，商场应依法承担与出卖人相同的赔偿责任。

★赠予人自身经济状况恶化，可以不再赠予吗

【案例】

伍某一直做运输生意，家境比较富裕，伍某的好友杨某想要开一个小饭店，苦于手头资金不够。伍某便与杨某定了一份赠予协议：由伍某资助杨某第一年的运营费用。谁知，两个月后，伍某的运输生意亏了本，遭受重大损失，生活陷入困境，也无力支付杨某费用了。那么，此时的伍某还应否履行与杨某的赠予义务呢？

【法律解析】

根据《合同法》第一百九十五条的规定，赠予人的经济状况显著恶化，严重影响其生产经营或者家庭生活的，可以不再履行赠予义务。本案中，伍某因运输生意亏本而损失惨重，生活陷入困境，因此应视为经济状况严重恶化，可以不再履行赠予义务。

★赠予物在赠送前丢失怎么办

【案例】

小张原来一直做鸡饲料加工生意，现在打算转行做建筑，于是准备将三台饲料加工器具赠送给家境不富裕的朋友窦某。窦某很高兴，说自己回家清理场所，盖两

个棚子，之后就过来拉机器进行饲料加工生意。第二天，小张外出忘记锁门，家里失窃，三台饲料加工器具都被偷了。窦某得知消息以后，要求小张赔偿自己为盖棚子所花费的损失。那么，窦某可以要求小张赔偿其损失吗？

【法律解析】

根据《合同法》第一百八十九条的规定，因赠予人故意或者重大过失致使赠予的财产毁损、灭失的，赠予人应当承担损害赔偿责任。本案中，小张向窦某表示赠予加工器具时，两人之间已经构成了一种赠予合同的法律关系。在加工器具还没有交付给窦某之前，小张应对加工器具尽一定的注意、保管义务，但是由于小张外出没有锁门导致失窃，其主观上确实存在重大过失。因此，小张应对窦某因盖棚子而造成的损失承担赔偿责任。

★附有义务的赠予中，不按约定履行义务，可以不再赠予吗

【案例】

村民张大爷想和儿子一同去海南旅游，可家里长时间无人照看。经考虑，张大爷决定找人代自己照看一下家里，于是找来村民小赵，两人商议决定：在张大爷外出这段时间小赵晚上住在张大爷家里，代为看管，并每天照顾家里的花草，张大爷以家里的旧农用车作为报酬，两人立下字据。当张大爷旅游回来时，家里种的花草大部分已经枯死。此时小赵却拿着立的字据来找张大爷要农用车，并说花草是由于天太热导致。但邻居们都说小赵整天在路边下棋，完了就回自家睡觉，根本没有照看过张大爷家一天，花草根本就没有管过。那么，张大爷可否据此拒绝赠予小赵农用车？

【法律解析】

本案中，张大爷答应赠送给小赵一辆旧农用车时，要求其先履行照看家里以及花草的义务，双方自愿达成附义务赠予合同。但是之后，小赵并没有按照合同约定替张大爷照看家里以及花草，这一点邻居们可以作证。根据《合同法》第一百九十条和一百九十二条的规定，张大爷可以撤销对小赵的赠予，无须给小赵农用车。

★受赠人致使赠予人死亡，赠予人的继承人可以撤销赠予吗

【案例】

老康与周某是多年的好友，老康家境比较富裕，2008年，老康准备举家搬到郊区居住，答应将家中的旧电视和旧计算机赠给周某。此时，周某加入了一个盗窃团伙，老康屡次劝阻周某并与其发生争吵。后来，两人发生了一次激烈争吵，周某竟然失手将老康打死。周某被依法判刑。那么，这种情况下，老康的妻子是否可以撤销与周某的赠予合同呢？

【法律解析】

根据《合同法》第一百九十三条第一款的规定，因受赠人的违法行为致使赠予人死亡或者丧失民事行为能力的，赠予人的继承人或者法定代理人可以撤销赠予。本案中，由于周某的违法行为导致老康死亡，老康的妻子作为老康的继承人可以依法撤销赠予行为。

借款贷款

★未按约定用途使用借款，借款可提前收回

【案例】

2007年11月，乔某打算做花草种植生意，于是向卢某借款2万元，并出具借条一份，载明卢某借给乔某人民币2万元，用于花木经营，借期为两年。但是由于种植花木效益不好，2009年9月，乔某卖掉了他的花木种植场，准备南下做服装生意。卢某怕他一去不回，想要他提前还款。那么，卢某是否可以提前收回这笔借款呢？

【法律解析】

根据《合同法》第二百零三条的规定，借款人未按照约定的借款用途使用借款的，贷款人可以停止发放借款、提前收回借款或者解除合同。乔某出具给卢某的借条实际上就是他与卢某的借款合同，该合同已经明确约定了借款用于花木经营。现在乔某卖掉花木场，准备去南方做服装生意，显然没有按合同约定使用这笔借款，已经危及卢某所期望的经济利益的实现，即按时收回借款本金。因此，卢某可以依法提前收回这笔借款。

★借款合同没有约定还款时间怎么办

【案例】

殷某想要开一家小型饭店，于是向朋友杜某借钱。双方在合同中约定了借款利息以及其他事项，但是并没有约定还款期限。杜某只是对殷某说不能拖欠还款。合同签订以后，殷某有些担心，不知哪一天杜某会让自己还款。那么，殷某应该怎么办呢？

【法律解析】

根据《合同法》第六十一条的规定，合同生效后，当事人就某些内容没有约定或者约定不明确的，可以协议补充或按照合同有关条款或者交易习惯确定。根据本法第二百零六条的规定，对借款期限没有约定或者约定不明确，依照本法第六十一条的规定仍不能确定的，借款人可以随时返还；贷款人可以催告借款人在合理期限内返还。因此，殷某可以与杜某在合同中补充还款期限的条款，或者随时返还借款。杜某也可以随时要求殷某在合理的期限内还款。

★个体工商户贷款，要接受银行的审查吗

【案例】

罗某独自经营一家小型玩具厂，为扩大经营，罗某欲购置一套新的设备，由于资金紧张，于是想向银行贷款。罗某按照规定向某商业银行提出了贷款申请，并准备签订借款合同。但是，银行让罗某提供书面材料、经营状况证明、开户行以及账号等，罗某对此很有异议，认为银行是在调查自己的隐私，但银行却说这是必要的贷款程序。那么，罗某需要配合银行的审查吗？

【法律解析】

根据《合同法》第一百九十九条的规定，订立借款合同，借款人应当按照贷款人的要求提供与借款有关的业务活动和财务状况的真实情况。因此，罗某与银行订立借款合同时，应该完整提供银行所要求提供的与贷款有关的资料，这是借款人应尽的义务。所以，罗某应该积极配合银行的相关审查。

★未按约定提取借款,也要付利息吗

【案例】

管某经营一家皮革加工厂,为了扩大经营规模,想要再上一条流水线。由于手头资金紧张,决定向银行贷款。很快,管某提供了相关手续后,与银行签订了借款合同,并约定了还款利息以及其他事项。后来,管某的工厂出了问题,导致其于约定提款日后的2个月才去银行提取借款。银行工作人员告诉管某这2个月的利息要一并归还。管某认为自己并没有提款,根本没有使用该贷款,为什么还要向银行支付利息呢?

【法律解析】

根据《合同法》第二百零一条第二款的规定,借款人未按照约定的日期、数额收取借款的,应当按照约定的日期、数额支付利息。也就是说,借款人支付利息应当从约定的提款日期开始计算,并不是从借款人实际提取款项的日期开始计算。本案中,虽然管某未按照约定去提取款项,但是仍然应该按照约定的日期支付利息。

★赌博产生的借贷关系受法律保护吗

【案例】

陈某与朋友打麻将的时候,输了2000元钱,遂决定不再打,但朋友说三缺一怎么玩,于是他们商量每人再借给陈某1000元,并让陈某打了借条约定第二天还钱,但是陈某又输了。陈某借的钱又都被他们赢回去了,能不能不还?

【法律解析】

根据《最高人民法院关于审理借贷案件的若干意见》第十一条的规定,出借人明知借款人是为了进行非法活动而借款的,其借贷关系不予以保护。《民法通则》第五十八条也有规定,违反法律或者公共利益的民事行为无效,从行为开始起就没有法律约束力。因此,因赌博所产生的借贷关系是不受法律保护的,陈某可以不还钱。

★借款的利息可以预先从本金中扣除吗

【案例】

某食品加工厂为扩大生产,需购买一批新的生产设备,考虑到资金周转问题,食品加工厂决定向银行贷款。提供了相关的书面材料以后,食品加工厂很快就与银行签订了书面合同。合同约定:银行提供借款200万元,贷款期限为两年。合同签订以后,当食品加工厂在约定的取款时间去银行取款时,银行却按照扣除两年利息以后的余额发放给食品加工厂。食品加工厂向银行提出了异议,银行则称,为了保证能够收回自己的利息,不得不提前扣除。那么,银行的做法合法吗?

【法律解析】

根据《合同法》第二百条的规定,借款的利息不得预先在本金中扣除。利息预先在本金中扣除的,应当按照实际借款数额返还借款并计算利息。据此规定,本案中,作为贷款人的银行应该按照合同约定,向食品加工厂支付其借款的总额,而不能预先扣除借款总额所产生的利息,否则就会使食品加工厂的借款本金无形中被减少,影响其预期的经济收益。

★"利滚利"受法律保护吗

【案例】

于某做服装生意,近期资金周转不畅,于是向一起做布料生意的谈某借款20

万元。双方约定：借款为2年，每年的8月20日支付当年的利息，否则当年利息并入本金。那么，双方的这种"利滚利"的约定受法律保护吗？

【法律解析】

通常所说的"利滚利"实际就是"复利"。根据《合同法》第二百一十一条的规定，自然人之间的借款合同对支付利息没有约定或者约定不明确的，视为不支付利息。自然人之间的借款合同约定支付利息的，借款的利率不得违反国家有关限制借款利率的规定。根据《民法通则意见》第一百二十五条的规定，公民之间的借贷，出借人将利息计入本金计算复利的，不予保护。因此，虽然于某与谈某就借款利息作了约定，但是其约定明显违反了法律规定，因此，这种"利滚利"的约定不受法律保护。

★用假名签的借条有效吗
【案例】

小杨偶然认识一名自称姓黄的男士，黄某谎称遇到了困难，向小杨借款4000元。小杨起草了一张借条，让黄某签名并摁上手印，借款日期为2008年11月24日。黄某口头答应2个月之内还。之后，经小杨多次催讨，黄某总是以各种理由推迟，到后来竟然关掉手机，再没有了消息。后来小杨经朋友调查得知，黄某在借条上所签的名字是假名。那么，这张借条有效吗？如果有效，小杨到哪个法院起诉呢？

【法律解析】

根据《合同法》相关规定，一方以欺诈、胁迫的手段或者乘人之危，使对方在违背真实意思的情况下订立的合同，属效力待定合同，可申请变更或者撤销。黄某用假名向小杨借钱的行为属于欺诈，该借条属于可撤销可变更的合同。小杨可以到黄某的住所地法院起诉，住所地与经常居住地不一致的，到他的经常居住地法院起诉。

★欠款不还又无借据，偷偷录音是否合法
【案例】

小洪向好友小薛借款2万元，说年底归还。出于信任，小薛没有要求签订书面的借款合同。到了年底，小薛向小洪提出还钱的事，小洪百般推脱，告诉小薛自己没钱，不打算还了。小薛有理难辩，后来，小薛将小洪请到自己家，偷偷将自己与小洪的谈话进行了录音。谈话中小洪明确承认了自己借钱一事，还说当初没有任何书面证据，即使小薛告到法院也不可能胜诉。谈话后的第二天小薛就诉至法院，将该谈话的录音作为证据请求法院判决小洪还款。但小洪对借钱一事矢口否认，并且认为小薛对两人的谈话进行偷录，是非法的。那么，小薛偷偷录音是否合法呢？

【法律解析】

根据《中华人民共和国民事诉讼法》（以下简称《民事诉讼法》）第六十四条的规定，当事人对自己提出的主张，有责任提供证据。小薛如果想要诉至法院，需要提供小洪借钱的证据。本案中的谈话录音是否为非法证据，根据《最高人民法院关于民事诉讼证据的若干规定》（以下简称《关于民事诉讼证据的若干规定》）第六十八条的规定，以侵害他人合法权益或者违反法律禁止性规定的方法取得的证据，不能作为评定案件事实的依据。本案中，虽然小薛未经小洪的同意对二人的谈话进行录音，但录音是小薛在自己家中进行，只是针对小洪借钱一事而并非对小洪的隐私等进行录音，并没有侵害小洪的合法权益，因此，不属于应当被排除的非法

证据，是合法的。

【法条链接】

《民事诉讼法》第六十四条第一款 当事人对自己提出的主张，有责任提供证据。

《关于民事诉讼证据的若干规定》第六十八条 以侵害他人合法权益或者违反法律禁止性规定的方法取得的证据，不能作为评定案件事实的依据。

★借条被撕毁，其复印件能否作为证据呢

【案例】

老肖向老史借款8000元，并且出具借条一张：今向老史借款捌仟圆整（8000元），2009年8月底归还。2009年11月，由于老肖到期没有偿还借款，老史于是持借条到老肖家讨要，双方谈话中发生了冲突，老肖抢过老史手中的借条将之撕毁，老史于是报警。后来，老史向人民法院提起诉讼，称老肖拒不清偿到期借款，并在自己索要时强行将借条撕毁，自己曾打电话报警，某派出所民警曾到场处理，现请求人民法院依法判决老肖履行债务。老史还向法庭提交了借条的复印件以及和自己一同前去讨要借款的弟弟的证人证言。经过人民法院调查核实，老史反映的情况属实。那么，老史在没有提供借条原件的情况下，借条的复印件能否作为证据，要求老肖还钱呢？

【法律解析】

根据《关于民事诉讼证据的若干规定》第六十九条的规定，无法与原件核对的复印件不能单独作为定案的依据。根据证据补强规则，复印件作为定案依据须具备以下三个条件：（一）复印件证据应有其他辅助证据加以印证，而且证据之间应能够形成证据锁链，从而证明案件的事实。（二）有客观上不能提供原件的原因（包括有证据证明复印件原件已经灭失，原件在其他人手中等原因）。（三）书证复印件提供人应证明不能提供原件是确有客观原因。

本案中，老史称借据原件被老肖撕毁，其提供的借据复印件无法与原件核对，于是老史提供了与其同去讨债的弟弟的证言，而且还提供了很关键的证据线索：当日老肖拒不还钱，双方言语不合，老肖撕毁借条，自己曾打电话报警，派出所的民警曾经到场处理情况。经过人民法院核实公安民警的出警记录，老史的陈述属实。这就证明了老史不能提供证据原件确实有正当理由，而且与上述证据之间相互印证，证明了老肖向老史借款的事实，老史请求老肖还钱的主张会得到法院的支持。

【法条链接】

《关于民事诉讼证据的若干规定》第六十九条 下列证据不能单独作为认定案件事实的依据：

……

（四）无法与原件、原物核对的复印件、复制品；

（五）无正当理由未出庭作证的证人证言。

《最高人民法院关于适用〈中华人民共和国民事诉讼法〉若干问题的意见》（以下简称《民诉意见》）第七十八条 证据材料为复制件，提供人拒不提供原件或原件线索，没有其他材料可以印证，对方当事人又不予承认的，在诉讼中不得作为认定事实的根据。

★事先没有约定利息,事后可以要求支付利息吗

【案例】

焦某因做生意向黄某借款5万元,双方立下借款字据:焦某向黄某借款5万元,1年之内归还黄某。双方未有其他约定。焦某按期还款时,黄某要求焦某支付利息,焦某以当初没有约定利息拒绝支付。那么,焦某需要向黄某支付利息吗?

【法律解析】

根据《合同法》第二百一十一条的规定,自然人之间的借款合同对支付利息没有约定或者约定不明确的,视为不支付利息。自然人之间的借款合同约定支付利息的,借款的利率不得违反国家有关限制借款利率的规定。案例中,焦某按照约定履行了自己的义务,按期偿还欠款,而黄某要求其支付利息,由于事先并未约定,所以得不到法律的支持,焦某不需要向黄某支付利息。

【法条链接】

《合同法》第二百一十一条 自然人之间的借款合同对支付利息没有约定或者约定不明确的,视为不支付利息。自然人之间的借款合同约定支付利息的,借款的利率不得违反国家有关限制借款利率的规定。

★无息借款给好友,逾期不还要利息

【案例】

陶某和楚某是朋友,2008年2月楚某做生意向陶某借10万元钱,并保证一年之内还上。陶某爽快地答应了,并表示不要利息。于是楚某给陶某出具了一张借条,写明了借款的金额,以及一年内保证归还。但一年半过去了,楚某始终不提还钱的事。陶某由于自己公司资金周转困难,急需用钱,多次向楚某询问何时能还钱,但楚某总是以各种理由拖延。而且,从2009年9月直到11月,楚某的手机由停机变成了空号,陶某又气愤又寒心,向朋友问清楚某老家地址找到楚某,要求其归还自己的10万元钱,且提出要求楚某支付逾期还款的利息。楚某却说当初他们并没有约定利息。那么,陶某可以要求楚某支付逾期利息吗?

【法律解析】

本案中,双方在借条里没有约定利息,这笔借款属于无偿借款。根据《民法通则意见》第一百二十三条的规定,公民之间的无息借款,有约定偿还期限而借款人没有按期偿还的,出借人要求借款人偿付逾期利息,应当予以准许。根据《合同法》第二百零七条的规定,借款人未按照约定的期限返还借款的,应当按照约定或者国家有关规定支付逾期利息。根据《民法通则意见》第一百二十四条的规定,借款双方因利率发生争议,如果约定不明,又不能证明的,可以比照银行同类贷款利率计息。因此,尽管陶某当初是无偿借钱给楚某,但鉴于楚某不守信用,迟迟不归还借款,因此陶某可以比照银行同类贷款利率计息,要求楚某支付逾期利息。

★个人之间借款,利息可以随便约定吗

【案例】

刘某由于母亲病重无钱医治,于是向高某借款10万元。高某要求刘某向其支付10%的利息。那么,高某的要求合法吗?

【法律解析】

根据《合同法》和《关于人民法院审理借贷案件的若干意见》的相关规定，自然人之间的借款合同约定支付利息的，借款的利率不得违反国家有关限制借款利率的规定；民间借贷的利率可以适当高于银行利率，但是最高不得超过银行同类贷款利率的四倍。案中，高某在刘某急需用钱时要求其支付10%的利息，其行为显然是乘人之危，也不符合法律规定。

★借条没有注明年份怎么办

【案例】

2009年7月，安某以借条为据，起诉魏某还款10万元。诉状称：2006年6月3日，魏某因缺钱向我借款10万元，并出具借条一张，但借条上日期只写了"6月3日"，没有写明年份。2007年催收时，魏某在借条的右上角写明"12月底归还"。但是魏某到期后仍不还款，请求判令魏某归还借款本金10万元及支付逾期利息。魏某辩称，借款是在2006年6月3日，"12月底归还"也是写于2006年，现在安某的起诉已经超过了2年的诉讼时效，因此请求判决驳回其诉讼请求。原告则坚持"12月底归还"系2007年向魏某催收的时候书写的。当事人双方均没有申请对借条的书写时间进行鉴定。那么，这种情况下应该怎么办？

【法律解析】

根据《合同法》第六十一条的规定，合同生效后，当事人就质量、价款或者报酬、履行地点等内容没有约定或者约定不明确的，可以协议补充；不能达成补充协议的，按照合同有关条款或者交易习惯确定。本案中，安某举出的本证就是借条，借条上的"12月底归还"没有注明年份而引发争议，属于还款时间不明，此时履行期限应"按照合同有关条款或者交易习惯确定"。由于本案的合同就是借条，从"12月底归还"上无法推测出催收的时间，因此，只能按照"交易习惯"来确定。本案的"交易习惯"就是书写习惯。按照书写习惯，当两个时间写在一起而且只写月、日而没有写年时，这两个时间一般是发生在同一年；如果不是同一年，则应当明确加以区分，这是生活常识。魏某在出具借条的时候没有写"年"，安某在催收的时候魏某也没有写"年"，按照习惯，还款与借款的时间一般是同一年。否则，出借人安某自然会要求借款人魏某写明"2007"，正是因为发生在同一年，才会省略书写年份，这种写法符合书写习惯。因此，根据安某和魏某均承认借款时间是2006年，因此还款时间也应推定是2006年，原告安某的起诉时间为2009年7月，已经超过了诉讼时效。

【法条链接】

《合同法》第六十一条 合同生效后，当事人就质量、价款或者报酬、履行地点等内容没有约定或者约定不明确的，可以协议补充；不能达成补充协议的，按照合同有关条款或者交易习惯确定。

《关于民事诉讼证据的若干规定》第二条 当事人对自己提出的诉讼请求所依据的事实或者反驳对方诉讼请求所依据的事实有责任提供证据加以证明。

没有证据或者证据不足以证明当事人的事实主张的，由负有举证责任的当事人承担不利后果。

★帮邻居写下假欠条，却被起诉借钱不还，怎么办

【案例】

钱某为人忠厚，人缘很好，却突然接到了法院的传票，居然是邻居林某起诉他借钱不还。林某在诉状中称，起诉的一周之前，即2009年9月的一天，钱某急用钱向林某借了5万元，有欠条为证，请求判决钱某归还借款。钱某满腔气愤地做了答辩状：2009年9月的一天，邻居林某对钱某说，自己在外面借了一笔钱，现在债主堵在家里追债，自己筹不到钱，债主就在家里不肯走。钱某问欠了多少钱。林某说有5万多元。钱某也犯了难，自己拿不出这么多钱来。林某于是提出，由钱某写一张假欠条给自己，自己用这张欠条应付一下债主，然后再把欠条还给钱某。钱某于是就写下了一张欠条，说明自己欠林某5万元钱，并署了自己名字和当天日期。但是钱某没有想到，一周后，林某就凭这张欠条要求自己还钱。

庭审中，钱某提出，既然林某借钱给人救急，为什么借钱一周后就急着要钱呢？这不合情理。而且大家也都知道林某负债累累，四处躲债，又从哪来钱借给别人？法官于是当庭询问林某借出的这5万元是怎样取出交给钱某的。林某一时语塞，言语不清，后来就改称：钱某是在2007年到2009年间多次向自己借款，都没有出具借条，借条是在2009年9月一次性出具的。钱某认为林某的陈述前后自相矛盾，有悖于常理，那么，法庭会支持林某的诉讼请求吗？

【法律解析】

本案中，原告林某提起的是借款合同之诉，已经提供了欠条作为本证，借款的说法本身可以与欠条互相印证，有欠条确实无须再证实什么，因而林某已经完成了事实主张和为之提供证据的举证责任。而被告钱某在空口无凭的情况下，要以"自己是应了林某的请求帮忙打下的假借条"来反驳或者抗辩几乎没有可能。法官完全可以凭借高度盖然性原则，确信和认定林某陈述的事实发生的概率和可信度较高，认定当事人双方由于借款的法律关系而产生了欠款的债权债务事实，从而支持林某的请求，而由钱某来承担举证不利的后果。

林某先是声称欠条是在2009年9月借款的当天出具的，后来又改称欠条是针对此前两年间的多次借款而一次性出具的。前后两次对欠条的形成原因陈述不一致。根据《关于民事诉讼证据的若干规定》第二条的规定，当事人对自己提出的诉讼请求所依据的事实或者反驳对方诉讼请求所依据的事实有责任提供证据加以证明。没有证据或者证据不足以证明当事人的事实主张的，由负有举证责任的当事人承担不利后果。据此规定，当事人在庭审中对以前的事实陈述作实质内容的重大改变或者事实陈述前后严重不一致的，属于形成新的事实主张，应该就新的事实主张提供相应证据，在林某新的事实主张得到证明之前，其所持的欠条成因不明，处于待证状态。

作为民事大额借贷事实亲身经历的当事人，林某不能确定关于借款事实经过的说法，在欠条形成事实的陈述上前后自相矛盾、自我否认，一张欠条不可能同时印证两次截然不同的事实主张，此时，原告林某必须为此继续补充证据，也就是说举证责任开始转移由林某承担。在林某不能提供新的证据的情况下，只能承担举证不能的责任，法院不会支持林某请求。

【法条链接】

《关于民事诉讼证据的若干规定》第二条 当事人对自己提出的诉讼请求所依据的事实或者反驳对方诉讼请求所依据的事实有责任提供证据加以证明。没有证据或者证据不足以证明当事人的事实主张的,由负有举证责任的当事人承担不利后果。

融资租赁

★租赁物损毁,承租人能否解除租赁合同

【案例】

2008年5月,赵某与某工厂签订一份租赁合同,约定租赁工厂的一个厂房从事生产活动,租赁期限为3年。2009年1月,由于大雪侵袭,厂房突然在夜间坍塌,赵某的设备和货物受损不大。但是由于厂房整修需要较长的时间,会影响到生产。因此,赵某想要解除合同,但是某工厂认为合同还没有到期,不能解除。那么,赵某能否提出解除租赁合同?

【法律解析】

根据《合同法》第二百三十一条的规定,因不可归责于承租人的事由,致使租赁物部分或者全部毁损、灭失的,承租人可以要求减少租金或者不支付租金;因租赁物部分或者全部毁损、灭失,致使不能实现合同目的的,承租人可以解除合同。本案中,由于大雪侵袭造成厂房坍塌,此事由不能归责于承租人,而且由于因厂房毁损,需要较长时间整修,影响到了赵某的生产,致使不能实现合同目的,因此,赵某可以要求解除租赁合同。

★承租人违反约定,出租人要求解除合同需要赔偿吗

【案例】

2009年2月,白某将一套三室二厅的房子通过中介出租给了陆某。当时双方约定,对房屋进行装修时不得对墙体进行破坏,在租赁期间有权转租,双方的违约金为1个月房租2000元。但是6月,白某发现房屋已经被隔成八间转租给了八个人,成了一个集体宿舍。于是白某要求提前解除合同并且按照合同支付相应的违约金,但是陆某不同意,说装修花了不少钱,如果现在就解除合同,预期的收益就没了,所以要求白某赔偿自己2万元才愿意搬出去。那么,白某是否需要赔偿陆某的损失呢?

【法律解析】

案例中,合同约定承租人对房屋进行装修时不得对墙体进行破坏,而陆某未经出租人白某的同意,对墙体进行破坏将房屋隔成八间,因此,陆某的行为已经构成违约。根据《合同法》第二百一十九条的规定,出租人白某可以解除合同并要求陆某赔偿损失。根据《合同法》第二百二十三条的规定,白某也可以要求陆某将房屋恢复原状。

【法条链接】

《合同法》第二百一十九条 承租人未按照约定的方法或者租赁物的性质使用租赁物,致使租赁物受到损失的,出租人可以解除合同并要求赔偿损失。

第二百二十三条 承租人经出租人同意,可以对租赁物进行改善或者增设他物。承租人未经出租人同意,对租赁物进行改善或者增设他物的,

出租人可以要求承租人恢复原状或者赔偿损失。

★出租房屋的维修费用应该由谁承担

【案例】

2008年12月，马某与曾某签订了一份租期为2年的房屋租赁合同。合同约定：曾某将自己的两间平房出租给马某一家居住，马某按年支付租金。合同签订以后，马某先支付曾某1年的租金。2009年7月，由于当地雨水频繁，马某租住的两间房中的一间漏雨。马某要求曾某修理但是遭到拒绝，马某只好自己请人维修，并为此支付修理费800元。那么，马某修理房屋支付的800元应该由谁来承担呢？

【法律解析】

本案中马某与曾某签订了合法的租赁合同，双方都应依法履行自己的义务，对于房屋漏雨，曾某作为出租人应当履行租赁物的维修义务，但马某在要求曾某对房屋进行维修时遭拒，于是自行请人修理。根据《合同法》第二百二十一条的规定，马某为维修房屋支付的费用应当由曾某负担。

★维修过房屋的承租人，租金应视情况而定

【案例】

刘某于2008年5月承租了宋某的一间店房，用于经营百货商店。适逢雨季，房屋出现漏雨，刘某要求宋某修理，但是宋某说房屋出租以后修缮义务应由租客自行承担。由于担心货物受损，刘某只好自己掏腰包修理。现在，刘某又找了一个店面，打算搬走，但是还有两个月的租金未付，也不打算再付。那么，刘某的做法合法吗？

【法律解析】

案例中，刘某自行修理好了承租的房屋，根据《合同法》第二百二十一条的规定，刘某可以主张宋某支付自己的房屋维修费后，再向宋某支付租金，或者从剩余两月租金中扣除房屋维修费，剩余的租金应照付。

★可以签订租期为40年的租房合同吗

【案例】

小冯长期在市里做生意，想要长期租套房子居住，后来经人联系与周某达成了租房协议。周某将自己的一套住房租给小冯，小冯为避免日后麻烦，与周某签订了为期40年的租赁合同。小冯与周某签订租期为40年的租房合同有效吗？

【法律解析】

根据《合同法》第二百一十四条的规定，小冯最多只能与周某签订期限20年的租赁合同，超过20年的部分不受法律保护。如果小冯想要长期租赁，也只能在20年的租赁期届满之时再与周某续订租赁合同，但是续订租赁合同同样不得超过20年。

★未签订租赁合同是否为不定期租赁

【案例】

李某多年前跟某单位签订了为期10年的土地使用权租赁合同，用来建厂办企业。租赁合同到期以后，双方口头约定按照原先的租赁合同再续租10年，但是没有再签订租赁合同。现在出租方要把该土地的使用权转让给别人，要跟李某解除租赁合同，认为没有签订租赁合同就是不定期租赁，可以随时解除。那么，出租方的说

法和做法是否合理？

【法律解析】

根据《合同法》第二百一十五条的规定，租赁期限六个月以上的，应当采用书面形式。当事人未采用书面形式的，视为不定期租赁。由于李某没有跟出租方签订租赁合同，所以该租赁视为不定期租赁。对于不定期租赁，当事人可以随时解除合同，但是根据《合同法》第二百三十二条的规定，出租人解除合同应当在合理期限之前通知承租人。

【法条链接】

《合同法》第二百一十五条 租赁期限六个月以上的，应当采用书面形式。当事人未采用书面形式的，视为不定期租赁。

第二百三十二条 当事人对租赁期限没有约定或者约定不明确，依照本法第六十一条的规定仍不能确定的，视为不定期租赁。当事人可以随时解除合同，但出租人解除合同应当在合理期限之前通知承租人。

★租期到时未签订新合同而继续居住，原租赁合同还有效吗

【案例】

池某于2008年2月租住廖某的住房一套，双方约定租期为一年。三个月后，廖某由于工作原因出国。2009年2月底，双方的租赁合同到期，但是廖某并没有对此作任何表示。廖某于2009年5月底回国，以双方的租赁合同到期为由要求池某立即搬出。但是池某认为双方的租赁合同应继续有效，自己仍然可以继续使用该房屋。那么，双方原来签订的租赁合同还有效吗？

【法律解析】

根据《合同法》第二百三十二条和第二百三十六条的规定，租赁期间届满，承租人继续使用租赁物，出租人没有提出异议的，原租赁合同继续有效，但租赁期限为不定期。不定期租赁的当事人可以随时解除合同，但出租人解除合同应当在合理期限之前通知承租人。本案中，廖某与池某的租赁期限虽然在其回国时已经届满，但是廖某在双方约定的租赁期间届满时没有对是否继续出租房屋作出任何表示，对池某后来继续租住也没有提出异议，所以应依法认定为原租赁合同继续有效，只不过双方的租赁期限为不定期。如果廖某要解除合同，应在合理期限之前通知池某，不能要求立即搬出。

★租赁期满，租约不能"自动续约"

【案例】

柯某在某路段租了一个商铺，当时与出租方约定租赁期为2008年5月至2009年5月。合同期满以后，柯某未与出租方重新签订租赁合同，又继续使用该商铺近四个月，并且交了租金。现在柯某决定不再租这个铺了，出租方认为按照当初约定，柯某必须找到人转租，否则不退回1万元的押金。但是柯某认为与出租方之前签订的合同已期满，自己没有必要再履行合同。那么，出租方和柯某究竟谁的说法是合法的呢？

【法律解析】

按照《合同法》第二百三十二条的规定，当事人对租赁期限没有约定或者约定不明确，依照本法第六十一条的规定仍不能确定的，视为不定期租赁。当事人可以随时解除合同，但出租人解除合同应当在

合理期限之前通知承租人。本案中，柯某与出租方的租赁合同期满之后，又继续交租并使用该商铺，该租赁合同已经自动转为不定期租赁，依法律规定，出租方有权随时终止租赁合同，要求柯某搬出该铺，但是要给柯某必要的准备时间；柯某也有权随时终止租赁合同，但是要及时通知出租方。终止租赁合同以后，柯某没有义务为出租方再找新的承租人。至于出租方扣压柯某押金，既没有合同依据，也没有法律支持，出租方应该全额退还押金给柯某，否则柯某可以向法院起诉要求取回押金。

【法条链接】

《合同法》第二百三十二条　当事人对租赁期限没有约定或者约定不明确，依照本法第六十一条的规定仍不能确定的，视为不定期租赁。当事人可以随时解除合同，但出租人解除合同应当在合理期限之前通知承租人。

★出租人未按约定交付租赁物，造成损失谁来承担

【案例】

老王欲将一批服装运送到某服装厂，于是找到老周，想要租用老周的货车，经协商签订了租赁合同。双方约定了租用期和租金，还约定了违约责任：如果一方违约，应向对方支付2000元的违约金。租期到了，老周却突然告知老王货车被别人租去了。老王无奈只好临时联系其他货车主，最终将服装运到服装厂，但为此多支付了各种费用1500元。事后，老王拿着双方签订的合约要求老周赔偿违约金及其损失，老周不同意。那么，老周应当承担老王的损失吗？

【法律解析】

根据《合同法》的相关规定，出租人应当按照约定将租赁物交付承租人，如果当事人一方明确表示或者以自己的行为表明不履行合同义务的，对方可以在履行期限届满之前要求其承担违约责任。本案中，老王老周双方签订的租赁合同合法、有效，双方应该按合同约定履行自己的义务，而老周却在签订租赁合同以后，单方面反悔，其行为已经构成违约。老周告知老王货车租给别人了，说明其明确表示不履行合同义务，因此，老王可要求老周支付违约金。由于老周未能履行自己的义务，老王不得不雇用别的货车，因此支付了不必要的多余费用，所以，老周应当为因自己的违约给老王造成的损失承担赔偿责任。

【法条链接】

《合同法》第一百零八条　当事人一方明确表示或者以自己的行为表明不履行合同义务的，对方可以在履行期限届满之前要求其承担违约责任。

第二百一十六条　出租人应当按照约定将租赁物交付承租人，并在租赁期间保持租赁物符合约定的用途。

★承租人无权改变承租房屋的用途

【案例】

杨某与冯某签订了两年的租房合同。合同中约定杨某将此房用作小卖部。但是一年以后，杨某因小卖部经营不善，打算开饭店。于是，他在没有与冯某商议的情况下，叫来装修工人对房屋进行改装。冯某发现以后，要求与杨某终止租赁合同，并要求杨某把房屋恢复原样。但是，杨某

认为冯某已经把房屋租给自己,就不应该干涉自己用来做什么,况且自己是找人装修,而不是破坏房屋,因此,不同意解除合同。

【法律解析】

根据《合同法》第二百一十七条的规定,承租人应当按照约定的方法使用租赁物。《合同法》第二百一十九条规定,承租人未按照约定的方法或租赁物的性质使用租赁物,致使租赁物受到损失的,出租人可以解除合同并要求赔偿损失。《城市房屋租赁管理办法》也规定,承租人将承租的房屋擅自拆改结构或改变用途的,出租人有权终止合同,收回房屋,因此而造成损失的,由承租人赔偿。因此,出租人冯某有权解除租赁合同,收回房屋,并要求杨某赔偿相应的损失。

【法条链接】

《合同法》第二百一十七条 承租人应当按照约定的方法使用租赁物。对租赁物的使用方法没有约定或者约定不明确,依照本法第六十一条的规定仍不能确定的,应当按照租赁物的性质使用。

第二百一十九条 承租人未按照约定的方法或租赁物的性质使用租赁物,致使租赁物受到损失的,出租人可以解除合同并要求赔偿损失。

《城市房屋租赁管理办法》第二十四条 承租人有下列行为之一的,出租人有权终止合同,收回房屋,因此而造成损失的,由承租人赔偿:

……

(三)将承租的房屋擅自拆改结构或改变用途的;

……

★在出租房内从事非法活动,出租人可随时解除合同

【案例】

2008年9月,曾某、高某通过中介,以每年8000元的价格承租了秦大爷一套房屋,当时说是自己居住,签订了两年的合同。曾某、高某入住出租房屋后,多次聚众在出租房内赌博,后因群众告发,引起公安机关的注意。2009年4月,曾某、高某等共计10多人在出租房赌博时,被有备而来的公安人员抓获。秦大爷知道曾某、高某租房屋系用于赌博以后,很是气愤,便在他们治安拘留释放以后,提出解除房屋租赁合同。曾某、高某以租赁期未满为由,拒绝解除租赁关系。秦大爷便向法院起诉。

【法律解析】

《城市房屋租赁管理办法》第二十四条规定,承租人利用承租房屋进行违法活动的,出租人有权终止合同,收回房屋,因此而造成损失的,由承租人赔偿。本案中,承租人曾某、高某利用承租的房屋进行赌博非法活动,因此,即使租赁期未满,出租人秦大爷也有权解除合同。

【法条链接】

《城市房屋租赁管理办法》第二十四条 承租人有下列行为之一的,出租人有权终止合同,收回房屋,因此而造成损失的,由承租人赔偿:

……

(六)利用承租房屋进行违法活动的;

……

★不按约定使用租赁物，发生事故谁来承担责任

【案例】

谈某租用老郭的面包车一辆，租赁合同中约定了租金以及租用时间，同时注明：此车用于拉货，上路后时速不得超过90公里，否则易发交通事故。但是双方未就违约事项做约定。合同签订以后，在一次运输过程中，由于超速而发生交通事故，面包车严重损毁，同时车上部分货物损坏。双方对于因此造成的损失发生纠纷。那么，应该由谁来承担责任呢？

【法律解析】

根据《合同法》第二百一十七条和第二百一十九条的规定，承租人应当按照约定的方法使用租赁物。承租人未按照约定的方法或者租赁物的性质使用租赁物，致使租赁物受到损失的，出租人可以解除合同并要求赔偿损失。本案中，谈某和老郭就车辆的使用方法做了约定，就应当按约定履行自己的义务。但谈某在实际对车的使用过程中，违反合同约定，超速行驶，导致损害发生。因此，谈某的货物损失应自负，而且还应当赔偿因车辆损毁给老郭造成的损失。

【法条链接】

《合同法》第二百一十七条 承租人应当按照约定的方法使用租赁物。对租赁物的使用方法没有约定或者约定不明确，依照本法第六十一条的规定仍不能确定的，应当按照租赁物的性质使用。

第二百一十九条 承租人未按照约定的方法或者租赁物的性质使用租赁物，致使租赁物受到损失的，出租人可以解除合同并要求赔偿损失。

★使用租赁物过程中致人损害，谁来承担责任

【案例】

老张从某出租车公司租了一辆车，从事个体出租业务。龙某在乘坐该车时，发生交通事故导致死亡，经查，司机老张负全责。龙某的家人要求老张赔偿，但是老张经济困难，没有实际赔偿能力。龙某的家人得知该车是某汽车出租公司之后，将出租公司告上法庭，要求出租公司承担赔偿责任。本案中出租公司应当承担赔偿责任吗？

【法律解析】

老张与出租车公司之前的关系是融资租赁关系。融资租赁，是指租赁物由出租人出资购买，并将其租给承租人使用，同时承租人向出租人支付租金。根据《合同法》规定，融资租赁中，承租人占有租赁物期间，租赁物造成第三人的人身伤害或者财产损害的，出租人不承担责任。本案中，老张作为融资租赁的承租人，在其使用汽车期间由于重大过失发生交通事故致人死亡，其责任应当自负，出租公司不对汽车造成第三人龙某的死亡后果承担赔偿责任。

★房东可以随时解除租赁合同吗

【案例】

小陈租赁一个门面房做生意，跟房东签订的租赁合同中约定，租赁期限为3年，合同至2009年10月期满。2008年年底，小陈回了趟家，回来以后房东突然要求小陈在一个星期内搬离租赁房屋。合同本是签到2009年10月初，所以小陈没有想过这么快找房子，一个星期内小陈也根本不可能搬出去。那么，房东可以随时解除租赁合同吗？

【法律解析】

根据《合同法》第一百零七条的规定，当事人一方不履行合同义务或者履行合同义务不符合约定的，应当承担继续履行、采取补救措施或者赔偿损失等违约责任。如果房东在合同尚未到期时，没有解除租赁合同的理由而强制小陈搬出，小陈可以要求房东承担违约责任。如果合同约定违约金，房东须按照合同约定赔偿小陈违约金；如果没有约定违约金，房东须赔偿因其违约给小陈造成的损失。

★承租人享有优先购买权，也享有优先承租权吗

【案例】

刘某和某商场签订了一份租赁合同，合同2009年8月到期。2009年7月的时候，商场开始和其他租户洽谈租赁事项了，并通知刘某，到8月租赁期满后便让刘某撤场。而刘某和客户还有一份销售合同没有完成，于是刘某提出销售合同结束再撤场。那么，刘某的做法合理吗？如果商场要转租，刘某是否有优先承租权？

【法律解析】

刘某提出销售合同结束后再撤场，如果销售合同结束的日期已经超过了租赁合同的期限，则需要征得商场的同意。因为租赁期届满，承租人应当返还租赁物。合同当事人应该按照合同约定履行合同，所以刘某的要求没有法律依据。除非得到商场的同意，才可以延长租赁期间。另外，《合同法》只是规定了承租人享有优先购买权。所以，除非刘某与商场的租赁合同里约定了租赁合同到期后，承租人享有优先承租权，否则刘某不享有优先承租权。

★承租人是否应承担报亭的折旧费

【案例】

老季是一名邮政报亭承租人，与本地邮政报刊零售中心签订了承租合同，每年支付几千元的报亭承租金，每月支付投递费。2009年邮政报刊零售中心突然多出了一个收费项目，要求老季等报亭承租人在每年的承租金上再多缴纳5%作为报亭的折旧费。那么，这笔所谓的报亭折旧费是否该由老季这些承租人承担呢？

【法律解析】

老季等与本地邮政报刊零售中心签订的是承租合同，根据《合同法》第二百一十八条的规定，承租人按照约定的方法或者租赁物的性质使用租赁物，致使租赁物受到损耗的，不承担损害赔偿责任。但是，报亭又不同于其他一般的租赁物，邮政报刊零售中心让承租人在自己每年的承租金上多缴纳5%作为报亭的折旧费，可以视作对合同条款的变更。根据《合同法》第七十七条第一款的规定，当事人协商一致，可以变更合同。因此，如果老季等人不同意变更，可以拒绝承担报亭折旧费。

★门窗老化导致损坏，承租人应否承担赔偿责任

【案例】

2008年3月，安某跟张某签订了一份房屋租赁合同，租赁期限为1年，押金1000元，约定到期后退还押金。2009年3月，租赁合同到期了，张某来收房。在查看房屋时，张某发现室内有一个门以及两个窗户坏了，便要扣掉安某的押金。可是安某称，这门和窗户并不是在正常使用时坏的，是因为使用时间长了老化所致，当时门、窗不能使用时，自己还曾经要求张

某过来修理,可是张某一直没有修理,租赁合同对屋内设施修理、损害赔偿等问题也没有明确的约定。那么,安某到底应不应该承担赔偿责任呢?

【法律解析】

根据《合同法》的规定,承租人按照约定的方法或者租赁物的性质使用租赁物,致使租赁物受到损耗的,不承担损害赔偿责任。承租人未按照约定的方法或者租赁物的性质使用租赁物,致使租赁物受到损失的,出租人可以解除合同并要求赔偿损失。出租人应当履行租赁物的维修义务,但是当事人另有约定的除外。由于安某和张某在租赁合同中对屋内设施修理、损害赔偿等问题没有明确的约定,因此如果安某能证明该门窗的损害是其老化所致,则不用承担赔偿责任;如果该门窗是由于安某使用不当导致其损害,则要承担赔偿责任。

★转租他人违法经营,谁来赔偿出租人的损失

【案例】

2008年,杨某用租赁的房屋经营大众洗浴,后来由于生意不好,按照合同约定转租给林某。林某在经营期间,利用色情敲诈消费者而被公安机关处罚。现在房主要提前终止合同,要求杨某赔偿损失,理由是杨某利用营业场所违法经营。那么,转租给他人违法经营,是杨某还是林某来赔偿出租人的损失呢?

【法律解析】

根据《合同法》第二百二十四条的规定,承租人经出租人同意,可以将租赁物转租给第三人。承租人转租的,承租人与出租人之间的租赁合同继续有效,第三人对租赁物造成损失的,承租人应当赔偿损失。根据《城市房屋租赁管理办法》第二十四条的规定,承租人利用承租房屋进行违法活动的,出租人有权终止合同,收回房屋,因此而造成损失的,由承租人赔偿。因此,出租人可以终止与杨某的合同,要求杨某承担赔偿责任。杨某在承担了赔偿责任之后,可以根据和林某之间的租赁合同要求林某赔偿自己的损失。

★承租人不交付房租怎么办

【案例】

乔某于2008年9月把自己的一套房租借给纪某,约定租期为3年。在合同签订以后,纪某支付了第一年的租金。2009年,到该收第二年的房租时,乔某找不到纪某本人,纪某的妻子则以各种借口拒不支付租金,也不愿意搬出房屋。周围邻居说纪某与妻子已经离婚,那么乔某该怎么办?

【法律解析】

根据《合同法》第二百二十七条的规定,承租人无正当理由未支付或者迟延支付租金的,出租人可以要求承租人在合理期限内支付。承租人逾期不支付的,出租人可以解除合同。因此,纪某及其妻子不支付租金超过乔某要求的合理期限后,乔某可以解除该租房合同。如乔某主张解除合同,应当通知对方,合同自通知到对方时解除。合同解除以后,乔某有权要求赔偿损失。不管纪某夫妇是否离婚,纪某的妻子作为实际承租人之一,应该承担支付租金的义务。

★租来的房屋不安全可以要求退房吗

【案例】

2009年4月,李某与房东关某签订了一份房屋租赁协议,租赁期为1年。10月,由于关某在外面得罪了人,那人经常半夜跑

来砸李某租住的房屋,有一次还把窗户的玻璃给砸碎了。李某觉得现在租住的房屋非常不安全,于是找到关某要求退房、退还租房押金。可是关某不同意,说还没有到期。那么,李某可以要求退房吗?

【法律解析】

根据《合同法》第二百一十六条的规定,出租人应当按照约定将租赁物交付承租人,并在租赁期间保持租赁物符合约定的用途。在其租赁期间,出租人有保持租赁物的法定或者约定品质的义务,出租人应当保障出租房屋居住的安全性,如果李某的人身及财产安全得不到有效保障,李某可以要求提前解除租赁合同,关某应把押金退还给李某。

交通运输

★擅自变更运输工具,乘客是否可以要求承运人赔偿损失

【案例】

2009年6月10日,蒋某从某市坐长途汽车到北京,当时蒋某买的是全程高速的空调车票,但是上车以后人很多也没有座位,蒋某只好站着。可是快到收费站时,司机突然停车,让包括蒋某在内的几个站着的下车坐另一辆车,说这辆车已经超员。就这样蒋某就又坐上了一辆面包车,既没有空调走得又慢,到站时间晚了1个多小时。蒋某于是要求客运公司赔偿自己的损失。那么,擅自变更运输工具、降低服务质量,乘客是否可以要求承运人赔偿损失?

【法律解析】

根据《合同法》第三百条的规定,承运人擅自变更运输工具而降低服务标准的,应当根据旅客的要求退票或者减收票款;提高服务标准的,不应当加收票款。本案中,自蒋某购票时起,与承运人之间的运输合同便已成立了。承运人为了避免因超员被罚款,擅自变更运输工具降低服务质量,违反了《合同法》的规定,应当承担违约责任,并根据旅客的要求减收票款。

★货运公司擅自改变路线,是否有权索赔

【案例】

2009年中秋节,赵某为公司职工向某农户购买了100箱苹果、100箱梨。后赵某与某运输公司签订了货运合同,合同约定运输公司应当在2日内按照通常路线,将水果运到自己公司,运费为600元。合同签订以后,运输公司顺利将水果装车拉走。但是,运输公司为了节省高速费而改走乡间小道,不仅走了不少冤枉路,还由于路上坑洼不平,多箱水果跌落损坏。当运输公司将水果送到赵某公司时,比双方约定的时间晚了一天半,有20多箱水果被损坏,赵某要求运输公司赔偿损失,但运输公司以双方没有约定具体路线为由拒绝。那么,赵某能否要求运输公司赔偿呢?

【法律解析】

根据《合同法》的规定,承运人应当按照约定的或者通常的运输路线将旅客、货物运输到约定地点。本案中,赵某与运输公司在合同中约定按照通常路线运输,运输公司就应当遵守约定,将水果按通常路线运输到目的地。但是运输公司为了节省高速费而擅自改走乡间小道,其行为违反了合同约定,构成了违约。因此,赵某可以要求运输公司承担赔偿责任。

【法条链接】

《合同法》第一百零七条 当事人一方不履行合同义务或者履行合同义务不符合约定的,应当承担继续履行、采取补救措施或者赔偿损失等违约责任。

第二百九十一条 承运人应当按照约定的或者通常的运输路线将旅客、货物运输到约定地点。

第三百一十一条 承运人对运输过程中货物的毁损、灭失承担损害赔偿责任,但承运人证明货物的毁损、灭失是因不可抗力、货物本身的自然性质或者合理损耗以及托运人、收货人的过错造成的,不承担损害赔偿责任。

★延迟运送货物,造成损失谁来担责

【案例】

严某回海边老家度假,打算带一些海鲜回来分给同事,便花1000元买了5箱螃蟹,并与运输公司办理了托运手续,严某随后将货物交给该公司。双方约定当天下午发货。到了中午,运输公司致电严某:公司车辆发生交通事故,可能要延迟送达海鲜的时间。严某要求解除合同,对方不同意,并一再声称会妥善保管该货物。该车到达后,严某拿着托运单去领取,却发现螃蟹已经变质发臭,根本无法食用。严某要求运输公司赔偿损失,运输公司以交通事故属于意外事件为由拒绝。严某的损失应由谁承担呢?

【法律解析】

根据我国《合同法》的规定,承运人延迟运输时应及时通知托运人,并根据当事人要求为其安排其他运输工具或者解除合同。本案中,当运输公司因车辆发生交通事故后,首先应为严某的货物安排其他车辆,或者在严某要求解除合同时同意其要求。显然运输公司并没有采取如上措施,而是擅自推迟了运送时间,其行为属于擅自变更合同内容,已经构成违约,应当承担赔偿责任。

★无正当理由,出租车司机可以拒载乘客吗

【案例】

刘大爷由于交通事故失去双腿,行动很不方便。9月的一天,刘大爷需去医院检查,可是当其坐在轮椅上等在路边打车时,许多司机根本就不停车。无奈之下,刘大爷只好给女儿打电话,让女儿亲自拦了一辆出租车,然后将其带到刘大爷的身边,可是司机一看到坐在轮椅上的刘大爷,便迅速开车走了。那么,出租车司机能否因为刘大爷行动不便而拒载?

【法律解析】

根据《合同法》第二百八十九条的规定,从事公共运输的承运人不得拒绝旅客、托运人通常、合理的运输要求。《城市出租汽车管理办法》第二十四条规定了乘客不得拦车的几种情形。本案中,当刘大爷的女儿将出租车带到刘大爷身边时,双方就建立了运输合同,形成了运输合同关系,而且本案中也不存在法律规定的乘客不得拦车的几种情形。但是出租车司机看到轮椅上的刘大爷却迅速将车开走,其行为已经构成违约,刘大爷可以要求其承担违约责任。

★托运食物变质,铁路部门应该赔偿吗

【案例】

孙某在外省工作,春节期间由于工作

原因不能回老家过年，于是到火车站托运了一箱食品给父母作为年货。托运单上写着5日之内就能运到，但是8天以后父母说还没有收到。孙某到铁路部门一查，才知道运错地方了。几经周折之后，等父母收到时已经是第15天了，食品全都变质了。孙某要求铁路部门赔偿，但是铁路部门说这是货物本身的原因造成的。那么，铁路部门是否应该承担赔偿责任？

【法律解析】

根据《中华人民共和国铁路法》（以下简称《铁路法》）第十七条的规定，铁路运输企业应当对承运的货物、包裹、行李自接受承运时起到交付时止发生的灭失、短少、变质、污染或者损坏，承担赔偿责任：（一）托运人或者旅客根据自愿申请办理保价运输的，按照实际损失赔偿，但最高不超过保价额；（二）未按保价运输承运的，按照实际损失赔偿，但最高不超过国务院铁路主管部门规定的赔偿限额；如果损失是由于铁路运输企业的故意或者重大过失造成的，不适用赔偿限额的规定，按照实际损失赔偿。本案中，食品的变质是由于托运延误造成的，铁路部门应该承担赔偿责任。

★运输途中行李丢失，承运方担责还是自负责任

【案例】

小文于2007年春节期间坐长途汽车回家看望父母。上车时，小文本想随身携带自己的行李箱，司机却要求小文将行李箱放在客车的后备箱内，说这是规定。由于行李内有小文为家人购买的一些年货和礼物，因此，小文特别告知司机要妥善保管，司机表示没问题。后来，当小文下车准备取行李箱时却发现行李箱不见了，于是找到司机要求其承担赔偿责任，遭到司机拒绝。那么，小文的损失应该由谁来赔偿呢？

【法律解析】

根据《合同法》第二百九十三条的规定，客运合同自承运人向旅客交付客票时成立，因此，小文购买车票乘车时，与运输公司之间已形成客运合同关系，运输公司应当根据合同内容履行义务。当小文将行李箱交给司机并提醒其妥善保管时，司机及其他工作人员应当对其行李进行妥善保管，但是工作人员却将该行李箱丢失，并且无法提出有力证据证明自己履行了妥善保管的义务，因此运输公司应当承担责任。

★托运货物受损应按什么标准进行赔偿

【案例】

2009年5月，潘某委托某运输公司托运二十部笔记本计算机至江苏某公司。托运时经运输公司查验并按照其要求的包装方式对计算机进行包装。托运货物到达江苏以后，收货人验收时发现一台笔记本计算机损坏。潘某找到运输公司索赔，运输公司负责人说按照行规最高赔偿标准是运费的十倍。那么，托运货物受损应该如何赔偿？

【法律解析】

根据《合同法》第三百一十一条的规定，承运人对运输过程中货物的毁损、灭失承担损害赔偿责任，但承运人证明货物的毁损、灭失是因不可抗力、货物本身的自然性质或者合理损耗以及托运人、收货人的过错造成的，不承担损害赔偿责任。本案中，如果承运人即某运输公司不能证明计算机的损坏是由潘某或者收货人造成的，则根据《铁路法》第十七条的规定，承担全部的赔偿责任，而不是按照十倍于运费的标准。

【法条链接】

《合同法》第三百一十一条 承运人对运输过程中货物的毁损、灭失承担损害赔偿责任,但承运人证明货物的毁损、灭失是因不可抗力、货物本身的自然性质或者合理损耗以及托运人、收货人的过错造成的,不承担损害赔偿责任。

《铁路法》第十七条 铁路运输企业应当对承运的货物、包裹、行李自接受承运时起到交付时止发生的灭失、短少、变质、污染或者损坏,承担赔偿责任:

(一)托运人或者旅客根据自愿申请办理保价运输的,按照实际损失赔偿,但最高不超过保价额。

(二)未按保价运输承运的,按照实际损失赔偿,但最高不超过国务院铁路主管部门规定的赔偿限额;如果损失是由于铁路运输企业的故意或者重大过失造成的,不适用赔偿限额的规定,按照实际损失赔偿。

★飞机晚点,乘客可以改乘或者退票吗

【案例】

白某购买了某航班的机票欲前往海南。当白某按机票上载明的时间提前赶到机场办理登机手续时,机场方面通知该航班将比预定的时间晚3个小时起飞。此时,白某能否要求航空公司为其办理航班更换手续或退票呢?

【法律解析】

白某可以根据自己的需要要求航空公司为自己办理改乘或者要求其退票。我国《合同法》规定,承运人应当按照客票载明的时间和班次运输旅客。承运人迟延运输的,应当根据旅客的要求安排改乘其他班次或者退票。本案中,当白某购买了机票,与航空公司的运输合同即生效,航空公司因单方面原因导致飞机晚点起飞,在此情况下,白某可以要求航空公司为自己办理改乘或者退票。

【法条链接】

《合同法》第二百九十九条 承运人应当按照客票载明的时间和班次运输旅客。承运人迟延运输的,应当根据旅客的要求安排改乘其他班次或者退票。

★降低服务标准,乘客可以要求退票吗

【案例】

2009年7月,尹大姐欲从市里去郊区一位亲戚家,由于天气太热,尹大姐花5元钱购买了1张空调车票。检票上车以后,尹大姐发现车内根本没开空调,于是要求售票员开空调,车上其他乘客也要求售票员打开空调,可售票员说这辆车没有空调。当大家提出自己购买的车票是空调车票价时,售票员说是因为运输车辆不够,这辆车只是暂时为缓解一下交通压力而临时增设的。尹大姐决定退票改乘其他车辆,但是售票员以票已检不能退为由拒绝。那么,尹大姐有权要求退票吗?

【法律解析】

根据《合同法》第二百九十三条的规定,客运合同自承运人向旅客交付客票时成立,当尹大姐按空调车票价购买车票时,与承运公司即建立了客运合同关系。客运公司应该严格按照合同的约定为其提供服务。但是,客运公司擅自变更合同约

定的内容,将空调车改为普通车,降低了服务标准,已经构成违约。根据《合同法》第三百条的规定,承运人擅自变更运输工具而降低服务标准的,应当根据旅客的要求退票或者减收票款;提高服务标准的,不应当加收票款。因此,该承运公司应当根据尹大姐的要求为其办理退票。

★坐公共汽车发生交通事故,责任在第三人,应向谁索赔

【案例】

2009年9月,小潘乘坐某客运公司的公共汽车去看望一位朋友。途中,一辆逆行货车与该公共汽车相撞,致使多名乘客受伤,小潘右臂受伤。交警认定货车司机负全责,但是货车司机家境贫困无力赔偿,小潘于是要求客运公司赔偿自己的医疗费,遭到拒绝。客运公司认为自己对乘客尽到了注意义务,而且对事故的发生没有过错,责任在于货车司机,自己不应赔偿。那么,小潘该找谁赔偿呢?

【法律解析】

根据《合同法》第三百零二条第一款的规定,承运人应当对运输过程中旅客的伤亡承担损害赔偿责任,但伤亡是旅客自身健康原因造成的或者承运人证明伤亡是旅客故意、重大过失造成的除外。本案中,小潘在乘车中因车祸导致受伤,虽然直接原因是第三人货车司机的过错,但是客运公司未将乘客安全送到目的地,已经构成违约,因此,应该向乘客承担违约责任。所以,小潘可以要求客运公司承担赔偿责任。

★免费搭车受伤,可否要求赔偿

【案例】

倪大叔去县城走亲戚,结果半路上转车的时候钱包被偷。后来,倪大叔拦下了一辆开往自己乡镇的客车,跟司乘人员说明了自己的情况,希望能够免费搭乘一段,该车司乘人员同意了倪大叔的请求。车行至半路发生了交通事故,倪大叔腿部受伤。倪大叔伤好出院以后要求客运公司赔偿自己的损失,该客运公司以未收倪大叔的车票,不需要承担责任而拒绝。那么,倪大叔可否要求赔偿呢?

【法律解析】

根据《合同法》第三百零二条的规定,承运人应当对运输过程中旅客的伤亡承担损害赔偿责任,但伤亡是旅客自身健康原因造成的或者承运人证明伤亡是旅客故意、重大过失造成的除外。前款规定适用于按照规定免票、持优待票或者经承运人许可搭乘的无票旅客。

本案中,倪大叔经客车司乘人员同意搭乘该车,无论倪大叔有没有票,客运公司都应当为其提供安全合理的服务,对在运输过程中给倪大叔造成的损失也应承担责任。

★运输过程中未对患病乘客及时救治,客运公司承担责任吗

【案例】

石某乘坐某客运公司客车回家探亲。途中,石某突发疾病,该客运公司乘务人员未对其采取任何措施而继续前行,最终,石某因失去最佳治疗时机而死亡。石某家属要求客运公司承担责任,客运公司以石某是突发疾病而亡,属于乘客自身健康状况而导致的死亡,与己无关。那么,客运公司真的无须承担任何责任吗?

【法律解析】

客运公司应当为石某的死承担责任。我国《合同法》规定了承运人在运输过程中对患病、分娩、遇险的旅客的救助义务。本案中,当石某突发疾病,作为承运

人，客车的乘务人员应当尽力救助，或将其紧急送往医院，或对其采取相应的救助措施，但乘务人员却未采取任何有效措施，继续前行，延误了治疗时机，并最终导致石某的死亡，因此，客运公司应当承担责任。

其他合同

★网上购物协议的法律效力，与现实中的合同相当

【案例】

小吴通过某网站订购了一套窗帘，网站承诺10日之内送货，但是一个月过去了，小吴并没有收到货物。那么，小吴与这家网上商店达成的网上购物协议是否具有法律效力？

【法律解析】

小吴与网上商店达成的协议是有法律效力的。商务网站在网上发布的交易规则，即为要约。该要约在得到网民以网上方式所表示的承诺之后，网上购物合同即依法成立。根据《合同法》第八条的规定，依法成立的合同，对当事人具有法律约束力。当事人应当依照约定履行自己的义务，不得擅自变更或者解除合同。依法成立的合同，受法律保护。对不遵守合同规则的行为，根据《合同法》第一百零七条的规定，当事人一方不履行合同义务或者履行合同义务不符合约定的，应当承担继续履行、采取补救措施或者赔偿损失等违约责任。本案中，网站违反约定，10日之内未将货送到，小吴可以要求网站继续履行合同并赔偿因此造成的损失。

★事先未通知就突然断电，电力公司是否承担赔偿责任

【案例】

老马在社区里面经营一个小型超市，平时除了经营日杂用品外，还经营冷饮、肉制品等。他买了两个冰柜，一个用来装各种冷饮、雪糕、冰激凌等，另一个用来装肉制品。2009年7月20日中午，由于线路检修，社区突然停电，直到7月21日晚才恢复供电。但是因电力公司工作人员的疏忽，没有将停电的情况事先告知社区居民。由于天气炎热，老马超市里的雪糕、冰激凌等全部融化，肉制品也因变质而无法销售，造成经济损失900元。那么，电力公司突然断电造成的损失由谁来承担呢？

【法律解析】

根据《合同法》第一百八十条的规定，供电人因供电设施计划检修、临时检修、依法限电或者用电人违法用电等原因，需要中断供电时，应当按照国家有关规定事先通知用电人。未事先通知用电人中断供电，造成用电人损失的，应当承担损害赔偿责任。本案中，由于电力公司工作人员的疏忽，在停电之前没有通知社区居民，导致老马超市的食品变质无法出售，给老马造成了一定的经济损失，电力公司应当承担赔偿责任。

★车辆被扣，停运费谁来承担

【案例】

2007年8月，张某的一辆运硫酸的罐车，由于货罐质量缺陷造成泄露污染损害事故，被当地法院实行诉讼财产保全，至今已经2年。污染损害赔偿的审理已经结束，张某现在要向制罐厂家提起追偿和索赔请求。那么，保全期间的停运损失该由谁来

承担？张某是否可以要求制罐厂家赔偿？

【法律解析】

根据《合同法》第一百一十三条的规定，当事人一方不履行合同义务或者履行合同义务不符合约定，给对方造成损失的，损失赔偿额应相当于因违约所造成的损失，包括合同履行后可以获得的利益，但不得超过违反合同一方订立合同时预见到或者应当预见到的因违反合同可能造成的损失。本案中，由于制罐厂卖给张某的货罐质量存在缺陷造成泄漏污染事故，致使张某的车被保全，使张某不能进行正常的经营活动，造成了可得利益的减少和丧失。因此，张某可以要求制罐厂赔偿车辆被保全期间的停运损失。

★非电热公司原因导致暖气不够热，谁来担责

【案例】

2008年12月，某电热公司接到许多用户的投诉电话，用户称暖气不热，室内气温达不到国家规定的要求，有的用户家中已有人因供热不足生病，要求供热公司承担经济损失。电热公司对自己的供热设施进行了检测，没有发现异常情况，后来派人入户检查，发现真正原因是由于部分用户大量盗用采暖管道中的循环热水所致。那么，在此情况下，其他用户还能要求供热公司承担损失吗？

【法律解析】

根据《合同法》的规定，供热人应当按照国家规定的供热质量标准向用户供热，造成用热人损失的，应当承担损害赔偿责任。但是在本案中，由于部分用户盗用采暖管道中的循环水，从而导致供热公司没有向用户提供符合国家规定的供热质量标准，因此造成用户的经济损失，供热公司应当承担赔偿责任。之后，供热公司可以依法向盗用采暖管道中循环水的用户进行追偿。

★银行卡信息被盗，银行是否承担责任

【案例】

2009年5月15日晚，于某到一家自助银行取款，在门框上看到一条提示语：进门前请先刷卡并输入密码。于某按此进行操作，但是自助银行门没开，无奈于某只能离去。但是一周后，于某发现卡上的5万多元钱只剩10元了。后来才知道是有人趁银行不备，在自助银行门禁上安装了盗码器，窃得储户借记卡磁条的信息和密码之后，制作假卡，又通过其他ATM机取走存款。于某已经报案，但是盗窃者一直没有被抓获。那么，于某是否可以要求银行承担责任？

【法律解析】

根据《中华人民共和国商业银行法》（以下简称《商业银行法》）第六条的规定，商业银行应当保障存款人的合法权益不受任何单位和个人的侵犯。在保障交易安全的注意义务上，银行应该高于储户。由于该自助银行处没有张贴任何风险提示也没有防范犯罪行为的措施，造成于某银行卡密码和信息失窃，存款丢失。由于银行在履行储蓄合同中，没有尽到相关义务而导致储户损失。因此，银行对此应当承担相应的责任。

物权篇

——私有财产不容侵犯

物权的设立与变更

★一物卖给两人，谁能取得所有权

【案例】

2009年8月12日，熊某将自己的一个艺术花瓶出售给康某，双方约定到8月15日办完展览后再将花瓶交给康某。8月16日，熊某又将花瓶以更高的价格卖给了王某，而王某不知熊某先前已将花瓶卖给了康某。那么，康某与王某谁拥有这个花瓶的所有权？

【法律解析】

王某取得该花瓶的所有权。本案中，熊某将花瓶卖给康某，约定由熊某占有该花瓶至展览结束，属于占有改定。这种情况下，该花瓶的所有权从双方约定生效时起发生改变，此时康某是该花瓶的所有权人，熊某无权再将该花瓶卖给其他人。而受让人王某不知该花瓶已不属于熊某所有，属于《物权法》规定的善意取得。按照有关法律规定，王某最终享有该花瓶的所有权，至于康某的损失，则可以要求熊某赔偿。

★通过判决、拍卖取得的房屋，何时取得所有权

【案例】

债务人甲拖欠债权人乙100万元货款，甲无力偿付欠款，经乙申请，法院强制执行，将甲出资建造的10间房屋，交由拍卖公司公开拍卖，最终房屋被第三人丙以110万元价格购得。请问，丙何时可以取得房屋的所有权？

【法律解析】

通过买卖购得的房屋等不动产，必须要进行登记才能真正取得权利，如果是通过法院判决、强制执行、公用征收、继承，或依法律规定等情形而取得的房屋等不动产，不需要等到登记之后就能取得。本案中，丙在领取执行法院发给的房屋移转证书时，即取得上述10间房屋的所有权。

★抵押的房屋被损坏，所有权人和抵押权人都有权提出赔偿

【案例】

刘某因急需资金，不得已将自己的一套住房抵押给龙某，并依法办理了抵押登记手续。在房屋抵押期间，因史某曾与龙某发生债务纠纷，史某故意损毁刘某抵押给龙某的房屋，给其造成了损失。针对史某的行为，刘某和龙某谁可以提出赔偿？

【法律解析】

刘某与龙某都有权向史某提出赔偿。《物权法》规定，造成不动产毁损，给权利人造成损害的，权利人可以请求损害赔偿。本案中，刘某是该房屋的所有权人，龙某是房屋的抵押权人，二人都属于法律规定的权利人，均有权向史某提出赔偿请求。

【法条链接】

《物权法》第三十七条 侵害物权，造成权利人损害的，权利人可以请求损害赔偿，也可以请求承担其他民事责任。

★车辆买卖未过户发生交通事故，登记车主是否承担赔偿责任

【案例】

大军驾驶轿车造成重大交通事故，经有关部门认定，大军负事故的全部责任。后经查，该车是蔡某购买后转让给大军的，但未办理过户手续。事故受害人要求大军和蔡某赔偿经济损失，蔡某认为自己

不应承担责任,遂拒绝。请问,车辆买卖未过户发生交通事故,登记车主是否承担赔偿责任呢?

【法律解析】

不需要。车辆买卖为动产的买卖,依有关法律的规定,其财产所有权从交付起转移。本案中,蔡某将自己的车转让给大军,该车所有权已发生转移,大军成为实际支配车辆运行和取得运行利益的收益者。发生交通事故,理应由大军承担赔偿责任,而原登记车主蔡某不应承担赔偿责任。

【法条链接】

《物权法》第二十三条 动产物权的设立和转让,自交付时发生效力,但法律另有规定的除外。

★买来车辆未登记,不得对抗善意第三人

【案例】

马某将自己的轿车卖给李某,双方订立买卖合同,但是双方没有办理过户登记手续。李某付款后将轿车开回家。后来,马某又将这辆车卖给了杜某,并办理了过户登记。杜某到李某处取车,李某不给,双方发生了争执。那么,这辆车到底该属于谁呢?

【法律解析】

该车应该属于杜某所有。《物权法》规定,车辆的转让,须经登记才发生所有权转移的效力。也就是说,如果未经过所有权转让登记,即使你交了钱把车开回家,车也未必就是你的,一旦原车主把车再转让给其他人并经过登记,这辆车只能属于经过登记的受让人所有。本案中,虽然李某先把车开回家,但是因为没有登记,所以只能把车让给杜某,但他可以要求马某赔偿他购车款及因买车而进行的合理开支。

【法条链接】

《物权法》第二十四条 船舶、航空器和机动车等物权的设立、变更、转让和消灭,未经登记,不得对抗善意第三人。

★什么是指示交付

【案例】

小李因急需用钱,与朋友小秦商议,把自己的汽车卖给他。小秦同意购买,二人签订了买卖合同,但是该车已经租给了孙某,还有一个月才到期。小李急着用钱,车又不能马上交出,应该怎么办呢?

【法律解析】

在取得小秦同意的情况下,小李可以要求孙某在租期届满时,直接把车交给小秦,以此代替自己的交付。这种情况在物权法上被称为"指示交付",是指一方出卖动产,而该动产不在自己手中而在他人的占有之下,可以直接要求占有动产的人向买方交付,以代替物的实际交付。

【法条链接】

《物权法》第二十六条 动产物权设立和转让前,第三人依法占有该动产的,负有交付义务的人可以通过转让请求第三人返还原物的权利代替交付。

房屋权益

★交付房产证能否作为房屋所有权转移的依据

【案例】

某公司为了解决员工的住宿问题,向某房地产公司订购了一栋房屋。房地产公司仅仅交付了房产证,并未办理过户登记手续。那么,该公司取得了房屋所有权吗?

【法律解析】

本案例涉及房屋等不动产的交易行为,只有在办理了房屋产权过户登记手续后,房屋的所有权才会由卖方转移给买方。本案中,仅有双方交付房产证的行为而并未办理房屋的过户登记手续,按照《物权法》的规定,房屋的所有权仍然没有发生转移,该公司不能取得房屋的所有权。

【法条链接】

《物权法》第十四条 不动产物权的设立、变更、转让和消灭,应当登记的,自记载于不动产登记簿时发生效力。

★未办理产权过户,房款付清能取得房屋所有权吗

【案例】

赵某有一套房产,2007年10月,赵某将该房产以80万元的价格卖给小周,在合同约定的付款日期内小周将房款付清,同日小周入住,但没有办理房屋的产权过户。不久,赵某又将该房屋以100万元的价格卖给老孙,在老孙付清房款的第二天办理了产权过户手续。半月后,老孙准备搬家时发现小周住着该房屋,便以产权人的名义要求小周迁出,小周以房屋为自己所有拒绝迁出,双方为此发生争执。那么,谁应该取得该房产的所有权?

【法律解析】

老孙拥有该房屋的所有权。对房屋等不动产来说,要想对它们的归属进行确认或者对它们的归属进行变动,就必须通过登记的形式,这样才能发生效力。本案中,由于老孙先办理了房屋的过户登记手续,因此取得了房屋的所有权,而小周尽管已经住进去了,但其未办理过户手续,因此不能取得房屋的所有权,应该搬出该房屋,所受到的损失应当由赵某赔偿。

★签订合同却未办理登记,房屋属于买方吗

【案例】

甲乙二人签订房屋买卖合同,甲把房屋钥匙交给乙,乙把全部的购房款给了甲,但双方没有办理登记手续。这种情况下,乙是否已经取得了房屋所有权?

【法律解析】

乙还没有取得房屋所有权。根据我国《物权法》的规定,房屋买卖如果没有进行登记,不影响买卖合同的效力。但不登记,买方就不能取得房屋的所有权。因此,在房屋买卖中,并非买方交了钱、卖方交了房,房屋的所有权就转移给买方。如果没有进行登记,即便双方钱货两清,房屋在法律上还是属于卖方所有。所以,买房者要记住,购买房屋只有依法进行登记,才能取得房屋的所有权。

【法条链接】

《物权法》第九条第一款 不动产物权的设立、变更、转让和消灭,经依法登记,发生效力;未经登记,

> 不发生效力,但法律另有规定的除外。
>
> 第十五条 当事人之间订立有关设立、变更、转让和消灭不动产物权的合同,除法律另有规定或者合同另有约定外,自合同成立时生效;未办理物权登记的,不影响合同效力。

★买房没有办理过户登记怎么办

【案例】

林某1988年在县城从亲戚手中买了一套房子,当时房价是1万元,现在已飙升至30万元。买房时房产证并未改名,现在林某想改成他自己的名字。请问,他该怎么办?

【法律解析】

根据有关法律规定,当事人之间订立有关设立、变更、转让和消灭不动产物权的合同,除法律另有规定或者合同另有约定外,自合同成立时生效;未办理物权登记的,不影响合同效力。因此,林某的房屋买卖合同已经成立并生效,他可以要求对方按合同要求,协助他办理过户登记。

★一房两卖如何确定所有权,按照合同还是房产证

【案例】

胡先生与某房地产开发公司签订了购房合同,合同规定,胡先生首付40%的购房款,余款三个月内付清。合同签订后胡先生及时交纳了首付款。谁知,段先生也看中了这套房子,而他并不知房地产公司与胡先生的购房情况,便以更高的价钱与房地产公司办理了购房合同,并很快办好了房产证。那么,这两份合同中,哪份有效?

【法律解析】

胡先生的房屋买卖合同有效。《物权法》规定:不动产的买卖、变更、转让等合同,自合同成立时生效,未办理物权登记不影响合同的效力。因此,胡先生的购房合同有效。但是《物权法》同时规定,不动产物权的设立、变更、转让和消灭只有经过登记才发生法律效力,未经登记不发生效力。因段先生办理了房产证,已取得了该房屋的所有权,所以,胡先生只能根据商品房买卖合同的相关规定要求房地产公司赔偿自己的损失,而不能根据买卖合同取得房屋的所有权。

★有协议能否不办理房屋过户登记

【案例】

小昭是一名公司职员,他决定购买朋友杜某的一处房产。因办理过户手续要缴纳的税数额过大,为了省掉税款,小昭想和朋友签订一个房屋转让协议,产权证上仍保留朋友的名字,协议签好后房子就由小昭处置,也就说依据这份协议小昭仍是房子的实际产权拥有者。请问,这样做可以吗?

【法律解析】

不可以。我国对不动产实行的是登记公示制度,是否为房屋的所有者,主要看房产证书登记的名字。小昭把房款支付给杜某后,为了不交纳契税而不办理房屋的过户登记,则该房屋仍为杜某所有。所以,为避免日后引起纠纷,小昭应当在签订购房协议后,到房屋管理部门办理过户登记。

【法条链接】

《城市房屋权属登记管理办法》第五条 房屋权属证书是权利人依法拥有房屋所有权并对房屋行使占有、使用、收益和处分权利的唯一合法凭证。

依法登记的房屋权利受国家法律保护。

★预告登记为购房者带来了什么

【案例】

小冯与某房产开发商签订了期房买卖合同，并支付了首付款。其后，房价上涨，房产开发商又将该房屋高价卖给了不知情的小李，并且办理了房屋登记手续。因小冯未办理房屋登记手续，还未取得物权。而小李已经办理了登记手续，合法取得了房屋所有权。那么，小冯如何才能有效保护自己的权利呢？

【法律解析】

在本案中，为了防止开发商再次出卖房屋，小冯可以申请预告登记。因预告登记具有物权的排他效力，开发商未经小冯同意，不能将房屋再次出卖给他人；再次出卖的，转让行为也无效，不能取得所有权。

【法条链接】

《物权法》第二十条 当事人签订买卖房屋或者其他不动产物权的协议，为保障将来实现物权，按照约定可以向登记机构申请预告登记。预告登记后，未经预告登记的权利人同意，处分该不动产的，不发生物权效力。

★经过登记预告的房屋，卖方还可以把它抵押吗

【案例】

刘先生向胡先生购买房屋，二人签订了购房合同，约定择日办理过户登记。为保障自己的权利，刘先生进行了登记预告。因胡先生欠陈某50万元债务，于是他又把该房屋抵押给陈某，并办理了抵押权登记。那么，陈某的抵押权对刘先生有效吗？

【法律解析】

陈某的抵押权对于刘先生是无效的。为了保障房屋购买人的权益，《物权法》规定了登记预告制度。即当事人签订买卖房屋或者其他不动产物权的协议，为保障将来实现物权，按照约定可以向登记机构申请预告登记。一旦进行了登记预告，在有效期限内，原房主将此房再次出售或者抵押的行为统统无效。本案中，由于刘先生对该房屋进行了登记预告，所以陈某后设定的抵押权对刘先生不发生效力。

★房子被错误登记，登记机关应负赔偿责任吗

【案例】

租房者杜某将原房主刘先生的相关证件以假证件掉了包后，将所租房屋卖给宋某，并与宋某去登记机关办理了房屋过户手续。后来刘先生得知此事后，要求登记机关赔偿自己的损失。那么，他的请求会得到法院的支持吗？

【法律解析】

刘先生的请求会得到法院的支持。《物权法》规定，因登记错误，给他人造成损害的，登记机构应当承担赔偿责任。本案中，权属登记机关未发现杜某以调包

的证件办理登记手续,造成登记错误,给刘先生造成了损失,应当承担赔偿责任。

【法条链接】

《物权法》第二十一条 当事人提供虚假材料申请登记,给他人造成损害的,应当承担赔偿责任。因登记错误,给他人造成损害的,登记机构应当承担赔偿责任。登记机构赔偿后,可以向造成登记错误的人追偿。

★房屋登记错误,申请异议登记来维权

【案例】

小徐因没有房产,一直与母亲生活在一起,照顾其生活起居,母亲答应在自己去世后将住房留给小徐。几年后,小徐母亲去世,当小徐去办理房屋过户手续时,才发现哥哥已抢先将房屋过户到自己的名下,并准备把房子转让出去。请问,此时小徐应该怎么办?

【法律解析】

如果小徐有充分证据能够证明自己是该房屋的所有权人的话,可以申请登记机关予以更正。小徐还可以采取异议登记的措施维护自己的权益。异议登记有时间限制,即从异议登记之日起的十五天内搜集证据证明自己是房屋的合法所有人。

★房屋被错误登记,异议登记有效期是多久

【案例】

某处房产登记在申某名下,但是申某的妹妹认为登记错误,自己才是房屋的真正所有人,并于2008年1月6日向登记机关提出异议申请。2008年5月15日,申某把房子卖给了魏某,并办理了过户手续。5月20日,申某妹妹向法院起诉。经查,该房属登记错误,申某妹妹才是房屋的真正所有人。在这种情况下,申某的妹妹可以要求魏某返还房屋吗?

【法律解析】

不能,因为她没有在异议登记有效期(自2008年1月6日起15日内)内起诉,异议登记已经失去效力。如果异议登记后15日内没有起诉,则异议登记失效,视为利害关系人放弃异议,这时如果房屋被卖给第三人,买卖有效。即使查明利害关系人是真正的房主,也不能要求已经取得房屋所有权的第三人返还房屋。

【法条链接】

《物权法》第十九条第二款 不动产登记簿记载的权利人不同意更正的,利害关系人可以申请异议登记。登记机构予以异议登记的,申请人在异议登记之日起十五日内不起诉,异议登记失效。异议登记不当,造成权利人损害的,权利人可以向申请人请求损害赔偿。

★通过继承取得的房屋需要登记吗

【案例】

2002年10月,郭某从他的父亲那里继承了一套房产,但没有办理过户手续。2008年5月,他决定把房子卖给吴某,当二人到房管局办理过户手续时,工作人员告诉他必须要先以自己的名义办理过户手续,然后才能将房屋卖给吴某。请问,继承得来的房屋,也需要登记吗?

【法律解析】

郭某通过继承而取得房屋的所有权,按照法律的规定,并不需要办理登记手

续。但郭某如果想要转让房屋的话，就需要先办理过户手续，登记为自己的名字，再过户登记卖给他人。

★继承房屋时没有过户，转让给他人有效吗

【案例】

刘某继承了其父一处房产，后因事急需资金，刘某决定将此房卖与赵某。二人签订了买卖协议，赵某交了房款，刘某把尚未过户到自己名下的房子交与赵某。请问，刘某转让房产给赵某的行为有效吗？

【法律解析】

转让行为无效。虽然《物权法》规定，因继承房屋的，自继承开始时起取得房屋的所有权，即成为房子的合法主人，不需要办理登记手续。但《物权法》同时规定，通过继承取得房屋所有权的，如果要将房屋转让给他人，则必须经过登记才发生物权效力。本案中，因为刘某没有将房屋过户到自己名下，所以他进行的转让行为是不发生法律效力的。

【法条链接】

《物权法》第二十九条　因继承或者受遗赠取得物权的，自继承或者受遗赠开始时发生效力。

第三十一条　依照本法第二十八条至第三十条规定享有不动产物权的，处分该物权时，依照法律规定需要办理登记的，未经登记，不发生物权效力。

★抵押的房子出卖给他人，是否有效

【案例】

2004年10月，李某以他的房产作抵押担保，向张军借款20万元，并作了抵押登记。到期后，张军催李某归还借款，但李某说他暂时没钱。后来张军得知李某在2005年6月已经将抵押给他的房子卖了，卖房子的时候李某没有通知张军。那么，李某卖房子的行为是否有效？

【法律解析】

李某卖房子的行为无效。根据有关法律法规，抵押权存续期间，抵押人转让抵押物未通知抵押权人或者未告知受让人的，如果抵押物已经登记的，抵押权人仍可以行使抵押权；取得抵押物所有权的受让人，可以代替债务人清偿其全部债务，使抵押权消灭。

★公证内容与事实不符能撤销吗

【案例】

何某有一间平房，产权人是他自己。2008年，何某想把老三的名字加到房产证上，与他共有该房子。于是，他和老三到公证处进行公证。由于何某不识字，不知道上面写的是什么，就在上面按了手印，后来才知道，上面写的意思是他把房子赠给老三。现在老三催他办理房屋过户手续。请问，公证内容与事实不符能撤销吗？

【法律解析】

只要证据确凿，可以向法院申请撤销。根据有关规定，当事人、公证事项的利害关系人认为公证书有错误的，可以向出具该公证书的公证机构提出复查。公证书的内容违法或者与事实不符的，公证机构应当撤销该公证书并予以公告，该公证书自始无效；公证书有其他错误的，公证机构应当予以更正。如果有证据证明公证的内容与事实不符，还可以向法院申请撤销该公证。

【法条链接】

《中华人民共和国公证法》（以下简称《公证法》）第四十条 当事人、公证事项的利害关系人对公证书的内容有争议的，可以就该争议向人民法院提起民事诉讼。

★拥有一半产权的房屋可以过户给别人吗

【案例】

2005年，李老赠予儿子房款20万元作为其购房的首付款，房产证上写他儿子的名字。2008年，李老的儿子赠予李老50%产权并进行了公证。事后遭到了儿媳的阻止，儿媳梅某要求把房产过户给她。因此李老的儿子至今仍不敢把房屋过户给李老，李老该怎么办？

【法律解析】

因李老与儿子依法办理了房屋赠予公证，李老已拥有该房屋一半产权。如果他儿子将房屋过户给梅某，因李老儿子无权处分李老所拥有的份额，需要与李老协商。该房屋不是李老儿子儿媳的夫妻共同财产，如果李老的儿子将该房屋过户给李老，李老儿媳无权阻拦。如发生纠纷可协商，协商不成可向法院起诉。

【法条链接】

《关于房产登记管理中加强公证联合通知》 赠予房产，应当办理赠予人的"赠予公证书"和受赠人"接受赠予公证书"或双方共同办理"赠予合同公证书"。

★收受定金一方违约，由此产生的纠纷怎么解决

【案例】

包某从冯某手中买了一套房屋，先交了定金。两人合同约定：冯某把房产证和购房协议交给包某时，包某付清其余房款。但冯某一直没有按合同履行。如今房子重新修建，包工头直接与冯某商谈，声称此房与包某无关。那么，此房归谁所有？如果归冯某，他是否应退还包某交的定金？

【法律解析】

不动产的所有权以登记为准，因此该房屋在过户之前应归冯某所有。本案中，如果冯某不履行合同约定的义务，应当双倍返还定金。另外，包某也可以要求冯某继续履行合同，并承担违约责任。

【法条链接】

《担保法》第八十九条 当事人可以约定一方向对方给付定金作为债权的担保。债务人履行债务后，定金应当抵作价款或者收回。给付定金的一方不履行约定的债务的，无权要求返还定金；收受定金的一方不履行约定的债务的，应当双倍返还定金。

★拍卖行无法履行承诺移交房产，买方怎么办

【案例】

2008年10月，法院委托拍卖行拍卖一栋房产，柳某从拍卖行成功拍得该房产。购房款也于2008年10月缴清，拍卖行承诺1个月后交房。但是，1个月后，拍卖行以种种借口拖延，至今还未把房产交给柳某。请问，柳某应该如何保障自己的合法

利益？

【法律解析】

拍卖成交后，拍卖人应当按照约定向委托人交付拍卖标的的价款，并按照约定将拍卖标的移交给买受人。按照约定由委托人移交拍卖标的的，拍卖成交后，委托人应当将拍卖标的移交给买受人。拍卖行以种种借口不履行合同，柳某可以要求拍卖行继续履行合同，交付该房产，并承担违约责任。如协商不成，可向法院起诉。

【法条链接】

《中华人民共和国拍卖法》第四十条 买受人未能按照约定取得拍卖标的的，有权要求拍卖人或者委托人承担违约责任。买受人未按照约定受领拍卖标的的，应当支付由此产生的保管费用。

★法院的生效判决，未经登记也能取得所有权

【案例】

李大与李二兄弟二人就其父所遗留的一处房产发生争议，最后诉至法院。法院经过审理，判决房屋归李大所有。判决生效后，李大一直没有办理产权登记。请问，在这种情况下，李大能取得房屋的所有权吗？

【法律解析】

自法院判决生效之日起，李大就能取得房屋所有权。《物权法》虽然规定不动产物权的取得应当依法登记，否则不发生所有权转移的效力，但是，《物权法》同时规定，人民法院的生效判决，同样可以确定所有权的归属。本案中，法院把房屋判给李大，那么，自判决生效之日起，李大就取得了房屋的所有权。

【法条链接】

《物权法》第二十八条 因人民法院、仲裁委员会的法律文书或者人民政府的征收决定等，导致物权设立、变更、转让或者消灭的，自法律文书或者人民政府的征收决定等生效时发生效力。

★土地使用证无法过户怎么办

【案例】

2005年，某开发商开发的商品房和商铺在交付使用半年后，住户领取了房产证和土地使用证。最近有住户卖房，在办理土地使用证过户时得知，该土地为划拨用地，因开发商未缴纳土地使用权出让金而不能过户。请问，住户该怎么办？

【法律解析】

本案中，由于土地性质为划拨用地，作商业开发时，开发商应依法申请变更土地用途，并补缴土地出让金。因为开发商的行为使住户土地使用证无法过户，住户可根据买卖合同追究开发商的违约责任。

★产权证与土地登记簿中的房屋面积不一致，以哪个为准

【案例】

李某向王某购买一套二手房，两人商议按每平米4000元价格计算。可是李某发现产权证上的房屋面积是100平方米，而土地登记簿上的房屋面积是98平方米。那么，应以哪个为准？

【法律解析】

以土地登记簿为准。我国《物权法》规定，不动产权属登记证书与土地登记簿

记载不一致的，以土地登记簿为准。本案中，产权证上的房屋面积比土地登记簿上的面积多出了2平方米，房屋的面积应以土地登记簿上的记载为准。

> 当事人善意取得其他物权的，参照前两款规定。

所有权

★不知是赃车而购买是否适用善意取得

【案例】

孙某以低价转让给小赵一辆轿车，后来小赵开车上班时，被警察扣留。经查，小赵的这辆车是孙某偷来的，但小赵并不知情。请问，小赵能否适用善意取得？

【法律解析】

虽然小赵并不知道是赃车，但是他是以明显低于市场价格购买的，因此不适用善意取得。对于赃车，公安机关有权进行追缴和扣押。

【法条链接】

《物权法》第一百零六条 无处分权人将不动产或者动产转让给受让人的，所有权人有权追回；除法律另有规定外，符合下列情形的，受让人取得该不动产或者动产的所有权：

（一）受让人受让该不动产或者动产时是善意的；

（二）以合理的价格转让；

（三）转让的不动产或者动产依照法律规定应当登记的已经登记，不需要登记的已经交付给受让人。

受让人依照前款规定取得不动产或者动产的所有权的，原所有权人有权向无处分权人请求赔偿损失。

★产权证上登记谁的名字，谁就是业主吗

【案例】

2007年龙某以儿子的名义办理贷款，购买了一套房屋，产权证上是儿子的名字。入住后，该小区选举业主委员会时，其他业主说龙某不是产权人不能参加业主大会。请问，产权证上登记谁的名字谁就是业主吗？龙某能参加业主大会表决意见吗？

【法律解析】

根据有关法规，产权证上登记的产权人是谁，谁就是业主。但是，龙某可以作为他儿子的委托代理人参与业主大会表决并发表意见，但应当出具授权委托书。

★相机遗失未认领，被拍卖后又遭偷，再度认领归何人

【案例】

邓某在公园游玩的时候，不慎将数码相机丢失。被公园的管理人员拾得以后，交给了有关行政管理部门进行失物招领。由于各种原因，邓某未能在6个月的招领期内进行认领。不久，该行政部门依法对相机进行拍卖，当场由马某购得。可是，马某在一次旅游途中由于疏忽大意，致使该相机被小偷偷走，后来该小偷被公安机关抓获。公安机关依法对相机办理了招领公告。没想到，邓某、马某均到公安机关进行认领，双方为此争执不下。请问，该相机应该归谁所有？

【法律解析】

由于邓某未能在6个月的招领期内对

相机进行认领，因此当事人邓某丧失了相机的所有权。此后，马某通过拍卖获得了该相机，依法获得该相机的所有权。因此，该相机归马某所有。

【法条链接】

《物权法》第一百零七条　所有权人或者其他权利人有权追回遗失物。该遗失物通过转让被他人占有的，权利人有权向无处分权人请求损害赔偿，或者自知道或者应当知道受让人之日起二年内向受让人请求返还原物，但受让人通过拍卖或者向具有经营资格的经营者购得该遗失物的，权利人请求返还原物时应当支付受让人所付的费用。权利人向受让人支付所付费用后，有权向无处分权人追偿。

第一百一十三条　遗失物自发布招领公告之日起六个月内无人认领的，归国家所有。

★刊登悬赏广告，说到就应该做到
【案例】

王先生在出差途中，不小心将公文包丢失。因包内有单位重要文件，于是王先生在报纸上刊登广告，声明"送还者酬谢五千元"。两天后，拾得此包的小刘与王先生取得联系，小刘将包交还给王先生，但王先生拒绝给付小刘五千元酬金，两人为此发生争执。请问，小刘有权获得酬金吗？

【法律解析】

小刘有权获得酬金。王先生在报纸上刊登的悬赏广告，是具有法律效力的。失主的悬赏广告可以视为一种要约行为，只不过要约的对象是全社会而不是某一个特定的人。对于这种要约行为，任何人都可以承诺，只要遗失物找到，并且如数返还失主，这种承诺就具备法律效力，双方也因此建立起了一种合同关系，合同双方的权利与义务受法律保护，合同当事人应当按照合同的约定，履行自己的义务。本案中，小刘如数返还遗失物，王先生就应该按照自己的承诺给付酬金。

【法条链接】

《物权法》第一百一十二条　权利人领取遗失物时，应当向拾得人或者有关部门支付保管遗失物等支出的必要费用。

权利人悬赏寻找遗失物的，领取遗失物时应当按照承诺履行义务。

拾得人侵占遗失物的，无权请求保管遗失物等支出的费用，也无权请求权利人按照承诺履行义务。

★拾得人将捡得的遗失物损毁，需要承担责任吗
【案例】

一天晚上，韩某拾到一部手机，通过手机上的电话号码联系到了失主齐某，约定第二天交还手机。谁知当晚韩某不小心将手机损坏。第二天韩某交还手机时说明了情况，齐某要求韩某赔偿损失。韩某认为，如果自己不主动交还手机，齐某连坏的手机都得不到，如今齐某要自己赔偿，实在不近情理。那么，韩某需要赔偿吗？

【法律解析】

韩某需要赔偿齐某的损失。根据《物权法》的相关规定，拾得人对拾到的遗失物负有保管的法律义务，此义务延续到遗失物被送还原所有者或送交有关部门前。如因拾得人的过失导致遗失物毁损、灭失的，拾得人应负赔偿责任。

【法条链接】

《物权法》第一百一十一条 拾得人在遗失物送交有关部门前,有关部门在遗失物被领取前,应当妥善保管遗失物。因故意或者重大过失致使遗失物毁损、灭失的,应当承担民事责任。

★拾得遗失物拒不归还怎么办

【案例】

蔡某在小区花园内拾得一部手机,系小张丢失。后来小张得知被蔡某拾得,于是去找蔡某索要,但蔡某不肯归还,还理直气壮地说:"谁拾到是谁的。"请问,失主小张应该怎么办?

【法律解析】

小张可以去法院起诉蔡某,要求其返还自己的手机。拾得人不能因拾得行为取得遗失物的所有权,还应当承担保管遗失物、寻找权利人的义务。在一定期间内,权利人认领遗失物的,拾得人负有返还遗失物的义务。拾得人将遗失物据为己有,拒不返还的,按照侵权行为处理,赔偿因不返还造成的损失。本案中,蔡某不肯归还小张丢失的遗失物,是对小张财产所有权的侵犯。法院会判决蔡某归还其物,并赔偿小张因此遭受的损失。

【法条链接】

《物权法》第一百零九条 拾得遗失物,应当返还权利人。

《民法通则》第七十九条 拾得遗失物、漂流物或者失散的饲养动物,应当归还失主,因此而支出的费用由失主偿还。

《民法通则意见》第九十四条 拾得人将拾得物据为己有,拒不返还而引起诉讼的,按照侵权之诉处理。

★珍稀动物适用"先占先得"吗

【案例】

沈某在进山狩猎时,发现一只东北虎崽。他听说法律上有"先占先得"一说,于是把虎崽抓回家准备出售。请问,沈某可以依据"先占先得"而取得虎崽的所有权吗?

【法律解析】

沈某无法取得虎崽的所有权。所谓先占取得,通俗地讲就是对于无主动产,谁先占有,谁可以取得该物的所有权。东北虎属珍稀动物,归国家所有,并非无主物,任何人不能通过先占取得它的所有权。

【法条链接】

《物权法》第四十一条 法律规定专属于国家所有的不动产和动产,任何单位和个人不能取得所有权。

★能要回被保管人卖掉的物品吗

【案例】

谢某因出国学习,将自己的一架钢琴委托朋友高某保管。没想到高某却将钢琴卖给范某,谢某回国才知高某已将自己的钢琴卖出。于是谢某找到范某,要求其返还,但范某认为自己是从高某处购得钢琴,不同意返还。谢某能否要求范某将钢琴返还给自己?

【法律解析】

本案中,谢某将自己的钢琴交给高

某保管，高某却将钢琴卖给了范某，是典型的无权处分行为。而对于范某而言，在判断高某是否是此钢琴的所有人时，是通过高某对此钢琴的占有来判断的，他不知道此钢琴的真正所有人并不是高某，因此范某是善意的。在谢某回国后发现钢琴被卖时，范某实际上已经取得了对钢琴的占有，因此范某已经取得对钢琴的所有权，谢某不能要求其返还，谢某遭受的损失只能向高某要求赔偿。

★被征用的物品损毁的，如何赔偿

【案例】

一天，刘某正开车行驶在街上，忽然被几名警察拦住，警察向其出示证件后，称要追劫匪，需要紧急征用刘某的车辆。刘某于是下车，将车交由警察驾驶追劫匪的车辆。为迫使劫匪停车，警察将刘某的车撞向劫匪的车，导致刘某的车身严重损坏。请问，刘某能要求赔偿吗？

【法律解析】

刘某有权要求公安局赔偿他的损失。警察在执行紧急公务时，有权对公民的财产进行临时征用，公民也有配合的义务。但被征用的财产使用后应当返还，财产损毁的，应当给予补偿。

【法条链接】

《物权法》第四十四条　因抢险、救灾等紧急需要，依照法律规定的权限和程序可以征用单位、个人的不动产或者动产。被征用的不动产或者动产使用后，应当返还被征用人。单位、个人的不动产或者动产被征用或者征用后毁损、灭失的，应当给予补偿。

★将欺骗得来的房产转让，有效吗

【案例】

大军与小军系兄弟俩，母亲张某有一座住宅，领有产权证。2005年5月，大军谎称母亲张某去世（事实上2005年10月才去世），骗取派出所出具了张某的死亡证明。6月，大军持张某的死亡证明，谎称自己是张某独子，到房管部门将张某的房产过户到自己名下，并领取了房产证。12月，大军持骗领的房产证，与何某签订房屋买卖合同一份，将该房屋卖给何某，何某领取了该房的产权证。那么，房产转让有效吗？

【法律解析】

大军采取欺骗手段单独领取了房屋产权证，无权单独处分该房屋。但何某在与之签订买卖合同时是善意的，因为其并不知道该房屋并非大军一人所独有，况且何某已经领取了该房的产权证，因此从保护善意第三人利益的角度出发，应当判定何某对该房屋享有所有权。至于因大军出卖房屋而给小军带来的损失，小军可另行起诉要求大军予以赔偿。

【法条链接】

《物权法》第一百零六条　无处分权人将不动产或者动产转让给受让人的，所有权人有权追回；除法律另有规定外，符合下列情形的，受让人取得该不动产或者动产的所有权：

（一）受让人受让该不动产或者动产时是善意的；

（二）以合理的价格有偿转让；

（三）转让的不动产或者动产依照法律规定应当登记的已经登记，不需要登记的已经交付给受让人。

受让人依照前款规定取得不动产或者动产的所有权的,原所有权人有权向无处分权人请求赔偿损失。

当事人善意取得其他物权的,参照前两款规定。

业主权益

★与邻居共用的楼梯平台,可以私自圈占吗

【案例】

董某与冯某同住某单元六楼,两家共用一个楼梯平台。董某在进行房屋装修时,为堆放装修材料,将楼梯平台圈占了起来。冯某认为董某圈占楼梯平台侵犯了自己的合法权益,要求董某恢复原状。董某认为小区有电梯可供上下,自己圈占楼梯平台并未对冯某构成妨碍,不同意拆除。董某的行为合法吗?

【法律解析】

董某私自圈占楼梯的行为是非法的。根据《物权法》的规定,冯某作为业主,享有与其房屋相毗连的楼梯共同部分的共有权。董某占用楼梯平台的共有部分,将其作为自己的专有部分来使用,明显超出了合理的使用范围,构成了对冯某共有权的侵害,因此应当停止侵害,恢复原状。

★业主有权将自家的露天阳台封闭吗

【案例】

赵某等多名业主在购买房屋入住后,发现位于室外的阳台是露天的,认为不安全、不卫生、不保暖。于是他们协商一致决定统一封闭阳台。物业公司认为业主们此举没有经过他们同意,妨碍了他们对小区的正常管理,要求赵某等拆除封闭的阳台,恢复原状。那么,业主有权自行把阳台封闭起来吗?

【法律解析】

业主有权把阳台封闭起来。《物权法》规定,业主对住宅的专有部分享有共有和共同管理的权利。阳台属于专有部分,业主有权决定是否将其封闭。物业公司作为专有部分的阳台所进行的物业管理,主要责任是监督,无权阻止业主们封闭阳台。

【法条链接】

《物权法》第七十条 业主对建筑物内的住宅、经营性用房等专有部分享有所有权,对专有部分以外的共有部分享有共有和共同管理的权利。

★业主不同意业主大会的决议,可以不执行吗

【案例】

A小区的业主大会通过决议,每户每月需缴纳300元物业费。业主史某因出差在外,没有参加业主大会。到了缴费日期,史某声称自己没有参加业主大会,所以业主大会的决议对自己不生效,拒不按业主大会的决议缴纳物业费。另有小区居民仲某声称自己虽然参加了业主大会,但在会上对业主大会的决议表示了明确的反对,因此不受该决议约束,也不缴纳物业费。史某与仲某的说法有道理吗?

【法律解析】

史某与仲某的说法是错误的。《物权法》规定,业主大会或者业主委员会的决议,对所有业主具有法律约束力。也就是

说,无论业主是否参加业主大会,也无论其是否同意业主大会的决定,只要该决定经业主大会或者业主委员会通过,就对业主发生法律约束力。如果业主认为该决议侵犯了自己的权利,可以请求人民法院予以撤销,但在经法院判决确认该决议对其无效前,还是要执行决议。

【法条链接】

《物权法》第七十八条 业主大会或者业主委员会的决定,对业主具有约束力。

业主大会或者业主委员会作出的决定侵害业主合法权益的,受侵害的业主可以请求人民法院予以撤销。

★小区内的绿地归谁所有

【案例】

李先生见某小区的售楼广告宣传单上及规划图都承诺有绿地,现场看了后确实有大片绿地,虽然靠近绿地的楼房价格要比其他楼房每平方米多100元钱,李先生还是决定在该小区购买靠近绿地的住房一套。可是入住后不久,开发商又打算在原绿地上再盖一座新楼。李先生对开发商的行为提出质疑,开发商的工作人员称,售楼广告不属于合同内容,是没有法律效力的。开发商可以铲除小区内的绿地吗?

【法律解析】

开发商的说法是没有法律依据的,他们不能随意铲除小区内的绿地。《最高人民法院关于审理商品房买卖合同纠纷案件适用法律若干问题的解释》中明确规定,商品房的销售广告和宣传材料中,如果对房屋及相关设施所作的说明和允诺是确定的,并对商品房买卖合同的订立及房屋价格的确定有重大影响的,这部分内容应当视为合同内容,对开发商有约束力。此外,《物权法》也明确规定了建筑区划内的绿地属于业主共有。因此,开发商不能随意铲除小区内的绿地。

【法条链接】

《物权法》第七十三条 建筑区划内的道路,属于业主共有,但属于城镇公共道路的除外。建筑区划内的绿地,属于业主共有,但属于城镇公共绿地或者明示属于个人的除外。建筑区划内的其他公共场所、公用设施和物业服务用房,属于业主共有。

★业主可以更换物业公司吗

【案例】

某小区的物业公司的工作人员没有经过正规培训,管理杂乱无章。后来,小区业主大会一致决定,辞退该物业公司。但物业公司的人坚持不肯走,声称自己是开发商聘请的,只有开发商才可以辞退他们,业主无权干涉。物业公司的说法会得到法律的支持吗?

【法律解析】

物业公司的说法没有法律依据,业主大会可以依法辞退这家物业公司。在物业管理上,《物权法》赋予了业主自行管理与委托物业公司管理的选择权,同时规定,对建设单位聘请的物业公司,业主有权更换。本案中,物业公司不具备相应的资质,无法履行物业管理的职责,业主有权予以更换,不必经过开发商的同意。

【法条链接】

《物权法》第八十一条 业主可以自行管理建筑物及其附属设施,也可以委托物业服务企业或者其他管理人管理。

对建设单位聘请的物业服务企业或者其他管理人，业主有权依法更换。

★小区绿地改建停车场，由谁来决定

【案例】

由于花苑小区里轿车越来越多，小区内停车位非常紧张。可是小区内除了一块绿地之外，已经没有可以建停车位的场所。那么，小区的业主可以自行决定把绿地改建成停车场吗？

【法律解析】

小区的业主有权决定把绿地改建为停车场，但要由业主共同决定。具体而言，需要经过专有部分占建筑物总面积三分之二以上的业主且占总人数三分之二以上的业主同意。

★小区内的停车位归谁所有

【案例】

周先生在东方花园小区购买了一套房子，开发商在销售住宅时也承诺：小区配建地下车库供业主停车，在业主的公摊面积中清楚描述了地下车库纳入了公摊范围。但周先生入住后却发现，只有购买车位才能取得停车权。周先生想知道，这些停车位到底是归谁所有？

【法律解析】

这些停车位归全体业主共有。本案中，开发商在销售住宅时已经承诺：小区配建地下车库供业主停车，而且在业主的公摊面积中清楚描述了地下车库纳入了公摊范围，因此，地下车库由全体业主共有。

【法条链接】

《物权法》第七十四条 建筑区划内，规划用于停放汽车的车位、车库应当首先满足业主的需要。

建筑区划内，规划用于停放汽车的车位、车库的归属，由当事人通过出售、附赠或者出租等方式约定。

占用业主共有的道路或者其他场地用于停放汽车的车位，属于业主共有。

★小区道路改建停车位，业主需交车位费吗

【案例】

某物业公司将小区内道路改建成停车位，要求停车者必须交费。业主唐某认为他们是小区的主人，享有物业共用部位、共用设施设备的所有权和使用权，物业公司是为业主服务的，无权用属于业主的资源挣业主的钱，因此，拒绝缴纳车位费。那么，小区道路改建停车位，业主需交车位费吗？

【法律解析】

小区内的道路本就属于业主共有，由其改建的停车位当然也归业主们共有，业主因此完全有权利拒绝交付车位费。

★房子卖了，还有权继续使用原来的停车位吗

【案例】

蔡某卖了自己的住房，又在附近的另一个高档社区买了商品房。可是高档社区的停车位已经出售一空，蔡某的车无处停放。蔡某想到原小区对业主是可以免费停车的，于是把车开回原小区停放，但物业

公司要收停车费。蔡某称,自己出售的只是房屋的专用部分,外面的公用部分根本没有卖,因此他有权继续使用小区的停车位。蔡某的说法有道理吗?

【法律解析】

蔡某的说法是没有道理的。《物权法》规定,业主转让建筑物内的住宅、经营性用房,其对共有部分享有的共有和共同管理的权利一并转让。也就是说,如果把房子卖给了他人,那么他对该小区共有部分如楼道、电梯、停车位、地下室等共有权及共同管理权一并转让给受让人,这一点无须在售房合同中另做约定。本案中,蔡某把房子卖掉,停车位应视为一起卖掉了。如果他要在原小区内停车,需缴纳停车费。

【法条链接】

《物权法》第七十二条第二款 业主转让建筑物内的住宅、经营性用房,其对共有部分享有的共有和共同管理的权利一并转让。

★未租赁小区车位能否免费停车

【案例】

2007年3月,康某购买了一处住房,没有购买车库。2007年年底,康某入住新房后,购买了一辆汽车。康某所在小区的物业管理公司规定,凡是没有购买车库的业主都需租赁地面车位,按月缴纳一定的租赁费用。可是,小区出租的车位都是占用业主共有的道路。康某想知道,他能否在小区里面免费停车?

【法律解析】

康某不能免费停车。占用业主共有的道路或者其他场地用于停放汽车的车位,

虽然属于业主共有,但这并不表明业主就可以免费在共有的道路上停车。就占用业主共有的道路停放车位的收费和费用管理问题,可以通过召开业主大会进行商定。

★开发商有权将小区停车位卖掉吗

【案例】

某高档住宅小区建有地下停车库。房地产开发商在销售住宅时向购买人承诺,此车库专供业主停车,每户一个车位。入住后,业主们发现,只有购买车位才能停车,而且开发商以高价将大部分车位卖掉,还有一些车位被物业公司租给本小区以外的人使用。该小区业主们认为,地下车库应属业主共有,但开发商及物业公司不予理睬。请问,业主的说法成立吗?

【法律解析】

业主的说法是成立的。《物权法》规定,建筑区划内,规划用于停放汽车的车位、车库应当首先满足业主的需要。车位、车库的权利归属,由当事人通过出售、附赠或者出租等方式约定。本案中,开发商与业主在出售房屋时已经约定了车库专供业主使用,因此,车库应归全体业主共有。开发商应将地下车库移交给业主大会或业主委员会管理,以实现业主的权益。

【法条链接】

《物权法》第七十四条 建筑区划内,规划用于停放汽车的车位、车库应当首先满足业主的需要。

建筑区划内,规划用于停放汽车的车位、车库的归属,由当事人通过出售、附赠或者出租等方式约定。

占用业主共有的道路或者其他场地用于停放汽车的车位,属于业主共有。

★利用房顶经营商业广告，收益归住户还是物业公司

【案例】

陈先生在市区购买了一套临街顶楼的房子。2008年春节，陈先生发现，在自家的楼顶上竖起了一幅巨大的广告牌。陈先生听朋友说，这种情况下如果有广告收益，自己是有权利索要的，于是找物业公司询问此事。物业公司工作人员回答，广告是物业公司联系的，收益归物业公司所有，与住户无关。物业公司的说法正确吗？

【法律解析】

物业公司的说法是错误的。《物权法》规定，业主对房屋专有部分享有所有权，对专有部分以外的共有部分享有共有权和共同管理的权利。本案中所涉及的房顶，应属于专有部分以外的共有部分，陈先生依法对其享有共有权。另据《物业管理条例》规定，利用物业共有部分、共用设施设备进行经营的，应当征得相关业主、业主大会及物业管理企业同意，并办理相关手续。经营收益应当主要用于补充专项维修资金，也可按照业主大会的决定使用。因此，本案中陈先生可以享受楼顶广告的收益。

【法条链接】

《物权法》第七十条　业主对建筑物内的住宅、经营性用房等专有部分享有所有权，对专有部分以外的共有部分享有共有和共同管理的权利。

★小区道路改成停车场，收益应归谁

【案例】

某小区物业公司将小区内道路改建成停车场，由物业公司经营，对停放的车辆收取停车费，小区业主们也不例外。让业主们想不明白的是，小区道路原本归业主共享，现在建成停车场，自己还得交钱，真是太冤；而且他们认为，物业公司经营停车场所获的收益应该归全体业主共有。请问，是这样的吗？

【法律解析】

本案中，小区共有道路上所建的停车位应由全体业主共有，物业管理公司未经业主同意，自行经营侵犯了业主的权利。业主可以要求物业公司停止经营、交出获得的收益并赔偿业主损失。业主也可以通过业主委员会形成决议，将这些车位委托给物业公司经营，在除去必要的成本以外，由全体业主分配盈余。

★物业公司可以自行使用建筑的共有部分吗

【案例】

在某住宅小区，物业以"为方便业主生活"为借口，在每栋楼底层电梯间分割出一个小间出租设立小卖部。由于该小间缺少卫生设施，影响楼内的卫生，居民意见纷纷。小区的业主委员会向物业管理公司提出意见，要求取消小卖部，但遭到物业公司的拒绝。请问，物业公司可以这么做吗？

【法律解析】

物业公司无权这么做。作为小区内业主共有部分的电梯间，其使用、收益理应由全体业主或业主代表业主委员会决定，并且由此所获得的收益也应当归业主共有，物业管理公司无权将其出租。因此，业主有权取消此小卖部，物业公司不得拒绝。前期出租所得的收益，也应当归业主，或作为业主的共同维修基金。

【法条链接】

《物权法》第七十二条 业主对建筑物专有部分以外的共有部分，享有权利，承担义务；不得以放弃权利为由不履行义务。

业主转让建筑物内的住宅、经营性用房，其对共有部分享有的共有和共同管理的权利一并转让。

★物业有权禁止封闭阳台吗

【案例】

2006年12月，小周买了一套房子，准备装修时考虑到，因为房子有南北两个阳台，北阳台冬天风大很冷所以想封起来。但是物业公司的负责人说统一规定不能封。请问，物业公司有权这么规定吗？

【法律解析】

物业公司没有权利这么规定，但业主大会经过正规的途径和程序，有权决定是否封闭阳台。如果业主大会决定禁止封闭阳台，物业公司有权根据《物业管理服务合同》对此进行监督，但无权对是否封阳台作出规定。

★物业管理公司能否擅自停水、停电

【案例】

江某分期付款购房，其入住后却迟迟未将剩余房款付清。于是物业管理公司称，如果江某不能按期交款，将对他采取停水、停电、停天然气等措施。到期后，江某仍未交款，物业管理公司遂停水停电，使得江某一家无法正常生活。那么，物业管理公司这么做合法吗？

【法律解析】

物业管理公司能不能以用户未缴款为由停水、停电、停气，关键在于业主公约。如果业主公约已经明确约定此项内容，业主接受后双方形成了一种合同关系，用户违约不按期交款，物业管理公司可以依照合同的规定执行。

【法条链接】

《合同法》第一百八十二条 用电人应当按照国家有关规定和当事人的约定及时交付电费。用电人逾期不交付电费的，应当按照约定支付违约金。经催告用电人在合理期限内仍不交付电费和违约金的，供电人可以按照国家规定的程序中止供电。

第一百八十四条 供用水、供用气、供用热力合同，参照供用电合同的有关规定。

★自己未参加的业主大会的决议可以不接受吗

【案例】

某小区成立业主委员会时，业主杜某因出差在外未能接到会议通知，没有参加业主大会，待其回家时业主大会已经开过，通过了《业主公约》《业主委员会章程》等有关自治管理文件，并就其他一些事项投票达成了决议。杜某以自己未参加大会为由，对成立的业主委员会和通过的《业主公约》《业主委员会章程》及一切决议文件概不接受。请问，杜某可以这么做吗？

【法律解析】

只要业主大会作出的决定符合法律规定的程序，并且各项决议也都符合法律规定的票数条件，那么其作出的决定就是合法的，对所有的业主均有约束力。业主杜某不能以自己未参加业主大会为理由而拒绝接受和执行业主大会作出的决定。

【法条链接】

《物权法》第七十八条 业主大会或者业主委员会的决定，对业主具有约束力。

业主大会或者业主委员会作出的决定侵害业主合法权益的，受侵害的业主可以请求人民法院予以撤销。

★业主可以将自家房屋里的墙拆掉吗

【案例】

胡某购买了一套四居室，但他觉得客厅不够大，于是把客厅与一间卧室的隔墙拆了，把这间卧室并入客厅。邻居得知情况后，急忙前来阻止，告诉胡某所拆的墙是承重墙，不能拆。胡某却认为自己是在自家的房子内部搞装修设计，他人无权干涉。胡某的说法正确吗？

【法律解析】

胡某的说法不正确。商品房业主虽然是房屋的所有权人，但对房屋的装修不能随心所欲，尤其不能妨碍他人或者公共利益。业主私自拆除承重墙、破坏房屋外貌、占用或损坏房屋的共有部分、在房屋的公用区域乱写乱画以及发出超过规定标准的噪声等，都是法律所禁止的。本案中，胡某擅自拆除承重墙，损坏了房屋的承重结构，给房屋带来的安全隐患已经危及相邻方的利益，因此其邻居有权要求其恢复原状。

《物权法》第七十一条 业主对其建筑物专有部分享有占有、使用、收益和处分的权利。业主行使权利不得危及建筑物的安全，不得损害其他业主的合法权益。

★自家住房变餐馆，需经相关业主同意

【案例】

2007年，秦某下岗在家，于是决定利用自家的住房开家餐馆，既可便利小区居民，又能为自己谋生。房屋经过简单的装修后，饭馆开张了。可是没过多久，楼上的住户许某向物业公司反映，秦某家的油烟太大了，致使他家无法开窗。物业公司找到秦某要求其采取措施，否则餐馆就得停业，秦某不以为然，声称是在自家开餐馆，与他人无关，照常营业。许某应该怎么办？

【法律解析】

秦某的做法侵犯了许某的利益，应当及时采取措施。秦某应该采取必要的措施以免油烟熏到邻居。如果秦某不采取任何措施继续营业，按照《物权法》的相关规定，许某有权请求管理单位责令秦某停业，也可向法院提起诉讼要求秦某停止侵害。

【法条链接】

《物权法》第七十七条 业主不得违反法律、法规以及管理规约，将住宅改变为经营性用房。业主将住宅改变为经营性用房的，除遵守法律、法规以及管理规约外，应当经有利害关系的业主同意。

第八十三条 业主应当遵守法

律、法规以及管理规约。

业主大会和业主委员会，对任意弃置垃圾、排放污染物，或者噪声、违反规定饲养动物、违章搭建、侵占通道、拒付物业费等损害他人合法权益的行为，有权依照法律、法规以及管理规约，要求行为人停止侵害、消除危险、排除妨害、赔偿损失。业主对侵害自己合法权益的行为，可以依法向人民法院提起诉讼。

★拆迁房被改作商用，遭遇违法拆迁怎么办

【案例】

2006年，崔先生一家因旧城改造而搬到了郊区居住。一次他回城里路过他家原住宅时，发现自己的住宅并非拆迁，而是经过装修成了一家酒楼。崔先生原来的住宅现在的市场价在百万元以上，当时给他的拆迁补偿只有20余万元。现在搬到了郊区，出行、购物都极不方便，工作也不好找，家境日益困难。这种情况下，崔先生应当如何维护自己的权益？

【法律解析】

《物权法》规定，征收他人的动产与不动产，必须是为了公共利益的需要，并且要依法给予补偿，保障被征收人的合法权益。如果征收个人住宅，还要保障其居住条件。本案中，崔先生的住宅被征收的原因是"旧城改造"，这属于为了公共利益的需要。但实际上，崔先生的房屋被以拆迁为名改为商用，并非为了公共利益，而是借公共利益之名谋取经济利益，这种行为侵犯了崔先生的居住权，属于违法拆迁。崔先生可以要求返还住房，也可以要求按现在的市场价补偿其差价。

【法条链接】

《物权法》第四十二条第三款征收单位、个人的房屋及其他不动产，应当依法给予拆迁补偿，维护被征收人的合法权益；征收个人住宅的，还应当保障被征收人的居住条件。

★不满物业公司的服务，就可以拒绝支付物业费吗

【案例】

某小区业主委员会与某物业公司签订合同，由该物业公司负责该小区的物业管理。李某入住该小区后，认为小区的物业公司管理混乱，物业聘用人员素质较差，对报修的处理亦不及时，因此他决定拒绝向该物业公司支付管理费。请问，他这么做可以吗？

【法律解析】

作为业主的李某与物业公司之间的关系既是被服务与服务的关系，又是相互依存的关系。由于住宅小区物业管理服务的特殊性，不可能每个业主都与物业公司签订物业管理合同，因此，作为全体业主自治机关业主大会的代表机构，业主委员会有权代表全体业主与物业公司签订物业管理合同，该物业管理合同对每个业主都有法律约束力。只要物业公司按合同提供了基本的物业服务，没有违约现象，李某就应当支付相应的物业管理费。

★噪声扰民，业主如何维权

【案例】

木匠小李租用了小赵家楼下的一间门面房，在小区院子里盖了一间民房当工棚。从此，每天不到7点钟就会听到锤子

敲打木头、切割机分离木块的声音，有时直到晚上11点还不收工。因为小李的出现，致使小赵无法正常休息。请问，小赵能否起诉木匠小李？

【法律解析】

木匠小李制造噪声影响他人休息，而且在属于业主共有的建筑区划内私自建民房，侵害了业主的合法权益，小赵可以依法向人民法院提起诉讼。

【法条链接】

《物权法》第八十三条　业主应当遵守法律、法规以及管理规约。

业主大会和业主委员会，对任意弃置垃圾、排放污染物，或者噪声、违反规定饲养动物、违章搭建、侵占通道、拒付物业费等损害他人合法权益的行为，有权依照法律、法规以及管理规约，要求行为人停止侵害、消除危险、排除妨害、赔偿损失。业主对侵害自己合法权益的行为，可以依法向人民法院提起诉讼。

相 邻

★居民将住宅转为商业用途，邻居有权说"不"吗

【案例】

郑先生一家为图清静，搬到了一幢只有6层高的住宅楼。但住进去没多久，住宅楼底层便开始装修，据说准备开洗浴中心，并将在3个月后启用。装修需用的水泥、木材等材料占据了过道的大部分空间，不但影响邻居的通行，而且施工发出的巨大噪声也严重影响了楼里居民的正常生活。想到3个月后洗浴中心就要开业，郑先生更是心烦。那么，他有权阻止这一切吗？

【法律解析】

郑先生及周围的邻居均有权利反对，他们可以根据《物权法》的规定，要求洗浴中心停止营业，直到获得所有受到其营业行为影响的住户们的同意。

★邻居私搭乱建，影响生活怎么办

【案例】

孙某在买下一套房产后，擅自进行拆建，拆建所产生的噪声、灰尘等令邻居赵某无法忍受，几经劝说，孙某仍拒不停工。无奈之下，赵某只得将其投诉至物业和业主委员会。请问，物业和业主委员会应该怎么办？

【法律解析】

孙某作为小区的业主，有义务遵守小区的管理规约，对于他的行为，业主委员会及小区的物业管理公司有权利及时制止，如果其仍不听劝阻，则可以向法院提起诉讼要求其停止不当的行为。

【法条链接】

《物权法》第八十三条　业主应当遵守法律、法规以及管理规约。

业主大会和业主委员会，对任意弃置垃圾、排放污染物，或者噪声、违反规定饲养动物、违章搭建、侵占通道、拒付物业费等损害他人合法权益的行为，有权依照法律、法规以及管理规约，要求行为人停止侵害、消除危险、排除妨害、赔偿损失。业主对侵害自己合法权益的行为，可以依法向人民法院提起诉讼。

★筑坝拦水致别人遭受损失，怎么办

【案例】

高某家与倪某家相邻，高某家的地势略微高一些，两家中间有一条自然水流通道。某年，由于雨水较多，为防止水道进一步扩张，保护自家住宅，倪某建了一个水坝，将原来的水流方向稍微向高某家顺了顺。没想到，由于雨水过大，水位上涨，造成水流冲毁了高某家院子里的牛圈。双方为此发生纠纷。倪某应该赔偿高某的损失吗？

【法律解析】

根据有关规定，在相邻排水用水关系中，双方当事人应按照由高到低、由近到远的原则，保持水的自然流向，合理分配和使用。相邻的一方如果有正当理由必须改变水的自然流向而影响他人利益时，应该先征得对方同意，并且适当补偿由此而造成的损失。

本案中，倪某为了使自己的住宅不受侵害建造水坝，这一行为已经使上述的"排水权"的权利性质发生了改变，自然流水变成了人工排水，给高某带来了损失，倪某依法应该赔偿。

★庄稼地能否通行

【案例】

老王和老孙是同村村民，两家所承包的土地相邻。老王承包的这块地，三面是老孙家的，一面是河，进出无路，所以，他只能跟着孙家干活，否则就要出问题。比如孙家耕完地后，老王去耕自己的地，就要开拖拉机从孙家地上轧过，孙家就得重新耕一次。庄稼长出来后，由于老王经常行走，使孙家一垄地庄稼受到严重破坏。为此，老孙几次找老王让他注意，时间长了，两家便因此伤了和气，以致老孙不让老王再通过自己的土地。老王找到村委会，希望问题能够得到妥善解决。

【法律解析】

此案涉及的是相邻关系中的通行权问题，相邻通行权是指一方因建筑物别无其他通道，或者土地在邻人的土地包围之中，有通过邻地的权利。其设立的目的是为调节相邻不动产所有人或使用相互间对土地的利用，而对相邻不动产权利的行使加以某种程度的限制，从而使邻地所有人或使用人充分发挥其对土地的利用效用。只要是有必要通行邻地，就应确认其享有通行权，另一方对此应当容忍。当然，造成损失的要依法赔偿损失。

★进出无路，是否只能另辟蹊径

【案例】

胡某、张某各自拥有位于某市一街道的两处相互毗邻的房产，中间有一条南北向弄堂，由北入口，南面通至胡某所有的房屋中后排小屋。根据该市国土资源局地籍表标明，该弄堂的产权归张某所有。2006年5月，张某以此为由，将弄堂锁住，并堆放建筑垃圾，不让胡某通行。胡某认为弄堂是到其后排小屋的必经通道，张某封锁弄堂，致使其只得在前排房屋上凿墙洞进出后屋，妨碍其通行。在交涉不成的情况下，胡某向法院提起诉讼。

【法律解析】

弄堂的产权虽然属于张某所有，但从两家房屋的地理来看，弄堂是胡某进出其后排房屋的必经通道，如果张某不允许其通行的话，胡某只能在自家前排房屋后凿洞穿行，这对于胡某来说，费用和工程都过甚，因此，张某应该允许胡某继续利用弄堂通行。

★为装修而搬运建材，邻居不让通行怎么办

【案例】

胡某、史某两家是邻居，胡某要装修房屋，在运送建材时，必须经过史某的院子，史某阻拦胡某搬运建材通过他家院落。这时胡某应该怎么办？

【法律解析】

《物权法》规定，不动产权利人因建造、修缮建筑物，以及铺设电线、电缆、水管、暖气和燃气管线等必须利用相邻土地、建筑物的，该土地、建筑物的权利人应当提供必要的便利。本案中，由于胡某搬运建材必须经过史某家，属于《物权法》中规定的"必须利用相邻土地、建筑物"的情况，因此胡某有权通行，史某应该提供必要的便利。胡某可与史某进行协商争取他的同意。如果史某执意不肯，胡某可以请求村委会、居委会等部门出面予以协调，也可以通过诉讼途径解决。

★建筑施工、铺设管线可以利用邻居的土地吗

【案例】

小钱和王某因线路纠纷闹上法庭。原告小钱诉称：王某与自己因琐事发生争吵后，将自己家的照明线及电话线全部剪断，致使家里照明及通信中断。要求判令被告将照明线、电话线恢复原状，并赔偿经济损失1000元。被告王某则辩称原告小钱未经同意，在自己的屋后砸钉子，乱扯电线，对房屋、人身及其他财产安全造成了严重威胁。原告小钱经自己再三警告仍置之不理，所以才将其照明线、电话线剪断，这是行使自己的正当权利，不应赔偿。法院该怎么判呢？

【法律解析】

本案中，如果小钱家的照明线、电话线的安装必须通过王某房屋上空，则王某应该允许小钱的铺设行为。如果对方乱拉电线，使自己和家人的安全受到威胁，也属于小钱铺设行为不当，王某可以要求其进行改善，而不能剪断对方的线路，禁止小钱从自己的房屋上空铺线。同时，小钱铺设照明线、电话线，如果必须经过王某的房屋，有权要求王某允许自己铺设，但也应该注意铺设线路的合理性和安全性，避免给王某的财产和生活造成不便，甚至威胁到王某及其家人的人身安全。

【法条链接】

《物权法》第八十八条 不动产权利人因建造、修缮建筑物以及铺设电线、电缆、水管、暖气和燃气管线等必须利用相邻土地、建筑物的，该土地、建筑物的权利人应当提供必要的便利。

第九十二条 不动产权利人因用水、排水、通行、铺设管线等利用相邻不动产的，应当尽量避免对相邻的不动产权利人造成损害；造成损害的，应当给予赔偿。

★在自家地上盖房，想盖多高就多高吗

【案例】

戴某与李某两家系前后邻居，李某住戴某北面，两家房距5.8米。今年3月，戴某翻盖房屋，准备在原来的宅基上建两层高的楼房，便找到李某协商。李某表示，按农村风俗前房不能高出后房，自己的房屋是4.8米，看在祖家爷的分儿上，前后可以一样。戴某虽口头答应，但他趁李某外

出做生意之际,强行超建。在上层已建3米时,闻信而至的李某以该房建成后会影响自己房屋采光为由加以阻止,但戴某却认为,在自己的宅基上建房,想盖多高盖多高,谁都无权干涉。无奈,李某诉至法院。

【法律解析】

本案中,戴某虽然是在其自己的宅基上建房,但基于对相邻关系的尊重,也应当避免对李某已经建成的房屋造成通风、采光和日照妨碍,而不能想盖多高就多高。一旦戴某所建房屋妨碍了李某房屋的日照,戴某就应该承担责任,拆除超建的部分。

【法条链接】

《物权法》第八十九条 建造建筑物,不得违反国家有关工程建设标准,妨碍相邻建筑物的通风、采光和日照。

★自建楼房影响邻居采光、通风要赔偿

【案例】

冯某与马某是邻居。2008年12月,冯某翻盖房屋,在原址上盖起了一栋三层小楼。小楼盖起后,马某家的采光、通风大受影响,夏天连续日照的时间还不到4个小时,到了冬天,马某家更是陷入"黑暗"中,基本见不到阳光。为此,马某多次找冯某协商,但均没有结果。

2009年3月,马某提起诉讼,要求赔偿。马某的诉讼请求能得到法院的支持吗?

【法律解析】

马某的诉讼请求能得到法院的支持。我国法律明确规定,建造建筑物,不得违反国家有关工程建设标准,妨碍相邻建筑物的通风、采光和日照。本案中,冯某建造的三层小楼影响了马某房屋的采光和通风,导致房屋使用价值降低,影响了马某正常的生活居住环境,应当赔偿马某损失。

★如何维护自己的采光权

【案例】

李先生购买的新房通风和采光都很好,李先生非常满意。可是好景不长,小区的对面建起了新的高层建筑,一下子把李先生家里的楼房的阳光都吞没了,加之通风条件也受到破坏,使得李先生屋内夏天潮湿、冬天阴冷。李先生认为,这些情况给他正常的生活和工作带来了影响,仅每个月的电费开销就增加了100多元。对于这种状况,李先生特别痛苦,可是却投诉无门。请问,李先生应该怎么办?

【法律解析】

居民的通风、采光和日照是否受到影响,应根据建设部颁布的《城市居住区规划设计规范》和《住宅设计规范》来确定。李先生新房的采光、通风受到了对面新建筑的影响,如果经相关部门测算后,确实低于国家规定的通风、采光和日照标准的,李先生可以据此要求对方采取补救措施,并且可以要求对方赔偿为此多支出的电费损失。

★房地产开发商可以收购"阳光"吗

【案例】

某小区的开发商计划在小区东面的空地上建造两栋30层约90米高的"组团酒店式公寓"。考虑到公寓一旦建造,可能会影响到小区住户的光照,开发商表示,愿意以每户补贴3万元的方法收购阳光,以此来弥补其中受影响最严重的18户住户的损失。开发商可以通过补偿的方式,排除相邻关系中采光权的规定吗?

【法律解析】

本案中,开发商新建公寓应当避免对已有建筑物的采光、日照、通风等造成妨害,这是法律为保障居民基本生活环境、身心健康,所作出的强制性规定,相邻各方不能通过合同排除这一法定义务。因此,房地产开发商不能通过给予住户补偿的方式收购"阳光",使已有建筑内居民忍受低于国家规定的采光、日照等最低标准。即使双方达成协议,同意开发商收购阳光,该合同也因违反国家强行法律规定而无效。

★楼上音乐打扰楼下住户

【案例】

住2楼的老孙最近十分心烦,原因是刚搬进3楼的小周特别喜欢音乐,动不动就播放震天的音乐,屡屡和朋友们跳舞到半夜。而老孙患有神经衰弱症,他睡觉的时候不能有响动,一旦有响动,他就会彻夜失眠。他多次找到小周商量,都没有结果。为此,老孙苦恼不已,难道自己就只能这样忍下去吗?

【法律解析】

本案中,小周在播放音乐、朋友聚会时应该注意控制音量的大小,不能妨碍邻居的生活和休息。如果其长期将音乐开得太大、聚会持续到深夜,已经超出了"合理扰民"的范围。老孙有权要求小周减小音乐的音量,如果仍无法解决的情况下,可以通过法律的途径保证自己的生活宁静。

【法条链接】

《物权法》第九十条 不动产权利人不得违反国家规定弃置固体废物,排放大气污染物、水污染物、噪声、光、电磁波辐射等有害物质。

★噪声危害如何索赔

【案例】

李某将一套闲置房屋出租给他人,但由于该房临街,并受到外面修路的噪声影响,同住一栋楼的其他住户纷纷要求修路的施工公司对此进行赔偿。请问,李某能否要求赔偿?如果得到赔偿,这个补偿费是归李某还是应该给租户呢?

【法律解析】

李某可以要求环保部门监测噪声分贝,然后依法索赔,也可依据《物权法》和《民法通则》所规定的相邻权索赔。由于该赔偿是对被噪声干扰人的一种补偿,而实际被噪声干扰的人是承租人而非业主,所以李某应该将补偿费支付给承租人。

★小区内搬进面粉作坊,居民不堪忍受噪声怎么办

【案例】

2009年3月,某住宅小区搬进一个面粉加工作坊,自从这个作坊搬来后,磨面机的响声通宵达旦,居民根本无法入睡。业主们不堪其扰,于是一起找到作坊老板,要求作坊搬走。可是作坊老板声称自己有合法的租赁合同,且合同上写明租这个底商用来开面粉加工作坊,业主们无权让自己搬迁。业主们对此就无可奈何了吗?

【法律解析】

业主们有权要求作坊从小区内搬走。《物权法》明确规定,禁止不动产权利人制造噪声污染。同时规定,物权的取得和行使,应当遵守法律,尊重社会公德,不得损害公共利益和他人的合法权益。本案中,面粉作坊制造噪声,严重侵犯了小区居民的休息权,是违法的行为。根据《合同法》的规定,损害社会公共利益的合同

无效。作坊主虽然有租赁合同，但因损害社会公共利益，合同归于无效。因此，作坊应该从小区内搬走。

【法条链接】

《物权法》第七条 物权的取得和行使，应当遵守法律，尊重社会公德，不得损害公共利益和他人合法权益。

第九十条 不动产权利人不得违反国家规定弃置固体废物，排放大气污染物、水污染物、噪声、光、电磁波辐射等有害物质。

《合同法》第五十二条 有下列情形之一的，合同无效：

（一）一方以欺诈、胁迫的手段订立合同，损害国家利益；

（二）恶意串通，损害国家、集体或者第三人利益；

（三）以合法形式掩盖非法目的；

（四）损害社会公共利益；

（五）违反法律、行政法规的强制性规定。

★商铺油烟侵扰邻近居民怎么办
【案例】

吴小姐是某小区业主，在她住的楼下都是铺面，那里白天摆小吃摊，晚上摆凉茶摊，晚上的吵闹声和白天的油烟都让人苦不堪言。吴小姐想知道，以上情况有什么办法可以解决。

【法律解析】

本案中，如果商铺没有按照标准安装排烟和隔音设施的，吴小姐可以要求楼下商铺采取相应的措施或者通过法律途径解决，维护自己的权利。如果噪声和油烟

排放符合标准，吴小姐只能容忍。

【法条链接】

《物权法》第九十条 不动产权利人不得违反国家规定弃置固体废物，排放大气污染物、水污染物、噪声、光、电磁波辐射等有害物质。

★空调热风吹入邻居家该怎么解决
【案例】

小张与老郑两家仅一墙之隔，小张家中卧室南窗与老郑家南侧阳台相邻。2005年1月，老郑购买了一台空调，夏天，老郑家空调一开，热气直向小张的卧室吹，噪声更是影响了小张的休息。小张几次与老郑交涉，老郑坚持认为空调的噪声符合环保要求，没有影响小张的生活，而且自家阳台南面墙由于破损不能承重，室外机才装在了这里。双方经居委会及民警几经调解未果。此事应如何解决？

【法律解析】

老郑家的空调噪声是否符合环保的要求，应该经过有关部门测定后才能判断。但从两家的实际地理位置来看，老郑的空调室外机虽然安装在自家阳台护墙上，但距离小张的卧室过近，空调启动时影响了小张的生活和休息。按照《物权法》的规定，老郑应当拆除空调，消除影响。

★遭遇光污染怎么办
【案例】

伍先生居住的地方与某公司展厅外安装的3盏双头照明路灯相邻。这些路灯每天18时开启至次日6时关闭。其中，最近的一盏路灯与伍先生的居室相距约20米，灯头高度与伍家阳台持平，中间无任何遮挡物。伍先生以路灯散发的强烈光线直射

入其居室,对其正常生活环境造成不利影响,构成妨害等为由,将该公司告上法庭,请求法院判令该公司停止并排除光污染侵害。伍先生的请求合理吗?

【法律解析】

本案中,某公司路灯发出的强光,属于物权法明文禁止施放的物质之一。虽然目前我国没有规范夜间照明的统一标准,但从本案的具体情况来看,路灯照射的时间持续整晚,并且与伍先生居住的房屋距离较近,之间也没有遮挡,因此其照射的时间和方式都超出了合理扰民的范围,伍先生的请求应当得到法庭的支持。

【法条链接】

《物权法》第九十条 不动产权利人不得违反国家规定弃置固体废物,排放大气污染物、水污染物、噪声、光、电磁波辐射等有害物质。

★楼上装修危及楼下住户房屋怎么办

【案例】

老刘刚购得商品房一套,刚入住不久,便发现房屋水管漏水,墙体裂缝,于是上楼去查看楼上邓某房屋的情况。原来,邓某在装修房屋时,改变了原来的水管铺设路线。根据有关检测机构的工作人员检测,认定是邓某的行为导致了上述结果,而且有继续扩大损害的可能性。老刘便跟邓某协商,要其恢复水管线路。邓某不理,声称在自己的房屋内爱怎么干便怎么干,与他人无关。无奈,老刘只好诉至法院。法院该怎么判?

【法律解析】

老刘和邓某是上下楼邻居关系,为

了老刘房屋的居住质量和安全,邓某应在装修时承担一定的义务,避免使老刘的房屋产生危险。但邓某不仅没有尽到应有的注意义务,反而改变水管的铺设线路,损害了老刘房屋的居住质量并危及房屋的安全,应当承担相应的法律责任。因此,邓某应该立即消除危险,恢复建筑结构原状,并且赔偿老刘遭受的经济损失。

★挖地窖导致邻家房屋损坏要赔偿

【案例】

自2008年7月以来,许某家的房屋地基下沉,墙体裂缝。许家人经过仔细查看得知原来是邻居蔡某在其屋后挖地窖所致。于是许某要求蔡某赔偿,但蔡某称,自己是在自家屋后挖地窖,并没有在许家房屋范围内施工,因此不予赔偿。许某能依法得到蔡某的赔偿吗?

【法律解析】

如果许某家房屋损坏确实是因为蔡某家挖地窖所致,那么蔡某应该给予许某赔偿。《物权法》规定,不动产权利人挖掘土地、建造建筑物、铺设管线以及安装设备等,不得危及相邻不动产的安全。本案中,蔡某挖掘地窖危及许某房屋的安全,则依法应当消除危险、恢复原状,并赔偿许某损失。

【法条链接】

《物权法》第九十一条 不动产权利人挖掘土地、建造建筑物、铺设管线以及安装设备等,不得危及相邻不动产的安全。

《民法通则意见》第一百零三条 相邻一方在自己使用的土地上挖水沟、水池、地窖等或者种植的竹木根枝伸延危及另一方建筑物的安全和正常使用的，应当分别情况，责令其消除危险，恢复原状，赔偿损失。

★能否要求邻居拆除铝扣板

【案例】

杜某家住在二楼，客厅落地窗外延伸出一个装饰用的井字形水泥架，一楼住户沈某在此水泥架上盖上了一个2.5米宽的铝扣板，与杜某家地板形成一个加长的延伸平面。沈某未经杜某允许，将杜某家固定在此水泥架上的空调主机移位，导致铝扣板上一切脏物都在杜某视野之内，下雨时脏水反弹到玻璃上全是污泥，对安全也形成很大隐患。请问，杜某能否要求沈某拆除其安装在他家窗前的铝扣板？

【法律解析】

相邻不动产的所有人或使用人在行使自己的所有权或使用权时，应当以不损害其他相邻人的合法权益为原则。沈某的行为已危害到杜某的居住环境和人身财产安全，杜某有权要求其停止侵害、消除危险和赔偿损失，可以要求对方拆除铝扣板并赔偿损失。在处理相邻关系时，相邻各方应该本着有利生产、方便生活、团结互助、公平合理的原则，互谅互让，协商解决。此外，物业公司对业主的装饰装修活动也负有监督和管理的义务。因此，杜某可以和邻居协商或向物业公司反映，请他们出面制止。如果协商不成，可以请求人民法院依法裁判。

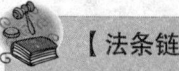
【法条链接】

《物权法》第九十一条 不动产权利人挖掘土地、建造建筑物、铺设管线以及安装设备等，不得危及相邻不动产的安全。

★邻居墙壁倒塌损害自家物品，是否应赔偿

【案例】

丁某家旁边有一处住户，他家的墙体倒塌，把丁某在自家屋顶上安装的太阳能热水器打得粉碎。请问，该损失应该由谁来承担？若对方不负责，丁某应怎样通过法律手段来解决？

【法律解析】

建筑物损害侵权责任的归责原则是过错推定，也就是说丁某无须对加害人的过错进行举证和证明，而是法律推定其存在过错。如果加害人存在过错则应赔偿丁某的财产损失。加害人经举证证明自己没有过错方能免责，这些免责情形包括：不可抗力、受害人的过错、第三人的过错，侵害事实、损害后果或两者的因果关系不存在，也可通过证明共同过错或混合过错而部分免除赔偿责任。侵害后果与损害结果之间的因果关系由丁某承担举证和证明责任。如果对方没有过错，丁某没有过错，也不能证明第三人存在过错的情况下，可以依据民法的公平原则由双方根据各自的经济承担能力酌情分担损失。如果双方协商不成可选择向法院起诉。

★截留自来水纠纷怎么解决

【案例】

侯某、武某同住一栋楼，侯某住楼上，武某住楼下。武某装修房屋时，在自家内通往楼上侯某家的自来水管道上安装了阀门，造成侯某家停水多天。当时侯某的房屋出租给了别人，因没有自来水给承租人生活带来不便，为此侯某曾买大桶矿泉水为承租人提供生活用水，共花费500多元。后来侯某被迫与承租人提前解除租房协议，侯某为此损失租金1500元。侯某

应该怎么办？

【法律解析】

本案中，连通上下楼之间的自来水管道，属于公用的水源，一方在利用时不能妨碍相邻另一方的使用。因此，武某擅自安装阀门，阻止自来水流到楼上，侵害了楼上侯某的用水利益。武某应当拆除阀门，并对侯某遭受的损失进行赔偿。

【法条链接】

《物权法》第八十六条 不动产权利人应当为相邻权利人用水、排水提供必要的便利。

对自然流水的利用，应当在不动产的相邻权利人之间合理分配。对自然流水的排放，应当尊重自然流向。

第九十二条 不动产权利人因用水、排水、通行、铺设管线等利用相邻不动产的，应当尽量避免对相邻的不动产权利人造成损害；造成损害的，应当给予赔偿。

★承包鱼塘的排水纠纷如何解决

【案例】

董某承包经营了一个鱼塘。丁某为邻村农民，其承包的鱼塘位于董某承包鱼塘的北边，与董某鱼塘相邻。董某修建了一条排水沟，通过该沟排鱼塘的水。丁某的鱼塘原先通过抽水机往西面的一自然沟排水，后来该水沟周围土地被挖成鱼塘承包了出去，造成丁某无法排水。于是丁某提出要从董某的鱼塘中挖沟排水，董某拒绝，双方发生矛盾。那么，此事该怎么解决？

【法律解析】

本案中，丁某的鱼塘由于地理位置的原因排水困难，原有的排水方式无法利用也不是丁某造成的，这种情况下，丁某只能利用董某的土地才能排水，因此，董某应当为其排水提供便利，允许丁某在自己土地上修建排水沟；或者让丁某使用自己的排水沟，并承担一定费用。

★对方排污未超标应不应赔偿

【案例】

林某家楼下开了一家餐馆，每天排放大量的油烟使林某家无法开窗通风，而且林某家空调散热机由于长期遭油烟熏烤也不能正常使用。经环保部门检测，该餐馆油烟排放没有超过国家标准，因此该餐馆拒绝赔偿。请问，该餐馆是否应当赔偿林某的损失？

【法律解析】

我国环境污染损害赔偿实行无过错责任制，不以违法为前提，也就是说，即使排放污染物未超过国家标准，只要造成了损害事实，就应当承担民事赔偿责任。餐馆排放油烟的行为已经造成了林某的空调机无法正常使用的危害后果，符合无过错责任的构成条件，应当承担赔偿责任。

★邻地施工损害相邻地基怎么办

【案例】

李某和吴某系同村村民，李某的房屋建在河滩上。吴某在河滩上建有一座石灰窑，为取水方便，就在距李某房屋不远处挖了几个大石灰池，在石灰池朝向李某房屋的一面池壁铺砌水泥，其他三面池壁未做处理。不久，李某发现自家住房底层墙壁返潮，便找到吴某，要求吴某予以解决，吴某口头答应，但未采取任何实际措施。一天早上，李某发现自己房屋部分地基出现陷落现象，房屋墙体开裂，地梁、屋面板等部位变形。李某找到吴某，要求吴某给予赔偿，吴某认为自己对石灰池壁已经做了处理,不同意李某的赔偿要求,于是李某诉至法院。法院该怎么解决?

【法律解析】

本案中,李某的房屋与吴某新建的石灰池相邻,因此,吴某在建设时,应当采取必要的措施,以防止对李某的房屋造成危害。虽然吴某采取了一定的预防措施,但其采取的防渗措施很不彻底,只在石灰池朝向李某房屋的一面池壁铺砌水泥。从事实上看,这不能从根本上避免对李某房屋造成危险,吴某应当进一步采取行动,以保证李某房屋的安全。然而由于吴某置之不理,导致李某的房屋发生了严重损害,因此,吴某应立即采取措施消除危险,并应赔偿李某因此而遭受的经济损失。

【法条链接】

《物权法》第九十一条 不动产权利人挖掘土地、建造建筑物、铺设管线以及安装设备等,不得危及相邻不动产的安全。

★邻居排水造成污染如何解决

【案例】

蔡某在建房子过程中产生很多建筑垃圾,但是他并没有把垃圾运走,而是在建筑垃圾上铺上了一层厚厚的水泥,这样蔡某所建的房子地势就比邻居石某家高出很多。每当下雨时,蔡某家排水道排出的污水直接流入石某家。石某多次向城乡清洁办和县政府有关部门写信反映情况,但至今没有解决。请问,石某应该怎么办?

【法律解析】

《物权法》规定,不动产权利人因用水、排水、通行、铺设管线等利用相邻不动产的,应当尽量避免对相邻的不动产权

利人造成损害;造成损害的,应当给予赔偿。因此,石某可以向法院起诉要求蔡某排除妨碍,赔偿损失。

★相邻房屋滴水纠纷如何解决

【案例】

张某与高某是邻居。张某家新盖了一个竹楼,高出高某的房屋。每到雨天,张某家的竹楼就会滴水到高某家的房屋上,造成了高某房屋的损坏。高某要求张某采取措施并赔偿损失,张某拒绝。高某有权要求张某赔偿吗?

【法律解析】

高某有权要求张某赔偿。本案涉及不动产相邻关系。我国《民法通则》及《物权法》对相邻关系都作出了规定,确定了不动产相邻的权利人处理相邻关系时所应遵循的基本原则,即有利生产、方便生活、团结互助、公平合理。本案中,张某家房檐滴水造成了高某家房屋的损坏,按照上述原则,应当排除妨碍,赔偿损失。

【法条链接】

《物权法》第八十四条 不动产的相邻权利人应当按照有利生产、方便生活、团结互助、公平合理的原则,正确处理相邻关系。

《民法通则意见》第一百零二条 处理相邻房屋滴水纠纷时,对有过错的一方造成他方损害的,应当责令其排除妨碍、赔偿损失。

★在邻居家房屋下铺设管道的协议有效吗

【案例】

窦某与安某为同村村民,双方的宅院本系祖遗的同一块宅院,后分归窦某安

某两家所有。几年后，窦某由于经营旅馆需要增加自来水的供应量，窦某提出从安某的房屋下铺设专门的供水设施，每年给予安某2000元的补偿，双方签订协议。后安某欲对院内东房拆旧建新，而该房地基之下窦某的自来水管道，影响了房屋的重建，故以之前签订的协议违背最小妨害原则的要求应属无效为由，要求窦某选择对自己妨害较小的方式重新铺设。请问，双方的协议有效吗？

【法律解析】

本案中，根据法律对相邻关系的规定，窦某铺设水管必须经过安某家时，安某必须为其提供必要的便利，这是法律为保障窦某利用土地所作的强制性规定，一般来说不允许相邻双方通过合同预先排除。但是双方就管线铺设的具体线路和方式，可以在不违背风俗习惯、不对相邻土地构成危害的情况下进行协商。本案中，窦某与安某之前达成的协议是合理的，因此，法律认可这种自由商议的结果，相邻双方也应该遵守协议内容，不得随意反悔。安某不能借口窦某未遵照对自己损害最小的方式铺设管线，要求窦某重新铺设。

【法条链接】

《物权法》第八十四条 不动产的相邻权利人应当按照有利生产、方便生活、团结互助、公平合理的原则，正确处理相邻关系。

第八十五条 法律、法规对处理相邻关系有规定的，依照其规定；法律、法规没有规定的，可以按照当地习惯。

共 有

★未经一方同意出让共有房屋给邻居，还能追回吗

【案例】

蔡某与妻子感情不和，背着妻子将夫妻共有的一套住宅卖与邻居章某。章某虽然知道他们夫妻二人感情不和，但考虑到蔡某出的价钱比较低，于是章某向蔡某支付了房款并办理了过户手续。后蔡妻得知住宅被卖，向蔡某索要房款不成，遂将蔡某与章某一同诉至法院，要求确认蔡某与章某所订立的房屋买卖合同无效，要求章某归还房屋。法院会支持蔡妻的请求吗？

【法律解析】

本案中，由于章某作为蔡某夫妻的邻居，知道或者应当知道房屋属于双方共有，并且夫妻两人感情不和，仍然购买了该房产，并非善意取得，不能取得房屋的产权。蔡某妻子的请求会得到法院的支持。

★未经其他共有人同意，可以擅自出售共有的房屋吗

【案例】

汪某与儿女共有一处房产。2007年夏，汪某去探望在国外定居的儿子，把该房屋交给女儿管理使用。女儿未征得父亲及哥哥的同意，将房屋卖给李某，并将购房款80万元据为己有。汪某回国后得知女儿擅自出售房屋，便与李某交涉要求收回房屋。李某以已经签订房屋买卖协议为由不肯交回房屋。汪某无奈提起诉讼。汪某的诉讼请求能得到法院的支持吗？

【法律解析】

本案分不同情形处理。如果李某不知此房为汪家父女共有，则买卖协议有效；

如果李某明知此房并非汪某之女所有，还与其签订购房协议，则应认定为无效。依《物权法》规定，处分共有的不动产或者动产，应当经全体共同共有人同意。本案中，汪某的女儿未经其他共有人同意，擅自将房屋出售的行为无效。据此，汪某有权要求收回房屋。

【法条链接】

《物权法》第九十七条 处分共有的不动产或者动产以及对共有的不动产或者动产做重大修缮的，应当经占份额三分之二以上的按份共有人或者全体共同共有人同意，但共有人之间另有约定的除外。

《民法通则意见》第八十九条 共同共有人对共有财产享有共同的权利，承担共同的义务。在共同共有关系存续期间，部分共有人擅自处分共有财产的，一般认定无效。但第三人善意、有偿取得该项财产的，应当维护第三人的合法权益；对其他共有人的损失，由擅自处分共有财产的人赔偿。

★房屋共有人应怎样承担连带债务

【案例】

张某曾与一个亲戚合伙建了一栋旧式的木结构住房，由于年久失修，木料腐朽，存在倒塌的危险。张某经济比较困难，所以多次要求亲戚出钱整修。但该亲戚在城里买了房子，总是以各种借口拖延不肯修。请问：万一房子倒塌伤了人谁负责？

【法律解析】

该房屋是张某与亲戚合伙建造，由他们两人共有。因此，该房屋若倒塌伤人，他们俩应承担连带民事赔偿责任。如果该房屋属于按份共有，如果张某所承担的赔偿数额超过他所应当承担的份额，则可向亲戚追偿。

★共有住房能分割吗

【案例】

史某夫妻在市区的一处共有住房中有45%的产权，该住房在七楼。因为史某已经70多岁了，上下楼不方便，因此史某夫妻于2年前在低层租房居住。一年前，史某的老伴走路不慎遭遇车祸，经济十分困难，史某想处理该房产，共有人不同意史某作任何处理。请问，史某该怎么办？

【法律解析】

处分共有住房，应当经占份额2/3以上的按份共有人或者全体共同共有人同意，但共有人之间另有约定的除外。因此，该共有住房史某夫妇只占有45%的产权，属于按份共有，但份额未达到2/3以上，应与共有人协商解决。史某夫妇可以以经济困难作为重大理由请求分割住房，如果协商不成则可选择向法院起诉。

【法条链接】

《物权法》第九十九条 共有人约定不得分割共有的不动产或者动产，以维持共有关系的，应当按照约定，但共有人有重大理由需要分割的，可以请求分割；没有约定或者约定不明确的，按份共有人可以随时请求分割，共同共有人在共有的基础丧失或者有重大理由需要分割时可以请求分割。因分割对其他共有人造成损害的，应当给予赔偿。

★母子俩共有的汽车撞伤他人，谁来支付医疗费

【案例】

小刘母子共有一辆汽车，母亲考虑到小刘没有固定的工作，于是同意该汽车归小刘用来开出租谋生计。但是小刘开出租却不尽心，经常酗酒、赌博，因此引起小刘母亲的不满。5月，小刘酒后驾车，将行人孙女士撞伤，孙女士住院共花去医药费2万余元。事后，孙女士要求小刘母子承担全部的医药费，但是小刘母亲认为该事故是儿子小刘一人造成的，自己不应该承担任何责任。那么，孙女士的医疗费该谁来承担呢？

【法律解析】

本案中，小刘酒后将孙女士撞伤，侵犯了孙女士的身体健康权，虽然事故是由小刘一人造成的，但由于该汽车是由小刘母子共有，而且责任并不可分，因此由二人承担连带赔偿责任。具体来说，孙女士可要求小刘母子中的任何一方承担赔偿责任，而承担责任的一方可在履行义务后向另一方进行追偿。

★共有人之一致人伤亡，其他共有人要承担连带责任吗

【案例】

马军与马龙共有一辆卡车，马军负责运输。在一次长途运输中，马军把钟某撞伤，共花去医疗费2万余元。钟某找马军赔偿，可是马军一下子拿不出那么多钱。那么，钟某可以找马龙要求赔偿吗？

【法律解析】

钟某可以找马龙要求赔偿。《物权法》规定，因共有的不动产或者动产产生的债权债务，在对外关系上，共有人享有连带债权、承担连带债务。也就是说，共有人要对因共有财产而产生的债务承担连带责任。所谓连带责任，是指根据法律规定或当事人有效约定，两个或两个以上的连带义务人都对不履行义务承担全部责任。具体到本案中，马军与马龙因共有这辆卡车而成为连带责任义务人，马军无力履行对外的债务，马龙有履行的义务。马龙履行完义务后，可以向马军要求追偿。

★遗产分割后损坏，能要求与其他继承人分担损失吗

【案例】

2008年11月李某过世，留给大龙、小龙兄弟二人耕牛各一头。大龙领回耕牛后，该牛因病死亡。经查，该牛早已生病，但兄弟二人均不知情。这头牛的市场价值为5000元左右。那么，大龙能要求弟弟与他共同承担损失吗？

【法律解析】

大龙可以要求弟弟与他共担损失。我国《物权法》规定，共有人分得的动产或者不动产有瑕疵的，其他共有人应当分担损失。本案中，李某遗留的两头牛成为大龙、小龙按份共有的财产，其中大龙分得的牛因生病而死亡，应该视为"有瑕疵"，故此，小龙应该与哥哥大龙共同承担这头牛的损失。

【法条链接】

《物权法》第一百条第二款　共有人分割所得的不动产或者动产有瑕疵的，其他共有人应当分担损失。

★共有人对共有财产有优先购买权吗

【案例】

史大与史二是兄弟，二人从父亲处继承房屋两间，兄弟各分得一间。后来史大因急需用钱，要把自己的一间卖给龙某，谈妥价钱后签订了协议。这时史二对其兄史大说，房子不能卖给他人，自己在同等条件下有优先购买权，这个房子是多少钱卖给龙某的，自己出钱买。而龙某要求史大履行协议，交付房屋。那么，史二可以优先买这间房子吗？

【法律解析】

在同等条件下，史二可以优先购买房屋。《物权法》规定，按份共有人转让其享有的共有的不动产或者动产份额时，其他共有人在同等条件下享有优先购买权。本案中对于史家的房屋，二人属于按份共有。史大欲出售其共有份额，史二在同等条件下可以优先购买。

土地承包经营权与征地补偿

★"一地两包"，到底应归谁

【案例】

村民老李将自己承包的耕地转包给同村村民唐某，双方签订土地承包经营权转包协议，但是没有办理变更登记。之后，叶某也找到老李要求承包该地，他当时并不知道这块地的经营权已经转包给了唐某。老李一听叶某出的转包费用要高一些，于是将这块地又承包给了叶某，同时办理了变更登记，后来此事被唐某得知。那么，此事应该怎么解决？

【法律解析】

本案中，唐某并没有和老李进行土地转包登记，因此，根据规定，不得对抗善意第三人即叶某。但是唐某可以要求老李退还自己的承包费，并赔偿相应的损失。

【法条链接】

《物权法》第一百二十九条 土地承包经营权人将土地承包经营权互换、转让，当事人要求登记的，应当向县级以上地方人民政府申请土地承包经营权变更登记；未经登记，不得对抗善意第三人。

《农村土地承包法》第三十八条 土地承包经营权采取互换、转让方式流转，当事人要求登记的，应当向县级以上地方人民政府申请登记。未经登记，不得对抗善意第三人。

★未规定终期的合同什么时间可以终止

【案例】

村民老张，通过投标方式取得该村50亩荒地承包经营权，签订了承包经营合同，但是合同只规定了承包经营权的起始日期，没有规定终止日期。老张通过栽种各种经济作物，赚足了腰包。可是今年，村集体经济组织决定重新调整该50亩荒地的承包，终止与老张签订的合同。那么，这个做法合法吗？

【法律解析】

根据《物权法》第一百二十六条的规定，土地的承包经营期限为30年，这是一个法定的期限。如果双方在合同中约定的期限短于该期限，承包方可以要求延长该期限至法定期限。发包方以没有约定期限为由要求收回土地的,不予支持。村集体经济组织决定重新调整该50亩荒地的承包,终止与老张签订的合同的做法是不合法的。

★户口迁入城镇后,承包的土地要被收回吗

【案例】

某县出台了一项优惠政策,当地农民凡是在县城购房定居的,可以全家落户到县城,实现农转非。老崔这些年做生意挣了不少钱,因此买了一套大房子,全家都搬进县城去住。但是在办理非农业户口的时候,老崔不禁担心,如果自己全家成了非农户口,那自己承包的土地不是要被收回去吗?

【法律解析】

农民农转非以后,在承包期满前,作为发包方的村集体不能随意收回其承包的土地。承包期内全家落户城镇,如果承包方愿意保留土地,发包方应该予以保留,不得收回;如果承包方依法进行土地承包权流转,发包方也应当允许流转;如果承包方有稳定的非农收入来源,愿意交回承包土地的,发包方也应当接受,而且承包方对其在承包地上投入而提高土地生产能力的,有权获得相应的补偿。本案中,只要老崔的承包期未满,他承包的土地暂时不会收回。

【法条链接】

《中共中央、国务院关于促进小城镇健康发展的若干意见》 对进城镇落户的农民,可以根据本人意愿保留承包土地的经营权,也允许依法有偿流转。

★没有土地承包经营权证书就没有承包经营权吗

【案例】

某村村民老崔与村委会签订了土地承包合同书。老崔想在承包的土地上搭建一个温室大棚,但农村土地承包经营权证书迟迟没有办理下来,老崔心里很是着急:是不是土地承包经营权证书没有发放,自己就尚未取得土地承包经营权?

【法律解析】

本案中,承包方老崔作为村民,享有承包土地的权利。发包方是村民委员会,而且经过村民大会讨论通过,符合法律规定的条件。在这种情况下,老崔与村委会签订土地承包合同,双方意思表示真实,该承包合同应当成立而且生效。根据《物权法》以及《农村土地承包法》的相关规定,老崔在合同生效的时候就已经取得土地承包经营权,并不以是否取得土地承包经营权证为标准。老崔可以放心地在自家地上耕种了。

【法条链接】

《物权法》第一百二十七条 土地承包经营权自土地承包经营权合同生效时设立。

县级以上地方人民政府应当向土地承包经营权人发放土地承包经营权证、林权证、草原使用权证,并登记造册,确认土地承包经营权。

《农村土地承包法》第二十二条 承包合同自成立之日起生效。承包方自承包合同生效时取得土地承包经营权。

★土地承包经营权到期后怎么办

【案例】

某村的农民姜某与村委会签订的耕地承包合同是短期合同,现已到期。姜某要求延长承包期限,可村委会却以合同到期为由,另行发包。那么,村委会的这种行为是否合法?

【法律解析】

村委会的行为不合法。村委会与姜某签订的短期的农村土地承包合同,如果未达到国家政策和法律所规定的30年,就以农村土地承包合同期限已到为由,另行发包,这种做法显然有悖于国家政策和法律规定。承包的农户完全有权利拒绝村委会的决定,必要时可以通过法律手段维护自己的权益。

★没有签订书面合同的土地承包合同有效吗

【案例】

某村村委会将耕地按人均分配给村民承包,但村委会没有与村民签订土地承包合同,有村民担心没有签订书面承包合同其承包无效,因为《农村土地承包法》规定,发包方应当与承包方签订书面承包合同。那么,没有签订书面合同的土地承包合同有效吗?

【法律解析】

如果承包方和发包方没有签订书面合同,根据《合同法》的有关规定,只要承包方或者发包方履行了主要义务,而对方予以接受,即使没有签订书面形式的土地承包合同也是有效的。

★转包后引发纠纷怎么解决

【案例】

村委会与村民甲签订了果园的承包合同,承包期15年。此后甲将承包的部分果园转给同村村民乙经营,甲向乙收取承包费。乙又将这部分果园转给丙经营,丙向村委会交了承包费,村委会出具了交款凭证。三年后,丙经营不善,要求终止承包,村委会不同意,丙单方面决定不再缴纳承包费。于是村委会将丙告上法庭,但丙认为自己从未与村委会签订承包合同,村委会根本无权告自己。丙的说法合法吗?

【法律解析】

本案中,甲、乙、丙之间是一种转包关系,村委会无异议地接受丙的承包费,丙自愿向村委会交纳承包费,二者之间已经形成事实上的土地承包合同关系,丙实际上取代了甲成为这部分果园的实际承包人。因此,丙不能单方面决定不再缴纳承包费。

【法条链接】

《农村土地承包法》第三十二条 通过家庭承包取得的土地承包经营权可以依法采取转包、出租、互换、转让或者其他方式流转。

第三十四条 土地承包经营权流转的主体是承包方。承包方有权依法自主决定土地承包经营权是否流转和流转的方式。

第三十六条 土地承包经营权流转的转包费、租金、转让费等,应当由当事人双方协商确定。流转的收益归承包方所有,任何组织和个人不得擅自截留、扣缴。

第三十九条 承包方可以在一定

> 期限内将部分或者全部土地承包经营权转包或者出租给第三方，承包方与发包方的承包关系不变。
>
> 承包方将土地交由他人代耕不超过一年的，可以不签订书面合同。

★乡（镇）人民政府有权发包土地吗

【案例】

某村有一荒地，胡某与乡人民政府签订承包荒坡造林合同书，承包此块地。后来，某公司与村委会签订土地转让承包合同书，承包期限50年。当该公司准备开发此荒地时发现此地已被胡某植满树木，该公司与胡某进行交涉，双方都以各自签订的承包合同为凭，各不相让，后来起诉至人民法院。那么，法院会怎么处理呢？

【法律解析】

本案中，胡某与乡人民政府签订承包荒坡造林合同书是一种无权发包行为。因为土地属于村集体所有，乡人民政府无权发包，应认定该合同无效。村委会是合法的土地发包者，其与公司签订的合同系双方真实意思表示，不违反法律、法规的强制性规定，应认定为有效。乡（镇）政府在土地承包中的主要工作是指导土地承包合同的签订和管理，而不能直接干预土地承包，更不能成为发包方。

★发包方可以提前收回土地吗

【案例】

1993年，老周与村委会签订土地承包经营合同，约定由老周承包村里的80亩土地种植水稻，年承包金为2000元。2008年，村里开始了第二轮土地承包，村委会以与老周签订的承包合同没有明确的期限为由，要求收回老周承包的80亩土地，老周不服。那么，村委会可以收回老周承包的土地吗？

【法律解析】

村委会不能收回老周承包的土地。《农村土地承包法》明确规定，耕地的承包期为30年。这是法定期限，当事人不能以约定的形式排除。老周与村委会签订的土地承包经营合同中关于承包期限的约定不明确，则应当按30年处理。根据最高人民法院的相关司法解释的规定，如果约定的承包期低于法定时限，承包人可以要求延长至法定承包期。因此，本案中双方的土地承包经营合同应当延长至30年，村委会不得提前收回。

【法条链接】

《物权法》第一百二十六条第一款　耕地的承包期为三十年。草地的承包期为三十年至五十年。林地的承包期为三十年至七十年；特殊林木的林地承包期，经国务院林业行政主管部门批准可以延长。

★自愿退出承包经营的土地后，能否再要回

【案例】

1997年，朱某因自觉土地税费较高，且自己有谋生手段，就向该村村委会申请，将承包的土地退出，村委会经过协商将退出的土地分给余某，并且也上到了余某的土地承包证上。2006年后，国家取消了土地税费，并且还给予土地直补，朱某就要求将自己退出去的土地收回去，村委会干部也站在朱某一边，要求余某退还土地，余某不服。那么，自愿退出承包经营

的土地后，能否再要回呢？

【法律解析】

本案中，因朱某自愿交出的土地属于通过家庭联产承包方式获得的土地，所以在承包期内不能再要求获得土地。现在的规定是农村土地70年不变，所以2006年还是在承包期内，朱某不能要求余某归还土地。

★破坏基本农田应承担何种责任

【案例】

某村委会主任甄某为了给集体谋取利益，将村里的80亩基本农田以高价非法转让给他人挖沙，并签订了协议。请问，破坏基本农田应承担何种责任呢？

【法律解析】

占用基本农田或从事破坏基本农田活动的，毁坏种植条件的，由县级以上人民政府土地行政主管部门责令改正或者治理，恢复原种植条件，处占用基本农田的耕地开垦费1倍以上2倍以下的罚款；构成犯罪的，依法追究刑事责任。本案中，村委会主任违法将基本农田转让给他人挖沙，应承担法律责任。

【法条链接】

《土地管理法》第七十八条 无权批准征收、使用土地的单位或者个人非法批准占用土地的，超越批准权限非法批准占用土地的，不按照土地利用总体规划确定的用途批准用地的，或者违反法律规定的程序批准占用、征收土地的，其批准文件无效，对非法批准征收、使用土地的直接负责的主管人员和其他直接责任人员，

依法给予行政处分；构成犯罪的，依法追究刑事责任。非法批准、使用的土地应当收回，有关当事人拒不归还的，以非法占用土地论处。

非法批准征收、使用土地，对当事人造成损失的，依法应当承担赔偿责任。

★土地承包经营权可以继承吗

【案例】

某村村民龚某与其所在村签订耕地承包合同，双方在合同中约定，承包期为20年，每年交承包费1000元。6年后龚某去世，其妻刘某继续经营该片土地，后来村委会以刘某非承包人为由强行收回耕地，刘某不服，起诉至法院。那么，土地承包经营权可以继承吗？

【法律解析】

可以继承。《农村土地承包法》规定，承包人应得的承包收益，依照继承法的规定继承，林地承包的承包人死亡，其继承人可以在承包期内继续承包。本案中，尽管村民龚某是以个人名义与村委会签订承包合同，但按照法律规定农村土地承包采取农村集体经济组织内部的家庭承包方式，所以龚某实际是以家庭承包方式取得承包经营权，龚某死亡并不影响其妻继续享有承包经营权，村委会强行收回土地的做法是错误的。

【法条链接】

《继承法》第四条 个人承包应得的个人收益，依照本法规定继承。个人承包，依照法律允许由继承人继续承包的，按照承包合同办理。

《农村土地承包法》第五十条 土地承包经营权通过招标、拍卖、公开协商等方式取得的,该承包人死亡,其应得的承包收益,依照继承法的规定继承;在承包期内,其继承人可以继续承包。

★放弃土地承包经营权后,还可以要求继续承包吗

【案例】

2002年10月,杜某因在县城经商将其全家搬至县城,同时书面告知村委会,秋天庄稼收割后,将家里承包的还有15年到期的20亩地交回村里。秋收后,杜某如约把地还回村里。2008年,杜某生意亏本无力经营,回到村里以自己承包的土地还有9年到期为由,要求继续承包那20亩土地。杜某的主张能得到支持吗?

【法律解析】

杜某的主张得不到支持,他已丧失了那20亩土地的承包经营权。按照《农村土地承包法》的相关规定,全家迁至城镇并且提前半年以书面形式表示放弃土地承包经营权的,土地承包经营权消灭,原承包人在承包期内不能再要求承包该土地。本案因杜某提前半年以书面的形式表示放弃该土地的承包经营权,并把土地交回了村里,所以他的承包经营权已经消灭,在承包期内不能再承包土地。

★放弃承包的,能否再耕种承包地

【案例】

1995年,某村村委会重新分配承包地,张某嫌当时承包责任田需缴纳税款负担太重,所以放弃了村里给他分配的几亩责任田。后来这几亩责任田由村委会发包给李某,并且同李某签订了土地承包合同。2007年因为建设用地,李某承包的这几亩地要被征用。张某便多次要求李某把地退给他,并阻止李某继续耕种。请问,张某的要求是否有法律依据?李某能否继续耕种承包地?

【法律解析】

张某的要求没有法律依据,李某可以继续耕种这几亩地。因该土地已经由村委会发包给李某,并同李某签订了土地承包合同,李某是该土地合法的承包方,张某不能把地要回去。因此,李某可以继续耕种该承包地,如果该土地被征用,李某有权得到相应的补偿。

【法条链接】

《农村土地承包法》第九条 国家保护集体土地所有者的合法权益,保护承包方的土地承包经营权,任何组织和个人不得侵犯。

第十六条 承包方享有下列权利:

(一)依法享有承包地使用、收益和土地承包经营权流转的权利,有权自主组织生产经营和处置产品;

(二)承包地被依法征用、占用的,有权依法获得相应的补偿;

(三)法律、行政法规规定的其他权利。

★承包经营土地互换合同可以解除吗

【案例】

村民段某与冯某为了耕作方便,互换了10亩土地,签订了土地承包经营权互换协议。一年后,段某认为冯某的土地低洼,容易受涝,以没有到县政府登记为由

要求解除互换土地合同，冯某不同意解除。请问，承包经营的土地互换合同有效吗？

【法律解析】

二人之间的承包经营土地互换合同是有效的，段某不能要求解除。《物权法》规定，承包经营的土地可以互换、转让，当事人可以登记，也可以不登记。如果不登记，不能对抗善意第三人。也就是说，承包经营权人互换土地的合同，即使不登记对当事人也是有法律效力的。

★弃耕、撂荒土地，村委会能收回承包地吗

【案例】

村民卢某长期在外打工，春节回家时，他发现他家的承包地已经被村委会收回，并承包给了别人。村里的理由是不能让土地一直荒芜就承包给了别人。请问，卢某可以要回承包地并要求村委会赔偿损失吗？

【法律解析】

村委会的行为属于发包方收回承包方弃耕、撂荒的承包地。卢某可以向法院提起诉讼，要求返还承包地。但是由于卢某弃耕、撂荒土地，卢某并不能要求村委会赔偿损失。

★耕地重新划分以后，还能继续铺设管道取水吗

【案例】

邹某和韩某各自承包了一块耕地，两耕地相连。由于韩某承包的耕地离水源较远，为了取水方便，韩某与邹某协商，借助邹某的耕地铺设一条引水管道，每年支付给邹某600元作为补偿，二人就该约定进行了登记。后来村里重新划分耕地，将邹某承包的地划分给了李某。李某觉得韩某铺设的水管影响了自己的耕种，于是要求韩某拆除取水管道。韩某该怎么办？

【法律解析】

本案中，韩某在邹某的土地上设定了取水权并且经过了登记，因此，当土地被转让给李某后，按照《物权法》的规定，由于土地涉及了地役权的行使，因此，李某应当负担地役权合同约定的义务，为韩某的引水提供便利。同时，李某有权收取韩某支付的每年600元费用。

【法条链接】

《物权法》第一百五十八条 地役权自地役权合同生效时设立。当事人要求登记的，可以向登记机构申请地役权登记；未经登记，不得对抗善意第三人。

第一百六十七条 供役地以及供役地上的土地承包经营权、建设用地使用权、宅基地使用权部分转让时，转让部分涉及地役权的，地役权对受让人具有约束力。

★占用耕地连续两年未使用，其使用权是否就要被政府收回

【案例】

6年前，石某经过审批手续征用了20亩土地用以建厂，后来因为资金没有到位而迟迟没有把工厂建起来。因石某这几年都在联系资金的事，一直没空管理这20亩地。最近，这20亩地规划成了县里的经济开发区。当石某向开发区索要占地费时，开发区负责人说政策规定，占用土地2年不利用就作废了。请问，国家有这个政策吗？

【法律解析】

根据《土地管理法》的有关规定，办理审批手续的非农业建设用地，连续两年未使用的，经原批准机关批准，由县级以上人民政府无偿收回用地单位的土地使用权。

【法条链接】

《土地管理法》第三十七条第一款　禁止任何单位和个人闲置、荒芜耕地。已经办理审批手续的非农业建设占用耕地，一年内不用而又可以耕种并收获的，应当由原耕种该幅耕地的集体或者个人恢复耕种，也可以由用地单位组织耕种；一年以上未动工建设的，应当按照省、自治区、直辖市的规定缴纳闲置费；连续两年未使用的，经原批准机关批准，由县级以上人民政府无偿收回用地单位的土地使用权；该块土地原为农民集体所有的，应当交由原农村集体经济组织恢复耕种。

★挖沟安置取水装置需要另交费用吗

【案例】

房某和佟某两家的承包地相距不远，佟某在自己的承包地里打了一口水井。房某和佟某商定，房某用佟某家的水浇地，每年给付佟某1500元。双方签订了用水合同，并且办理了登记手续。于是，房某来到佟某家的承包地，打算开始挖沟取水。佟某同意房某用自己家的水，但不同意挖沟安装取水装置。因为这样会使自己家的一部分土地不能耕种，佟某要求房某给自己相应的一块地。而房某认为，自己已经支付了用水费，不能另外提供土地。那么房某是否有权挖沟安置取水装置呢？

【法律解析】

本案中，房某为使用佟某家承包地的水井里的水，双方签订了用水合同，并且办理了相应的登记手续，应当认定房某取得了汲水地役权。房某作为地役权人，有权使用佟家的水源。这种汲水地役权的行使必以一定汲水设置为条件，因此，房某有权在佟某家的承包地里挖沟安装取水装置，但是应当选择对供役地损害最少的处所以及方法而进行，对此，佟某有容忍的义务。房某用佟某家的承包地水井里的水浇地，约定每年向佟某支付的1500元，可以认定该笔费用已经包括了用水的费用以及占用部分土地的补偿费用，因此，佟某无权要求房某提供相应的土地。

【法条链接】

《物权法》第一百五十九条　供役地权利人应当按照合同约定，允许地役权人利用其土地，不得妨害地役权人行使权利。

第一百六十条　地役权人应当按照合同约定的利用目的和方法利用供役地，尽量减少对供役地权利人物权的限制。

★"眺望权"应受法律保护吗

【案例】

小刘于2005年6月买下某处房产，不久他们忽然发现，开发商原本设计要建绿茵足球场的一块地竟建起了一座楼房，小刘在多次要求停工未果的情况下，把房产商告到了法院。小刘认为开发商擅自改变设计，与原宣传不符，且昼夜施工扰民，侵犯了他们的知情权、眺望权、通风和防噪声污染权，要求开发商立即拆除新楼并向业主赔礼道歉。小刘的主张会得到法院的支持吗？这里有一个新词——眺望权，所谓的眺望权受法律保护吗？

【法律解析】

本案中，小刘主张的通风权和防噪声污染权，可以按照相邻关系的规定，依据国家有关工程建设标准进行测定，来判断是否超标。由于新楼房占据的是原本打算建足球场的绿地，如果小刘在当初签订买房合同时，房地产商明确承诺要建足球场，而现在擅自改建成楼房的，小刘可以依据房屋的买卖合同，要求房地产商承担违约责任，从而间接地维护自己的"眺望权"。如果房地产商只是在广告中声称将建足球场，而且这个因素没有对房屋的价格产生决定性影响，那么，小刘主张的眺望权，则不能得到法律的支持。

【法条链接】

《物权法》第一百五十六条 地役权人有权按照合同约定，利用他人的不动产，以提高自己的不动产的效益。

前款所称他人的不动产为供役地，自己的不动产为需役地。

第一百五十九条 供役地权利人应当按照合同约定，允许地役权人利用其土地，不得妨害地役权人行使权利。

第一百六十条 地役权人应当按照合同约定的利用目的和方法利用供役地，尽可能减少对供役地权利人物权的限制。

★外嫁女就不能分配征地补偿款吗

【案例】

李某（女）一直生活在农村，出嫁后户口没有迁出，并且按照联产承包的形式承包了村里的责任田。2005年5月，村里分配征地款时规定，凡是外嫁女及其子女无权分配补偿款。作为该村的村民，外嫁女李某有权分配征地补偿款吗？

【法律解析】

李某虽然出嫁，但她仍有权分配征地补偿款。因为她的户口仍在该村没有迁出，而且一直在该村生活和劳动，履行了村民的职责和义务，作为该村的村民，应当享有和其他人一样的权利。村委会的规定剥夺了李某的分配收益权，是一种侵权行为，村委会应当将征地补偿款发给李某。

【法条链接】

《最高人民法院关于审理涉及农村土地承包纠纷案件适用法律问题的解释》第二十四条 征地补偿安置方案确定时，已具有本集体经济组织成员资格的人，请求支付相应份额的，应予支持。

★土地补偿费应该给村民还是村委会

【案例】

由于修公路，占用了某村大面积耕地，但是村民只拿到了地上附属物补偿。请问，征用耕地的土地补偿费以及需要安置的农业人口的安置补助费标准是如何规定的？土地补偿费应该给村民还是给村委会？

【法律解析】

土地补偿费是针对土地所有权给予的补偿，因此该项补偿法律规定归集体，即归土地所有权的集体组织即村委会或村民小组。农村集体经济组织或者村民委员会、村民小组，可以依照法律规定的民主议定程序，决定在本集体经济组织内部分配已经收到的土地补偿费。

★养子没改姓就无权分征地补偿款吗

【案例】

项某从小被其姑姑、姑父收养，二老去世后项某继承了二老的遗产。2007年10月，项某家后面的厂房扩建，姑父家的祖坟被征用，得款30万元。项某姑父两个弟弟的子女们都分到了钱，但项某没有。他们说由于项某没改姓，所以无权分征地款。项某认为，自己从小就与姑父母一起生活，长大后又给老人养老送终，并继承了老人的遗产，收养关系已经成立，而且多年来无任何人提出异议。那么，养子没改姓就无权分征地补偿款吗？

【法律解析】

收养应当向县级以上人民政府民政部门登记，收养关系自登记之日起成立。养父母与养子女之间的权利义务关系适用法律关于父母子女关系的规定。因此，如果项某与姑父母之间的收养关系成立，那么即使他没有改姓，仍然有权继承征地补偿款中属于姑父的份额。

★国家因建设征用农村集体所有土地应如何补偿

【案例】

某省规划建设一条高速公路，因必须横穿某村的耕地，遂按规定对占用的该村耕地进行征收，但是农民拿到征收补偿款后很困惑，我们的大片耕地被征用了，我们失去了赖以生存的土地，难道国家就给这么少的补偿吗？国家因建设征用农村集体所有土地应如何补偿呢？

【法律解析】

我国《土地管理法》规定，修筑铁路、公路、水利工程等国家建设征用集体土地，用地单位要向被征地单位给予补偿。征用耕地的补偿费，包括土地补偿费、安置补助费以及地上附着物和青苗的补助费。我国有关的法规对补偿标准做了较为明确的规定。

【法条链接】

《土地管理法》第四十七条第二款 征收耕地的补偿费用包括土地补偿费、安置补助费以及地上附着物和青苗的补偿费。征收耕地的土地补偿费，为该耕地被征收前三年平均年产值的六至十倍。征收耕地的安置补助费，按照需要安置的农业人口数计算。需要安置的农业人口数，按照被征收的耕地数量除以征地前被征收单位平均每人占有耕地的数量计算。每一个需要安置的农业人口的安置补助费标准，为该耕地被征收前三年平均年产值的四至六倍。但是，每公顷被征收耕地的安置补助费，最高不得超过被征收前三年平均年产值的十五倍。

第六款 依照本条第二款的规定支付土地补偿费和安置补助费，尚不能使需要安置的农民保持原有生活水平的，经省、自治区、直辖市人民政府批准，可以增加安置补助费。但是，土地补偿费和安置补助费的总和不得超过土地被征收前三年平均年产值的三十倍。

★村民对安置方案不满怎么办

【案例】

某大学与A村签订征地协议，并支付了征地款，村委会相应地制订了安置方案。但是部分村民认为该方案损害了自己的利益，向村委会提出意见，但村委会仍按原定的安置方案向主管部门报批。面对此种情况，村民们应该怎么办？

【法律解析】

本案中，部分村民对拟征地项目的安置方案不满，可以要求当地的市县国土资源部门组织听证。征地补偿安置听证制度，具体包括拟定或者修改区域性征地补偿标准的听证、拟定拟征地项目的补偿标准和安置方案的听证，不包括对征地行为本身的听证。拟定拟征地项目的补偿标准和安置方案的听证，由市县国土资源部门组织。市县国土资源部门在拟定拟征地项目的补偿标准和安置方案并报批前，应当告知被征地块的承包经营权人、农村集体经济组织或者村民小组等有权要求听证的人，并根据其申请组织听证。

★死亡人员可否获得征地款

【案例】

项某是甲村村民，2005年该村包括项某家的大幅土地被征收，随后便发放了地上附着物补偿费，因征地补偿价款一直未达成协议，遂拖至2008年补偿款才发放，而此时项某已经死亡。村民会议经讨论确定了分配方案，决定按目前登记在册的村民发放征地补偿款。这样，尽管项某在世时土地已被征收，但是由于补偿款发放时项某已死亡，所以按村里的决定其不能获得补偿款。请问，死亡人员可否获得征地款？

【法律解析】

针对死亡人员能否获得征地款这个问题，应该区别对待。因为死亡的人员的民事权利已经消失，所以，一般情况下，死亡人员不能成为征地补偿费的分配对象。但是，根据《土地管理法》《土地管理法实施条例》《农村土地承包法》的规定，并结合《民法通则》的相关内容，对涉及死亡人员的土地补偿款和安置补助费的处理原则为：在征地前死亡的人员实际上已不再占有土地，从而不能作为安置补偿对象；在征地后死亡的，应当将其计算在征地款的范围之内，应当享有征地款的分配权利，其所应得的收益由其继承人继承。本案中，土地被征用时，项某并未死亡，依法享有分得补偿款的权利。发放补偿款时，项某已死亡，则项某所应得的补偿款应由继承人继承。

【法条链接】

《土地管理法》第二条第四款 国家为了公共利益的需要，可以依法对土地征收或者征用并给予补偿。

《民法通则》第九条 公民从出生时起到死亡时止，具有民事权利能力，依法享有民事权利，承担民事义务。

建设用地使用权

★村委会可以转让土地使用权给房地产公司吗

【案例】

A村环境优美，某房地产公司欲在此地建造一片别墅区，在与村委会商议之后，双方签订了土地使用权转让合同。合同签订以后，房地产公司支付了5000万元的地价款，先后投入3000万元的工程建设款。但是随后，当地政府却下令房地产公司停建。这是为什么呢？

【法律解析】

本案中，房地产公司没有通过依法申请而只是与A村村委会商议签订合同就开始动工，A村村委会擅自将本村的集体土地使用权转让给房地产公司，这些行为都是违法的。因此，当地政府有权将其列为非法用地开发项目且下令停建。

★如何取得建设用地使用权
【案例】

红星中学经批准，以划拨方式取得一块国有土地使用权，批准用途为教育用地，现红星中学提出土地登记申请，要求办理土地登记。那么，应该如何办理？

【法律解析】

首先，红星中学应该在接到国有土地划拨决定书之日起30日内申请办理划拨国有土地使用权设定登记。申请人为红星中学及其法定代表人。其次，还应提交：土地使用权登记申请表，红星中学法人证明、法人代表身份证明和个人身份证明，县级以上人民政府建设用地批准书，国有土地划拨决定书，委托代理的应提交土地登记委托及代理人身份证明等。

★建设用地如何转让
【案例】

A公司以出让方式取得一宗国有土地使用权，批准用途为商业，使用期限为40年，办理了土地登记。现因债务的关系，A公司将这宗地连同房产转让给了某贸易有限公司。那么，如何办理这宗地的土地使用权变更登记手续呢？

【法律解析】

某贸易有限公司应该在与A公司签订了土地转让合同或协议后30日内，办理房产变更登记，15日内，向当地土地管理部门提出土地使用权变更登记申请。某贸易公司实地调查该宗地原来登记状况是否有变化，没有变化的，可直接移交土地登记人员进行审核。权属审核重点是申请人的身份、土地使用期限、土地价格、税费、土地用途及房产变更等事项。A公司对原来的《土地登记卡》进行变更登记，并填写新的《土地归户卡》注销原来的《土地归户卡》。收回并注销原来的《国有土地使用证》，将新的土地证书发给某贸易有限公司。

★公司签土地出让协议在法律上有效吗
【案例】

某公司因欠龙某工程款，经协商将一块住宅用地出让给龙某，占地350平方米，并签订了土地出让协议，但该公司一直没有按照协议约定给龙某办理土地证和准建证。后来，在龙某不知情的情况下，该公司在这块土地上又建起了车间。龙某去要土地时，该公司却说只剩一块150平方米的土地了。请问：该公司和龙某签订的土地出让协议还有效吗？

【法律解析】

该协议无效。我国法律规定，只有市、县级人民政府土地管理部门才有资格代表国家行使出让土地的权利，并依照法定的程序办理出让手续。龙某与该公司签订的出让协议是不合法的，不受法律保护，但龙某可以依据出让协议要回该公司所欠工程款。

【法条链接】

《城镇国有土地使用权出让和转让暂行条例》第十条 土地使用权出让的地块、用途、年限和其他条件，由市、县人民政府土地管理部门会同城市规划和建设管理部门、房产管理部门共同拟订方案，按照国务院规定的批准权限报经批准后，由土地管理部门实施。

★治理水土流失的费用由谁承担

【案例】

某村四面环山，山高坡陡。2006年某公司与该村签订协议，在该村南山陡坡上采石。自从采石以来，水土流失非常严重。当地水利局责令该公司停止开采，并承担治理水土流失的费用。但是该公司认为，与村里签订的合同有效，水利局无权要求停止开采。请问，该公司是否应当承担治理水土流失的费用？

【法律解析】

根据相关法律规定，该公司与某村签订的协议未经有关部门批准，是无效的，水利局有权制止其开采，并且该公司应当承担治理水土流失的费用。

宅基地使用权

★宅基地包括住房的附属设施用地吗

【案例】

孙某现在是非农业户，原来他在农村有一处宅基地，持有房产证，房屋产权没有变化，住房依然完好，但附属设施厨房、厕所、柴棚已经倒塌，该地并没有被集体收回。请问，现在孙某退休回乡定居，能不能在原处修建附属设施？宅基地包括住房的附属设施用地吗？

【法律解析】

宅基地是指住宅用地，包括住房用地及其必要的附属设施用地。宅基地使用权人依法对集体所有的土地享有占有和使用的权利，有权依法利用该土地建造住宅及其附属设施。虽然孙某现在是非农业户，但孙某依然有权依法利用该土地建造住宅及其附属设施。

★宅基地买卖合同和宅基地转让登记谁更有效

【案例】

村民黄某夫妇决定搬到城里居住，于是打算将房子卖掉，村民柳某听说后，就找到黄某协商购买其房屋，达成一致后，请了村里的长者作为证明人并签订了房屋买卖合同，但没有办理转让登记手续。后来，同村祝某在不知黄某房屋已卖给柳某的情况下，以更高的价格购买了黄某的房屋，并办理了房屋与宅基地的过户手续。请问，黄某的房屋应该归谁？

【法律解析】

黄某的房屋的所有权应该归祝某。本案中，虽然柳某与黄某签订的买卖合同在前，但没有办理过户手续，从法律上来说，房屋仍然属于黄某所有，在登记之前柳某不能取得房屋所有权与宅基地使用权。祝某签订的合同虽然在柳某之后，但是因为它符合宅基地的申请条件，而且祝某也不知道柳某与黄某合同的存在，所以他与黄某签订的合同也是有效的，在办理登记手续后，祝某就取得了黄某房屋所有权与宅基地使用权。柳某可以根据合同的规定，要求黄某承担违约责任。

【法条链接】

《物权法》第九条　不动产物权的设立、变更、转让和消灭，经依法登记，发生效力；未经登记，不发生效力，但法律另有规定的除外。

依法属于国家所有的自然资源，所有权可以不登记。

第一百五十三条　宅基地使用权

的取得、行使和转让，适用《土地管理法》等法律和国家有关规定。

★70年到期后我们的房子怎么办

【案例】

老李通过多年打拼，终于攒够钱买了一套商品房。可当他拿到房产证时，朋友说老李对该房拥有70年产权，老李一时觉得有些迷惑。70年后这个房子就不再是自己的了吗？

【法律解析】

老李的担心是不必要的。《物权法》规定，住宅建设用地使用权期间届满的，自动续期。也就是说，购房者在70年后仍然拥有自己购买住宅的所有权和住宅建设用地的使用权。

★转为城市户口后，还能继承宅基地的使用权吗

【案例】

贺某的父亲以一家三口人的名义，向当地村委会申请宅基地并建造了一所房屋。后来，贺某上了大学，户口随之迁出，毕业后分配到距离家乡不远的一座城市的机关工作，婚后在城里居住。贺某的父母去世后，村里按规定将其老宅的宅基地使用权收回，但贺某认为其父母的房屋连同土地应作为遗产由其继承。那么，转为城市户口后，还能继承宅基地的使用权吗？

【法律解析】

本案中，尽管申请宅基地建房时贺某户口没有迁出，但是当贺某户口迁出并转为城市户口后，其宅基地使用权资格随之消灭。因此，贺某无权继承宅基地，村委会的主张是成立的。

【法条链接】

《物权法》第一百五十三条 宅基地使用权的取得、行使和转让，适用《土地管理法》等法律和国家有关规定。

《土地管理法》第八条第二款 农村和城市郊区的土地，除由法律规定属于国家所有的以外，属于农民集体所有；宅基地和自留地、自留山，属于农民集体所有。

★城镇居民可以购买农村宅基地吗

【案例】

赵某是某市城镇户口的居民，几年前在市郊区买了一栋农村村民的房子，有一天他接到了原卖房人电话，说自己反悔了，他们之间签订的合同无效，要求退回赵某的房款，把房子还给卖主。赵某犯了糊涂，合同明明已经签了，为什么不认可我的买卖行为？

【法律解析】

为保护农民的利益，我国有关法律规定，农民的住宅不得向城市居民出售，也不得批准城市居民占用农民集体土地建住宅，有关部门不得为违法建造和购买的住宅发放土地使用证和房产证。因此，赵某虽然签订了买卖合同，但是无效的。

【法条链接】

《关于加强农村宅基地管理的意见》第十三条 严格日常监管制度。各地要进一步健全和完善动态巡查制度，切实加强农村村民住宅建设用地的日常监管，及时发现和制止各类土地违法行为。要重点加强城乡结合部

地区农村宅基地的监督管理。严禁城镇居民在农村购置宅基地，严禁为城镇居民在农村购买和违法建造的住宅发放土地使用证。

★房屋和宅基地继承时该怎么分割

【案例】

村民潘某夫妇有两个儿子，大儿子已经成家，申请了宅基地并盖了房屋，小儿子刚满20岁，与父母一同居住。年初，潘某夫妇在一次车祸中双双去世。在分割遗产时，两个儿子发生争议，老大认为潘某夫妇的房子和宅基地属于遗产，应当由他们俩平均分割继承，小儿子则认为他一直在父母房屋中居住，所以房屋和宅基地均应归他。那么，谁的主张合理呢？

【法律解析】

本案中，潘某的大儿子已经单独立户，但是这并不妨碍他作为潘某夫妇继承人的地位，他们对于潘某的财产仍然有继承权。潘某的房屋属于其个人财产，依法可以由他的两个儿子继承。但是宅基地属于集体经济组织所有，因为大儿子已经申请宅基地，无权再继承，小儿子尚未申请宅基地，而且已经符合申请宅基地的条件，因此，有权继续使用该宅基地。

★宅基地可以通过遗嘱进行分割吗

【案例】

程某在世时曾立下一份遗嘱，对其所有的财产进行分割。遗嘱中写明：四间瓦房由儿子继承，现有的2万元现金和四间瓦房的宅基地由其女儿继承。不久，程某去世。程某之子打算将四间瓦房拆除，另盖楼房，但程某女儿提出抗议，认为宅基地归自己所有，加以阻止。为此，双方引起矛盾。宅基地可以通过遗嘱进行分割吗？

【法律解析】

程某对其2万元现金和四间瓦房拥有合法的所有权，因而对其处分是有效的，但由于宅基地属集体所有，其遗嘱中涉及将宅基地转归其女儿所有的部分无效。同时，宅基地属于农民集体所有，农民经人民政府批准取得土地建房，对该宅基地只有使用权而无所有权，不得擅自出卖、出租，即使在原宅基地上建房，也得重新获得批准。程某的儿子在拆除房屋后，如果打算继续在该宅基地上建房，必须重新办理相应的审批手续。

【法条链接】

《物权法》第一百五十三条 宅基地使用权的取得、行使和转让，适用土地管理法等法律和国家有关规定。

★未经同意，村委会将宅基地批给他人怎么办

【案例】

村民吴某常年在城里做生意，后来因为做生意发了财，便在城里买了房子，此后就很少回村。村委会为了节约土地，便将吴某的宅基地批给了符合宅基地申请条件的孙某。后来，吴某因生意失败，卖掉了城里的房子，打算回家住，发现孙某已经在宅基地上盖了房子。吴某遂将村委会告到法院，要求赔偿并重新分配宅基地。法院会支持吗？

【法律解析】

案例中，村委会在未通知吴某并得到其同意的情况下，私自将宅基地批给了他人，在程序上违反了法律规定。当宅基地批给吴某并进行登记后，吴某便拥有了对该处宅基地的占有使用权，宅基地使用

权也是当事人财产的一部分。村委会未经吴某同意私自收回宅基地的行为侵害了吴某的利益,因此村委会应当进行赔偿。此外,因为吴某没有了宅基地且符合宅基地申请条件,村委会应当为其分配宅基地。

★盖房时扩大宅基地面积,村委会有权强制拆除吗

【案例】

村民何某在世时,盖有五间平房,按照村内的规划,只能盖四间。何某去世后,儿子小何继承该房,不仅又扩大了一间,且将院子向前和向左各扩大了5米。一个月后,该村委会通知小何,他们只能享受四间房的面积,超出部分按规定要收回,并限定小何在一个月内将超出宅基地的院墙和两间房子全部拆除。那么,村委会的要求合理吗?

【法律解析】

案例中,何某已经超过规定宅基地面积建设房屋,作为该块宅基地继承人的小何也任意扩大宅基地面积,违反了《土地管理法》的有关规定,损害了村集体的权利。村民委员会作为村集体的代表,有权利要求小何退还超标的面积。但是,需要注意的是,即使是违章建筑也应该由相应的国家机关(如法院)采取强制措施,村委会不能直接强制拆除小何的房屋。

★宅基地使用权可以转让吗

【案例】

村民韩某在农村有一处宅基地。2006年5月,韩某进城打工,随后,在城市安家落户。于是,韩某打算将其在农村的宅基地转让出去。恰好韩某同村村民李某想购买这一宅基地。那么,韩某的宅基地能够转让吗?

【法律解析】

韩某可以转让其在农村的宅基地使用权给同村村民李某。但是,韩某在转让宅基地后,如果以后打算再回村居住,则不能再向集体申请宅基地使用权。

★宅基地使用权是否可以单独转让

【案例】

某村的张某与李某签订宅基地使用权转让合同,张某把自己的宅基地以6万元的价格转让给李某。李某把6万元转让款付给张某后开始动工建房。可是村民小组以这份宅基地是分给张某的为由出面阻拦。那么,李某的宅基地使用权受法律保护吗?

【法律解析】

李某的宅基地使用权不受法律保护,他与张某的宅基地转让协议无效。我国目前的司法实践中,农村宅基地使用权必须与宅基地上的房产一起流转,空白宅基地使用权不得转让、抵押和继承。本案中,张某与李某签订的单独转让宅基地使用权的协议与我国现行法律及政策相抵触,所以应被认定为无效,李某无法依据该协议而取得宅基地使用权。

★宅基地使用权能否单独抵押

【案例】

许某做生意向谢某借款1万元,当时双方约定月利率为2%。此后,许某生意出现亏损,在谢某的多次索要下,许某先后归还了谢某共计6000元。后来双方达成协议,协议内容是许某应在某个日期前连本带息再给谢某5000元,并以许某的宅基地使用权作为抵押。事后,经谢某多次索要,许某一直未归还欠款。谢某将许某诉至法院,要求许某归还其借款,如无钱归

还则要求依抵押协议拍卖许某的宅基地。谢某的诉讼请求是否成立？

【法律解析】

谢某的诉讼请求不成立。本案中，许某与谢某之间签订的借款合同符合法律规定，是有效的。但是，抵押权则没有设定，原因如下：首先，如果许某的宅基地上面没有建设房屋，则《物权法》明确规定，宅基地使用权不能单独设定抵押权；其次，如果在宅基地上建筑了房屋，因为双方没有办理抵押权设定登记，所以，抵押权也没有设定。因此，谢某诉请法院根据协议拍卖许某的宅基地是没有法律根据的。

【法条链接】

《物权法》第一百八十二条 以建筑物抵押的，该建筑物占用范围内的建设用地使用权一并抵押。以建设用地使用权抵押的，该土地上的建筑物一并抵押。

抵押人未依照前款规定一并抵押的，未抵押的财产视为一并抵押。

★宅基地上的别墅是否可以抵押

【案例】

农民夏某近几年来靠养猪赚了一些钱，花十多万元在宅基地上翻建了一幢别墅。最近，他考虑扩大养猪的规模，于是向信用社申请借款。信用社要求提供担保，夏某提出用别墅抵押借款，可信用社说法律规定农村宅基地不得抵押，建在农村宅基地上的房屋与土地不可能分离，抵押无效。夏某感到困惑，不明白为什么其价值不菲的别墅却不能用作抵押？

【法律解析】

本案中，从法律解释的角度来说，夏某的别墅属于其个人的私有财产，允许自由转让，可以作为抵押权的标的，但是宅基地使用权却不能向本集体经济组织以外的人转让，这就产生一个矛盾，即如果别墅的购买人不是本集体经济组织的成员，那么别墅和别墅占用的宅基地使用权就属于不同的人。因此，如果在实现抵押权时要保持房地所有人的统一，唯一的方法就是将抵押的别墅卖给集体经济组织符合要求的成员。

【法条链接】

《物权法》第一百八十二条 以建筑物抵押的，该建筑物占用范围内的建设用地使用权一并抵押。以建设用地使用权抵押的，该土地上的建筑物一并抵押。

抵押人未依照前款规定一并抵押的，未抵押的财产视为一并抵押。

★宅基地上的房子倒塌，原来的宅基地使用权还存在吗

【案例】

村民王某的房屋在一次地震中坍塌，王某想在原址上再建一座房屋，可是村干部找到他，说他家住宅原址要被村里收回，如果他要建住房的话可以另给他一块宅基地。王某认为自家原住房位置好，坚持要在原址上盖房。王某原来的宅基地使用权还在吗？

【法律解析】

王某原来的宅基地使用权消灭。如果王某要在原址上盖房，须经过审批。《物权法》规定，宅基地因自然灾害等原因灭失的，宅基地使用权消灭。对于没有宅基地的村民，应当重新分配宅基地。据此规定，本案中王某的房屋因自然灾害而坍塌，他的宅基地权消灭。他可以重新申请

重新分配宅基地，但分得的宅基地不能保证是他原来的宅基地。

★宅基地是否可以继承

【案例】

农民胡某和其父各自有宅基地并建有房屋。后来胡某父亲去世，仅遗留下三间房，于是胡某便将房屋扒掉，准备盖新房。但是在准备动工时，却被村委会制止了。胡某很疑惑，他继承了父亲的房子，为什么不能扒掉盖新房？

【法律解析】

《土地管理法》规定农村村民一户只能拥有一处宅基地，其宅基地的面积不得超过省、自治区、直辖市规定的标准。如果超过规定的标准，一般应归还村集体。《物权法》同时规定，已经登记的宅基地使用权转让或者消灭的，应当及时办理变更登记或者注销登记。本案中，胡某继承了其父的三间房是受法律保护的，也就继承了房屋所占范围内的宅基地，但是胡某并没有依法办理宅基地使用权证，本身有宅基地，所以胡某将其父亲的旧房扒掉时，村里有权收回胡某多占的宅基地。

【法条链接】

《物权法》第一百五十五条 已经登记的宅基地使用权转让或者消灭的，应当及时办理变更登记或者注销登记。

《国土资源部印发〈关于加强农村宅基地管理的意见〉的通知》 农村村民一户只能拥有一处宅基地，面积不得超过省(区、市)规定的标准。各地应结合本地实际，制定统一的农村宅基地面积标准和宅基地申请条件。不符合申请条件的不得批准宅基地。

★怎样解决宅基地使用权纠纷

【案例】

赵某、李某是邻居，由于建房早，当时并没有颁发宅基地使用权证。后来补发的证件中宅基地的范围与二人实际所占范围有些微出入，但两家互谅互让，多年来相安无事。后两家发生一次严重争执，于是赵某要求李某拆除在自己宅基地范围内的院墙，李某则认为赵某的厢房建到了自己宅基地的范围内，是赵某侵权。那么，赵、李两家的纠纷该怎么解决？

【法律解析】

因宅基地使用权发生争议，不能直接向法院起诉，应先由行政机关处理。这是法律规定的前置程序。宅基地使用权发生争议，不能以侵权为由向法院提起民事诉讼，因为宅基地使用权的争议不解决，法院无法确定权属，也就无法确定侵权。对有关人民政府作出的宅基地使用权争议处理决定不服，可以在接到处理决定通知之日起30日内向法院提起行政诉讼。

【法条链接】

《土地管理法》第十六条 土地所有权和使用权争议，由当事人协商解决；协商不成的，由人民政府处理。

单位之间的争议，由县级以上人民政府处理；个人之间、个人与单位之间的争议，由乡级人民政府或者县级以上人民政府处理。

当事人对有关人民政府的处理决定不服的，可以自接到处理决定通知之日起三十日内，向人民法院起诉。

在土地所有权和使用权争议解决前，任何一方不得改变土地利用现状。

★出卖宅基地上的房屋和附着物时，如何处理其宅基地使用权

【案例】

村民小朱因近年做生意赚了一些钱，于是决定卖掉村里的房子举家搬进县城。同村农民小周，由于尚未在村里取得宅基地，见小朱家的房子还不错，便决定买下作结婚之用。于是双方一拍即合，随即交了钱，给了房，并办理了宅基地使用权证。那么，他们的做法合法吗？

【法律解析】

《物权法》规定，已经登记的宅基地使用权转让或者消灭的，应当及时办理变更登记或者注销登记。宅基地的使用权随房屋所有权的转移而转移，房屋因继承、赠予、买卖等方式转让的，其使用范围内的宅基地使用权也随之转移，这时要及时办理变更登记，所以本案中小朱和小周的做法是正确的。

【法条链接】

《物权法》第一百五十五条 已经登记的宅基地使用权转让或者消灭的，应当及时办理变更登记或者注销登记。

抵押担保

★为赌债所做的担保有效吗

【案例】

蔡某欠杜某赌债20万元，请求好友孙某为自己的债务向杜某提供担保。孙某不知是赌债，于是以自己的房屋设立抵押担保，并办理了抵押登记。那么，如果蔡某还不上杜某钱，杜某是否有权让孙某还他钱？

【法律解析】

孙某不必承担担保责任。《物权法》《担保法》都规定，主合同无效，担保合同无效。本案中，蔡某与杜某之间的债务可以视为"主合同"，而孙某与杜某的担保合同则为"从合同"。由于赌债是不受法律保护的，主合同无效，所以作为担保合同的从合同也无效。孙某在此事中没有过错，所以不需要承担任何担保责任。

★当物的担保与人的担保同时存在时，谁先承担担保责任

【案例】

某房地产开发公司欲向某银行贷款8000万元，双方约定房地产公司的一块地皮及该地上建造的建筑物作为抵押，双方依法签订抵押合同并办理了登记。可银行仍然不放心，于是，房地产公司便找来某投资公司作保。后来，房地产公司不能按时还款。请问，当物的担保与人的担保同时存在，谁先承担责任？

【法律解析】

当出现物的担保与人的保证同时存在的情况时，物的担保应优先适用。本案中，银行应先与房地产开发公司协商，将抵押物折价或者以拍卖、变卖该项抵押物所得的价款受偿。协商不成的，银行可向法院起诉要求实现其抵押权。在抵押物折价或拍卖、变卖后，其价款不足以清偿债务的，保证人应就剩余部分负责任。

★行使抵押权有期限限制吗

【案例】

甲向乙借款6万元，期限为一年，以自己的轿车作为抵押提供担保。一年的期限届满后，乙要求甲还钱，甲表示现在没

钱，暂时不还。又过了一年，乙再次要求甲还钱，甲仍推脱不还。乙要求对甲的轿车行使优先受偿权，甲以乙在借款期限届满时未主张抵押权而使抵押权归于无效为由，拒绝乙行使抵押权。乙的抵押权是否因没有及时行使而消灭？

【法律解析】

乙的抵押权没有超过法定时效期限，仍然可以向甲主张。抵押权人如果过了法定的期限没有行使抵押权，则抵押权归于消灭。根据《物权法》的规定，抵押权的诉讼时效与主债权期间相同。根据《民法通则》的规定，一般情况下诉讼时效期间为2年。具体到本案，抵押权的诉讼时效期间与主债权相同，即同为2年。乙抵押权的2年诉讼时效期间未满，可以要求就被抵押的汽车优先受偿。

【法条链接】

《物权法》第二百零二条 抵押权人应当在主债权诉讼时效期间行使抵押权；未行使的，人民法院不予保护。

《民法通则》第一百三十五条 向人民法院请求保护民事权利的诉讼时效期间为二年，法律另有规定的除外。

第一百四十条 诉讼时效因提起诉讼、当事人一方提出要求或者同意履行义务而中断。从中断时起，诉讼时效期间重新计算。

★担保物权人对债权可以优先受偿吗

【案例】

龚某分别向龙某、李某及王某借款50万元，并以自己的一幢房屋向龙某提供了担保。债务清偿期到来，龚某无力偿还欠款，只好卖了房屋，得款100万元。那么，这100万元应该如何在三个债权人之间分配？

【法律解析】

龚某应首先向龙某清偿50万元，剩余50万元由李某及王某平分。《物权法》规定，担保物权人可以就债务优先受偿，也就是说，把钱借给他人，如果取得了合法的担保，则在实现债务时可以优先于其他债权人。本案中龙某取得了对龚某房屋的担保物权，因此他可以优先于李某、王某受偿。

★重复抵押如何行使抵押权

【案例】

某厂因经营需要资金，用工厂抵押，向当地银行贷款80万元，约定2年后偿还，双方办理了抵押登记，并进行了公证。之后该厂又向刘某借款20万元，借款合同上写明以设备作抵押。当与刘某合同期满时，该厂已负债累累，无奈之下该厂就用设备折价抵偿了欠款。银行得知后认为刘某无权对设备行使抵押权。请问，对于重复抵押如何行使抵押权？

【法律解析】

该厂将工厂抵押给银行，且办理了抵押登记，并进行了公证，其抵押行为有效。之后，该厂又将设备抵押给刘某，虽然动产机器设备不经登记即可生效，但是该厂设备存在重复抵押，而且抵押机器设备不经登记不能抵押第二人。根据《物权法》第一百九十九条规定，同一财产向两个以上债权人抵押的，抵押权已登记的先于未登记的受偿。对于本案，银行已经登记的抵押权效力高于刘某未登记的抵押权。就机器设备而言，应当先由银行行使抵押权。

★ 担保物损毁获得的保险金，担保权人可以优先受偿吗

【案例】

邹某向武某借款60万元，约定1年以后偿还，同时邹某以价值80万元的房屋作为担保。后来，该房屋因失火被烧毁，邹某获得保险金100万元。到了债务偿还时，邹某没有偿还武某欠款。此时武某才知道原来作为担保的房子已经被烧毁了。那么，武某可以要求就100万元保险金优先受偿吗？

【法律解析】

武某可以要求就保险金优先受偿。本案涉及担保物权的物上代位性相关法律知识。所谓担保物权的物上代位性，是指当担保物因毁损、灭失或被依法征收而丧失了所有权时，担保权人可以就该保险金、赔偿金或补偿金行使优先受偿权。对于这一点，《物权法》有明确的规定。本案中，作为抵押物的房屋被烧毁，抵押权人武某可以就保险金优先受偿。

【法条链接】

《物权法》第一百七十四条 担保期间，担保财产毁损、灭失或者被依法征收等，担保物权人可以就获得的保险金、赔偿金或者补偿金等优先受偿。被担保债权的履行期未届满的，也可以提存该保险金、赔偿金或者补偿金等。

★ 债务未经担保人同意而转让，担保人还要负担保责任吗

【案例】

钟某向孙某借款3万元钱，车某以他的一处房产为钟某的借款提供抵押担保。后来钟某与孙某协商，周某欠钟某3万元钱，到时候钟某欠孙某的3万元钱直接由周某偿还，周某也表示愿意；车某对此并不知情。那么，车某对这个债务还要承担担保责任吗？

【法律解析】

车某不再承担担保责任。《物权法》规定，债权人同意债务人转让债务，如果没有经过担保人书面同意，担保人不再承担相应的担保责任。本案中，孙某同意钟某把债务转让给周某，且没有经过担保人车某的书面同意，所以车某不再承担相应的担保责任。

★ 未经抵押权人同意，抵押物可以转让吗

【案例】

耿某向朱某借款5万元做生意，以自己的轿车作为抵押，双方签订了抵押合同并进行了抵押登记。在还款期到来之前，耿某见生意兴旺，认为没有抵押自己也可以还朱某的钱，于是把轿车卖给程某又买了新车。谁知不久生意萧条，无力偿还朱某的5万元。朱某要行使抵押权时，才知道作为抵押物的汽车已被卖掉。那么，未经抵押权人同意，抵押物可以转让吗？朱某应该怎样行使自己的抵押权？

【法律解析】

为了保护抵押权人的权利，《物权法》规定，如果抵押人转让抵押财产，必须事先求得抵押权人同意，并且将转让抵押财产的钱提前清偿债务或者提存。未经抵押权人同意，不得转让抵押财产，除非受让人同意代为消偿债务使抵押权消灭。本案中，耿某把抵押物轿车卖给程某，没有事先经过抵押权人朱某的同意，朱某可以向人民法院请求撤销轿车买卖合同，或

者请求购买耿某汽车的程某代为偿还耿某的欠款。

★当抵押物变为赃物，债权人享有优先受偿权吗

【案例】

赵某向某银行贷款30万元购买汽车一辆，并办理了车辆抵押登记手续。2007年1月，赵某因利用汽车犯罪被抓获，汽车被法院没收。2007年5月，银行对赵某提起民事诉讼，要求法院判令赵某归还贷款本息，并确认汽车抵押关系合法有效。那么，银行享有优先受偿权吗？

【法律解析】

在此案中，对于赵某所有的汽车，由于是抵押在先，而且银行是善意且无过失取得的抵押权，因而司法机关对汽车采取没收等判决并不影响银行汽车抵押权的合法存在，也就是说，银行不仅还拥有抵押权，而且还享有优先受偿的权利。当抵押物变成赃物时，债权人只要是合法取得债权，依然享有优先受偿权。

★抵押权人放弃债务人的抵押，担保人可以免除担保责任吗

【案例】

甲向乙借款60万元，以自己的房屋作抵押并办理了抵押登记。同时，甲的好友丙也以自己的汽车为甲的抵押办了抵押登记。后来，甲与乙在合作中成为好友，乙对甲说："我相信你，房子抵押的事就算了。"把抵押合同当面撕毁。丙得知后，要求自己也不再承担抵押责任。丙的要求有法律依据吗？

【法律解析】

丙的要求有法律依据。如果在一个债权债务关系中，既有债务人的抵押，又有第三人的抵押，而债权人放弃债务人提供的抵押担保的，其他抵押人可以请求人民法院减轻或免除其担保责任。本案中债权人乙放弃了债务人甲的抵押担保，作为其他抵押人的丙有权请求人民法院减轻或者免除他的抵押担保责任。

★房屋出租以后又抵押，抵押权人不能要求承租者搬迁

【案例】

乔某有一处楼房价值60万元，于2006年7月5日租给纪某居住，租期1年。同年7月15日，乔某向谢某借款40万元，以出租的楼房作为抵押，并办理了抵押登记手续。2007年3月，乔某欠谢某的债务到期无法清偿，便与谢某商议将该楼折价抵偿债务。谢某取得房屋后，要求承租人纪某搬出去。请问，抵押权人能要求承租者搬迁吗？

【法律解析】

此案中，抵押权人谢某不能要求承租人纪某搬迁。《物权法》规定，订立抵押合同前抵押财产已经出租的，原租赁关系不受抵押权的影响。订立抵押合同后抵押财产出租的，如果抵押经过登记，则抵押权优先于租赁权；如果抵押未经登记，则租赁关系仍不受抵押权的影响。本案中，租赁合同订立时间在抵押合同之前，因此纪某有权在该房内居住至租赁合同期满，谢某不得要求其搬迁。

★共同财产抵押，如何认定抵押有效

【案例】

冯某因资金周转困难，请求朋友张某以自己的房屋提供担保，向银行贷款。银行工作人员到张某家调查房屋情况时，张某妻子林某未提出异议。之后，银行与

冯某、张某分别签订了借款合同和房屋抵押合同，办理了抵押登记，但冯某未及时还贷。不久，张某因车祸死亡。借款期满后，银行向冯某和林某催要借款，林某以抵押合同未经自己同意，合同无效为由予以拒绝。那么，这份抵押合同有效吗？

【法律解析】

这份抵押合同有效。当银行工作人员到张某家调查房屋情况时，林某明知丈夫将房屋抵押担保一事，但未提出异议，可以视为她同意丈夫以本人的名义实施抵押属于他们共同共有的房屋，并办理了合法的抵押登记手续。所以，银行由此而取得的抵押权是合法的，理应受到法律的保护。

★"中间人"是保证人吗，应该承担担保责任吗

【案例】

某村村民陈某急需用2万元钱，向好友汪某求助。汪某手上也没有钱，于是帮助陈某向自己的朋友袁某牵线，对袁某说自己的朋友陈某要"借钱"，2分钱的利息，为人绝对可靠，自己愿意担保等。于是袁某借给了陈某2万元钱，欠条上汪某也签了字，上面写着："中间人：汪某"。汪某作为中间人，应该承担担保责任吗？

【法律解析】

《民法》中的保证，是指保证人和债权人约定，当债务人不履行债务时，保证人按照约定履行债务或者承担责任的行为。对于能否将"中间人"其作为保证人并对债务承担保证责任，司法实践中一般采取了这样的原则：在债务关系成立中起联系、介绍作用且确有保证意思表示的，应承担保证责任。本案中汪某为他人之间的借贷牵线，并表示愿意担保，应该被视为保证人，承担保证责任。如果陈某到期不能还款，汪某有义务偿还。

质押担保

★什么是质权？质权自何时起设立

【案例】

2008年10月6日，姜某向梅某借款1万元，以自家新买的一台液晶彩电作为质押，当时梅某就把1万元钱借给姜某。2008年10月15日姜某把彩电搬到梅某家。梅某的质权成立于哪一天？

【法律解析】

梅某的质权成立于2008年10月15日。所谓质权，是指债权人为了保证债权能够实现，占有债务人或者第三人提供的财产，如果债务人到期不履行债务，债权人可以就该财产的价值优先受偿。《物权法》规定，质权设立于交付质押财产时。在本案中，2008年10月15日姜某交付了质押财产电视机，所以2008年10月15日为质权设立的时间。

★质物由出质人保管，质权能否得到保护

【案例】

徐某因做生意需要资金，向郑某借款8万元，并以自己的一辆轿车质押给郑某，双方也订立了质押合同。因郑某不会开车，于是车仍由徐某保管。不料，贷款到期后，徐某却没钱还款。当郑某找到徐某要求拉走轿车时，却发现因徐某欠他人的钱不还，车已被法院查封。郑某遂在当地法院起诉，要求徐某清偿债务，并以其轿车抵债。法院会如何处理？

【法律解析】

质权的设定必须以移转直接占有为目的，不管是由质权人单独占有，还是由质权人与出质人共同占有，或由质权人在质押合同订立以前便占有该物，均构成占有的实际移转。本案中，当徐某与郑某订立了质押合同以后，他没有获得此车，而是让徐某替他保管，可见郑某并没有实际占有该车，因而郑某对该轿车并不享有质权。但是郑某可以与徐某的其他债权人一起，在拍卖该车以后，平等受偿。

★质权人私自使用质押物导致损坏怎么办

【案例】

魏某向贾某借款5000元，贾某要求其提供担保，魏某说自己有一部笔记本计算机可以用来质押，但贾某不得使用，以免造成计算机损耗。贾某同意，于是把钱借给魏某。在还款期届满前，贾某未遵守约定，将计算机拿出来使用，并在使用过程中未加注意导致计算机损坏。贾某可以使用他人质押给自己的计算机吗？他是否应对计算机的损坏承担赔偿责任？

【法律解析】

贾某无权擅自使用计算机，他应当赔偿魏某损失。《物权法》规定，未经出质人许可，质权人不得擅自使用质物。如因擅自使用质物造成质押物损坏的，应当承担赔偿责任。本案中贾某没有经过魏某许可，擅自使用计算机并造成计算机损坏，应当依法承担赔偿责任。

【法条链接】

《物权法》第二百一十四条 质权人在质权存续期间，未经出质人同意，擅自使用、处分质押财产，给出质人造成损害的，应当承担赔偿责任。

★擅自转质导致质押物损毁如何处理

【案例】

周某5月1日向毛某借款10万元，约定于10月5日清偿，并将一辆汽车交给毛某作质押。6月5日，毛某向白某借款5万元，期限3个月。在未征得周某同意的情况下，毛某以周某质押给自己的汽车出质给白某。8月10日，白某驾驶该汽车外出发生交通事故，汽车被撞毁。毛某应当承担什么责任？

【法律解析】

毛某应该向周某承担赔偿责任。按照《物权法》的规定，质权人可以转质，但是要征得原出质人的同意。如果擅自转质，造成质押物损毁、灭失的，转质人承担赔偿责任。在本案中，毛某未经周某同意，擅自将周某出质给他的汽车转质给他人，导致了汽车的毁坏，因此应当向周某承担赔偿责任。

★质押存单与实际不符，银行是否应当承担责任

【案例】

王某以其50万元存单为质押，向蒋某借款60万元。蒋某依约交付给王某60万元，并取得了存单。当时，存单记载存款余额为50万元。借款到期后，蒋某向王某多次催要，王某总是以没钱为由拒不还款。随后，蒋某持存单向银行要求支取时，被银行告知存单是空的，并无余额。为此蒋某将王某及银行告上法院，要求还

款并承担相关费用。那么,此案中银行需要承担责任吗?

【法律解析】

在本案中,王某以银行出具的记载不真实的存单作为质押权利凭证,明显存在恶意欺诈,因此他与蒋某、银行之间的借款质押合同是无效的。王某应当承担返还借款的民事责任。银行出具记载不实的存单也是有过错的,且这一过错造成蒋某的质权无法得以实现。当然,蒋某取得存单后,未到银行进行核实存单是否真实,记载数额是否正确,也有重大过失。因此,本案应由王某先行清偿借款,银行对王某无力清偿的部分承担补充赔偿责任。

★因没有及时行使质权受到损失,责任谁来承担

【案例】

郭某因急需一笔资金向佟某借款8万元,并以自己轿车提供质押担保。双方经协商签订了借款合同和质押合同。借款期届满后,郭某无力偿还佟某的借款,于是多次要求佟某及时对质押的轿车折价、拍卖或变卖。但佟某迟迟未能实现质权,郭某只得请求人民法院变卖质押的轿车。这时由于受到市场价格因素的影响,该轿车变卖的价款比原来降低了1万元。那么,轿车贬值的损失应由谁来承担?

【法律解析】

轿车贬值的损失应由佟某承担。根据《物权法》的规定,当出质人要求质权人及时行使质权,质权人因迟延行使质权并因此给出质人造成损失时,出质人可以要求质权人赔偿损失。就本案而言,郭某在无力清偿佟某的欠款后与佟某联系要求行使质权,但因佟某未能及时行使质权,导致郭某的轿车变卖的价款减少了1万元,

因此佟某应当赔偿郭某这1万元的损失。

【法条链接】

《物权法》第二百二十条 出质人可以请求质权人在债务履行期届满后及时行使质权;质权人不行使的,出质人可以请求人民法院拍卖、变卖质押财产。

出质人请求质权人及时行使质权,因质权人怠于行使权利造成损害的,由质权人承担赔偿责任。

★质押物有损毁风险的,质押权人将其紧急处理合法吗

【案例】

张军欠吴海5万元,约定10月10日归还。9月15日张军将价值7万元的2吨苹果交付给吴海作为质押。9月25日,吴海发现苹果有腐烂现象,遂要求张军取回苹果,代之以他的汽车作为担保,遭张军拒绝。吴海只好于9月30日将苹果变卖,得款5万元,提存于县公证处。那么,吴海的做法合法吗?

【法律解析】

吴海的做法是符合法律规定的。《物权法》规定,因不能归责于质权人的事由可能使质押财产毁损或者价值明显减少,足以危害质权人权利的,质权人有权要求出质人提供相应的担保;出质人不提供的,质权人可以拍卖、变卖质押财产,并与出质人通过协议将拍卖、变卖所得的价款提前清偿债务或者提存。本案中张军作为质押的苹果腐烂变质而导致价值减少,足以危害吴海质权的实现,而且这些苹果如果不卖掉任其腐烂将导致更大的损失,因此吴海的做法是合法的。

★未尽保管义务，质权人将质物损毁怎么办

【案例】

甲欠乙1万元，以自己所养的一盆名贵花草质押给乙。乙将该花草放在院中，任其日晒雨淋，不闻不问，导致该花枯萎而死。请问，乙应对此承担什么责任？

【法律解析】

乙作为质权人负有妥善保管质物的义务，因未尽此义务而导致作为质物的花草枯死，应对此承担损害赔偿责任。

【法条链接】

《物权法》第二百一十五条第一款 质权人负有妥善保管质押财产的义务；因保管不善致使质押财产毁损、灭失的，应当承担赔偿责任。

★债务没有到期，可以约定直接以质押物抵债吗

【案例】

董某因急事需5000元钱，于是与唐某商量，向唐某借款5000元，把自己新买的摩托车交给唐某，3个月内还清本利，把车赎回。唐某同意，但是要求如果到期不能还款就直接以摩托车抵债。规定的3个月还款期到了，董某找到唐某还钱赎车，可是唐某欲将此车占为己有，硬说3个月借款期限已过，现在摩托车是他的了。董某还可以赎回摩托车吗？

【法律解析】

董某可以赎回摩托车。根据《物权法》及《担保法》的规定，当事人在签订质押合同时，不得约定如果债务人无法清偿债务，则质押物的所有权转移为债权人所有。因此，本案中董某与唐某的此项约定无效，董某可以赎回该摩托车。即使董某无力还款，唐某也只能就摩托车拍卖或者变卖所得价款优先受偿，而不能直接取得该车所有权。

★质押的存折已到期，可以要求取款清偿未到期的债务吗

【案例】

2008年9月，崔某因孩子开学急需6000元钱，自己有个5万元的五年定期的存折还有两个月到期，若现在取款会损失一笔利息。于是崔某与罗某商议，先从罗某处借6000元，三个月后还本付息，以自己那张存折作为质押。罗某同意，存折交罗某占有。2008年11月。崔某的定期存款到期，罗某要求崔某把钱取出来偿还自己。崔某以还款期未到拒绝。罗某可以要求崔某提前还款吗？

【法律解析】

罗某可以要求崔某提前还款。本案涉及的是权利质押的法律问题，所谓权利质押，是指以所有权之外的财产权为标的物而设定的质押。权利质押主要以债权、股东权和知识产权中的财产权利作为质押物。《物权法》规定，在权利质押中，如果权利兑现的日期先于主债权到期的，质权人可以要求兑现或者提货，当事人可以协商将兑换的价款或提取的货物提前清偿债权或者提存。本案中，崔某不能以债权未到期为由，拒绝罗某提取存款单上的存款。

★抵押权与质权哪一个优先

【案例】

邓某向刘某借8万元钱，邓某以自己收藏的一幅名人字画作为抵押，还款日为2008年10月1日。双方签订了抵押合同，

但未办理登记。后邓某又向董某借款5万元，并将该字画出质给董某，还款日为2008年9月1日。邓某届期未能清偿董某的借款，董某欲变卖字画以实现债权。刘某认为自己对该字画有抵押权，应就字画款优先受偿。刘某的主张合法吗？

【法律解析】

刘某不能优先于董某受偿。以字画为抵押，根据《担保法》的规定，并不需要进行强制性的抵押登记。因此。当邓某和刘某签订抵押借款合同时，抵押便已发生法律效力。但邓某又将该画质押给了董某，情况则发生了变化。因为董某此前并不知道该画已经抵押，作为善意第三人与邓某订立质押合同，并占有了该画，质押的合同便已发生法律效力。根据《担保法》的规定，当事人未办理抵押物登记的，不得对抗第三人。因此，本案当中的质押权优先于抵押权受偿。

【法条链接】

《担保法》第四十三条 当事人以其他财产抵押的，可以自愿办理抵押物登记，抵押合同自签订之日起生效。

当事人未办理抵押物登记的，不得对抗第三人。当事人办理抵押物登记的，登记部门为抵押人所在地的公证部门。

占 有

★善意占有人需要支付物品的磨损费吗

【案例】

周某生前借用夏某的轿车，还没来得及还就突然去世。继承人小周并不知道周某遗留的轿车系他人的财产，遂作为遗产继承，并在上下班和业余时间使用。一年后，夏某要求小周返还轿车，并赔偿因其使用给轿车造成的磨损，小周同意还车但拒绝赔偿磨损，要求夏某支付其维护轿车所花的费用。那么，善意占有人需要支付物品的磨损费吗？

【法律解析】

小周对轿车的占有属于善意占有，因此对于正常使用轿车造成的磨损不需承担赔偿责任，而小周为维护轿车支付的修理费用，有权请求夏某偿还。

【法条链接】

《物权法》第二百四十三条 不动产或者动产被占有人占有的，权利人可以请求返还原物及其孳息，但应当支付善意占有人因维护该不动产或者动产支出的必要费用。

第二百四十四条 占有的不动产或者动产毁损、灭失，该不动产或者动产的权利人请求赔偿的，占有人应当将因毁损、灭失取得的保险金、赔偿金或者补偿金等返还给权利人；权利人的损害未得到足够弥补的，恶意占有人还应当赔偿损失。

★恶意占有应承担什么责任

【案例】

柯某将自己一台价值3000元的照相机遗忘在朋友赵某家，赵某发现后，知道是柯某遗忘的但并未及时返还。随后赵某将照相机借给崔某，结果被崔某遗失，崔某支付2000元给赵某作为赔偿。后来柯某想起照相机遗忘在了赵某家，于是要求赵某返还，赵某称照相机已被崔某遗失，只同意将崔某赔偿的2000元支付给柯某。柯某则认为自己花了3000元购买的照相机,崔某应该赔给自己3000元。此案到底应该怎么解决?

【法律解析】

本案中,赵某明知照相机是柯某遗忘在自己家的,而不及时返还,其占有照相机属于恶意占有。因此,赵某不但要将崔某赔偿的2000元支付给柯某,而且还应该赔偿柯某未受弥补的1000元。

【法条链接】

《物权法》第二百四十二条 占有人因使用占有的不动产或者动产,致使该不动产或者动产受到损害的,恶意占有人应当承担赔偿责任。

第二百四十四条 占有的不动产或者动产毁损、灭失,该不动产或者动产的权利人请求赔偿的,占有人应当将因毁损、灭失取得的保险金、赔偿金或者补偿金等返还给权利人;权利人的损害未得到足够弥补的,恶意占有人还应当赔偿损失。

★自家房屋被他人出租,租金应归谁

【案例】

老李常年在城里的儿子家居住,村里的三间住房一直闲置。不久,外地人于某想租这套房子,邻居老崔就擅自做主把房子出租给于某。于某租住该房一年多以后,老李回到村里,得知房屋被老崔出租后,向老崔索要租金。老崔声称如果不是自己管理房屋,房子早就毁坏了,这些房租应该归他所有。双方的纠纷应如何解决?

【法律解析】

老崔应当把房租归还老李,老李也应该就老崔管理、修缮房屋的费用对老崔作出补偿。《物权法》规定,不动产或者动产被他人占有,权利人可以请求返还原物及其孳息,但应当支付善意占有人因维护该不动产或者动产支出的必要费用。因此,本案中,老崔应当返还老李房屋及作为孳息的租金,同时老李也应支付老崔因修缮他的房屋所支付的必要费用。

★出租房受损,租房人需要赔偿吗

【案例】

小胡购买了一套房子,准备搬出出租屋。不料房东在验收中发现墙壁上被小胡用毛笔画得乱七八糟,而且门板也被钉裂了。房东于是要扣除小胡部分押金,小胡不同意。双方遂起纠纷。双方纠纷该如何解决?

【法律解析】

小胡应当对承租房屋的上述损坏承担赔偿责任。在房屋租赁中,房屋由承租人管理和控制,也就是由承租人占有,占有人就应当承担基于占有的法律规定所应负的责任。《物权法》规定,占有人在占有、使用动产或不动产的过程中,致使动产或不动产受到损害的,恶意占有人应当承担赔偿责任。本案中,房屋墙上的画与门上的铁钉,都不属于房屋的自然损耗而是人为破坏,因此承租人小胡应当承担赔偿责任。

【法条链接】

《物权法》第二百四十二条 占有人因使用占有的不动产或者动产,致使该不动产或者动产受到损害的,恶意占有人应当承担赔偿责任。

★错收礼品的人需要退货或者付款吗

【案例】

冯某系某公司长期客户,于农历春节前,收到该公司所寄2瓶装茅台礼盒一份。冯某以为是为春节馈赠的礼品,取出1瓶与友人共饮后,接获公司来函,称该礼盒为张某的订货,误送冯某处,要求冯某付款或者退货,冯某拒绝退还,将另一瓶也饮用。那么,错收礼品需要退货或者付款吗?

【法律解析】

本案中,冯某对2瓶茅台酒无权占有,但其在接到某公司通知前是善意占有,因为他误认为茅台酒是某公司送给自己的。但是,在公司告知茅台酒是错送后,冯某依然占有,则从此时起变为恶意占有。因此,冯某基于善意占有与友人共饮的一瓶不需要赔偿,而转为恶意占有后续饮的一瓶需要赔偿。

【法条链接】

《物权法》第二百四十三条 不动产或者动产被占有人占有的,权利人可以请求返还原物及其孳息,但应当支付善意占有人因维护该不动产或者动产支出的必要费用。

第二百四十四条 占有的不动产或者动产毁损、灭失,该不动产或者动产的权利人请求赔偿的,占有人应当将因毁损、灭失取得的保险金、赔偿金或者补偿金等返还给权利人;权利人的损害未得到足够弥补的,恶意占有人还应当赔偿损失。

★失主能否私下向小偷夺回被窃物品

【案例】

甲租了一辆自行车使用,结果被乙盗走。某天乙骑着偷来的自行车上街时,被甲的邻居丙发现,丙上前要求乙返还自行车,乙拒绝并威胁丙少管闲事。丙只好放弃,但一直尾随至乙的住处,并打电话将此事告诉了甲。甲随即来到乙的住处,与丙一起将乙教训了一顿,夺回了自行车。请问,失主能否私下向小偷夺回被窃的物品?

【法律解析】

甲和丙不能私自夺回被偷的自行车。因为,乙对自行车的占有已经确立了,虽然是恶意占有人,但这种占有事实状态也是受法律保护的。甲作为原占有人,已经错过了行使自力救济的时机,因此这时只能向乙主张返还占有物。如果乙拒绝,则应该通过法律程序恢复占有,而不能借助私力强行取走。而丙作为甲的邻居,对该自行车不享有任何权利,也不是自行车的占有人,因此无权请求乙返还占有物。

劳动保障篇

——维护你的职场权益

应聘中的权益

★招工能以身高为由拒人于门外吗

【案例】

一企业在某中专院校招聘缝纫工。当小凤兴致勃勃地前往应聘时，该企业却以其录取对象中已规定"男性身高1.70米、女性身高1.55米以上"为由，将身高不足1.70米的小凤拒之于门外。那么，该企业的做法对吗？

【法律解析】

毋庸置疑，该企业的行为是错误的，小凤有权请求有关部门（如劳动部门）确认该企业身高歧视的行为违法。我国宪法规定公民享有劳动的权利。这种权利除国家特殊职业需要并由法律、法规明确规定外，不分年龄、性别、高矮、长相等，平等地享有，不得含有任何歧视。上述企业招收的是缝纫工，并不属于法定的特殊工种，其以身高为条件，等于剥夺在此身高以下的公民的就业权、选择权，侵犯了公民的平等权，明显与法律抵触，必须予以取消。

【法条链接】

《劳动法》第三条第一款 劳动者享有平等就业和选择职业的权利、取得劳动报酬的权利、休息休假的权利、获得劳动安全卫生保护的权利、接受职业技能培训的权利、享受社会保险和福利的权利、提请劳动争议处理的权利以及法律规定的其他劳动权利。

★用人单位在招聘时应当告知哪些内容

【案例】

2008年11月，李某参加了一次招聘会，之后有一家公司通知李某面试。在面试过程中，该公司详细介绍了自己的发展历程，以及公司的企业文化。当李某问到工作地点及劳动报酬时，公司负责人称："不确定，只要成为公司的员工就要服从分配，报酬问题根据工作业绩及个人表现来定。"听完之后李某很迷惑。请问：用人单位在招聘时应当告知哪些内容？

【法律解析】

用人单位故意隐瞒与订立合同有关的重要事实，致使劳动者在应聘时不能全面了解信息，这样在履行劳动合同时就会出现纠纷，给用人单位和劳动者造成不必要的麻烦。因此，用人单位在招聘时的如实告知义务包括两部分：一是法定告知内容；二是劳动者要求了解的与工作相关的内容。

★用人单位扣押职工的身份证合法吗

【案例】

小芳和朋友一起到省城一家工厂打工，企业负责人以加强管理为由扣留了她们的身份证。工作一段时间以后，小芳和朋友感觉身份证被扣很不方便。她们听厂里懂一些法律知识的人说，工厂这样做是违法的。那么，用人单位以加强内部管理为由扣押职工的身份证的做法合法吗？

【法律解析】

用人单位扣押职工的身份证是不合法的。用人单位建立完善的内部规章管理制度，加强对职工的管理是必要的，但不得违反法律、法规，不得侵犯职工的合法权益。用人单位以加强管理为由，扣押职工的身份证，变相限制工人的人身自由和择业自由，侵犯了职工的合法权益，也违反了国家法规。小芳她们有权向有关部门反映情况，要回自己的身份证，维护自己的合法权益。

★公司录用新员工时能否收取风险抵押金

【案例】

阿俊高中毕业后和朋友去某公司应聘，公司却提出要收取1000元风险抵押金。公司招聘人员同时还告诉阿俊，不愿意交风险抵押金就不录用。阿俊想知道，这种收取风险抵押金的行为合法吗？

【法律解析】

企业在招录员工与之签劳动合同的时候不能收取风险抵押金等。本案中，阿俊应聘的公司要求阿俊交纳风险抵押金，否则就不录用，这实际上是对劳动者一种变相的要挟、强迫。不仅违背了订立劳动合同应当遵循的平等、自愿、协商一致的原则，而且也违反了不得收取任何形式财物的法律、法规。

★职前培训是否应认为是劳动关系的建立

【案例】

蔡某和朋友一起应聘到一家工厂工作。在上岗前，工厂要对新员工进行为期2个月的培训。工厂主管跟蔡某他们说，培训期间不算正式工作，每个月只发给他们400元生活费。培训期满后，工厂按照蔡某他们在培训期间的表现，决定是否聘用他们。蔡某想知道，工厂主管的说法有法律依据吗？

【法律解析】

工厂主管的说法没有法律依据，因为自蔡某他们参加培训的第一天起即与工厂建立了劳动关系。根据有关法律规定，用人单位未在用工的同时订立书面劳动合同，与劳动者约定的劳动报酬不明确的，新招用的劳动者的劳动报酬按照集体合同规定的标准执行；没有集体合同或者集体合同未规定的，实行同工同酬。

劳动合同的签订与效力

★企业招工不签合同怎么办

【案例】

刘某到南方某企业工作，企业招工时根本不和他们签合同，而且将工资压得很低。厂方的人对他们说："你们谁要签合同，立刻走人。"工人们害怕被辞退，都不敢提签合同的事。那么，企业招工不签合同怎么办？

【法律解析】

该工厂不签订劳动合同的情况，是严重的违法行为。《劳动法》规定，劳动合同应当以书面形式订立，明确劳动合同的必备条款和约定条款。这样依法订立的劳动合同便于操作，可以起到维护劳动者合法权益以及在发生劳动争议后分清双方法律责任的作用。本案中，工人可以就订立劳动合同以及和劳动合同有关的合法权益等事项向企业行政方面提出合理的要求，也可请厂工会出面协商解决这些问题，或者直接向当地政府和劳动行政管理部门反映情况，请他们依法给予公正解决。

★进入单位后，什么时候开始签劳动合同

【案例】

于某在某公司的试用期已经结束，但公司迟迟不与他签订正式的劳动合同。于某不熟悉法律，也不知道是否现在就与公司签订劳动合同。于某应什么时候与公司

签订劳动合同呢？

【法律解析】

按照我国《劳动合同法》的规定，用人单位自用工之日起即与劳动者建立劳动关系。建立劳动关系，应当订立书面劳动合同。已建立劳动关系，未同时订立书面劳动合同的，应当自用工之日起一个月内订立书面劳动合同。因此，本案中，于某自到该公司正式工作之日起即可与公司签订劳动合同，若当时未签劳动合同，于某自他工作之日起一个月内可以要求与公司签订劳动合同。若公司自聘用他之日起，超过一个月不满一年未与他订立劳动合同，应当向他每月支付2倍的工资。

★利用假文凭骗取工作，劳动合同是否有效

【案例】

2008年6月，张某与某公司签订了一份为期2年的劳动合同。不料1个月后，公司发现张某的学历证书是假的，工作经历也是自己编的。请问，张某与该公司签订的劳动合同是否有效？

【法律解析】

张某使用伪造的学历证书与某公司签订的劳动合同是无效的，其行为属于欺诈。根据《中华人民共和国治安管理处罚法》（以下简称《治安管理处罚法》）第五十二条的规定，有下列行为之一的，处十日以上十五日以下拘留，可以并处一千元以下罚款；情节较轻的，处五日以上十日以下拘留，可以并处五百元以下罚款：（一）伪造、变造或者买卖国家机关、人民团体、企业、事业单位或者其他组织的公文、证件、证明文件、印章的；（二）买卖或者使用伪造、变造的国家机关、人民团体、企业、事业单位或者其他组织的公文、证件、证明文件的。因此，张某的行为违法，应当予以处罚。

★什么样的劳动合同是无效的

【案例】

某公司在与赵某就劳动合同细节问题商谈时，完全背离实际情况，并作出了一些虚假的承诺，使赵某信以为真。赵某与该公司签订了合同后，发现公司当初给人的承诺不可能兑现。该合同是有效的吗？

【法律解析】

该合同无效。依据我国《劳动合同法》的相关规定，以欺诈、胁迫或者乘人之危的手段，使对方在违背真实意思的情况下订立或者变更劳动合同的，无效或部分无效。赵某是在被欺骗的情况下与公司签订劳动合同的，因此，该合同是无效的。

★劳动合同中"发生伤亡事故概不负责"的条款有效吗

【案例】

窦某与某建筑公司签订了一份为期3年的合同，合同中约定"发生伤亡事故，本公司概不负责"。不久，窦某在一次施工中不慎从脚手架上摔落，造成腰椎粉碎性骨折，下肢瘫痪，生活不能自理。事故发生后，窦某一家无力承担巨额的医疗费用，遂要求公司支付医疗费用。建筑公司以早有约定为由，拒绝支付。请问，窦某与公司签订的合同有效吗？

【法律解析】

窦某与建筑公司签订的合同中，"发生伤亡事故，本公司概不负责"的条款是无效的，其余部分，如果没有违反相关的法律规定，应视为有效。建筑行业是比较危险的行业，一些建筑公司为了减少支出，扩大收益，便会要求职工签订包含

"发生伤亡事故,本公司概不负责"等类似条款的合同。这些条款加重了劳动者的负担,失之公平,因此不能成为免责事由,公司不能以此作为逃避责任的理由。窦某的家属可以主张权利,要求建筑公司支付医疗费用。

★集体合同只适用于在职员工吗

【案例】

2008年5月,郭某与一家贸易公司签订了劳动合同,合同约定每月工资1200元。工作后郭某得知,公司与工会在2007年曾签订过一份集体合同,约定职工每月工资不低于1500元。之后郭某找公司要求提高工资,但是公司说该集体合同只适用于当时在职的员工。公司的说法正确吗?

【法律解析】

公司的说法不正确。集体合同是由工会或者职工代表与用人单位订立的书面协议,目的是维护企业全体劳动者的合法权益。因此,只要集体劳动合同是经过合法程序订立并报送劳动行政部门审核通过,在合同有效期内,对本单位所有劳动者都具有约束力。即使郭某在集体合同订立后才进入公司,对他也同样有效。

★劳动合同对劳动报酬和劳动条件约定不明怎么办

【案例】

周某在与某公司签订劳动合同时,约定每月基本工资为2000元,但是没有明确约定奖金的发放规则。同时,休假制度也没明确约定。正式上班后,公司有时要求周某休双休日,有时又采取轮休制。此外,工作了一个月,周某都不知道自己的职位是什么,具体做什么工作,只是一味地做些打杂的工作。这种情况要如何处理?

【法律解析】

根据我国《劳动合同法》的规定,周某可就职位、报酬等与用人单位协商,协商不成的,则适用集体合同规定;没有集体合同或者集体合同未规定劳动报酬的,实行同工同酬。

【法条链接】

《劳动合同法》第十八条 劳动合同对劳动报酬和劳动条件等标准约定不明确,引发争议的,用人单位与劳动者可以重新协商;协商不成的,适用集体合同规定;没有集体合同或者集体合同未规定劳动报酬的,实行同工同酬;没有集体合同或者集体合同未规定劳动条件等标准的,适用国家有关规定。

第五十五条 集体合同中劳动报酬和劳动条件等标准不得低于当地人民政府规定的最低标准;用人单位与劳动者订立的劳动合同中劳动报酬和劳动条件等标准不得低于集体合同规定的标准。

★劳动合同无效,已付出劳动的劳动者还能拿到工钱吗

【案例】

曲某与某公司签订了劳动合同,合同约定曲某的薪金按年计算。最近,曲某的朋友某律师事务所律师孔某到曲某家中做客,无意中看到了这份合同。孔某立即指出该合同有重大瑕疵,是无效合同。曲某很着急,1年的期限将到,如果这份合同是无效合同,这一年岂不是白干了。曲某拿不到工资了吗?

【法律解析】

尽管合同无效,但曲某已经付出了

劳动,应该取得这一年的报酬。市场经济中,有付出就会有回报,而且付出与回报一定是等价的。只有遵循这个基本原则,市场经济秩序才不会出现混乱。因此,国家会制定相关的法律保证市场有序运转。本案中,即使曲某与该公司签订的合同被确认为无效合同,但对于曲某已付出的劳动,还是要给予相应的报酬的。

★什么情况下应签订无固定期限劳动合同

【案例】

蒋某是某企业的一名职工,在企业连续工作了9年多时间。企业以前一直跟蒋某签订的是集体劳动合同。蒋某想咨询的是,在企业工作满10年后,如果蒋某愿意继续在企业工作,企业是否应当与蒋某签订无固定期限劳动合同?

【法律解析】

订立无固定期限劳动合同有协商订立和法定订立两种。当蒋某在该企业连续工作满10年后,如果向企业提出签订无固定期限劳动合同的请求,则企业应当与他签订无固定期限劳动合同。

【法条链接】

《劳动合同法》第十四条 无固定期限劳动合同,是指用人单位与劳动者约定无确定终止时间的劳动合同。

用人单位与劳动者协商一致,可以订立无固定期限劳动合同。有下列情形之一,劳动者提出或者同意续订、订立劳动合同的,除劳动者提出订立固定期限劳动合同外,应当订立无固定期限劳动合同:

(一)劳动者在该用人单位连续工作满十年的;

(二)用人单位初次实行劳动合同制度或者国有企业改制重新订立劳动合同时,劳动者在该用人单位连续工作满十年且距法定退休年龄不足十年的;

(三)连续订立二次固定期限劳动合同,且劳动者没有本法第三十九条和第四十条第一项、第二项规定的情形,续订劳动合同的。

用人单位自用工之日起满一年不与劳动者订立书面劳动合同的,视为用人单位与劳动者已订立无固定期限劳动合同。

★用人单位能任意与劳动者约定违约金吗

【案例】

何某在与一家公司就合同问题协商时,规定了这样的条款:何某在合同履行期间,出现违约行为,依照本协议,无条件支付违约金10万元。请问,用人单位能任意与劳动者约定违约金吗?

【法律解析】

为了维护劳动者的利益,我国《劳动合同法》明确规定,除法律规定的特定情况外,用人单位不得与劳动者约定由劳动者承担违约金。

【法条链接】

《劳动合同法》第二十二条 用人单位为劳动者提供专项培训费用,对其进行专业技术培训的,可以与该劳动者订立协议,约定服务期。

劳动者违反服务期约定的,应当

按照约定向用人单位支付违约金。违约金的数额不得超过用人单位提供的培训费用。用人单位要求劳动者支付的违约金不得超过服务期尚未履行部分所应分摊的培训费用。

用人单位与劳动者约定服务期的，不影响按照正常的工资调整机制提高劳动者在服务期期间的劳动报酬。

第二十三条 用人单位与劳动者可以在劳动合同中约定保守用人单位的商业秘密和与知识产权相关的保密事项。

对负有保密义务的劳动者，用人单位可以在劳动合同或者保密协议中与劳动者约定竞业限制条款，并约定在解除或者终止劳动合同后，在竞业限制期限内按月给予劳动者经济补偿。劳动者违反竞业限制约定的，应当按照约定向用人单位支付违约金。

第二十五条 除本法第二十二条和第二十三条规定的情形外，用人单位不得与劳动者约定由劳动者承担违约金。

★没签订劳动合同，如何证明存在劳动关系

【案例】

2007年6月，某公司宣布陈某转正，本应给陈某发全额工资，但一直未发，而且找各种理由不与陈某签订劳动合同。7月，陈某突然接到通知说公司开不下去，让陈某另谋职业。可是当陈某找老板谈工资的事，老板却一直推托。请问，没签订劳动合同，如果申请仲裁，如何证明双方存在劳动关系？

【法律解析】

根据《劳动和社会保障部关于确立劳动关系有关事项的通知》的规定，用人单位未与劳动者签订劳动合同，认定双方存在劳动关系时可参照下列凭证：工资支付凭证或记录、缴纳各项社会保险费的记录；用人单位向劳动者发放的"工作证""服务证"等证件；用人单位招工招聘"登记表""报名表"等；考勤记录；其他劳动者的证言等。因此，如果用人单位未与陈某签订劳动合同，他可以通过以上途径证明双方存在劳动关系。

★所有的劳动者都要与用人单位签订"竞业限制"协议吗

【案例】

汪某应聘到一家网络公司任部门主管，该公司要与汪某签订竞业限制的协议。汪某认为自己应聘的职位不涉及保密内容，因此，不必与公司签订竞业限制协议。那么，从事什么职业的劳动者需要与企业签订竞业限制协议？

【法律解析】

并非所有的劳动者都要与用人单位签订竞业限制协议，涉及保密义务的劳动者可以签订竞业限制协议，如果根本没有保密的必要，则不必签订竞业限制协议。国家对于劳动者与用人单位签订竞业协议并不是强制条款，也就是可以签可以不签。而签订协议的劳动者仅限于用人单位的高级管理人员、高级技术人员和其他负有保密义务的人员。

★公司可对哪些人员约定竞业限制条款

【案例】

柯某是某贸易公司的会计，由于工资

待遇比较低，决定辞职。公司经理告诉柯某，要办理辞职手续，需先签订一份解除劳动合同协议，该协议包括了竞业限制条款。柯某感到很奇怪，自己从事的工作并不涉及商业秘密，为什么要受竞业限制。请问，公司对哪些人员可以约定竞业限制条款？

【法律解析】

用人单位在选择竞业限制的人员范围时，并不是对所有员工都能约定，应当限定在有机会接触、掌握企业商业秘密，且承担保护商业秘密义务的员工。如果用人单位滥用竞业限制条款，就会侵害劳动者的合法权益。

★劳动合同到期没续签该如何处理

【案例】

林某与某信息技术公司签订了为期3年的劳动合同。3年后合同期限届满，双方没有续签合同，也没有办理终止合同的手续，林某仍在公司工作。这种情况要如何认定？

【法律解析】

根据相关法律规定，当事人双方履行了合同义务，劳动合同终止、解除以后，用人单位应当与劳动者办理终止或解除劳动合同的手续，为劳动者出具终止、解除劳动合同证明书，作为劳动者按规定享受失业保险待遇和求职登记的凭证。如果用人单位愿意与劳动者继续维持劳动关系，就应该续签合同。如果合同期满后，双方对此没有任何异议，一切照旧，则认定为双方默认按照劳动合同的约定继续履行。本案中，林某尽管与公司没有续约，但双方对现状没有异议，就视为双方续约。

劳动合同的履行

★原合同中的约定对子公司有效吗

【案例】

某单位与贺某签订的劳动合同中有以下条款：公司根据工作需要有权将劳动者调到企业下属的子公司工作，劳动者到子公司工作后工资待遇由子公司决定。请问，原合同中的约定对子公司有效吗？

【法律解析】

原合同中的约定对子公司无效。某单位单方约定，根据工作需要有权将贺某调到公司下属的子公司工作，而且工资待遇由子公司决定，这一约定违反平等自愿、协商一致的原则。子公司具有独立的法人资格，如果贺某被调到子公司工作，等于原劳动合同的主体用人单位一方改变了原合同中约定的双方权利义务，子公司可以不履行，这样贺某的合法权益可能遭到损害。

★用人单位不交付劳动合同怎么办

【案例】

经面试，程某被录用为某烘烤屋服务员。双方签订了劳动合同，约定工资为每月1000元。面试时说好包吃包住、上班时间是从下午6点到凌晨2点，但这些都没有写上合同，而且也没有约定社会保险。合同只有一份，在老板那里。请问，如果老板违反合同约定，程某该怎么办？

【法律解析】

劳动合同期限、工作时间、社会保险等是劳动合同的必备条款，而本案中签订的劳动合同中并没有载明，而且合同只有一份，违反法律规定，因此给程某造成的权益损害，用人单位应当承担赔偿责任。

★应以什么形式变更劳动合同

【案例】

马某在某公司人事部工作,因与人事部经理发生误会,经理让马某离开公司。马某向老总澄清后,老总说让经理向马某道歉。后来公司让马某去行政部门工作,马某让公司出具变更劳动合同的书面通知,负责人说没空,还说他们调动员工工作不需要任何理由。请问,马某该怎么办?

【法律解析】

根据《劳动法》的规定,订立和变更劳动合同,应当遵循平等自愿、协商一致的原则,不得违反法律、行政法规的规定。本案中,用人单位应该与马某协商一致后,对劳动合同中所约定的工作内容进行变更,并应采取书面形式。如发生纠纷,马某可向当地劳动行政部门申诉,也可申请劳动仲裁。如对仲裁结果不服,可向法院起诉。

★用人单位可以强行调换劳动者的工作岗位吗

【案例】

2003年9月,叶某受聘于一家公司,并与公司签署了劳动合同。合同中约定"正式聘用叶某为公司的技术总监",合同期为5年,同时约定好了薪金。2003年11月,公司在没有任何理由的情况下,将叶某降职为普通的技术员,月薪也随之下调。叶某认为劳动合同中明确约定了自己的工作职位,公司不能擅自更改。但叶某与公司多次协商无果,遂向劳动仲裁委员会提出了申诉。公司可以随便调换叶某的职位吗?

【法律解析】

用人单位不能随便调换劳动者的职位。依法签订的劳动合同是具有法律效力的,签订合同的双方当事人必须严格履行合同中规定的义务。没有法定的变更事由,也没有经过双方当事人协商,任何一方都不能随意变更合同的内容。工作职位是劳动合同中十分重要的内容,对其更改可以视为对合同的变更。本案中,这家公司在没有其他事由,也没有与叶某协商的情况下,擅自变更了叶某的工作岗位,这是法律所不允许的。

劳动合同的解除与终止

★用人单位违法终止劳动合同怎么办

【案例】

2007年5月,阿超到一家物流公司工作,当时公司和阿超签订了1年的劳动合同。但是后来公司将合同收回,重新与阿超签订了一份6个月的合同。现在合同已到期,公司不再与阿超续签,而且任何补偿都不给。请问,公司这种做法合法吗?

【法律解析】

公司的这种做法不合法。《劳动合同法》第四十六条第五项规定,自然终止固定期限劳动合同的也要支付经济补偿金。阿超所在的公司为了尽可能降低解雇成本,将合同期限缩短至半年,是为了避免解除劳动合同时支付劳动者经济补偿金。按照原合同的规定,自然终止时间应该为2008年5月,现在该公司等于是提前终止合同。因此,阿超可以向劳动保障部门反映。

★无固定期限的劳动合同可以提前解除吗

【案例】

2007年,小李与某销售公司签订了劳动合同。1年后,公司认为小李的工作能力很强,于是与小李签订了无固定期限的劳动合同。可自此之后,小李经常迟到早退,有事外出也不请假。2009年1月,单位通知小李已被辞退,理由是小李累计旷工10天,严重违反公司制度。请问,无固定期限的劳动合同可以提前解除吗?

【法律解析】

无固定期限的劳动合同可以提前解除。无固定期限的劳动合同是用人单位与劳动者约定无确定终止时间的劳动合同,它的法律效力可以一直延续到劳动者退出工作岗位或者因发生意外事故而丧失劳动能力时为止。但如果出现法定解除合同的情形,无固定期限的劳动合同也可以提前解除。本案中,用人单位虽然与小李签订了无固定期限的劳动合同,但他严重违反公司制度,根据《劳动合同法》第三十九条的规定,用人单位可以解除劳动合同。

★对于兼职者用人单位可以解除劳动合同吗

【案例】

史某是某县医院的聘用医生,由于她比较擅长外科治疗,经朋友介绍,史某周末到一家民办医院做兼职。后来史某工作的县医院知道了,提出要与史某解除劳动合同。请问,用人单位是否可以因史某兼职就解除与史某的劳动合同?

【法律解析】

根据《劳动合同法》规定,如果劳动者兼职,用人单位要解除劳动合同,需要通过两种方式:一是证明劳动者因为同时与其他用人单位建立劳动关系,严重影响了本单位的工作任务的完成;二是发现劳动者有兼职的现象时,先向劳动者提出,如果劳动者拒不改正的,则可以解除合同。本案中,除非县医院能证明史某因为兼职而严重影响了对本单位工作任务的完成,或经提出,史某拒不改正的,才可以与史某解除劳动合同。

★住院时合同到期,单位可否按期终止合同

【案例】

钱某因病需要住院,因为钱某与单位签的合同还有1个月就要到期,所以公司负责人说住院不能超过1个月,1个月后要准时回单位办理劳动合同终止手续。请问,住院时合同到期,单位可否按期终止合同?

【法律解析】

住院时合同到期单位不可以终止合同。我国《劳动法》的相关司法解释规定,劳动者在医疗期、孕期、产期和哺乳期内,劳动合同期限届满时,用人单位不得终止劳动合同。劳动合同的期限应自动延续至医疗期、孕期、产期和哺乳期期满为止。本案中,钱某住院时劳动合同期限届满,用人单位不得终止与他的劳动合同,单位应当给他补发工资并报销医疗费至医疗期满为止。

【法条链接】

《关于贯彻执行〈中华人民共和国劳动法〉若干问题的意见》(以下简称《劳动法意见》)第三十四条除劳动法第二十五条规定的情形外,劳动者在医疗期、孕期、产期和哺乳

期内，劳动合同期限届满时，用人单位不得终止劳动合同。劳动合同的期限应自动延续至医疗期、孕期、产期和哺乳期期满为止。

★企业重组能否与职工解除劳动合同

【案例】

段某是一家国有企业职工，企业现在已实施重组。如果企业以重组为理由，说订立劳动合同时所依据的客观情况发生重大变化，致使原劳动合同无法履行，企业能否与职工解除劳动合同？解除劳动关系后，企业需要支付职工经济补偿吗？

【法律解析】

用人单位重组后，应当由重组后的单位继续与职工履行原劳动合同。由于重组导致原劳动合同不能履行的，企业与职工应当依法变更劳动合同。不能变更的，企业可解除劳动合同，但应当支付给职工经济补偿。

★公司董事会决议裁员，就要被辞退吗

【案例】

张某是一名转制企业的职工，在企业转制前已经在公司连续工作了14年。企业转制后，张某继续在转制后的公司工作，在企业转制时每个职工还都获得了股份。企业转制满3年时，公司董事会决定凡职工年龄超过55周岁便不再继续录用。张某因为年满55周岁，依公司规定，将面临失业。请问：公司能否辞退张某？

【法律解析】

企业裁员或者与本单位职工解除劳动合同，应当符合《劳动法》等相关的法律、法规规定的法定条件和程序。张某所在公司在不符合裁员的法定条件的情况下，只是通过董事会决议作出凡职工年龄超过55周岁便不再继续录用的决定没有法律依据，不符合有关法律的要求。因此，公司不能辞退张某。

★什么情况下劳动者可以解除合同

【案例】

不久前，某污水治理厂的大批职工出现中毒现象。经调查，发现是由于经过治理的水不小心渗入到饮水管道，致使食用过饮水管道的水的职工全部中毒。经过抢救，中毒的职工都脱离了生命危险，但职工们决定与该厂解除劳动合同。这样做可以吗？

【法律解析】

职工们可以这样做。我国《劳动合同法》明确规定，用人单位的规章制度违反法律、法规的规定，损害劳动者权益的，劳动者可以解除劳动合同。该厂没有及时地更新污水治理设备，致使大批职工饮水中毒，职工们可以解除合同。

★职工可以随时解除劳动合同吗

【案例】

2008年3月1日，小孙到一家民营企业应聘，当时签了于3月1日至6月1日共3个月试用期的临时合同。6月2日签了正式合同，工资也按转正工资发放。现单位要给小孙调岗位，小孙不接受，他们就直接下发调岗通知，并消除小孙原工作部门上班的签到指纹，告知小孙不到调岗后的部门报到就算小孙旷工。小孙认为自己有权不接受其他的岗位。那么，小孙应该怎样解除劳动合同呢？

【法律解析】

《劳动法》第三十二条规定了劳动者可以随时解除劳动合同的三种情形，如果小孙符合其中情形之一，就可以随时解除合同。否则，他要解除劳动合同，应当提前30天以书面形式通知用人单位。

★解除合同，押金还能要回吗

【案例】

赵某与某公司签订了为期2年的劳动合同，并按约定缴纳了2000元的押金。现在赵某已经在该公司工作了3个月，但该公司一直没有给赵某发工资。请问，如果赵某想离开该公司，他缴纳的押金还能要回来吗？

【法律解析】

根据《劳动合同法》的有关规定，用人单位招用劳动者，不得扣押劳动者的居民身份证和其他证件，不得要求劳动者提供担保或者以其他名义向劳动者收取财物。本案中，赵某所在公司收取押金的行为是违法的，无论他是否离开，押金都应该如数返还。

★劳动者可以不事先通知用人单位，随时解除劳动合同吗

【案例】

冯某与某销售公司签订劳动合同。合同约定，冯某的月薪为2000元。1个月后，冯某足额领到第1个月的工资。但是，自第2个月开始，公司声称冯某的工作业绩不好，要求减薪。冯某不服，向公司抗议无果后，遂宣布与该公司解除劳动关系。公司以单方面不能解约为由，拒绝冯某辞职。冯某可以单方面宣布解约吗？

【法律解析】

冯某可以单方面宣布解约。作为劳动者，在就业关系中本来就属于弱势群体，其合法权益很容易受到侵害。对此，立法机关在立法时，制定相应的保护条款也是理所当然。本案中，公司减少冯某的薪金，与最初的约定相违背。冯某工作业绩的好坏与约定好的薪金是没有关系的，用人单位的行为属于无故克扣工资的行为，该行为严重地侵害了冯某的合法权益。根据相应的法律规定，冯某可以单方面宣布解除与用人单位的劳动关系。

★员工单方解除合同需要赔偿吗

【案例】

郑某毕业后到某公司应聘成功，双方约定郑某工作岗位为办公室主任。但工作后公司让郑某去街头发小广告，而且每天都规定任务，要求郑某从早上8点一直发到晚上7点，并称不这样工作就不发工资。郑某向公司提出异议，但公司拿出劳动合同称：不干可以，但必须按照劳动合同赔偿单位损失2000元。请问，郑某是否有权解除劳动合同？解除后是不是要赔钱呢？

【法律解析】

我国有关法规规定，用人单位的规章制度违反法律、法规的规定，损害劳动者权益的，劳动者可以解除劳动合同。用人单位以暴力、威胁或者非法限制人身自由的手段强迫劳动者劳动的，或者用人单位违章指挥、强令冒险作业危及劳动者人身安全的，劳动者可以立即解除劳动合同，不需事先告知用人单位。本案中，郑某去公司工作后，用人单位未按承诺安排工作，对此，郑某可以理直气壮地解除劳动合同，不必赔偿单位损失。

【法条链接】

《劳动合同法》第三十八条 用人单位有下列情形之一的，劳动者可以解除劳动合同：

（一）未按照劳动合同约定提供劳动保护或者劳动条件的；

（二）未及时足额支付劳动报酬的；

（三）未依法为劳动者缴纳社会保险费的；

（四）用人单位的规章制度违反法律、法规的规定，损害劳动者权益的；

（五）因本法第二十六条第一款规定的情形致使劳动合同无效的；

（六）法律、行政法规规定劳动者可以解除劳动合同的其他情形。

用人单位以暴力、威胁或者非法限制人身自由的手段强迫劳动者劳动的，或者用人单位违章指挥、强令冒险作业危及劳动者人身安全的，劳动者可以立即解除劳动合同，不需事先告知用人单位。

★解除合同后单位拒绝出具证明怎么办

【案例】

房某与某公司签订了一份劳动合同，工作了一段时间后，房某和公司协商解除了劳动合同。之后房某到一家外资企业应聘，但是该外资企业要房某提供与原公司解除劳动合同的证明，而原公司拒绝提供。请问，房某该怎么办？

【法律解析】

房某与原公司协商一致后解除了劳动合同，该公司以各种理由不提供给房某解除劳动合同的证明，这种行为是违法的。《劳动合同法》第八十九条规定，用人单位违反本法规定未向劳动者出具解除或者终止劳动合同的书面证明，由劳动行政部门责令改正；给劳动者造成损害的，应当承担赔偿责任。因此，房某可以向劳动行政部门求助，责令原公司为他出具解除劳动合同的证明。

★开始享受养老保险，劳动合同就应终止吗

【案例】

2007年，杜某与某工厂续订了期限为3年的合同。但是从2008年开始，杜某已经到了法定退休年龄，开始领取养老保险金。厂方要终止与杜某的劳动合同并为杜某办理退休手续，而且从办理退休手续后就不给杜某发工资了。可杜某认为劳动合同还未到期，应该等期满时再办退休手续。请问，厂方这种单方解除劳动合同的行为是否违法？

【法律解析】

厂方的这种行为不违法。劳动者在与用人单位签订劳动合同时，应当考虑年龄因素。一旦开始依法享受基本养老保险待遇，劳动合同就无法继续履行，即使劳动合同未到期，也只能终止合同。本案中，杜某已经到了退休年龄，厂方依法为他办理退休手续符合法律规定。

★用人单位解除与被判刑劳动者的合同要支付违约金吗

【案例】

某设备制造公司职工崔某工作期间作风懒散，领导批评无效后，就将他调去检修设备。崔某心怀不满，将车间数十台生产设备全部砸烂，被人民法院以破坏生产经营罪判处管制6个月。同时，该公司决

定解除与崔某的劳动合同。崔某以合同没到期为由，要求公司承担违约责任，赔偿违约金。崔某的要求合理吗？

【法律解析】

崔某的要求不合理。崔某因破坏公司的生产设备，被依法追究刑事责任，用人单位依据《劳动合同法》第三十九条的相关规定，可以解除与崔某的劳动合同。同时，由于该制造公司是依据法律相关规定解除劳动合同的，因此不存在违约问题，不必承担违约责任，公司也无须给予崔某相应的经济补偿。

★缓刑犯被解除劳动合同是否合理

【案例】

2008年龚某与某企业签订了为期5年的劳动合同。后来，他因故意伤害他人，被法院判处1年有期徒刑，缓刑2年。宣判后，企业通知龚某解除劳动合同。但龚某认为他与单位签订的劳动合同还没有到期，缓刑期间仍可以在企业上班。请问，企业与龚某解除劳动合同的做法是否合理？

【法律解析】

该企业的做法是合理的。宣告缓刑只是犯罪分子在执行刑期时视情况而定，不用到监狱服刑，其本身还是被追究了刑事责任。该企业依照有关法律规定，可以选择与龚某解除劳动合同。

★企业可以辞退即将退休的老员工吗

【案例】

老杨是某电器厂的老员工，再过2年就要退休了。30年前，电器厂刚创办的时候，老杨就成为该厂第一代员工。现在，电器厂由当初的小作坊发展成为几千人的大企业。没想到却遭遇了金融危机，为应对困境，电器厂决定压缩编制、裁减职工。那么，电器厂可以辞退老杨吗？

【法律解析】

电器厂不能辞退老杨。本案中，老杨作为老职工，如果被辞退，再就业的可能性不大。其社会保险以及基本生活来源无法保障，老杨的生活就会陷入困境。对此，法律规定，凡在本单位连续工作满15年，且距法定退休年龄不足五年的职工，用人单位不能与其解除劳动合同。老杨在陶瓷厂工作30年了，距法定退休年龄只有2年，符合条件，所以老杨不能被辞退。

★从事接触职业病危害作业的，企业未对劳动者做健康检查能否将他辞退

【案例】

耿某是某企业职工，长期从事筛选矿粉的工作。因企业效益一直不好，企业可能要裁减一部分员工。耿某在企业工作了十几年，因工作性质缘故，耿某怕患上职业病，但是企业一直没有对他进行职业病检查。那么，在企业没有对耿某做职业病检查的情况下能否将他辞退？

【法律解析】

企业不能辞退耿某。我国《劳动合同法》规定，从事接触职业病危害作业的劳动者未进行离岗前职业健康检查，或者疑似职业病病人在诊断或者医学观察期间的，用人单位不得解除劳动合同。本案中，企业在未对耿某进行离岗前职业健康检查的情况下，不能与他解除劳动合同。

【法条链接】

《劳动合同法》第四十二条 劳动者有下列情形之一的，用人单位不得依照本法第四十条、第四十一条的规定解除劳动合同：

（一）从事接触职业病危害作业的劳动者未进行离岗前职业健康检查，或者疑似职业病病人在诊断或者医学观察期间的；

（二）在本单位患职业病或者因工负伤并被确认丧失或者部分丧失劳动能力的；

（三）患病或者非因工负伤，在规定的医疗期内的；

（四）女职工在孕期、产期、哺乳期的；

（五）在本单位连续工作满十五年，且距法定退休年龄不足五年的；

（六）法律、行政法规规定的其他情形。

★劳动者患精神病，公司可以辞退吗

【案例】

包某是某公司的技术总监，在一次车祸中，包某的头部受到撞击，导致精神失常，经医疗机构鉴定为重度精神病。那么，该公司可以将包某辞退吗？

【法律解析】

该公司可以将包某辞退。法律上有一种情况，即劳动者在工作中没有过失，但合同已经无法正常履行，用人单位只能单方面解除劳动合同，这种情况被称为非过失性辞退。本案中，包某由于车祸成为重度精神病患者，已经不能从事原来的工作，不能正常地履行合同义务，公司不得不与其解除劳动合同。必须注意的是，导致劳动者失去工作能力的疾病不能是职业病或因公负伤，不能与用人单位有任何关系，否则用人单位不能将其辞退；另外，劳动者患病、负伤、失去工作能力后，用人单位不能立即解除合同，必须要给予一定的医疗期，医疗期结束后，再商谈解除合同的事宜。

【法条链接】

《劳动合同法》第四十条 有下列情形之一的，用人单位提前三十日以书面形式通知劳动者本人或者额外支付劳动者一个月工资后，可以解除劳动合同：

（一）劳动者患病或者非因工负伤，在规定的医疗期满后不能从事原工作，也不能从事由用人单位另行安排的工作的；

（二）劳动者不能胜任工作，经过培训或者调整工作岗位，仍不能胜任工作的；

（三）劳动合同订立时所依据的客观情况发生重大变化，致使劳动合同无法履行，经用人单位与劳动者协商，未能就变更劳动合同内容达成协议的。

★公司经营困难，可以大规模裁员吗

【案例】

大学毕业生李某成功应聘某金融公司，签订了为期3年的劳动合同。因金融危机，该公司经营出现重大困难。公司决定大规模裁员，李某也身居其中。李某不服，于是向劳动仲裁机关申请仲裁。请问，经营困难的企业可以大规模裁员吗？

【法律解析】

本案中，该金融公司为了渡过难关，采取经济性裁员，这原本是可行的。但是，该公司没有履行法定的程序。法定的程序首先是提前三十日告知工会，并听取工会的意见；然后向劳动部门报告裁减方案。该公司采取的程序不合法，因此裁减员工的行为无效，应当继续履行与李某的合同。

★学校是否可以单方解除合同

【案例】

2008年，高某与某学校签订了为期3年的合同，在校内招待所担任服务员。2009年5月，学校单方通知高某，因学校扩建，决定将招待所拆除，准备与高某解除合同。高某要求继续履行合同，并愿意服从学校安排到其他岗位工作，但学校说因客观情况变化不能继续履行合同。请问，学校是否可以单方解除合同？

【法律解析】

根据《劳动法》的有关规定，因学校扩建要拆除招待所，属于客观环境发生重大变化，学校可以与高某解除劳动合同，但应当提前三十日以书面形式通知高某本人。

【法条链接】

《劳动法》第二十六条 有下列情形之一的，用人单位可以解除劳动合同，但是应当提前三十日以书面形式通知劳动者本人：

（一）劳动者患病或者非因工负伤，医疗期满后，不能从事原工作也不能从事由用人单位另行安排的工作的；

（二）劳动者不能胜任工作，经过培训或者调整工作岗位，仍不能胜任工作的；

（三）劳动合同订立时所依据的客观情况发生重大变化，致使原劳动合同无法履行，经当事人协商不能就变更劳动合同达成协议的。

试用、见习

★试用期内劳动者有哪些权利

【案例】

康某到一家公司应聘，双方就工作内容、工作条件等问题达成了一致，初步订立了协议，约定试用期为2个月。试用期间，康某按约定履行了义务。试用期结束后，公司以试用期间没有约定薪金为由拒绝支付康某的劳动报酬。在试用期内，劳动者不能领薪水吗？究竟能享受哪些权利呢？

【法律解析】

劳动者在试用期内有权领取薪金。劳动者在试用期应当享有的权利，概括起来主要有以下几个方面：（一）劳动者有享受保险待遇的权利。用人单位与劳动者建立了劳动关系以后，即应按月为劳动者缴纳养老、失业等社会保险费用。（二）劳动者还享受与其他职工相同的保险福利待遇。（三）用人单位一方如有违反法律、法规及合同约定的行为并对劳动者造成损害的，劳动者有权获得赔偿。（四）劳动者可以随时提出解除劳动合同终止劳动关系。

★见习期与试用期有什么区别

【案例】

于某是一名大学应届毕业生，5月通

过招聘会进入一家企业工作，与该企业签订了一份为期3年的劳动合同，同时约定了1年的见习期。于某记得劳动合同法中规定，3年以上固定期限的劳动合同，试用期不得超过6个月。请问，见习期与试用期有什么区别？

【法律解析】

见习期是用人单位针对应届毕业生进行业务适应及考核的一种制度，试用期是用人单位和劳动者建立劳动关系后为了相互了解、选择而约定的。见习期与试用期存在很大区别。见习期是专门适用于大中专、技校毕业生的，时间一般为1年，而试用期则适用于劳动合同期限3个月以上的，不以完成一定工作任务为期限的劳动合同，时间必须与合同期限契合，但最长不得超过6个月。

★试用期间能否随时辞职

【案例】

华某应聘到一家公司上班，公司规定华某的试用期为2个月，试用期间工资为1000元。华某到公司工作后，发现公司的实际运营情况不是太好，公司的经营理念华某也不能接受，便跟经理提出辞职。可是经理说华某得做完一个月，等公司招到了新员工才能离职。请问，华某要等多久才能离开公司？华某的工资该如何结算？

【法律解析】

由于华某是在试用期内，他可以随时辞职，不用等到公司招到新员工后再辞职。试用期内的工资标准不能低于当地最低工资标准，华某在公司工作满1个月的按月结算工资；如果工作不满1个月或者满1个月但不满2个月，公司应当按照他的实际工作天数支付工资。

★试用期内离职是否应当赔偿公司培训费

【案例】

张某与某公司签订了2年的劳动合同，约定试用期为3个月。在试用期间，张某各方面能力表现都不错，公司考虑到急需高级技术人员，决定派他出国学习1个月。但是，培训回来后，在试用期满前5天，张某提出要与公司解除劳动合同。请问，试用期内离职是否应当赔偿公司培训费？

【法律解析】

《劳动部办公厅关于试用期内解除劳动合同处理依据问题的复函》规定，用人单位出资（指有支付货币凭证的情况）对职工进行各类技术培训，职工提出与单位解除劳动关系的，如果在试用期内，则用人单位不得要求劳动者支付该项培训费用。如果试用期满，在合同期内，则用人单位可以要求劳动者支付该项培训费用。因此，本案中，张某不需要赔偿公司培训费。

【法条链接】

《劳动部办公厅关于试用期内解除劳动合同处理依据问题的复函》第三条 用人单位出资（指有支付货币凭证的情况）对职工进行各类技术培训，职工提出与单位解除劳动关系的，如果在试用期内，则用人单位不得要求劳动者支付该项培训费用。

★试用期内发现劳动者不符合录用条件怎么办

【案例】

某公司招收了一批新的职员，在试用期中，公司发现自称毕业于北京某知名大学的戴某整体的素质与其他学员相差甚远，学习能力极差，与简历上标注的信息完全不符。请问，该公司可以将其辞退吗？

【法律解析】

该公司可以将其辞退。本案中，戴某投发的简历显然误导了该公司，使该公司以为戴某是符合录用条件的。在随后的试用期内，戴某的实际情况逐渐被公司掌握。当公司可以明确地证明戴某不符合录用条件时，就可以依照相关的法律规定，解除与他的劳动合同关系。

薪酬待遇与休息休假

★工作日怎么计算

【案例】

叶某是某公司职工，月工资标准1500元。公司决定实行日工资制后，叶某拿到工资1046元，比以前少了454元。满头雾水的叶某找到公司经理询问此事。经理称用月工资标准1500元除以每月30天得出日工资50元，每月除去公休日的平均实际工作天数为20.92天，按日工资制计算，50元乘以20.92天，所得月工资就是1046元。工作日是这样计算的吗？

【法律解析】

工作日不是这样计算的。正确的计算方式应是全年日历天数365天减去法定休息日10天，再减去公休日104天，所得天数再除以12，最终得出的是每月平均工作天数20.92天。此处，案例中的某公司恶意混淆概念，用1500元的基准工资除以30天，得出日工资数额为50元，这种算法是错误的。应该用1500元除以每月平均工作天数20.92天，这样得出正确的日平均工资数额71.7元，再乘以实际工作天数20.92，得出叶某的工资还是1500元，没有减少。

★非全日制用工的薪酬是如何计算的

【案例】

蔡某是小时工，工作内容是按照雇用人的要求，从事清洁工作。因此，蔡某没有固定的工作时间和工作地点，薪金按照一月一结算是不可能的，他的薪酬该怎么计算呢？

【法律解析】

蔡某属于非全日制用工。按照我国《劳动法》的规定，非全日制用工，以小时计酬为主，但也不排除其他合理的计算方式。尽管是按小时计酬，但是每小时的酬金不能低于用人单位所在地人民政府规定的最低小时工资标准。

★非全日制用工每天都要工作吗

【案例】

某知名快餐企业大量雇用兼职人员，兼职人员与企业签订的是非全日制劳动协议，约定工资以小时计算，但同时要求一周7天都要工作。那么，非全日制用工每天都要工作吗？

【法律解析】

法律没有明确规定非全日制用工每天都要工作，只是对每天工作时间的上限作出了规定。按照规定，非全日制用工的劳动时间平均每日不得超过4小时，每周累计不得超过24小时。需要注意的是，这里规定的工作时间是指在同一用人单位累计的工作时间。也就是说，非全日制用工可以每天在一个或一个以上的用人单位工作。工作时间按照法律规定执行即可。

★加班工资应按照什么标准计算

【案例】

张某在一家信息技术公司从事研发工作。根据公司要求，9月期间，张某周末基本上都在加班。可是在月底结算工资时，公司财务给他的加班日工资是按照张某的月工资除以30天计算的。请问，公司财务计算加班工资的标准是否正确？

【法律解析】

张某公司财务计算加班工资的标准不正确，应当按照他的月工资标准除以21.5天进行折算。

★未签劳动合同，双倍工资应从何时起算

【案例】

康某从2009年10月开始在某公司上班，半年来，该公司给康某涨了工资，但是一直没有签订书面劳动合同，康某听说这样公司应支付双倍工资。请问，应支付双倍工资的时间从什么时候开始起算？

【法律解析】

用人单位自用工之日起超过1个月不满1年未与劳动者订立书面劳动合同的，应当向劳动者每月支付2倍的工资。用人单位违反本法规定不与劳动者订立无固定期限劳动合同的，自应当订立无固定期限劳动合同之日起向劳动者每月支付2倍的工资。因此，康某的双倍工资支付时间应从用工之日起超过1个月时，即2009年11月起算。

【法条链接】

《劳动合同法》第八十二条 用人单位自用工之日起超过一个月不满一年未与劳动者订立书面劳动合同的，应当向劳动者每月支付二倍的工资。

用人单位违反本法规定不与劳动者订立无固定期限劳动合同的，自应当订立无固定期限劳动合同之日起向劳动者每月支付二倍的工资。

★有医保住院后就不发工资吗

【案例】

1999年起，孙某开始在一家钢铁厂工作，厂里为孙某办理了基本医疗保险并按期缴纳了医疗保险费。2008年6月，孙某因脑血栓到医院治疗。可是住院之后，厂里就停发了孙某的工资，理由是公司已经为孙某缴纳了医疗保险费。请问，有医保住院后就不发工资吗？

【法律解析】

《劳动保险条例》规定，工人与职员病或非因工负伤停止工作医疗时，其停止工作医疗期间连续在六个月以内者，按其本企业工龄的长短，由该企业行政方面或资方发给病伤假期工资，其数额为本人工资百分之六十至百分之一百。本案中，钢铁厂的做法显然不符合上述规定，孙某可向劳动仲裁机构申请仲裁，请求补发住院期间的病假工资。

【法条链接】

《劳动保险条例》第十三条 工人与职员因病或非因工负伤停止工作医疗时，其停止工作医疗期间连续在六个月以内者，按其本企业工龄的长短，由该企业行政方面或资方发给病伤假期工资，其数额为本人工资百分之六十至百分之一百；停止工作连续

医疗期间在六个月以上时，改由劳动保险基金项下按月付给疾病或非因工负伤救济费，其数额为本人工资百分之四十至百分之六十，至能工作或确定为残废或死亡时止。详细办法在实施细则中规定之。

★加班费能计入最低工资吗

【案例】

魏某在一家塑料厂作裁剪工，双方签订了一份劳动合同。合同约定，合同有效期为3年，月工资300元。后来魏某从电视里得知，当地的最低工资标准为400元，于是魏某要求将每月工资提高至400元。但厂方认为把加班费合算起来，每月实际收入远远高于400元。请问，加班费能计入最低工资吗？

【法律解析】

加班费不能计入最低工资，因为最低工资不包括延长工作时间的工资报酬及食宿补助等其他福利。该塑料厂每月实际给魏某的钱，虽然把加班费合算起来高于最低工资标准，但实际工资却低于最低工资标准。魏某可以要求厂方补足差额部分，如果厂方拒绝，他可向劳动争议仲裁委员会申请仲裁，对仲裁不服，还可以向法院起诉。

★工资可以用实物代替吗

【案例】

2008年，因金融危机，某服装厂生产的大量服装积压，导致资金周转不开，无力向职工发放工资。于是，该厂决定当月的工资用产品代替，职工领取与工资数相符的产品，鼓励职工自己销售产品以换成货币。请问，该服装厂的行为合法吗？

【法律解析】

该服装厂的做法违反了《劳动法》的相关规定。《劳动法》对工资的概念作了明确的解释，是指用人单位依据国家有关规定或劳动合同的约定，以货币形式直接支付给本单位劳动者的劳动报酬，一般包括计时工资、计件工资、奖金、津贴和补贴、延长工作时间的工资报酬以及特殊情况下支付的工资等。工资的支付只能采取货币形式，不能以任何物品代替。本案中，服装厂不发放工资，而是发放产品，让职工自己去卖钱，这种行为是不合法的。

【法条链接】

《劳动法》第五十条 工资应当以货币形式按月支付给劳动者本人。不得克扣或者无故拖欠劳动者的工资。

★什么情况下工资可以延迟支付

【案例】

老李是某楼盘的木工工人，因开发商与承建商发生债务纠纷，导致老李的工资被拖欠。请问，老李能否索要他的劳动报酬？

【法律解析】

根据劳动部《关于印发对〈工资支付暂行规定〉有关问题的补充规定的通知》，用人单位可以延迟支付工资的情况有：（一）用人单位遇到非人力所能抗拒的自然灾害、战争等原因，无法按时支付工资；（二）用人单位确因生产经营困难、资金周转受到影响，在征得本单位工会同意后，可暂时延期支付劳动者工资，延期时间的最长限制可由各省、自治区、直辖市劳动行政部门根据各地情况确定。

债务纠纷不是延迟支付工资的理由，老李可以向用人单位索要劳动报酬。

【法条链接】

《工资支付暂行规定》第八条对完成一次性临时劳动或某项具体工作的劳动者，用人单位应按有关协议或合同规定在其完成劳动任务后即支付工资。

★单位是否应按提高的护士工资标准执行

【案例】

王某在某附属医院从事临床护理20余年，一直享受护龄津贴及提高工资10%的待遇。近几年因工作需要，王某从事护理教学工作，但未脱离护理岗位。可是自2007年11月起单位取消了王某工资标准提高的部分。王某很疑惑自己始终从事护理工作，为什么还要取消那10%的工资待遇？

【法律解析】

本案中，王某在医院从事临床护理已满20年，即使她现在从事的是护理教学工作，只要还在医疗卫生机构工作，就应该按原来的标准执行，医院不应该取消王某工资标准提高的部分。

★合同无效就可拒付工资吗

【案例】

杨某与某公司签订了为期1年的劳动合同。工作1个月后，公司发现杨某的工作能力与学历很不相符，经核实证明，杨某的学历证明是假的。公司以劳动合同无效为由拒付杨某工资。请问，合同无效就可以拒绝支付工资吗？

【法律解析】

本案中，公司应当支付杨某工资。《劳动法》规定，采取欺诈的手段订立的劳动合同无效。不过，虽然无效的劳动合同不受员工法律保护，但是在劳动合同履行过程中，劳动者已经付出了劳动的，用人单位应当向劳动者支付劳动报酬。

★公司被取缔，应找谁讨要工资

【案例】

刘某几个月前到某公司应聘销售助理，上班后发现这家公司不正规，并且公司一直拖欠他的工资不给。后来，该公司因没有营业执照被工商局取缔。请问，公司被取缔，刘某应该向谁讨要工资呢？

【法律解析】

无营业执照经营的单位不属于《劳动合同法》规定的用人单位，其与劳动者订立的劳动合同因主体违反法律规定属于无效合同。根据公平原则，无营业执照经营的单位被依法处理的，该单位的劳动者已经付出劳动的，仍应获得相应的劳动报酬。刘某可要求被处理的单位或者其出资人向他支付工资。

★因出庭作证而耽误工作，公司可以扣发工资吗

【案例】

梁某是某公司的工作人员，因他是一次交通事故的目击证人而被法院传唤，要求梁某出庭作证。梁某将此事告知公司，希望公司可以批假，但公司拒不批假。梁某无奈，只得旷工去法院出庭作证。没想到公司却以梁某无故旷工为由，将梁某当天的工资扣除。请问，该公司的行为合法吗？

【法律解析】

该公司的行为违反了《劳动法》的相关规定。依法参加社会活动是劳动者的政治权利，受法律保护。劳动者在法定工作时间参加社会活动，应视为提供了正常劳动，用人单位应向劳动者支付工资。本案中，梁某依法院要求出庭作证，应视为参与社会活动，是梁某法定的政治权利和自由，用人单位不能以任何理由扣发作证期间的工资。

【法条链接】

《劳动法》第五十一条　劳动者在法定休假日和婚丧假期间以及依法参加社会活动期间，用人单位应当依法支付工资。

★企业停工期间职工们领不到工资吗

【案例】

某加工厂因为要检修设备，全厂职工停工半个月。厂里宣布，停工期间，因为全厂职工没有参与劳动，因此半个月的工资将被扣除。请问，该加工厂的行为合法吗？

【法律解析】

该加工厂的行为违反了《劳动法》的相关规定。非因劳动者原因造成单位停工、停产在一个工资支付周期内的，用人单位应按劳动合同规定的标准支付劳动者工资。这里所说的一个工资支付周期，是指前后两个工资发放日之间的时间。本案中，该加工厂每月支付劳动者工资，也就是说加工厂的工资支付周期是1个月。由于检修设备，全厂停工半个月，不到1个工资支付周期，且并非劳动者的原因所致，因此，加工厂要正常支付劳动者工资。

★医疗待遇分正式工和试用期职工吗

【案例】

夏某在某公司正处于试用期，不久前在医院检查身体时，夏某被诊断出患有慢性鼻窦炎，需进行治疗。夏某以前听人说有医疗保险的，在治疗期间可报销一定的医疗费用，但他不知道像他这种还在试用期的员工，有无此项待遇？

【法律解析】

《劳动法》并没有对正式职工和试用期职工作出不同的规定，因此，只要劳动合同有效，试用期职工也享受医疗待遇，用人单位不能以不是正式职工，不享受有关医疗费用为借口，逃避责任。

★具备什么条件才能领取失业保险金

【案例】

邓某是一名国有企业职工。2007年，因为单位一直没有给邓某安排具体工作，只发待岗工资每月400元，邓某就没有上班。后来单位通知邓某60天内不到单位报到就解除劳动关系，之后邓某和单位签订了解除劳动关系的协议，到就业局进行了档案寄存，办理了《再就业优惠证》。可是2008年3月邓某去就业局领失业保险金时，工作人员说邓某不符合条件不能领取失业保险金。请问:具备什么条件才能领取失业保险金？

【法律解析】

相关法规规定，领取失业保险金的条件之一是非因本人意愿中断就业，对于自愿离职而失业的人员是被排除在享受失业保险待遇之外的。本案中，如果是邓某自愿解除劳动关系的,那他就不符合申请领取失业保险金的条件。

★不定时工能否索要加班费
【案例】

高某是有线电视的维修员,隶属于县广播电视局。因为工作的性质高某每天都要上班,只要有用户收看不到有线电视,无论刮风下雨,高某在24小时内必须检修好。请问,高某能否向单位索要加班费?

【法律解析】

高某不能向单位索要加班费。《工资支付暂行规定》对劳动者在法定标准工作时间以外工作的工资支付标准作出了详细的规定,其中明确指出,实行不定时工时制度的劳动者,不执行上述规定。因为高某是有线电视维修员,属于不定时工时制度的劳动者,所以他不能向单位索要加班费。

【法条链接】

《工资支付暂行规定》第十三条 用人单位在劳动者完成劳动定额或规定的工作任务后,根据实际需要安排劳动者在法定标准工作时间以外工作的,应按以下标准支付工资:

……

实行不定时工时制度的劳动者,不执行上述规定。

★申请劳动仲裁超过时效的,工资能要回吗
【案例】

李某所在单位因经营困难,已拖欠李某好几个月的工资,后李某决定辞职,单位同意,但还是没给工资,李某便让单位打了张欠条。1年后李某再去找单位要,仍然不给,李某无奈只好申请劳动仲裁,但劳动仲裁委员会说已超过时效,不予受理。请问,李某该怎么办?

【法律解析】

根据有关法律规定,劳动争议申请仲裁的时效为1年,因此,李某在1年后申请劳动仲裁确已超过时效。但有关司法解释规定,劳动者以用人单位的工资欠条为证据直接向人民法院起诉,诉讼请求不涉及劳动关系其他争议的,视为拖欠劳动报酬争议,按照普通民事纠纷受理。因此,李某可以把该欠条作为证据,采取诉讼方式解决。

★员工自愿加班,索要加班工资无依据
【案例】

谢某是某外资公司的职员,工作期间,谢某努力工作,经常在下班后自动加班完成当日工作任务。合同期限届满时谢某表示不再续签劳动合同,同时要求公司支付其1年内延长工作时间的加班工资。但公司以未安排谢某加班,他加班是个人自愿的行为为由拒绝支付加班工资。那么,谢某自愿加班能否获得加班费呢?

【法律解析】

谢某自愿加班不能获得加班费。用人单位支付加班工资的前提是用人单位根据实际需要安排劳动者在法定标准工作时间以外工作,即由用人单位安排加班的,用人单位才应支付加班工资。如果不是用人单位安排加班,而由劳动者自愿加班的,用人单位依据以上规定可以不支付加班工资。本案中,谢某平时的加班不是由公司安排的,而是他自愿进行的。因此,谢某要求公司支付其加班工资缺乏依据。

★职工未休年假公司是否应当补偿

【案例】

张某是一名公司职员,在公司已经连续工作了3年时间。他想知道,如果是因为公司的原因,导致职工没有在规定的年休假内休假,公司是否应当给予适当的补偿?

【法律解析】

根据《职工带薪年休假条例》的规定,单位确因工作需要不能安排职工休年休假的,公司应当补偿。因此,张某所在的公司应对张某给予适当补偿。

★用人单位能否对职工进行罚款

【案例】

邓某是公交公司的一名售票员。一次一名乘客要买2元的票,可邓某只撕了1张1元的票给乘客,她少撕票的行为正好被稽查员看到。按照规章制度,少撕票的行为属于贪污票款,按照贪污票款的数额乘以500为罚款数额,故公司罚了邓某500元。请问,公交公司的罚款行为是否合法?

【法律解析】

从行政处罚的角度来说,用人单位是无权对员工进行行政处罚的,行政处罚的实施主体是国家机关。用人单位可以通过与员工民主商议,制定对员工有关的经济责任制度,并经公示后执行。

★用人单位能否因劳动者拒绝加班而扣发工资

【案例】

康某是某玩具厂的职工。因该厂获得一批订货单,订货量较大,交货时间紧迫,所以领导决定全厂职工周六加班。康某因要照顾孩子,周六无法加班,于是她与领导协商,未获领导准许。星期六,康某没有执行加班决定,厂领导遂决定扣发康某的工资。请问,玩具厂的做法合理吗?

【法律解析】

玩具厂的做法违反了《劳动法》的相关规定。我国《劳动法》规定,用人单位要严格地执行劳动定额标准,不能随意安排加班。如果确实有必要安排加班,要与职工协商,并且支付相应的加班费。本案中,玩具厂领导与职工康某协商未果,不得以扣发工资的手段强迫职工加班。

★用人单位拖欠劳动者工资,劳动者可获赔偿吗

【案例】

某公司的资金周转出现了问题,公司领导层于是决定暂时扣押职工的工资,用于公司资金周转。结果,公司连续扣押了一个季度的职工工资。被拖欠工资的职工向法院提起诉讼,要求公司立即支付拖欠的工资,并且作出相应的赔偿。职工们这样的要求合理吗?

【法律解析】

职工们的要求是合理的。我国实行按劳分配的原则,付出了多少劳动,就应该得到多少回报,这是法定的权利。对于被拖欠的工资,应按数支付。同时,劳动者依法取得报酬的权利受到侵犯,按规定也应该支付赔偿。本案中,该公司扣押了职工一个季度的工资,无论基于什么样的理由也是不能免责的。除了将拖欠的工资原数发放外,还应该为侵权行为承担责任,对职工们作出一定的赔偿。

★用人单位可以采用签订协议的方式延长工作时间吗

【案例】

某加工厂经常不定期接到订单,要求职工经常加班。厂领导为了减少成本,就令所有的职工与加工厂签订了一份协议,约定将工作时间延长为每天12小时,如果不签协议就辞职。请问,加工厂可以这样做吗?

【法律解析】

加工厂不能用与劳动者签订协议的方式延长工作时间。劳动者每天工作时间不超过八小时、平均每周工作时间不超过四十四小时的工时制度是法律规定的,是强制性规定,任何合同的签订都不能违反该规定,否则合同视为无效。本案中,加工厂强迫职工签订旨在延长工作时间的协议,该协议的内容已经违反了国家关于工作时间的强制性规定,协议无效。

★用人单位让员工加班要支付加班费吗

【案例】

某设备制造厂接到一笔款额较大的订单,由于时间紧迫,要求全厂职工不分昼夜地加班,采取轮休制度。该厂职工接受厂里的决定,但要求支付一定的加班费。请问,加班要支付加班费吗?

【法律解析】

加班要支付加班费。为了保障劳动者的合法权益,国家在立法时,并不支持用人单位为了业绩而安排职工长时间地从事超出既定时间的工作,因为这在实质上是侵犯职工的合法权益。但是实际上,超时工作的现象不可避免。对此,只能采取一些补偿的措施,例如,给加班的职工支付加班费。本案中,某设备制造厂为了在规定的期限内完成订单,要求职工加班加点,这本也是无可奈何的事。但职工加班加点付出的劳动,应该给予一定的补偿,支付职工加班费。

★用人单位可以采取固定加班费吗

【案例】

韩某在某厂打工,除正常工作8小时外每天都要加班四五个小时,每月除一两天休息外无论任何节假日都必须照常工作。工资为每月1000元另加固定加班费400元。请问,该厂这种做法是否合法?

【法律解析】

该厂的做法不合法。用人单位由于生产经营需要,经与工会和劳动者协商后可以延长工作时间,一般每日不得超过1小时;因特殊原因需要延长工作时间的,在保障劳动者身体健康的条件下延长工作时间,每日不得超过3小时,每月不得超过36小时。而且休息日安排劳动者加班的,应支付不低于工资的200%的工资报酬,法定休假日安排劳动者加班的,应支付不低于工资300%的工资报酬。因此,韩某所在的工厂采取固定加班费的做法严重违反加班规定,应当予以纠正。

★实行计时工资制,可以带薪休假吗

【案例】

赵某是一家公司的职工,公司实行计时工作制。在公司已经工作了3年的赵某向单位申请休年假,被批准休假两周,但公司要扣发赵某两周的工资。请问,赵某休年假是否享受工资待遇?

【法律解析】

赵某在休假期间应该享受工资待遇,

赵某所在公司的做法违反了法律规定。计时工资是按照单位计时工资标准和工作时间支付给职工个人的劳动报酬，它是计算发放劳动报酬的一种制度，不是规定工作时间和休息时间的制度。年休假制度是我国法律规定的一种法定休息制度，对企业具有强制力。因赵某在公司工作3年，享有带薪年休假的权利。

★缓刑执行期间工资待遇怎么计算

【案例】

龙某是一家事业单位的职工，由于涉嫌犯罪被起诉。经法院审理，判决龙某有期徒刑8个月，缓刑2年。请问，龙某在缓刑期间和结束后能得到什么样的工资待遇？

【法律解析】

龙某缓刑结束后，从缓刑期满至原单位对他做出处理期间的生活费，按缓刑期间的标准计发。缓刑期满后分配正式工作的，其工资待遇根据新任职务、新任岗位按不高于同等条件人员重新确定。

★服务期内是否应该享受工资调整的待遇

【案例】

2008年，公司派何某到外地接受技术培训。根据培训协议，回来后何某的工资由2500元提高到3000元，服务期为3年。但是何某发现，原来和何某岗位相同的技术人员工资已经上调到3500元。何某找到公司领导要求按此标准调整工资，但公司领导说按培训协议工资应为3000元。请问，服务期内是否可以享受工资调整的待遇？

【法律解析】

本案中，公司与何某约定了为期3年的服务期，虽然当时在培训协议中双方约定培训后工资由原来的2500元提高到3000元，但是在何某培训期间，同岗位工资已经全部上调到3500元，根据同工同酬的原则，何某有权要求公司为他提高工资待遇。

★解除劳动合同，能拿回被克扣的工资吗

【案例】

孙某是一名执业医师，2007年5月起在一家按摩店上班，合同约定月工资2000元，但实际月工资只有1800元，现在孙某已萌生去意。请问，如果解除劳动合同，孙某能拿回被克扣的工资吗？

【法律解析】

孙某能拿回被克扣的工资。根据《劳动法》的规定，按摩店未按照劳动合同约定支付劳动报酬，孙某可以随时通知用人单位解除劳动合同。孙某可以向劳动行政部门求助，由劳动行政部门责令支付其工资报酬、经济补偿以及赔偿金。

★符合哪些条件可以得到供养亲属抚恤金

【案例】

2007年5月，石某在一次工伤事故中严重烧伤，后经医治无效死亡。石某的父母都已年近70岁，已经丧失劳动能力，靠石某生前的工资供养。石某的妻子下岗在家待业，还有一个未成年的孩子。请问:石某的家人是否都能得到供养亲属抚恤金？

【法律解析】

职工因工死亡，其符合条件的直系亲属可以从工伤保险基金领取供养亲属抚恤金。本案中，石某的父母和孩子符合相关条件，可以得到供养亲属抚恤金。

★国庆节加班,能列为补休范围吗

【案例】

柯某是一个私营企业的工人,2007年国庆长假期间,公司安排柯某和工友们加班。假期过后,老板安排他们多休息了三天。之后,他们向老板提出要加班费,老板告诉他们,已经安排补休时间,公司就不再支付加班工资了。那么,老板的说法正确吗?

【法律解析】

老板的说法是不正确的。根据《劳动法》的有关规定,用人单位在元旦、春节、国际劳动节和国庆节期间应当依法安排劳动者休假,这些节日为法定节假日。法定节假日加班的只能支付法律规定的加班工资报酬,不能以安排补休为由不支付高于正常工作时间工资的加班工资。按国务院规定,"十一"假期为3天。因此,柯某在得到补休之后仍有权要求公司支付3天的加班工资报酬。

★什么情况下会停止享受抚恤金待遇

【案例】

2008年,李某出差时遭遇车祸,当场死亡。而李某妻子黄某因病截瘫,在家已经躺了3年。李某女儿今年11岁,李某生前所在单位与民政部门依法为李某女儿办理了抚恤金,但黄某听说女儿到了18岁就没有抚恤金了。黄某想知道,如果女儿18岁时正好在读高三或者刚考上大学,抚恤金会停发吗?

【法律解析】

依靠因工死亡职工生前提供主要生活来源的子女未满18周岁的,可按规定申请供养亲属抚恤金。但若领取抚恤金人员年满18周岁且未完全丧失劳动能力,即使仍然在校学习,也不能再享受抚恤金待遇。

★病假工资能低于最低工资标准吗

【案例】

蒋某是某厂的一名普通工人,2008年因患病住院治疗之后就一直没回厂上班。厂方每月发给蒋某300元作为病假工资。蒋某要求厂方按政府规定的最低工资发放,厂方说蒋某没有上班,给其300元就很不错了。请问,员工的病假工资能否低于最低工资标准?

【法律解析】

病假工资可以低于最低工资标准。劳动者获得最低工资有两个条件:一是在法定工作时间内或依法签订的劳动合同约定的工作时间内;二是提供了正常劳动,履行了劳动义务。患病住院时,由于劳动者本人原因造成在法定工作时间内或依法签订的劳动合同约定的工作时间内未提供正常的劳动,因而可以不按最低工资标准的规定支付工资,这是合法也是合理的。但是,病假工资虽然不受最低工资标准的保护,仍应以最低工资标准为依据发放工资报酬。根据相关规定,劳动者患病或非因工负伤的病休期间,用人单位支付的病假工资不得低于本地区最低工资标准的80%。

【法条链接】

《最低工资规定》第三条 本规定所称最低工资标准,是指劳动者在法定工作时间或依法签订的劳动合同约定的工作时间内提供了正常劳动的前提下,用人单位依法应支付的最低劳动报酬。

★病假工资如何发放

【案例】

杰某是某国家机关工作人员，因车祸一直未能上班。出院时医生给杰某开了半个月的假条，让其半个月后再去医院复查。后来杰某没有去那家医院，在别的医院看病后又休息了1个月，但没有再开假条。因为只开了半个月的病假条，单位只给了杰某50%的月工资。请问，单位的这种做法合理吗？

【法律解析】

如果之后的1个月属于规定的医疗期范围，杰某可以让医院给他出个证明。根据《劳动法意见》相关规定，职工患病或非因工负伤治疗期间，在规定的医疗期内由企业按有关规定支付其病假工资或疾病救济费，病假工资或疾病救济费可以低于当地最低工资标准支付，但不能低于最低工资标准的80%。根据《国务院国家机关工作人员病假期间生活待遇的规定》，工作人员病假在2个月以内的，发给原工资。因此，如果按照病假处理，单位应该给杰某全额发放工资。

★残疾人的工资标准比一般人的要低吗

【案例】

左手残疾的白某成功应聘到某公司，但他没有与公司签订合同。发放工资时，白某发现自己的工资比别人少100元。感到不解的白某向公司财务询问，财务称白某有残疾，工资应该比正常人少。难道工作中残疾人的工资要低于正常人吗？

【法律解析】

残疾人的工资与正常人的工资没有差别。我国实行的是按劳分配、同工同酬的原则，禁止在工资分配时歧视不同性别和身份的职工，以便保证所有的职工有平等的工资权。本案中，白某应该享有与其他人一样的工资待遇。该公司以白某是残疾人，就加以歧视，违反同工同酬原则。这样的行为是错误的。

【法条链接】

《劳动法》第四十六条第一款 工资分配应当遵循按劳分配原则，实行同工同酬。

《中华人民共和国残疾人权益保障法》（以下简称《残疾人权益保障法》）第三十八条第二款 在职工的招用、转正、晋级、职称评定、劳动报酬、生活福利、休息休假、社会保险等方面，不得歧视残疾人。

★最低工资里包括国家规定的福利待遇吗

【案例】

高某在一家电器修理厂工作，并签订了合同。但高某觉得月工资800元实在太少，就向厂里要求提高工资。厂里认为合同中双方已明确规定工资数额，且公司给他的基本工资、保险、福利待遇等合计已超过当地最低工资标准，拒绝了高某的请求。请问，国家规定的福利待遇算在最低工资里吗？

【法律解析】

国家规定的福利待遇不能算在最低工资里。最低工资是指劳动者在法定工作时间内，提供了正常劳动的前提下，用人单位支付给劳动者的最低劳动报酬。但有几项不能包括在最低工资里，例如，加班费、在特殊条件下工作的津贴，再有就是劳动者福利待遇。国家规定最低工资标准，是为了使劳动者所得工资能够维持基本的生活需要，这是强制性规定，不能用约定的形式来抗辩，否则就是无效协议。

★国家规定了发工资的具体日期吗

【案例】

房某是一家软件公司的销售人员，签订合同时约定工资按月发放，但没有约定具体日期。此后，房某每月领取工资的时间都不一样，有时月初，有时月末。国家规定了发工资的具体日期吗？

【法律解析】

国家没有规定发工资的具体日期。国家在《劳动法》中规定了工资以货币形式按月支付给劳动者本人。这里所说的按月支付并不仅指每月支付一次，而是还要按照固定的日期将工资支付给劳动者。至于具体时间由劳动者与用人单位约定。本案中，房某应要求用人单位按固定的时间发放工资，这样才能尽可能地保证劳动者的合法权益。

★休婚假期间工资照发吗

【案例】

曾某是一家高科技公司的技术主管。2008年5月，曾某与恋爱多年的女友结婚。年终结算薪金时，公司将曾某休婚假的时间算作旷工，没有按正常工作时间结算工资。请问，休婚假期间，不发工资吗？

【法律解析】

休婚假期间工资照发。根据我国法律规定，享受婚假是劳动者的基本权利。劳动者结婚时，用人单位一般给予一至三天的带薪假期。为了鼓励晚婚晚育，对于晚婚的青年，有的地方除了国家规定的3天假期外，会另给10天左右的带薪假。本案中，曾某结婚，依照国家法律休婚假，工资应该照常结算，该公司不能将婚假算作旷工。

女职工与未成年工保护

★怀孕就要被炒鱿鱼吗

【案例】

张某是某合资企业的职员，该企业内部有一条不成文的规定，就是已到生育年龄的女员工，如果想继续留任，都要立下一份名为"生育保证书"的字据，内容如下：本人保证在合同期内不怀孕，如有违反，则将做自动离职处理。请问，该企业的此项规定合法吗？

【法律解析】

该企业的此项规定不合法。企业强迫女职工约定"生育保证书"违背了《妇女权益保障法》以及《劳动法》的有关规定。单位以结婚、怀孕、产假、哺乳等为由辞退女职工，应当认定无效。

【法条链接】

《劳动法》第二十九条 劳动者有下列情形之一的，用人单位不得依据本法第二十六条、第二十七条的规定解除劳动合同：

（一）患职业病或者因工负伤并被确认丧失或者部分丧失劳动能力的；

（二）患病或者负伤，在规定的医疗期内的；

（三）女职工在孕期、产期、哺乳期内的；

（四）法律、行政法规规定的其他情形。

★怀孕时被解雇，仲裁请求为何被驳回

【案例】

王某在某公司工作。2006年5月，王某怀孕了。同年10月，公司以孕妇不能正常从事工作为由，解除与王某的劳动合同。11月，王某向法院起诉，法院裁定不予受理。2008年6月，王某向劳动争议仲裁委员会申请仲裁，再次要求确认公司解除劳动合同行为无效，仲裁委员裁决驳回仲裁请求。这是为什么？

【法律解析】

法院不受理王某的起诉，是因为《劳动法》关于劳动争议仲裁前置的规定。劳动争议的处理方式具有一定的特殊性。一般争议都是或裁或审，选择仲裁则一裁终局；而劳动争议则必须先经过仲裁，对仲裁裁决不服的，再向法院起诉，即不得直接向法院起诉，且劳动争议仲裁裁决也不是终局裁决。本案中，王某未先申请仲裁，直接向法院起诉，自然会被法院裁定不予受理。当王某再次向劳动争议仲裁委员会提出仲裁请求而被驳回，则是因为该争议已过仲裁的时效。本案中，劳动争议发生之日为2006年10月，而王某在2008年6月才申请劳动仲裁，早已过仲裁时效，所以被驳回仲裁请求。

【法条链接】

《劳动法》第七十九条 劳动争议发生后，当事人可以向本单位劳动争议调解委员会申请调解；调解不成，当事人一方要求仲裁的，可以向劳动争议仲裁委员会申请仲裁。当事人一方也可以直接向劳动争议仲裁委员会申请仲裁。对仲裁裁决不服的，可以向人民法院提出诉讼。

第八十二条 提出仲裁要求的一方应当自劳动争议发生之日起六十日内向劳动争议仲裁委员会提出书面申请。仲裁裁决一般应在收到仲裁申请的六十日内作出。对仲裁裁决无异议的，当事人必须履行。

★我国法律对产假是怎么规定的

【案例】

赵某是毛纺厂的一名工人，现在怀孕9个月了，由于贫血，医生建议她多休息。于是赵某想向厂领导提出休产前假，可是她不知道能休多少天。请问，我国对产假是怎样规定的？

【法律解析】

女职工产假为九十天，其中产前休假十五天。难产的，增加产假十五天。多胞胎生育的，每多生育一个婴儿，增加产假十五天。产前假一般不得放到产后使用。若孕妇提前生产，可将不足的天数和产后假合并使用；若孕妇推迟生产，可将超出的天数按病假处理。

★产假期间的工资按照什么标准发放

【案例】

柯某是北京某公司的一名员工，已经怀孕8个月，预产期快要到了。柯某与公司签订的劳动合同中，对产假期间的工资计算标准没有进行约定。柯某想知道：在产假期间，工资是按照正常上班期间的工资标准发放，还是按照一定的工资基数标准发放？

【法律解析】

本案中，如果有集体合同约定的，按

照集体合同约定的加班工资基数以及休假期间工资标准确定；如果劳动合同、集体合同均未约定的，按照劳动者本人正常劳动应得的工资确定。如果公司给柯某缴纳了生育保险，则产假期间的工资由生育保险基金支付。如果柯某领到的生育津贴低于劳动合同约定工资的，公司还要予以补足。

【法条链接】

《北京市工资支付规定》第四十四条　根据第二十三条第一款支付劳动者产假、计划生育手术假期间工资，应当按照下列原则确定：

（一）按照劳动合同约定的劳动者本人工资标准确定；

（二）劳动合同没有约定的；按照集体合同约定的加班工资基数以及休假期间工资标准确定；

（三）劳动合同、集体合同均未约定的，按照劳动者本人正常劳动应得的工资确定。依照前款确定的加班工资基数以及各种假期工资不得低于本市规定的最低工资标准。

★女性职工流产的可以休假吗

【案例】

赵某怀孕3个月不慎流产，医生建议在家休息，赵某遂向公司请假。公司以工作繁忙为由不同意赵某休假。赵某考虑到身体状况，遂自行休假半个月。月底发放工资时，公司以赵某无故旷工半个月为由，扣除了她全部工资。公司扣除赵某工资的行为是合理的吗？女职工在怀孕期间流产的能休假吗？

【法律解析】

公司扣除赵某工资的行为是不合理的。女职工怀孕时不慎流产，依照规定，应当休假。流产同样会给女职工的身体造成严重影响，女职工流产后，用人单位应当根据医院证明，给予一定时间的产假，休产假期间，薪金照发。本案中，赵某意外流产，公司应当让其休假，并按正常情况支付工资。

【法条链接】

《女职工劳动保护规定》第八条第二款　女职工怀孕流产的，其所在单位应当根据医务部门的证明，给予一定时间的产假。

★女职工待产期间，用人单位可以将其辞退吗

【案例】

贺某在某酒店任大堂接待。年初，贺某到医院检查时，发现自己怀孕了，遵照医嘱要多休息。此后，贺某经常出现迟到早退现象，但基本上仍坚持每天上班。公司得知贺某怀孕，将其转为后勤，在怀孕6个月时，公司以贺某耽误工作为由，决定将其辞退。那么，用人单位可以在这时候将贺某辞退吗？

【法律解析】

用人单位不能在贺某待产期间将其辞退。女性怀孕时，用人单位必须安排职工休产假。用人单位不能以劳动者休产假，不能履行合同约定的义务为由，将其辞退，这是对女性职工权益的保护。此外，用人单位在女职工整个孕期、产期、哺乳期都不能找借口将其辞退。

★女职工孕期劳动合同届满，单位可以终止劳动合同吗

【案例】

夏某与工作单位的劳动合同即将到

期，单位通知夏某，不再续订劳动合同。而此时，夏某已经怀孕两个多月。夏某向单位提交了医院的诊断证明，要求继续劳动合同关系。单位则认为，合同期满属于自然终止，单位只是不再续订。这种情况下，企业终止合同的行为是合法的吗？

【法律解析】

企业终止合同的行为违反了《劳动法》的相关规定。女职工在怀孕期间，即使合同自然到期，用人单位也不能解除劳动合同，必须等到孕期结束。另外，女职工在产期和哺乳期内也享有特殊保护，用人单位不但不能解除劳动合同，而且还要对其采取适当的保护措施，保护女职工的合法权益。本案中，夏某在合同即将到期时怀孕了，用人单位如想解除合同，必须等到夏某孕期乃至产期结束。

★怀孕女职工可以拒绝有毒有害的劳动作业吗

【案例】

刘某在某铝箔厂车间工作，车间里常常散发着有毒、难闻的味道。2008年10月，刘某到医院检查发现已怀有1个月的身孕，医生建议刘某不要再从事有毒有害作业，以保证胎儿正常发育。刘某遂请求厂里重新安排工作岗位，领导拒绝。那么，刘某可以拒绝原岗位的工作吗？

【法律解析】

刘某可以拒绝原工作岗位。女职工在怀孕期间吸入过多有毒有害的气体，很容易引发妊娠中毒症，也可能导致胎儿先天性畸形，甚至致残。本案中，刘某已经怀有身孕，有权不再从事原来的工作，也可以要求调动工作岗位。该铝箔厂无视刘某请求的行为应予以纠正。

★影视公司招录未成年人违法吗

【案例】

某影视艺术发展公司在一所实验小学招录了几名小学刚毕业的女孩子，打算培养她们成为偶像明星。经过当地劳动行政部门批准，影视公司与这几名女孩的家长签订了合同。合同规定，女孩们与公司签约6年，进行封闭式训练，期间要服从公司的演出安排。但这些女孩平均年龄才12岁，属于童工。请问，影视公司违法了吗？

【法律解析】

我国法律明确规定，禁止使用童工。这也是国际劳工法的一项基本原则。但是，对于一些文艺、体育或特种工艺的单位，则可以适当地放宽政策。这是因为，在文艺、体育等相关领域，人才的培养往往从很小的时候就要开始，孩子长大了就很难培养了。由此可见，这些单位招收未满16周岁的未成年人是很正常的。本案中，影视公司通过正常渠道将女孩们收归旗下，各种手续一应俱全，程序合法，且签订合同时，遵循了平等自愿的原则，其行为并不违法。

【法条链接】

《劳动法》第十五条 禁止用人单位招用未满十六周岁的未成年人。文艺、体育和特种工艺单位招用未满十六周岁的未成年人，必须依照国家有关规定，履行审批手续，并保障其接受义务教育的权利。

★未成年工不能从事哪些劳动

【案例】

小海读了3年劳动技校，马上面临毕业，听说学校将会给他和同学们分配工作，但是当时小海未满18周岁。小海想知道，自己不能从事哪些劳动？

【法律解析】

考虑到未成年人的身体发育状况和心理发育状况，其从事工作自然不能等同于成年人。通常，我国规定缩短未成年人的工作时间，禁止安排未成年人从事夜班工作及加班加点工作。不得安排未成年工从事矿山井下、有毒有害、国家规定的第四级体力劳动强度的劳动和其他禁忌从事的劳动。本案中，小海未满18周岁，用人单位绝对不能安排其从事禁忌的工作，以便保护未成年人的身体和心理健康。

【法条链接】

《劳动法》第六十四条 不得安排未成年工从事矿山井下、有毒有害、国家规定的第四级体力劳动强度的劳动和其他禁忌从事的劳动。

违约金与经济补偿金

★不能胜任工作被解聘，能要求补偿金吗

【案例】

孙某在一家印刷厂从事客户开发工作，并且签订了正式的劳动合同。由于种种原因，孙某工作总是打不开局面，难以按时完成工厂下达的任务。不久，厂里人事部门通知他，已正式决定解聘他。孙某要求给予适当的补偿金，但被公司拒绝。请问，不能胜任工作解除劳动合同可以要求给予补偿金吗？

【法律解析】

因劳动者不能胜任工作而解除劳动

合同，如果没有提前三十天以书面形式通知，劳动者可以要求给予补偿金。

【法条链接】

《劳动合同法》第四十条 有下列情形之一的，用人单位提前三十日以书面形式通知劳动者本人或者额外支付劳动者一个月工资后，可以解除劳动合同：

……

（二）劳动者不能胜任工作，经过培训或者调整工作岗位，仍不能胜任工作的；

……

第四十六条 有下列情形之一的，用人单位应当向劳动者支付经济补偿：

……

（三）用人单位依照本法第四十条规定解除劳动合同的；

……

★未签订劳动合同，辞职能否要求经济补偿

【案例】

钱某在某工厂打工2年，因没有社会保险，单位也没和钱某签劳动合同，钱某打算主动提出辞职。请问，如果钱某辞职，他能否得到经济补偿？

【法律解析】

用人单位未及时足额支付劳动报酬和未依法为劳动者缴纳社会保险费的，劳动者可以解除劳动合同。劳动者依照《劳动合同法》第三十八条规定解除劳动合同的，用人单位应当向劳动者支付经济补偿。经济补偿按劳动者在本单位工作的年限，每满1年支付1个月工资的标准向劳动

者支付。此外，用人单位自用工之日起超过1个月不满1年未与劳动者订立书面劳动合同的，应当向劳动者每月支付2倍的工资。本案中，钱某如与单位协商不成，可向劳动局申请仲裁，如对仲裁结果不服，可向法院起诉。

★经济补偿金的工资基数包括哪些项目

【案例】

冯某是某公司的职员，公司准备辞退他，与其协商经济补偿金的支付问题。冯某想知道的是，经济补偿金的工资基数包括哪些项目，加班费和住房补贴算吗？

【法律解析】

《劳动合同法》第四十七条规定，经济补偿按劳动者在本单位工作的年限，每满一年支付一个月工资的标准向劳动者支付。六个月以上不满一年的，按一年计算；不满六个月的，向劳动者支付半个月工资的经济补偿。本条所称月工资是指劳动者在劳动合同解除或者终止前十二个月的平均工资。对工资的范围，《劳动法意见》规定，工资包括计时工资、计件工资、奖金、津贴和补贴、延长工作时间的工资及特殊情况下支付的工资等。所以，加班费和住房补贴应计算在工资基数之内。

★经济补偿金等需要交纳个人所得税吗

【案例】

2008年，单位与赵某解除了劳动关系，并发给赵某一次性经济补偿金8000元。但是赵某听说，个人因与用人单位解除劳动关系取得的一次性补偿收入要交个人所得税。请问，赵某需要交纳个人所得税吗？

【法律解析】

个人因与用人单位解除劳动关系而取得的一次性补偿收入，在当地上年职工平均工资3倍数额以内的部分，免征个人所得税；超过的部分才计算征收个人所得税。因此，赵某首先要明确当地上年职工平均工资是多少，只有该收入超过当地上年职工平均工资3倍数额的部分，才征收个人所得税。

【法条链接】

《关于个人与用人单位解除劳动关系取得的一次性补偿收入征免个人所得税问题的通知》 个人因与用人单位解除劳动关系而取得的一次性补偿收入(包括用人单位发放的经济补偿金、生活补助费和其他补助费用)，其收入在当地上年职工平均工资三倍数额以内的部分，免征个人所得税；超过的部分按照《国家税务总局关于个人因解除劳动合同取得经济补偿金征收个人所得税问题的通知》(国税发(1999)178号)的有关规定，计算征收个人所得税。

★公司搬迁，辞退员工是否该给予经济补偿

【案例】

上海某公司因发展需要，决定在今年搬至北京。但公司好多员工不愿随公司搬迁，于是公司为他们办理了退工手续，但补偿问题公司却拖延不决。请问，公司是否应该给予他们补偿？

【法律解析】

《劳动合同法》规定，劳动合同订立时所依据的客观情况发生重大变化，致

使劳动合同无法履行，经用人单位与劳动者协商，未能就变更劳动合同内容达成协议的，用人单位提前三十日以书面形式通知劳动者本人或者额外支付劳动者1个月工资后，可以解除劳动合同。同时，用人单位还需对劳动者给予一次性经济补偿。本案中，经劳动合同当事人协商一致，由用人单位解除劳动合同的，应按在单位工作的年限，每满1年支付1个月工资的经济补偿金，6个月以上不满1年的，按1年计算；不满6个月的，向劳动者支付半个月工资的经济补偿。

★公司可以约定违约金数额吗

【案例】

2008年，董某进入一家电子仪器公司工作。试用期结束后，公司领导认为董某的表现很好，于是把董某当作技术骨干来培养，为此花去5万元培训费，双方约定服务期3年；如果董某想提前解除劳动合同，应当支付公司10万元违约金。请问，该公司约定的违约金数额是否合法？

【法律解析】

本案中，该公司虽然约定了10万元的违约金，但是超过了实际支付的培训费5万元，违反了违约金封顶的规定，而且违约金的支付数额应当减去已经履行部分分摊的培训费用。因此，该公司这样规定不符合法律规定，属于无效条款。

★违反保密义务的赔偿标准是什么

【案例】

杜某是某公司的技术人员，掌握了公司新产品的技术参数和配方。杜某朋友多次让杜某帮他复印一些技术资料，碍于情面杜某只好答应，但却给公司带来了很大的经济损失。现在公司以杜某违反劳动合同中的保密条款为由要杜某赔偿。请问，违反保密义务的赔偿标准是什么？

【法律解析】

根据《违反〈劳动法〉有关劳动合同规定的赔偿办法》第五条的规定，劳动者违反劳动合同中约定的保密事项，对用人单位造成经济损失的，按《中华人民共和国反不正当竞争法》（以下简称《反不正当竞争法》）第二十条的规定赔偿用人单位的经济损失。

★试用期内被辞退有补偿金吗

【案例】

姜某与一家公司签订了2年的劳动合同，根据合同规定，有1个月的试用期。试用期快结束的时候，公司要求和姜某解除合同。请问，姜某可以要求经济补偿金吗？

【法律解析】

我国有关法规规定，劳动者在试用期间被证明不符合录用条件的，用人单位可以解除劳动合同。而根据《劳动法意见》第三十九条的规定，用人单位依据劳动法第二十五条解除劳动合同，可以不支付劳动者经济补偿金。因此，用人单位在试用期内如能证明姜某不符合录用条件，解除劳动合同可不支付经济补偿金。

★员工迟到3次被解雇还能获得补偿吗

【案例】

霍某是某酒店的服务员，双方签订了劳动合同。2008年9月，由于霍某上班迟到了3次，酒店以霍某违反员工规章制度为由，要与霍某解除劳动合同，而且不给霍某任何补偿。请问，霍某能否获得经济补偿？

【法律解析】

本案中，霍某是否能获得经济补偿，主要看他是否构成严重违反用人单位的规章制度。如果规章制度中并没有规定迟到3次就可以解除劳动合同，而且该饭店也不能证明员工迟到3次属于严重违反规章制度，那么该饭店与霍某解除劳动合同就应当支付经济补偿。

★劳动者违反"竞业限制"约定要支付违约金吗

【案例】

朱某是某软件公司的技术部经理，与公司签订了3年的劳动合同。双方约定，合同到期后，如果朱某离开公司，2年内不得到与公司有竞争关系的其他公司任职，否则，朱某要给予公司相应的经济赔偿。合同期满后，朱某没有续约，而是应聘到本市另一家软件开发公司任职。朱某原先所在的公司得知此事，要求其离开该公司，朱某拒绝。朱某违反了"竞业限制"协议，要支付违约金吗？

【法律解析】

本案中，朱某与某软件公司的劳动合同解除后，竞业限制条款开始生效，生效期为约定的2年。2年内，朱某到其他公司任职，其行为已经违反了与该软件公司的竞业限制协议，应当承担违约责任，担负违约金。如果其行为已经给该公司造成损失，则还要承担赔偿责任。

★劳动者违约解除劳动合同，要承担违约责任吗

【案例】

叶某是某厂的职工。不久前，叶某萌生辞职的想法，但是，叶某与该厂签订的3年的合同还有1年才能到期。经过反复考虑，叶某决定违约解约。叶某要承担违约责任吗？

【法律解析】

叶某要承担违约责任。合同一旦签订，立即生效，其约定的内容对双方都具有约束力。任何一方不履行合同义务或履行义务不符合约定，均要承担相应的违约责任。本案中，叶某与该厂的合同还没有到期，就想要解约，其行为已经构成了违约，要承担违约责任。至于如何承担，损失赔偿额应当相当于因违约所造成的损失，包括合同履行后可以获得的利益，但不得超过违反合同一方订立合同时预见到或者应当预见到的因违反合同可能造成的损失。

特殊用工形式

★劳务派遣公司的员工无工作期间就无报酬吗

【案例】

王某是一家劳务派遣公司的新员工。该公司成立不久，主要以短期劳务派遣为主。公司负责人告诉王某，他们提供的工作岗位都是一些临时性、季节性的，因此在没有派遣出去的时候公司将不支付工资报酬。请问，劳务派遣公司的员工无工作期间就无报酬吗？

【法律解析】

根据有关法律规定，劳务派遣单位应当与被派遣劳动者订立二年以上的固定期限劳动合同，按月支付劳动报酬；被派遣劳动者在无工作期间，劳务派遣单位应当按照所在地人民政府规定的最低工资标准，向其按月支付报酬。本案中，王某在

无工作期间，派遣单位应当按照所在地人民政府规定的最低工资标准，按月支付其报酬。

★公司是否应为派遣员工调整工资

【案例】

某物业公司需要一批技术熟练的电工和维修工，为了降低用工成本，公司招了一批外地的劳务派遣工。派遣期快结束时，公司认为张某等人工作认真负责，办事效率高，决定再续签1年合同，工资报酬不变。但是，张某等人要求公司按照正式工的工资调整机制给他们增加工资。请问，物业公司是否应为派遣员工调整工资？

【法律解析】

采取劳务派遣方式用工的单位，往往将劳务派遣工和正式工区别对待，实行不同的工资调整机制，正式工的工资随着在单位连续工作的年限（即工龄）的增长而增加，而连续使用的劳务派遣工在工资待遇上却没有变化。对此《劳动合同法》明确规定，用工单位连续用工的，应当实行正常的工资调整机制。本案中，物业公司在连续用工的过程中，应当按照正常的工资调整机制为派遣员工调整工资待遇。

【法条链接】

《劳动合同法》第六十二条 用工单位连续用工的，应当实行正常的工资调整机制。

★被派遣的劳动者能要求单位发加班费吗

【案例】

纪某与某劳务派遣公司签订了为期2年的劳动合同，工资每月800元。之后纪某被派到一家火机生产厂工作，工作中经常加班，但该厂从来没有给纪某发过加班费。单位领导称，当初和劳务派遣公司已经协议好了，每月只有800元工资，没有加班费。请问，被派遣的劳动者就无权要求加班费吗？

【法律解析】

劳动者在正常的工作时间之外，给用工单位提供额外的劳动，用工单位应当支付加班费，不能因为劳动者是采用劳务派遣的方式录用的就拒绝支付。火机生产厂以派遣协议中规定了基本工资作为不支付被派遣劳动者加班费的理由，有违法律规定，此约定无效。因此纪某有权要求用工单位支付其加班费。

★被派遣单位解除劳动合同有效吗

【案例】

董某与一家劳务派遣公司签订了为期2年的劳动合同，之后被派遣到某装潢公司工作。2008年，该装潢公司向董某发出了解除劳动合同的通知，并让董某当天办理离职手续。而当时董某是和劳务派遣公司签订的劳动合同，请问，被派遣单位解除劳动合同的通知有效吗？

【法律解析】

根据相关法规，因为当时董某是和劳务派遣公司签订的劳动合同，与装潢公司没有劳动合同关系，所以装潢公司无权对董某发出解除劳动合同的通知。

【法条链接】

《劳动合同法》第三十六条 用人单位与劳动者协商一致，可以解除劳动合同。

第六十五条 被派遣劳动者可以

> 依照本法第三十六条、第三十八条的规定与劳务派遣单位解除劳动合同。
>
> 被派遣劳动者有本法第三十九条和第四十条第一项、第二项规定情形的，用工单位可以将劳动者退回劳务派遣单位，劳务派遣单位依照本法有关规定，可以与劳动者解除劳动合同。

★跨地区劳务派遣的工资按什么标准执行

【案例】

李某是四川农民，经人介绍到了一家人才派遣公司。这里正在寻找派遣工人，工作地点是广州，主要从事保洁工作，工资按照四川省劳动力市场标准支付。当李某工作之后才发现，在当地和他做同样工作的，工资却比他高很多。请问，跨地区劳务派遣的工资按什么标准执行？

【法律解析】

劳务派遣单位跨地区派遣劳动者的，被派遣劳动者享有的劳动报酬和劳动条件，按照用工单位所在地的标准执行。本案中，李某的劳动报酬应当以广州市政府公布的劳动力市场工资指导价来确定，不应该以四川省工资标准执行。

其他劳动争议

★职工有权拒绝冒险作业吗

【案例】

何某是某运输公司车队的货车驾驶员。2009年春节，公司业务量增加，原有车辆不够用，就从别处借来一辆货车，并安排何某负责驾驶。何某发现该车辆是一辆拼装车，于是拒绝出车。公司领导认为何某不服从指挥，要求与何某解除劳动合同。那么，何某有权拒绝冒险作业吗？

【法律解析】

何某有权拒绝冒险作业。《报废汽车回收管理办法》第十五条规定，禁止拼装车上路行驶。我国法律规定，劳动者拒绝用人单位管理人员违章指挥、强令冒险作业的，不视为违反劳动合同。劳动者对危害生命安全和身体健康的劳动条件，有权对用人单位提出批评、检举和控告。本案中运输公司为了谋求经济利益，不顾驾驶员的生命安全，强迫何某驾驶拼装车上路，已属违法行为。何某有权拒绝该命令，公司不能据此解除与何某的劳动合同。

★企业能对职工重复除名吗

【案例】

某单位以旷工为由将孙某除名。因没有旷工事实，法院判决撤销了单位作出的除名决定。但是单位随后又以同样的理由重复作出了第二次除名决定，并称如果第二次除名决定再被仲裁部门或者法院撤销，单位就再重复作出第三次除名决定。请问，企业能对职工重复除名吗？

【法律解析】

我国法律规定，职工无正当理由经常旷工，经批评教育无效，连续旷工时间超过15天，或者1年以内累计旷工时间超过30天的，企业有权予以除名。如果孙某有旷工事实，符合上述情形，则单位可以对孙某作出除名处理。如果孙某没有旷工事实，单位领导只是利用处分行为进行打击报复，就属于滥用职权。我国相关法规规定，对于滥用职权，利用处分职工进行打击报复或者对应受处分的职工进行包庇的人员，应当从严予以处分，直至追究刑事责任。

【法条链接】
《企业职工奖惩条例》第十八条 职工无正当理由经常旷工，经批评教育无效，连续旷工时间超过十五天，或者一年以内累计旷工时间超过三十天的，企业有权予以除名。

★劳动者该怎么维护合法权益

【案例】

韩某是某公司的网络主管，因突发重病住院。由于韩某未请假，致使公司没有及时安排人手，导致韩某负责的公司网络被病毒入侵，给公司造成严重损失，领导决定与韩某解除劳动合同。请问，韩某该怎么办？

【法律解析】

本案中，韩某与所属公司发生劳动争议，可以先申请调解，调解不成，就向劳动仲裁机关申请仲裁，仲裁采取一局终局制，一经裁决，即刻生效。如果对裁决也不满意，则可以向法院提起诉讼，法院会依法作出判决。

★离职后，劳动者档案及私人物品被单位扣押怎么办

【案例】

程某在一家私营企业工作。不久前，程某与该企业解除劳动合同。但该企业一直借故不肯将程某的档案交还给他，程某几次催要均没有结果。请问，用人单位扣押劳动者档案及私人物品的行为合理吗？

【法律解析】

用人单位扣押劳动者档案及私人物品的行为是不合理的。如果因用人单位的行为给劳动者造成了损失，则应承担赔偿责任。本案中，程某已经解除了与该企业的劳动合同，该企业已无权持有程某的档案，应当尽快交还程某，否则，要追究责任并处以相应的行政罚款。

【法条链接】
《劳动合同法》第八十四条 用人单位违反本法规定，扣押劳动者居民身份证等证件的，由劳动行政部门责令限期退还劳动者本人，并依照有关法律规定给予处罚。

用人单位违反本法规定，以担保或者其他名义向劳动者收取财物的，由劳动行政部门责令限期退还劳动者本人，并以每人五百元以上二千元以下的标准处以罚款；给劳动者造成损害的，应当承担赔偿责任。

劳动者依法解除或者终止劳动合同，用人单位扣押劳动者档案或者其他物品的，依照前款规定处罚。

★用人单位不履行劳动仲裁裁决怎么办

【案例】

某工厂职工龚某在工作期间，因工友操纵机器不慎将其右手砸伤，鉴定为六级伤残。龚某申请了劳动仲裁，仲裁委员会裁决工厂应当赔偿龚某一次性伤残就业补助金9092元、一次性工伤医疗补助金10390元、劳动能力鉴定费550元等多项费用。现在裁决书已经生效1个多月，但工厂仍没有把赔偿款支付给龚某，而且工厂迁址了。龚某该怎么办？

【法律解析】

龚某应向被执行人住所地或者被执

行的财产所在地的基层人民法院申请强制执行。申请执行的期限最长为1年，从法律文书规定履行期间的最后一日起计算；法律文书规定分期履行的，从规定的每次履行期间的最后一日起计算。如果工厂迁址，法院在受理龚某的执行申请后可以委托工厂迁址后所在地的基层人民法院代为执行。

★被判缓刑还能领取养老金吗

【案例】

冯某69岁，已经退休快10年了。2006年12月，因过失伤害罪被法院判处有期徒刑1年，缓刑3年。缓刑期间，社保中心停发了他的基本养老金。请问，被判缓刑的人还能领取养老金吗？

【法律解析】

冯某属于有期徒刑宣告缓刑，根据有关法律的规定，社保中心可以继续发放基本养老金。

【法条链接】

劳动和社会保障部办公厅发布的《关于退休人员被判刑后有关养老保险待遇问题的复函》 退休人员被判处拘役、有期徒刑及以上刑罚或被劳动教养的，服刑或劳动教养期间停发基本养老金，服刑或劳动教养期满后可以按服刑或劳动教养前的标准继续发给基本养老金，并参加以后的基本养老金调整。退休人员在服刑或劳动教养期间死亡的，其个人账户储存额中的个人缴费部分本息可以继承，但遗属不享受相应待遇。退休人员被判处管制、有期徒刑宣告缓刑和监外执行的，可以继续发给基本养老金，但不参与基本养老金调整。退休人员因

涉嫌犯罪被通缉或在押未定罪期间，其基本养老金暂停发放。如果法院判其无罪，被通缉或羁押期间的基本养老金予以补发。

★用人单位有培训劳动者的义务吗

【案例】

大学毕业生李某成功应聘某科技开发公司，并与其签订了劳动合同。合同中约定，公司对李某进行职业培训。李某上岗后，公司一直没有对他进行培训。由于工作技术含量较高，李某感到工作压力越来越大，遂要求公司对他进行培训。请问，用人单位必须履行对劳动者进行培训的义务吗？

【法律解析】

用人单位必须履行对劳动者进行培训的义务。职业培训，是直接为适应经济和社会发展的需要，对要求就业和在职劳动者以培养和提高素质及职业能力为目的的教育和训练活动。对职工进行职业培训，加强职工的职业技能，使职工能够更好地完成业务，此举不仅可以提高企业的经济效益，还可以提高企业素质，增强企业的市场竞争力，是一举多得的措施。本案中，该公司应当对李某进行职业培训，使他更快地熟练业务，这是法律规定的义务。

【法条链接】

《劳动法》第六十八条 用人单位应当建立职业培训制度，按照国家规定提取和使用职业培训经费，根据本单位实际，有计划地对劳动者进行职业培训。

从事技术工种的劳动者，上岗前必须经过培训。

损害赔偿篇
——捍卫权益

交通事故损害赔偿

★酒后驾车出事故，双方可以私了吗

【案例】

一天晚上，章某喝了几杯酒后独自驾车回家。途中与正常驾驶的云某发生轻微碰撞。双方都没有受伤，云某的机动车只是受到轻微的刮伤。因怕被交警知道自己酒后驾车，章某便当即赔付云某500元损失费，云某也答应了，两人相继驾车离去。请问，他们的这种做法对吗？

【法律解析】

这种做法不对。本案中，章某属于酒后驾车，是一种严重的交通违法行为，当事双方不能进行私了，云某应该立即报警。因为酒后的驾驶人员精神状态不稳定，如果私了后继续驾车可能还会导致交通事故，为避免再次伤及无辜并对酒后驾车这种行为进行严肃处理，交通事故的一方当事人应当把酒后驾车人员交给交警进行处理。

【法条链接】

《交通事故处理程序规定》第八条 道路交通事故有下列情形之一的，当事人应当保护现场并立即报警：

（一）造成人员死亡、受伤的；

（二）发生财产损失事故，当事人对事实或者成因有争议的，以及虽然对事实或者成因无争议，但协商损害赔偿未达成协议的；

（三）机动车无号牌、无检验合格标志、无保险标志的；

（四）载运爆炸物品、易燃易爆化学物品以及毒害性、放射性、腐蚀性、传染病病源体等危险物品车辆的；

（五）碰撞建筑物、公共设施或者其他设施的；

（六）驾驶人无有效机动车驾驶证；

（七）驾驶人有饮酒、服用国家管制的精神药品或者麻醉药品嫌疑的；

（八）当事人不能自行移动车辆的。

……

★违章停车遭遇酒后驾车，责任如何承担

【案例】

某日晚，苏某驾驶摩托车回家。当车行至某环岛时，一个垃圾袋附着在苏某的摩托车轮上。苏某将车停在机动车道内，下车清理。此时，朱某驾驶小轿车快速驶来。由于朱某酒后驾车，苏某与摩托车一起被撞飞，当场死亡。那么，对于该事故的责任该如何承担？

【法律解析】

朱某应承担该事故的主要责任，苏某承担次要责任。本案中，虽然苏某在清除故障时未按规定将车移动至不妨碍交通的地方停放，但其主观上不存在违章的故意，其过错应属于过失，不承担事故的主要责任。而朱某是在饮酒后驾车，其行为是严重的违章。朱某饮酒导致判断力下降，是造成该事故的主要原因。

★酒后驾车撞上违章骑车人，机动车一方能免除责任吗

【案例】

一日，葛某在参加朋友的婚礼并大量饮酒后驾车离开，当其以80公里的高速

行至某广场时，范某骑自行车突然进入小型机动车道欲横过马路。葛某见状立即采取紧急制动措施，但范某被撞飞，当场死亡。公安机关对葛某进行了酒精测试，结论是：葛某属于醉酒驾车。那么，葛某能否以范某属于抢道通行而免除自己的责任呢？

【法律解析】

不能。葛某、范某在此次事故中都有过错和违章行为。事发时，范某违反交通规则行驶，但葛某属于醉酒驾车，我国法律规定饮酒后不得驾驶机动车。葛某违法行驶并导致事故的发生，因此，范某的行为不能成为葛某的免责事由。

★自行车与机动车共同违章，事故责任谁来承担

【案例】

2008年5月，雷某驾车行驶至某路口时，倪某骑自行车在雷某正前方拐弯，雷某立即采取紧急制动措施，但仍将倪某撞出。倪某在送往医院途中死亡。经公安机关现场勘查发现，事发路段设有时速40公里的限速标志，而雷某当时时速为75公里。同时倪某是在交通信号灯将要变成绿灯时强行通过的。那么，对于这一事故责任该如何承担？

【法律解析】

雷某应负此次事故的全部责任。根据《道路交通安全法》规定，机动车与非机动车驾驶人、行人之间发生交通事故的，由机动车一方承担责任。除非雷某能证明倪某是故意撞上雷某的汽车而造成交通事故，否则无理由可以推脱责任。

★司机因骑车人拒不避让强行超车，事故责任谁来担

【案例】

2008年某日，马某下班后骑车回家。当其骑行至一商业区时，同样下班的苗某骑车与同事边骑边聊。因苗某车速较慢，马某几次按铃，苗某未予理睬。马某一气之下，强行超车。由于道路较为拥挤，马某与苗某的车把相剐，苗某失去平衡，摔倒在地，造成身体大面积擦伤。那么，苗某应承担责任吗？

【法律解析】

不承担。法律并未明确规定前车对于后车有避让的义务。本案中，苗某未对马某避让的行为并不是发生此次交通事故的直接原因，二者之间不存在必然的因果关系，马某应当承担事故的全部责任。

★穿越无人看管的铁路道口被火车撞死，铁路部门应否承担责任

【案例】

某处铁路道口无人看管。一日，花某驾车通过该铁路道口时，无视道口的警示标志和火车发出的警示，强行穿越，结果与火车相撞，造成花某车毁人亡。死者家属提起损害赔偿诉讼，该铁路运输单位称责任应由花某自行承担。那么，该案中的铁路部门应否承担责任呢？

【法律解析】

不需承担赔偿责任。本案中，该路口虽然无人看守，但相应的警示标志齐全有效，所以，所有过往该路口的车辆本身负有安全通行的注意义务。而花某却无视这一警示，当高速通过的火车已发出警示时，仍强行穿越，属于严重违章通行，由此造成的损失，铁路部门不需承担。

★出租车占用公交站点，引发交通事故责任谁担

【案例】

司机袁某将出租车停放在一公交车站揽客。当有公交车准备进站时，袁某未给公交车让路。当公交车准备进站将车停放在出租车前时，一位跟在公交车后追跑的妇女被挤倒在公交车轮下，当场死亡。那么，此次车祸的责任如何划分呢？

【法律解析】

出租车与公交车承担同等责任。根据法律规定，机动车应当在规定地点停放。在道路上临时停车的，不得妨碍其他车辆和行人通行。出租车占用公交车站点，影响了公交车进站，是造成该事故的重要原因。但是，并不是说出租车违法停车就一定会导致事故。法律规定车辆、行人应当在确保安全的原则下通行。而公交车一方显然没有尽到确保安全的义务，对该事故的发生有不可推卸的责任，也应承担责任。

★超速车辆撞翻行人，雇员、雇主都要赔偿吗

【案例】

某天凌晨，学生祝某在晨练途中被一辆超速行驶的货车撞倒，经抢救无效死亡。事后肇事司机董某被依法刑事拘留。调解中，祝某的父母亲要求董某和雇主赔偿死亡赔偿金、丧葬费等共计人民币三十余万元。请问，此案中雇员、雇主都要赔偿吗？

【法律解析】

雇员、雇主都要赔偿。本案中，司机董某对事故的发生有重大过失，根据相关法律规定，应当列车主和司机为共同被告，由两被告承担连带赔偿责任。

★刹车突然失灵引发事故，属于交通事故吗

【案例】

一日，鲍某要去外地运输一批货物。临行前，鲍某按要求对车辆进行了仔细的检查，未发现车辆有任何异常。鲍某驾驶该车上路，行驶至一处下坡时，刹车突然失灵，冲入人行横道，导致3名骑车人不同程度受伤。后经检测，鲍某驾驶的货车因机械故障导致刹车失灵。那么，此次事故属于交通事故吗？

【法律解析】

属于交通事故。"交通事故"是车辆在道路上因过错或者意外造成的人身伤亡或者财产损失的事件。本案中，虽然鲍某在出车前对车辆进行了检查，但在行驶过程中因机械故障导致刹车失灵，并造成3名骑车人人身受损的事实，符合《道路交通安全法》中"交通事故"的构成条件，应当按交通事故定性。

【法条链接】

《道路交通安全法》第一百一十九条

本法中下列用语的含义：

（一）"道路"，是指公路、城市道路和虽在单位管辖范围但允许社会机动车通行的地方，包括广场、公共停车场等用于公众通行的场所。

（二）"车辆"，是指机动车和非机动车。

（三）"机动车"，是指以动力装置驱动或者牵引，上道路行驶的供人员乘用或者用于运送物品以及进行工程专项作业的轮式车辆。

（四）"非机动车"，是指以人

力或者畜力驱动，上道路行驶的交通工具，以及虽有动力装置驱动但设计最高时速、空车质量、外形尺寸符合有关国家标准的残疾人机动轮椅车、电动自行车等交通工具。

（五）"交通事故"，是指车辆在道路上因过错或者意外造成的人身伤亡或者财产损失的事件。

★小区内被车撞伤如何维权
【案例】

某天傍晚，梁某和邻居在小区里聊天。旁边一辆捷达车忽然倒车，梁某来不及躲闪，被撞倒在地，造成小腿骨折，肇事司机只给了梁某1000元，其他的费用都不赔偿。有人说这属于交通事故，应当由交警处理，也有人说小区不属于道路范围。那么，梁某该如何维护自己的权益？

【法律解析】

梁某可以找公安部门处理或者以损害赔偿为由，向人民法院起诉，通过诉讼程序解决。《道路交通安全法》中所指的"道路"是指公路、城市道路和虽在单位管辖范围但允许社会机动车通行的地方，包括广场、公共停车场等用于公众通行的场所。车辆在法定道路以外通行时发生的事故不属道路交通事故，而属于非道路交通事故。

★什么是机动车无过错责任
【案例】

某天早晨，某十字路口发生了堵塞。人行横道被机动车堵死，行人只好从机动车之间穿行。当行人汤某欲从一辆停止的大巴车前穿过时，大巴车未注意到前方的汤某而启动，汤某抽身不及被当场轧死。那么，大巴车司机是否可以因汤某穿行机动车道而免责呢？

【法律解析】

大巴车司机不能免责，应当承担事故的全部责任。我国法律实行机动车无过错责任，即对机动车与非机动车、行人之间的交通事故适用无过错责任。本案中，当大巴车启动时，应当注意车辆的前方是否有人穿行，但大巴车司机却未在高度注意和确保安全的情况下通过，导致交通事故的发生，因此应承担全部责任。

★超速行驶的机动车撞上横穿马路的行人，机动车应承担责任吗
【案例】

2006年8月20日，滕某欲横穿马路。当其行至快车道时，由于害怕，便在快车道边缘徘徊。当殷某驾车经过该路段时，滕某无法判断车速，又起步欲冲过马路。殷某见状立即采取紧急措施，但仍将滕某撞了出去，滕某当场死亡。经勘察，事发路段的最高限速为65公里，而殷某当时时速为70公里。殷某应负责任吗？

【法律解析】

殷某应当承担责任，但滕某也有过错，所以可以适当减轻殷某责任。滕某不走人行横道，却穿行机动车道，并在机动车临近时犹豫不决，在判断错误后冒险抢越机动车道，是导致该交通事故的决定因素。而殷某的超速行为与本次交通事故没有必然的联系，也就是说即使殷某不超速，此次事故也无法避免，因此殷某不必承担全部责任。

★双方都存在过错导致交通事故，责任如何划分
【案例】

顾某开车去往北京。临行前检查时发

现防雾灯已坏，但他未予以修理。当他驾车行至大兴时，遇上大雾天气，道路能见度仅1米左右。顾某车辆行至道路某转弯处时，将同向行驶的一辆农用车撞翻。事发时，农用车未按规定靠道路右侧边沿行驶，顾某车未开防雾灯。那么，对于此次事故的责任该如何认定？

【法律解析】

顾某应承担主要责任，农用车应承担一定的责任。顾某在上路之前已经发现防雾灯损坏，但未加修理，存在重大过错，因此要负主要责任。农用车驾驶人在路况不允许的情况下，本应该按规定靠道路右侧行驶，但其却违反交通规定，存在一定的过错，应承担部分责任。

★在高速公路正常行驶的机动车撞上行人可以免责吗

【案例】

一日，常某为抄近路回家，从高速公路护栏的破损处进入高速公路，当其快要冲过隔离带时，撞在一辆正常行驶的轿车上。常某被撞飞，当场死亡。经公安机关现场勘察认定：常某负事故的全部责任。那么，本案中的轿车司机应否对常某的死承担责任呢？

【法律解析】

轿车司机可以减轻责任，但不能免除全部责任。《道路交通安全法》对机动车与行人发生交通事故的归责原则适用无过错责任，无论机动车一方有无过错，均应承担相应的责任，除非有证据证明事故是由行人故意造成的，机动车一方才不承担责任。

★驾驶人无证驾驶，将人摔伤谁负责

【案例】

村民郝某买了一辆摩托车，专门搭载村民到镇上，每人收费五元钱。虽然他没有取得驾驶执照，但是还是有不少村民搭乘他的摩托车。一天毕某搭乘他的摩托车，由于前一天刚下过雨，路滑，摩托车在小路上滑倒了，毕某被摔伤。毕某要求郝某赔偿自己的医疗费，但是郝某只同意承担一小部分医药费，双方为此产生了争议。请问，此事该怎么解决？

【法律解析】

郝某应负主要责任，毕某应负次要责任。本案中，郝某虽然没有取得驾驶执照，但是却有偿运送毕某到镇上，与毕某形成了事实上的承运合同关系，具有了承运人的身份，对乘客毕某的安全负有责任。与此同时，毕某明知郝某属于无证驾驶，仍然搭乘其摩托车，自己也存在过错，也需负部分责任。

★无证驾驶人正常行驶发生交通事故，是否需要承担责任

【案例】

2008年10月25日，安某驾车到邻县运输货物。在返回途中，经过某十字路口，右转弯时与钱某驾驶左转弯的小客车相撞，两车损失惨重，安某受轻伤。公安机关在调查中发现，钱某系无证驾车，但认定安某负事故的全部责任。那么，钱某需要承担责任吗？

【法律解析】

钱某无需负责。本案中，钱某无证驾驶虽然是一种交通违法行为，但这个行为对于本起事故的发生没有法律上的因果关系。

相反，安某因未遵《道路交通安全法实施条例》第五十二条第四款之规定，造成此次交通事故，理应负此次交通事故的全责。

★为躲避横穿马路的骑车人引发交通事故，需要承担责任吗

【案例】

乐某驾车沿市区的主干道正常行驶，当行至某大学门口时，学生于某骑自行车冲出校门，欲横穿马路到对面的书店。乐某为避免与于某相撞，慌乱中一边打轮一边踩制动，结果逆行冲入另一侧车道，与另一辆机动车相撞。此次事故中，乐某是否应当承担责任？

【法律解析】

乐某承担部分责任，于某承担主要责任。根据法律规定，车辆、行人应当在确保安全的原则下通行。于某横穿马路，造成了交通事故的发生，负有重要过错，因此承担主要责任。而乐某在行驶过程中未尽到高度注意的义务，在险情发生前，没有密切注意路面情况，其自身也有过错，所以要承担部分责任。

★被撞不报案，未受伤者要赔偿吗

【案例】

2007年3月4日上午，时某骑自行车去上班，途中一个小伙子骑自行车突然撞在时某自行车的后轮上，时某和自行车都没有受损，那小伙子却摔倒在地，时某骑车赶路上班去了。可事后交警说那个小伙子经医院检查颅内出血，花去医疗费用1万多元，因时某当时没有报案，该医疗费用该由时某承担。请问，时某要赔偿吗？

【法律解析】

虽然时某被那个小伙子所撞，没有负伤，但时某完全有条件、有责任报案。时某因骑车赶路而不报案，其行为有"不报案"的过错，因此需要赔偿。

★交警能否扣留事故车辆所载货物

【案例】

2007年2月份，费某驾驶一辆货车与一辆家用轿车发生交通事故，家用轿车的驾驶员受伤。交警赶到事故现场后，经过勘验，扣留了费某的货车，并将货车里的货物一起扣留。交警能否扣留费某的货物？

【法律解析】

不能扣留所载货物。根据规定，交通警察因搜集证据的需要，可以扣留事故车辆，但应当开具行政强制措施凭证，无权扣留事故车辆所载的货物。

★交警将已扣留事故车辆放行合法吗

【案例】

2008年6月，岑某骑摩托车与一辆客车发生交通事故，导致岑某受伤。事故发生后，交警扣留了这辆客车，并进行了交通事故责任认定，结论为对方负全部责任。可几天后，交警又把客车放了。岑某认为这样会影响自己向对方索赔。那么，交警这样做是否合法呢？

【法律解析】

合法。交警为了搜集证据，可以扣留该客车，但不能长期扣留不还，应争取在勘验、检查完毕后及时返还。而不能因交通事故赔偿问题未处理，根据一方当事人的要求而强制将车扣留。

★交通事故行人错，可以拿损害赔偿吗

【案例】

2002年某日，货车司机邓某将行人孙

先生撞伤，经交警队认定，事故原因系孙先生横穿马路。邓某的雇主张女士本着人道主义精神支付了部分医疗费。其后，孙先生多次找张女士协商赔偿的事宜未果，遂将其诉至法院。请问，交通事故中行人有错，还能拿到损害赔偿吗？

【法律解析】

可以拿赔偿。本案中，交警队没有证据证明邓某在事发时采取了必要的处置措施，也没有证据证明事故是由孙先生故意造成的，故不能减轻邓某的责任。因邓某是张女士的雇员，事发时正在工作，事故责任应由张女士来承担。因此次事故发生在交通强制责任保险规定出台之前，该项险种仍应视为第三者强制责任险。确定的赔偿数额在第三者责任险限额范围内，应由保险公司承担保险责任。

★什么情况下交通事故可以私了

【案例】

某日，臧某驾车上班，车开上了人行道。当臧某发现前面有交警在值勤时，臧某迅速向机动车道一方打轮，将机动车道内正常行驶的贝某驾驶的机动车刮伤。臧某表示愿意承担事故的全部责任，并要求与贝某私下协商赔偿事宜。臧某可以要求与贝某私了吗？

【法律解析】

交通事故私了必须要满足两个条件：（1）没有造成人员伤亡；（2）当事人双方对事实和成因没有争议。本案符合上述两个条件，臧某可以要求与贝某私了。

★交通事故"私了"的，还能索取赔偿吗

【案例】

傅某在驾驶摩托车去赶集途中，被同乡皮某驾驶的摩托车违章占道行驶撞倒，造成左手骨折。因是同乡，傅某没有报案而由皮某赔偿部分损失。但是事后，傅某由于花了更高治疗费而要求皮某补偿，但皮某认为之前私了已赔了钱，故拒绝再付。那么，傅某还能让皮某赔钱吗？

【法律解析】

可以。傅某可以重新向交警部门报案，并依交警部门的认定向皮某再行追偿，至于具体追偿的数额要视具体情况而定。

★受害人遭遇肇事车辆逃逸怎么办

【案例】

一日，邵某骑自行车下班回家，行至一胡同口时，被从胡同中高速冲出的车辆撞倒在地。邵某受伤后失去知觉，而肇事车辆趁机逃逸。邵某身体受伤，为此花费医疗费用数万元。在肇事车辆始终未抓获的情况下，邵某请求道路交通事故社会救助基金管理机构履行垫付义务。邵某的请求能否得到支持呢？

【法律解析】

无法得到支持。社会救助基金保障的是交通事故的伤者在无人支付抢救费用的情况下获得医疗救治的权利，而不是受害人请求损害赔偿的权利。

★交通肇事逃逸，要承担更严重的后果吗

【案例】

货车司机卞某，驾车经过某路段时，将齐某撞成重伤，卞某肇事后逃逸。交警队在目击证人和电子监控录像的协助下，很快逮到了卞某。那么，交通肇事逃逸，是否要承担更严重的后果？

【法律解析】

此案中，卞某不仅要负事故的全部责任，还会受到追究处罚。如果肇事车辆逃逸，保险公司就不再承担保险责任，车主要承担全部的赔偿费。肇事后逃逸的，属法定的加重情节，卞某的驾驶证将会被交管部门吊销，如果伤者因抢救不及时而死亡的，他还可能被法院判7年以上有期徒刑。

★交通事故认定书应在多长时间内作出

【案例】

成某驾驶货车途经某地时被一辆轿车追尾，轿车司机受伤，两辆事故车都受到一定损毁。可事故发生快1个月了，事故发生地的公安交通管理部门还没有给成某下发交通事故认定书。请问，公安交通管理部门应在多长时间内制作出交通事故认定书？

【法律解析】

根据相关法律规定，公安机关应在十日内制作交通事故认定书。本案中，事故已发生快1个月，交警部门仍未下发事故认定书，属于严重的失职行为。

★故意借交通事故实施自杀，机动车一方要承担责任吗

【案例】

康某与丈夫发生争吵后决定自寻短见。她独自一人来到马路上，看见前方有汽车驶来时，康某突然迎着驶来的汽车冲去。司机伍某虽然紧急制动，但依然无法避免惨祸的发生，康某被当场撞死。后经公安机关勘察，当时伍某未超过路段限制时速行使。那么，此案中机动车一方应承担责任吗？

【法律解析】

机动车司机无须承担责任。我国法律规定机动车与行人之间发生交通事故的，如果交通事故是由行人故意造成的，机动车一方不承担责任。本次事故是由康某故意撞上行驶的机动车而产生的，司机伍某在此次事故中没有过错或违章行为，因此他无需承担责任。

★10岁少年闯入高速公路，发生事故责任谁承担

【案例】

10岁少年余某放学回家，从高速公路防护网的一破口处钻入。当其跑步横穿高速公路时，被一辆疾驶的大卡车撞飞，当场死亡。交管部门对此事故的责任认定为：余某擅自进入高速公路，导致事故的发生，负事故全部责任。余某家长认为，交管部门未修复防护网，对此事故负有责任。余某家长的主张合理吗？

【法律解析】

余某家长的主张合理，高速公路管理部门应当承担一定的责任。公路管理部门对于防护网的破损未及时修复，为余某欲抄近路提供了可乘之机，其行为本身存在过错，因此需要承担一定的责任。

【法条链接】

《中华人民共和国公路法》（以下简称《公路法》）第三十五条 公路管理机构应当按照国务院交通主管部门规定的技术规范和操作规程对公路进行养护，保证公路经常处于良好的技术状态。

★两机动车相撞伤及骑车人，责任如何承担

【案例】

某日，甲驾车由于注意力分散，在一路口与司机乙相撞。由于乙当时车速过快，受撞后车冲入自行车道，将骑车人丙撞伤。后经公安机关现场勘察认定，甲乙均有责任，但对于丙的受伤，是由于乙直接导致的，因此责任应由乙承担。乙对此认定不服，认定对于丙的伤害，应由甲、乙双方共同分担。那么，对于丙的损害，责任到底该如何承担呢？

【法律解析】

丙的损害应由甲与乙共同承担。甲在行至路口时应当减速慢行，并让行人、优先通行的车辆先行，但甲却在驾驶过程中注意力分散，未尽到高度注意的义务，而乙在行经路口时，没有依法减速慢行，双方对事故的发生都有一定的过错，需共同承担责任。

★违规停放的车被撞，谁应承担责任

【案例】

某晚，正在驾驶实习期的元某驾车外出。途中，汽车出现故障，元某停车检查，但未设置警示标志。卜某驾车以50公里时速驶来，由于未开启远光灯，卜某发现元某的汽车并采取紧急制动措施时已晚，将元某连人带车撞出，元某当场死亡。那么，此次事故的责任该如何划分？

【法律解析】

此次事故中，元某承担主要责任，卜某承担次要责任。元某未取得驾驶资格驾车上路，未按规定开启警示闪光灯，且未将车辆移至不妨碍交通的地方停放，是此次事故发生的最重要的原因，承担主要责任。卜某在行驶过程中未开启远光灯，本身存在一定的过错，承担次要责任。

★路边晒粮食导致交通事故，谁来承担责任

【案例】

2008年6月底，彭某驾驶摩托车回家。由于农民鲁某在道路两边晒满了粮食，彭某尽量放缓速度小心驾驶。此时，紧跟其后的一辆机动车欲超过其行驶，彭某惊慌之下紧急向右打轮并制动。由于路边晒了粮食，路面很滑，刹车根本不起作用，彭某连人带车摔了出去，造成彭某身体受伤。那么，在这起事故中，谁来承担责任呢？

【法律解析】

机动车司机与彭某负主要责任，农民鲁某承担次要责任。鲁某出于个人目的，在公路上晒粮食，对道路形成严重的通行障碍，更威胁了过往车辆的通行安全，负有不可推卸的责任。而机动车司机在未保障安全的情况下超车，导致彭某采取措施不当摔伤，双方都有过错。

★未办理过户手续发生事故，出卖方承担责任吗

【案例】

和某与陈某约定：和某购买陈某的二手北京现代车，和某先支付陈某5000元，余款在1年内分两次付清，全款付清后两人办理过户手续。随后，在一次外出途中，和某不慎将学生小坤撞伤。公安机关认定和某负此次交通事故的全部责任。后该生家长要求和某承担赔偿责任，和某以该车尚未过户，损失应由陈某赔偿为由拒绝。那么，陈某应当承担此次事故的赔偿责任吗？

【法律解析】

陈某不承担赔偿责任，应由和某承担全部赔偿责任。本案中，虽然车辆尚未过户，但实际上已由和某管理使用。法律规定分期付款购买的车辆，出卖方在购买方付清全部车款前保留车辆所有权的，因交通事故造成他人财产损失的，出卖方不承担责任。本案中，和某实际上取得了该车的使用权，所以陈某不承担此案的赔偿责任。

★借用他人的车无证驾驶，发生事故责任如何认定

【案例】

黄某最近购得一辆轿车。一天，黄某的铁哥们和某要求黄某将车辆借给自己开，但和某并未取得驾驶证。在和某的一再要求下，黄某将车钥匙交给和某，和某驾车上路。由于路上行人比较多，和某有点慌乱，在经过一个小路口时将行人穆某刮倒。经勘察，认定和某负此交通事故的全部责任。请问，车主黄某应否承担责任呢？

【法律解析】

黄某应与和某共同承担损害赔偿连带责任。本案中，和某未取得驾驶证，却依然违法开车上路。而黄某应当能够预见到其驾车上路可能会有危险，却仍将车子借给他开，其主观上存在过错。两人的行为都不合法，因此应由黄某与和某共同承担损害赔偿责任。

★交警指挥失误发生事故，应承担责任吗

【案例】

某日，汪某驾车行至一交叉路口时，发生了交通堵塞。由于路口车辆、行人较多，交警祁某一边示意行人加快速度，一边向车辆做出了通行的手势。汪某按交警指示启动车辆，将未通过路口的骑车人毛某撞倒。公安机关经现场勘察认定：汪某负此次事故的主要责任，毛某负次要责任。在此次事故中到底谁应当承担责任呢？

【法律解析】

指挥的交警祁某应承担事故的主要责任，汪某承担次要责任。交警在行人、自行车未完全通过的情况下示意机动车前行，造成交通事故，负有不可推卸的责任。汪某虽按交警指挥通行，但同样违反了机动车驾驶人在交通过程中应尽高度注意、确保安全的义务。

★由于路面石块障碍导致事故，谁承担责任

【案例】

2007年5月6日，居民米某驾车沿高速公路返回市区。当其行至距进城方向收费站10公里处时，突然发现路面上有一块大石头。米某躲闪不及撞在了石块上，造成车辆严重受损，米某受轻伤。那么，米某的损失该由哪个部门承担呢？

【法律解析】

米某的损失应由高速公路建设管理局承担。我国《公路法》规定，公路管理机构应当保证公路处于良好的技术状态。本案中，清理路面障碍是高速公路建设管理局应当履行的职责，但其却没有采取必要的措施履行职责，导致米某因此遭受损害，米某有权要求其给予赔偿。

★与电动自行车发生交通事故，责任如何承担

【案例】

2008年8月，退休职工伏某驾驶电动自行车外出买菜，当其行至一由南向北的交叉路口时，为了赶时间直接横过机动车

道。此时，正好计某驾驶一辆小轿车由西向东行驶。计某以为伏某会对他避让，就没有减速开了过去，两车撞在一起，伏某倒地后受伤。那么，对于此次事故的责任该如何承担？

【法律解析】

伏某横过公路时，应从人行横道上行驶，其未遵守交通规则。而计某在行驶过程中，应在确保安全的情况下通行，注意避让行人与非机动车，计某未尽到安全义务。根据有关法律规定，计某应承担事故的主要责任，伏某承担次要责任。

★达成赔偿协议后，责任人拒绝履行怎么办

【案例】

某日，姚某在骑车回家途中，被尹某驾驶摩托车撞伤。姚某受伤，自行车严重损坏。经公安机关勘察认定：尹某承担该事故的全部责任。后经公安机关主持调解，姚某、尹某达成赔偿协议。事后，尹某以种种借口拒绝履行赔偿义务。此种情况下，姚某应该怎么办？

【法律解析】

姚某可以请求法院对案件进行审理，但不能请求法院强制尹某履行协议。交通事故中的损害赔偿是一种民事法律关系，公安机关作为行政机关不具有处理权力，该权力属于法院的审判权范围。对于尹某不履行公安机关作出的调解行为，姚某只能请求法院判决其履行，通过诉讼途径解决损害赔偿的争议。

★不履行调解协议，受害人能不能请求法院强制执行

【案例】

谈某在下班途中，过人行横道时，被骑摩托的刘某撞倒在地，导致小腿骨折，公安机关现场勘察认定刘某承担交通事故的全部责任。经调解，当事人双方达成赔偿协议：刘某赔偿谈某损失共计5000元。事后，刘某却以种种借口拖延支付上述赔偿款项。谈某多次向刘某追索上述费用未果，谈某应该怎么办？

【法律解析】

本案中，谈某可以向法院提起民事诉讼，要求刘某赔偿其损失。法院将以事实为依据，重新划分当事人的责任和处理损害赔偿问题。

★雇佣劳动关系，还是运输合同关系，赔偿责任有差别吗

【案例】

茅某是某家公司老板，因赵某有一辆货车，故雇赵某为其运货。2008年7月，赵某开车与茅某一起去外地送货。货车在下坡时，刹车失灵，翻倒在路边的水沟，造成部分货物损毁，赵某和茅某身上多处受伤，车辆受损。赵某要求茅某承担自己的医疗费用。请问，茅某需要承担赔偿责任吗？

【法律解析】

本案中，茅某对赵某没有管理、支配的权利。赵某在接受茅某的运输任务后，自主地决定如何完成这一运输任务，双方订立合同的目的是完成特定的运输任务。当事人双方之间是一种运输合同关系，而不是雇佣劳动关系。过错方是赵某，因此茅某不负任何法律责任。

★因紧急避险造成损害应由谁承担责任

【案例】

庞某是一名司机。几天前，他驾驶一

辆小型货车送货途中，一名骑自行车的男子在其前方突然横穿公路。庞某为了避免撞伤骑自行车的人，将方向盘向右转向。车子冲上了人行道，撞倒了路边一个报亭，对报亭造成了一定的损坏。请问，谁应赔偿报亭的损失？

【法律解析】

如果庞某在发生险情前车速正常，发生险情后采取措施得当，则庞某的行为属于紧急避险，那么就不用承担责任，只由骑自行车的人赔偿报亭的损失。

★异地被撞，按照哪个地区的赔偿金标准索赔
【案例】

史先生是北京的白领一族，假日到河北出游，在河北省内被唐某的车撞伤，现在被鉴定为伤残。北京的伤残赔偿标准略高于河北。请问，史先生应该按照哪个地区的赔偿金标准索赔呢？

【法律解析】

按照其住所地北京的标准来索赔。我国法律规定，为使异地诉讼中受害人有可能得到比较公平合理的伤残赔偿金，实行就高不就低原则。因此本案中，史先生可以按照北京的伤残赔偿金标准索赔。

★交警队未及时出警，受害人可以请求国家赔偿吗
【案例】

2008年10月6日晚，狄某在从外地旅游返回途中被一辆快速行驶的卡车撞伤，肇事车辆逃逸。狄某被好心路人紧急送往医院抢救，并向交警部门报案。由于交警队未及时出警，导致现场证据灭失，无法追查肇事者。此后，狄某向人民法院提起诉讼，要求公安机关对其行政不作为承担赔偿责任。狄某的请求能否得到法院支持？

【法律解析】

能够得到法院支持。本案中，交警队没有正当理由而未能及时赶到现场，没有履行其法定职责，也没有行使其处理交通事故的法定职权，导致现场证据毁灭，因此构成了行政不作为。狄某可以要求交警部门承担赔偿责任。

★受害人家属可以扣留肇事车辆吗
【案例】

货车司机冯某在驾驶途中，将横穿公路的学生李某撞成重伤。事故发生后，李某家属将冯某的货车扣下。冯某向其家属道歉，并解释说货车是公司所有，希望能将货车交出，受害人李某的家属拒绝交出。后来处理事故的交警赶到现场，要求李某家属交出车辆和货物，但李某家属仍拒绝交出。请问，李某家属的做法合法吗？

【法律解析】

不合法。交通事故发生后，肇事车辆一般由交管部门予以暂扣，以便查清肇事原因并认定事故责任，受害人家属无权扣留肇事车辆。本案中，公安机关为了办理案件的需要，有权责令其交出车辆及货物。

★后续治疗费是否可以待实际发生后再主张
【案例】

某晚，熊某在回家的路上被一辆汽车撞伤，现在伤势尚未痊愈，仍需继续治疗。医院出具证明：患者今后需要治疗费用大约2万元，肇事者同意一并赔偿。但是熊某认为后续治疗费应当以实际发生的数额为准。对于后续治疗费，熊某是否可以待实际发生后再主张？

【法律解析】

后续治疗费是指在首次起诉主张交通事故赔偿时,一审法庭辩论终结前尚未实际发生,但将来可能发生的医疗费用。根据相关司法解释,熊某可以待实际发生后再主张。

★是否可以要求赔偿整容费

【案例】

纪女士在一次过马路时,不慎被一辆从身后穿过的电动车刮伤了左脸,送到医院后缝了8针。当时交警部门认定骑电动车的人应当承担70%的责任,且车主已经支付了医疗费用。纪女士伤口愈合后脸上留有疤痕,纪女士问过专科医院说整形可能要两三万元。那么,纪女士能要求对方赔偿整容费吗?

【法律解析】

可以要求赔偿整容费,其前提是该整容费用根据有关证明是适当的,而且是确定必然发生的费用。此外,纪女士还可以主张与赔偿相应的精神损害抚慰金。

★该不该赔付死亡赔偿金

【案例】

2003年2月,屈某驾驶机动车把一位69周岁的行人撞伤,该行人后经医院抢救无效死亡。屈某现在监狱服刑,后来死者家属向屈某索赔死亡赔偿金。请问,屈某该赔付死亡赔偿金吗?其标准是怎样的?

【法律解析】

屈某应该向死者家属支付死亡赔偿金。根据相关法律规定,因受害人死亡时年龄为69周岁,他的家属可以得到11年的死亡赔偿金。

★死亡赔偿金的年数该如何确立

【案例】

韦某前不久开车撞死了一位65岁的老人,在责任赔偿时,其家属要求死亡赔偿金按20年计算,但韦某与保险公司对此均有异议。请问,本案中死亡赔偿金应以多少年计算?

【法律解析】

本案中,死亡赔偿金应以15年计算。根据《人身损害赔偿解释》的规定,死亡赔偿金按20年计算,但60周岁以上的,年龄每增加1岁减少1年。

★雇员承担了刑事责任,雇主还能行使追偿权吗

【案例】

司机项某受雇于张某。项某在一次驾车过程中发生交通事故,负全部责任,被法院认定为交通肇事罪,判处6个月有期徒刑。刑满后,张某向法院起诉要项某承担其20%的经济损失。雇员在从事雇佣活动中致人损害而且已经承担了刑事责任,雇主是否还可以向雇员追偿民事责任?

【法律解析】

可以追偿民事责任。因为项某对该交通事故负全部责任,而且构成交通肇事罪,所以应当认定项某在主观上具有重大过失,张某与项某应当承担连带赔偿责任且有权向项某追偿。

★债务人为逃避执行而转移财产怎么办

【案例】

2007年12月,董某被驾驶摩托车的刘某撞伤,造成六级伤残。经交警大队认定,刘某负全部责任。2008年6月,董某

向法院起诉,法院判决刘某赔偿董某各项费用。进入执行程序后,董某发现两天前刘某与妻子办理了协议离婚手续,全部财产已归刘某的妻子所有。面对这种情况,董某该怎么办?

【法律解析】

刘某因交通事故造成董某伤残,所负之债属于夫妻共同债务,应由夫妻共同财产偿还。刘某与其妻子为了逃避对受害人的赔偿,在诉讼期间协议离婚,属于恶意串通,损害第三人利益的行为,这种行为无效。法院有权责令刘某的妻子赔偿。

★事故车被扣最长时间是多久

【案例】

2008年,小玲在坐亲戚的摩托车上班时,侧面冲出一辆轿车与她们的车相撞。事后,交警到现场时发现现场已经破坏,后将两车扣留。请问,事故车被扣最长时间是多久?

【法律解析】

最长被扣时间是30天,超过时限的,须报经省级人民政府公安机关交通管理部门批准。根据规定,公安交通管理部门对当事人车辆需要进行检验、鉴定的,应当在勘察现场之日起5日内指派或者委托专业技术人员、具备资格的鉴定机构进行检验、鉴定。检验、鉴定应当在20日内完成;需要延期的,经设区的市公安机关交通管理部门批准可以延长10日。

★违章车辆被拖走,要缴纳拖车费吗

【案例】

2007年1月,杜某开车到某写字楼去取客户的资料。因该写字楼的停车位已满,杜某便把车违章停到了旁边的一条便道旁,等下楼后发现车已经被交警拖走了。事后,交警通知杜某缴纳罚款和拖车费用。杜某应当缴纳拖车费用吗?

【法律解析】

不用缴纳拖车费用。据相关法律规定,公安机关交通管理部门拖车不得向当事人收取费用,并应当及时告知当事人停放地点。

医疗事故赔偿

★社区医院输血染肝炎该如何举证

【案例】

阮某遭遇车祸大出血,需立即输血,可医院中没有合适的血浆。一位病人赵某的血型正好符合,在征得双方同意后,从赵某身上抽血输给阮某。1个月后,阮某痊愈了,却发现得了肝炎,怀疑是上次输血引起的。之后到门诊部询问赵某的地址,但社区门诊却拒绝提供,说输血时是经过双方同意的。阮某该如何举证?

【法律解析】

阮某只需要就患肝炎的损害事实承担举证责任。医疗机构应该就医疗行为与损害结果之间不存在因果关系及不存在医疗过错承担举证责任。

【法条链接】

《最高人民法院关于民事诉讼证据的若干规定》第七十五条 有证据证明一方当事人持有证据无正当理由拒不提供,如果对方当事人主张该证据的内容不利于证据持有人,可以推定该主张成立。

★对献血者超量采集血液造成损害，是否应当赔偿

【案例】

2007年10月12日，缪某去献血站义务献血，决定献200毫升，但是缪某发现采血的医务人员抽了自己400毫升的血。当时缪某也没在意，可是后来缪某的身体状况变得很差，而且总是浑身无力，缪某认为这和抽血有关。因采血过量给献血者造成损害的，是否应当赔偿？

【法律解析】

本案中，只要缪某能证明医务人员违反操作规程擅自超量采血，给缪某的健康造成了损害，就应当赔偿。

★哪些情形不属于医疗事故

【案例】

席某因高烧去医院治疗，需要注射青霉素。护士按规定给席某做了皮试后不久，席某出现呼吸困难等异常反应。医院立即进行急救，但抢救无效，席某死亡。席某家属认为是医疗事故，要求医院赔偿。而医院辩称不存在过失，应为医疗意外而非医疗事故，故此不应承担赔偿责任。那么，本案的情形属于医疗事故吗？院方要承担赔偿责任吗？

【法律解析】

本案中，医院对席某的诊断、治疗及用药都是正确的，护士为席某做皮试也按正常的规程操作，因此医院不存在过失。席某的死亡是由于其体内机能的原因产生了高度过敏的反应，而且医院也履行了及时救治的义务，因此医院不应承担赔偿责任。

★到无证的私人诊所就医出现意外，不属医疗事故

【案例】

蓝某因患风湿到余某开的私人诊所（无执业许可证）就医。余某用十余味中药给蓝某配了一个药方，让其按方吃药。蓝某服用后出现不良反应，到医院检查确诊为药物中毒。随后，蓝某拿着余某开的药方到当地法院提起医疗事故诉讼，却被法院告知此案不能作为医疗事故处理。这是为什么呢？

【法律解析】

医疗事故法律关系的形成，需要双方具备相应的主体要件。按照我国《医疗事故处理条例》的规定，医疗事故的主体应是医疗机构及其医务人员。本案中余某的诊所没有执业许可证，不属于医疗机构，余某不具备医疗事故的主体条件，因此不能按医疗事故处理。

★医院把诊室外租，需要承担赔偿责任吗

【案例】

闵某患有颈椎病，到某医院专家门诊治疗，谁知接受针灸治疗并服用中药后，病情没有好转反而有加重的迹象。闵某急忙到其他医院检查，结果是针灸损伤了闵某颈椎的神经，如不及时治疗可能发生偏瘫的后果。闵某很气愤，把这家医院告上法院。医院辩称诊室租给外面的医师，不应承担赔偿责任。请问，医院需要承担责任吗？

【法律解析】

医院应该赔偿闵某的损失。医疗机构的设立必须经过注册登记，领取医疗机构执业许可证。该专家门诊如未经上述程

序，不具备医疗机构主体资格。医院把院内的诊室租给他人开设"专家门诊"，患者无法确知该专家门诊与医院的关系，按正常人的理解都会以为该专家门诊是医院的一个部门。医院存在重大过错，因此该家医院需要承担赔偿责任。

★医生说漏病情将病人吓死，医院负责赔偿吗

【案例】

蔡某去某医院就医，确诊为肿瘤。因蔡某害怕手术，其子女要求医生在父亲面前淡化病情。一名年轻的医生为蔡某检查时随口说出："这么大的手术，身体撑得住吗？"蔡某一听，因惊吓过度死亡。本案中，医院应负责任吗？

【法律解析】

医院应负责任。医务人员在向患者及其家属介绍病情时，应当注意避免对患者产生不利后果。本案中的蔡某本来就对手术很害怕，鲁莽的医生未考虑病人的承受能力，随口将其病情说漏导致悲剧的发生，医院应承担责任。

★手术后遗症属于医疗事故吗

【案例】

2006年，萧某在某医院做了人体增高手术。一年后，萧某竟然无法正常走路。经诊断，增高手术留下了后遗症，萧某将终生残疾。萧某无奈之下要求医院承担赔偿责任。而医院却称手术非常成功，且手术前医院已告知其手术存在风险，萧某也同意并签字，医院无须承担赔偿责任。那么，医院是否真的无须承担责任呢？

【法律解析】

医院无须承担责任。手术后遗症是否属于医疗事故，关键是看后遗症是否是因为医务人员的过失行为造成，如果在现有的医学技术下不能避免或无法预料，则不构成医疗事故。本案中，萧某在无充分的证据证明造成其残疾的原因是医务人员的过失，且在手术之前签字愿意承担手术风险的情况下，不能要求医院承担赔偿责任。

★由于家属原因导致病人死亡，属于医疗事故吗

【案例】

邱某因减肥导致全身性肌无力。住院后，主治医生向其家属详细交代了病情，并要求其留院观察。但邱某的家人认为其并非多大的病情，便带其回家疗养。此后，邱某症状加重，当其再次入院时，终因心功能障碍死亡。对于邱某的死能否以医疗事故认定？

【法律解析】

不属于医疗事故。在此次事故中不存在医务人员违反医疗卫生管理法律、法规等行为，且医院在为邱某诊疗的过程中并无过失，不能以医疗事故认定。

★对于危重病人，医院可以拒绝收治吗

【案例】

季某在一次外出途中心脏病突发，晕倒在地。好心人将其送到医院急救。医院见病人身份不明并没有家属在旁，没给予抢救。季某因心脏病而去世，其子女了解内情后，认为医院拒收其父而导致死亡，要求医院赔偿。医院可以拒绝收治危重病人吗？

【法律解析】

医院不可以拒绝收治危重病人，医院有收治病人的义务。本案中，医院拒绝收

治心脏病突发的季某而导致其死亡，没有履行法定义务，应按医疗事故给予赔偿。

★医院不准转院延误治疗，导致患者伤害要赔偿吗

【案例】

娄某因车祸把腿撞伤而被送进某县医院。住院治疗几天后，娄某担心县医院的设备及治疗水平有限，于是要求转院。县医院向娄某保证能够将其治愈。可是半个月过去了，娄某的伤痛未减，于是到市中心医院检查。市中心医院检查后告诉娄某，因治疗延误必须转院并截肢。娄某可以因县医院延误治疗而要求赔偿吗？

【法律解析】

本案应认定为医疗事故，娄某可以要求县医院赔偿。县医院对娄某病情判断失当，误以为能够治愈，从而使娄某因治疗延误而导致伤势恶化。县医院在对娄某的治疗中存在过失，构成医疗事故，应当承担赔偿责任。

★手术中停电造成伤害，医院应当承担赔偿责任吗

【案例】

病人樊某在医院接受手术时忽然遭遇停电，医院的照明设备也坏了。无奈，护士只好找来手电筒才将手术进行完。但手术未达到理想效果，樊某留下了严重的后遗症。事后查明，停电是由于医院电器管理混乱导致。医院应当承担赔偿责任吗？

【法律解析】

本案属于医疗事故，医院应当承担赔偿责任。本案中，造成手术中停电的原因是由于医院本身管理混乱造成的，因此，停电不能成为医院的免责事由。

★未经同意，医院可以在患者身上试用新药吗

【案例】

童某因病住进某医院。因其病情严重，该医院对其试用本院自行研制的一种新药。但该药尚在报批阶段，且可能会有副作用。最后医院经讨论决定为其使用新药，但未征得童某及其家人同意。此后，童某病情有所缓解，但却出现了其他症状，经查，是由于该药物的副作用引起。童某非常生气，要医院对此承担责任。医院可以在患者身上试用新药吗？

【法律解析】

医院无权在童某身上试用新药。我国相关法规规定，新药未经卫生行政部门批准，一律不准随意进行临床实验。医院未经卫生行政部门批准就擅自进行临床实验，且未取得童某及家属同意就为童某使用新药的行为是一种违法行为，医院应当承担因自己的过错对童某造成的损害的赔偿责任。

★未经同意，医院可以擅自对患者实施手术吗

【案例】

田某因患腰椎间盘突出到某医院治疗。在未经田某及其家属同意的情况下，医院为其实施了手术。术后，田某不但腰病未治好，反而造成了下肢瘫痪。后经医学专家会诊确定，田某神经受到损伤，将终身生活无法自理。而医院对此却称是出于治病救人的目的。医院可以擅自对田某实施手术吗？

【法律解析】

医院无权擅自对病人实施手术。医疗机构施行手术，必须征得患者同意并应当

取得其家属或者关系人同意并签字。本案中，医院未经田某及其关系人的同意，擅自对其进行手术，属严重的违法行为。田某由此造成的损失应由医院承担全部责任。

★医疗事故经多次鉴定的，应以哪一次为准

【案例】

患者管某在医疗事故技术鉴定委员会进行医疗事故鉴定，前两次鉴定结论为三级乙等技术事故，但在省级医疗事故鉴定委员会却鉴定为不属医疗事故，那么到底以哪一次鉴定为准呢？

【法律解析】

应以省级医疗事故鉴定委员会的鉴定结论为准。我国相关规范性文件规定，上级鉴定委员会可以否定下级鉴定委员会的结论。本案中管某虽然前两次鉴定结论相同，但最后一次是省级医疗事故鉴定委员会的结论，也是最终鉴定，应以此为准。

★申请医疗事故鉴定有时间限制吗

【案例】

山东省的胡某因病至某医院治疗，医院对胡某采取胃部切除手术，术后胡某回家休养。修养期间，胡某感觉自己肾功能受损，便四处求医，但都无效而返。1年多以后，胡某认为自己肾功能受损是由于胃切除手术造成，要求医院承担医疗事故，赔偿其损失，而医院则认为双方应做医疗事故技术鉴定。请问，申请医疗事故鉴定有时间限制吗？

【法律解析】

有时间限制，时间为1年，卫生部下发的"关于医疗事故鉴定申请期限的批复"对此予以明确规定。本案中双方已经超过医学会受理医疗事故技术鉴定的期限，因此不能做医疗事故技术鉴定。但这不妨碍胡某在诉讼时效内向法院提起诉讼主张自己的权利。

★对鉴定结论有异议可以起诉吗

【案例】

2006年5月，凌某突发疾病被紧急送往医院急救。医院在为其输液时，由于忙乱，输错了药物，最终导致凌某下肢瘫痪。凌某的家人要求医院赔偿，而医院则认为对于凌某的瘫痪不能认定为输错药物所致，应先做鉴定。后经县级医疗事故鉴定委员会鉴定认定：不属于医疗事故。凌某的家人认为此鉴定有误，决定向法院提起诉讼。请问，对鉴定结论有异议可以提起诉讼吗？

【法律解析】

不可以。医疗事故鉴定结论，是卫生行政部门认定和处理医疗事故的依据，病人及其家属如果对医疗事故鉴定结论有异议，可以向上一级医疗事故技术鉴定委员会申请重新鉴定。所以，凌某的家人只能向上一级医疗事故技术鉴定委员会申请重新鉴定，然后申请卫生行政部门作出认定，据此认定才可以向人民法院提起诉讼。

★实习生注射麻药出事故，谁来负责

【案例】

支某被车撞伤需要手术，但恰逢麻醉师外出，于是医生决定让实习生给病人打麻醉药。实习生给支某注射麻醉药后，支某很快出现了抽搐现象，最终导致下肢瘫痪。事后支某要求医院赔偿，但医院认为事件属医疗意外。那么，该责任由谁来负呢？

【法律解析】

由该医院负责。该医院违反国家有关规定，让一个没有经验、没有资格的实习生代替麻醉师给患者推注麻醉药，造成患者瘫痪，具有明显的过错，应当认定为医疗事故而非医疗意外。

★健康人被当作病人治，医生要承担什么责任

【案例】

中学生裘某买了一根雪糕，吃完之后腹痛难当，于是进诊所检查。医生宋某检查后明知是因吃冷饮引起的肠胃痉挛，但为了多挣钱说是急性肠炎，给裘某开了一大堆药。输液时由于处理不当，裘某的手上被扎了三处针孔且出现青肿，其父得知后非常生气。那么，医生宋某应承担责任吗？

【法律解析】

宋某应承担赔偿责任。本案中，医生宋某的行为显然没有恪守职业道德，违反《中华人民共和国执业医师法》（以下简称《执业医师法》）的相关规定，应由县级以上人民政府卫生行政部门给予警告或者责令暂停六个月以上一年以下执业活动；如果情节严重，应吊销其执业证书，依法追究刑事责任。

★患者复印病历资料有哪些规定

【案例】

2006年8月，郭某因骨科疾病在某医院进行治疗。可在进行了第二次手术后，郭某的两只脚就此失去知觉。后经鉴定为下肢瘫痪。随后，郭某的家人在医生的办公室里发现被医生涂改过的病历，趁医生不注意将涂改后的病历拿去复印。然后起诉该医院，并提起要求复印医生的会诊意见。患者能要求复印哪些病历呢？

【法律解析】

可以要求复印一些客观性病历，如：门诊病历、住院志、体温单、医嘱单、化验单等病历资料，但不能要求复印主观性病历资料。主观性病历资料只能在进行医疗事故技术鉴定过程中，由医疗机构将其提交至鉴定专家组。所以，本案中郭某的家人要求复印医生的会诊意见，不符合法律规定。

★医院伪造病历侵犯了患者的哪些权利

【案例】

盛某到某医院作胆囊摘除手术。一年后，盛某偶然听说医院在手术中发现他左肾积水，也一并予以切除了。盛某找到医院，院方向他出具了病历记录，是由盛某父亲签字的。而其父却称自己从未见过此病历，也未签过字。经字迹鉴定，签名并非盛某的父亲所写。请问，此案中医院的行为侵犯了盛某的哪些权利呢？

【法律解析】

生命健康权及知情权。生命健康权是神圣不可侵犯的，任何人不得任意处分他人的生命和健康。此案中，医院伪造病历，应当承担赔偿责任。

★医疗纠纷协议达成后还能反悔吗

【案例】

农民柯某因做完手术后纱布被误缝在体内而要求医院赔偿各种损失5万元。后来双方达成协议，由医院一次性赔偿柯某5000元，此事就此了结，双方均不得反悔。拿到赔偿款后，有朋友说柯某要少了，他至少可以拿到3万元的赔偿。于是柯某到法院起诉。医院辩称双方已达成协

议。那么，医疗纠纷中双方达成赔偿协议的，还能反悔吗？

【法律解析】

可以。本案中，被告与原告达成医疗纠纷协议，该协议约定的赔偿金额与原告所遭受的损失相比显失公平。根据《合同法》的有关规定，显失公平的合同属于可撤销的合同。

★医院能拒绝进行尸检吗

【案例】

莫某2006年10月因急性阑尾炎住进某市中心医院进行手术，手术中不明原因死亡。医院的结论是属于正常死亡。而莫某家属对死亡原因有怀疑，要求进行尸检并进行医疗事故鉴定，但医院拒绝进行尸检并拖延时间。莫某家属将医院告上法院。医院可以拒绝进行尸检吗？

【法律解析】

不能拒绝。法律规定，患者死亡，医患双方不能确定死因或者对死因有异议的，应当进行尸检。本案中，莫某死于手术台，其家属要求进行尸检，医院拒绝进行并拖延时间，应当承担死因不能正确判定的责任。

★家属对死者尸体逾期不处理，医院可以私自处理吗

【案例】

宗某患急病进院，经抢救无效而死亡。其妻梁某交纳了尸体存放费。1个月后，当梁某及其亲属为宗某办理尸体火化时，发现宗某的尸体不见了。医院对此的解释为：死者家属在10天内不对死者的尸体进行处理，也不交纳尸体保管费用，应视为自动放弃处理，医院可自行处理。医院的说法能否成立呢？

【法律解析】

医院的说法不成立，医院无权私自处理死者尸体。根据相关法律规定，死者尸体存放一般不得超过两周。逾期不处理的尸体，经医疗机构所在地卫生行政部门批准，并报经同级公安部门备案后，由医疗机构按照规定进行处理。本案中，医院对于宗某的尸体应报卫生行政部门批准及公安部门备案后才可依法对宗某尸体进行处理，而不是自行处理。

★未经死者家属同意，医院能否擅自解剖尸体

【案例】

2007年8月，应某的父亲因病住院治疗。治疗期间，医院曾会同另一家医院的专家为应某父亲诊治，双方对病情诊断存在分歧。之后应某父亲的病情恶化，最终死亡。医院为了弄清病情，擅自对尸体进行了病理解剖。请问，医院能否擅自解剖尸体？

【法律解析】

医院不能擅自解剖尸体。根据有关规定，对于死因不清楚者进行病理解剖时，一般应先取得家属或单位负责人的同意。本案中，医院未经死者家属同意就擅自解剖尸体，已经构成侵权，应承担相关责任。

★手术后纱布被遗留在患者体内，医院要赔偿吗

【案例】

2006年8月，江某在某医院产下一男孩。此后，江某总感觉下身疼痛，不能行走。随后，江某到某妇科医院诊断，结果令人大吃一惊：原来由于其生产时宫颈出血，当班护士便将一块纱布摁在其流血处为其止血，忘记取出。江某因此患上严重

的阴道炎。针对这一结果，江某向其生产的医院讨要赔偿。医院应当赔偿吗？

【法律解析】

应当承担全部赔偿责任。医院护士将纱布遗留在江某体内，违反医疗卫生法规、规范，其行为有明显的过失，并且造成了江某人身损害的后果，应当认定为医疗事故。

★产前检查错误导致孕妇生下残疾儿，医院需赔偿吗

【案例】

颜女士怀孕期间进行了5次B超检查，检查报告除第一次显示胎儿结构正常外，其余4次均显示胎儿结构不正常。但诊治医生每次都是随手注明"B超显示正常"。颜女士十月怀胎产下男婴，却发现婴儿没有右下肢。颜女士遂以医院侵害其"健康生育选择权"为由，要求医院承担赔偿责任。医院应否承担赔偿责任呢？

【法律解析】

医院应当承担赔偿责任。医院的医务人员在医疗活动中发现胎儿异常后，应当能够预见到不做进一步产前诊断，可能会导致婴儿肢体残缺，却没有作进一步的产前诊断，提出终止妊娠的医学意见，并最终导致残疾胎儿得以生产，存在重大过错。

★到多家医院诊疗导致事故的，应如何主张赔偿

【案例】

2008年6月，房某觉得身体不适，一周内先后去了三家医院诊疗，但结果未明。一周后又到市人民医院进行检查，发现颈髓受损，需要手术治疗。房某认为前三家医院诊断不明，延误了其治疗，申请医疗事故鉴定。鉴定机构认为，前三家机构的确存在诊断不明的过错。但是，任何一家的行为均尚未构成医疗事故。这种情况下房某应该如何主张赔偿？

【法律解析】

应向法院起诉。法院应通盘考虑，对整个治疗过程中各接诊医院行为进行鉴定，确定各医院在造成患者的伤害结果中所占的"份额"大小，分清主次责任，以明确各医疗机构的责任范围。

【法条链接】

《民法通则》第一百一十九条 侵害公民身体造成伤害的，应当赔偿医疗费、因误工减少的收入、残废者生活补助费等费用；造成死亡的，并应当支付丧葬费、死者生前扶养的人必要的生活费等费用。

第一百三十条 二人以上共同侵权造成他人损害的，应当承担连带责任。

★由于医院过失导致第二次手术，患者可以要求赔偿吗

【案例】

易某与人打架，被砍伤肩部。医院在对易某创伤进行处理的过程中，因未将断裂的肌腱完全缝合，造成其功能障碍，需要进行二次手术，将未缝合的肌腱重新缝合才能达到康复的目的。易某能否要求医院对自己的损害进行赔偿呢？

【法律解析】

易某能要求医院赔偿。易某第二次手术是由于第一次手术的过失所引起，进行二次手术的费用将由医院承担。对于赔偿，医务人员在医疗活动中，违反医疗卫生管理法律、行政法规、部门规章和诊疗护理规范、常规，过失造成人身损害的，医院应当承担赔偿责任。

★5岁女孩被误诊为性病，医院应负什么责任

【案例】

5岁的小女孩芳芳因屁股红肿，被妈妈带到医院诊治。医院的化验结果为"淋病"。对芳芳的父母进行化验，结果均为"淋病"。一家人去另一家医院检查，结果却一切正常。但他们一家人名誉却因此遭受损害。本案中，误诊患者为"淋病"的医院应负什么责任呢？

【法律解析】

误诊医院应当为芳芳一家恢复名誉、消除影响并公开赔礼道歉，还要赔偿其损失。作为医务人员，必须为病人保密，不得泄露病人隐私。

★医疗事故中，应以医务人员还是医院为被告

【案例】

霍某因头疼到某医院治疗，医生夏某对其诊断后开了药，由护士杨某对其进行肌肉注射。3天后，霍某觉得注射的左臀疼痛无比，再到医院就诊，被确认为肌肉注射造成坐骨神经损伤。出院后，霍某将医生夏某及护士杨某告上法院。夏某与杨某辩称自己是医院的工作人员，行为的后果应由医院承担责任。霍某应该告谁呢？

【法律解析】

霍某应以医院为被告。本案中，医生夏某与护士杨某的行为是在工作期间内发生，霍某不应以他们为被告。

★十几年之后发现肾被误摘，时效已过了吗

【案例】

1990年8岁的虞某在医院治病期间被误摘去一肾，但当时医院怕承担责任没有告诉虞某家长。2008年，虞某进行婚前检查，查出右肾已被摘除。经回忆，确认只有8岁时曾做过一次手术，于是把当年为他做手术的医院告上法院要求赔偿。而医院辩称诉讼时效已过，不再承担责任。事过十几年，虞某会败诉吗？

【法律解析】

如果有证据证明虞某的肾的确是那家医院误摘的，不会败诉。根据《民法通则》的规定，身体受到伤害要求赔偿的，诉讼时效为1年，从知道或者应当知道权利被侵害时起计算。本案中，虞某在2008年进行婚检的时候才发现右肾被摘除，因此诉讼时效期间应从此时起算。

★专家未按时接诊，病人能要求医院赔偿吗

【案例】

2007年2月20日，解某到市人民医院就诊，并挂了孟医生的专家号。但是当解某到专家门诊时，孟医生有事没来，接诊的是他的助手王医生。解某认为王医生的资历不够，所以没检查就走了。下午解某又来到医院，孟医生为解某进行了诊疗。医生没有按时接诊，解某能否要求医疗机构赔偿损失？

【法律解析】

能要求赔偿。患者通过"挂号"的方式作出要约，医疗机构作为承诺人，应当按照合同的要求为谢某提供医疗服务，履行约定义务。由于医疗机构和孟医生的过错，导致谢某未能按时就诊，医院应当承担违约责任。

工伤鉴定及赔偿

★签了"免责合同"能免除工伤责任吗

【案例】

郁某在某建筑公司当临时工。他同公司签订了协议,其中包含"对民工的工伤概不负责"等条款。一天,郁某在工作时不慎从高处坠落,致使小腿骨折。公司给其2000元钱作医疗费。由于伤情较为严重,住院2个多月,郁某无力支付医疗费,只好找公司帮忙解决,但公司拒付。那么,签订了"免责合同"能免除工伤责任吗?

【法律解析】

公司不能免除责任,郁某的劳动合同中"工伤概不负责"的条款是无效的。本案中,公司与郁某签订这种"工伤概不负责"的协议,既不符合法律规定,也严重违反了社会公德,属于无效的民事行为,因此公司不能免除工伤责任。

★承诺不要求赔偿还能享受工伤保险待遇吗

【案例】

单某是一名工人。某日,单某在上班途中发生了交通事故,造成两处骨折,在家休养了1年半。事后单某被迫与厂方签订了一份协议:单某保证在按工伤事故获得相应报销后,不再以任何理由向厂方提出任何经济补偿或赔偿要求。那么,在这种情况下单某还能享受工伤保险待遇吗?

【法律解析】

单某还能享受工伤保险待遇。协议中虽然承诺不再向厂方提出任何赔偿要求,但是该协议是在违背单某真实意思情况下订立的,这样等于剥夺了单某享受工伤保险待遇的权利,因而无效。

★没有劳动合同,就不能认定为工伤吗

【案例】

乌某应聘到一家工厂当车工,在操作车床时不慎轧断了左手三根手指。乌某请求享受工伤待遇,但工厂以没有与乌某签订正式的劳动合同为由,认为乌某不享受工伤待遇。没有书面劳动合同,就不能被认定为工伤吗?

【法律解析】

没有书面合同,也可以认定为工伤。本案中,只要乌某能够证明与该工厂存在事实上的劳动关系,即使没有书面劳动合同,也能被认定为工伤。所谓事实劳动关系,是指用人单位招用劳动者后不按规定订立劳动合同,或者用人单位与劳动者以前签订过劳动合同,但是劳动合同到期后用人单位同意劳动者继续在本单位工作却没有与其及时续订劳动合同的情况。

★维护公共利益,见义勇为致伤属于工伤吗

【案例】

杭某是某企业职工。有一天下班回家经过铁道口时,他看到有两个小孩正在铁道上玩耍,而这时候,前方恰好有一列火车驶过来。杭某急忙把小孩推出了铁道,但由于来不及躲开,被列车撞成重伤。杭某的这种行为造成的伤害能否认定为工伤?

【法律解析】

应当视同工伤。本案中,杭某受伤的情况属于维护国家利益、公共利益活动中受到的伤害,按法律规定,可视同工伤。

★保险代理人在工作中受伤是否属于工伤

【案例】

左某成为某保险公司的保险代理人,并与该公司签订了保险代理合同。合同对双方的权利义务及报酬支付方式均作了约定,劳动报酬包括:佣金、竞赛奖等。一天,左某在去一个客户家办理续保的途中发生交通事故受伤。那么,这种情况是否属于工伤?

【法律解析】

不属于工伤。左某所获得的劳动报酬是根据左某服务的客户所实际缴付并予核准的保险费来计算的,该报酬不属于工资。因此,左某与保险公司之间是委托代理关系而不是劳动关系,不能认定为工伤。

★职工探亲期间受伤,可以认定为工伤吗

【案例】

四川省的小石是某公司职工。不久前,他按照公司规定申请回家探亲。在乘坐轮船回家的途中,发生海啸致使轮船触礁沉没,小石也不幸遇难。其家属听到此事后很伤心,同时要求公司将小石的死亡当作工伤,享受部分保险赔偿,公司拒绝了小石家属的要求。那么小石的不幸可以被认定为工伤吗?

【法律解析】

不能认定为工伤。本案中,小石已经离开了单位,并且是为了探亲而不是工作,发生事故的地点在海上而不是工作地点。因此,不符合工伤保险所界定的工伤范围,也不属于《工伤保险条例》视为工伤的情况。

★职工在上班途中骑摩托车不慎摔倒,能否认定为工伤

【案例】

崔某在某酒店上班,由于单位离家比较远,每天都骑摩托车上下班。一天早上,崔某骑摩托在一个拐弯路口不慎滑倒,导致左手骨折,幸好抢救及时,经住院治疗后得以康复。那么,崔某的受伤可否申请认定为工伤呢?

【法律解析】

根据我国法律规定,职工在上下班途中,受到机动车事故伤害的,应当认定为工伤。因此在本案中,崔某的伤能被认定为工伤。

★职工陪领导吃饭,事后死亡属于工伤吗

【案例】

嵇某受领导安排,陪客人就餐。吃饭之后,嵇某陪客人打牌娱乐,约十分钟后,嵇某突感不适,当即被送往医院,经医生诊断为突发性脑溢血,经抢救无效死亡。保险公司说必须有单位的工作证明才能赔偿。嵇某家人又找到嵇某单位,但该公司以嵇某为突发性疾病不属于工伤而拒绝。那么,嵇某的死究竟属不属于工伤呢?

【法律解析】

嵇某的死属于工伤。一般来讲,突发疾病死亡不属于工伤,但为了突出对处于弱势地位的劳动者的保护,体现工伤保险的立法宗旨,立法上将符合一定条件突发疾病死亡视同工伤。

★职工工作期间干私活致伤，是否属于工伤

【案例】

包某是某农机厂机修车间工人。某天，他在车间制作私用菜刀，用砂轮机打磨时，右手受伤，失去劳动能力。事后，包某以砂轮机维修不及时等为由，要求企业按因工受伤处理。厂方认为包某违反企业管理规定在工作期间干私活受伤，不属于工伤。那么，包某是否可以被认定为工伤呢？

【法律解析】

不属于工伤。其一，从工伤认定的范围看，工伤是指职工从事本职工作或者单位负责人临时指定的工作所致的伤亡或职业病。其二，从受伤起因看，包某在工作时间干私活，本身就是违反企业管理规定的。因此不能被认定为工伤。

★职工被除名，旧伤复发可以向原单位索要医疗费吗

【案例】

裴某原为某市建筑第四公司职工。裴某在一次工作中因操作失误，造成左手中指、无名指绞伤，无名指一节截去。后来裴某因违反劳动纪律被企业除名。现裴某伤口复发，需手术治疗，但原单位拒绝支付医疗费。那么，裴某可否向原单位索要医疗费呢？

【法律解析】

可以索要。根据法律规定，因公致残的职工，因违纪被开除后，旧病复发，由原单位给予治疗。

★职工工伤治疗期间，单位能扣发工资吗

【案例】

封某因工负伤，造成掌骨开放性骨折，被认定为工伤。医院在治疗意见中写明："住院14日，出院后全休1个月，半年后复查取出内固定物。"但是，在封某工伤2个月后，厂方只给了封某70%的工资，没有给生活费等其他费用。请问，在治疗期间，单位能扣发工资吗？

【法律解析】

单位在封某治疗期间扣发工资的做法是错误的，封某应该拿到与受伤前一样的工资。我国法律规定，停工留薪期一般不超过12个月，工伤职工在停工留薪期满后仍需治疗的，继续享受工伤医疗待遇。本案中的封某符合法律规定的情节，单位不能只发70%的工资。

★职工对伤残等级结论不服，能否提起行政诉讼

【案例】

翁某因工致残后，到市劳动能力鉴定部门进行劳动能力鉴定。对于鉴定结果中的伤残等级，他表示不满。市劳动能力鉴定部门的工作人员建议他向省劳动能力鉴定委员会申请再次鉴定，但翁某仍然非常生气，要到法院去起诉。工伤职工对伤残等级结论不服，能否提起行政诉讼？

【法律解析】

不能。法律规定，公民、法人或者其他组织对劳动能力鉴定委员会作出的伤残等级鉴定结论不服的，提出法律诉讼或者法院受案处理都没有法律、法规依据。

★在不是上下班必经路线上受伤，能被认定为工伤吗

【案例】

吉某是设计公司职员，一次去给客户送设计方案，回来时正是下班时间，就直接开车回家了。由于他对路况不是很熟悉，途中发生了交通事故，吉某受伤。事后吉某向公司提出工伤待遇。公司以吉某发生交通事故不是上下班必经路线为由不予认定为工伤。那么，在不是上下班必经路线处受伤，能被认定为工伤吗？

【法律解析】

仍能认定为工伤。法律规定，职工在上下班途中由于交通事故而受伤的，应当认定为工伤。对于是否为上下班必经路线，该条例没有做具体规定。从本案情况来看，吉某为公司办事后正值下班时间，没有必要先回公司，再从公司按照平日上下班路线回家，其行为并无不当。因此应定为工伤。

★上班时间高血压发作受伤，能算工伤吗

【案例】

某公司职员车某患有高血压，在一次上班途中，高血压病突然发作，后经抢救脱离危险，但住院治疗1个多月。事后车某要求享受工伤保险。公司认为车某虽然是在工作中发病，但其发病与工作无关，只能给予他医疗保险待遇而不能给予工伤待遇。那么，能算工伤吗？

【法律解析】

不能算工伤。在工作中突然发病是否构成工伤而享受工伤保险待遇，要就具体情况具体分析。像车某所患的高血压这类常见病，发病原因和发病时间很难确定，现行政策也没有按工伤处理的规定，因此，对于车某应按因病或非因工伤处理。

【法条链接】

《劳动部办公厅关于在工作时间发病不做工伤处理的复函》（劳办发〔1994〕177号）目前，我国仅将月经期女职工的高处作业列为禁忌工种。高血压病为一种常见病，发病原因及发病时间很难确定，现行政策也没有按工伤处理的规定。我们认为，即使在工作现场、工作时间内发病，也不应作工伤处理，而应按因病或非因工负伤处理。

★交通违章受到事故伤害算工伤吗

【案例】

某天，职工井某驾驶同事的摩托车回家途中，与一辆小型货车相撞，抢救无效死亡。交警大队认定：井某属无证驾驶，而且车速过快，应负该事故的主要责任。事后井某家人要求单位按工伤赔偿，但是单位说，井某违章不能算工伤。那么，交通违章受到事故伤害算工伤吗？

【法律解析】

应当认定为工伤。相关法规规定，职工在上下班途中因违章受到机动车事故伤害的，只要其违章行为没有违反治安管理，应当认定为工伤。本案中，井某违章行为没有违反治安管理，也不构成交通肇事罪，因此应认定为工伤。

★加班途中受伤的，是否属于工伤

【案例】

邢某是某设计公司的一名排版员。2008年"十一"期间，公司接到一批较急的业务，需要加班排版。10月4日，邢某

工作到深夜，非常疲惫，在回家的路上不慎被迎面而来的摩托车撞伤，为此花去医疗费2000余元。邢某在加班回家的途中受伤，能享受工伤待遇吗？

【法律解析】

能享受工伤待遇。按照我国《工伤保险条例》的规定，上下班途中受到机动车事故伤害的应当认定为工伤。这里所说的"上下班途中"，既包括职工正常工作的上下班途中，也包括职工加班加点的上下班途中。

★自由职业者享受工伤保险待遇吗

【案例】

靳某是一名图书封面设计师（自由职业）。某日，靳某应某出版社编辑之约前往出版社商讨图书封面设计方案，途中发生交通事故而受伤。事后，靳某认为自己应该认定为工伤。出版社认为自己与靳某没有劳动合同关系，不能给予靳某工伤保险待遇。请问，自由职业者可以享受工伤保险待遇吗？

【法律解析】

自由职业者无法享受工伤保险待遇。我国《工伤保险条例》规定，享受工伤保险待遇的主体是各类企业的职工和个体工商户的雇工。本案中靳某作为自由职业者，不是出版社的职工，与出版社不存在劳动合同关系，因此不能享受工伤保险待遇。

★临时工是否享受工伤保险待遇

【案例】

糜某是失业人员，经朋友介绍在一家装饰公司做临时工。在工作中，糜某从高处落下摔伤，花去治疗费1000余元。糜某要求公司给予工伤保险待遇。公司以糜某是临时工为由拒绝。请问，临时工是否享有工伤保险待遇？

【法律解析】

临时工也享有工伤保险待遇。我国法律规定，企业应当为其职工参加工伤保险。其"职工"范围包括临时工、劳务工或者短期派遣工。本案中糜某是装饰公司的临时工，他们之间形成了劳动合同关系，因此糜某应享有工伤保险待遇。

★保姆享受工伤保险待遇吗

【案例】

小邴是王某家的保姆。一天在擦玻璃时不慎从椅子上掉了下来，胳膊摔断了，共花去医疗费4000余元。小邴认为应该算是工伤，要求王某按工伤给予赔偿，但王某予以拒绝。请问，保姆在劳动期间受伤，能享受工伤保险待遇吗？

【法律解析】

不能享受工伤保险待遇。工伤保险只适用于《劳动法》范围内的劳动关系，小邴作为家庭保姆，不是我国《劳动法》规定的劳动者，不属于该法适用的对象，因此只能依据《民法通则》有关人身损害赔偿的相关规定主张赔偿。

★已经获得民事赔偿，是否还可以享受工伤待遇

【案例】

甄某与曹某在同一车间上班，二人因工作上的分歧产生争执，甄某一气之下把曹某刺伤。经法院判决，甄某负民事赔偿责任。在甄某赔偿了曹某的损失后，曹某向单位提出申请工伤待遇，但遭到了单位的拒绝。理由是他已经得到了赔偿，就不能再享受工伤待遇了。请问，已经获得民事赔偿的，还可以享受工伤待遇吗？

【法律解析】

已经获得民事赔偿的，还可以享受工伤待遇。虽然曹某得到了民事赔偿，那是他与甄某的民事纠纷得到了解决。而工伤的认定和工伤待遇的享受，是劳动者与劳动单位之间的关系，不能因其他民事关系而抵消。

★伤残赔偿金额怎么计算

【案例】

小芮哥哥是某工厂职工，在一次工伤事故中受重伤，后被劳动能力鉴定委员鉴定为二级伤残。在工伤事故发生前，他的工资为每月1200元。当地的最低工资标准为每月600元。请问，小芮哥哥可以拿到多少伤残赔偿金？

【法律解析】

根据相关法规，小芮可以得到的一次性伤残补助金为1200元×22（个月），计2.64万元，每月的伤残津贴为1200元乘以85%，计1020元。

★因工伤死亡的职工，其家属可以得到哪些赔偿

【案例】

储某坐公司班车去上班，途中遭遇车祸不幸去世。公司给职工办理了工伤保险，经劳动部门认定，储某去世属于工伤。请问，因工伤死亡的职工家属可以得到哪些赔偿？

【法律解析】

因工伤死亡的职工其家属可以得到的赔偿包括丧葬补助金、供养亲属抚恤金以及一次性工亡补助金。

★负交通事故全责还能认定为工伤吗

【案例】

松某是某单位司机，跟单位签订了劳动合同。2008年国庆假期单位组织外出考察，途中发生交通事故，造成车内4名同事受伤。交警部门认定司机松某负事故全部责任。事后，劳动部门认定其他4名同事为工伤，松某不构成工伤。单位据此便不支付松某的医疗费。那么，松某还能不能认定为工伤？

【法律解析】

松某能够认定为工伤。松某作为单位司机驾驶车辆外出考察，是在执行职务时发生交通事故而受伤。虽然他在该交通事故中负有责任，但这并不影响工伤的认定。

★工作失误导致受伤属于工伤吗

【案例】

上班时，车间主任要高某去一号仓库搬玻璃。高某误听为去七号仓库，于是便到七号仓库去搬。在搬的过程中高某的手臂被严重划伤，导致住院十天。回厂后，厂里不报销医疗费和误工费，称高某听错仓库号，是高某自己工作失误导致受伤不属于工伤。请问，高某的情况是否属于工伤？

【法律解析】

高某的情况属于工伤。只要职工是在工作时间和工作场所内因为工作原因而受到的事故伤害的，都应认定为工伤。工厂以高某听错仓库号为由认为高某的情况不属于工伤没有法律依据。

★工作中受到的精神损害，能要求工伤赔偿吗

【案例】

一天，小曲在车间工作时，因锅炉爆炸，面部被烧伤，后经治疗还是留下疤痕。厂里为他申请了工伤认定，报销了相应的医疗费。但是因面部灼伤严重，小曲从此不愿出门，他的精神压力很大。请问，工作中受到的精神损害，能否要求工伤赔偿呢？

【法律解析】

不能。法律规定，对于劳动者因身体上的伤害而导致精神上的伤害，仅就该身体伤害作工伤赔偿而不能将该身体伤害引起的精神伤害作为工伤进行赔偿。对于所遭受的精神损害，劳动者只能通过其他途径向侵权人要求承担赔偿责任。

【法条链接】

《工伤保险条例》第二十九条 职工因工作遭受事故伤害或者患职业病进行治疗，享受工伤医疗待遇。
……

★工伤治疗期间享受哪些待遇

【案例】

谷某因工受伤致残，生活不能自理。之后妻子为了照顾他而辞去工作，一家人没有了经济来源。谷某曾与单位领导就工伤赔偿一事协商，但单位领导总是推托。后来在他的一再要求下，领导答应先借给谷某一部分生活费，在以后的赔偿中扣除。本案中谷某应该享受什么样的工伤待遇？

【法律解析】

按照《工伤保险条例》的规定，谷某在治疗期间，享受工伤医疗待遇，住院费、伙食补助费由单位支付。在接受治疗时停工留薪期一般不超过12个月，享受原工资福利，在指定医疗机构所需费用由工伤保险基金按规定支付，在治疗期间需要护理的，由单位负责。

【法条链接】

《工伤保险条例》第三十一条 职工因工作遭受事故伤害或者患职业病需要暂停工作接受工伤医疗的，在停工留薪期内，原工资福利待遇不变，由所在单位按月支付。

停工留薪期一般不超过十二个月。伤情严重或者情况特殊，经设区的市级劳动能力鉴定委员会确认，可以适当延长，但延长不得超过十二个月。工伤职工评定伤残等级后，停发原待遇，按照本章的有关规定享受伤残待遇。工伤职工在停工留薪期满后仍需治疗的，继续享受工伤医疗待遇。

生活不能自理的工伤职工在停工留薪期需要护理的，由所在单位负责。

★工伤事故应到哪些医院进行治疗

【案例】

建筑工人荀某在施工中从高处滑落，造成右腿腓骨粉碎性骨折。在场的同事随即将其送往附近的一家医院治疗。同事为荀某申请了工伤认定，荀某要求在医院治疗的费用由公司支付。公司认为，那家医院没有与社保经办机构签订协议，因此治疗费用不能报销。请问，发生工伤事故以后应当到什么资质的医院进行治疗？

【法律解析】

发生工伤事故以后应当前往与社保机

构签订服务协议的医疗机构就医。在情况紧急下，可以先到就近的医疗机构急救；如果工伤职工确需跨统筹地区就医的，须由医疗机构出具证明，并经经办机构同意。本案中，荀某发生工伤属于紧急情况，可以先到就近医疗机构进行急救，其费用可以由工伤保险基金支付。

★工伤保险费可以从员工的工资里扣吗

【案例】

段某与某公司签订了为期三年的劳动合同。双方约定：公司负责为段某办理工伤保险，保险费从段某每个月的工资中扣除。三年合同期满，公司决定不再与段某续约。段某要求公司支付给他这三年来相当于被公司所扣除的工伤保险的工资。公司以劳动合同有约为由拒绝。请问，工伤保险费可以从员工的工资中扣除吗？

【法律解析】

工伤保险费不能从员工的工资中扣除。工伤保险是为了化解用人单位工伤风险而设计的一种制度。我国相关法规规定，用人单位必须为员工上工伤保险，且保费应由用人单位缴纳。本案中，公司应返还所扣的段某用于工伤保险的工资。

★申报工伤必须在一定期限内进行吗

【案例】

2006年5月，某企业员工巫某发生工伤，做了伤残鉴定，但是当时并没有申报工伤，只是以普通医疗来治疗的。2008年4月，公司与巫某的劳动合同到期，公司决定不续签，于是巫某要求公司支付其工伤补贴。事过2年，巫某的工伤请求还能得到认可吗？

【法律解析】

不能得到认可。法律规定，用人单位申请工伤认定的，应当自伤害事故发生之日起或者被诊断、鉴定为职业病之日起30日内提出；劳动者本人或者其近亲属提出申请的，应当在劳动者受伤后1年内提出。过了上述时限再申报，劳动部门不会受理，劳动者无法享有工伤待遇。本案中，巫某提出工伤请求时已超过期限，因此不能得到认可。

★伤残鉴定后伤势恶化怎么办

【案例】

某汽车修理厂工人焦某在电焊时眼睛被灼伤。经鉴定，认定为4级伤残。1年后，焦某觉得视力越发下降，什么都看不清楚，于是想向劳动能力鉴定委员会再次申请鉴定。已经有鉴定结论了，1年后还可以再次申请鉴定吗？

【法律解析】

可以依法再次申请鉴定。因为伤残鉴定后，有些职工的伤残或职业病状况会进一步发展。法律规定，工伤职工（或其亲属）、所在单位或者经办机构在劳动能力鉴定结论作出满1年后认为伤残情况发生变化的，可以申请进行劳动能力复查鉴定。

★单位没有为职工上工伤保险，发生工伤事故怎么办

【案例】

隗某在一公司工作，双方没有签订劳动合同，公司也没有为他买工伤保险。2005年7月5日晚，隗某在加班时受伤。医院诊断为多发性骨折。2006年1月29日，当地劳动能力鉴定委员会评定他为九级伤残。但因公司没有为他上保险，请问该怎么办？

【法律解析】

隗某所在公司应当按法律规定，支付相关费用。法律规定，未参加工伤保险期间用人单位职工发生工伤的，由该用人单位按照本条例规定的工伤保险待遇项目和标准支付费用。

★门诊病历是否能作为认定工伤的证据

【案例】

一次，搬运工小陆在装卸货物时，被从高处滚落的货物砸伤。入院诊断并开具了病历。他向公司申请工伤待遇，未果。公司称，小陆仍能正常工作，并未受伤，仅凭诊断病历不能认定为工伤。请问，门诊病历能否作为认定工伤的证据？

【法律解析】

门诊病历不能作为认定工伤的证据。本案中，小陆出具的门诊病历并不是法律所规定的"医疗诊断证明"，它只能证明小陆当天到医院就诊的事实，而不能成为劳动保障部门认定工伤的依据。"医疗诊断证明"应当由签订服务协议的医疗机构出具，并且应当详细说明事故的伤害情况，以及与工伤事故的关系等情况。

★县劳动局有权作出工伤认定吗

【案例】

荣某是某县啤酒厂的职工。2008年12月他在上班的途中发生了交通事故，经医院确诊左腿骨折。2009年1月荣某向县劳动局申请工伤认定。2009年2月县劳动局作出工伤认定书。啤酒厂认为，县劳动局无权作出工伤认定，要求撤销该认定。请问，县劳动局有权作出工伤认定吗？

【法律解析】

县劳动局无权做出工伤认定。工伤保险基金在直辖市和设区的市实行全市统筹，县劳动局作出的工伤认定属于超越职权，应当撤销后移交所属的市劳动保障行政部门进行认定。

人身损害赔偿

★6岁男孩自己摔伤，责任由谁担

【案例】

班某在自家的后院挖了一个菜窖，尚未封口。这天，邻居汪某家6岁的儿子小刚找班某的儿子玩耍。嬉戏中，小刚不小心跌入菜窖，造成左胳膊骨折。汪某向班某追讨医疗费，但班某认为小刚的摔伤是自己不小心所致，拒绝赔偿。而汪某则认为菜窖未封口，又无安全措施，与儿子的摔伤有直接关系。那么，此案中的责任该由谁承担？

【法律解析】

由双方当事人共同分担民事责任。本案中，班某是在自家封闭的后院墙内挖菜窖，其施工地点没有设置明显标志和采取安全措施的义务，考虑到小刚摔伤的事实，班某需承担部分责任。小刚是幼童，属于无民事行为能力人，无所谓法律上的过错问题，因其监护人未尽到监护的责任导致损害的发生。因此，小刚摔伤的责任应该由两家共同分担。

★六旬老汉劝架受损，误工费照赔吗

【案例】

2006年3月21日中午，村民陈某、董某发生口角准备动手，恰好被65岁的秋老汉碰见。秋老汉前去劝阻，被二人失手推倒受伤。出院后，秋老汉不能正常做工。

秋老汉要求2人赔偿医疗费、护理费、营养费及误工费共计12000元。但陈某、董某认为秋老汉已年过60周岁，不应该算误工费。请问，2人应赔偿秋老汉误工费吗？

【法律解析】

2人应赔偿秋老汉误工费。我国误工费赔偿制度，是从受害人实际遭受的损失角度设计的，并不以年龄进行限制。片面地以一定的年龄作为劳动能力丧失的依据，既无明确的法律依据，与我国的国情也不相符。

★帮朋友送货导致受伤，谁来赔偿

【案例】

某酒店从超市购了几箱啤酒，林某好友小侯主动提出送货，林某答应了。小侯在送货途中遭遇车祸，入院后被迫截除右肢。不久，小侯提出要林某予以适当的补偿，林某以小侯系主动帮忙为由，予以拒绝。请问，林某需要承担赔偿责任吗？

【法律解析】

林某应该承担赔偿责任。法律规定，帮工人因帮工活动遭受人身损害的，被帮工人应当承担赔偿责任。被帮工人明确拒绝帮工的，不承担赔偿责任；但可以在受益范围内予以适当补偿。本案中，小侯是在帮林某家送啤酒的途中受伤，而林某对小侯的帮工没有明确拒绝，因此需要承担民事责任。

★转移责任的责任状是否有法律效力

【案例】

金小姐是一所民办小学的老师。学校规定，学前班的老师除班主任以外每天要跟校车接送学生，每天早上6点出发接学生，晚上送学生，而且要求老师签订责任状。如果在接送学生的时候发生意外，一切后果由老师承担，跟学校无关。请问，这份责任状有法律效力吗？

【法律解析】

这份责任状不具有法律效力。该责任状中的约定违反法律规定。在接送学生的时候发生意外，如果校方未尽职责范围内的相关义务，应当承担与其过错相应的责任。

★因顾客碰撞服务员烫伤人，餐馆无需负责吗

【案例】

郭小姐在一家餐馆用餐时，被一盆热水洒了一身。原来，有几个顾客发生了争执，其中一名男子正好碰到了端着开水的服务员。那么，因顾客碰撞服务员而导致烫伤人，餐馆需要负责吗？

【法律解析】

餐馆无需负责，责任应由碰撞服务员的顾客担负。餐馆对前来消费的客人有保障其人身及财产安全的义务，但这种义务应限定于一定的合理范围内。本案中，餐馆的服务人员不是故意烫伤郭小姐，也不存在任何过失，而是因为他人的碰撞导致顾客被烫伤，而且顾客间发生争执这一事件不在餐馆可控制的范围内，因此餐馆无需负责。

★撞上宾馆的玻璃门受伤，赔门还是赔人

【案例】

一日，万某到一家宾馆办事。办完事后，万某向外走，一头撞在玻璃门上。原来该门是用透明玻璃做的。万某入院后缝了4针，后来要求宾馆赔偿医药费。该宾馆认为万某自己撞上门，拒绝赔偿，并要

求万某赔偿宾馆价值600元的玻璃门。那么，究竟是该万某赔偿宾馆损失，还是宾馆应当赔偿万某的损失？

【法律解析】

该宾馆必须对万某承担赔偿责任，但可以适当减轻宾馆的赔偿责任。本案中，万某头部被撞破与宾馆大门的设计不科学有直接关系，再加上宾馆没有尽到必要的提醒注意义务，宾馆应承担赔偿责任。同时，由于万某自身也存在一定过错，宾馆责任可以适当减轻。

★员工伤人，老板连带赔偿吗

【案例】

习某是一个体工商户，他租赁了某商场的柜台卖服装，由于人手不够，雇请邻居小五帮忙。小五脾气暴躁，一天顾客前来退货，小五与其争吵，继而发展到斗殴，将顾客的两颗门牙打掉。顾客想要挽回经济损失，能否向习某提出索赔要求呢？

【法律解析】

顾客可以向习某索赔。法律规定，雇员在从事雇佣活动中致人损害的，雇主应当承担赔偿责任。这里所指的雇员是广义的，不仅包括个体工商户、合伙组织中的职员，也包括企业和公司的员工。本案中，习某请来的雇员小五致人损害，雇主习某理应承担赔偿责任。

【法条链接】

《民诉意见》第四十五条 个体工商户、农村承包经营户、合伙组织雇佣的人员在进行雇佣合同规定的生产经营活动中造成他人损害的，其雇主是当事人。

★帮忙的邻居摔成截瘫，赔偿责任如何承担

【案例】

钱某家翻修新房，邻居宁某去帮忙。施工中，宁某不慎从房顶上摔了下来，造成大腿骨永久性损伤。最初，钱某为宁某支付了33100元的治疗费。后来，钱某希望支付一笔费用做个了断。但宁某家不同意，要求钱某赔偿他近30万元的损失。钱某不同意，认为宁某受伤有其本人不小心的原因，自己的责任应该减轻。请问责任该如何承担？

【法律解析】

钱某应当承担一定的赔偿责任。有关法律规定，当事人对造成损害均无过错，但一方是在为对方的利益进行活动的过程中受到损害的，可以责令对方或受益人给予一定的经济补偿。至于赔偿的数额多少，应根据受害人的损害程度、当事人的经济状况（承受能力）等情况综合考虑。

★教师体罚学生致伤，学校应该赔偿吗

【案例】

初中生张某在上语文课时和同桌打闹。语文老师任某在张某脸上打了几耳光，导致该生耳膜穿孔，听力下降，听不清别人说话。那么，学校应当承担赔偿责任吗？

【法律解析】

学校应当承担赔偿责任。语文老师任某体罚学生导致张某人身伤害，违反了有关规定，也体现了校方对监督管理的疏忽和懈怠。学校对张某受到的伤害负有责任，应承担赔偿责任。

★校园内发生车祸，能以交通事故处理吗

【案例】

朱某的女儿是某小学三年级的学生。该学校将校内一个大操场租给了一家公司当停车场。某天，朱某的女儿在操场上体育课，一个醉酒的司机驾车将她撞伤，导致右腿骨折。朱某到公安交管部门报案，但交管部门却说不是交通事故，让朱某直接到法院起诉。请问，校园内发生车祸，能以交通事故处理吗？

【法律解析】

在校园内发生车祸，不能以交通事故处理。我国法律规定，构成交通事故应当具备一个条件，即事故是发生在特定道路上，即发生在国家交通法规明确规定的公路、城镇街道和胡同，以及公共场所、公共停车场等供车辆、行人通行的地方。厂矿、企业、机关、学校、住宅区内不属于这些地方，在这些地方发生的车祸不以交通事故处理。

★校外孩子在校内受伤，学校需要赔偿吗

【案例】

一年级小学生小何，每天放学都要到某幼儿园吃饭。一日，小何在幼儿园与小朋友玩耍时头碰到桌子角，造成了轻微脑震荡。小何父母要求幼儿园赔偿损失。请问，校外的孩子在校内受伤，学校应不应该承担赔偿责任呢？

【法律解析】

应该承担责任。法律规定，幼儿园或者其他教育机构，未尽职责范围内的相关义务致使未成年人遭受人身损害，应当承担与其过错相应的赔偿责任。小何作为无行为能力人，虽然不是幼儿园学生，但他在幼儿园生活期间受到伤害，系幼儿园没有尽到其职责范围内的监管责任才导致的。因此，幼儿园应承担赔偿责任。

★学生在校伤人，学校和家长都要赔偿吗

【案例】

初中学生甲、乙由于小事发生争吵。争吵中，乙用刀刺伤甲，后经法医鉴定，甲为5级伤残。请问，此案应该由谁承担赔偿责任？

【法律解析】

应由学校和学生乙的家长共同承担赔偿责任。本案中，由于中学在具体的管理上存在较大的疏漏，以致发生了学生伤人的严重事件，中学存在一定的过错，应承担一定的民事责任。学生乙持刀伤人具有过错，但由于乙系未成年人，故该民事责任应由其父母承担。

★儿童放学途中遭遇车祸，学校、家长应承担责任吗

【案例】

杜某8岁的儿子是某小学二年级的学生，一天下午放学后，他沿着公路步行回家，因调皮不幸遭遇车祸，经抢救无效死亡。请问，此次事故中学校和家长应承担责任吗？

【法律解析】

学校对未成年学生负有教育、保护和管理的义务，杜某的儿子是一名只有8岁的儿童，其认知和自我保护意识较弱，学校放任孩子沿着交通繁忙的公路步行回家，从而使他处于危险境地，学校不履行义务的行为与孩子因发生事故而死亡的结果间存在一定的因果关系，因此学校需要

承担一定的责任。但另一方面，杜某没有对儿子尽到充分的教育和监护义务，也负有相应的责任。因此在此案中，学校和杜某都应各承担部分责任。

★军训时学生猝死，学校和教官责任如何划分

【案例】

军训时，教官认为小美等6名女同学说话，罚她们抱头下蹲50次。午休时，小美陪一位生病的同学去看病，回来时怕迟到被罚，于是她们跑着回军训场，而小美却在途中晕倒。被送到医院时，已经死亡。那么，学校和教官的责任该如何划分呢？

【法律解析】

应按照学校或军训单位是否存在未按约定履行相应的管理、保护等责任的情形，确定相应的侵权人。学校如未尽职责范围内的相关义务，致使小美遭受人身伤害，应当承担与其过错相应的赔偿责任。本案中，由于教官罚小美下蹲50次，如果鉴定结果为此事导致小美死亡，则作为第三人的教官应负主要责任，学校则承担相应的补充赔偿责任。

★成年学生致人损害，父母应为其垫付赔偿金吗

【案例】

20岁在校大学生伊某骑车将一老妇撞伤。由于伊某本身没有经济来源又没有偿付能力，老妇便向伊某的父母提出了赔偿要求。而伊某的父母认为，伊某已是成年人，故没有义务再对他的行为承担赔偿责任。请问，成年学生致人损害，父母应为其垫付赔偿金吗？

【法律解析】

应为其垫付赔偿金。我国法律规定，行为人致人损害时年满18周岁的，没有经济收入的，赔偿金由抚养人垫付。

★事故导致胎死腹中，可否提出精神损害赔偿的请求

【案例】

2008年9月某日，仇某与丈夫在人行道上散步，被一辆车撞倒，七个多月的胎儿死于腹中。交警部门认定，肇事车主马某承担全责。在处理赔偿事宜时，马某只同意赔偿医药费、误工费等直接经济损失。那么，仇某夫妇在起诉时，可否提出精神损害赔偿的请求？

【法律解析】

可以提出精神损害赔偿的请求。肇事车主马某违章驾车，给仇某的身体健康造成损害，并侵害了仇某夫妇所享有的生育权，使仇某夫妇在精神上遭受了极大的痛苦。因此，马某应当对自己的侵权行为承担全部责任，包括精神损害赔偿责任。

★安全保障有漏洞，经营者应该负责吗

【案例】

2008年7月的一天，陈某与同学到某风景区度假。景区当天进行停业整修，但未张贴停业告示。陈某一行便径直进入景区游玩。在半山腰时，陈某踩空，跌倒在一张破损的护网上，摔下山去，导致全身多处骨折。事后，景区以当天歇业、陈某等人未买门票私自闯入等为由拒绝赔偿。那么，景区需要负责赔偿吗？

【法律解析】

景区应该负责赔偿。法律规定，从事经营活动的组织，未尽安全保障义务致使他人受伤害，应承担相应赔偿责任。景区未修复破损护网，有其过错，应负主要责任。

★见义勇为者抓小偷时伤了旁人，要赔偿吗

【案例】

韦某乘公交车时发现一小偷在偷人的钱包，立即出面制止，在其他乘客的帮助下，将小偷抓获。搏斗中，韦某的手不小心碰伤了乘客王某。后来王某找到韦某，要韦某承担自己的损失。那么，韦某是否应向王某赔偿医疗费？

【法律解析】

韦某不用向王某赔偿医疗费。韦某的行为属于紧急避险，法律上不承担民事责任。他维护的是车上大多数人的合法权益，实际上也并未超过必要的限度。至于王某的损失，应该由小偷负责赔偿。

★天降横祸致伤，管理部门要赔偿吗

【案例】

某日刮大风，秦某在途经一处国道时，被一棵被风吹倒的树砸伤。伤愈后，他了解到那棵树受了虫害，已开始干枯、腐烂。遂找到公路管理部门，要求赔偿。但公路管理部门却认为树是被风吹倒的，属于天灾，拒绝赔偿。那么，管理部门要赔偿吗？

【法律解析】

要赔偿。树倒的原因是由于该树被虫害后干枯、腐烂。防治病虫害、排除险情、避免事故，是公路管理部门职责范围之内的事。因公路管理部门未尽责任，而致使路人秦某受伤害，应承担责任。

★顽童惹狗伤人，狗主人担责任吗

【案例】

李某养了一条藏獒，由于该区治安不是很好，李某每次出门都把藏獒拴在自家门口。李某邻居家有个9岁多的孩子毛毛。一天，毛毛放学后发现藏獒正在睡觉，出于好奇，便慢慢靠近藏獒，然后向它扔砖头。藏獒受到惊吓，将恰巧路过的小赵咬伤。请问，小赵的医疗费应由谁承担？

【法律解析】

李某将饲养的藏獒拴在自家门口，尽到了管理人的义务，不应承担民事责任。导致小赵受伤的主要原因是毛毛故意打藏獒的行为，因此，毛毛应当承担民事赔偿责任。由于毛毛是无民事行为能力人，其赔偿责任应当由其监护人承担。

★老虎发威伤人，管理员、家长谁该担责

【案例】

2007年2月22日，6岁女孩欣欣到动物园看老虎表演。当她站在老虎屁股后面打算合影时，却被老虎咬伤，经抢救无效而死亡。本案中，管理员和家长谁该担责？

【法律解析】

动物园、老虎饲养人或管理人应当负主要责任。因为他们对自己饲养的老虎管理不善，对老虎伤人的情况预防不力。欣欣的家长作为她的监护人，没有考虑到与凶猛的老虎照相会有危险的情况，也应承担相应的责任。

★旅客死因不明，铁路部门该担责吗

【案例】

有一名旅客在乘坐火车途中，突然从火车上摔下身亡。事发时正值深夜，事故原因后来未查清。其家属想向铁路索赔，但又觉得事故原因未明确，所以犹豫不决，不知如何是好。那么，旅客死因未

明，铁路部门该担责吗？

【法律解析】

旅客在乘坐火车时因不明原因死亡，铁路部门负有举证的责任。除非能证明人身伤亡是因不可抗力或受害人自身原因的，铁路部门才不承担责任。

精神损害赔偿

★公开病人隐疾，可以请求精神损害赔偿吗

【案例】

小梅是一位未婚女青年，在个体医生宁某处治好了多年隐疾，小梅写了一封感谢信。但宁某为进一步招揽顾客，竟将小梅的感谢信用作广告。这使小梅经常受到同事的嘲笑，男友也与她分手，给小梅带来了极大打击。那么，小梅可以要求宁某赔偿精神损失吗？

【法律解析】

可以。宁某对小梅名誉的侵害行为不仅具有主观上的过错，并造成了对小梅名誉的毁损和身心的伤害。小梅可要求宁某停止侵害、恢复名誉、消除影响、赔礼道歉并赔偿精神损害抚慰金。

★公司的产品被人谣传致癌，可以要求精神损害赔偿吗

【案例】

某食品公司经营业绩很好，食品远销国内外。但是有一天，外面传言，该公司生产的食品中含有致癌物质，这则谣言令该食品公司的生意一落千丈。公司领导想知道，能以公司的名义，要求造谣者赔偿精神损害赔偿吗？

【法律解析】

不可以。相关法规规定，法人或者其他组织以人格权利遭受侵害为由，向人民法院起诉请求赔偿精神损害的，人民法院不予受理。本案中，如果该食品公司食品含致癌物质这一说法确系造谣，公司可以通过其他手段维权。

★精神损害赔偿的请求权可以转让给他人吗

【案例】

旅居海外的某女明星某日在互联网上发现大量关于她的不实传言。这些传言严重影响了她的私人生活，给她的精神带来了极大的损害。后经证实，这些传言系曾经与她有过矛盾的某文化公司所编造。于是她决定要求该文化公司给予精神损害赔偿，但因她在国外，不便回国。于是她想知道，可以把精神损害赔偿的请求权转让给在国内的哥哥吗？

【法律解析】

一般情况下不可以。根据相关法规规定，精神损害抚慰金的请求权，不得让与或者继承。但赔偿义务人已经以书面方式承诺给予金钱赔偿，或者赔偿权利人已经向人民法院起诉的除外，因此，本案中，此女明星不得将请求权转让给哥哥。

刑事篇

——趋利避害远离雷区

犯罪与刑罚

★造成恶劣影响但法无明文规定的不为罪

【案例】

李某与其女朋友陈某公开在公园内发生性关系，引起游客的极大愤慨，造成恶劣的社会影响。陈某与李某的行为是犯罪行为吗？

【法律解析】

我国《刑法》遵循的是罪刑法定原则。其内容为法无明文规定不为罪。我国《刑法》中认为犯罪的实质在于社会危害性，但对社会危害性的也认定要与《刑法》明确规定这一形式标准相统一。由于我国现行法中没有关于公然性交罪的规定，因此在公共场合发生性关系的行为属于法无明文规定不为罪的行为，不是犯罪行为。当然，尽管这样的行为不能被认定为犯罪行为，但毕竟造成了恶劣的社会影响，要在道德层面上予以严厉的谴责。

★出卖亲生子女是否构成犯罪

【案例】

张某和丈夫在外打工时生下一女婴，因已经有一个女孩了，怕计划生育检查时罚款，无奈之下打算送人。后来一个朋友帮忙联系了一个想收养女婴的人。在孩子6个多月的时候，对方来接孩子，张某的丈夫向其要了5000元钱。这种情况是否构成犯罪？

【法律解析】

《关于打击拐卖妇女儿童犯罪有关问题的通知》规定，出卖亲生子女的，由公安机关依法没收非法所得，并处以罚款；以营利为目的，出卖不满十四周岁子女，情节恶劣的，借收养名义拐卖儿童的，以及出卖捡拾的儿童的，均应以拐卖儿童罪追究刑事责任。因此，出卖亲生子女是否构成犯罪，不能一概而论，主要看情节是否恶劣以及是否以营利为目的。

★强拘熟人索要财物，是否构成犯罪

【案例】

张某与李某是同村村民。某日，张某约李某吃饭，其间，张某向李某借10000元钱。李某没有答应，张某极为恼怒。次日清晨，张某伙同韩某等4人窜至李某家里，将李某挟至一水库边上，对其进行殴打、威胁并剥去衣物，浸泡在冰冷的水里。威胁李某如不交出现金10000元，就要挑断其脚筋。李某无奈，答应给其现金10000元。

【法律解析】

张某等人的行为同时侵犯了李某的人身权和财产权。张某等人对李某殴打威胁、强迫其脱衣并将其推进冷水浸泡等行为都使李某感受到生命的实际威胁，这种以暴力手段取得财物的行为符合抢劫的特征。应当以抢劫罪定罪处罚。

★与恋人相约自杀而后后悔，对方自杀身亡，算是故意杀人罪吗

【案例】

刘某和女子张某相恋但遭到双方父母的反对。于是，两人决定相约自杀殉情。刘某从家中找到农药，倒在两个杯子里，准备一起喝下。张某拿到农药，立即饮下，然后痛苦地死去。刘某看到张某临死前痛苦的模样，非常害怕，就没喝。刘某立即叫救护车，由于服用药量过重，张某因抢救无效死亡。刘某的行为应如何认定？

【法律解析】

刘某的行为不构成犯罪。所谓相约自杀，是指两人自愿共同自杀的行为。在自杀的过程中，没有强制或者诱骗的因素，不具备故意杀人罪的构成要件，因此，不能认定为故意杀人罪。此外，刘某在看到张某服食农药后，立即采取了积极的救助措施，履行了对张某的救助义务，因此，不构成犯罪。

★贩卖假纪念币违法吗

【案例】

王某平时喜欢收藏。郭某说有古钱币，并拿出几枚"中国人民银行成立四十周年"的1元纪念币，说900元1个，王某前后共花了4500元买了5枚。后来专家鉴定是假的，王某去找郭某，郭某说王某是自愿买的不肯还钱。郭某这种行为违法吗？

【法律解析】

构成完整的诈骗，应具备五个因素：（一）有欺诈行为，从形式上说包括两类，一是虚构事实，二是隐瞒真相；（二）被害人陷入错误认识；（三）被害人作出财产处分；（四）行为人受益；（五）被害人受损。这几个因素的每个环节都有因果联系。而数额较大的认定，根据《最高人民法院关于审理诈骗案件具体应用法律的若干问题的解释》规定，个人诈骗公私财物2000元以上的，属于"数额较大"。因此，郭某以非法占有为目的，用虚构事实的方法，骗取了4500元，符合诈骗罪构成要件。

★由于"不小心"致人死亡是否构成犯罪

【案例】

李某和曹某是某工地的建筑工人。一天，两人因工作问题发生了激烈的争吵。在拉扯中，李某失手将曹某推倒在地，曹某的后脑撞到了一块石头上，导致颅脑损伤，经抢救无效死亡。李某"不小心"之举，是否构成犯罪？

【法律解析】

李某构成过失致人死亡罪。首先，李某既然是建筑工人，应该很清楚地知道，工地上有很多建筑材料。将人推倒会有什么样的后果，李某应该是了解的，因此，该事件不属于意外事件。此外，之所以认定李某是过失，而不是故意，是由于李某或者已经预见到将曹某推倒可能会有危险，但是轻易地相信可以避免；或者根本由于疏忽大意就没预见，导致了结果的发生。

★临时工玩忽职守会获罪吗

【案例】

梁某是某工商所聘用的市场协管员，对辖区内无照经营行为依法进行查处。2007年11月，许某等人在无合法手续的情况下，在一个废弃的砖窑上新建砖瓦窑一座，并于2008年3月开始生产。梁某在明知砖厂非法经营的情况下，不仅没有向上级汇报也没有采取任何制止措施，而且擅自向该砖厂收取工商管理费1000元，致使该砖厂的非法经营行为造成50亩耕地被破坏。梁某的行为是否构成玩忽职守罪？

【法律解析】

梁某虽是临时工，但属于受国家机关委托代表国家机关行使职权的人，在明知辖区内许某等人未办理营业执照非法经营的情况下，不仅未按照《城乡个体工商户管理暂行条例》的规定对无照经营行为进行处罚，而且擅自收取管理费，致使该砖厂的非法经营行为造成50亩耕地被破坏，公共财产遭受重大损失,其行为已构成玩忽职守罪。

★病理性醉酒病人发病期间杀人,构成犯罪吗

【案例】

何某患有病理性醉酒疾病,平时很少饮酒。2008年8月,何某参加同学聚会,在同学的劝说下,喝了少量的白酒。何某被送回家后,妻子李某非常生气,两人发生了争吵。争吵过程中,何某双手掐住李某的脖子,致使李某窒息死亡。何某酒醒后,对行凶的过程没有任何记忆。经鉴定,何某当时正处于病理性酒醉的发病阶段。何某的行为构成犯罪吗?

【法律解析】

何某的行为构成过失致人死亡罪。病理性醉酒属于精神疾病的一种,在病理性醉酒的情况下犯罪一般不负刑事责任,但是,如果行为人知道自己属于病理性醉酒仍然饮酒的,醉酒后犯罪应当负刑事责任。本案中,何某已经知道自己患有病理性醉酒,饮酒后具有社会危害性,何某在能够明确地预见到这样结果的情况下,轻信了自己可以避免,使自己陷入失去辨认、控制能力的状态,使危害结果发生。因此,何某属过失致人死亡,应负刑事责任。

★犯罪未遂,是否照样要追究其刑事责任

【案例】

许某是某电子厂工人。许某在本厂举办的露天舞会上看见另一车间的女青年韩某,即起歹念。舞会散场后,许某跟随韩某至僻静处,欲对韩某进行强奸。但因有人路过,许某松手逃离现场。韩某随即报案。法院依法判处许某犯强奸罪(未遂),判处有期徒刑3年。

【法律解析】

许某的行为应当追究其刑事责任。本案中,许某的行为是已经着手实行强奸妇女的行为,但是由于许某意志以外的原因(有人路过)而没有完成其预定的强奸女青年韩某的犯罪行为,已构成强奸罪(未遂)。对于未遂犯,可以比照既遂犯从轻或者减轻处罚。

★恋人一方因拒绝分手而自杀,另一方应负刑事责任吗

【案例】

张某和赵某为同一所大学的学生,大学一年级时确立了恋爱关系。毕业前夕,赵某提出分手,张某不同意,并声称如果赵某与其分手就自杀。赵某坚持分手。不久,张某跳楼自杀身亡。对于张某的自杀,赵某要负责任吗?

【法律解析】

赵某不负有刑事责任。恋爱关系不是法律关系,恋爱关系的男女是无法从法律上认定权利义务关系的。因此,尽管赵某提出分手是张某自杀的诱因,但更主要的原因在于张某本身。如果就此成立赵某的不作为犯罪,这是显失公平的,也违背了罪刑法定的原则。

★不满16周岁的人犯罪就可以不负刑事责任吗

【案例】

梁某15岁,上初中二年级,平时和一些社会上的无业青年混在一起。一天,梁某与同年级的一位同学陈某发生了冲突,梁某纠集了一些社会上的青年,在放学后对陈某进行了殴打,致使陈某伤重身亡。梁某要担负刑事责任吗?

【法律解析】

梁某要承担刑事责任。通常，未满16周岁的人犯罪，不负刑事责任。对于已满14周岁不满16周岁的人犯罪，只有在犯故意杀人、故意伤害致人重伤或者死亡、强奸、抢劫、贩卖毒品、放火、爆炸、投毒罪的，才予以追究刑事责任。本案中，梁某所犯之罪是故意伤害致人死亡罪，依法应当追究其刑事责任。

★未满18周岁的人致人死亡，可以判处死刑吗

【案例】

17周岁的杨某在读完初中一年级后辍学在家，因无所事事经常纠集社会上的一些无业青年聚众斗殴。一次，在与另一群无业青年的冲突中，杨某将一青年压倒在地，用铁棍猛击该青年的头部，致使该青年当场毙命。杨某犯罪情节恶劣，会判死刑吗？

【法律解析】

杨某不会被判死刑。我国《刑法》规定，犯罪时不满18周岁的人和审判时怀孕的妇女不适用死刑。尽管杨某犯了故意伤害致人死亡罪，且犯罪情节恶劣，但是因其未满18周岁，在量刑上要从轻或减轻处罚，不能判处死刑。

★不满16周岁者盗窃又抗拒抓捕并致人死亡，该如何定罪

【案例】

15周岁的黄某是某市初中一年级的学生。一天傍晚，黄某趁邻居李某全家外出游玩之际，翻墙进入李某家。在一阵翻箱倒柜后，黄某共搜集了现金10000元。正当黄某准备逃跑的时候，李某突然回来。黄某从兜里掏出一把刀，刺向李某的心脏，李某应声倒地，当场毙命。黄某年纪尚幼，其犯罪情节要如何认定？

【法律解析】

本案对黄某应以故意杀人罪论处。本案中，黄某未满16周岁，在盗窃财物之后，当场使用暴力，在明知后果的情况下，依然用刀刺入李某心脏，致使李某当场死亡。主观上应认定为故意，根据上述的司法解释，应认定黄某构成故意杀人罪既遂。

★不满16周岁绑架他人并致人重伤的，该如何定罪

【案例】

梁某和章某均为15周岁。一天，梁某与章某合伙绑架了同班同学赵某。随后，梁某向赵某家打电话，要求赵某的父亲将现金30000元放到指定地点，否则后果自负。赵某的父亲从电话声中听出梁某的声音较为稚嫩，以为是孩子在开玩笑，就没有理会。梁某与章某两个人见赵某的父亲没有行动，便暴打了赵某一顿用来撒气。赵某趁两人不注意逃走。后经医生鉴定，赵某的脊椎骨被打折，已经构成重伤。梁某与章某的行为应承担什么责任呢？

【法律解析】

根据我国《刑法》第十七条规定，已满14周岁未满16周岁的未成年人，只对八种罪承担刑事责任，绑架罪不在此列。梁某和章某的行为已经满足故意伤害罪的构成要件，可以认定为故意伤害罪。对于年满16周岁的未成年人，最高人民检察院出台了相应的司法解释，符合绑架罪的构成要件时，认定为绑架罪。

★不能在我国流通、交换币种的假币，不计入犯罪数额

【案例】

2008年8月，外地来京人员李某来到派出所举报，称有人准备于当天下午在某肉饼店内，以人民币1：1的价格买卖假美元。民警于当日14时在该肉饼店内，把正准备做交易的犯罪嫌疑人叶某逮个正着。在现场，民警收缴了用于交易的2000美元假钞，又从其身上搜出两张面额分别为10000美元和100美元的假钞。叶某因涉嫌出售假币罪，被移送检察院审查起诉。最终叶某因出售假币罪被判处有期徒刑1年，罚款30000元。

【法律解析】

根据相关司法解释，货币犯罪中的货币既包括人民币，也包括在国内市场流通的和可兑换的境外货币。出售假币时被抓获的，除现场查获的假币应认定为出售假币的犯罪数额外，现场之外在行为人住所或者其他藏匿地查获的假币，亦应认定为出售假币的犯罪数额。但是，本案中在认定犯罪嫌疑人叶某的犯罪数额时要注意，虽然面值10000美元的钞票确实存在，但此种面值的美元仅在美国境内流通，并不能在我国外汇市场流通。因此，该10000美元的假钞就没有在我国流通和交换的可能性，也就不可能对我国金融管理秩序造成破坏，社会危害性较小，不宜认定为刑法意义上的货币，故不应计入犯罪数额。

★第二次被公安机关逮捕会从重处罚吗

【案例】

梁某曾因盗窃罪被判处有期徒刑3年。刑满释放之后，梁某重操旧业，不久又因盗窃金融机构被公安机关逮捕。鉴于梁某此次属于"二进宫"，在量刑时，会从重处罚吗？

【法律解析】

对此问题的认定，要区别对待。该问题的关键在于是否构成累犯，构成累犯，即从重处罚。本案中，梁某在第一次服刑期满之后，没有改造好，立刻又开始从事犯罪活动，并且再次被捕，其罪行会被判处有期徒刑以上刑罚，这已经符合构成累犯的要件。因此，应认定梁某已构成累犯，在量刑时应从重处罚。

★犯罪后主动投案会减轻处罚吗

【案例】

一天，肖某看见一辆崭新的摩托车，且车钥匙还在车上。肖某见四下无人，便仓皇地骑上车跑了。回到家的肖某感到十分害怕，遂即刻到派出所自首。犯罪行为发生后主动投案，在量刑时，会减轻处罚吗？

【法律解析】

我国《刑法》规定，犯罪以后主动投案，如实供述自己罪行的，是自首。对于自首，可以从轻或减轻处罚。对于犯罪较轻的，可以免除处罚。本案中，肖某在犯案后主动到公安机关投案并且交代自己的罪行，应当认定为自首，而且其行为危害不大，因此可不作为犯罪处理。对其量刑处罚时，会从轻或减轻或者免除处罚。

★被迫自卫致人死亡要负刑事责任吗

【案例】

李某和曹某是同一家公司的员工，平日素有仇怨。一天，李某和曹某又发生了一次争吵，虽然在同事们的劝阻下事情没有闹大，但心有不甘的曹某决定下班后

伺机报复。下班以后，曹某在公司附近埋伏，看见李某走出公司大门后，便从兜里掏出一把菜刀，向李某砍去。李某夺过菜刀，本能地一划，菜刀砍中曹某的脖子，曹某当场毙命。对于曹某的死，李某要负刑事责任吗？

【法律解析】

李某的行为属于正当防卫，不必负刑事责任。正当防卫是国家赋予公民的一种面对危险时的防卫权，在适用时是有条件的。本案中，尽管李某在防卫时造成了曹某的死亡，但是，曹某的行为属于故意行凶的暴力犯罪，因此，李某的行为不构成防卫过当，不负刑事责任。

★犯罪分子对因其造成的损害负担民事赔偿吗

【案例】

周某带着几个朋友去一家餐厅吃饭。饭后，周某以饭菜难吃为由，拒绝支付用餐费用。餐厅经理随即出来与周某交涉，引发争执，周某一行人将餐厅经理打成重伤，并打坏了餐厅的桌椅和灯具，造成损失共计2万余元。周某等人除要追究其刑事责任外，还要附带民事赔偿吗？

【法律解析】

周某等人不仅要受到刑事处罚，还要依法赔偿餐厅的经济损失。犯罪分子违法犯罪后，不仅仅是承担刑事处罚，对在实施犯罪行为时造成的经济损失，还要承担赔偿责任。一般情况下，在向法院提起诉讼时，可以要求附带民事赔偿。

★被判了管制的人，要进监狱服刑吗

【案例】

高某是尽人皆知的校霸。一天，高某与邻县一所高中的学生陈某发生了口角。事后，高某纠集本校20余名学生，到陈某所在的学校寻仇。听闻此消息的陈某也组织了一些人，双方发生了大规模的械斗。虽然没造成人员伤亡，但此事影响较为恶劣。高某和陈某作为首要分子，被法院依法判处管制15个月。两人要进监狱服刑吗？

【法律解析】

高某与陈某不用去监狱服刑。我国刑法规定的五大主刑，除死刑是剥夺人的生命权外，其他几类都是限制人的人身自由。本案中，高某和陈某被判处管制，即不必到监狱服刑，不用实行关押，只是限制一些人身自由。

★判死刑缓期执行的，缓期结束后就执行死刑吗

【案例】

邢某是某烟花厂的职工，听说附近的山区蕴藏有铜矿脉，于是从厂里偷运出一部分火药，准备私自炸山寻找矿脉。一天，邢某将火药偷运上山，在引爆的时候，没有注意到有一群学生在附近野炊，造成5人死亡、20余人受伤的严重后果。邢某因爆炸罪被判处死刑，缓期2年执行。该判决指的是两年结束后，立即对邢某执行死刑吗？

【法律解析】

死缓并不是指2年结束后，立即执行死刑。死缓制度是我国独特的死刑执行制度，是针对那些已经足够执行死刑，但又不必马上执行的犯罪分子，留待察看，以观后效。在2年的缓期内，如果表现良好，期满后，就不必执行死刑了，改为无期徒刑。如果冥顽不灵，期满后，执行死刑。

★什么情况下，在监狱服刑的犯罪分子可以假释

【案例】

吴某因盗窃罪被判处有期徒刑5年，入狱服刑3年后，因表现良好，被假释出狱。什么是假释？获得假释需要什么条件？

【法律解析】

假释是指被判处有期徒刑或者无期徒刑的犯罪分子，在执行了一定时间的刑罚之后，如果认真遵守监规，接受教育改造，确有悔改表现，不致再危害社会的，司法机关将其附条件地予以提前释放的一种刑罚执行制度。获得假释，还要满足服过的刑期占原刑期的一半以上。

★缓刑期间也有退休待遇吗

【案例】

黄某是一名退休职工，因妨碍公务罪被判处有期徒刑2年缓刑2年，但没有被剥夺政治权利。那么，在缓刑期间黄某能否继续享受退休待遇？

【法律解析】

依黄某的情况来看，黄某因犯妨碍公务罪被判处有期徒刑2年缓刑2年，没有被剥夺政治权利。根据《关于宣告有期徒刑缓刑人员退休待遇问题给江苏省人事局的答复》，贾某在2年缓刑考验期间可以继续享受退休待遇。

★被假释的犯罪分子等于结束服刑了吗

【案例】

李某因犯强奸罪被判处有期徒刑7年，服刑4年期间，表现良好，获得假释。李某回到家中，家人以为李某服刑已经结束了，非常高兴，遂一起去外地旅游。李某尚在假释中，可以随便去外地旅游吗？获得假释就意味着服刑结束了吗？

【法律解析】

李某不能外出旅游。获得假释不同于刑满释放，假释期间还要接受公安机关的监督，并须遵守一些规定，如未经监督机关批准不得离开居住的市、县等。否则会被撤销假释，收监执行尚未执行完毕的刑罚。

★在羁押期间怀孕的妇女可以判处死刑吗

【案例】

韩某伙同杨某等3人为劫取财物共杀害15人。侦查人员将其逮捕并关押于看守所。韩某听说怀孕的妇女不会被判死刑，于是请求看守所的工作人员张某与其发生性关系。至案件交付审判时，韩某向法庭声称自己已经怀孕。经鉴定，韩某的确已经怀孕1个月。此时，法院还能判处韩某死刑吗？

【法律解析】

不能对韩某适用死刑立即执行，也不能对其适用死刑缓期2年执行。我国《刑法》规定，审判时怀孕的妇女及未满18周岁的未成年人不适用死刑。对于妇女而言，除怀孕期间不能适用死刑，妇女在羁押期间流产以及分娩后，也不能适用死刑。

★犯罪后逃跑能够"一逃了之"吗

【案例】

刘某与同村的李某发生争吵，刘某抄起铁锹，向李某头部砸去，李某应声倒地身亡。刘某非常害怕，因其曾听说犯罪后过了一定的时间如果还没有被抓捕的话，就不会再被追究刑事责任，于是立即奔到家中，收拾东西企图一跑了之。刘某的行

为会随着时间的流逝而不被追究刑事责任吗？

【法律解析】

犯罪行为的追究是有时效限制的，称为追诉期限。简单地说，就是犯罪嫌疑人在实施犯罪之后逃跑了，经过一段时间，就不会被追究刑事责任了。追诉期限的时间是不一定的，但是最多为20年。对于本案而言，犯罪嫌疑人刘某所犯之罪有可能被判处无期徒刑或者死刑，追诉时效为20年。也就是说，如无其他特殊情况，犯罪20年后可以不再追究刘某的刑事责任。

★无限防卫是什么

【案例】

韩某的次子平日不学无术，而且经常无端地打骂韩某。一日，次子与妻子发生争吵，韩某过来劝说。次子转而对韩某破口大骂，并从桌上抓起一把水果刀，欲刺向韩某。韩某的长子见状，随手从门边拿起扁担将其砸晕了。韩某看到次子跌倒在地，便顺手从地上捡起一块砖，朝他的头部猛砸数下，致使其当场死亡。韩某的行为属于无限正当防卫吗？

【法律解析】

无限防卫是指我国《刑法》赋予公民在特定情况下的防卫权，具体是指对正在进行的行凶、杀人、抢劫、强奸、绑架以及其他严重危及人身安全的暴力行为采取正当防卫措施时，如果造成了不法侵害人伤亡，不属于防卫过当、不负刑事责任。在本案中，次子被长子打晕在地后，韩某在不法侵害已经结束了的情况下，仍然拿起砖块猛砸次子的头部。韩某明知这样做会导致次子的死亡，在主观上形成了杀人的故意，因此，被认定为故意杀人罪既遂。

★紧急避险要负刑事责任吗

【案例】

郑某是某路公交车司机。一天，郑某驾驶汽车驶过某繁华地段时，车上一恐怖分子突然跃起，手中挥舞着手枪，叫嚣着要司机直接将车驶向当地市政府，中途不许停车，否则就杀害车上的乘客。经验丰富的郑某利用拐弯的机会，驾车撞向路边的一棵大树，恐怖分子站立不稳，摔倒在地，昏迷过去。车上乘客无一人死亡，客车车身破坏得较为严重。对此事故，郑某要负刑事责任吗？

【法律解析】

郑某的行为构成紧急避险，不用承担刑事责任。紧急避险是国家针对公民的对个人、他人、国家及社会的利益采取保护行为的一种授权。经过这种授权，公民可以根据情况的紧急程度，决定采取何种措施来保护需要保护的利益。本案中，郑某面对恐怖分子劫车的情况，做出的反应是合理且不过当的。因此，不必承担刑事责任。

【法条链接】

《刑法》第二十一条 为了使国家、公共利益、本人或者他人的人身、财产和其他权利免受正在发生的危险，不得已采取的紧急避险行为，造成损害的，不负刑事责任。

紧急避险超过必要限度造成不应有的损害的，应当负刑事责任，但是应当减轻或者免除处罚。

★没造成损害，中止犯可免刑罚吗

【案例】

孙某高中毕业后来北京找工作，几天后便把身上的钱花光了。一天，孙某租乘了王某驾驶的出租车。当出租车行至某偏僻路段时，孙某持刀对准王某肋部，威胁其交出200元。王某见其有些哆嗦，于是便冷静地劝他。听了王某的话，孙某放下了刀，说自己只想要200元钱回家。对此孙某需要负刑事责任吗？

【法律解析】

孙某虽持刀抢劫，但在王某的教育下放下凶器，放弃抢劫念头，且没有对出租车司机造成损害。根据《刑法》的规定，在犯罪过程中，自动放弃犯罪或者有效防止犯罪结果发生的，是犯罪中止，对于中止犯，没有造成损害的，应当免除处罚；造成损害的，应当减轻处罚。孙某属于犯罪中止犯，因其没有给王某造成损害，故予以免除处罚。

★职务上负有特殊义务的人能否紧急避险

【案例】

梁某是一名火车司机。一天，梁某驾驶一列火车从A城市驶向B城市。在行进过程中，梁某猛然发现前方的铁轨被截去了一段，怕刹车来不及避免火车脱轨，情急之下，梁某打开火车的窗户，跳车逃生。火车随即脱轨，引发事故，造成100多人死亡，200多人受伤。梁某的跳车行为构成紧急避险吗？

【法律解析】

梁某跳车的行为不能构成紧急避险。紧急避险不能适用于职务上、业务上负有特定责任的人。本案中，梁某为了保命，自己跳车的行为不属于紧急避险。梁某在危险面前没有履行自己的特定义务，致使事故发生，造成重大的损失，在法律上已经构成不作为犯罪。

★抢劫时被熟人认出而放弃犯罪的，还要处罚吗

【案例】

一天深夜，胡某携带着凶器拦路抢劫。看见一个人在不远处的车站独自等车，胡某见状，便快步跑过去，实施暴力。厮打之时，胡某发现此人是自己的熟人方某，与此同时，方某也认出了胡某。胡某立即停手，还向方某道歉，说自己认错人了。胡某的这种情况还要接受刑事处罚吗？

【法律解析】

本案涉及故意犯罪形态的区分。我国《刑法》中，根据犯罪实施的程度将犯罪行为划分为四个阶段，分别是犯罪预备、犯罪未遂、犯罪中止、犯罪既遂。本案中，胡某构成抢劫罪的犯罪中止。我国《刑法》规定，犯罪中止，没有造成损害的，应当免除处罚，所以本案胡某无须接受刑事处罚。

★教唆未满18周岁的孩子去抢劫，是否构成犯罪

【案例】

钱某一直从事犯罪活动。几年以来，钱某的身边聚集了一群十五六岁的孩子，跟随钱某从事犯罪活动。一天，钱某让手下的一个不满十六岁的孩子曹某去持刀抢劫，曹某在实施抢劫时，失手将被劫人扎死了。曹某抢劫杀人，性质恶劣，必须追究刑事责任。教唆曹某抢劫的钱某要承担责任吗？

【法律解析】

钱某教唆曹某犯罪，必须承担刑事责任。在《刑法》中，叫教唆犯。在教唆犯中，有一种特殊情况，就是教唆未达到

刑事责任年龄或者没有刑事责任能力的人（例如未成年人和精神病人）犯罪的，属于间接正犯，实际上就是正犯。本案中，钱某教唆不满十八周岁的未成年人曹某犯罪，应被认定为间接正犯，从重处罚。

★教授别人偷盗技巧的行为属于犯罪行为吗

【案例】

申某自幼偷东西，如今申某已年近五旬，他萌生退意，打算金盆洗手不干了。在决定"退休"后，申某就一直留意着年轻的后辈，希望从中找到一个可以继承自己衣钵的人。不久，申某发现了十八岁的张某，遂收他为徒，将自己这么多年来的偷盗技巧都传授给他。申某的行为构成犯罪吗？

【法律解析】

申某的行为构成犯罪。传授职业技能，这本无可厚非，但是这些技能并不包括犯罪方法。通过传授犯罪技巧的方式，犯罪分子的数量会呈几何式上升。本案中，申某传授别人偷盗技巧，培养新的犯罪分子，扰乱社会治安，构成犯罪，要依法追究其刑事责任。

★饭店老板侵占遗忘物的行为违法吗

【案例】

闫先生和几个朋友在某饭店吃饭，吃完饭后忘记拿自己的手提包便走了。包里装有现金、信用卡等贵重物品。闫先生到家后想起没拿手提包，立即返回饭店，发现手提包已经不见了。后来得知饭店服务人员在清理餐桌时发现手提包后，就交给了饭店老板。待闫先生向饭店老板索要时，饭店老板坚持说没有看见手提包。该饭店老板的行为违法吗？

【法律解析】

该饭店老板作为饭店负责人，对顾客遗忘在饭店的财物，应当负有保管的义务。该手提包对于权利人而言显然是遗忘物，其主动找到饭店老板后，饭店老板拒不交出，数额较大的就构成侵占罪。

【法条链接】

《刑法》第二百七十条 将代为保管的他人财物非法占为己有，数额较大，拒不退还的，处二年以下有期徒刑、拘役或者罚金；数额巨大或者有其他严重情节的，处二年以上五年以下有期徒刑，并处罚金。

将他人的遗忘物或者埋藏物非法占为己有，数额较大，拒不交出的，依照前款的规定处罚。

本条罪，告诉的才处理。

★孩子与他人合伙诈称被"绑架"向父母骗钱，构成犯罪吗

【案例】

肖某因赌博，负债累累。为了偿还拖欠的巨款，肖某伙同赵某布置了一个骗局，准备以自己遭绑架为名向父亲骗钱。赵某假装外地人连续打电话给肖某的父亲，声称肖某被他们绑架，要其拿7万元，否则就撕票。肖某的父亲信以为真，便准备了7万元的赎金到约定的交易地点，而早已在一方等候的赵某看见其旁边有人，未敢上前拿钱。不久，肖某被抓获，赵某也到公安机关自首。肖某伙同别人骗父母的钱，构成犯罪吗？

【法律解析】

肖某及赵某构成敲诈勒索罪。本案中，肖某伙同别人，骗取父母的钱，整个

过程中，不存在限制肖某人身自由的事实。因此，赵某的行为不应认定为绑架罪。但是，二人以肖某的性命要挟，骗取肖某父母钱财的事实存在，在主观上构成了故意。所以，肖某和赵某应认定构成敲诈勒索罪。

【法条链接】

《刑法》第二百七十四条 敲诈勒索公私财物，数额较大的，处三年以下有期徒刑、拘役或者管制；数额巨大或者有其他严重情节的，处三年以上十年以下有期徒刑。

★用租来的车辆抵债的行为是否构成犯罪

【案例】

朱某租用夏某的车，每天租金500元，租期3天。可是后来朱某并没有按时支付租金，夏某向他要车时，他谎称该车被朋友借用。2天后，夏某去找他时，他已经不知去向。听说车已经被他充抵债务了。朱某的行为是否构成犯罪？

【法律解析】

本案中朱某基于租赁而代为保管夏某的汽车，之后擅自用该车充抵债务，而且谎称该车被他人使用，最后逃离他乡拒不归还。该行为符合侵占罪的构成要件。

★给赃车"换装"，也有罪吗

【案例】

周某将一辆盗窃回来的小汽车开到郑某的修理店，告知郑某车是偷来的，要求将该车车身的颜色更换为黑色。郑某为了获利，便按照周某的要求更换了车身颜色，收取了周某的材料费和加工费。那么，郑某的行为是否合法呢？

【法律解析】

郑某的行为是违法行为。本案中，周某已明确告知郑某汽车是盗窃所得，郑某在主观上是故意的；在客观上，郑某按照盗窃犯罪嫌疑人周某的要求更换车身颜色，其行为符合改装行为。由此可知，郑某的行为已触犯《刑法》，应按窝藏罪处罚。

★私藏"假枪"也犯法吗

【案例】

26岁的夏某是个地道的军事迷。他通过互联网等渠道收购其喜爱的仿真枪并私藏于家中，其中部分枪支还配有相应的金属子弹。闲时他就关紧房门，在家中独自对着塞满棉花的鞋盒子练习枪法。2007年8月，警方接到群众举报，在夏某家中查获6支仿真枪，其中4支是以压缩气体为动力的，具有近距离杀伤力。夏某认为，自己没有用枪伤害别人的意图，只是收藏，不构成犯罪。

【法律解析】

依照相关规定，非法持有、私藏以火药为动力发射枪弹的非军用枪支1支或者以压缩气体等为动力的其他非军用枪支2支以上的，以非法持有枪支罪定罪处罚。本案中，夏某持有的6支手枪中有4支是以压缩气体为动力的枪支，故检察机关按照非法持有枪支罪对其批准逮捕。

★骗取离婚手续改嫁算重婚

【案例】

由于丈夫赵某长期在外打工，家中留守的妻子与贾某之间产生感情。为了"摆脱"赵某，妻子让贾某冒充赵某，去民政局办理了"离婚"手续。又与贾某闪电结婚。赵某回家后发现妻子已另嫁他人，与民政局对簿公堂。法院经审理，判决民政局支付赵某8000元赔偿费，并撤销了赵某与妻子的"离婚协议书"。对此判决，赵某并无异议，他表示将委托律师，追究妻子的重婚罪。

【法律解析】

本案中，妻子和赵某的合法婚姻存续期间，弄虚作假，让情人假冒自己的丈夫，骗取离婚手续后，又登记结婚，她的"第二次婚姻"应认定为重婚。贾某明知赵某的妻子是有夫之妇，仍与其串通，合谋骗取离婚手续后又与其登记结婚。贾某的行为也涉嫌构成重婚罪。

★婚内强行发生性行为，也构成强奸罪吗

【案例】

陈某性格暴躁，婚后常常不顾妻子的身体状况和意愿，强行与其发生性行为。一次陈某从外边喝酒回来，又要与其妻发生性行为。妻子说自己身体不舒服，陈某对其一顿拳打脚踢后强行与其发生了性行为。身心健康受到极大伤害的妻子，在咨询了有关部门后，准备以强奸罪向法院起诉陈某。

【法律解析】

强奸罪是指以暴力、胁迫或者其他手段，违背妇女意志，强行与之性交的行为。这是强奸罪的本质特性。《刑法》上并没有强奸只针对婚外女性的限制性规定。陈某在违背妻子意愿的情况下，以暴力手段与其发生性行为，已经构成了强奸罪，应当依法追究刑事责任。另外，加上陈某方式十分粗暴，使其妻子的身心健康受到了极大的伤害，也已经构成了虐待罪。

★财务人员私自侵占公司财务是否构成犯罪

【案例】

江某是一名财务人员，负责收取公司的业务收入。可是，江某在收取客户给公司的业务款后，记账时实际收款和入账不符，多次累计私自扣下约三万元。江某的行为是否构成犯罪？应民事起诉还是交由公安机关处理？

【法律解析】

根据《刑法》第二百七十一条第一款的规定，江某涉嫌职务侵占罪，应送交公安机关处理。

★挪用公款后主动还上，是否构成犯罪

【案例】

薛某在某公司做出纳工作。2008年12月8日，他挪用了公司2万元借给了一位亲戚急用，但是第二天就遇到公司突击盘点。事发后，薛某主动承认了错误，并立即把挪用的2万元归还给了公司。可是，公司主管要求薛某立即辞职，并办理辞职手续，否则便要告薛某挪用资金罪。

【法律解析】

如果薛某挪用公司资金借给他人进行营利或者非法活动，涉嫌构成挪用资金罪。劳动者严重违反用人单位的规章制度的，用人单位可以依据劳动合同法与其解除劳动合同。

危害国家、公共安全罪

★剥夺政治权利是什么意思

【案例】

某知名高校的在校三年级学生黄某，平日思考问题激进暴力，总是在公共场合表现对国家及社会现状的不满，大肆宣扬反动言论，甚至秘密地召集一些所谓的同道中人，成立了一个政党，将推翻中国共产党的领导作为政治目标写入了所谓的"党章"。后被学校发现。黄某以危害国家安全罪被判处有期徒刑10年，剥夺政治权利3年。什么是剥夺政治权利？

【法律解析】

我国《刑法》在规定了五种主刑外，还规定了三种附加刑，包括罚金、剥夺政治权利以及没收财产。附加刑可以与主刑附加使用，也可以单独使用。剥夺政治权利，顾名思义就是限制政治权利的行使。《宪法》赋予每个公民选举权、被选举权、言论结社自由等政治权利，将这些权利剥夺，显然是一种惩罚性的措施。政治权利的意义是重大的，我国是人民民主专政的国家，人民群众参与政权是立国之本，而公民参与治国依据的就是政治权利。将这些权利剥夺，公民国家主人的地位就无法体现了。

★把山路上的断崖提示牌拿走导致车祸，构成犯罪吗

【案例】

赵某负责某风景区卫生的环卫工作。一天，他看到一处断崖前的标志牌倒地摔坏了，便捡起来拿到山下，当作废铁卖了。不久，雾气降临，一辆满载着观光客的旅游大巴沿公路上山。由于司机对此地不熟悉，拐入了岔道。大雾弥漫，再加上没有标志牌的提示，大巴冲破围栏，掉下山，造成20余人死亡、10余人重伤的严重后果。环卫工赵某要承担什么样的刑事责任？

【法律解析】

环卫工赵某破坏交通标志，构成犯罪，要依法追究其刑事责任。本案中，风景区所处的山区，断崖和岔路密集，赵某作为此地的环卫工人，对该处地形应是十分了解的。赵某将断崖标志牌拿走时，就应该能够明确地意识到会引发的后果。但是，尽管如此，赵某还是这样做了，并且造成了非常严重的社会危害，赵某应对此承担刑事责任。

★私藏枪支犯罪吗

【案例】

钱女士一家居住在离市区较远的郊区，附近环境比较荒野，治安条件也不太好。钱女士的丈夫常年不在家，家里只有钱女士和孩子居住，于是便私藏了一把枪，以备不时之需。一天，孩子无意中发现了手枪，便拿出来玩耍。附近的邻居看到孩子手中的枪后，惊慌之余便大声喊叫，引起了不小的恐慌。直到警察闻讯赶到，局面才得以控制。钱女士私藏枪支构成犯罪吗？

【法律解析】

钱女士私藏枪支构成犯罪。我国对于枪械的管理是非常严格的，任何单位或者个人非法持有、制造、买卖、运输、出租、出借枪支等的行为都要受到严厉的惩罚。严格的枪械管理是为了防止枪支泛滥的情况发生，以便保证国家安全，维护社会稳定。本案中，钱女士私藏枪支，并引起了周围群众的恐慌，构成犯罪，应承担刑事责任。

★买卖炸药犯罪吗

【案例】

黄某想要亲身体验一下身在爆炸现场的感受，于是通过朋友购买了1公斤的炸药。此事被邻居杨某得知，感到十分恐惧，于是向公安机关举报。公安机关遂对黄某依法拘留审讯。黄某购买炸药的行为是违法的吗？

【法律解析】

黄某的行为是违法的。目前，炸药被广泛地用于军事领域，也会用于科学技术领域。这是一种破坏力极大的物质，当然不能在日常生活中随意地买卖、借贷和使用。和枪支类似，炸药也是受国家严格控制的。本案中，黄某为追求个人刺激，私自买卖炸药，必须被给予严厉的处罚。

【法条链接】

《刑法》第一百二十五条 非法制造、买卖、运输、邮寄、储存枪支、弹药、爆炸物的，处三年以上十年以下有期徒刑；情节严重的，处十年以上有期徒刑、无期徒刑或者死刑。

非法买卖、运输核材料的，依照前款的规定处罚。

单位犯前两款罪的，对单位判处罚金，并对其直接负责的主管人员和其他直接责任人员，依照第一款的规定处罚。

★挪动电线杆造成大面积停电，要负刑事责任吗

【案例】

郭某想要翻盖房子，在房子原有的基础上进行了扩建。工程进行当中，郭某发现大门口的电线杆特别碍事，就把电线杆移到了五米之外的地方。移动之后，电线杆出现了问题，造成全村停电，并影响到了附近的村子。郭某的行为违法吗？

【法律解析】

郭某随意移动电线杆，破坏电力设施，要依法追究其刑事责任。电线杆是重要的基础设施，国家指派专业人员建造、维修以及拆除，没有关部门的授权，任何人不能随便对其改动，如果造成了严重的后果，就以破坏电力设施罪论处，追究其刑事责任。除电线杆外，对其他国家修建的基础设施起破坏作用的行为，一律依法追究刑事责任。

★炸毁他人机器，构成爆炸罪吗

【案例】

李某靠手工打石子维持生计。张某购置了一台碎石机，从事出售碎石业务，因质量好，使李某的生意大受影响。李某决定破坏张某的碎石机。一天凌晨，李某在张某的碎石机下放置了2公斤炸药，点燃后逃离现场，致使张某的碎石机被炸毁。此路段附近2公里以内没有任何建筑物，也没有造成人员伤亡。请问，李某构成爆炸罪吗？

【法律解析】

李某以打击对手为目的，故意毁坏对手的设备，其行为符合《刑法》关于破坏生产经营罪的犯罪构成要件。虽然李某实施了爆炸行为，但爆炸发生在凌晨，没有危及不特定多数人的生命、财产安全，不应构成爆炸罪。

★伪造身份证、毕业证等证件的行为将受到什么处罚

【案例】

曾某是一个不满18周岁的女孩。一

次，曾某得知一家纺织企业招收工人，便想去应聘。后来发现应聘条件是必须高中以上学历，曾某为此特意置办了一套假的证件，包括身份证、高中毕业证等。曾某的行为是违法的吗？

【法律解析】

曾某的行为是违法的。身份证是我国公民证明身份的唯一有效证件，公民的合法身份要通过身份证来核实，其重要性不言而喻。我国《刑法》规定，对伪造、变造身份证的行为，要处以三年以下有期徒刑、拘役管制或者剥夺政治权利。毕业证、学位证等证件，是学历证明，代表了公民的受文化教育程度。司法实践中，伪造毕业证的行为一般以伪造事业单位印章罪论处。

★盗用他人身份证复印件应当承担什么责任

【案例】

2008年8月，章某收到一张移动公司寄来的手机话费催缴单，而手机号码并不是章某使用的。催缴单上载明2008年5月至8月期间，共欠缴手机话费高达3000元。在对机主的信息核实中，发现根本没有机主本人签名和任何资料信息，这说明章某的身份证复印件已被人盗用。章某是否要承担欠缴的电话费？盗用他人身份证复印件应当承担什么责任？

【法律解析】

章某不用承担欠缴的电话费，因为这不属于经济纠纷，有经济犯罪嫌疑，应送公安部门处理。盗用他人身份证复印件的行为从法律的角度看属于侵犯他人姓名权的违法行为。因此，章某只要积极配合公安机关查明案情真相就行了。

★国家机关工作人员上报伪造发票应当受到什么处罚

【案例】

国家机关工作人员闫某伪造了一部分发票，并将这些假的发票混在真的发票当中，上报税务机关，企图蒙混过关，骗取退税。闫某的做法是违法的吗？

【法律解析】

闫某的行为是违法的。伪造发票，骗取退税的行为严重地危害了税收的征管，破坏了社会主义市场经济的正常发展，构成危害税收征管罪，要依法追究刑事责任。

★购买假发票属于刑事犯罪吗

【案例】

小姚是一家分公司的负责人。2007年做生意时，她向客户签了两张假发票，票面额累计20万元。总公司并不知情，假发票是她在火车站附近买的。购买假发票属于刑事犯罪吗？

【法律解析】

《刑法》第二百零八条规定，非法购买增值税专用发票或者购买伪造的增值税专用发票的，处五年以下有期徒刑或者拘役，并处或者单处二万元以上二十万元以下罚金。因此，小姚可能涉嫌购买伪造的增值税专用发票罪。

★私自仿造国家机关的印章的行为要受到什么处罚

【案例】

周某想开一家销售烟酒的商店，在报批的时候没有经过有关部门的通过。周某并不死心，遂找到一个专门私刻印章、办理假证件的人，要求刻制一整套假印章，包括工商行政部门、烟草局等相关机关的所有印章。然后，周某自制了相关的证件，开始挂牌营业。周某的行为会受到什么处罚？

【法律解析】

周某的行为是违法的。国家机关的印章代表了国家机关的相应权力，而国家各机关的权能是国家授权的。任何人伪造、变造国家机关的印章的行为会给国家造成严重的损失，对于这些违法犯罪的行为当然要给予严厉的惩罚。

★制作警服、警用器械可以销售吗

【案例】

某黑社会团体常年从事违法乱纪的活动，冒充警察以办案为名，实施抢劫、盗窃、杀人的犯罪活动。最近，该黑社会头目决定制作一批警服以及警械，以便冒充警察时更具逼真的效果，遂秘密委托某服装厂制作这批警服警械。警察、法官，以及检察官制式的服装和相关的器械可以被随意地生产、销售吗？

【法律解析】

按照法律规定，非法生产、销售人民警察制式服装、车辆号牌等专用标志、警械，构成犯罪，要追究刑事责任。警察被别人冒充，必然会引起社会秩序的混乱，造成严重的社会危害。本案中，该服装厂接受委托，非法制作警服、警械，触犯了《刑法》。按照法律规定，要追究其刑事责任。

★偷走街上的井盖致使行人掉进井里死伤的，构成什么罪

【案例】

杨某是某建筑工地工人。一天晚上，杨某在公路边沿撬取了1个井盖，拿去卖了。此后，杨某一连3个晚上照此行动，共偷盗了4个井盖。不久，有行人在走夜路时掉进井里，因施救不及时而死亡。杨某的行为构成什么罪？

【法律解析】

杨某的行为构成危害公共安全罪。本案中，杨某虽然只是偷了井盖，犯罪行为指向的是具体的财产。但是，其造成的危害却是指向不特定的某人、某物，因而不能单纯地认定为盗窃罪，而是应该认定为构成了危害公共安全罪。

★为防盗私设电网的行为触犯法律吗

【案例】

朱某承包了村里的责任田种植西瓜。一天，朱某发现有人到瓜田里偷瓜，非常生气，于是决定采取预防措施。不久，朱某在责任田的周围安装了电网，一旦有人碰触，即被电伤。朱某私设电网，构成犯罪吗？

【法律解析】

朱某私设电网的行为构成以危险方法危害公共安全罪。本案中，朱某在责任田的周围架设电网，任何人都可能会触电受伤或身亡，实际上造成对不特定多数人的生命安全的威胁。朱某明知道架设电网有一定的危险性，仍然付诸行动，且未设警示装置，在主观上属于故意。因此，朱某构成危害公共安全罪，要依法追究其刑事责任。

★在公众场合烧毁国旗的行为违法吗

【案例】

史某是一名反社会分子，曾数次因犯罪入狱。刑满释放后，他仍不思悔改，总是对国家、政府充满怨恨，有一次在市中

心公园广场当众烧毁国旗、国徽，煽动群众抵抗政府，造成非常恶劣的影响。闻讯赶到的公安干警将史某逮捕。史某的行为构成犯罪吗？

【法律解析】

史某的行为构成犯罪。国旗、国徽是国家的象征，代表了至高无上的国家尊严。本案中，史某故意焚毁国旗、国徽，且在公众场合，性质更加恶劣。这样的行为已经构成了犯罪，要依法追究其刑事责任。

★为了从事医学研究而盗取尸体的行为构成犯罪吗

【案例】

秦某是某医学院四年级的学生。一天深夜，秦某潜入学校附属医院的停尸房，将一具男性尸体偷了出来准备对其进行解剖。盗窃过程中触动警铃，秦某被当场抓获。秦某的行为构成犯罪吗？

【法律解析】

秦某的行为构成犯罪。本案中，秦某盗窃尸体的确是为了科学研究，目的并没有不对，但是方法就大错特错了，触犯了《刑法》的相关规定，要追究其刑事责任。

★不小心损毁了国家级保护文物，要受到刑事处罚吗

【案例】

一天下班前，博物馆工作人员发现一位游客还在展台前不肯离开，遂上前示意即将闭馆，游客还是不走，两人发生争执。过程中，该游客无意中将展台上的唐代文物碰倒在地，摔坏了。该游客要承担责任吗？

【法律解析】

该游客要承担相应的刑事责任。我国向来重视对文物的保护，任何人无论在主观上是基于故意还是过失，只要有破坏文物的行为，都要承担相应的刑事责任。本案中，游客将文物打碎，已经构成了犯罪。

★将禁止出口的珍贵文物私自赠送给外国友人，构成犯罪吗

【案例】

郑某的祖上是望族显贵，家境殷实。郑某作为独子，继承了家族所有的财产，在这些财产中，包括一些国家级的珍贵文物。一天，郑某的一位外国朋友来访，郑某非常高兴，遂将一件珍贵的唐代瓷器赠送给了外国朋友。郑某的行为构成犯罪吗？

【法律解析】

郑某的行为构成犯罪。一般来说，珍贵的文物都会收归国有，由国家保存。但是，也会有一些文物被私人收藏家收藏。本着珍贵的文物不能外流的意图，国家制定了相关的条文。本案中，郑某并不是为了盈利，而只是弘扬友善，尽管这样，在没有经过国家批准的情况下，私自将珍贵文物赠送给外国友人，也是不可以的。

★在名胜古迹上刻名字构成犯罪吗

【案例】

李某和朋友们利用假期旅游。在一处著名的风景区游览时，兴致高昂的朋友们集体在一处古迹上刻下了名字。这样的行为是违法的吗？

【法律解析】

李某等人的行为是违法的。国家级的重点文物保护单位是不能随便刻字的，无论刻什么，都是对文物的破坏。本案中，李某等人的刻字行为，触犯了法律，要受

到制裁。如果是一般的旅游风景区，刻字的行为造成的危害性较小，一般会给予行政处罚。如果是国家重点文物保护单位，游客将为随意刻字的行为承担刑事责任。

破坏市场经济秩序罪

★以假消息严重影响股市交易，是否违法

【案例】

薛某炒股票已经有10年了。不久前，股市大幅上涨，薛某分析股市的上涨不会持续很长时间，很快就会下跌，遂在网上散布消息，并称这是内部人员提供。结果，很多股民闻讯，纷纷抛售股票，股市的秩序遭受了严重的冲击，濒临崩溃。薛某的行为构成犯罪吗？

【法律解析】

薛某的行为构成犯罪。本案中，薛某将自己预测的消息，以内部消息的名义，利用网络进行传播，故意散布股市行情的假消息，严重扰乱股市正常的秩序，造成不可预计的后果，构成破坏金融管理秩序罪，应受到严厉的惩处。

★骗购经济适用房的行为是否构成犯罪

【案例】

2006年3月，梁某在网上看见一套经济适用房，面积65平方米，总价36万元。虽然他已经有一套房屋，但想买下来作为投资。在不符合购房条件的情况下，他虚报了个人申请资料，还伪造了户口本，最终购得了房屋。那么，骗购经济适用房的行为是否构成犯罪？

【法律解析】

对于骗购经济适用房的行为，主要是以行政和经济手段进行调处，根据《经济适用住房管理办法》第四十三条的规定，梁某伪造证件，构成了犯罪，应当由公安机关进行处理。

★这种销售方法是非法传销吗

【案例】

李小姐向同事刘小姐推荐一种卫生巾，并称购买产品可成为公司会员，买1套398元是一级会员，买5套1990元是二级会员，而三级会员要买12套4770元。成为会员后介绍别人购买可以拿到提成，而且不同级别的会员拿的提成也不一样。如果你介绍的人再去介绍别人购买，你也可以再提成。但是刘小姐觉得这种销售方法有点问题。这属于非法传销吗？

【法律解析】

这种行为属于非法传销。通过对被发展人员以其直接或者间接发展的人员数量或者销售业绩为依据计算和给付报酬，或者要求被发展人员以交纳一定费用为条件取得加入资格等方式牟取非法利益都属于传销行为。对于介绍、诱骗、胁迫他人参加传销的，由工商行政管理部门责令停止违法行为，没收非法财物，没收违法所得，处10万元以上50万元以下的罚款；构成犯罪的，依法追究刑事责任。

★恶意透支信用卡是否构成诈骗罪

【案例】

徐某做生意，但是缺少资金，听说信用卡可以透支，便先后在几家不同的银行办理了信用卡。后来做生意连续亏损，徐先生利用信用卡透支已经达到10万元，而且超过规定的期限仍无力偿还。徐先生的

行为是否会构成犯罪？

【法律解析】

恶意透支，是指持卡人以非法占有为目的，超过规定限额或规定期限透支，并且经发卡银行催收后仍不归还的行为。利用信用卡进行透支，数额较大，而且明知在规定的期限内可能还不了透支款，会给发卡银行造成较大损失，却对这种危害结果的发生持放任态度。如果经发卡银行催收后仍不归还，那么根据《刑法》第一百九十五条的规定，可能构成信用卡诈骗罪。

【法条链接】

《刑法》第一百九十五条 有下列情形之一，进行信用证诈骗活动的，处五年以下有期徒刑或者拘役，并处二万元以上二十万元以下罚金；数额巨大或者有其他严重情节的，处五年以上十年以下有期徒刑，并处五万元以上五十万元以下罚金；数额特别巨大或者有其他特别严重情节的，处十年以上有期徒刑或者无期徒刑，并处五万元以上五十万元以下罚金或者没收财产：

（一）使用伪造、变造的信用证或者附随的单据、文件的；

（二）使用作废的信用证的；

（三）骗取信用证的；

（四）以其他方法进行信用证诈骗活动的。

★以虚假合同骗取银行贷款应负什么责任

【案例】

某商贸公司的资金周转出现了问题，为了能够得到银行的贷款，该公司用虚假的合同蒙蔽银行，说是履行合同后，将有很大的收益。银行在不查明真相之下，发放了巨额的贷款。该商贸公司的行为构成犯罪吗？

【法律解析】

该商贸公司的行为构成金融诈骗罪。金融诈骗罪是指以非法占有为目的，采用虚构事实或者隐瞒事实真相的方法，骗取公私财物或者金融机构信用，破坏金融管理秩序的行为。本案中，该公司为了骗取银行的贷款，伪造合同，在主观上属于故意为之，在客观上是以非法占有财产为目的，而且诈骗的数额比较巨大，构成金融诈骗罪。

★虚报遭窃的数额骗取保险金构成犯罪吗

【案例】

贾某是某公司总裁，给自己的财产上了巨额的财产保险附加盗窃险。一次，贾某带着全家去外地旅游。回来时，发现家中遭窃，清点了财产后，发现丢失现金大概2万元，金项链1条。贾某遂向保险公司谎报了失窃的数额，称丢失现金5万元，金项链3条。这样的行为是违法的吗？

【法律解析】

贾某的行为已经构成了犯罪。本案中，贾某向保险公司虚报遭窃的数额以骗取保险金，这是一种保险欺诈的行为，如果犯罪危害轻微，一般给予行政处罚；如果情节严重，则认定构成金融诈骗罪，依法追究其刑事责任。

【法条链接】

《刑法》第一百九十八条 有下列情形之一，进行保险诈骗活动，数额较大的，处五年以下有期徒刑或者拘役，并处一万元以上十万元以下罚金；数额巨大或者有其他严重情节的，处五年以上十年以下有期徒刑，并处二万元以上二十万元以下罚金；数额特别巨大或者有其他特别严重情节的，处十年以上有期徒刑，并处二万元以上二十万元以下罚金或者没收财产：

（一）投保人故意虚构保险标的，骗取保险金的；

（二）投保人、被保险人或者受益人对发生的保险事故编造虚假的原因或者夸大损失的程度，骗取保险金的；

（三）投保人、被保险人或者受益人编造未曾发生的保险事故，骗取保险金的；

（四）投保人、被保险人故意造成财产损失的保险事故，骗取保险金的；

（五）投保人、受益人故意造成被保险人死亡、伤残或者疾病，骗取保险金的。

有前款第四项、第五项所列行为，同时构成其他犯罪的，依照数罪并罚的规定处罚。

单位犯第一款罪的，对单位判处罚金，并对其直接负责的主管人员和其他直接责任人员，处五年以下有期徒刑或者拘役；数额巨大或者有其他严重情节的，处五年以上十年以下有期徒刑；数额特别巨大或者有其他特别严重情节的，处十年以上有期徒刑。

保险事故的鉴定人、证明人、财产评估人故意提供虚假的证明文件，为他人诈骗提供条件的，以保险诈骗的共犯论处。

★强买强卖犯法吗

【案例】

小张和朋友逛街买衣服时，看见一套款式比较新颖的连裤装，于是上前仔细查看，并伸手摸了摸，想看看是什么材质的。结果，店主抓住小张，说他把衣服弄坏了，硬要他买下这套衣服。店主的行为构成犯罪吗？

【法律解析】

店主强买强卖的行为，如果造成了极为严重的后果，就构成犯罪；如果情节比较轻微，应依法给予相应的行政处罚。强买强卖明显地破坏了自由、平等的社会主义市场经济秩序。对于这样的违法行为，要严厉制裁，以保证市场经济能够健康、平稳地向前发展。

★承诺未兑现是合同诈骗吗

【案例】

2006年4月15日，孙某与某公司签订了一份代销空调的合同。合同约定先交3.8万元定金，进货另外拿钱，公司负责交产品质量保险，并建立售后服务点，每销售一台空调给物流费、安装费等150元。之后，孙某进了5台空调，但质量都不合格，物流费、安装费也不给；维修点也没有建立。期满后，孙某决定不干了，要求退回定金，但是该公司已经人去楼空。该公司的行为是合同诈骗吗？

【法律解析】

合同诈骗罪是以非法占有为目的，在签订、履行合同中，骗取对方当事人财物，数额较大的行为。具体表现手段如：以虚假的身份或者证明文件订立合同；合同本身真实，但根本就不具备履行合同的能力，接受合同预付款或定金后，逾期不履行合同；行为人能够履约，但根本不想履约，收了对方给付的货物、货款等财产后逃匿的。孙某与公司订立的合同本身是真实的，但该公司根本不想履约，其目的是想骗取对方当事人财物的。因此该公司的行为涉嫌合同诈骗罪，应该向公安机关举报。

★暴力抗税的行为要承担刑事责任吗

【案例】

某市一啤酒集团的总经理许某与黑道相勾结，暴力抗税。税务机关的工作人员多次上门催缴税款，无人理会。许某为了教训这些税务人员，便纠集了一些黑道打手，武力威胁这些税务人员，声称：谁要再查，就要谁好看。许某的行为构成犯罪吗？

【法律解析】

许某的行为构成抗税罪。本案中，许某指使打手武力威胁税务机关的工作人员，拒不缴纳税款，侵犯了国家的税收管理制度，又采用暴力、威胁方法抗拒缴纳应纳税款，因此，还侵犯了执行征税职务活动的税务人员的人身权利。

侵犯公民人身权利、民主权利罪

★随便诬陷诽谤别人构成犯罪吗

【案例】

夏某被公司作为新的接班人大力栽培。同级别的人事部门主管韩某出于忌妒，遂在公司内部散布谣言，说夏某经常召妓，同时还涉嫌侵吞公司财产。此举严重地损坏了夏某的声誉，连公司的高层也开始对夏某重新考量，甚至夏某的妻子也吵闹着要和夏某离婚。韩某的行为构成犯罪吗？

【法律解析】

韩某的行为构成诽谤罪。本案中，韩某出于忌妒，散布虚假的事实，严重地损坏了夏某的名誉，给夏某的生活造成了恶劣的影响，情节非常恶劣，已经构成了诽谤罪，要依法追究其刑事责任。

★公然进入他人住宅进行搜查是否构成犯罪

【案例】

杨某家遭窃了，除丢失铂金项链两条，现金十万元外，杨某心爱的小狗也不见了，杨某非常着急。经过检查，杨某发现狗的足迹一直延伸到邻居申某家。杨某便向申某提出要搜查其住宅，遭到申某的拒绝，两人遂发生冲突。情急的杨某遂强行进入申某家，翻天覆地地进行检查。杨某可以随便进入申某的家搜查吗？

【法律解析】

杨某不可以随便进入申某的家搜查。本案中，杨某怀疑邻居申某偷盗了自己的财物和宠物狗，但这仅仅只是揣测，没有任何实质的证据。况且，即使是司法工作人员在证据确凿的情况下，也要先申请搜查令，再对怀疑对象的住宅进行搜查，否则视为非法。公民的人身权利和民主权利不容任何人践踏。无论基于任何理由，杨某都不能随便地侵入申某的住宅。因此，杨某的行为已经构成了犯罪。

★派出所工作人员帮朋友找东西进行搜查也违法吗

【案例】

娄某说要到外地出差想借用韩某的笔记本计算机。1个月后，韩某向娄某要计算机时，他却找借口拖延不还。后来娄某说他家被盗了，手机和计算机都被偷走了。韩某不信，让在派出所工作的同学杨某帮忙。杨某以搜集盗窃证据为由对娄某家进行了搜查。结果计算机找到了，杨某却因非法搜查行为被处罚。

【法律解析】

本案中，杨某在未经侦查机关负责人批准也没有搜查证的情况下对娄某家进行搜查，属于违法行为。当然，如果娄某一直不还计算机，韩某可以向法院起诉要求娄某归还计算机或者赔偿损失，不应该违法搜查。

【法条链接】

《刑法》第二百四十五条 非法搜查他人身体、住宅，或者非法侵入他人住宅的，处三年以下有期徒刑或者拘役。

司法工作人员滥用职权，犯前款罪的，从重处罚。

★殴打侮辱他人，寻衅滋事受惩罚
【案例】

4名少年在公交站台下避雨，后某女士也来此避雨。其中一女孩因多次碰撞该女士，该女士出言指责后，4名少年将该女士挟持到附近一拆迁房屋内，他们分别持木棍殴打该女士的面部和身体，并胁迫该女士脱掉衣服，最后抢走该女士1000元和1部小灵通。该女士因创伤失血性休克合并蛛网膜下腔出血死亡。

【法律解析】

4名少年在本案中主要表现为无端寻衅、打人发泄，其侵害是寻衅滋事罪的本质特征。本案中，4名少年将该女士殴打致死，情节恶劣，符合寻衅滋事罪的犯罪构成，所以，以寻衅滋事罪对4名少年定罪量刑。

【法条链接】

《刑法》第二百九十三条 有下列寻衅滋事行为之一，破坏社会秩序的，处五年以下有期徒刑、拘役或者管制：

（一）随意殴打他人，情节恶劣的；

（二）追逐、拦截、辱骂他人，情节恶劣的；

（三）强拿硬要或者任意损毁、占用公私财物，情节严重的；

（四）在公共场所起哄闹事，造成公共场所秩序严重混乱的。

★囚禁他人索债构成犯罪吗
【案例】

张某因做生意跟朱某发生经济纠纷，朱某欠他50万元货款一直拖着不还。张某在多次追讨不到货款的情况下，把朱某的弟弟骗到自己家中囚禁起来，以此为要挟要求朱某还给他拖欠的货款。囚禁他人索要债务的行为是否构成犯罪？

【法律解析】

张某将朱某弟弟囚禁于自己家中的行为涉嫌非法拘禁罪。而且根据法律规定，如果张某具有殴打、侮辱情节，还要从重处罚。如果致人重伤，则处三年以上十年以下有期徒刑；如果致人死亡的，则处十年以上有期徒刑。

★虐待家人，情节恶劣要被治罪
【案例】

丁某与妻子赵某从孤儿院收养了一个男孩。男孩长大成人后经常因为一些生活琐事与养父母吵架。一天，男孩酒后回到家中，因为赵某的一句问话即对其大骂并拳打脚踢，致赵某头面部、前额多处受伤。第二天凌晨，赵某因不堪忍受虐待，跳入湖中自杀身亡。

【法律解析】

虐待家庭成员，情节恶劣的，处二年以下有期徒刑、拘役或者管制。致使被害人重伤死亡的，处二年以上七年以下有期徒刑。如果造成被害人重伤或是死亡，可以到派出所或检察院报案，由检察院提起公诉。

★殴打并抢走学生100元是否构成犯罪

【案例】

一天晚上，姜某因工作的原因，心情比较差，喝了很多酒。晚上在路上看见1名学生就想打他一顿出出气，便将该学生骗到厕所殴打，随后又将学生的100元抢走，学生报警后警察将姜某抓获。

【法律解析】

姜某的行为涉嫌抢劫罪。在一般情况下，凡是以非法占有为目的，用暴力、胁迫或者其他方法，强行夺取公私财物的行为，就具备了抢劫罪的基本特征，构成了抢劫罪。立法上没有对抢劫的数额和情节作限制性规定。但是依照《刑法》第十三条规定，情节显著轻微，危害不大的行为，可以不认为是犯罪。

【法条链接】

《刑法》第二百六十三条 以暴力、胁迫或者其他方法抢劫公私财物的，处三年以上十年以下有期徒刑，并处罚金；有下列情形之一的，处十年以上有期徒刑、无期徒刑或者死刑，并处罚金或者没收财产：

（一）入户抢劫的；

（二）在公共交通工具上抢劫的；

（三）抢劫银行或者其他金融机构的；

（四）多次抢劫或者抢劫数额巨大的；

（五）抢劫致人重伤、死亡的；

（六）冒充军警人员抢劫的；

（七）持枪抢劫的；

（八）抢劫军用物资或者抢险、救灾、救济物资的。

★干涉前女友与别人结婚构成犯罪吗

【案例】

吕某与女朋友赵某分手后，一直对赵某纠缠不清。后赵某与胡某确立恋爱关系并打算结婚。吕某得知此事，非常生气，便威胁赵某，若不和胡某分手，就对两人不客气。吕某的行为构成犯罪吗？

【法律解析】

吕某的行为构成犯罪。我国是一个婚姻自由、恋爱自由的国家，任何人都有选择自己伴侣的权利，不容任何人干涉。本案中，吕某与赵某已经分手了，吕某没有权利干涉沈某的恋爱自由和婚姻自由。吕某的威胁侵犯了赵某和胡某的人身权利和民主权利，构成犯罪，要依法追究其刑事责任。

★与精神病人发生性关系，构成犯罪吗

【案例】

郭某的男朋友出车祸身亡后，郭某

内心受到重创，变得神志恍惚，并间歇性发作精神病。一天，郭某想到了男朋友，精神病发作，神志不清。邻居曾某见此情景，便趁机与郭某发生了关系，郭某以为是男朋友，因此未做抵抗。曾某的行为构成犯罪吗？

【法律解析】

曾某的行为构成强奸罪。本案中，曾某在与郭某发生关系时，尽管没有遭遇抵抗，但由于郭某的精神病发作，神志不清，对自己的行为不能做出正确的判断，所以仍然认定为强奸罪成立。

★在女朋友家安摄像头和窃听器，构成犯罪吗

【案例】

男子万某曾经遭受过感情的创伤，遂对待感情问题有过激的偏执，要求女朋友绝对忠诚。为了确保这一点，万某在女朋友家中安了数个摄像头与窃听器。这样的行为构成犯罪吗？

【法律解析】

万某的行为构成犯罪。我国《宪法》规定，公民的合法权利不受任何人的侵犯。本案中，万某为了证实女朋友对自己是否忠诚，就在女朋友家中安摄像头，以便监视女朋友的日常生活。每个人都有权保有自己的隐私，万某的行为侵犯了其女朋友的隐私权。从道德上讲，万某的行为是变态行为，侵犯人权；从法律上讲，万某的行为已经构成了犯罪，要追究其刑事责任。

★丈夫"扣押"妻子，涉嫌犯罪吗

【案例】

申某在网上认识了白某。2人见面后开始交往，后来申某以自己的名义买了一辆轿车给白某。半年后，2人领了结婚证，但结婚后没几天白某便失踪了。申某让杨某和刘某2人帮忙寻找。9月25日，2人找到并带回了白某。从25日下午到26日，白某被申某等人拘禁在家里达20余小时。重获自由的白某报警后，申某被抓获。

【法律解析】

本案中，申某在一定的场所剥夺了白某的人身自由长达20余小时，构成非法拘禁罪，二人是否夫妻关系与是否构成该罪无关。

★打电话、发短信恐吓前女友的行为构成犯罪吗

【案例】

赵某的前男友在与她分手后，一直以打电话、发短信的方式恐吓她，并私自拿出她在医院的流产病历单，四处散发张贴。还用极其侮辱性的短信发给她的同事和朋友，给赵某造成了极大的名誉损害。前男友还敲诈赵某1万元人民币。在网上以赵某单位、家里的电话虚发招聘、交友等一系列假信息，给其家人、单位造成了极坏的影响。

【法律解析】

赵某的前男友的行为涉嫌侮辱罪和敲诈勒索罪。对前男友的侮辱行为赵某可以向人民法院提起刑事自诉。对敲诈勒索行为，赵某可以向公安机关报案，以追究他的刑事责任。

★为了讨还债务而绑架、扣押债务人，构成犯罪吗

【案例】

沈某曾在2年前借给李某5万元钱，现在沈某想要回这笔钱，但是李某不还。气急的沈某遂纠集了一群打手，将李某绑架

了，并威胁李某的家里人，如果不还钱就撕票。沈某的行为构成犯罪吗？

【法律解析】

沈某的行为构成非法拘禁罪。本案中，沈某为了讨回债务，非法拘禁了债务人李某，并逼迫李某的家人还钱，在主观上属于故意。此外，在客观上，沈某的行为造成了非法剥夺他人人身自由的结果，犯罪构成要件都具备了。因此，沈某构成非法拘禁罪。

★把邻居的信件拿走并销毁的行为，要受到什么惩罚

【案例】

胡某与邻居杨某经常因为一些琐事发生争执，两家的关系非常不好。前不久，杨某带着全家去郊游，大概一个星期后回来。在这期间，杨某家的信件都放在外面的信箱里。出于报复，胡某将信箱里的信件全部拿走并销毁了。胡某的行为构成犯罪吗？

【法律解析】

胡某的行为构成犯罪。我国《宪法》赋予了公民通信自由权，并由《刑法》加以切实的保障。信件作为公民之间传递信息的工具，一般涉及了公民的私密情感。本案中，胡某拿走邻居杨某的所有信件并销毁，侵犯了公民的通信自由，性质恶劣，触犯了《刑法》，应当追究其刑事责任。

★狱警殴打犯人要受到处罚吗

【案例】

丁某是一名刚刚参加工作的狱警。一名因强奸罪被判处有期徒刑五年的罪犯闫某进入该监狱服刑。闫某在服刑期间经常欺负狱友，丁某知道后非常生气。一天，闫某又在殴打狱友，正巧被丁某看见，气愤的丁某冲上去痛打了闫某。丁某的行为要受到处罚吗？

【法律解析】

在此问题上，要具体问题具体分析。如果丁某打人情节严重，就构成虐待被监管人罪，要承担相应的刑事责任。

★恶毒辱骂他人致使对方自杀，骂人者要承担什么责任

【案例】

贾某和刘某是邻居，素来不和。一天，两人在菜市场相遇，同时看中了一条鱼，双方均不肯退让，争执不下。于是，贾某破口大骂，说出各种不堪入耳的粗言俗语，引起群众的围观与哄笑。刘某感到自己受到了羞辱，内心造成很大的创伤，遂自杀了。贾某的行为要如何认定？

【法律解析】

贾某的行为构成侮辱罪。本案中，贾某没有直接杀人，因此不能认定为故意杀人罪。贾某对刘某进行言辞上的谩骂，当众恶意地羞辱刘某，构成侮辱。通常情况，行为人先前实施了严重的违法行为，结果导致被害人自杀身亡的，可把致人自杀死亡的结果作为一个严重的情节考虑。因此，贾某对刘某的死不能以故意杀人罪论处，只在认定贾某构成侮辱罪时，作为一个量刑的情节，从重处罚。

★自养的大型猛犬把别人咬成重伤，饲养人要负什么责任

【案例】

孙某非常喜欢大型的猛犬。不久前，孙某托人经特殊渠道购买了一只体形庞大的藏獒，秘密地养在家中。因为担心吓到邻居，所以孙某只在夜里将藏獒带出来遛

一遛。一天，孙某照例出来遛狗时，藏獒一出门便兴奋地蹿了出去，随即便传出人的惨叫声。孙某心中一慌，便追了过去，发现藏獒把邻居咬成重伤。孙某作为饲养人，应承担刑事责任吗？

【法律解析】

孙某作为饲养人，构成过失伤害罪，要承担相应的刑事责任及损害赔偿责任。本案中，孙某明知道饲养大型猛犬，会对周围的人有什么影响，邻居有可能会被咬伤，甚至可能会被咬死，却依然饲养。藏獒将邻居咬伤，孙某构成过失伤害罪，除要承担相应的刑事责任外，还要附带民事赔偿。

妨害社会管理秩序罪

★戏称商场有炸弹，也会被判刑吗

【案例】

王某偶然在报纸上看到某商场的服务台电话，决定跟商场总台服务员开个"玩笑"。他当即拨通了电话，对总台服务员说商场中有一枚炸弹。服务员立即报告了领导。警方接警后，火速疏散顾客，搜寻了几个小时，才发现这只是一个恶作剧。事后，王某被判处有期徒刑两年。

【法律解析】

王某的行为已构成编造、故意传播虚假恐怖信息罪。本案中，王某的行为与之吻合，他谎称商场有炸弹，属编造、故意传播爆炸威胁性恐怖信息；通过传播后引起了疏散顾客、警察搜寻等后果，严重扰乱了社会秩序。尽管是开玩笑，但王某对由此产生的后果持放任态度，而非适可而止，具有主观上的间接故意。

★在网上肆意传播病毒构成犯罪吗

【案例】

乔某是某大学计算机系的学生。一天，乔某将自制的计算机病毒传播到网上，致使校内网瘫痪。该病毒通过互联网，迅速传播，数以万计的计算机终端被毁，造成非常严重的后果。乔某的行为要承担法律责任吗？

【法律解析】

乔某的行为是犯罪行为，要依法追究其刑事责任。计算机病毒是指编制或者在计算机程序中插入的破坏计算机功能或者破坏数据，影响计算机使用并且能够自我复制的一组计算机指令或者程序代码。众所周知，计算机病毒的破坏性是很大的，造成的社会危害也是相当大的。本案中，乔某在网上肆意传播病毒，造成严重的后果，构成犯罪，要依法追究其刑事责任。

★奸淫幼女，会被从重判刑吗

【案例】

林某的邻居韩某家有一个12岁的小女儿，林某经常去韩某家做客，两家彼此之间比较熟悉。一天晚上，韩某夫妇外出办事，只留下女儿看家。林某借做客为名，来到韩某家，诱骗小女孩，与其发生了性关系。林某要承担什么刑事责任？

【法律解析】

林某奸淫幼女，按强奸罪论处，并从重判刑。奸淫幼女是指行为人与不满十四周岁的幼女发生性关系的行为。无论是在生理上还是在心理上，这些未成年人还处在生长发育过程中，要受到法律的保护。本案中，林某对小女孩实施奸淫行为，构成强奸罪，应从重判刑。

★花钱"买媳妇",会承担什么刑事责任

【案例】

在某山村,人们生活十分清苦,村中的年轻女孩大多嫁到外面,而男子一般还都是单身。程某已经年近四旬,依然独身。经别人介绍,程某花钱买了一个媳妇。程某的行为构成犯罪吗?

【法律解析】

程某的行为构成犯罪。拐卖妇女的行为是犯罪,收买被拐卖妇女的行为同样是犯罪,同样要追究刑事责任。本案中,程某剥夺了被拐卖女子的人身自由,违背了其意志,应当追究其刑事责任。如果程某强行与买来的媳妇发生性关系,还应加判强奸罪。

★武力抗拒警方解救被拐卖妇女儿童,要承担什么刑事责任

【案例】

某偏远山村的村民梁某从人贩子手上买了一个媳妇,该女子多次出逃,均被带回。警方在侦察到该女子的情况后,出动警力前来解救。但是梁某找到村长,寻求帮助。村长遂发动全村人与警察对峙,抗拒执法。这些村民承担什么样的责任?

【法律解析】

这些村民武力抵抗公安干警解救被拐卖的妇女,构成犯罪。本案中,涉及此事的所有村民都要承担相应的刑事责任,梁某和村长作为聚众阻碍国家机关工作人员解救被收买的妇女的首要分子,以主犯论处,从重处罚。

★与现役军人的配偶同居,是否属于犯罪行为

【案例】

郭女士的丈夫是军官,常年不在家。不甘寂寞的她结识了单身男子曾某,与其保持不正当的男女关系,进而同居。曾某的行为构成犯罪吗?

【法律解析】

曾某的行为构成破坏军婚罪。通常,与有配偶的人保持不正当的男女关系,一般不会认定为犯罪,但是,与军人的配偶同居,就会认定为刑事犯罪。我国之所以立法保护军婚,是因为考虑到军婚的维系更加不易。军人与自己的配偶常年处于分居的状态,这是非常不利于婚姻的存续的。为了不使军人的利益遭受侵犯,一些保护条款是有必要的。本案中,曾某与郭女士同居,破坏郭女士与丈夫的婚姻关系,构成了破坏军婚罪。

★犯罪嫌疑人袭警属妨碍公务罪还是故意伤害罪

【案例】

肖某是一名公安民警。一天,他下班后骑自行车途经某地时,听见有人喊"打架了"。他急忙过去拉住一名打人者说:"有话好说,我是警察。"并出示警官证。但打人的说:"揍的就是你警察。"转身向他猛打,之后法医鉴定为轻伤。犯罪嫌疑人的行为构成妨碍公务罪还是故意伤害罪?

【法律解析】

肖某在遇到有人行凶时,出面阻止并且表明了身份,而犯罪嫌疑人明知他是警察故意对其实施暴力造成其轻伤。妨碍公务罪以轻伤为限,如果是重伤、死亡则转

化为故意伤害罪或故意杀人罪。因此，本案中犯罪嫌疑人的行为构成妨碍公务罪。

★在乡间路上发生的事故，驾驶员要承担刑事责任吗

【案例】

乔某在乡间路上被农用四轮车撞倒，造成重伤。当时肇事车上有两人，车祸发生后驾驶员逃跑了，直到第二天乔某才被送到医院，但已经耽误治疗，最后造成失血性休克，不能救治而死亡。驾驶员是否要承担刑事责任？

【法律解析】

根据《道路交通安全法》规定，道路，是指公路、城市道路和虽在单位管辖范围但允许社会机动车通行的地方，包括广场、公共停车场等用于公众通行的场所。所以，此事故不属于交通事故。车祸发生后，驾驶员作为事故的肇事者，负有及时抢救、报案的义务。该驾驶员的行为可能构成过失致人死亡罪。公安机关应当依法进行侦查，追究其刑事责任。

★私自组织他人卖血的行为构成犯罪吗

【案例】

某山村地处偏远，发展滞后，人民的生活十分贫苦。近几年，天降大旱，对原本就生活艰难的村民来说，无疑是雪上加霜。无奈之下，村长只好组织年轻力壮的男性村民们去县城卖血挣钱。村长的行为构成犯罪吗？

【法律解析】

村长的行为构成非法组织卖血罪。非法组织卖血罪是指违反国家有关规定，非法组织他人出卖血液的行为。本罪侵犯的是国家血液管理制度，同时也对公共卫生造成妨害。本案中，村长私自组织村民们卖血，其行为已经构成刑事犯罪。

★故意传播艾滋病要承担什么刑事责任

【案例】

林某因为一次意外事故感染了艾滋病毒。林某为了报复社会，购买了针管，将自己的一部分血液放在针管里，只要看见自己讨厌的人，就将自己的血液注射到别人的身体内，恶意传播艾滋病毒。尽管脱离了人体的艾滋病毒再感染的几率较小，但还是引起了社会的恐慌，造成了恶劣的影响。林某的行为要承担什么刑事责任？

【法律解析】

林某的行为构成传播传染病罪。本案中，林某恶意地传播艾滋病毒，也许没有实质的感染，但是，仅仅做出这样的行为就已经是巨大的威胁了，足以引发恐慌，造成恶劣的社会影响。因此，林某构成传播传染病罪，要依法追究其刑事责任。

★取钱时打坏提款机要承担刑事责任吗

【案例】

叶某一次逛街看中了一件带蕾丝花边的连衣长裙，准备买下，后发现现金不够，于是就到附近的取款机提取现金。但是，取款机出了点问题，气急的叶某对着取款机一阵乱踢，结果把取款机踢坏了，上万元的钞票散落一地。叶某的行为构成犯罪吗？

【法律解析】

叶某的行为构成故意毁坏公私财物罪。故意破坏公私财物，必须达到数额较大或有其他严重情节的才构成犯罪。所谓情节严重，是指毁坏重要物品损失严重

的，毁坏手段特别恶劣的，或者毁坏急需物品引起严重后果的，否则就是动机卑鄙企图嫁祸于人的等。本案中，叶某将取款机踢坏了，致使上万元的钞票飘落一地，造成恶劣的影响。因此，叶某要承担相应的刑事责任。

★随意砍伐树木的行为构成犯罪吗

【案例】

杨某盖房子。动工前，杨某发现后山的树林可以提供盖房需要的木材，这样就可以省去一笔不小的开支。杨某便带人到后山随意地砍伐了很多树木，裁成木料，拿回家盖房子。杨某的行为构成犯罪吗？

【法律解析】

杨某的行为构成盗伐林木罪。本案中，杨某没有砍树证，就带人上山砍伐树木，是违法行为。森林资源是我国重要的资源，是生物多样化的基础。为了保护森林资源，国家出台了很多法律，禁止滥砍滥伐。杨某无视国家法律的相关规定，滥砍滥伐森林资源，要追究其刑事责任。

★猎杀国家珍稀动物要承担什么刑事责任

【案例】

万某是一个偷猎者，几年以来，万某猎杀过藏羚羊、东北虎等一些国家珍稀的保护动物。此外，万某还抓捕过一些珍稀的禽类，包括白天鹅等。万某偷猎国家珍稀动物，要承担什么样的刑事责任？

【法律解析】

万某的行为构成非法捕杀珍贵、濒危野生动物罪。本罪侵犯的客体是国家重点保护的珍贵、濒危野生动物的管理制度。本案中，万某是一个偷猎的惯犯，杀害及猎捕珍贵、濒危的动物很多，性质恶劣，应依法追究其刑事责任。

★骗取小孩的钱财构成什么罪

【案例】

曾某发现一个十岁左右的小孩手里拿着一条钻石项链，于是从口袋里拿出糖果对小孩说："你看叔叔这里这么多糖，和你换，好不好？"小孩子看到糖果十分高兴，就把项链给了曾某。曾某的行为构成什么罪？

【法律解析】

曾某的行为构成盗窃罪。案例中，曾某欺骗的是一个十岁的孩子，孩子年纪小，没有完全的辨认和认识能力。因此，孩子因遭受欺骗而交付财物的行为，不能认为是自愿交付。在司法实践中，对儿童、精神病人等无行为能力或限制行为能力的人，采取欺骗手段获取财物的行为，认定为盗窃罪。

★通过互联网传播淫秽影片会获罪吗

【案例】

章某租用互联网虚拟空间，申请域名制作淫秽色情网站，并通过网站连接的手机注册广告赚钱。网站开通后，该网站上的淫秽电影的点击次数10万余次。章某每年的虚拟空间租用费仅为2000元，而他从广告商处获利5万元。章某是否构成传播淫秽物品罪？

【法律解析】

章某以牟利为目的，利用其制作的网站传播淫秽物品，其行为构成传播淫秽物品牟利罪。根据《最高人民法院、最高人民检察院关于办理利用互联网、移动通讯终端、声讯台制作、复制、出版、贩卖、传播淫秽电子信息刑事案件具体应用法律若干问题的解释》第一条规定，以牟利为目的，利用互联网、移动通讯终端制作、复制、出版、贩卖、传播淫秽电子信息，实际被点击数达到1万次以上的，依照《刑法》第三百六十三条第一款的规定，以制作、复制、出版、贩卖、传播淫秽物品牟利罪定罪处罚。

★明知是假币还持有构成犯罪吗

【案例】

林某买菜时，菜农找给林某一张50元的假币，事后林某回到家中才发现。林某不知该怎么办，不能花出去，就一直存着。持有假币的行为违法吗？

【法律解析】

持有假币，情节轻微，不构成犯罪，情节严重，构成犯罪。假币的制作与流通对社会主义市场经济的正常发展有很大的破坏作用，如果放任不管，会造成非常严重的后果。本案中，林某没有将假币重新放到市场上流通，只是持有，重要的是，假币的数额较小，对社会几乎没有造成恶劣的社会影响，因此，林某的行为不构成犯罪。

★在公共场合突然虚假示警造成伤亡事故的，属于犯罪行为吗

【案例】

周某和同学在某著名的旅游风景区爬山。此时，正值旅游旺季，人潮涌动，周某和同学们在人流中缓慢地前行。周某基于恶作剧的心理，突然高喊了一声："有炸弹！"想看看大家的反应。听到示警的人们四散奔逃，慌不择路，很多人被踩踏成重伤，造成了非常严重的后果。周某的行为构成犯罪吗？

【法律解析】

危害情节的严重与否是决定其是否构成犯罪行为的重要标准。本案中，周某的行为从性质上说，原本并不构成犯罪。但是该行为造成的社会危害严重，因此被认定为犯罪行为。周某明知道这样做可能会引发什么样的后果，却仍然这样做，结果造成了严重的社会危害，情节严重，认定其构成犯罪。

★佩带管制刀具吓唬别人，是否构成犯罪

【案例】

邓某不学无术，不务正业，整天与一群狐朋狗友在街上胡闹。香港的《古惑仔》系列电影风靡内地之后，邓某也找来一把砍刀，整天挂在腰上，吓唬别人。邓某的行为构成犯罪吗？

【法律解析】

邓某携带管制刀具的行为是否构成犯罪要看是否造成了巨大的社会危害。本案中，邓某随身携带管制刀具，也许并没有真正使用，但是，刀具本身就带有强烈的威慑力，即使不使用，也足以引起人们的恐慌，具有一定的社会危害性。由于不会构成更大的危害，也就不认为是犯罪行为了。但是，如果邓某携带刀具的行为造成了严重的社会危害，情节严重，则认定为刑事犯罪，追究刑事责任。

★在法庭上互殴，要承担什么刑事责任

【案例】

杨某因不堪忍受丈夫黄某的虐待，向法院提出离婚诉求。在法院开庭审理过程中，杨某的家属与黄某的家属都坐在旁听席。当杨某向法院哭诉黄某的暴行时，恼怒的黄某大声地辱骂杨某及其家人，并冲向杨某，试图殴打杨某。杨某的家人见状，纷纷冲上去与黄某扭打，黄某的家人

随即也加入混战。此行为要如何认定？

【法律解析】

　　双方当事人互殴闹事的行为构成扰乱法庭秩序罪。本案中，在庭审当中，双方当事人无视法庭秩序，互殴闹事，严重地扰乱了法庭秩序，践踏了法庭的威严。根据《刑法》的规定，依法追究刑事责任。挑起事端的黄某作为始作俑者，要从重处罚。

★帮助犯人逃避司法追捕，要承担什么刑事责任

【案例】

　　郭某在一次械斗中，失手将人打死，惶然不知所措的郭某跑到了哥哥家，向哥哥寻求帮助。郭某的哥哥立即筹集了一笔钱叫弟弟远走高飞，再也不要回来。哥哥帮助犯罪的弟弟逃避司法追捕，属于犯罪行为吗？

【法律解析】

　　哥哥帮助弟弟逃避司法追捕的行为构成包庇罪。本案中，哥哥既然爱弟情深，就不应该帮助他逃跑，而应劝其自首以求宽大处理。郭某的哥哥明知弟弟犯下重罪，还协助其逃避追捕，自己的行为也构成了犯罪。

★聚众"打砸抢"，要受到什么刑事处罚

【案例】

　　某省遭遇大旱，民生疾苦，于是有暴徒趁机聚众闹事、抢劫伤人。暴徒所到之处，席卷所有店铺，造成非常严重的社会危害。组织群众"打砸抢"，要受到什么刑事处罚？

【法律解析】

　　组织群众"打砸抢"的行为构成妨害社会管理秩序罪。本案中，趁乱打劫的暴徒们伤人的，按照故意伤人罪论处；打死人的，按照故意杀人罪定罪。对于灾后暴动的行为，国家向来严厉打击。

★冒充警察招摇撞骗，要受到什么刑事处罚

【案例】

　　史某在一个裁缝店定制了一套警服警械，借警察执法为名，到处招摇撞骗，欺压百姓。史某要承担什么刑事责任？

【法律解析】

　　史某构成招摇撞骗罪。招摇撞骗罪，是指为谋取非法利益，假冒国家机关工作人员的身份或职称，进行诈骗，损害国家机关的威信及其正常活动的行为。本案中，史某冒充警察只是一个手段，其实质上是为了获得某种利益或者荣誉，并且具有一定的社会危害性。因此，史某构成招摇撞骗罪。

★允许朋友在自己家吸毒，也构成犯罪吗

【案例】

　　徐某常年吸毒，身为朋友的梁某尽管为朋友痛心，也没有办法阻止。一天，徐某刚刚购买了一批新的海洛因，没有回自己家，直接来找梁某。徐某邀请梁某一起吸毒，梁某委婉地拒绝了。梁某纵容朋友在自己家里吸毒，这样的行为构成犯罪吗？

【法律解析】

　　梁某纵容朋友在自己家吸毒的行为构成犯罪。本案中，梁某明知徐某在自己家中吸毒，有可能会造成严重危害社会的客观事实，应该阻止却没有阻止，在客观上支持了徐某吸毒的行为，构成不作为犯罪。

★引诱教唆朋友吸毒的，要受到什么刑事处罚

【案例】

乔某带一群朋友去夜总会玩，由于是这里的老主顾了，因此总是会享受一些特殊的待遇。乔某得意洋洋地炫耀，说如果有人想尝试一下吸毒，凭自己的面子可以轻易地得到。众人半信半疑。于是，乔某要服务员拿了一些海洛因，并引诱朋友们吸毒，有一些人没有经受住诱惑。乔某引诱朋友吸毒，构成犯罪吗？

【法律解析】

乔某引诱朋友吸毒，构成引诱他人吸毒罪。本案中，乔某引诱别人吸毒的情节非常恶劣，造成严重的危害后果，认定为构成犯罪，追究其刑事责任。

★公民持有多少毒品就属违法了

【案例】

杨某的朋友中有不少人吸毒。一次，杨某的一个朋友将1包200克左右的海洛因交给杨某保管，说不久会来取走。杨某的一个亲戚来家里玩，无意中发现了毒品，就报了警。接到报警的警察到杨某家缴获了毒品，并将杨某拘捕。

【法律解析】

按照毒品种类的不同，标准也就不同。根据《刑法》规定，公民非法持有鸦片200克以上1000克以下，持有海洛因或者甲基苯丙胺10克以上50克以下，持有其他毒品数量较大的，就构成犯罪。

★协助他人将犯罪所得转移，是否构成洗钱罪

【案例】

程某在担任国家机关要职的过程中，贪污公款，收受贿赂，侵吞的不良财产高达3亿元人民币。时值反腐倡廉力度最大的时期，程某为了逃避制裁，遂找到朋友张某帮忙，希望张某将自己非法所得的巨资用于投资房地产业，使其合法化。张某答应了程某的请求。张某是否构成了洗钱罪？

【法律解析】

张某构成洗钱罪。洗钱罪，是指明知是毒品犯罪、黑社会性质的组织犯罪、走私犯罪等的违法所得及其收益，为掩饰、隐瞒其来源和性质，通过存入金融机构、投资或者上市流通等手段使非法所得合法化的行为。本案中，张某明知程某的财产都是非法所得，仍帮助某将资金作为房地产投资融入市场流通，使钱转化为合法财产，构成洗钱罪。

★发生食物中毒事件，食品生产厂家要负刑事责任吗

【案例】

某饮料厂生产的饮料不符合卫生标准，就投放到市场上。很多人在饮用了该厂生产的饮料后，出现了中毒的现象，上吐下泻，纷纷住院治疗。对于此事，该饮料厂要承担什么样的刑事责任？

【法律解析】

该饮料厂构成生产、销售不符合卫生标准的食品罪。本案中，该厂生产的饮料不符合卫生标准，侵犯了国家食品卫生管理制度和公民的生命权、健康权，并且造成了严重的社会危害。该罪在主观上一定是故意的，这里所指的故意并不是指生产厂家故意要用食品毒害消费者，而是指厂家对可能造成严重食物中毒事故或其他严重食源性疾患的后果采取放任的态度。

★拒不执行法院的判决，要承担什么刑事责任

【案例】

白某在一次交通事故中负全责，法院判决白某赔偿受害人申某35万元。申某经历了这次车祸事件后，双腿被截肢，失去了生活能力，因此，法院判决的损害赔偿对申某而言非常重要。白某接到法院判决后，拒不执行判决。白某的行为要承担什么刑事责任？

【法律解析】

白某的行为构成拒不执行法院判决罪。本案中，白某在接到法院的判决书后，不执行法院的判决，就等于藐视法庭，情节恶劣，法院可以依法强制执行。如果白某屡教不改，就依据相关法律规定，认定其构成拒不执行法院判决罪，追究其刑事责任。

【法条链接】

《刑法》第三百一十三条 对人民法院的判决、裁定有能力执行而拒不执行，情节严重的，处三年以下有期徒刑、拘役或者罚金。

★窝藏赃物要承担什么刑事责任

【案例】

程某是某大学的学生。周末，程某趁同学们都不在宿舍的机会，连撬十几个宿舍，偷走笔记本计算机2台、MD播放机2台、CD播放机3台、现金数千元。带着这些赃物，程某直奔朋友杨某家，将这些赃物先藏在杨家，想等过了风声后，再找机会销赃。杨某窝藏赃物，要承担什么刑事责任？

【法律解析】

杨某已经构成窝藏赃物罪。窝藏赃物罪，是指明知是犯罪所得及其产生的收益，还以窝藏的方式隐瞒的行为。本案中，杨某为了讲义气，便为朋友窝藏盗窃来的赃物，客观上已经具备构成窝藏赃物罪的犯罪要件。应认定为窝藏赃物罪既成事实，依法追究其刑事责任。

★将借给别人的财物偷偷拿回并接受赔偿，构成什么罪

【案例】

贾某借用郭某摩托车，数周不还，郭某碍于情面，一直未讨要。某晚，郭某趁贾某家无人，将摩托车推回。次日，贾某将摩托车丢失之事告诉郭某，并提出用4000元予以赔偿。郭某故意将真相隐瞒，接受了贾某的赔偿。郭某的行为构成犯罪吗？

【法律解析】

郭某将摩托车偷偷推回不构成犯罪。因为盗窃罪是指以非法占有为目的。本案中，郭某擅自取回摩托车的行为，虽然在客观上属于秘密占有，但因摩托车本来就是他自己的财产，谈不上"以非法占有为目的"，在主观上难以认定有盗窃的故意。但此案另一个情节是郭某隐瞒了事实真相，接受了贾某的赔款。其行为已经构成了诈骗罪，应当依此追究其刑事责任。

日常消费篇

——衣食住行明白消费

服 装

★服装非主要成分未标识，构成欺诈吗

【案例】

李某在某大厦买了两条裤子，买回家后发现裤子的实际成分与标识不符，其标注成分为97%棉，3%氨纶。李某委托他人到质量检验中心质检，检测后的成分为棉、涤纶、氨纶。于是他起诉要求该大厦收回所售产品，赔偿双倍货款。服装非主要成分未标识，构成欺诈吗？

【法律解析】

不构成欺诈。法律规定，服装的非主要成分未标识，仅仅侵害消费者的知情权，只有服装的主要成分未标识，并且对产品的质量、价格有较大影响，或对人体、环境有较大损害的情况下才构成欺诈。商家的主观恶性不是很大，对李某的权益也不会造成严重侵害。该大厦应给李某退货，但不必双倍赔偿。

★ 商家处理的商品售出后，能退货吗

【案例】

王女士看到一家专卖店在出售名牌的处理皮包，价格便宜。店员说厂家的仓库漏了雨，皮包被打湿了，有些地方颜色有些脱落。他们还立了一块"处理品售出概不退换"的牌子。王女士买了一个，回家发现皮包颜色有明显脱落。她找商家退货，但商家不给退货。那么，处理品到底可不可以退货呢？

【法律解析】

经营者对出售时已明确告知存在瑕疵的处理品不承担退货责任。如果没有说明，一旦出现质量问题或者被有关机关认定为不合格产品，消费者有权向经营者提出退货和赔偿要求，经营者应当无条件退货。王女士在买打折的皮包时，商家已经明确告知皮包被淋了雨，还告知了有些地方颜色有些脱落，而这种瑕疵也并不会对人体健康或者人身安全、财产等造成危害。王女士无权向商家要求退货或赔偿。

★特价商品有质量问题，能退还吗

【案例】

邓女士看中了某专卖店的一条打5折的面料裤。于是，邓女士买下了这条裤子。不料，这条裤子只穿了一个上午，裤兜内接缝的地方就开线了。到了商店拿出票据，售货员却告诉她不能退也不能换。在售货员的提醒下，邓女士才看到票据上写着"打折不退不换"的字样。无奈之下，邓女士只好放弃。

【法律解析】

商家的"打折商品"不退不换的声明是无效的，该声明不能免除其保证质量的义务。促销商品并不意味着质量有问题，商家仍然要保证特价商品的质量。商品出现质量问题时仍然要为消费者退换商品或承担其他民事责任。促销商品仍然要保证质量，商家不能通过促销销售劣质产品。商家不能单纯以促销为理由拒绝退换商品。

本案中，商场以已在发票上注明"打折商品不退不换"为理由拒绝退货没有法律依据，其必须退货。

★促销价格反而高，能告商家欺诈吗

【案例】

某商场进行价格促销期间，魏某买了一款羽绒服。后来魏某得知，羽绒服促销前售价仅为488元，商家在促销时却以618

元计算。魏某要求商场公开道歉并双倍赔偿其损失。商场认为，该款羽绒服的实际价格是618元，但是在促销前一直是按折扣价488元销售，因此促销没有虚构原价，没有进行价格欺诈。

【法律解析】

可以告商家欺诈。商场打折促销，商品售价应该会比正常价格低，可是如果商家虚构原价，使促销价格反而更高，则严重损害了消费者的合法权益。商家在提供商品或服务时有欺诈行为的，应该承担"退一赔一"的民事责任，即双倍赔偿责任。

★衣物质量有缺陷造成损害怎么办

【案例】

秦先生在一家商场买了一套保暖内衣后，穿了不到一星期，身上就出现了发红现象。秦先生被确诊为皮炎，系穿保暖内衣所致。秦先生为此花去医疗费用上千元，病好后，他便带着保暖内衣到有关部门申请鉴定。鉴定结论表明，该保暖内衣的甲醛含量严重超标。秦先生来到商场索赔，要求对方赔偿损失。

【法律解析】

商家应当予以赔偿。《产品质量法》第四十一条规定，因产品存在缺陷造成人身、缺陷产品以外的其他财产（以下简称他人财产）损害的，生产者应当承担赔偿责任。《纺织品甲醛含量的限定》对保暖内衣等纺织品的甲醛含量有明确限定。秦先生购买的这套保暖内衣甲醛含量超标，不符合国家制定的行业标准，存在危及人身安全的不合理危险，是典型的产品缺陷。

★销售假冒商品，附赠的物品在买卖关系解除后是否应退还

【案例】

张某在某商厦购买了一套西服，又获得了附赠的领带一条。回家后，张某发现该西服做工粗糙，经工商部门认定，该西服确属假冒产品。于是，张某找到商厦，要求商厦退货，并给付一倍的赔偿。该商厦答应张某的要求时，向张某索要赠送的领带。那么，张某该不该退还赠品或现金呢？

【法律解析】

该商厦应该给张某退西服并再赔偿张某该西服一倍的货款，而张某应该归还赠品。只有消费者购买了该商厦的商品，才有权获得该商厦的赠品。从买卖合同看，该商厦给张某退货款，张某与商厦的买卖合同就随之解除。买卖关系只要不存在，赠予关系就不成立。

【法条链接】

《产品质量法》第四十条 售出的产品有下列情形之一的，销售者应当负责修理、更换、退货；给购买产品的消费者造成损失的，销售者应当赔偿损失：

（一）不具备产品应当具备的使用性能而事先未作说明的；

（二）不符合在产品或者其包装上注明采用的产品标准的；

（三）不符合以产品说明、实物样品等方式表明的质量状况的。

销售者依照前款规定负责修理、更换、退货、赔偿损失后，属于生产者责任或者属于向销售者提供产品的其他销售者的责任的，销售者有权向生产者、供货者追偿。

★洗衣店规定的"行规"合法吗

【案例】

何女士于2009年5月20日到某干洗店干洗一件价值800余元的大衣,并支付干洗费15元。等到何女士去取衣服时,却被告知大衣丢失了。为此,何女士要求该店按价赔偿800元。但该店负责人却表示,只可以按洗衣费5倍赔偿,并说这是洗衣业的"行规"。请问,该洗衣"行规"是否合法?

【法律解析】

该"行规"是违法的,不受法律保护。另外,何女士的大衣被丢失,其责任在于该干洗店保管不慎所致。所以,何女士有权就该大衣丢失向干洗店索赔。同时,由于该店并未向何女士提供干洗服务,因而也不能占有15元干洗费,干洗费应予退还。

【法条链接】

《消费者权益保护法》第二十四条 经营者不得以格式合同、通知、声明、店堂告示等方式作出对消费者不公平、不合理的规定,或者减轻、免除其损害消费者合法权益应当承担的民事责任。

格式合同、通知、声明、店堂告示等含有前款所列内容的,其内容无效。

第四十四条 经营者提供商品或者服务,造成消费者财产损害的,应当按照消费者的要求,以修理、重作、更换、退货、补足商品数量、退还货款和服务费用或者赔偿损失等方式承担民事责任。消费者与经营者另有约定的,按照约定履行。

★租柜台者杳无踪迹,赔偿责任应由商场承担吗

【案例】

最近,李某在某商场购买了一件标价800元的西装,2天后发现该西装的领子有严重质量问题,便回到该商场要求调换。可李某当初购买西装的柜台已换了别人,以前的营业员也不见了,于是李某找到商场经理,要求其更换。那么,李某的损失商场要不要负赔偿责任?

【法律解析】

应由商场向李某承担赔偿责任。从李某的情况可以看出,李某到商场购物,在没有标明真实名称和标记的租赁服务柜台购买了一件不合格的西装。根据《消费者权益保护法》的规定,凡是出租柜台的承租者在租赁期内损害消费者权益的,若消费者找不到承租者,无论对消费者的行为是否负有直接责任,出租者都有先行赔偿消费者全部损失的义务。

食 品

★购买过期食品,生病住院谁来赔偿

【案例】

小红的母亲从超市买了一只袋装扒鸡,特价五元,只是超过保质期七天了。第二天小红的父母就因食物中毒住进了医院。小红说保留好证据,等病好了找超市索赔。但小红的母亲说人家超市可能不认账,因为自己明知道过期了还买,只能怨自己贪便宜吃大亏。那么,购买明知已经过期的食品,生病住院谁来赔偿呢?

【法律解析】

超市应当承担赔偿责任。根据相关法则规定，销售者不得销售国家明令淘汰并停止销售的产品和失效、变质的产品。消费者购买、使用商品和接受服务时享有人身、财产安全不受损害的权利。违反规定，生产、经营不符合卫生标准的食品，造成食物中毒事故或者其他食源性疾患的，消费者可以向销售者要求赔偿。

本案中，虽然小红的母亲明知食品过期，仍自愿购买，这都不影响和不能免除商家承担赔偿责任。法律并没有规定顾客明知食品过期仍然购买，商家就可以免除责任。超市销售过期食品的行为，客观上给顾客身体健康和经济上造成了较大损害，超市应对此承担责任，对小红的父母依法给予赔偿。

【法条链接】

《产品质量法》第三十五条 销售者不得销售国家明令淘汰并停止销售的产品和失效、变质的产品。

《中华人民共和国食品安全法》（以下简称《食品安全法》）第八十五条 违反本法规定，有下列情形之一的，由有关主管部门按照各自职责分工，没收违法所得、违法生产经营的食品和用于违法生产经营的工具、设备、原料等物品；违法生产经营的食品货值金额不足一万元的，并处二千元以上五万元以下罚款；货值金额一万元以上的，并处货值金额五倍以上十倍以下罚款；情节严重的，吊销许可证：

......

（七）经营超过保质期的食品；

......

《消费者权益保护法》第四十一条 经营者提供商品或者服务，造成消费者或者其他受害人人身伤害的，应当支付医疗费、治疗期间的护理费、因误工减少的收入等费用，造成残疾的，还应当支付残疾者生活自助费、生活补助费、残疾赔偿金以及由其扶养的人所必需的生活费等费用；构成犯罪的，依法追究刑事责任。

★饭店收取服务费、纸筷费、开瓶费是否合理

【案例】

2008年11月26日中午，刘某与同事到某饭店就餐，刘某未经经营者同意，将从超市购买的4瓶剑南春酒带入店内饮用。就餐完毕，经营者向刘某收取餐费410元，其中包括开瓶费和纸筷费。刘某起诉到法院，要求经营者退还非法收取的开瓶费、纸筷费，赔偿相应损失。饭店收取开瓶费、纸筷费合理吗？

【法律解析】

要视不同情况而区别对待。若消费者与经营者已就纸筷费或者服务费达成协议，当事人应当按照约定履行义务；经营者若以店堂告示等形式向消费者收取纸筷费或服务费，而消费者并不知情且该告示并不醒目，则应当认为收取纸筷费或服务费并没有订入合同，消费者不应当支付该费用；若经营者以店堂告示等形式向消费者收取纸筷费或服务费，同时服务员向消费者做了说明或者该告示非常醒目，此时，消费者应当支付该费用。

★顾客餐厅就餐被烫伤，谁负责

【案例】

7岁的小欣随母亲等一行7人去饭店就餐，期间她与其他两位小朋友一起上卫生间，迎面遇上正端着一盆酸菜鱼头汤的服务员周某。结果周某端的汤泼了出来，刚好浇在小欣的头面部。事后，小欣住院治疗。家长向饭店索赔，饭店称服务员周某应当承担小欣受伤的责任。到底该由谁负责赔偿？

【法律解析】

服务员周某与饭店应当承担主要责任，小欣家长应当承担次要责任。

周某的过失行为是造成小欣损害的直接原因，侵害了小欣的生命健康权。所以，服务员周某应当承担赔偿责任。本案中，饭店与服务员周某之间存在雇佣关系，服务员周某是在工作中由于过失造成了他人损害，作为雇主的饭店应当负责赔偿。另外，小欣属于未成年人，其家长却由于疏忽没有履行好监护的职责，应当承担一部分责任。

★最低消费规定合法吗

【案例】

郑某和一同事在某餐馆就餐，结账时发现费用比实际多出8元，于是郑某找该饭店的服务人员理论。他们告诉郑某该饭店由于装修和服务投入较大，出于成本考虑，从而划定了客人的基本消费额度，无论郑某消费了多少都要支付其规定的最低消费金额50元。该饭店的规定是否合法？

【法律解析】

该饭店的规定不合法。该饭店单方面制定这样的条款损害了消费者的合法利益，限制了消费者的自主选择权。可以通过以下途径解决：（一）与经营者协商和解；（二）请求消费者协会调解；（三）向有关行政部门申诉；（四）根据与经营者达成的仲裁协议提请仲裁机构仲裁；（五）向人民法院提起诉讼。

★免费酒水造成的损害，该由谁来买单

【案例】

某酒家为招徕顾客，推出了吃火锅免费喝啤酒优惠活动。程某与五个好友一同去吃火锅。当程某喝尽一瓶酒，喉咙被一硬物卡住。住院诊断证明，其喉咙被一细铁丝卡住。程某要求酒店赔偿损失，酒店以酒水免费为由拒绝赔偿。那么，酒店应该赔偿程某的损失吗？

【法律解析】

酒店经营者应当承担赔偿责任。因酒店提供的酒中有异物而遭到人身损害，尽管该酒店对酒水存在瑕疵没有过错，而且是免费提供，但这免费的酒水是属于酒店所提供服务的一部分。当然，酒水含有瑕疵（酒中有铁丝），酒水的生产厂家有过错，同样也要承担损害赔偿责任。但作为消费者程某来讲，他有权按照自己的意愿选择索赔对象。既然程某选择酒店赔偿，酒店就得承担赔偿责任。

【法条链接】

《消费者权益保护法》第十一条 消费者因购买、使用商品或者接受服务受到人身、财产损害的，享有依法获得赔偿的权利。

第三十五条 消费者在接受服务时，其合法权益受到损害的，可以向服务者要求赔偿。

★顾客就餐时为第三人所伤，餐厅应否赔偿

【案例】

刘某来到某餐厅就餐。在就餐过程中，邻桌客人突然发生斗殴，致刘某左腹部受伤。刘某称，斗殴发生后，该店店主张某既未上前制止，又未及时报警，导致肇事者逃脱，应负有过错，要求判决张某赔偿其医疗费、误工费、精神损失费、营养费等共计2378元。

【法律解析】

根据法律规定，从事餐饮、娱乐等经营活动的自然人、法人和其他组织在其经营场所内对消费者的人身和财产负有合理的安全保障义务。本案中，经营者张某在邻桌客人发生斗殴时，既没有及时劝阻，也未及时报警，导致肇事者逃脱，经营者张某违反了其合理的安全保障义务，其主观上具有过错，张某应当承担与其过错程度相适应的合理赔偿责任，其在承担责任之后，可以向侵权的第三人追偿。

【法条链接】

《消费者权益保护法》第十一条 消费者因购买、使用商品或者接受服务受到人身、财产损害的，享有依法获得赔偿的权利。

第三十五条 消费者在接受服务时，其合法权益受到损害的，可以向服务者要求赔偿。

★尚未入店用餐即摔伤，能否要求赔偿

【案例】

付某与其同事相约去某火锅店用餐。当付某踏上该火锅店的台阶时，由于台阶上结的冰没有清理干净，台阶又未加盖防滑垫，付某一下子滑倒在地上。付某随即被送往医院治疗，经诊断为髋骨骨折，用去医疗费16387.6元。事后由于火锅店拒绝赔偿，付某起诉到法院。

【法律解析】

火锅店只应当赔偿付某的部分损失。付某虽然没有进入火锅店，没有实质性的消费行为，但是其已和同事约定准备去火锅店用餐，并且已经到达火锅店外，所以，付某的行为属于要约。火锅店明知台阶上有冰，如果不清除可能会导致消费者进店用餐时摔倒，却疏忽大意没有及时清除台阶上的冰，也没有加盖防滑垫，其过失是付某遭受损害的原因之一。另外，付某的不小心也是导致其受伤的原因。

★在餐厅丢失物品，能否要求经营者赔偿

【案例】

2007年4月12日中午，王某到快餐厅就餐，就餐后，发现公文包不见了。包内有一部手机及部分现金等物品，价值约5000元。王某遂要求快餐厅赔偿其损失5000元。但快餐厅经理称，其已在快餐厅内张贴了数份写有"请顾客妥善保管好自己的私人物品，谨防小偷"字样的告示，非常醒目，已尽到了提醒警示义务，其不能赔偿。

【法律解析】

王某的请求不应当支持。本案中，该快餐厅以醒目的文字提醒顾客应当注意自己的财物，可认为其已经履行了安全保障义务。顾客对自己随身携带的物品负有主要的保管义务，消费者王某是由于自己的疏忽行为才直接导致丢包。

★因商品存在瑕疵退货，能否要求商家支付交通费

【案例】

肖某在北京一家商店购得一袋五香牛肉干，后发现该牛肉干包装袋里面有一些沙粒，不能食用。于是肖某从住处乘公交车到商店要求退换商品并赔偿花费的一元钱交通费。商店营业员同意退换其购买的牛肉干，并且向肖某道歉。但是，拒绝赔偿其一元钱的交通费。于是肖某将诉状递至人民法院。

【法律解析】

商店应当赔偿。消费者购买大件商品需要退换的，可以要求经营者赔偿运输等合理费用，但是消费者购买的是小件商品，经营者就不应当赔偿运输等合理费用。本案中，肖某乘车所花费的费用完全是由于被告提供的牛肉干有瑕疵而造成。同时，肖某退换牛肉干坐的是公交车，而没有采取打的等较贵的交通方式，因此，肖某因乘车而遭受的损失是合理的损失。

★预订的酒席被取消，可以双倍索还定金吗

【案例】

刘先生在某酒店预订了6月15日为其父过70大寿的寿宴，并交了300元押金。6月12日，酒店通知刘先生，6月15日该酒店被一家结婚的包下，不能承办刘先生父亲的寿宴。刘先生非常气愤，要求酒店双倍返还定金，但酒店只同意退回定金，双方遂起纷争。

【法律解析】

刘先生有权要求酒店双倍返还定金。《消费者权益保护法》规定了经营者应遵循诚实信用原则。所谓的诚实信用原则是指经营者在与消费者进行交易时，应该诚实守信，不得恶意违反法律的规定与双方的约定。本案中，刘先生已经向酒店预订了酒席并交付了定金，酒店没有经过刘先生同意就擅自取消，其行为显然有违诚信，应该承担《合同法》中规定的定金罚则，即向刘先生双倍返还定金。

★产品致消费者受伤，可以要求赔偿吗

【案例】

个体食杂店老板张某从金利食品批发中心批发了30箱啤酒准备出售。啤酒拉到家卸车时一瓶啤酒突然爆炸，将张某左眼炸伤，花去医疗费1万余元。张某找到金利批发中心要求赔偿医疗费，但金利批发中心认为自己只是销售啤酒，责任应由啤酒生产厂家来负。

【法律解析】

张某可以要求食品批发中心赔偿。法律规定，经营者因产品给消费者造成人身或财产损害的，应当赔偿医疗费、护理费、因误工减少的收入等费用。需要说明的是，《消费者权益保护法》中所称的"经营者"，包括生产者、销售者、运输者、保管者。所以，本案中金利食品批发中心称自己不负责任是没有法律依据的。

★酒店可以禁止顾客自带酒水吗

【案例】

刘先生某天与朋友一起到一家酒店吃饭，自带了一瓶朋友新送的洋酒，就拿出来要喝，可是酒店的服务员告诉刘先生，该店禁止自带酒水。刘先生很气愤，与酒店工作人员争论起来。但酒店坚持不允许刘先生喝自带的洋酒。刘先生一气之下，还是喝了自带的酒。但结账时酒店收了他100元"酒水服务费"。刘先生可以拒交

服务费吗？

【法律解析】

目前很多地方的酒店都以店堂告示的形式禁止消费者自带酒水，这其实侵犯了消费者的自主选择权，是违反《消费者权益保护法》的规定的。酒店的做法是不合法的，刘先生有权拒交"酒水服务费"。

★打折商品出现质量问题就可以不予退货吗

【案例】

牛某从某商场购买啤酒一箱24罐，"优惠价"合计40元。回到家牛某饮用时发现里面有絮状物，罐底还有沉淀物。他连续又开2罐，每罐都如此。牛某要求商场退货，商场经理说优惠销售商品不予退货。

【法律解析】

牛某有权力要求商场退货。消费者购买到的商品，要保证能够正常使用，这是基本的道理。法律规定，经营者必须保证售出商品的质量，如果售出的商品在一定期限内出现质量问题，应该无条件修理、更换或者退货，即便是打折商品也不能例外。经营者不得以打折为由而拒绝退货。因此，本案中牛先生有权要求退货，商场不得拒绝。

★消费者维权可采取哪些途径

【案例】

陈先生到某商场购买食品，回家食用后全家腹泻。经检验是在商场买回的食品大肠杆菌超标所致。后陈先生要求商场赔偿自己购物的价款及全家的医疗费、误工费等共计损失5000余元，并与商家多次交涉，但商家总以各种理由推脱。这种情况下，陈先生应如何维护自己的权益？

【法条解析】

如果与商家交涉无效，根据《消费者权益保护法》的规定，陈先生可以向消费者协会求助，也可以向有关行政部门申诉。如果曾与经营者达成仲裁协议，可以提请仲裁。还可以向人民法院提出诉讼。

美容娱乐

★不按照优惠券载明的内容履行，属于违约行为吗

【案例】

一日，小柳得到了一张优惠券，免费得到一次头发的水疗护理。小柳进入美发店，当拿出优惠券想要使用时，工作人员告诉她凭优惠券是可以免费做一次免费水疗，但是水疗所需的精油等需要自己支付。小柳当场提出质疑。工作人员最后表示，如果要进行免费水疗就得支付200元的材料费，否则就不予水疗。

【法律解析】

美发店的行为属于违约。从法律关系的角度来分析，商家通过派发优惠券搞促销，属于要约行为。要约是指希望和他人订立合同的意思表示，经受要约人承诺，要约人即受该意思表示的约束。如果商家不按照优惠券载明的内容履行，应当承担违约责任。

★年卡"猝死"，该由谁承担责任

【案例】

2009年6月，梅小姐在一家商场的美容美体中心办了一张年卡，凭此年卡可以每个月享受一次免费的全身按摩，但是只使用了一个月，这家美容美体中心突然关

门歇业。几天之后，店铺居然改头换面成了一家发型设计中心，老板也换人了。现在找不到原来美容美体中心的老板，梅小姐的年卡"猝死"成了废卡，该由谁承担责任呢？

【法律解析】

商场应当承担连带责任，负责赔偿。本案中，商场将柜台、店铺等出租给各商家，包括美容美体中心，梅小姐现在找不到美容美体中心的老板，根据《消费者权益保护法》第三十八条的规定，梅小姐可以要求商场承担赔偿责任，商场在对梅小姐进行赔偿后，有权向美容美体中心的负责人追偿。

★化妆品套装促销，不适合自己怎么办

【案例】

一次商场促销活动中，李小姐看中了一款"魅力时尚袋"的化妆品套装。这时，该化妆品专柜的工作人员要求她排队、领号牌才能购买，并且不能拆开看实物，买了后不合适也不能退货。她如数付了款后，领到了封口的"魅力时尚袋"。回去之后，李小姐发现里面的化妆品不适合自己的干性皮肤，于是要求退一赔一，但是遭到了专柜工作人员的拒绝。该化妆品专柜工作人员的做法对吗？

【法律解析】

该化妆品专柜应当承担对李小姐的退赔责任。消费者在自主选择商品或者服务时，有权进行比较、鉴别和挑选。该化妆品专柜侵害了李小姐的合法权益。

★真品变"假货"，消费者需要举证吗

【案例】

2008年9月20日，张小姐在某商场化妆品专柜购买了一套美白护肤产品。在使用了一段时候后，张小姐脸上出现过敏反应，经检验，这套化妆品属于假冒产品，并出具了检验证明。张小姐向法院提起诉讼。庭审中，商场辩称张小姐所出具货品不是自己售出的，而是被调了包，拒绝赔偿。张小姐是否需证明自己没对商品"调包"？

【法律解析】

无需举证。张小姐有商场开具的购物发票和关于化妆品是假冒产品的证明以及那一套引起纠纷的化妆品等证据材料，依照生活常理，消费者一般只能提供这些证据，根据这些事实，可以推定出商场在出售化妆品给张小姐时以假充真的事实。

★美容变毁容，人身损害、精神损害赔偿责任都要担

【案例】

一个月前，刘女士到某美容院做了割眼袋手术。当时美容院一再保证这个手术绝对安全，而且不留痕迹。但一个月后，刘女士就感到手术处疼痛得厉害，而且割过眼袋的地方更是红肿，气愤之极的刘女士向法院起诉，要求美容院进行人身损害和精神损害赔偿，费用共计三十余万元。

【法律解析】

根据《消费者权益保护法》第四十一条的规定，经营者提供商品或者服务，造成消费者或者其他受害人人身伤害的，应当支付医疗费、治疗期间的护理费、因误工减少的收入等费用。美容损害又不同于一般的人身损害。首先，美容机构没有完全履行与消费者之间形成的美容法律关系中的义务而造成了消费者的人身损害。其次，美容损害赔偿责任既包括对人的容貌即人身损害的物质赔偿责任，还包括对容貌受损而带来的精

神损害的经济补偿责任。

★免费服务泡了汤，商家应该赔偿吗

【案例】

章小姐从一家体育器材公司购买了一部跑步机，并得到一张年卡，享受一年的免费健身。可是，两个月后免费健身活动却终止了。该公司以年卡为免费赠送、章小姐没有付钱为由，不承担赔偿责任。那么，免费服务突然泡了汤，该公司应该负责赔偿吗？

【法律解析】

要赔偿。赠品是有偿所得，章小姐的年卡便是，就有权享受服务。现在体育器械公司由于自己的过错，不能履行合同，却借口以章小姐没有实际损失推脱，违反了约定，侵犯了章小姐的合法权益，应当提供健身服务或者退还费用。

★找不到打人者，出事场所要担责任吗

【案例】

前不久，张某同一群朋友前去某迪厅蹦迪。期间，邻桌的几位客人故意挑事，把张某打昏在地。事后打人者扬长而去，该迪厅保安未加以阻止。张某被送入医院进行治疗。因为找不到肇事者，张某向迪厅索赔。迪厅负责人认为，他们不应对此负责，而且也给张某支付了部分医疗费。至此，张某只好向法院提起诉讼。

【法律解析】

迪厅应承担赔偿责任。根据法律规定，作为经营者的迪厅应当为消费者提供安全、舒适、优雅的休闲娱乐环境，在迪厅接受服务时享有人身、财产安全不受损害的权利。而该迪厅由于其采取的安全防范措施不力，致使张某在休闲娱乐期间，无端被他人殴打致伤，应当承担赔偿责任。

旅行出游

★因雨雪天气而缩短行程，旅行社是否应支付违约金

【案例】

2008年1月中旬，杜某在某旅行社报名，参加2月初一个去广西桂林和海南的旅游线路。但是，由于当时是全国普降雨雪的特殊时期，旅行社说去广西桂林的旅游线路开通不了，只能去海南，也就是说旅游线路会缩短。报名的时候，交了200元钱，旅行社承诺说一定可以按期出行。旅行社是否应退还杜某交的200元和支付杜某一定的违约金？

【法律解析】

杜某不能要求旅行社支付违约金。但如果杜某提出解除合同，旅行社应退还给他200元。因全国普降雨雪等天气灾害情况，是旅行社所不能预料的。如果旅行社与杜某签订了合同，合同中约定了违约金，因不可抗力原因导致不能履行合同，可以免除旅行社的违约责任。

★旅行社是否承担违约责任

【案例】

2008年5月10日，钱女士和父母参加了旅行社组织的西北7日游。在去往景点的途中，因司机违章造成交通事故，钱女士和父母都受了伤。事后钱女士向旅行社索赔，旅行社却说他们只负责提供专职导游接待，提供车辆服务的是当地的某汽车租赁公司，因此，事故责任应由汽车租赁公司承担。那么，钱女士该怎么办呢？

【法律解析】

　　钱女士既可以提起侵权之诉，也可以提起违约之诉。从违约的构成来看，只要合同一方违反了合法有效的合同约定，并且不具有不可抗力等责任免除的情形即构成了违约。即使该违约是由于第三方的原因造成的，旅行社也应当向钱女士及其父母承担违约责任。需要提醒的是，选择侵权之诉的人身损害赔偿，受害人可以主张精神损害赔偿；而选择违约之诉，除法律有特别规定的外，不能主张精神损害赔偿。

★旅行社遗漏游览景点，赔偿如何计算

【案例】

　　黄某等旅游者报名参加一支旅游团，双方签订了《旅游合同》。在旅游过程中，因组团社与地接社之间发生团款纠纷，耽误了旅游行程。旅游结束后，黄某等旅游者要求旅行社承担违约责任，赔偿全部旅游费用。旅行社辩称，此次旅游景点的遗漏，完全是地接社的原因造成的，组团社并没有过错，但同意先退赔遗漏景点门票费。

【法律解析】

　　游客可以要求部分赔偿。本案中，旅行社按合同约定履行了绝大部分义务，旅游者也享受了旅行社提供的各项服务。个别景点遗漏，不应赔偿全部旅游费用。

★游客中毒，旅店是否要承担责任

【案例】

　　2007年元旦，李某和朋友刘某驱车到某景区看冰灯。晚上入住景区的旅店，但客房中的取暖设备坏了，只有用炭火来取暖。李某提醒刘某睡觉时要开窗透气，但是由于天气寒冷，刘某的房间没有开窗。第二天早晨李某发现刘某已经昏迷不醒，经医院抢救为一氧化碳中毒，脱离危险后，刘某要求该旅店赔偿医疗费。但他们却说是刘某自己不注意，责任应当自己承担。

【法律解析】

　　旅店应当承担责任。客房中的取暖设备坏了，用炭火来取暖，存在安全隐患，但该店未采取任何防止危险发生的措施，责任在该店。

★游客免费游园受伤，公园能免责吗

【案例】

　　2008年8月5日，75岁李某凭借老年证免费进入公园，漫步游走到一低洼处，不慎跌了一跤，造成左脚脚踝严重扭伤，为此花去医疗费1000余元。事后，李某家人认为公园未尽到安全保障的义务，因此要求公园支付相应的医疗费用。但公园方面却认为，如果是免费进入公园，公园就没有义务保障其安全。

【法律解析】

　　公园不能免责。正常经营的公园对老年人提供免费游玩是一种优惠待遇，不能作为免责理由，也不能减轻对其的责任，因为确定责任的标准，是针对所有的游玩者确定的，不能因为对这些人员的优惠而减轻其责任。李某进入公园游玩，如果公园未尽安全保障义务，存在过失，应当承担损害赔偿责任。李某可以按照这一规定，请求有过错的公园管理者承担侵权责任。

★宾馆过了中午12点加收半天房租的惯例合法吗

【案例】

　　前不久，谭女士出游到外地，在一家宾馆住宿，入住时间是下午5时多，次日

下午2时多退房，宾馆服务台向谭女士收一天半的房租。谭女士提出实际只住了不到一天，宾馆应按一天住宿标准收费。可服务小姐说，凡住本宾馆的顾客在中午12时后退房的，按惯例要加收半天住宿费。

【法律解析】

宾馆的做法不合法。顾客住宿一天，实际就是在旅馆停留一天的时间，这一段时间在法律上就是一个期间。顾客住宿一天的时间应为24小时。如果住宿时间不超过24小时，只能按一天的房价计算。

本案中，谭女士实际住宿时间不足24小时，宾馆却要其交一天半的住宿费，宾馆的做法违背了《民法通则》关于期间的规定。不仅如此，宾馆的做法也与《民法通则》第四条所规定的公平、等价有偿的基本法律原则相悖，因而是错误的。

★游客住宾馆被盗，可以向宾馆索赔吗

【案例】

梅先生到湖北旅游，住进一家三星级宾馆，支付260元房费。没想到第二天一早醒来，发现自己装有一台手提计算机和2000元现金的公文包不翼而飞。向公安机关报警后，案子一直未能侦破，梅先生向宾馆提出索赔要求。宾馆答复道："东西不是宾馆拿的，这盗窃防不胜防，你应该找公安局、找小偷索赔。"

【法律解析】

梅先生可以向宾馆索赔。游客按规定向宾馆支付了房费，双方就形成了消费合同关系。游客据此享有人身财产受安全保障的权利。游客在宾馆这一特定场所被盗，是与宾馆本身防盗措施不力、管理不善有关，宾馆方面是有过错的，其违反法定义务，构成了违约。

其他商品及服务

★消费者知假买假还能获得双倍赔偿吗

【案例】

乔某到某商家购买电动剃须刀，回家后，才发现是"三无产品"，质次价高。乔某觉得商家有意对其进行欺诈，为了报复，又返回商场一次性买了一百部电动剃须刀，购买以后，要求商家按照《消费者权益保护法》的规定双倍赔偿。

【法律解析】

乔某不能获得双倍赔偿。乔某第一次的购买是属于为生活需要而进行的，而第二次的购买，很明显具有了盈利性。本案中，乔某第二次购买的一百部电动剃须刀不属于"生活消费"的范畴，因此乔某要求双倍赔偿的要求不能得到支持，但货款可以退还。

★以产品开封为借口拒退商品，是否侵犯了消费者合法权益

【案例】

陈先生通过电视购物订了一套水晶护眼产品，但是当陈先生用完试用装后感觉效果不好，打电话要求退货。该公司的员工说用一片效果不明显，要陈先生接着用。可当陈先生用了一盒还是没效果再次要求退货时，该公司却说正品已经开封不给退。

【法律解析】

该公司侵犯了消费者的权益。经营者通过引人误解的虚假宣传使消费者购买该产品，无效后又以正品已经开封为由不给退货，损害了消费者的合法权益。所以，陈先生可以请求消费者协会调解，或者向

有关行政部门申诉,也可以通过诉讼或仲裁解决。

★婚礼录像丢失,顾客要求精神损害赔偿合理吗

【案例】

今年5月15日,苗小姐与某婚纱影楼老板牛女士签订了婚庆合同,由影楼拍摄婚礼全过程。拍摄过后,牛女士由于自己的影楼被窃,无法如约向苗小姐交付婚礼录像以及VCD。苗小姐要求婚庆公司返还付款,并且支付精神损害赔偿50000元。双方协商未成,苗小姐遂诉至法院。

【法律解析】

苗小姐的要求合理。婚礼录像,对于苗小姐具有至关重要的意义,是不可替代的纪念品。这类具有人格象征意义的特定纪念物品,由于其所具有的特定性以及唯一性,其精神价值已经远远高于其使用价值,对于它的损毁或者灭失具有不可挽回的损失。

★展销会上质次价低的商品,可以进行退换吗

【案例】

吕大姐在展销会上买了台电饭煲,却怎么也蒸不熟米饭。拿到质检部门检验,结果出在蜂窝内胆上,质量不合格。展销会已经结束了,卖家早已撤柜。服务说明书上厂家地址不详,电话也根本就打不通。这种情况下,吕大姐应该怎么办,她到底该找谁退货?

【法律解析】

可以找销售者进行退换,如果联系不到销售者,可以找展销会的举办者要求赔偿。相关法律规定,经有关行政部门认定为不合格的商品,消费者要求退货的,经营者应当负责退货。本案中,展销会结束了,商家不见了人影、联系不上,吕大姐只要搞清楚是谁负责举办这次家电展销会的,就可以前去向其索赔。

【法条链接】

《消费者权益保护法》第三十八条 消费者在展销会、租赁柜台购买商品或者接受服务,其合法权益受到损害的,可以向销售者或者服务者要求赔偿。展销会结束或者柜台租赁期满后,也可以向展销会的举办者、柜台的出租者要求赔偿。展销会的举办者、柜台的出租者赔偿后,有权向销售者或者服务者追偿。

★买到质量有瑕疵已作说明的产品,超市承担退货责任吗

【案例】

2008年11月,刘先生去超市购物,看到一款降价处理的电饭锅,觉得还不错。刘先生问售货员降价原因,她说内胆加热较慢,所以降价50元。刘先生犹豫了一下还是买了回来,但用了几次,感觉加热确实很慢。刘先生想退货,那么,超市应承担退货责任吗?

【法律解析】

超市可以不承担退货责任。超市对刘先生提出的有关电饭锅质量的询问,已作出了真实、明确的答复。但超市可以对该电饭锅进行修理并收取适当的费用。

★"售出概不退换",有质量问题商家能免责吗

【案例】

在促销活动中,小秦买了一台饮水机,当时牌子上写着"促销产品售出概不

退换"。出差一周回来后,小秦按照说明上的要求操作,擦洗干净了机身的内外部,发现热水管总是不停地滴水。小秦于是找到柜台要求退货,但是店长说事先是小秦自己没有考虑清楚,也没有检查清楚,柜台不负任何责任。

【法律解析】

商家不能免责。本案中,这家柜台只是告诉小秦正在搞促销,但是并没有说商品是次品,存在质量问题,小秦正是基于这种信任才购买了这台饮水机,因此商场不能免除其保证质量的义务。这家柜台以店堂告示的方式声明"促销商品售出概不负责",不具备任何法律效力,不能以此对抗消费者的索赔请求。

★商品宣传效果与实际不符如何维权

【案例】

2008年11月,何先生将新房进行装修,墙面漆是某品牌的净味全效涂料。半年后,家中还会闻到一股刺鼻的味道。当初销售人员承诺的是两三天就一点儿味道都没有了。于是何先生去找销售商,但是他们说涂料销售前经检测没有质量问题,让何先生找厂家解决。那么,何先生应该怎么办?

【法律解析】

何先生可以先找有关部门进行检测,如果确实是涂料的质量问题,可以要求退货。何先生可以找销售者解决。

★自定"霸王条款",商店应负责吗

【案例】

2007年8月,袁某在商场给儿子买了一台录放机。回到家中,儿子使用时发现该录放机缺少自动倒带功能,而且有个按钮已不太灵敏。于是,袁某赶到商场要求退货。售货员往墙上一指说:"你看,我们商场墙上贴着告示,上面写着'商品售出,概不退换'。我没法给你退货!"一气之下,袁某便向法院提起诉讼,要讨个说法。

【法律解析】

商场应当负责退货。法律不允许经营者在经营场所设立损害消费者权益的告示、声明、通知,即使设立了,其内容也是无效的,并不能免除经营者应承担的责任和义务。

★价廉质不优,商家要负责吗

【案例】

某建材超市老板向李先生推荐一种便宜的乳胶漆,李先生买了十桶。他并未注意到该乳胶漆外包装上没有具体的生产厂名、厂址和合格证。一个月后搬进新家时,才发现粉刷过的墙面多有剥落,且墙体出现漏水的现象。于是李先生一纸诉状,将该建材超市告上法院。该建材超市要负责吗?

【法律解析】

建材超市要负责。本案中,被告建材超市所出售的乳胶漆不仅不符合产品出售时所必须具备的基本条件,而且客观上在产品使用过程中也有了不合格的表现,因此应当认定为不合格产品。在建材超市销售者没有证据证明原告李先生在购买时已经知道乳胶漆不合格的情况下,销售者当然要对出售不合格产品承担相应的法律责任。

★性能与说明书不符,认定欺诈要赔钱吗

【案例】

2006年8月28日,樊先生在市某通讯

商场买手机。销售人员向其推荐了一款品牌手机,樊先生欣然购买下来。随后,他发现手机没有摄像功能,于是要求退货。但经销商认为这不属于商品质量问题,拒绝退货。樊先生向法院提起诉讼,以经销商欺诈消费者为由,要求退货并双倍赔偿购机款。

【法律解析】

商场应承担赔偿责任。售出的产品不符合产品说明书标明的质量状况的,销售者应当负责修理、更换、退货。通讯商场向樊先生出售手机的性能不符合产品说明书标明的质量状况,其行为构成欺诈。

★未用作商业用途,多余底片影楼可不给吗

【案例】

2008年5月21日,吴萍和赵强在一家影楼拍了一套结婚照。总共拍摄了80张,将有38张照片被作成相册。他俩希望要80张,影楼的老板则以多余照片要花费成本为由,要收取多余照片的费用。吴萍和赵强认为多余的相片应该给他俩。那么,影楼的行为是否构成侵权呢?

【法律解析】

影楼的这种做法对消费者并不构成侵权。因为多拍照片是为了让消费者有更多更好的选择,拍摄之前已与消费者进行了约定,所以,影楼对剩余的底片或数码资料拥有所有权。只要影楼没有把消费者的剩余照片擅自用于其他商业用途,其做法无可厚非。

★买农药弄坏花草,经销商是否要负责

【案例】

徐某为了除去花园中的杂草,到某农资部买了瓶除草剂,但喷洒以后,连草带花全部死亡。徐某去农资部咨询,才知道那些是浓缩型药液,而且这种药液也不适合花园除草用。当时农资部的工作人员并没有给他说明书,也没有教给他使用方法,徐某要求其赔偿损失。遭到拒绝后,徐某提起了诉讼。

【法律解析】

我国《消费者权益保护法》规定,经营者在提供有可能危及安全的商品或服务时有向消费者告知的义务。而对于农药经营来说,经营者的告知义务尤显重要。我国规定,农药经营单位应当向使用农药的单位和个人正确说明农药的用途、使用方法、用量、中毒急救措施和注意事项。可以说经营者的告知义务是消费者的知情权实现的前提条件。

★赠品有质量问题可以索赔吗

【案例】

国庆节期间,周某到超市购买了一台饮水机,超市为促销随赠了一盒礼品,内装巧克力、瓜子、花生、核桃等食品。周某回家后发现花生等食品有异味且部分霉变,要求超市退还,或予赔偿。超市则认为礼盒是赠送品,不属赔偿范畴,拒绝退货或赔偿。赠送商品存在质量问题时,能否要求退换或赔偿呢?

【法律解析】

赠品有质量问题也可以要求赔偿。从《合同法》角度来说,商家所谓"赠予"与一般的赠予不同,消费者只有根据商家要求,在指定地点、指定商品消费总额达到一定数量时,才能获得"赠予"商品,因此商家的这一"赠予"是附条件的,而不是无偿的。超市应当对赠予商品的质量负责。

产品"三包"

★售出7日后,可不可以要求退货

【案例】

李先生买了一辆电动车,但是骑了10天左右以后,却怎么也充不上电了,于是李先生找到专卖店要求退货。专卖店的负责人说已经售出7日了,不能退货,只能换一辆或者是帮忙修理好。那么售出7日以后,到底可不可以要求退货呢?

【法律解析】

不能退货。根据《部分商品修理更换退货责任规定》,产品自售出之日起7日内,发生性能故障,消费者可以选择退货、换货或修理;产品自售出之日起15日内,发生性能故障,消费者可选择换货或者修理。本案中李先生购买电动车已经超过了7天,所以不能要求退货,而又在售出后15日内,因此专卖店的负责人的说法是成立的。

★送货上门没检查,质量问题由谁负责

【案例】

韩某丁2007年5月10日在某电器商场购买了一款空调,等新居装修完毕后安装。5月16日,空调送到,韩某收货时没有开包装检查。6月5日,韩某新居装修完毕,要安装空调时,经安装人员调试发现不能制冷。韩某找到商场要求换空调,商场声称购买已超过15天,不予退换。韩某有权要求换货吗?

【法律解析】

韩某有权要求换货。销售者在出售商品时,应当开箱检验,正确调试,介绍使用及维修事项等。也就是说,销售者负有验货义务,应该对售出的商品进行开箱检验,调试商品功能是否完好、配件是否齐全等。在本案中,商场没有履行验货义务,应视为有过失,应该为此承担责任。

★保修期内退换手机还要交纳"换壳费"吗

【案例】

魏某买了一款品牌手机,用了不到1个月,发现手机屏幕显示有信号,就是无法拨打和接听电话,也发不出短信。魏某找到商家要求换货,商家确定了手机故障原因后同意换货,却告知魏某要收取他200元的"换壳费",理由是魏某的手机外壳有细小的划痕。魏某不服,双方遂起纠纷。消费者退换手机要支付"换壳费"吗?

【法律解析】

不能收取"换壳费",前提是魏某手机上的细小划痕属于自然磨损而非人为损坏。《移动电话机商品修理更换退货责任规定》中明确指出,在三包有效期内,如因手机出现特定的性能故障,经两次修理仍不能正常使用的,消费者可以要求商家免费更换同型号、同规格的手机。如果商家认为磨损是消费者不正当使用或者人为破坏造成的,应当承担举证责任。

消费纠纷的解决

★消费者有权要求商家兑现"假一赔十"的承诺吗

【案例】

方某在一家标着"假一赔十"的店中购买了一部手机。事后鉴定该手机非原装,进网许可证标志也是伪造的。方某拿

着手机和鉴定书找到商家兑现承诺，却遭到拒绝。该店只同意按照购买手机费用的双倍赔偿。消费者有权要求商家兑现"假一赔十"的承诺吗？

【法律解析】

有权要求商家兑现承诺。"假一赔十"是商家取信于消费者而自愿作出的承诺，应当理解为买卖合同内容之一，是约定责任。《消费者权益保护法》规定，经营者和消费者有约定的按约定履行。

★违约责任和侵权责任重合怎么办

【案例】

田女士买了一个高压锅。一天，田女士在厨房做饭时高压锅的盖子突然掀起砸中田女士的头部，并将头皮砸了一个大口子。田女士赶紧到医院进行包扎。伤情稳定后田女士找到销售商，销售商说不是他们的责任，让田女士找生产厂家。生产厂家在外地，电话一直打不通。田女士现在该怎么办？

【法律解析】

田女士可以选择要求销售商承担违约责任，或者要求销售商和生产厂家共同承担侵权责任。违约责任和侵权责任只能选择其中的一种。田女士和销售商之间是合同关系，销售商应保证出售商品的质量符合国家规定的标准。如果出售的高压锅质量不合格，则销售商应对田女士承担违约责任。同时，因高压锅质量不合格对田女士人身造成了损害，也构成了侵权。

★超市免费存包，丢包要赔偿吗

【案例】

陈女士某晚来到某超市，并将其在外面商场购买的真皮包（价值300元）寄存在服务台。当陈女士逛完超市返回服务台领包时，服务员发现皮包不见了。陈女士为此向超市索赔，而超市认为自己并无重大过失行为，并且为顾客存包为无偿服务，不应承担赔偿的责任。那么，超市是否要为陈女士作出赔偿呢？

【法律解析】

超市应承担赔偿。虽然超市的保管行为系无偿保管行为，但保管行为会给超市带来潜在商业利益，作为经营者，超市提供的服务应该是安全的。故不能将超市保管行为按一般的无偿保管行为来对待，而应按照有偿保管行为来对待。

★手机号码上包装，如何向商家索赔

【案例】

张先生的手机号码被别人印在了某商品的包装盒上，一时间，张先生接到了许多订货、退货电话，正常生活和工作受到干扰。张先生可以向商家索赔吗？应该如何索赔？

【法律解析】

张先生可以按照侵害生命健康权来主张。因为手机号码被印在商品的包装盒上，一定会有人因商品的质量或其他问题打来电话，而这不是手机主人的目的。这样的电话一多就干扰手机主人的正常生活，长此以往，会给手机主人的身心健康造成损害。

★奖品有瑕疵，顾客可拒领吗

【案例】

某天，消费者韩先生在某商场购物100元后获赠刮刮卡一张，幸运地中了二等奖，奖品是一台电视机样机。韩先生发现它的配件不足，因此要求商场换台新机。商场则认为，这台样机作为奖品摆在现场，已很直观地向消费者明示了奖品的情况，消费者对奖品的瑕疵也能看得到。为此，商场不愿提供新机。

【法律解析】

韩先生可以拒领。该商场的行为已涉嫌违法。一则商场用于促销的奖品实际上已被计入销售成本中，奖品实质上也是商场用于销售的商品；二则即便奖品可以正常使用，只要存在瑕疵，商场也应采取相应措施向消费者明确告知。基于商场销售商品时一般都会提供样品这一商业惯例，以及《合同法》中关于格式合同的相关规定，消费者将其提的样机理解为奖品样品是合法的。

★消费者维权，可以就近选择法院吗

【案例】

家住苏州的小程去上海出差，在上海买了一口高压锅回家。使用刚一个月，高压锅因质量问题发生爆炸，致使小程妻子受伤。事故发生后，小程发现高压锅厂家就在苏州。小程能否直接在苏州起诉高压锅厂？是否需要到上海去起诉出售的商家？

【法律解析】

小程可以在苏州起诉产品的生产厂家。经法院审理后，如果查明属于经营者的责任，厂家在赔偿以后可以向商家追偿。在连带被告的诉讼中，最终应由责任人承担赔偿责任。作为消费者，只需从方便角度考虑法院的选择即可。

★遭遇强制搜身，消费者有权拒绝吗

【案例】

2006年3月2日，15岁的小燕购买完物品准备离开超市时，却被超市的保安拦住，怀疑其偷了东西，要带去问话。小燕被带到办公室后，从她的购物袋里找到了2瓶未付款的洗发液，超市逼迫小燕写份保证书，并请父母来领人。事后，小燕的父母认为这样会对孩子的心理造成很大的伤害，于是，向法院提起诉讼，依法追究超市的责任。

【法律解析】

消费者有权拒绝超市保安的搜身行为。超市不是法律规定的特定国家机关，无权限制公民的人身自由，无权搜查公民的身体。超市保安强行扣留顾客并搜查其身体及携带的物品侵犯了顾客的人身自由，应依法承担相应的民事责任。本案中，由于小燕是未成年人，小燕的父母还可依法追究超市的刑事责任。

★商场可以对消费者"搜身"吗

【案例】

女生小颖在与同学购物后离开商场时，商场门口的电子警报器响了起来。商场保安与值班经理要求对小颖的背包进行搜查，但是什么也没有搜出来。于是经理与保安把小颖带到值班室，强制要求小颖脱衣检查，但还是什么也没有搜出来。小颖非常气愤，但又不知道该如何出这口气。

【法律解析】

商场这样做是违法的。《消费者权益保护法》赋予了消费者受尊重权，即消费者在购买、使用商品和接受服务时享有人格尊严、民族风俗习惯受尊重的权利。本案中商场的搜查行为明显侵犯了小颖的受尊重权，可以依法要求商场赔礼道歉并赔偿精神损失。

★ "要发票就不打折"合法吗

【案例】

某商场推出"周年庆典酬宾"活动,在广告中宣称,在5月1日至5月31日去该商场消费,可获8折优惠。王先生于5月18日在该商场购买了一件衣服,结账时王先生索要发票。商场声称如果要开发票,就不能享受打折优惠。商场的做法合法吗?

【法律解析】

商场的做法不合法。商场应该为王先生出具发票。商场酬宾期间向消费者承诺以8折销售商品,发生《合同法》关于要约、承诺的效力,应受其约束。而为消费者出具发票,是商场的法定义务。即从合同的约定上讲,商场应以8折的价格出售商品;从法律规定上讲,商场应该为消费者出具发票。

知识产权篇

——保护我们的无形产权

商 标

★将他人的注册商标作域名是否构成侵权

【案例】

2007年5月，A公司获得了"TIT服装"商标权，后经国家工商总局认定为全国驰名商标。2008年6月，A公司发现"TIT服装"被B公司注册成了域名，输入"TIT服装.CN"即可进入B公司网站，B公司也是一家服装公司。A公司是"TIT服装"商标的合法持有人，应当享有该注册商标的专用权。B公司将他人的注册商标作域名是否构成侵权？

【法律解析】

B公司为商业目的将他人驰名商标注册为域名，这种行为已经构成侵权。B公司对该域名或其主要部分不享有权益，也无注册、使用该域名的正当理由，应当认定B公司的行为构成侵权。

★利用名牌提包做广告构成侵权吗

【案例】

2004年7月至10月，甲公司和乙公司在上海市某路口处的大楼上竖立一块高300米、宽60米的户外广告牌，为其开发、经营的楼盘进行宣传。广告牌上的宣传画是一个半蹲模特图像，模特手中拎一只印有某著名品牌的商标的提包。

该商标注册人丙公司得知此广告后，认为两房产开发商未经注册人许可擅自使用其商标，侵犯了其商标权，且构成不正当竞争。

【法律解析】

本案中，甲、乙两公司虽然与原告不是同行业的竞争者，但是由于原告的商品作为时尚、高档的象征本身就是原告的一种有利资源，是其经过长期的经营才获得的，被告故意利用原告资源，不正当地获取利益，因此损害了原告的合法权利。被告的行为不但是不正当竞争行为，而且侵犯了原告的合法权益，所以使用他人名包做广告构成了侵害他人权益的不正当竞争行为。

★某厂为打开产品销路，使用未经注册的商标标识合法吗

【案例】

某食品厂一直效益不好，市民对其产品也知之不多。后该厂负责人设计了"kk哇"商标，但是没有通过注册。后来，该厂大肆利用"kk哇"商标做广告，以求打开销路。那么，该食品厂的做法合法吗？

【法律解析】

商标具有表明商品来源，标明商品质量和宣传商品的作用。《中华人民共和国商标法》（以下简称《商标法》）第四十八条规定，冒充注册商标的，由地方工商行政管理机关予以制止，限期改正，并可以予以通报或者处以罚款。商标必须到商标局进行登记注册后方可使用。案例中的食品厂未经注册，就擅自使用商标标识，是违法的，应当立即停止。工商行政管理机关有权依法对食品厂作出行政处罚。

★两个企业同时申请一个商标怎么办

【案例】

2001年12月20日，广东某化工有限公司和广州某涂料厂在同一天就同一种涂料分别向国家工商行政总局提出某商标注册申请。2002年1月8日，商标局依法书面通知两申请人在30日内提交其申请注册前在先使用该商标的证据。2002年1月21日化

工公司向商标局提交了其于1998年8月8日使用该商标的书面证据资料；1月25日涂料厂向商标局提交了其于1998年5月10日起使用该商标的书面材料。2002年3月5日商标局初步审定并公告使用在先的涂料厂的某商标。驳回化工公司的申请，不予公告。请问，商标局的做法对吗？

【法律解析】

本案涉及相同商标同时申请的先用权纠纷。商标权的取得，一般采用注册在先原则，使用在先原则。我国《商标法》规定商标权的取得采用注册在先的原则，即谁先申请商标注册，商标权就授予谁。商标注册是商标权受法律保护的前提。同时，我国《商标法》在一定条件下采用使用在先原则，即两个或两个以上申请人同时就相同或相似商标在同种或类似商品上申请商标注册的，初步审定并公告使用在先的商标，驳回其他人的申请，不予公告。

本案中，化工公司与涂料厂同一天就相同商标在同种商品（涂料）上使用向国家商标局申请注册，依法应采用使用在先的原则予以审查确定。由于涂料厂提交的证据表明其先于化工公司使用该商标，故初步审定并公告的是涂料厂使用在先的该商标。化工公司的申请被驳回是正确的。

专 利

★委托别人研发产品，研发人是否享有专利申请权

【案例】

2005年10月，A公司接受B公司委托为该公司研发一种新型材料。双方签订了书面合同，约定了开发费用和开发时间，但是对专利申请没有约定。2006年10月，A公司如期完成了新材料的研发，把该技术成果交与B公司。B公司也认定新材料符合合同约定的性能。A公司现在想对新材料申请专利，不知是否享有专利申请权。

【法律解析】

委托开发完成的发明创造，除当事人另有约定的以外，申请专利的权利属于研究开发人。因A、B两公司签订的委托技术开发合同中对专利申请权没有约定，所以申请专利的权利应属于A公司。但是，在A公司取得专利权后，B公司可以免费实施该专利。如果A公司转让专利申请权，B公司享有以同等条件优先受让的权利。

★老师完成的发明，专利权归本人还是学校

【案例】

胡老师是某大学资源环境学院的辅导员。一日，胡老师应市环保局的邀请，帮助研究有关"造纸水污染控制技术"的课题。暑假里，胡老师在学校实验室里利用废旧的原料以及工具等，进行实验和测试，终于完成了课题研究。之后，胡老师与学校就该项发明的专利申请权归属问题产生了争议。学校认为胡老师的发明是在学校完成的，专利申请权应该归学校所有；胡老师则认为这项发明是自己受环保局的委托在暑假期间利用业余时间完成的，专利申请权应该属于自己。那么，职务发明和利用业余时间完成的发明到底归谁呢？

【法律解析】

本案的关键在于胡老师的发明到底是否属于职务发明。首先，胡老师虽然是学校工作人员，但是其担任的职位是辅导员，和造纸水污染没有任何关联。其次，胡老师是受市环保局的委托进行课题研

究，而非学校布置的课题任务。再次，胡老师虽然利用了学校的实验室，但是只是利用了其中的一些废旧原料以及工具，没有达到主要利用单位的物质条件的程度。因此，胡老师的发明不属于职务发明，该项专利申请权应该归胡老师所有。

★服装店明知该产品无专利许可仍然销售，是否构成侵犯专利权

【案例】

熊某发明了一种加工布料的新技术，并申请了专利。甲公司看好这项技术，2001年，与熊某签订了专利转让合同。2002年，甲公司开始用这种技术生产高档男式西服并注册商标。后来甲公司发现乙公司以同样的技术生产西装。而某服装店明知该公司无专利许可，仍然销售其服装。服装店是否构成侵权？

【法律解析】

服装店构成侵权。转让专利权的，应当向国务院专利行政部门登记，由国务院专利行政部门予以公告。专利权的转让自登记之日起生效。甲公司在取得了合法有效的专利权之后，乙公司未经甲公司许可，使用甲公司的专利方法制造服装，而服装店明知该服装是侵犯专利权制造的，为了营利仍然销售，根据《专利法》第十一条的规定，其行为侵犯了甲公司的专利权。

著作权

★著作权不分老幼，一经征用就需付费

【案例】

万某的儿子今年9岁，不久前在新华书店里，万某发现某儿童作文集中收录了儿子的一篇文章。经与出版社联系，出版社以万某的儿子是未成年人为由拒绝支付稿酬。那么，未成年人有著作权吗？

【法律解析】

著作权属于作者，不管是成年人还是未成年人，均可依法享有。万某的儿子是作品的作者，因此依法享有著作权。出版社已出版发行了作品集，无论其出版目的、用途如何，都应在作品集上署上万某的儿子的姓名，并按规定支付报酬。如出版社拒绝万某与万某的儿子的请求，则万某可以向人民法院起诉，要求保护儿子的著作权。

【法条链接】

《中华人民共和国著作权法》（以下简称《著作权法》）第十一条 著作权属于作者，本法另有规定的除外。

创作作品的公民是作者。

由法人或者其他组织主持，代表法人或者其他组织意志创作，并由法人或者其他组织承担责任的作品，法人或者其他组织视为作者。

如无相反证明，在作品上署名的公民、法人或者其他组织为作者。

《民法通则》第九十四条 公民、法人享有著作权（版权），依法有署名、发表、出版、获得报酬等权利。

★著作权与肖像权发生冲突怎么办

【案例】

几年前肖某在逛街时，遇到一位青年人正在写生。他说肖某形象很好，想为肖某画一张画，肖某答应了。等他画完后，

肖某很满意，希望他把画送给自己。但是他说这是老师留的作业还得拿回去交差，之后就分开了。后来，肖某在一次画展上发现了这张画。该行为是否侵犯了肖某的肖像权？

【法律解析】

绘画作品的著作权为著作权人享有，而作品中人物的肖像权归属于该肖像权人。在著作权与肖像权发生冲突时，就涉及哪种权利优先问题。肖像权是《民法》规定的一种人身权，是自然人的基本权利之一。著作权毕竟是一种人身权派生的权利，其行使不应侵犯基本的人身权。因此，著作权无力对抗肖像权，著作权人行使著作权不得侵犯肖像权人的肖像权。该著作人未经肖某的同意，以营利为目的使用肖某的肖像，侵犯了肖某的肖像权。

★过世作家的作品不涉及个人隐私，可以公开发表吗

【案例】

某作家去世以后，尚有几部作品没有发表，其子欲将这位作家的作品公之于众，其女不同意，称这几部作品是父亲留下的遗产，希望能秘密地保存下来作为纪念。那么，这位作家的作品，他的儿子能否发表？

【法律解析】

著作权包括人身权和财产权。人身权与作者个人身份紧密相连，而财产权是指著作权人许可他人以合法方式使用作品并由此获得报酬的权利。

作家的儿子和女儿，继承的是作家基于作品而产生的财产权益，至于属于人身权的发表权，其子女应尊重作家生前的意志。如果作家去世前没有明示，作品没有涉及其个人不愿公开的隐私，是可以公之于众的。当然，作家的继承人也有保护作品人身权的义务，如发现他人侵犯作家的著作权，可代行相关权利。

★作品署名权，主要看作者身份吗

【案例】

某文化公司聘请了一位编辑进行组稿工作。这位编辑独立完成的第一本书送到出版社付印出版时，编辑向公司提出自己是本书的著作权人，有权在书上署名，并有权获得相关报酬。文化公司不同意，认为虽然是编辑独立编写，但公司是该书的策划人，且已为该编辑支付了工资报酬，该编辑无权主张上述权利。双方由此发生纠纷，最终对簿公堂。

【法律解析】

由于著作权的特殊财产利益，故著作权的主体是人们关注的一个问题。创作作品的公民是作者。由单位主持，代表单位意志创作，并由单位承担责任的作品，作者就是单位。如无相反证明，在作品上署名的公民或单位为作者。因此，文字作品的写作者并不一定就是作者，不一定享有该作品的著作权。文化公司的编辑组稿，系由单位主持，最终责任也由文化公司承担，故其组稿属职务行为。按照法律规定，该书的著作权由该文化公司享有，相关义务也由该公司承担。

★超过30天未回复，就可一稿多投吗

【案例】

小高是一名文学青年，平时喜欢向一些杂志社投稿，并屡屡有文章面世。一次，小高投到某杂志社的一篇文章经过3个月还未发表，遂将该篇文章转投他处。他的一位朋友告诫小高，称他的行为属于一稿多投，已经违法了，可能会受到法律

制裁。小高因此十分不安。那么，小高真的违法了吗？

【法律解析】

我国《著作权法》对一稿多投进行了规范。一般情况下，作者是不能一稿多投的。但是，向杂志社投稿自稿件发出之日起15日内未收到报社通知决定刊登的，或者自稿件发出之日起30日内未收到期刊社通知决定刊登的，作者可以将同一作品向其他报社、期刊社投稿。双方另有约定的除外。小高所投稿件，如果事先未做约定，他有权将稿件投向其他杂志社。

★出版社是否应当向作家的后代支付稿酬

【案例】

乔某的父亲是一名作家，生前发表了很多作品。2006年为了纪念他，某出版社出版了乔某父亲所写文章的专辑。乔某知道后，向出版社要求领取该书的稿酬。出版社说，专辑中的文章是他们专门派人查找整理出来的，因此著作权应当归编辑者所有。那么，出版社是否应当向乔某支付稿酬？

【法律解析】

出版社应向乔某支付稿酬。汇编作品，其著作权由汇编人享有，但行使著作权时，不得侵犯原作品的著作权。出版社出版的专辑是汇编作品，著作权由汇编人享有。乔某的父亲对原作品享有著作权，去世后其著作权由乔某享有。因此，出版社应当向乔某支付稿酬。

★为单位和领导撰写的文章是否属于职务作品

【案例】

任某在政府某事业单位临时工作4年，其间为领导个人和单位撰写各类文章或材料200余篇，单位仅支付了任某工资。现双方因故协议解除劳动关系。任某所撰写的文章是否属于职务作品？任某有权获得报酬吗？

【法律解析】

任某在工作期间为领导个人和单位撰写的文章应当属于职务作品。作为职务作品的完成人任某依法享有在作品上署名及获得奖励和报酬的权利。

★因职务作品获得的奖励归谁

【案例】

梁某是一名国有企业的员工，由于做秘书工作兼任企业信息宣传，经常写些新闻信息。在2008年全市新闻信息评比中，梁某所在的企业被评为新闻信息宣传二等奖，梁某个人获新闻信息宣传先进个人奖。奖金是由市局拨下来的，而且附说明是给梁某个人的奖励，但单位领导说奖金应当归单位所有。企业的这种做法是否合法？

【法律解析】

公民为完成法人或者其他组织工作任务所创作的作品是职务作品。著作权由作者享有，但法人或者其他组织有权在其业务范围内优先使用。作者享有署名权，著作权的其他权利由法人或者其他组织享有，法人或者其他组织可以给予作者奖励。因此，该新闻信息虽然属于职务作品，但梁某仍有权获得奖励，市局拨下来给梁某的个人奖金，单位无权占有。

★著作权的保护期限有多长

【案例】

董某于1954年创作了一部作品，并于1955年在甲出版社出版。2001年董某去世，其子小董继承了父亲的所有遗产。2006年，小董在一次偶然中发现父亲的书又被乙出版社出版。小董遂以乙出版社侵犯了自己的权利为由提起诉讼，请求法院判令乙出版社停止侵权行为，并赔偿自己的损失。而乙出版社则以该书已过了保护期限为由拒绝承担任何责任。那么，本案中的作品是否如乙出版社所说已过保护期呢？

【法律解析】

乙出版社侵犯了董某的权利。我国《著作权法》规定公民的作品，其发表权的保护期为作者终生及其死亡后五十年。本案中的作品于1955年发表，而董某于2001年去世，那么，根据法律规定该作品的保护期应为董某生前及其死亡后的五十年。所以，乙出版社未经董某的继承人小董的允许而使用其作品，已经构成了侵权，理应停止侵害并赔偿其损失。

★什么情况下属于一稿多投

【案例】

卢某就自己创作的一篇散文向甲杂志社投稿。2个月后，卢某未收到甲杂志社的任何答复，卢某遂向乙杂志社投稿，并很快收到乙杂志社的使用稿件的答复。1个月后，卢某的作品在乙杂志上刊出。甲杂志社获知后，以卢某一稿多投为由，要求卢某承担法律责任。卢某的行为是否构成一稿多投呢？

【法律解析】

卢某未构成一稿多投。我国法律规定作者向杂志社投稿，自稿件发出之日起三十日内未收到杂志社决定使用的，可以将同一作品向其他杂志社投稿。本案中，卢某在向甲杂志社投稿后的2个月内未收到任何答复，此时，卢某有权向其他任何一家杂志社投稿。所以，卢某在向乙杂志社投稿并顺利出版文章后，甲杂志社以一稿多投要求其承担法律责任是毫无法律根据的。

★合同未约定报酬，出版者可以拒付稿酬吗

【案例】

关某就其创作的漫画作品与出版社签订图书出版合同，合同中约定关某授权出版社出版其漫画的权利，但双方未就稿酬的支付方式及标准进行约定。出版社顺利出版该图书，但始终未向关某支付报酬。随后，关某起诉出版社，要求其支付稿酬，而出版社则称双方在签订出版合同时口头约定：出版社不向关某支付任何报酬。出版社是否可以据此拒付稿酬呢？

【法律解析】

出版社不能以口头约定而拒付关某稿酬。我国《著作权法》规定图书出版者应当与著作权人订立出版合同，但并未限定合同的形式，因此口头合同也是允许的。但是，当作者关某与出版社对当时的口头约定内容未达成一致意见又无其他有力证据证明作者同意放弃稿酬时，视为作者未放弃稿酬。因为根据法律规定，著作权人可以通过许可他人行使其各项著作权权利或转让其著作权权利而获得报酬。由此可知，著作权人的获得报酬权是一项法定的权利。所以，出版社必须支付关某报酬。

【法条链接】

《著作权法》第二十四条 使用他人作品应当同著作权人订立许可使用合同，本法规定可以不经许可的除外。

许可使用合同包括下列主要内

容：

（一）许可使用的权利种类；

（二）许可使用的权利是专有使用权或者非专有使用权；

（三）许可使用的地域范围、期间；

（四）付酬标准和办法；

（五）违约责任；

（六）双方认为需要约定的其他内容。

第三十条 图书出版者出版图书应当和著作权人订立出版合同，并支付报酬。

★出版社有权要求作者按照他们的意图修改稿件吗

【案例】

马某与某出版社签订了一份约稿合同。马某交稿后，该出版社提出修改意见，要求马某按出版要求将作品中带有独特语言风格的内容删掉。马某认为删掉的部分正体现了作品的特点，不同意修改。出版社称不接受修改意见将不予出版。那么，马某是否必须按照出版社的要求修改自己的作品呢？

【法律解析】

马某无须按照出版社的要求修改作品。我国《著作权法》规定，出版者使用他人作品的，不得侵犯作者的修改权、保护作品完整权。本案中，马某按约定为出版社编写书稿，依法履行了自己的义务。而出版单位此时却要求马某按出版要求进行修改，但又未明确告知出版要求的具体内容，说明该作品为何不符合出版要求。因此，马某为保证自己作品的完整性，有权拒绝出版社的修改要求。

【法条链接】

《著作权法》第三十四条 图书出版者经作者许可，可以对作品修改、删节。

报社、期刊社可以对作品作文字性修改、删节。对内容的修改，应当经作者许可。

★著作权被买断后作者还有署名权吗

【案例】

2008年，周某与某文化公司签订了一份《委托撰稿合同》，周某为该公司撰稿，该公司按照合同支付稿酬。不久前，周某发现该公司出版的另一本书中，周某撰写的文章内容占全书内容的2/3，但是署名被他人代替。于是周某去找该公司理论，他们称当时合同约定支付报酬后一切权利全部转让给公司，即买断著作权。著作权被买断后作者还有权署名吗？

【法律解析】

买断指卖方将所有权利全部卖掉，不作任何保留，但是著作权作为一种知识产权，其内容包括财产权和人身权两种。《著作权法》第十条规定，著作权人可以转让复制权、发行权、出租权、展览权等著作权中的财产权，但发表权、署名权等人身权不许转让。因此，周某所签的《委托撰稿合同》中关于财产权转让的部分有效，关于人身权转让的部分无效。周某仍然享有作品的人身权，有权在作品上署名。

★继承人可以发表作者生前未发表的作品并署名吗

【案例】

陈某创作了一部书稿，始终未能出

版。2006年，陈某去世。此后，陈某的继承人小陈将父亲的书稿拿到某出版社，并很快达成了出版协议。小陈认为自己作为该作品的继承人，享有与其有关的一切权利，包括署名权、发表权、修改权等，而出版社则认为小陈不享有该作品的署名权，只有财产权和保护其著作的人身权。那么，该作品的署名权应归谁？

【法律解析】

该作品的署名权归陈某所有，小陈作为继承人，只能行使发表权及其他财产权。我国《著作权法》规定，如果作者未明确表示不发表，作者逝世后50年内，其发表权可由继承人或受遗赠人行使。但对于署名权，我国法律规定著作权属于作者，而作者的署名权的保护期限不受限制。由此可知，只有陈某享有该作品的署名权，而此署名权的保护期限不受限制。

【法条链接】

《著作权法》第十条　著作权包括下列人身权和财产权：

（一）发表权，即决定作品是否公之于众的权利；

（二）署名权，即表明作者身份，在作品上署名的权利；

……

★受委托创作的作品，著作权归谁所有

【案例】

薛某应邀为某电视剧组题写片名，当时双方未对该题字的著作权问题作任何约定。不久，薛某将完成的作品交给该电视剧组，剧组也付给薛某报酬。后来，某出版社经剧组同意，拟出版与该电视剧同名的图书，便向该剧组要求使用该剧片名题字作为该书的封面，该剧组同意。出书前，该出版社未与薛某取得联系。后来，薛某以出版社侵犯其著作权为由提起诉讼，要求出版社停止侵权，公开道歉，并赔偿经济损失。出版社则称自己得到电视剧组的合法授权，不构成侵权。对于该题字的著作权应归谁呢？

【法律解析】

该题字的著作权应归薛某所有。我国《著作权法》规定受委托创作的作品，双方未约定著作权归属的，著作权属于受托人。剧组只能将该作品作为片名在电视剧中使用，而剧组却将其授权给出版社使用，由于其不是该作品的著作权人，显然不具有授权的资格，所以出版社从电视剧组处获得的授权是无效的。出版社未经薛某同意而使用其作品，侵犯了其著作权，理应停止侵害，赔偿其损失。

【法条链接】

《著作权法》第十七条　受委托创作的作品，著作权的归属由委托人和受托人通过合同约定。合同未作明确约定或者没有订立合同的，著作权属于受托人。

★美术作品，取得了所有权就可以任意处置吗

【案例】

韩某经朋友介绍找郑某求一幅书法字。郑某看在朋友的面子上，立即给韩某写了一幅字："行万里路，读万卷书。"在没有征得郑某同意的情况下，韩某将此书法字提供给某出版单位，为一部书稿作插页，并得到3000元报酬。郑某看到后很生气，要求出版社停止使用该作品。出版社认为自己是从韩某处获得了授权，未构

成对郑某的侵权。而韩某则认为该书法作品归自己所有，自己有权同意出版社使用并获得报酬。韩某的说法是否成立？

【法律解析】

韩某无权将该书画作品未经郑某同意授权给出版社使用，并获得报酬。我国《著作权法》规定美术作品原件所有权的转移，不视为作品著作权的转移。也就是说，韩某只取得了该书画作品的所有权，并不享有与该著作权相关的其他权利。而出版社在不知该字画作品的著作权归郑某所有，未构成对郑某的侵权，但此后如果出版社仍使用该作品，也未经郑某同意，则构成了对郑某的侵权。

【法条链接】

《著作权法》第十八条 美术等作品原件所有权的转移，不视为作品著作权的转移，但美术作品原件的展览权由原件所有人享有。

★双方在合同中约定侵权责任，出版者就一定无责了吗

【案例】

杜某就自己创作的一部书稿与某出版单位签订出版合同。双方在合同中对稿费标准、出书时间等其他事项做了约定，同时还在合同中注明：如果稿件有侵犯他人著作权的情况，由作者自行承担责任。同年年底，该出版社出版了该书。后读者郑某发现该书有大约两万字抄袭了自己已出版过的一本图书，遂找出版社理论。出版社以与杜某有约在先，侵权责任应由杜某承担而未予理睬。该出版单位真的无责吗？

【法律解析】

出版社不能仅以合同约定为约免除责任。合同约定仅对当事人有效，不能调节当事人与其他人的法律关系。根据《著作权法》的规定，复制品的出版者不能证明其出版、制作有合法授权的，应当承担法律责任。该出版社未经郑某同意以出版方式使用其部分作品，这一行为侵犯了郑某的著作权，理应承担侵权责任，赔偿郑某的损失。

【法条链接】

《著作权法》第五十三条 复制品的出版者、制作者不能证明其出版、制作有合法授权的，复制品的发行者或者电影作品或者以类似摄制电影的方法创作的作品、计算机软件、录音录像制品的复制品的出租者不能证明其发行、出租的复制品有合法来源的，应当承担法律责任。

★赔偿侵权作品的数额应该按什么标准确定

【案例】

李某编写了一部书，由甲出版社出版发行。不久，赵某在书店发现该书中有许多内容与自己已出版书上的内容相同，经核查，赵某发现有5万字抄袭了自己书上的部分章节。赵某遂要求甲出版社停止侵权，并赔偿25000元。赵某的赔偿要求能否得到法律的支持？

【法律解析】

甲出版社应当停止侵权，赔偿赵某的损失。我国《著作权法》规定，侵犯著作权或者与著作权有关的权利的，侵权人应当按照权利人的实际损失给予赔偿。本案中，赵某根据甲出版社的侵权稿件内容字数50元/千字计算稿费标准理应得到支持，但对千字的稿费标准（每千字100元）显

然没有法律依据。相关法律规定，侵权赔偿可以按著作权人合理预期收入的2~5倍计算，但如果赵某能证明任何出版社出版自己的作品都按100元／千字的话，则法院应以100元／千字为基础乘以适当的倍数来确定赔偿标准。

【法条链接】

《最高人民法院关于审理著作权民事纠纷案件适用法律若干问题的解释》第二十条 出版物侵犯他人著作权的，出版者应当根据其过错、侵权程度及损害后果等承担民事赔偿责任。

出版者对其出版行为的授权、稿件来源和署名、所编辑出版物的内容等未尽到合理注意义务的，依据著作权法第四十八条的规定，承担赔偿责任。

出版者尽了合理注意义务，著作权人也无证据证明出版者应当知道其出版涉及侵权的，依据《民法通则》第一百一十七条第一款的规定，出版者承担停止侵权、返还其侵权所得利润的民事责任。

出版者所尽合理注意义务情况，由出版者承担举证责任。

《出版文字作品报酬规定》第六条 基本稿酬标准：

（一）原创作品：每千字30~100元

（二）演绎作品：

（1）改编：每千字10~50元

（2）汇编：每千字3~10元

（3）翻译：每千字20~80元

（4）注释：注释部分参照原创作品的标准执行出版者出版演绎作品，除合同另有约定或原作品已进入公有领域之外，出版者还应取得原作品著作权人的授权，并按原创作品基本稿酬标准向原作品的著作权人支付报酬。

★在作品中注明"因无法联系作者"等，就可以使用他人作品吗

【案例】

某出版社出版了一部大型历史画册，书中使用了几幅三十多年前拍摄的照片。由于年代久远，出版社无法找到拍摄该照片的作者，便在图书的"后记"中注明"因无法与作者取得联系，特此致歉，希望作者见书后联系本社"。后来，该照片的作者万某看到此书后很生气，要求该出版社停止侵权，向其赔礼道歉并赔偿损失。那么，万某的要求能否得到法律的支持？

【法律解析】

万某的要求应当得到法律的支持。出版社必须为自己的侵权承担相应的法律责任。著作权作为一种绝对权，除非法律有特别规定，否则，使用他人享有著作权的作品必须取得权利人的许可。本案中，出版社明知没有经过著作权人万某的许可而以出版方式使用其作品是侵权行为。因此，该出版社应当依法承担停止侵权行为，向万某赔礼道歉并赔偿其损失。

【法条链接】

《著作权法》第四十八条 有下列侵权行为的，应当根据情况，承担停止侵害、消除影响、赔礼道歉、赔偿损失等民事责任；同时损害公共利益的，可以由著作权行政管理部门责令停止侵权行为，没收违法所得，

没收、销毁侵权复制品，并可处以罚款；情节严重的，著作权行政管理部门还可以没收主要用于制作侵权复制品的材料、工具、设备等；构成犯罪的，依法追究刑事责任：

（一）未经著作权人许可，复制、发行、表演、放映、广播、汇编、通过信息网络向公众传播其作品的，本法另有规定的除外；

……

★作品被他人抄袭，作者可以告出版社吗

【案例】

任某应甲出版社约稿，为其编写了一部书稿，并于当年11月出版发行。不久，任某在书店看到乙出版社出版的一本书中有大部分内容抄袭了自己为甲出版社创作的书稿，遂要求乙出版社承担责任。乙出版社辩称稿件由高某提供，即使构成侵权，任某应找高某承担责任，与出版社无关。乙出版社应否承担责任呢？

【法律解析】

乙出版社应当承担责任。我国《著作权法》规定剽窃他人作品是侵权行为，所以高某抄袭任某的作品，构成了侵权。但是，高某的剽窃行为导致了乙出版社在没有得到真正的著作权人任某的授权的情况下，以复制、发行方式使用了任某的作品，未对出版的内容尽到合理注意的义务同样造成了对任某的损害。所以，乙出版社理应承担责任。

★出版社重印图书必须经著作权人同意吗

【案例】

作者石某就自己的一部作品与某出版社签订出版合同。合同中约定该书若需重印、再版，双方另行协商。此后，该书销售情况良好。出版社重新加印，并在加印后给石某寄去图书与相应的印数稿酬。石某却以出版社违反合同约定，未与其协商为由，要求出版社承担违约责任。出版社欲加印图书，必须征得作者同意吗？

【法律解析】

虽然法律规定出版社加印图书只需通知著作权人，并支付报酬。但在本案中，出版社须征得石某的同意才能加印。石某在与出版社签订出版合同时，双方约定该书若需重印、再版，双方另行协商。所以，出版社如要加印图书，应当征得石某的同意，在未征得石某的同意的情况下，出版社即加印了该图书，其行为构成违约，应当承担违约责任。

【法条链接】

《著作权法》第三十二条　著作权人应当按照合同约定期限交付作品。图书出版者应当按照合同约定的出版质量、期限出版图书。

图书出版者不按照合同约定期限出版，应当依照本法第五十三条的规定承担民事责任。

图书出版者重印、再版作品的，应当通知著作权人，并支付报酬。图书脱销后，图书出版者拒绝重印、再版的，著作权人有权终止合同。

房产车产篇

——安居乐业

购房签约

★开发商可以随意提高售房价格吗

【案例】

2003年9月，某开发公司与乔某签订了商品房预售合同。2004年，开发公司与乔某多次联系，提出因建材价格上涨太多，房屋的成本提高，要求修改合同条款，提高房屋售价，乔某未同意。开发公司以"显失公平"为由要求解除与乔某的合同。开发商的要求合理吗？

【法律解析】

不合理。物价的涨落，对于房地产开发公司无疑是商业风险的一种，其选择了从事这一商业活动就应当考虑到此风险的存在，而其在商业利润的驱动下仍愿意承担，当然也要承担可能的风险损失。

★买房子支付了首付及部分按揭还能退掉吗

【案例】

侯先生于2007年5月购得一处商品房，并在支付了首付款后顺利办妥了银行按揭贷款。此后，由于工作调动，侯先生需去别的城市工作。侯先生欲退掉已购的房子，但是，侯先生不知如何处理已交纳了首付款和部分按揭的房子。他能否要求退掉房子呢？

【法律解析】

侯先生无法要求退掉房子，只能与开发商及银行协商解决。我国《合同法》规定依法成立的合同，当事人应当按照约定履行自己的义务，不得擅自变更或解除。侯先生与开发商签订了房屋买卖合同，又与银行签订了按揭贷款合同，就应当按照约定履行自己的义务，否则将承担违约责任。

【法条链接】

《合同法》第八条 依法成立的合同，对当事人具有法律约束力。当事人应当按照约定履行自己的义务，不得擅自变更或者解除合同。依法成立的合同，受法律保护。

★售楼广告宣传不实，开发商承担违约责任吗

【案例】

李某于2008年购得一套商品房，等他拿到钥匙后发现，该房子与开发商售房广告上所说的相去甚远。广告上宣称的幼儿园、水池、凉亭等根本不见踪影。李某感觉上当受骗，遂要求开发商承担违约责任。

【法律解析】

开发商应当承担违约责任。我国相关法律规定，开发商的销售广告和宣传资料作为要约邀请，如对其相关设施所作的说明和允诺具体确定的，且对商品房买卖合同的订立及价格有重大影响的，即使该说明和允诺未载入买卖合同，亦应视为合同内容。所以，当李某按照开发商的销售广告购买该房屋，其广告内容上的说明和允诺应视为合同内容，开发商应按合同内容履行义务，否则应承担违约责任。

【法条链接】

《最高人民法院关于审理商品房买卖合同纠纷案件适用法律若干问题的解释》第三条 二人以上共同故意或者共同过失致人损害，或者虽无共同故意、共同过失，但其侵害行为直接结合发生同一损害后果的，构成

共同侵权,应当依照《民法通则》第一百三十条规定承担连带责任。

二人以上没有共同故意或者共同过失,但其分别实施的数个行为间接结合发生同一损害后果的,应当根据过失大小或者原因力比例各自承担相应的赔偿责任。

★未写进合同的赠送内容有法律效力吗

【案例】

2007年3月,胡先生与某房地产公司签订认购书约定,房地产公司送胡先生天台花园90平方米,双方同意此认购书在签订正式预售合同前有效。同年4月,房地产公司与胡先生签订了《房地产预售合同》,但合同中未约定赠送花园一事。胡先生要求房地产公司按认购书的约定赠送,被开发商拒绝。胡先生能否以认购书上的内容要求开发商赠送其天台花园呢?

【法律解析】

不能,但可以要求开发商给予一定经济补偿。天台属整栋楼的全体所有人共有,而不应属于某个业主所有,开发商称将其赠送给某个业主,构成了对其他业主对天台使用权的侵害,其赠送行为是无效的。其无效的赠予行为,构成对胡先生的违约。

★购房后反悔了怎么办

【案例】

2006年4月,陈某与张某签订了购房合同,张某将一处住宅以8万元的价格转让给陈某,并约定2007年8月份交房时付清余款。但是后来张某突然反悔不卖了。陈某可以要求法院判令张某继续履行合同吗?

【法律解析】

可以要求张某继续履行。对方中途反悔属于违约行为,《合同法》规定,当事人一方不履行合同义务或者履行合同义务不符合约定的,应当承担继续履行、采取补救措施或者赔偿损失等违约责任。但有下列情形之一的除外:(一)法律上或者事实上不能履行;(二)债务的标的不适于强制履行或者履行费用过高;(三)债权人在合理期限内未要求履行。

★购房违约金应该怎样计算

【案例】

2005年9月,陈某与某房地产开发公司签订了约定:总房款40万,同年12月31日交房,出卖人逾期交房超过90日,买受人有权解除合同,并按买受人累计已付款的2%支付违约金。合同签订后,陈某即支付了首付款,并办理了按揭贷款手续。半年后,陈某才收到入住通知。于是,陈某要求解除《商品房买卖合同》,并要求房地产公司支付总房款2%的违约金。

【法律解析】

房产商应该按总房款的2%支付违约金。在违约金的计算方式上,虽然该房款大部分为银行贷款,但开发商实际上已经得到合同约定的全部房款。

★一房多卖怎么办

【案例】

2007年,盛先生在县城里买了一个门市。这个门市比较大,由几十个人合买。盛先生只买了其中一间,但是卖房的人同时把一间房子卖给几个人。大家都只签了售房合同,没有办房产证。现在卖房的人跑了,盛先生该怎么办?

【法律解析】

要求开发商承担民事赔偿责任。如开发商携款潜逃，还可能涉嫌刑事诈骗，可向派出所报案，将其抓获后对盛先生的损失予以退赔。

【法条链接】

《最高人民法院关于审理商品房买卖合同纠纷案件适用法律若干问题的解释》第八条

具有下列情形之一，导致商品房买卖合同目的不能实现的，无法取得房屋的买受人可以请求解除合同、返还已付购房款及利息、赔偿损失，并可以请求出卖人承担不超过已付购房款一倍的赔偿责任：

（一）商品房买卖合同订立后，出卖人未告知买受人又将该房屋抵押给第三人；

（二）商品房买卖合同订立后，出卖人又将该房屋出卖给第三人。

★对于开发商隐瞒实情，能否要求其双倍赔偿

【案例】

李某于2006年购买某房地产公司一套预售商品房。后来，李某向房产公司交付了房款，房产公司也按合同约定将房屋交付李某使用。李某在办理房屋所有权证时得知购买的商品房并未取得商品房预售许可证，暂时无法办理房屋所有权证。李某要求房地产公司返还房款及利息，并承担双倍赔偿责任。李某的主张能否得到法院支持。

【法律解析】

不能要求双倍赔偿。李某可以请求返还已付购房款及利息、赔偿损失，可以请求出卖人承担不超过已付购房款一倍的赔偿责任。所以，对于出卖人的恶意程度、买受人的损失大小应由具体案情来裁量，而不能一概以双倍赔偿论之。

【法条链接】

《合同法》第一百一十四条 当事人可以约定一方违约时应当根据违约情况向对方支付一定数额的违约金，也可以约定因违约产生的损失赔偿额的计算方法。

约定的违约金低于造成的损失的，当事人可以请求人民法院或者仲裁机构予以增加；约定的违约金过分高于造成的损失的，当事人可以请求人民法院或者仲裁机构予以适当减少。

当事人就迟延履行约定违约金的，违约方支付违约金后，还应当履行债务。

★与开发商未达成购房协议，购房者能否要求返还支付的定金

【案例】

2005年6月，姜某与某房地产公司签订了《×别墅交纳定金合同》，由姜某订购。合同规定姜某交纳30万元定金。半年后，由于房价上涨，该公司要求姜某再加付30万元。经过多次磋商，房屋合同仍未能签成。姜某要求开发商返还定金，遭到拒绝。

【法律解析】

可以要求返还定金。姜某由于房价太高无法接受，且并没有与房地产公司签订正式的房屋买卖合同，同时，姜某已经履行了诚信磋商义务。

★双方未达成一致意见，认购房屋所交定金能否退还

【案例】

2007年11月，蒋先生与某开发商签订了一份房屋认购书，并支付了定金3万元，约定7日内与开发商签署《商品房买卖合同》。买卖条件以双方所签合同书为准，如逾期未签订《商品房买卖合同》，定金不予退还。之后，双方就个别问题无法达成一致意见。蒋先生要求退还定金，但遭到拒绝。

【法律解析】

能够退还。导致合同未能签订的原因是双方未能就《商品房买卖合同》内容达成一致意见，这个后果不能归责于蒋先生一个人的原因，因双方都不存在过错，所以开发商应该退还蒋先生的定金。

【法条链接】

《最高人民法院关于审理商品房买卖合同纠纷案件适用法律若干问题的解释》第四条 出卖人通过认购、订购、预订等方式向买受人收受定金作为订立商品房买卖合同担保的，如果因当事人一方原因未能订立商品房买卖合同，应当按照法律关于定金的规定处理；因不可归责当事人双方的事由，导致商品房买卖合同未能订立的，出卖人应当将定金返还买受人。

★开发商延期交房，可以要求退房吗

【案例】

邸先生于2007年购买了一套期房，已经交了房款的30%作为首付款。开发商承诺2008年6月份交房，但一直未通知交房。问售楼处说预售证未办好，预计9月底才能交房。邸先生能否要求退房并让开发商支付违约金？

【法律解析】

这要看合同中对此是如何约定的，如果有这方面的约定，则按约定处理。如果合同中没有约定，则需要具体问题具体处理。如果在宽限期过后，开发商仍不能交房，购房者有权解除合同，而且可以要求开发商返还所交的首付款和利息，并支付违约金。

★未交付使用的期房能否转让

【案例】

2001年3月，郑某与某开发商签订了《商品房预售合同》，2003年3月交房。半年后，郑某因工作原因可能出国几年，遂想将所购房屋转让给胡某，双方很快签订了《预售商品房转让合同》。但在与开发商协商时，开发商称双方在合同中约定房屋在交付前，不得转让，如有特殊原因，须征得开发商同意。那么，郑某能否转让自己的房子呢？

【法律解析】

无法转让未交付使用的房子。现实当中，我国法律并没有禁止商品房预售合同的预购人转让自己预购的商品房，但如果预购人自己与开发商在合同中约定预售商品房转让的条件或限制，则必须遵守合同约定。所以，当郑某与开发商在合同中约定了转让须征得开发商同意时，就必须遵守自己的约定，否则将承担违约责任。

★房价下跌，是否可以退房

【案例】

2008年7月，高先生购买了一套商品房，每平方米1.2万元，并付了30%的首

付。谁知刚过半个月，同样的户型每平方米降为1.1万元。这样算下来，高先生的房子整整降了10万元。高先生是否可以退掉房子，重新以现价购买？

【法律解析】

无权要求退房。已购房屋价值的下跌并不构成开发商违约的法定事由，如业主没有确切证据证明开发商存在违约事实，那么无权要求退房。

★ 私下买卖的私有房屋受法律保护吗

【案例】

2004年，白某听说某老城区要进行改造，该区住户被列为拆迁户。白某趁机以2万元购买了方某的两间私房，欲赚取拆迁补偿。但他们未到房管部门办理过户手续。半年后，该区未列入拆迁范围，白某维修房屋花了8000元。事后白某反悔，以双方买卖合同无效为由要求方某返还2万元。私下买卖的私有房屋受法律保护吗？

【法律解析】

不受法律保护。买卖私有房屋，买卖双方必须持相关证明和身份证明到房屋所在地房管机关办理手续。未经办理登记过户手续，私下买卖房屋是不被法律保护的。

★ "定金"与"订金"是一回事吗

【案例】

林小姐看中了某小区的一处房子，在交了1万元定金之后，回去准备首付款。之后，林小姐取消了购房的计划。可在其向房产商要求退回定金时遭到了拒绝。林小姐认为自己交的是"订金"，房产商无理由不退回。那么，"定金"与"订金"到底有何区别呢？

【法律解析】

一般来说，"订金"是一种预付款，是可以要求退还的，除非双方签订的合同另有规定，开发商一般应在签约后将"订金"及时退还或者抵充房款；而"定金"是一种合同的保证金，如果买方违约，是不能要回"定金"的，但如果是"卖方"违约，则应双倍返还。所以，买房者在订购书上签字的时候，一定要分辨清楚到底是"定金"还是"订金"，以免给自己造成损失。

【法条链接】

《最高人民法院关于审理商品房买卖合同纠纷案件适用法律若干问题的解释》第四条

出卖人通过认购、订购、预订等方式向买受人收受定金作为订立商品房买卖合同担保的，如果因当事人一方原因未能订立商品房买卖合同，应当按照法律关于定金的规定处理；因不可归责于当事人双方的事由，导致商品房买卖合同未能订立的，出卖人应当将定金返还买受人。

★ 房子的保修期如何计算

【案例】

乔某准备在市区购买一套商品房，但由于该地区所处的地理位置气候条件比较恶劣，日后免不了修补房屋。为此，乔某咨询了几个朋友，朋友告诉乔某在跟开发商签订合同时一定要注意保修期的问题。乔某纳闷了：房子也有保修期？那这保修期该如何计算？

【法律解析】

房子保修期的长短，一般是由买卖双

方根据自己的实际情况协商确定的。新房的保修期是从房子的交付之日开始计算。所以，买房者在与开发商签订合同时一定要注意保修期的时限，避免错过保修时间给自己带来损失。

★商品房宣传广告的内容是要约还是要约邀请

【案例】

2006年，某房地产公司开发了一处住宅，其广告中宣称无偿提供从住处到市区某处的公交。公司在购房合同中没有加上此条。李某签订了正式合同，并交了房款。入住后，李某发现此条款并未兑现，遂要求退款并赔偿损失。

【法律解析】

该广告内容属于要约。根据法律规定，即使房产公司售房合同广告声明的内容没有订入合同，也应当认为是合同的内容，当事人违反的，仍然应当承担违约责任。若公司拒绝履行或迟延履行经催告仍然不履行的，李某可以解除合同要求返还购房款，并可要求赔偿合理损失。

★该合同违约责任如何分担

【案例】

甲乙双方在房屋买卖合同里约定：2008年重阳节以前甲方交付房款现金3.5万元给乙方，甲方将该款项付清时，乙方将房产证交给甲方保管，而在此之前，乙方要向开发商领取并保管房产证。但甲方并未付款，乙方也未领取房产证。乙方是否违约？

【法律解析】

一方面，乙方作为卖方应拥有该房屋所有权，即拥有房产证，如乙方无法获取房产证则应承担相应的责任；另一方面，如果乙方能够获取该房产证，但因甲方未履行交付房款的义务，则乙方不交付房产证是合理的，乙方行使的是同时履行抗辩权。

交房收房

★如何计算开发商延期交房的赔偿责任

【案例】

2005年8月，刘某购买了一套期房。购房合同中写明的交房日期是在2006年11月30之前，但刘某实际收房的日期是2007年8月11日。开发商对其延期的行为没有作任何解释，购房合同中也没有约定开发商延期交房的赔偿责任。开发商延期交房的赔偿标准如何计算？

【法律解析】

逾期交付使用房屋的，按照逾期交付使用房屋期间有关主管部门公布或者有资格的房地产评估机构评定的同地段同类房屋租金标准确定。

★未经消防验收是否可以交房

【案例】

2007年12月，陈某购买了一套商住房，但使用后发现消防设施不到位，存在明显的安全隐患。找开发商反映，他们说合同上注明的交付条件不包含消防验收在内。建筑工程竣工后未经消防验收是否可以交房？

【法律解析】

不可以。开发商在建筑工程竣工后，没有经过消防验收合格就将商品房交给业主，已经违反消防法的相关规定，消防部门可以据此责令限期改正；逾期不改正的，责令停止使用，并处以罚款。

★商品房交房条件是什么

【案例】

何女士在上海买了套商品房，按合同约定，房屋所在的楼层应安装入侵探测器、防盗报警器等安全防范设施。但何女士入住时发现这些设施中的红外探测器是三无产品，没有"3C"认证，防盗报警器也没有"3C"认证。开发商却说交房条件是商品房验收合格，欲强行交房。开发商的做法对吗？

【法律解析】

该房竣工应经有关部门验收合格后，还应具备《上海市新建住宅交付使用许可证》。此外，开发商须向购房者提供《新建住宅质量保证书》《新建住宅使用说明书》。在房屋交接过程中，如果认为安全防范设施有质量问题，可向上海市房地资源局或者区、县房地产行政管理部门申诉，或根据合同追究开发商责任。

★房间面积有误差，是否要补交房款

【案例】

2007年5月，代某买了一套期房，合同约定面积102平方米。2007年2月交房时，开发商说房管局测量的面积是112平方米，多了10平米。现在开发商让代某补交房款。当时合同中对面积误差是这样规定的：房屋面积以最终房管局测量为准，房款实行多退少补。代某是否应该补交房款？

【法律解析】

不需要补交。据相关法律规定，房间误差面积超过3%部分的房价款由出卖人承担，所有权归买受人。而代某房间面积误差超过了3%。

★房屋质量不合格可以要求退还房款吗

【案例】

刘女士选中了一套房屋，签订了购房合同，办妥了银行按揭。半年后，刘女士接房后发现房屋的面积误差比例达到5%，且主体结构质量存在严重问题。刘女士要求退房，并要求房地产公司赔付自己的银行贷款利息。房地产公司表示愿意退房，但对贷款利息拒绝承担。刘女士的要求有法律依据吗？

【法律解析】

刘女士的要求有法律依据。在房地产公司未按约定向刘女士提供合乎质量标准的房屋时，刘女士享有单方解除合同的权利，此时房地产公司应退还刘女士所交的房款。刘女士因房地产公司的违约行为，损失了贷款利息，房地产公司应承担赔偿责任。

★新房出现质量问题应如何解决

【案例】

张某购买了某房地产公司开发的住宅楼。然而，住进去没多久张某发现客厅地面出现了下沉，四周墙角也出现了裂缝。经鉴定，主体结构不符合国家建筑结构规范，墙角的裂缝宽度超过允许范围。张某找开发商交涉，要求退房，而开发商承认房子存在质量问题，只同意维修，不肯退房。

【法律解析】

张某可以要求开发商退房并为其损失承担赔偿责任。我国法律规定，主体结构质量不合格的，购房人有权退房，给购房人造成损失的，房地产开发企业应当承担赔偿责任。本案中，张某的房屋经有关部门鉴定为主体结构不符合国家建筑结构规范，显然属于主体结构质量不合格。

★开发商能够以下雨为借口，延迟交房吗

【案例】

程先生于2007年9月与某开发商签订了房屋买卖合同。合同约定交房日期为2007年12月31日，如果不能按期交付房屋，开发公司承担逾期交房的责任。2008年8月，开发商才向程先生发了入住通知书。程先生要求开发商承担违约责任，开发公司以夏季多雨影响施工，属不可抗力为由拒绝。开发商的理由成立吗？

【法律解析】

不成立。不可抗力是不能预见、不能避免并不能克服的客观情况。而在本案中，夏季多雨是季节特点，开发商应该能够预见，并能够采取相应的措施加以避免。

★房屋假层能否按实际建筑面积计算

【案例】

江先生与某置业公司签订了《商品房预售合同》，合同规定：房屋为复式结构，房屋交付时以房屋土地管理局认定的测绘机构实测面积为准，并特别注明房屋的上层为假层，净高1.8米的部分计算建筑面积。后来，交房时，江先生以假层为阁楼，不应按实际建筑面积计算为由要求退还该部分房款。江先生的要求合理吗？

【法律解析】

不合理。本案中，当江先生与置业公司在签约时，双方在合同中已经就房屋的建筑面积的实际情况作了约定，而江先生也明知假层与建筑面积一并进行销售的事实，且双方均同意对于该房屋的建筑面积应以测绘中心的测绘结果为准。该约定合法有效，双方均应遵照执行。

★房屋配套的地下室，合同未约定的能否以实际面积计价

【案例】

桑某于2004年与某房产商签订了购买商品房合同，合同注明：总建筑面积为150平方米。桑某支付了全额房款。后桑某发现房屋面积为122平方米，遂要求房产商返还房屋面积差价款。房产商称差额面积为地下室，并不存在违约。但桑某称开发公司提供的格式合同在地下室部分的空格处打了个"×"而双方未有其他约定，所以地下室是无偿的，不能按实际面积计算。

【法律解析】

桑某无须为地下室面积承担付款责任。《合同法》规定，当事人对合同条款的理解有争议的，应本着诚实信用原则，确定条款的真实意思。本案中，桑某购买商品的目的显然是居住地上的房屋，而不是地下室。该地下室作为房屋的从属物，不能独立存在，须随房屋一并转移，而房产商在出卖时并未就此另行约定，所以，该地下室应是无偿转移给桑某的。

★二手房买卖过程中出现质量问题该找谁

【案例】

陈先生买了孙先生的一套两居室。一天下起了雨，雨水顺着阳台渗进了内墙，墙壁出现了很大的裂缝。原来，孙先生在卖房之前进行过简单装修。陈先生要求其维修，孙先生认为房子已经交易完了，出现问题应该找开发商，而开发商却说，他们与陈先生之间没有合同关系。陈先生到底应该找谁呢？

【法律解析】

应该找孙先生。我国《合同法》规定了当事人在订立合同过程中故意隐瞒与订立合同有关的重要事实或者提供虚假情况，给当事人造成了损害，应当承担赔偿责任。孙先生在卖房之前对其进行简单装修，隐瞒了房子的质量问题，给陈先生造成了损害，应当承担赔偿责任。

★经过质量检查的房子只能要求维修不能退吗

【案例】

唐某买了一套房子安度晚年，可是办完了各种手续后住进去不到半年，屋顶出现了漏雨，墙面及地面多处开裂。唐某为此找到开发商要求退房，而开发商看后也承认是质量问题，并愿意进行维修，但不同意退房。理由是交付给唐某的房子是经过质量检查部门检查合格的，也通过了验收。那么，唐某只能要求开发商对房屋进行维修，不能退房吗？

【法律解析】

是的，不能退房。唐某在入住时收到开发商提供的《住宅质量保证书》，且在其入住一段时间后才发现质量问题，不能就此认定房屋本身质量不合格。如果唐某坚持退房，只能委托工程质量检测机构重新检验，若经检验确实属于房屋主体结构质量不合格的，才可以退房。

★公摊面积被重复销售怎么办

【案例】

2006年，万某购买了某住宅小区的一套房子，并按合同对公用设施、公用面积进行了认购。后来，顶层的牛某把顶层的走廊给封了起来并称开发商将走廊卖给了自己。万某找到开发商，开发商称这是开发公司的权利，愿卖谁就卖谁。万某很纳闷，自己花钱买的公摊面积怎么成了开发公司的？

【法律解析】

万某和其他住户可以要求开发商和牛某恢复走廊的原样。开发商在出卖房屋时已经将公用面积出售，此时全体业主才是该公用面积的所有权人，而开发商已不具备对其进行处分的资格。因此，开发商将走廊出售给牛某的行为是不具有法律效力的。

★办理过户手续后，原房主还能拆走原来的空调吗

【案例】

张某与李某签订《房屋买卖合同》，约定：李某购买张某住房一套，李某付清全款，办理过户登记手续。双方按时支付了房款并交付了房屋。但是，当张某交房后欲将屋内的空调拆走时遭到了李某的反对。那么，此时空调到底应归谁呢？

【法律解析】

有权拆走空调。当事人双方对屋内的空调价款在房屋买卖合同中未作出明确的约定，又未达成补充协议，此时应当按照有关条款或交易习惯确定。从双方签订的房屋买卖合同条款可知，房屋的售价是根据房屋的面积与每平方米的售价而得出的，显然，房屋的售价中并未包含屋内的物品。

房屋贷款与抵押

★贷款买房提前还贷，是守信还是违约

【案例】

卫小姐于2007年贷款买了一套房子，

由于连续加息，她感到了还款的压力。后来，卫小姐将自己的一处店铺出售后欲办理提前还款。当她去银行办理相关手续时，银行人员说：贷款未满一年不能办理提前还款，否则将以违约追究其责任。卫小姐很疑惑：提前还款还违约？

【法律解析】

是一种单方违约行为。一般来说，当购房人与银行依法签订了抵押贷款合同后，自合同成立时即已生效，双方应按规定履行。作为银行，在为购房者做房贷时付出了一定的人力成本，如果购房者在一年之内提出提前还贷的申请，无疑会打乱银行的正常计划。因此，银行要求购房人承担一定的违约责任是合法的。

★房屋买卖合同解除，按揭贷款怎么办

【案例】

周女士购买了一套房屋，合同签订后，并按照约定交了首付款，在指定的银行办理了按揭手续。之后她发现该楼盘有问题，于是与开发商交涉，最终他们同意解除合同，返还首付款，并给她一定的补偿。房屋买卖合同解除，按揭贷款合同是否也随之解除？

【法律解析】

按揭贷款合同并不是房屋买卖合同的从合同，房屋买卖合同解除，贷款合同并不随之解除，只有购房者或者银行提出解约主张，才能解除。

★抵押贷款买房，产权证应押在银行吗

【案例】

2007年5月，汪先生购得住房一套，并办理了房屋抵押贷款。产权证作为银行的抵押证明由银行保管。然而，有一次汪先生听同事说办理了抵押登记，但产权证应该由自己保管。那么，产权证到底应该由哪一方保管呢？

【法律解析】

应由汪先生保管。依法取得房屋所有权证书的房地产抵押的，登记机关应当在原《房屋所有权证》上作他项权利记载后，由抵押人收执。也就是说银行应当在房屋所有权证上载明权利种类为"抵押"，等购房人还完全款后再为其办理抵押注销手续。但房屋的产权证应当由购房人保管。

★夫妻双方其中一方不同意能把房子抵押出去吗

【案例】

吴小姐结婚5年了，婚后吴小姐和她丈夫买了一套两居室的房子，产权证上写的是夫妻俩的名字。现在因为她丈夫做生意需用钱，他想用房子作抵押向银行贷款，但吴小姐不同意。如果吴小姐坚持不同意，她丈夫可以把房子单独抵押出去吗？

【法律解析】

不能。他们居住的房子是夫妻共同共有财产。根据相关规定，在共同共有关系存续期间，部分共有人擅自处分共有财产的，一般认定无效。她丈夫若想将该房屋设定抵押，必须得到她的书面同意。如果吴小姐坚决不同意，则她丈夫单独抵押房屋是无效行为。

房屋产权与登记

★已卖出的房子能再要回吗

【案例】

2007年5月,徐某与张某签订了一份房屋买卖合同,合同约定:徐某将自有的一套商品房卖给张某。徐某须在当年12月底前协助张某办理产权过户手续。张某付清了房款,徐某也交付了房屋。此后徐某反悔并表示愿意退还张某房款。张某未同意,在要求徐某按约办理过户手续遭拒后向法院起诉。

【法律解析】

徐某不能要回房子。但是,徐某与张某之间的买卖合同体现了双方的真实意思,且房、款两清,徐某拒绝为张某办理产权变更手续的行为侵害了张某的合法权益,必须为其办理房屋过户手续。

★已经登记的买卖合同是否可解除

【案例】

2007年5月,孙先生将自己的一处商品房卖与马先生,并办理了房屋登记手续。后来,由于孙先生的儿子要结婚没有房子可住,孙先生欲将卖与马先生的房子要回,解除双方的买卖合同,并愿意退还马先生购房款。孙先生能否将已作登记的房子要回呢?

【法律解析】

可以解除合同,只要孙先生与马先生能够协商一致。我国实行房屋产权登记制度,一方当事人反悔要求解除合同,一般法律不予支持。但是,只要不违反法律,不损害国家和社会公共利益,经双方当事人协商一致,就可以解除合同。合同解除之后,房屋返还出卖人,并须办理产权变更手续;出卖人返还买受人相应的价款。

★开发商拖延,业主拿不到房产证该怎么办

【案例】

2006年5月,赵小姐在某社区购买了一套房子,开发商承诺在交房之日起3个月内为其办理房产证,逾期未办理,将向其支付购房款1%的违约金。2006年12月赵小姐拿到了房子钥匙,可直到2008年1月赵小姐仍未拿到房产证。赵小姐多次与开发商协商此事,均未果,而开发商也未按照承诺向其支付违约金。那么,赵小姐该怎么办呢?

【法律解析】

赵小姐可以要求开发商退房返款,并赔偿其损失。我国法律规定,房地产开发企业应当协助商品房购买人办理土地使用权变更和房屋所有权登记手续。开发商在交房后的1年时间里都未为赵小姐办理房产证。我国法律规定,由于出卖人的原因,导致买受人无法办理房屋所有权登记,买受人请求解除合同和赔偿损失的,应予以支持。

★买了夫妻共有的房子过不了户,房产中介有责任吗

【案例】

李某在某中介看中了一处房产,后与卖方段某及中介公司签订了三方房屋合同。后来,李某了解到该房产是段某婚姻存续期间的夫妻共有财产,其离婚协议中未明确该房属谁,无法办理过户手续。李某要求中介退还收取的服务费并向段某追回定金,而中介认为责任应由段某承担,与己无关。那么,李某该怎么办呢?

【法律解析】

李某应向段某依法主张自己的权利，要回所交购房定金。根据我国《婚姻法》的规定，离婚时，夫妻的共同财产由双方协议处理。本案中所交易的房屋是段某婚姻存续期间的夫妻共有财产，但双方在离婚协议中并没有明确规定该房屋归谁，因此，该房屋的所有权存在瑕疵，此类房屋是不能进行交易的。

物业纠纷

★物业管理公司可以随意提高物业管理费吗

【案例】

林先生于2006年9月份买了一套商品房。2007年3月交房时，物业管理费为每年0.96元/平方米。但2008年收到物业管理公司书面通知要求按每年6.54元/平方米缴纳。对此，林先生不能接受。他该怎么办？

【法律解析】

物业公司的做法不对。该公司如要涨价，应与业主对该物业服务合同进行协议补充，并应经专有部分占建筑物总面积过半数的业主且占总人数过半数的业主同意。如果对该收费有异议，除双方协商外，也可向县级以上人民政府价格主管部门或同级房地产行政主管部门申诉。

★家中被盗，物业公司是否要承担责任

【案例】

2008年3月3日，孔先生早上醒来发现家中被盗了，小偷是从客厅窗户爬进房间的，手提计算机、手机、现金都被偷走了，大概价值2万元。之前小区也多次发生被盗事件。孔先生认为物业公司疏于管理，未尽职责，导致盗窃案件屡次发生，应承担赔偿责任。孔先生可以向法院起诉物业公司吗？

【法律解析】

是否获得赔偿由《物业管理服务合同》本身决定。业主在和物业公司签订合同时，应对委托管理的事项、标准、权限、违约责任等明确约定，一旦双方在合同履行过程中发生纠纷，就可以根据合同规定，依法追究其相应的法律责任。

★物业管理费是从业主入住才开始交吗

【案例】

2006年，李小姐购买了一套房。当年11月进行房屋验收，李小姐发现有多处装修质量问题，拒绝收楼。2007年1月初，物业公司要其再次验收。李小姐发现仍有3处问题存在。当年6月问题解决后她才入住。物业费应以何标准开始起交呢？

【法律解析】

应以购房人验收合格之日起算，李小姐应交纳自2007年1月起的物业费。虽然在2007年1月物业维修结束，李小姐仍发现有3处未达到自己满意，但房屋已经不存在影响实现合同的质量瑕疵，也就是说，李小姐应按照《商品房预售合同》的约定接收房屋而不得拒绝。

★业主向物业公司交纳停车费，轿车被盗物业公司应否赔偿

【案例】

2007年1月，贾某入住某小区，并按规定每季度向物业公司交纳停车占地费

600元。当年5月的一天，贾某的轿车被盗，于是向物业公司反映，并报案，但公安机关未查出犯罪嫌疑人。后来，贾某要求物业公司承担赔偿责任。物业公司以双方未签订保管合同为由拒绝。那么，物业收了停车费是否构成保管关系呢？

【法律解析】

物业公司理应适当予以赔偿。物业公司作为小区的实施管理者，应当负责小区的安全工作，但其却在小区的安全管理上存在漏洞，导致贾某的车丢失。

★物业服务合同未签订，业主可以拒交物业费吗

【案例】

2008年初，物业管理企业对小区进行物业管理，进行口头协定，未签订物业服务合同。当年7月，因狂风袭击，导致小区内花草树木受到严重损坏。物业公司为此花费了大笔的维护费用，随后贴出公告称要增收物业服务费，而业主以没有委托物业管理这么多事项为由拒交增收的服务费。业主的做法有法律依据吗？

【法律解析】

不能拒交服务费。对于未以书面形式签订物业服务合同的法律后果，我国《合同法》规定，当事人未采用书面形式订立合同，但一方已经履行主要义务，对方接受的，该合同成立。也就是说，合同形式违法并不必然导致合同无效。本案中，物业管理企业实际上已经履行了服务，而业主也已接受，故业主不能拒交增收的服务费。

★业主与前物业公司的约定对新物业公司还有效吗

【案例】

2006年，乔某与A物业公司签订合同，不接受其负责的小区供暖服务。2007年，B物业公司接手小区的供暖服务。B公司要求乔某支付自2006年起的供暖费被拒。乔某称B物业公司不是供暖单位，无权要求其支付供暖费，且自己在入住之初已经约定不接受小区供暖。乔某的理由能否成立呢？

【法律解析】

乔某只需交纳2007年B物业公司共有部分的供暖费即可。乔某与A物业公司约定自行供暖，实际也未接受供暖，所以可不支付其房屋专有部分的供暖费，但对共有部分仍需交纳。乔某与A物业公司的约定对B公司不具有约束力，且实际上乔某专有部分未接受供暖。

★因装修漏水导致电梯停运，应当由谁承担责任

【案例】

2007年，叶某与其小区物业公司签订服务协议，其中暖气设备一栏为空白，并注明所有拆改部分出现问题造成损失由业主承担。某天夜里，叶某家暖气跑水，叶某向物业公司报修，工作人员赶到现场，无法及时控制，导致水漏至电梯，造成两部电梯无法运行。事后，物业公司要求叶某承担电梯的维修费用。那么，该由谁承担责任呢？

【法律解析】

物业公司与叶某共同承担责任。本案中，叶某对于其拆改行为造成的漏水，应当为其行为所造成的损害后果承担相应的赔偿责任。叶某在通知物业公司房屋漏水后，物业公司应该意识到电梯被淹的可能，应采取紧急措施，但物业工作人员却在无法及时控制的情况下才关闭电梯总阀，其采取措施不当，理应承担责任。

★物业公司有权对业主罚款吗

【案例】

2007年6月，业主李某入住自己新购的商品房。入住后，李某加装了阳台遮阳篷。该小区物业发现后，认为李某加装遮阳篷的行为给其总体规划带来了不协调，影响美观。物业在多次要求李某自行拆除遮阳篷未果的情况下，决定对其罚款1000元，如其3天之内未交纳，将采取停电、停水的措施进行制裁。物业有权对李某采取如此制裁吗？

【法律解析】

物业公司无权制裁。根据我国《行政处罚法》的规定，行政处罚应由具有行政处罚权的行政机关在法定职权范围内实施。物业公司不是行政机关，不具有行政处罚权，无权对业主采取罚款措施。只有供电人才可以按照国家规定的程序中止向用电人供电，而物业公司在任何情况下都无权对业主采取断水、断电的措施。

★装修时业主对自己的住宅可以任意装修吗

【案例】

柴某打算装修房间，于是办理了装修登记手续，并交纳了装修保证金。当柴某欲安装一只自重为300公斤的浴缸时，物业公司认为浴缸太重，有可能会损害其他业主的安全，必须经批准并通过安全测定方可安装。柴某认为物业公司无权干涉。柴某可以对自己的住宅任意装修吗？

【法律解析】

不可以。我国《物权法》规定，业主行使权利不得危及建筑物的安全，不得损害其他业主的合法权益。柴某安装如此重的浴缸，其承重已经超过规定的荷载，不能安装这一浴缸。

房屋拆迁

★拆迁范围内的房屋能否出租

【案例】

2008年7月，陈某租了一间房，跟房主签订了为期半年的租赁合同，并一次性支付了1000元押金以及3个月的房租。不久陈某得知，搬过来之前已经有拆迁公告告知小区要拆迁。如果房屋真的被拆，陈某能否要回房租及搬家的损失？

【法律解析】

陈某可以要求要回房租及搬家的损失。房主明知房屋已在拆迁范围之内，还与陈某签订租赁合同，违反了行政法规的强制性规定，故租赁合同无效。

★房屋在未过户的情况下，拆迁款应给谁

【案例】

2008年12月，肖某把自己的房子卖给了刘某。刘某付清了房款，合同中约定购房后双方必须在2个月内办理过户手续，否则为违约。肖某把房产证、国有土地使用证等证件都给了刘某。2009年1月，市拆迁办与刘某签订了拆迁补偿协议，赔偿刘某18万元，房子已经被拆除。那么，在未过户情况下拆迁款应给谁？

【法律解析】

应该给肖某。虽然二人已经签订了房屋买卖合同，但由于没有办理房屋买卖过户手续，房屋的所有权还属于肖某。按照《城市房屋拆迁管理条例》的规定，拆迁人应当对被拆迁人给予补偿，而该条例所

称被拆迁人是指房屋的所有人,所以尽管刘某实际上已经开始使用该房屋,但在办理房屋过户手续之前他并非是所有权人。那么根据上述规定,他不是被拆迁人,因此拆迁补偿款也不应当给他。

★家庭内部如何分配房屋拆迁补偿

【案例】

萧某父亲将一套住房过户到萧某名下,已经有3年了。但房子一直由父亲和继母一起住,现在萧某想搬回来住,方便萧某的孩子上学,但萧某父亲不肯,说萧某和他争房子住。现在开发商要拆迁该房,这房子是归萧某还是归萧某父亲,补偿怎么分配?

【法律解析】

萧某有权住这个房子,至于拆迁补偿款在家庭内部如何分配,由萧某的家人自行协商。拆迁补偿是给被拆迁人的,根据《城市房屋拆迁管理条例》的规定,被拆迁人是指被拆迁房屋的所有人,即萧某。

★继母有权分割房屋补偿款吗

【案例】

冯某父亲在1986年与冯某继母结婚,冯某继母婚前有一子,但从来没有与冯某继母一起生活过。冯某老家的房子是在2000年由冯某本人为主出资兴建,现在将要拆迁,冯某继母提出要补偿款的一半。该补偿款如何分配?冯某继母的儿子是否有权参与分配?

【法律解析】

冯某继母可以请求分割,如何分割由他们自行协商。冯某继母的儿子无权参与分配。他与冯某父亲并未形成抚养与被抚养的关系,不属于《婚姻法》规定的父母子女关系,他不是冯某的家庭成员,也未对建造该房屋出资出力。

★被拆迁人有权知道房屋拆迁评估报告吗

【案例】

一家工厂承租某闲置土地,自建加工车间以及加工制造等设施,并对原土房进行了大修。2008年9月,当地建委发布公告在该工厂所在范围内进行拆迁。2009年3月,评估公司进行评估,但一直没有告诉该厂评估结果。该厂多次找有关部门询问,但他们说评估报告是保密的。该厂有权知道评估结果吗?

【法律解析】

该厂有权知道评估结果。房子属于该厂自建,该厂是被拆迁人。委托人应当向被拆迁人转交分户估价报告。评估报告保密这种说法是错误的。

★未经行政裁决,房子能否被强制拆迁

【案例】

因旧城改造,罗某的房子被划定在拆迁范围内。拆迁人就拆迁补偿安置与罗某有过多次协商,但因罗某家人口较多,拆迁人给出的补偿安置条件不太理想,所以就一直没有签订拆迁补偿安置协议。拆迁人已经向房屋拆迁管理部门申请了行政裁决。在行政裁决没有作出的情况下,房子能否被强制拆迁?

【法律解析】

不能。拆迁裁决是强制拆迁的前置程序,必须先有拆迁行政裁决,才能进行强制拆迁。强制拆迁是拆迁裁决没有得到执行情况下采取的措施,是执行裁决的一个重要措施。

★达不成拆迁补偿安置协议怎么办
【案例】

宋某承租了一套街面房经营日用百货。在租赁期间,此房子要进行拆迁,房主在宋某不知情的情况下和拆迁人达成了拆迁安置补偿协议。宋某认为房主和拆迁人侵犯了自己的合法权益,不同意他们达成的拆迁安置补偿协议,向法院起诉,他可以这样做吗?

【法律解析】

宋某应当先申请房屋拆迁管理部门裁决,对裁决不服的,才可以自裁决书送达之日起3个月内向人民法院起诉。

★房屋拆迁的法定程序是什么
【案例】

在上海市某电子公司动迁过程中,开发商一直不告知沈先生所住小区居民有关房屋拆迁评估、总价、施工等情况,并对居民们进行了断水和断电。在2007年底,沈先生的房屋被强制拆迁。开发商的这种做法合法吗?房屋拆迁的法定程序是什么?

【法律解析】

开发商的这种做法是违法的。房屋拆迁的法定程序为:经拆迁公告后,就补偿安置的方案进行协商,达不成安置协议时可申请行政裁决,如被拆迁人超过裁决规定拆迁期限未搬迁的,将启动行政或司法强制拆迁程序。司法实践中,常用的是行政强制拆迁。行政强制拆迁应该严格依法进行,必须举行相关的听证,报政府批准后才可实施。任何单位不得私自对居民房屋进行强制拆迁。

★被拆迁人能否选择产权置换
【案例】

曹某的营业房被拆迁(有合法产权证),拆迁人决定以货币补偿。曹某不想接受补偿,要求按《拆迁条例》给予产权调换。可是拆迁人说拆迁后修建的商住楼由一家大型商场统一经营,不宜交换。经房屋土地管理局裁决:拆迁人一次性补偿拆迁款10万元。那么,被拆迁人能选择产权调换吗?

【法律解析】

可以。根据法律规定,有两种情况被拆迁人不能选择拆迁补偿方式:拆迁非公益事业房屋的附属物,不作产权调换,由拆迁人给予货币补偿;被拆迁人与房屋承租人对解除租赁关系达不成协议的,拆迁人应当对被拆迁人实行房屋产权调换。

★诉讼期间能否对被拆迁房屋进行强制拆迁
【案例】

2009年7月,武某有一套房屋现在要被拆迁。因拆迁人给的补偿款太低,武某拒绝拆迁。后拆迁人申请裁决,裁决结果还是依照拆迁人给出的条件对武某进行补偿,武某便向法院提起了诉讼。诉讼期间,武某受到了强制执行通知书,要对武某的房子实行强制拆迁。诉讼还没有作出判决,能对武某的房屋实行强制拆迁吗?

【法律解析】

可以。如果拆迁人对被拆迁人给予了货币补偿或者提供拆迁安置用房、周转用房的,诉讼期间不停止拆迁的执行。

★房屋拆迁时能否要求对房屋装修进行补偿

【案例】

褚某买了市郊的一处房子,住了十几年。因儿子要结婚,褚某便把房子重新装修了一遍,花了几万元,但后来市政府说因道路建设要拆这处房子。褚某能要求对房子的装修进行补偿吗?

【法律解析】

可以要求补偿。被拆迁房屋室内自行装修装饰的补偿金额,由拆迁人和被拆迁人协商确定;协商不成的,可以通过委托评估确定。

★养父把房产过户给养子,养母是否有权争夺房产

【案例】

吕某在3岁时被养父领养,养父母还有两个亲生女儿。养父生前把一套房屋过户到吕某名下。养父去世后,养母要出去住。后来该房屋要拆迁。吕某准备将房产商补偿给他的房子让养母住,但房屋产权归吕某,可是养母坚决不同意。养母是否有权与吕某争夺房产权?如果她与吕某解除收养关系,以后吕某是否可以不赡养她?

【法律解析】

养母无权争夺房产。房屋所有权以房屋产权证为准,所以吕某是被拆迁房屋的所有人。如果养母与吕某解除收养关系,但是她缺乏劳动能力又缺乏生活来源,根据《收养法》的规定,吕某仍应承担赡养义务。

★被拆迁房屋的临街门面前的分摊面积是否应补偿

【案例】

2006年,杨某有一间临街门面房,房屋所有权证上载明,房屋的建筑面积为40.5平方米,分摊面积为3.5平方米,共计44平方米。拆迁人只同意按照建筑面积进行补偿。临街门面前的分摊面积是否应补偿?

【法律解析】

应补偿。被拆迁房屋面积的确定应当以房屋权属证书记载为准,房地产公司应当按照平方米的多少对杨某安置补偿。

★租房期间遇到拆迁能否撤销合同

【案例】

2008年3月,尤某租了一家门面房准备开个理发店,租期2年。但是尤某花了2万元装修后,刚开张不到1周,就有人在尤某店铺外墙上写了个"拆"字。于是尤某找到房东要求终止租房合同并赔偿尤某的装修费,房东却说他也不知道房子要被拆,可是听其他人说早就下过通知。尤某是否有权撤销该合同?

【法律解析】

尤某有权撤销合同。尤某可以到拆迁办取证,如果有证据证明房东早已经接到过拆迁通知,在明知房屋将要拆迁时,为了达到订立合同目的,故意隐瞒事实真相,与尤某签订租赁合同,则属于欺诈。

★拆迁造成承租人的损失谁来赔

【案例】

2008年12月30日,朱某与某公司签订合同,租赁其房屋经营餐饮业,合同每年一签,到期可续签。签订合同后朱某开

始装修房屋,到2009年1月20日共投资6万元,可是后来朱某听说此房要拆迁。如果拆迁,朱某的损失谁来赔偿?

【法律解析】

对于朱某的装修损失,租赁合同中有约定按约定处理,没有约定的,可以在拆迁人与被拆迁人签订拆迁补偿协议时一并提出,协商解决。

车的购买与维修

★刚提的新车有损伤能否要求更换

【案例】

施某于2008年7月在某汽车经销处购得新车一辆。当年8月,施某发现车门上有一道明显的裂纹。经维修中心认定,车门是出厂后受损并重新喷漆的。施某找到经销商,以车存在质量问题要求更换新车,而经销商则称车门有损伤,并不能认定车的其他部件也有问题,只同意维修而不同意更换或退款。施某该如何维权呢?

【法律解析】

施某可以要求经销商给其更换。我国法律规定,销售者不得以不合格产品冒充合格产品。本案中的经销商将经过喷漆的不合格产品冒充合格产品卖给施某,其行为已经构成以欺诈手段签订合同,所以,该合同无效。

★修理机动车不当出了问题,可以要求无偿返修吗

【案例】

严某的出租车出现机械故障,经修理厂检查是化油器老化需要更换。修理厂的老板问严某是更换好点的还是一般的,并告诉严某一般的没有保修期,严某同意换一般的。刚换上3天化油器就又坏了。于是严某找到修理厂要求返修,但修理厂的老板却以当时有约定为由不予理睬。那么,严某可否要求修理厂进行无偿返修?

【法律解析】

严某可以要求修理厂无偿返修。根据相关法律规定,不管修理厂对严某出租车进行的是何种级别的维护,其质量保证期最短也是10天。可是严某的车辆在修理后不足3天就出现了维修质量问题,所以,修理厂应该对其进行无偿维修。

★没有按时换证,车管部门就可以进行注销吗

【案例】

华某是一名机动车驾驶员。一日,他在接受执勤交警例行检查时被告知,因为没有按时申请换证,他的机动车驾驶证已被当地车辆管理所注销了。交警以无证驾驶为由对华某进行了处罚。华某没有及时去换证,车管部门就可以进行注销吗?

【法律解析】

在我国,机动车驾驶证有不同的有效期限,机动车驾驶人应当在机动车驾驶证有效期满前的九十日内向驾驶证核发地车辆管理所申请换证,未按时申请换证的机动车驾驶人,必须承担相应的法律后果。机动车驾驶人超过机动车驾驶证有效期一年以上未换证的,驾驶证核发地车管所可以依法注销其机动车驾驶证。所以,华某不管是什么理由没有按时换证,只要是超过了有效期满一年以上,车管部门就可以注销他的机动车驾驶证。

★销售商违约，消费者能否要求双倍返还定金

【案例】

2008年2月，金某与某汽车销售商签订了新车订购合同，并交付了定金。约定交车时间为2008年4月，如果因金某自身原因要求变更或取消购车，定金不予退还。当年3月，销售商称国家消费税上调，汽车也随之涨价。金某未予同意，并要求汽车销售商承担违约责任，双倍返还定金。金某的主张能否得到法院的支持？

【法律解析】

能够得到法院支持。我国法律规定，当事人一方明确表示或者以自己的行为表明不履行合同义务的，对方可以在履行期限届满之前要求其承担违约责任。本案中，销售商在合同履行期届满前单方提高车辆价格，其明确表示将不按合同约定的价款履行义务，已构成了违约，应当承担违约责任。

★买了未付清车款的车辆怎么办

【案例】

陶某将自己的一辆运输车卖与戚某，戚某付了一半款额，给陶某出具一张欠条，并注明了还款时间，双方未办理车辆过户手续。此后，戚某将车卖给王某，双方在买卖手续中注明车牌号码，并保证该车所有遗留问题由戚某承担。后来，因戚某迟迟未支付陶某剩余车款，陶某将车从王某处开走。那么王某该怎么办呢？

【法律解析】

王某应当要求戚某返还购车款。作为买方的王某虽然给付了车款，而戚某也向其交付了车辆，但戚某在取得出卖汽车的权利上本身存在瑕疵，故意隐瞒了还欠陶某车款的实际情况，已经构成了违约。其行为明显具有欺诈性质。